1. 掷铁饼者
2. 拉奥孔群雕 / 阿基山德鲁 公元前 2 世纪 – 前 1 世纪
3. 帕特隆神庙 / 雅典 公元前 447 – 前 438 年

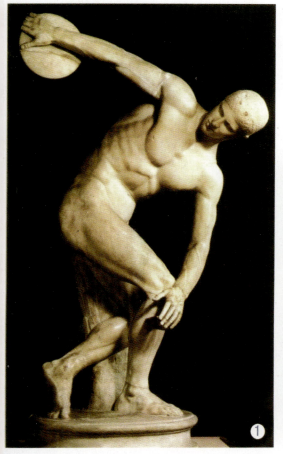
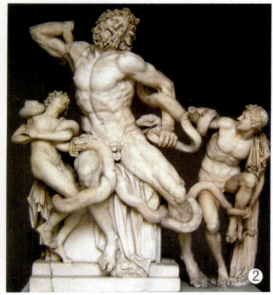

1. 萨莫德拉克的胜利女神 / 希腊 公元前3世纪
2. 米洛的维纳斯 / 希腊 公元前150年
3. 杀妻自杀的高卢人 / 希腊 约公元前2世纪

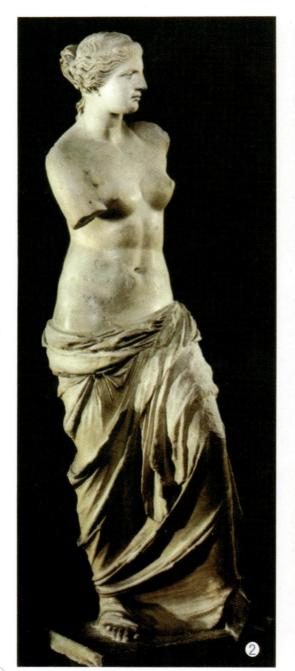

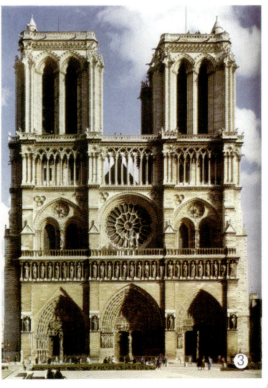

1. 科罗西姆竞技场外景 / 罗马 公元 69-80 年
2. 奥古斯都全身雕像 / 罗马 公元前 19 年
3. 巴黎圣母院 / 始建于 1163 年到 1250 年间，在 1345 年全部建成

1. 犹大之吻 / 乔托 1267-1337 年
2. 逐出乐园 / 马萨乔 1401-1428 年
3. 乔凡尼·阿诺芬尼夫妇像 / 扬·凡·艾克 约 1385-1441 年

1. 春 / 波提切利 1444-1510年
2. 入睡的维纳斯 / 乔尔乔内 1478-1510年

1. 创世纪（西斯廷教堂顶画）/ 米开朗琪罗 1475-1564年
2. 法庭上的芙丽涅 / 让·莱昂·热罗姆 1824-1904年

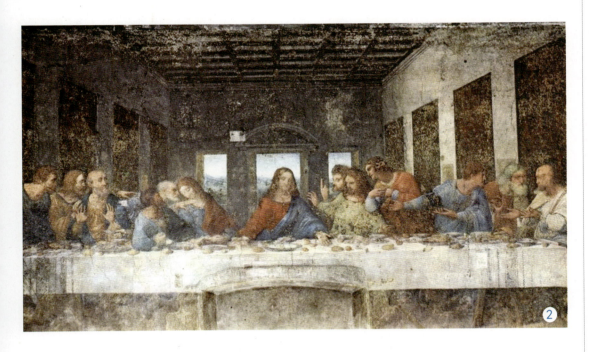

1. 逃往埃及的路上 / 卡拉契 1560-1609 年
2. 最后的晚餐 / 达·芬奇 1452-1519 年

1. 四使徒 / 丢勒 1471—1528年
2. 大卫 / 米开朗琪罗 1475—1564年
3. 哀悼基督 / 曼坦那 约1431—1506年

1. 西斯廷圣母 / 拉斐尔 1483-1520 年
2. 蒙娜丽莎 / 达·芬奇 1452-1519 年
3. 圣家族 / 米开朗琪罗 1475-1564 年

1. 乌尔宾诺的维纳斯
/ 提香 1482-1576 年

2. 劫夺吕西普的女儿
/ 鲁本斯 1577-1640 年

1. 克娄巴特拉在塔尔苏斯登岸
/ 克劳德·德·洛兰 1600-1682年

2. 草地上的午餐
/ 马奈 1832-1883年

1. 梅杜莎之筏 / 籍里柯（席里科） 1791-1824年
2. 土耳其浴女 / 安格尔 1780-1867年

1. 着装的玛哈 / 雅戈
1746-1828 年

2. 裸体的玛哈 / 雅戈
1746-1828 年

3. 加莱特磨坊的舞会
/ 雷诺阿 1841-1919 年

1. 吻 / 克里姆特 1862-1918 年
2. 向日葵 / 凡·高 1853-1890 年
3. 日出印象 / 莫奈 1840-1926 年

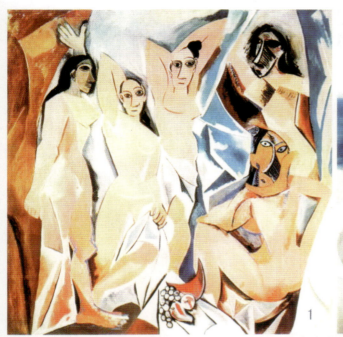

1. 亚威农少女 / 毕加索 1881-1973 年
2. 最爱的银色 / 阿尔玛·塔得玛 1836-1912 年
3. 游魂 / 高更 1848-1903 年

1. 哥伦布发现新大陆 / 萨尔瓦多·达利 1904-1989 年
2. 泉 / 杜尚 1887-1968 年
3. 玛丽莲·梦露 / 安迪·沃霍尔 1928-1987 年

西方文化史

（第四版）

沈之兴　主编

中山大学出版社
·广州·

版权所有　翻印必究

图书在版编目（CIP）数据

西方文化史／沈之兴主编．—4版．—广州：中山大学出版社，2019.3
ISBN 978-7-306-06585-8

Ⅰ.①西…　Ⅱ.①沈…　Ⅲ.①西方文化—文化史　Ⅳ.K500.3

中国版本图书馆 CIP 数据核字（2019）第036034号

出 版 人：	王天琪
策划编辑：	林彩云
责任编辑：	林彩云
封面设计：	林绵华
责任校对：	廖丽玲
责任技编：	何雅涛
出版发行：	中山大学出版社
电　　话：	编辑部 020-84111996，84113349
	发行部 020-84111998，84111981，84111160
地　　址：	广州市新港西路135号
邮　　编：	510275　传　真：020-84036565
网　　址：	http://www.zsup.com.cn　E-mail：zdcbs@mail.sysu.edu.cn
印 刷 者：	佛山市浩文彩色印刷有限公司
规　　格：	787mm×1092mm　1/16　24.75 印张　533 千字
版次印次：	1997年7月第1版　1999年2月第2版　2010年7月第3版
	2019年3月第4版　2019年3月第13次印刷
定　　价：	58.00元

如发现本书因印装质量影响阅读，请与出版社发行部联系调换

编 委 会

主　编：沈之兴
副主编：张来仪　张幼香　韩益民　陈友义
撰稿人：（按姓氏笔画为序）
　　　　沈之兴　张幼香　张庆海　张来仪
　　　　何　慧　陈文海　陈友义　贺璋瑢
　　　　韩益民　潘慧林

第四版前言

文化是一个有多种含义的概念。早在 1952 年，美国人类学家克罗伯和克拉克洪在《文化：概念和定义的批判性回顾》一书中，便对各家各派的 164 种"文化"定义进行综合性的介绍。[①] 20 世纪 60 年代以后，文化研究的世界性意义越来越突出，增加了许多新的理论，产生了许多新的定义。文化人类学家、历史学家、社会学家、考古学家、民族学家、教育学家甚至管理学家等，从自身研究的目的出发，从不同学科的知识范畴、不同的角度对文化给予了不同的解释。迄今为止，人们至少已经提出超过 4000 种有关文化的定义和分类。[②] 对文化概念的界定，可谓见仁见智，莫衷一是。然而，正如歌德所说："人们只是在知识很少的时候才有准确的知识，怀疑会随着知识一起增长。"

本书所讲的文化，主要指实物形态的精神成果的总和，如文学、艺术、科学、理论等成果。这一概念的提出，主要是从社会文化相对独立于社会经济、政治而存在，精神文化区别于物质文明的角度来考虑的。马克思曾指出：科学、艺术等，都不过是生产的一些特殊形态，并且受生产的普遍规律的支配。马克思所说的"生产的一些特殊形体"实质是指与物质生产相对应的精神文化生产。按历史唯物主义观点，任何社会都是经济、政治、文化等诸方面构成的有机体。社会经济是人类物质生产的产物，政治和文化是人类精神生产的产物。所以，尽管马克思在他的著作里没有给文化下定义，但他在这里将精神文化与物质文明区别开来则是显而易见的。因此，我们对文化范畴的界定以及本书所介绍的文化属于精神文化的内容。

每一种文化的起源和发展都离不开一定的空间和时间。本书所指的"西方文化"既是一个历史文化概念，也是一个地理空间概念。作为历史文化概念，它主要指的是从古希腊罗马的古典文化开始，历经中世纪的宗教文化、文艺复兴、宗教改革和启蒙运动的理性文化，直至现代的非理性文化为止。但是，因北美历史发展具有非常独特的跳跃性特点，即它是在欧洲殖民统治之下进入资本主义社会

---

① Kroeber, A. L. and Kluckhohn, C. Culture: A Critical Review of Concepts and Definitions. New York: Random House, 1952.
② 巴尔赞：《从黎明到衰落——西方文化生活五百年，1500 年至今》，林华译，中信出版社 2014 年版，第 19 页。

的，所以，在时间和空间的划分上，我们只好将北美近代文化纳入西方文化的范围之内。

文化的镜子就是历史，它不仅映照出西方文化在不同社会历史阶段的发展和变化，而且造就了各种不同的文化模式。西方文化源远流长，博大精深，如果从克里特文化算起，至今已有近5000年的历史。在漫长的历史长河中，西方文化不可能一成不变，它既接受过强大外力的影响，也经历过内部激烈的变动；既有过步履维艰时期，也有过狂飙突进时代；既有直线上升，也有曲折甚至阶段性或局部性的间歇、退化或异化；既有谷底，也有峰期。而就其发展中的大的峰期而言，在近代第一次科学技术革命产生之前，大致出现过三个，即希腊罗马古典时期、文艺复兴时期和启蒙运动时期。这三个时期的文化成果分别代表了三种文化模式的最高成就。值得深思的是，尽管这三种文化模式的社会背景各不相同，文化的表现形式和内容各异，但均闪耀着自由、民主和理性精神之光。

第一次科技革命之后，西方文化模式中的科技知识和经济知识成分大大增加，科技成果和经济理论对西方社会乃至整个世界的影响日益增大，使西方文化的表现形式和内容更加丰富多彩。与此同时，科技成果和经济理论对西方社会产生的作用，加速了资本主义制度固有矛盾及其所引起的各种社会弊端的自我暴露。如同启蒙运动时期一切都被置于理性批判的审视之下一样，理性主义受到最大的责难和批判。各种新的思潮、流派层出不穷。因此，西方文化峰期的间隔时间大大缩短了。如在哲学方面，19世纪70年代至20世纪初期，原有的新康德主义得到了进一步传播，还出现马赫主义、尼采的权力意志论、生命哲学、新黑格尔主义、实用主义、各种类型的存在主义、新托马斯主义、人格主义等流派。在第一次世界大战爆发后，欧美流行的是新黑格尔主义、现象学、存在主义、弗洛伊德主义、分析哲学和各种宗教哲学。又如科学文化方面，从18世纪60年代至20世纪40年代，西方社会便发生了三次科学革命。由于科技发展迅速，各种理论、思潮、流派的流行速度加快，更迭频仍，所以，现代西方社会内部的文化中心难以像古代和近代早期那样突出；西方文化的形式和内容的发展受到偶然性因素的干预似乎越来越明显。这说明西方文化模式的自组织能力下降甚至弱化。故此，在文化多元发展的现代世界，西方文化具有繁荣光鲜的一面，也有其脆弱性和糟粕的一面。后者突出表现在文化中的悲观主义和虚无主义的流行和影响日益扩大。这就促使不少西方人文学者在反思和批判本土文化的同时，跳出"西方文化中心论"的怪圈，把目光投向"神秘"的东方，试图通过吸纳东方文化的精华来改良西方文化。

远去的历史的一些章节已经模糊，但优秀的历史文化总是能给人们提供安慰和觉醒，这既包括自我安慰也包括利他安慰，既包括自我觉醒也包括助他觉醒，它体现了历史文化能够穿越时空的价值所在。人们通常所说的全球化，实际上就是一个经济、政治、社会和文化现象。在这些现象背后，最核心的东西是人的价值观和行为模式。在全球化的语境之下，社会和政治生活的各个维度上都在发生翻天覆地的变化，以往的一切思维和行为方式都经受着极大的考验，有必要在重建历史文化的认知中自我觉悟。而在文化方面，优秀的历史文化厚重而不沉重，面对全球化运动的冲击，人们必然要对民族文化和世界文化概念做出新的思考和选择。将不同的文化模式作为参照系和吸收养分的对象，东西方有识之士在各自对本土文化反思中均不约而同地产生了这样的共识，这也许是对文化的真正价值的一种现实而深刻的认知。与此同时，国家之间和民族之间文化的相互作用也随之不断加强。不同文化的相互作用就是文化交流的过程，就是一个碰撞、参照、批判、吸收、互补和促进的过程。早在1957年，被艺术界称为电影"新浪潮之母"的法国著名艺术家瓦尔达，以顾问的身份陪同法国导演克里斯·马盖来到中国拍摄纪录片时，便感慨："在我们面对这个有那么多斗争、仇恨和争论的世界时，只有文化才能让我们真正相互理解。"① 优秀文化既是民族的，也是世界的，归根结底是属于全人类共享的。故此，无论是应对外来文化的挑战，还是在应对之中对其进行参照、批判、鉴别或吸收，都必须建立在对外来文化的真正了解和理解的基础之上。所以，对外来文化的介绍便成了基础之基础的工作。这也正是我们撰写本书的一个基本考虑。

　　本书主要是华南师范大学历史系世界史同仁的集体劳动成果。此外，参加撰稿的还有：汕头职业技术学院的陈友义，华南师范大学附属中学的潘慧林。作者的分工如下：沈之兴，前言、第三章绝大部分、第四章、第五章小部分、第六章、第七章、第九章小部分、第十章小部分、第十一章小部分、第十二章小部分、第十三章小部分、第十四章小部分、后记和插图；张庆海，第九章一的绝大部分、二、三；张幼香，第十一章一部分、第十二章绝大部分；张来仪，第八章、第十一章一部分、第十三章大部分；何慧，第十四章大部分；陈文海，第五章绝大部分；陈友义，第十章绝大部分；贺璋瑢，第九章的四、五、六；韩益民，第一章、第二章、第三章小部分；潘慧林，第十一章一部分。最后由沈之兴负责全书的修改和统稿。

　　本前言基本上保留了第一、二、三版前言的主要内容。因撰稿人员有变动，故对前几版部分内容作了微调，以便于读者和关心本书的同行了解我们21年来的基本思考。由于本次修改的时间较仓促，编者水平有限，缺点在所难免，恳请读者评批指正。

编　者

2019 年 1 月

---

① 陈然：《阿涅斯·瓦尔达艺术展开幕　贾樟柯现场助阵》，载搜狐网（http://yule.sohu.com/20120311/n337353866.shtml）2012 年 3 月 11 日。

目　　录

第一编　西方古代文化 …………………………………………（1）
第一章　西方文化的起源 …………………………………（2）
　　一、克里特文化 …………………………………………（3）
　　二、迈锡尼文化 …………………………………………（6）
　　三、荷马时代文化 ………………………………………（7）
第二章　希腊古典时代的文化 ……………………………（10）
　　一、早期希腊的文化 ……………………………………（10）
　　二、古典时代的文学 ……………………………………（14）
　　三、古典时代的建筑、雕刻和绘画 ……………………（18）
　　四、古典时代的哲学、科学和史学 ……………………（20）
第三章　希腊化时代的文化 ………………………………（24）
　　一、希腊化时代文化的含义和产生的历史条件 ………（24）
　　二、希腊化时代的文学、史学和艺术 …………………（26）
　　三、希腊化时代的哲学 …………………………………（27）
　　四、希腊化时代的科学 …………………………………（29）
第四章　罗马时期的文化 …………………………………（31）
　　一、罗马时期的文学 ……………………………………（32）
　　二、罗马时期的法学和哲学 ……………………………（37）
　　三、罗马时期的教育学和自然科学 ……………………（41）
　　四、罗马时期的建筑和雕塑 ……………………………（44）
　　五、基督教文化的兴起 …………………………………（48）

第二编　西方中世纪时期的文化 ……………………………（57）
第五章　西方封建文化的兴起和发展 ……………………（58）
　　一、西方封建文化的含义和特点 ………………………（58）
　　二、西方封建文化产生的社会、宗教和经济条件 ……（60）
　　三、哲学和神学的二位一体 ……………………………（62）
　　四、西方封建社会早期的文化教育 ……………………（68）
　　五、封建文学和艺术 ……………………………………（72）

第六章　文艺复兴时期的文化 (78)
　　一、文艺复兴与人文主义 (78)
　　二、西欧产生文艺复兴运动的社会文化条件 (82)
　　三、意大利文艺复兴早期的文学和艺术 (84)
　　四、文艺复兴文化的传播和发展 (102)
　　五、文艺复兴盛期的艺术 (107)
　　六、文艺复兴时期的政治学和哲学 (119)
　　七、文艺复兴时期的自然科学 (128)

第七章　欧洲宗教改革时期的文化 (132)
　　一、天主教会的衰落和人们思想意识的变化 (132)
　　二、路德宗教改革和新教教会的建立 (142)
　　三、宗教改革在其他国家的扩展 (150)

第三编　西方近代文化 (157)

第八章　资产阶级启蒙运动时期的文化 (158)
　　一、17世纪、18世纪的欧洲社会及资产阶级政治思想 (158)
　　二、自然科学的发展与理性主义思潮 (165)
　　三、启蒙运动的兴起和发展 (170)
　　四、启蒙运动时期的哲学 (180)
　　五、启蒙运动时期的文学 (187)
　　六、17世纪、18世纪的艺术 (194)

第九章　工业革命时期的文化 (201)
　　一、两次工业革命的发展及其影响 (201)
　　二、工业革命时期的经济和社会理论 (205)
　　三、工业革命时期的文学 (211)
　　四、工业革命时期的哲学 (218)
　　五、工业革命时期的音乐 (222)
　　六、工业革命时期的美术 (231)

第十章　西方无产阶级文化的伟大成就 (240)
　　一、马克思主义的诞生 (240)
　　二、马克思主义哲学 (245)
　　三、马克思主义政治经济学 (248)
　　四、马克思主义的社会主义思想 (252)

第四编　西方现代文化 (259)

第十一章　第三次科学技术革命与西方文化 (260)

一、现代科学技术的发展……………………………………（261）
　二、现代西方文化的发展及其主要特点……………………（285）
第十二章　现代西方社会科学理论………………………………（295）
　一、现代西方哲学……………………………………………（295）
　二、现代西方资本主义经济理论……………………………（305）
第十三章　现代西方自然科学成就和理论………………………（315）
　一、爱因斯坦的相对论………………………………………（315）
　二、普朗克的量子论及量子力学理论………………………（319）
　三、原子核和基本粒子………………………………………（325）
　四、天体物理学说和宇宙结构学说…………………………（328）
　五、现代化学和生物学的发展………………………………（331）
　六、大数据和人工智能………………………………………（337）
第十四章　现代文学和艺术的发展………………………………（342）
　一、现实主义文学和现代派文学……………………………（342）
　二、现代派美术的发展………………………………………（349）
　三、现代电影艺术的发展……………………………………（355）

参考文献……………………………………………………………（364）
后记…………………………………………………………………（367）

第一编 西方古代文化

第一章
西方文化的起源

古希腊文化是西方文化最重要、也最直接的源头。古希腊人留下的众多文献、文物，都说明了西方现代自由平等观念、民主制度、科学精神最早起源于古希腊；古希腊的文学和艺术也同样是后来西方文学、艺术的灵感源泉之一。西方哲学家黑格尔曾经说："一提到希腊这个名字，在有教养的欧洲人心中，自然会引起一种家园之感。"社会学家阿尔弗雷德·韦伯则认为，希腊人的精神生活极其丰富，"他们的开放程度、深度和质朴，前所未有，震撼人心"，"整个西方始终处在希腊艺术的影响之下，不仅在西方，希腊人创造的造型艺术甚至在一段时间内弥漫到中国，深刻影响了那里的艺术"。他还说，"西半球的思想建构，它的哲学、宗教、基督教以及被基督教取代的事物，都可以从希腊文化中追本溯源。西方思想后来所创造和发展起来的物质财富，也被塑注在从希腊人那里学到的形式里"。①

文化的形成离不开人类的生活环境。了解古希腊人活动的主要舞台——希腊半岛和爱琴海地区及其周围的地理环境，将有助于理解古希腊人何以创造了如此辉煌且影响深远的文化。希腊地处地中海东部交通要冲，多良港、多山，土地贫瘠，这迫使希腊人很早就经营海上贸易，以弥补土地之不足。因此，古代希腊文明呈现出区别于其他地区的强烈的海洋性。这主要表现为，古希腊人由于航海的经历而见多识广，易于接受外来文化的先进成分；由于海上生涯的冒险性质，易于培养人民的独立性和平等观念。希腊气候温和，是典型的地中海气候，人们十分偏爱户外活动。法国艺术史家丹纳在论及希腊气候对文化的影响时说："这样温和气候中成长的民族，一定比别的民族发展更快更和谐。没有酷热使人消沉或懒惰，没有严寒使人僵硬迟钝。"日后体育赛会的发展与希腊的气候也不无关系。临海和气候温和又造就了美丽的自然景观，这有利于净化人们心灵，陶冶性情，使之对美好的事物很敏感，便于艺术的产生。古希腊人的生活具有强烈的艺术性，这从他们遗留下来的艺术品和实用品中都可以得到证明。自然环境影响了人们的生活方式和思想观念。希腊境内无巨大的事物，在人们面前的自然界是十分

---

① 阿尔弗雷德·韦伯：《文化社会学视域中的文化史》，姚燕译，上海世纪出版集团2006年版，第106－109页。

清晰和明确的，没有出现上古文明中其他地区的人们面对巨大事物由于无知而产生恐惧的现象。因此，希腊人的宗教发育得不太成熟，这有助于希腊人理性和科学精神的成长。总之，在这样得天独厚的条件下，在希腊这片土地上出现了欧洲最早的国家，出现了自由平等的观念、民主政体和科学精神，从而使希腊成为西方文化的源头。

一、克里特文化

希腊文化的第一页是爱琴文明。爱琴文明指的是爱琴海地区的青铜文化，它先后形成了两大中心：克里特岛和迈锡尼，因此又通称克里特－迈锡尼文化。古代希腊的文化史就是从克里特岛开始的。

克里特岛是爱琴海第一大岛。它距离西亚、北非海岸都不远，正常情况下，当时船只航行两三天就可到达，因此易于接受这两个人类文明发源地的影响；同时，由于与这两个地区隔海相望，以当时的航海技术，这些强大的文明中心还难以征服克里特岛。这种地理位置使克里特岛既易于吸收周围各文明的先进成分，又避免了侵扰，有利于保留民族文化的特色。这种过渡型文化传播到希腊本土，与后来的希腊文化结合，进而形成了特色鲜明的希腊文化。

新石器时代，克里特岛接纳了第一批居民。这些人不是后来的希腊人，而是地中海民族。公元前3000年前后，克里特岛进入了青铜器时代。从公元前3000—前1200年这1800年间，克里特岛的历史屡经更迭，其中，公元前1700—前1400年期间，是克里特文化最为繁盛的时代。克里特文化的中心是克诺索斯城，该城商业发达，传说中的米诺斯王建立了海上霸权，控制了整个爱琴海地区；同时，还与埃及和西亚保持着密切的联系，如埃及第18王朝宰相列赫米拉墓中有壁画表现克里特使节奉献方物，题词称："海中诸岛及克夫提乌大君和平抵达。"这里的克夫提乌很有可能就是克里特岛。此外，在埃及等地也发现了克里特岛的陶器。与东方联系密切的直接后果就是克里特岛的社会政治制度类似古代东方王国的制度。

（一）建筑

克里特文化在建筑、艺术、文字和宗教等方面都有惊人的成就。它以独特的建筑给后人留下了深刻的印象。其中心克诺索斯，人口达8万之多，依山傍海。最后落成的王宫是围绕中央庭院的多层楼房建筑群，面积达2.2万平方米，房间有1500间以上。王宫楼层密集，布置不求对称，外人难觅其究竟，被誉为"迷宫"，相传是能工巧匠代达洛斯为米诺斯王设计建成的。王宫内部建筑布局复杂，讲究精致小巧，喜用上粗下细的木柱，与后来的爱奥尼亚柱式有相似之处。宫内卫生设备先进，浴室的陶制浴盆样式和现代浴盆十分接近，厕所还有专门的冲水

设备。英国记者柯特勒尔说："尽管克诺索斯王宫财富众多，艺术非凡，在一般参观群众眼中却只有这个3600年前的厕所能给他们以深刻的印象，它属于我们引以为自豪的技术科学的典型产物。在把卫生和文明等同看待方面，克诺索斯的确是当之无愧的先驱。"通过对克诺索斯王宫供水设备的了解，完全可以把它视作罗马高架引水桥的先导。克里特人用陶管来引水、排水，水源是19公里以外的山上清泉。他们还设计了抛物线形的沟槽底部，以减缓水速和沉淀泥沙。此外，克里特人还发明了折叠门扇，冬季可关门保暖，夏季把门折入柱内让凉风流通。王宫内还有一些引人注目的建筑，如双斧大门和中央楼梯等。以上种种，在同期其他文明中极为罕见。

（二）壁画和彩陶

与建筑相连的是壁画。在克里特岛各地发现了许多克里特文化时期的壁画，尤其是在克诺索斯。壁画与建筑相连是克里特人的艺术特点，王宫内各处均有华丽的壁画装饰。重要的作品有《牛戏祭礼》图、《海豚戏水》图、《宫廷舞蹈》图等，为我们揭示了当时人们的宗教仪式、生活环境及生活内容。其中如《观戏》图，描绘的是几个女子交头接耳的场景。她们衣着高雅，举止自如，形象生动，考古学家称她们为"巴黎女郎"，意即如同20世纪初巴黎女郎那般时尚。可见当时人们审美意识之高超，同时也反映了妇女相当高的社会地位。

克里特壁画艺术的另一重要宝库是较晚发现的锡拉岛的壁画。该岛壁画的题材以反映渔民生活和航海经商活动为多，在古代壁画中独具一格。这些壁画与克诺索斯王宫壁画风格相近，是同一流派的产物，但较之王宫作品又更加自由奔放，可能与此地纯是渔业贸易场所有关。例如，壁画中的《春天》图表现了花草间成对翻飞的燕子；《少年搏斗》图表现了两个只在腰间束一布片却戴有拳击手套互相挥拳的少年；《渔家少年》图更表现了一位双手各执一串鲭鱼却全身赤裸的少年，手法简明且富于灵秀之气。克里特岛和锡拉岛的艺术喜欢表现健美的人体，这与古典希腊的艺术之间无疑具有渊源关系。

这些壁画涉及生活的各个方面，表现了克里特人远鬼神、热爱生活的一面；在技巧的表达上，色彩艳丽明快，艺术形象栩栩如生。这种艺术与古埃及艺术极为不同，看不到埃及艺术题材中那种人物形象过于严肃和呆板以及着重表现王室、贵族个人形象的风格。所以，尽管克里特文化受到埃及文化的影响，特别是在政治上，但它还是很大程度上保持了自身文化的特点。

克里特文化中艺术创作的另一个方面是彩陶。在实用器皿上，克里特人也装饰以美好的图案。克里特文化早期生产一种被称为卡马雷斯的彩陶，有罐、钵、杯、碗、花瓶等类型。杯碗之类小件，器壁极薄，秀巧可爱，获得"蛋壳陶"的雅称，是古代陶艺的杰作。尤其值得注意的是这种陶器的彩绘装饰，往往在暗青或黑色底色上绘以白纹花草图案，杂以红、黄、褐色图纹和斑点，或附塑立体花朵，极为优雅，被认为是古代世界最精美的彩陶。到后期，彩陶底色变浅，以重色描绘自然舒展的花草和海洋生物的形象，其中如章鱼、海星、贝壳等皆为其他文明艺术中所罕见，更显克里特文化的海洋文化特质。

（三）文字

克里特的文字经历了象形文字和线形文字两大发展阶段。象形文字是从图画文字演变而来的，有些符号也可能袭用了埃及的象形文字。在克诺索斯王宫发现了这种文字的刻写物，主要用于印章和财物的标记，往往只由几个字符成文，极为简短，表明它处于文字发展的早期阶段。后来，象形文字有实体、线体两种写法，都是以图形反映字义，据估计已知符号约 135 个。到克里特文化早期较晚的时代，象形文字中的线体写法又进一步减少到 90 个，可能已用符号表示音节，是走向拼音文字的第一步。克里特文化鼎盛期，线形文字在全岛通用，刻写文字的泥版文书也日益增多。这种文字又称线形文字 A，以区别于后来迈锡尼文化的线形文字 B。目前，"线形文字 A"尚未成功释读。

（四）宗教

克里特文化宗教氛围颇为浓厚，其文化内涵又无一不打上宗教的烙印。物质文化的遗迹有利于了解古代克里特人的信仰。山上的神堂是最引人注意的举行宗教仪式的古迹。这种建筑物规模不大，通常有两间房舍。在那里，克里特人带着有供物的器皿、偶像和其他物品，膜拜伟大的自然之神。他们希望感动女神，博得她的好感。因为古代人认为干旱、丰雨、丰收和歉收是女神掌握的；她还能在打猎时赐予幸运，因为她也是百兽的主宰。有时，人们把身体患病部分捏成泥像投入火中，因为他们相信女神可以为之治病。但很可能有些宗教活动不在神堂内举办，而常常选择在露天场地。例如，在一幅克诺索斯壁画上描绘着许多人，坐在橄榄树阴底下，观看长发姑娘们表演宗教舞蹈。

对牡牛的崇拜在宗教中也起着重要的作用。在克诺索斯宫的壁画上和巨大的浮雕上可以看到许多牡牛的形象，在宗教仪式、神圣的游艺和庆典中，它无疑起着重要的作用。牛也成为克里特人殡葬的祭品。斗牛场面经常反映在他们的艺术中特别是壁画上，这说明斗牛也是有宗教仪式的性质。应该指出的是，在克里特，牡牛也是一种祭祀的牲畜，因为在克诺索斯宫一间所谓"祭祀室"的房间内，发现了带大角的牛头被放在赤色陶土制成的供物台面前。

古代克里特还流行对双面斧的崇拜。开始时用斧头作各种宗教仪式的供物，而随着时代的变迁，斧头便成了崇拜的对象。双面斧头标记出现在克里特许多描绘崇拜仪式的壁画上、神堂的柱子上和陶器上。在克里特的神堂里，常常可以看到持蛇女神的画像以及与祭蛇有关的供物。人们推测，克里特人很可能认为蛇是维护房屋安宁的神。克里特人相信有冥国。他们在坟墓里放置了各种各样物品，

如器皿、武器、工具、装饰品等。克里特人以一种特殊的仪式把祭品放在坟墓旁，希望死者将祭品带走。总之，克里特人的信仰处在比信奉"万物有灵"稍稍进步的阶段，偶像崇拜较为常见。

尽管克里特文化基本上沿用了东方政治制度，实行君主制，且君主是宗教首领，但其艺术则反映了克里特人关心生活和性情开放乐天的特点。这与古典时代的希腊人具有某些相似的精神气质。由此可知，虽然克里特人在很多方面借鉴了北非、西亚古代文化，但也逐渐形成了独特的属于海洋文明的价值观念，对后世的希腊人有着莫大的影响。克里特文化是上古文明由西亚、北非向欧洲大陆传播的一个重要阶段，也是古代希腊地区文化的第一个繁荣期。

公元前1450年前后，迈锡尼人渡海到达克里特岛，其文化与克里特文化相融合，产生了独具风格的陶器、武器和壁画，这些在克诺索斯王宫中都有发现。从此，希腊地区的迈锡尼文化取代了克里特文化。

二、迈锡尼文化

约公元前1600年，印欧人一支属于希腊语族的部族——亚细亚人进入南希腊，他们逐渐接受了克里特文化的影响，形成了迈锡尼文化。它实际上是克里特文化的继续，只不过又加上了希腊民族文化的一些要素。

迈锡尼文化以迈锡尼城而得名，但实际上是希腊本土青铜文化的通称。迈锡尼是最强大的起领导作用的国家，但派罗斯、梯伦等也是十分重要的城市。在公元前1400—前1300年间，迈锡尼文化达到极盛。拿迈锡尼文化跟克里特文化对比，迈锡尼文化较为逊色，其艺术遗物处处显示出模仿克里特甚至依赖克里特的痕迹。

迈锡尼城墙用巨石环山建成，厚达5米，高8米，和克里特王宫建筑全无防御设施迥然有别。城堡大门置于城垣凹道尽头，门楣上立三角形石刻，表现双狮拱卫一柱，此即著名的"狮子门"。城堡内中央高处建王宫，风格有近似克里特文化之处，如楼层曲折，厅房众多，喜用上粗下细的圆柱，彩绘华丽，等等。但它也有希腊本土的特点，最突出的是按对称布局把中央大厅放在首位，与克诺索斯王宫建筑不求对称的风格相比，显示了其希腊特色。这种中央大厅称为米加隆厅，前有门廊，内厅呈方形，以4根圆柱支顶，中设神灶，倚墙置宝座。这种形制是克里特文化所未见的，它的来源可追溯到希腊本土的新石器文化。王宫的壁画喜欢表现车马战斗等场面，显示了该文化的主人在精神和体魄上的强健，与克里特壁画表现的欢快祥和可谓大异其趣。

在墓葬中还发现了数量极多、工艺精绝的豪华陪葬品，如金面具、金角杯、金指环、金印章等。作品形制和风格以仿效克里特文化为主，有些可能直接出自克里特工匠之手。同时也有来自埃及和叙利亚、小亚细亚等地的影响，例如埃及的纸草、莲花图案等。此外，还有一直径达 15 厘米的整块水晶雕刻的鸭形水钵，器柄刻成弯颈鸭首，器沿束为鸭尾，极其生动优美，一般认为是来自埃及或小亚细亚。但这些精美的工艺品也反映了迈锡尼文化的一些特色与克里特文化有别，如装饰图案喜用狩猎、战争题材，墓碑上刻画马拉战车，金面具有唇须，喜用琥珀和野猪牙头盔的装束，等等。

迈锡尼人入主克诺索斯王宫以后，在王宫书吏的帮助下，用线形文字符号记录迈锡尼语言，发明了线形文字 B，并把线形文字 B 带回希腊本土各地。在迈锡尼、派罗斯王宫中皆有大量线形文字 B 的泥版文书出土。1952 年，英国学者文特里斯和查德威克释读线形文字 B 成功，为研究迈锡尼文化做出了重要贡献。线形文字 B 的材料充分证明迈锡尼语言是希腊语的一支。就文字本身而言，线形文字 B 的符号和克里特线形文字 A 一脉相传，都有表示音节的符号 90 个，但线形文字 B 常用的符号已缩减到 59 个，拼音倾向更为加强。

迈锡尼与克里特文化往来极为频繁，并且是直接往来。公元前 16 至前 15 世纪，克里特的物品在迈锡尼和希腊大陆其他大城市的贵族中间非常流行。克里特文化衰亡后，许多克里特工匠来到大陆，并且在这里制造了精美的陶器、金属品、首饰和其他工艺品，深深地影响了迈锡尼的手工业者。在派罗斯泥版中，"克里特工匠制"这一句话是高级艺术品的标志。当然，迈锡尼文化在其整个存在时期仍然保持着自己的特点。这些特点可以从建筑形式和壁画的题材以及葬仪、葬具中看出来。公元前 1250 年前后，由于海上民族的侵袭以及其他原因，西亚、埃及都盛极而衰，迈锡尼人的货物出口锐减，市场和生产萎缩。为了自救，迈锡尼人开始把目标转向小亚细亚，准备劫掠富裕的特洛伊，并控制黑海与地中海的交通要道，以图振兴其出口贸易。经过 10 年征战，迈锡尼人攻陷特洛伊城，但也元气大伤。随着另一支从北方来的希腊部族多利亚人的到达，迈锡尼文化寿终正寝。

三、荷马时代文化

希腊人远征特洛伊的文字表述只出现在荷马史诗中，人们认为这是一个神话传说。但 19 世纪后半叶，德国考古学家施里曼经过艰苦工作，发掘了特洛伊遗址，向人们证明了荷马史诗中的特洛伊战争是真实的。战争之后，爱琴文明彻底衰落，进入荷马时代。公元前 1100—前 800 年之间这一段时期，正是荷马史诗反映的年代，故称"荷马时代"。但也有一些学者因为这个时代遗留下来的文物十分少又难见其文化之辉煌，将它称为"黑暗时代"。荷马史诗描述的时代是希腊的英雄时代，但因为它形成在古风时代，所以在描述生活、生产方式方面有不少内容属于古风时代。这应值得特别注意。荷马史诗包括《伊利亚特》和《奥德赛》。关于荷马史诗，人们的疑问颇多，如荷马其人、史诗的形成过程等。目前，

一般认为,《伊利亚特》和《奥德赛》并非出于一个诗人的手笔,而是由古代民歌、神话和英雄传说经过长期流传、演变而形成的。史诗的起源是多方面的,其中最古的传说,可能早在迈锡尼时代已经发生,但特洛伊战争及其有关的事件,产生了众多英雄传说。在史诗的长期创作过程中,古代歌谣所颂及的真实史迹,逐渐被披上了神秘的面纱,转变为神话和传说,并逐渐加上了英雄人物战斗、游历及种种历险的描写。

初时,这些诗集的故事由行吟诗人代代相传,彼此转述;每逢盛宴或节日,诗人便在军事领袖及其战友的宫中咏唱。公元前8世纪至公元前7世纪之间,这些东鳞西爪的故事和颂歌便被搜集起来,加工成艺术作品——史诗。成形后的荷马史诗成为一部结构完整、内在联系有机的作品,成为留给后世希腊人最为珍贵的文化财富,也是世界文学的杰作。

《伊利亚特》全诗15693行,现今传世的24卷本是公元前3世纪亚历山大城的学者根据古代抄本考订、划分流传下来的。该诗叙述的是希腊人与特洛伊人的战争。特洛伊王子帕里斯去斯巴达做客,拐走了世间最美丽的女子——斯巴达王之妻海伦。于是希腊人组成联军,由斯巴达王之兄、迈锡尼王阿伽门农为统帅,进军特洛伊。经过10年的战争,希腊人终于攻陷了特洛伊,夺回海伦。史诗虽然叙述特洛伊战争,但诗人并没有叙述它的全过程,而是撷取其中的一段进行叙述,集中描写了发生在战争进行到第10年时约50天里所发生的事件。对于此前发生的事件,诗人只在适当的地方加以补叙或略加提及。对于此后的事件,诗人也只择其重要者,略作交代。在约50天的故事里,诗人使它始终围绕一个人——希腊大将阿喀琉斯,一件事——阿喀琉斯与统帅阿伽门农之间的矛盾展开,叙述了愤怒的起因、后果和消解,而把其他有关事件统统作为穿插,从而做到情节的统一。《伊利亚特》这种精心的题材裁剪和结构安排,表明当时的史诗叙事艺术已达到很高水平。

《奥德赛》全诗共12105行,后来被分为24卷。故事的线索发端于特洛伊战争。战后,以智慧闻名的希腊将领伊大卡国王奥德赛(亦译作俄底修斯),历尽艰辛,经过10年的海上漂流回到伊大卡。返乡后,他与儿子一道,对一帮长期对其妻纠缠不休的贵族进行报复,最终一家人得以团圆。

荷马史诗塑造了一系列栩栩如生的人物形象,其中不仅主要人物形象鲜明,各具个性,而且许多次要人物也给人以深刻的印象。按照当时的宗教观念,神灵决定人们的事情,命运决定一切,但诗人在塑造人物时更赞赏的是人的主动进取精神。史诗歌颂英雄和他们的美德,但他们并非完美无缺。诗人不仅赋予他笔下的人物高大的形象,同时也指出他们的弱点,这些弱点成为他们个人悲剧的根源,使全诗贯串着一种悲剧气氛。诗人主要通过人物的语言(独白或对白)、行动和环境衬托来刻画人物形象,不注重白描。另外,史诗中的人物性格基本是定型的,很少有心理描写。当人物心理发生矛盾时,往往让神灵出面解决,这显然是当时诗歌的普遍特点。荷马史诗不但具有很高的艺术价值，还具有珍贵的文献价值，它再现了荷马时代希腊生活的真实情景。

陶艺是荷马时代一种著名的艺术形式。陶器表面多用几何图形来装饰，所以荷马时代的考古文化通称为几何形风格文化。在荷马时代以后，陶器在希腊城邦形成初期（公元前800—前700年）还有重要的发展，但基本风格和精神是在荷马时代形成的。原始几何形风格的特征是用多管笔在器物上绘平行线纹、波浪纹和同心圆图案，条理分明、简略得当。几何形风格则喜用各种几何形图案组成的装饰带遍布器表，不像原始几何形风格那样留有余地（即在器腹中部和底部留下空白），并开始在几何纹中杂以鸟兽等动物图案。后期更在器腹、颈等重要部位画以带几何图案风格的简单人物形象。这种变化表明，经过长期文化衰落之后，希腊文化又开始恢复了元气。从来源上看，这些严谨朴素的几何形图案，一方面是立足于原始社会末期常见的陶器和编织纹样，另一方面则与迈锡尼文化末期渐趋粗略的陶器装饰风格有联系。所以，它虽然兴起于多利亚人入侵之后，却并非多利亚族专有的文化特征，而是普遍见于同时代的各希腊人部族中，并且以非多利亚族的雅典为其最大中心。因为，在公元前10世纪前半期，爱奥尼亚移民渡海东迁的活动正趋高潮，其后，雅典成为爱奥尼亚移民中心，所以陶艺也随着新移民的到来以及雅典与各地交往的加强而风靡一时。几何形风格强调规范化的简朴图案，一反迈锡尼宫廷的豪华装饰，是适合荷马时代社会生活的艺术。它的制陶工艺，其土质、火候、釉色等仍属陶艺的上乘。

综上所述，爱琴文明经历了一个盛极而衰的过程。但是，随着希腊种族进入希腊地区，希腊文化中心北移，希腊文化也逐渐摆脱了来自西亚和北非文明的突出而又明显性的影响，形成了具有自己特色的希腊民族文化，奠定了日后欧洲文化的根基。同时值得注意的是，埃及和西亚继续影响希腊文化，是日后希腊文化繁荣的必要条件之一。

第二章
希腊古典时代的文化

迈锡尼文化没落以后，在荷马时代，以往的城市文明不复存在，高雅的艺术品也随之绝迹。野蛮的征服者在古老文明的废墟上开始了他们的农耕生活。从历史的连续性来说，古老世界是不会消失的，他们的遗物还在潜移默化地滋养着征服者，古代英雄们的故事也在代代流传。爱琴文明的火种并未完全熄灭，它已播撒在了征服者心中。

到公元前8世纪，新文化的曙光又来临了。希腊半岛经过长期的民族迁徙以及随之而来的动荡时期，生产逐渐发展起来，商业和城市再度兴起。在古希腊史上，通常把公元前8世纪到前6世纪这段时期称为"古风时代"，这是古希腊文化发展和形成的重要时期；公元前6世纪以后直至马其顿征服希腊，称为"古典时代"，是上古希腊文化发展的鼎盛时期；古典时代以后到奥古斯都打败安东尼这一时期，为"希腊化时代"，是上古希腊文化广泛传播于欧、亚、非三大洲许多地区的时代，同时也是希腊文化日渐没落的时代。

一、早期希腊的文化

这里的"早期希腊"也就是希腊的"古风时代"。古风时代对希腊文化影响最大的事件是殖民运动。这一运动起因于希腊本土人口日渐饱和。随着人口压力的增加，一向有航海传统的希腊人开始向地中海沿岸各地移民，主要方向是小亚细亚地中海沿岸、黑海沿岸和南意大利。移民者纷纷建立起城邦，在殖民运动中形成了民主制度，并很快风行于希腊世界。由于有经商和移民这两种力量的作用，希腊民族逐渐成为善于航海和经商的民族。殖民运动在文化发展上有着深远的影响。由于航海经商，希腊人对东方优秀文化有了了解，按照奥斯温·默里的说法，甚至在古风时代早期，希腊人有个东方化的阶段，主要指的是希腊人与东方古老的文明发生密切联系，并受到西亚和埃及文化的强烈影响。[①] 在此过程中，希腊人接受了腓尼基人的字母，创造了希腊字母，为希腊文化的发展提供了

---

① 奥斯温·默里：《早期希腊》第2版，晏绍祥译，上海人民出版社2008年版，第六章"东方化时代"。

最基本的工具。这一时期，希腊文化在宗教、艺术、文学、科学和哲学等方面都取得了很多成就。这时希腊文化的特点是仍受东方文化的影响，但自身的特点已经非常突出。

(一) 神话和宗教

希腊最古老的意识形态是神话。神话与故事之间有着本质的区别，故事是一种自觉的虚构，神话则是先民理解周围现实、扩大自己的生活经验以及抒发其创作幻想的尝试。希腊神话之所以比别的神话优雅，是因其不是用单调的故事形式而是用艺术和哲学的形式流传下来的。神话是希腊的诗人、悲剧作家、哲学家和艺术家都爱利用的形式，他们往往赋予神话以新的内容。希腊神话之所以繁荣而且丰富，其中的一个原因是希腊没有强有力的祭司阶级，不像古代东方那样，祭司竭力去统一意识形态和思想观念。希腊的祭司仅仅负责处理宗教仪式方面的事务，他们很少将其势力和影响强加于宗教以外的事物。

最初，希腊每个部落都有自己的神和英雄故事，世代相传。但随着各地区之间交往的日渐频繁且紧密，众多的零星神话汇集并构成了极为复杂的神话系统，这也是荷马史诗和赫西阿德的《神谱》向后人描述的。这一神话系统逐渐成为全希腊共同的精神财富。

希腊人认为，宇宙最初是混沌一片，然后才有天地之分，地母盖娅是万物和众神之源，由她生天神乌兰诺斯，而后天地结合再生众多巨人之神。这是神的原始时代，巨人神中除普罗米修斯创造了人类并为人类偷来火种以外，其他多有杀父食子等荒诞暴虐的行为，反映了他们属于尚未建立秩序的旧神界。希腊人信奉的新神是从宙斯开始的，他是乌兰诺斯的孙子，得以躲避其父克洛诺斯的吞食，推翻了巨人神的统治，建立了新秩序。宙斯把神宫建在奥林匹斯山上，娶其姐赫拉为后。这一对神王神后和他们的兄弟儿女共12人组成奥林匹斯众神，并遂成为希腊城邦宗教信仰的核心。他们各有自己的领域和职责：宙斯是众神之王和天地之主，以闪电霹雳为武器；神后赫拉兼为天空之神；宙斯之弟波赛冬为海神；其子女则有智慧女神雅典娜、太阳神阿波罗、月亮女神阿尔蒂密斯、爱与美之女神阿佛洛狄特、战神阿瑞斯、火神赫淮斯托斯、商旅之神赫尔墨斯。此外，宙斯两个姐妹也是重要的女神：农业神迪米特尔和灶神希斯提亚。这样一个最初起源极为复杂的神的谱系，在荷马时代末期和古风时代早期，逐渐构成了众多独立城邦的希腊民族共同的记忆。

希腊宗教是多神教，最重要的特点是"神人同形同性"。从表面看，神力与祭司之分与其他古代宗教无大差别。但"神人同形同性"论认为，神是人最完美的体现，神与人同一形象，同一性格，只是神能长生不老而已。从此说出发，也可以认为神与人同样有七情六欲，同样会犯错误，甚至也不免有徇私护短、挟嫌报复等缺点。因此，希腊宗教与古代东方的宗教显示出极大的差异。例如，古

代东方只把帝王个人提到神的境界,天神则被抬得更高,被奉为至高无上的宇宙主宰,神性高不可攀,人性贱同草芥;希腊则把神拉到人的中间,神性与人性不仅没有不可逾越的界限,并且是相互辉映的,神是人的最高典型,在神的形象中可以想象人的智慧和美德可能达到的最高境界。由于众多神之间的钩心斗角,也从另一个侧面反映了希腊社会多元化的基本特征。这样一来,希腊宗教中神的形象和神话故事都变得美丽动人,且具有生活气息,有助于表现宗教神话的文艺作品走向现实主义。因此,马克思说,"希腊艺术的前提是希腊神话"。希腊神话不只是希腊艺术的武器,它也有助于使整个希腊文明都带有人本主义的色彩,即以人作为衡量一切的尺度和出发点。

古希腊宗教的另一个特点是没有一个庞大的僧侣阶层,各个城邦都建有神庙,但只依靠为数不多的男女祭司进行管理,这对希腊的民主制度发展极为有利。与东方相比,希腊宗教在人们的生活中不占主导地位。但是,希腊宗教却十分重要,它是城邦生活的一个组成部分,因而渗透到城邦生活的每一方面。宗教解释了物质世界、日常献祭活动和种种社会制度,也是诗人、艺术家创作灵感的主要源泉。为了进行宗教崇拜,希腊人大建神庙,举行各种宗教仪式和节日庆祝活动,这些庆祝活动包括歌舞和体育比赛等等。每当神庙节庆,人们便从四面八方赶来,渐渐地,一些节庆获得了全希腊的意义。在戴尔菲举办的皮提翁节庆,是为了纪念阿波罗征服毒龙皮提翁。这一节庆有音乐竞赛,后来又增设了体育和竞技。奥林匹克的赛会,有徒手竞走、持械竞走、战车竞赛和角斗。后来,诗人和演讲家也参加奥林匹克赛会。奥林匹克赛会在夏季举行,一连5日,竞技的胜利者获得桂冠和橄榄枝,并且有立像的权利,这不但使胜利者及其亲属,而且使整个城邦或部落也引以为荣。据传说,第一次奥林匹克节庆是在公元前776年举行的,后来希腊人就以此为纪年,每4年算作一个"奥林匹克节纪"。从宗教庆典中我们已可看到,古典时代丰富多彩的文化生活在古风时代即已初露端倪。

(二) 文字和文学

古风时代之初,希腊人从腓尼基人那里学会了腓尼基字母,创造了以24个字母(含子音、母音)为基础的希腊文字。希腊文字的出现,为希腊人整理和修订长期流传于口头上的史诗提供了方便,也促进了希腊文学创作的繁荣。古风时代的希腊文字以赫西阿德的诗歌和抒情诗为代表。

赫西阿德是古希腊第一位个人作家,他出生于中希腊波俄提亚的一个农民家庭,其生活和创作的年代是公元前8世纪上半叶。他的作品分成两大组:一组以《工作与时日》为中心,属教谕诗,包括生产技术的指导和伦理道德的训诫;另一组以《神谱》为中心,追溯诸神的世系和部落及名门望族的始祖。《工作与时日》描写了赫西阿德的弟弟企图凭借当地贵族势力侵占他的财产,他写此诗规劝其弟。全诗共828行。诗中叙述人类生活的艰苦,提到人类的黄金时代、白银时代和黑铁时代。全诗谴责贵族的骄横，歌颂辛勤劳动的农民，是古希腊流传下来的第一首以现实生活为题材的诗作，风格清新自然，平易简洁。《神谱》创作之前，希腊流行三种宗教，即奥林匹斯崇拜、俄尔普斯教派和厄琉息斯秘仪。《神谱》继承了荷马史诗的传统，树立了宙斯在天上和人间的统治地位，加速了从对奥林匹斯诸神的崇拜转为宙斯崇拜占统治地位的过程。此外，《神谱》对希腊自然哲学的产生和发展也有直接的影响。古希腊自然哲学一开始便以寻求世界的本原为主题，这和《神谱》中追述诸神的起源有着明显的联系。

在荷马和赫西阿德之后兴起的是抒情诗。抒情诗这一文学形式产生于希腊发生巨变的时代。古风时代，古希腊经历着从自然经济到货币经济、从氏族庇护到相对崇尚个人自由和独立自主的转变过程。在这种情况下，个人失去了往日的依傍，抒情诗正好表达了那个时期人们的心理。为抒情诗开先河的人物是公元前7世纪至前6世纪间派罗斯岛的阿客罗科斯，他在抒情诗方面的重要性并不亚于荷马在史诗方面的重要性。他经验过和感受过那个时代人们的一切悲哀、困扰、痛苦和欢乐，决然放弃史诗的冷静和创作方法，转而创作主观的（抒情的）诗歌。他掌握着一种力量，能够把自己的情绪和感受发泄为时作时辍的诗歌。他时而针对自己的敌人进行辛辣的讽刺和诅咒，时而转向对生活的歌颂，号召人们去享受生活的欢乐，告诫人们须知欢乐苦短、命运无常。在列斯堡的女诗人萨福和男诗人阿尔开俄斯的歌体诗、颂歌、讽刺诗中，抒情诗达到最高的表现和造诣。他们歌颂爱情、自然、朋友和美酒。至于激动其同代人的那些政治问题，他们只是顺便一提而已。他们在诗中表达的主观经验，已经给全人类提供了重要意义，其诗的价值即在于此。怀着热爱的心情，沉湎于因嫉妒而困扰的妇人，以及溺爱自己孩子的母亲……在萨福的诗中占着中心地位。在萨福的诗作中，伤感的主题给她的诗染上了一种独特的悲观主义色彩。

公元前7世纪至前6世纪期间的抒情诗，只传诵于一个十分狭隘的社会阶层。这个阶层没有物质困扰的牵累，所以沉湎在自己的个人经验里面。僭主们的宫廷成为诗人做客之地。僭主一般都爱护诗人，喜欢邀请诗人到他们的宫廷里做客。开俄斯的阿那克瑞翁便是个典型的宫廷诗人。他生于公元前6世纪后半期，自称其诗为歌颂美、爱情与欢乐的歌，对政治、战争和生活的骚乱十分冷淡。在他看来，凡是破坏了和谐生活的一切都是坏的，尤以钱财为甚。他掌握诗的形式达到了完善之境，他写过哀歌体诗、讽刺诗、短长格诗。

到了公元前6世纪末至前5世纪初，抒情诗便衰落了，它已经不能够满足新的民主制度社会的要求。在民主政治下，城邦变成了希腊人生活中的头等大事，已经很难再给个人的哀怨和情感留出更多的发挥空间，一切都以城邦间的竞争为主，公民的集体治权得到强化。亚里士多德甚至说："人是天生的政治动物。"这样的社会氛围是很难容许诗人抒发个人情怀的。希腊最后一个抒情诗人是底比斯的品达（公元前522—前442年），他有"白羽的天鹅"之称。品达站在两个

时代和两种文艺风格的界线上——一方面是抒情诗，另一方面是悲剧和喜剧。品达以其歌颂奥林匹克节庆、皮提翁节庆及尼弥亚节庆的竞技胜利者而获得希腊世界的声誉。

（三）艺术

古风时代，雕刻艺术是希腊文化成就的另一个亮点。公元前7世纪中期，希腊人开始用大理石雕刻巨大的人像。希腊人制作这种直立人像的灵感显然来自埃及，并从他们那里学到了雕刻技术。埃及人在动手雕刻之前，必须事先在一块石料的三面或四面画好人像轮廓，石料正面画人物正面像，头的厚度同画的轮廓达到一致。人像轮廓均根据固定的比例系统画线，以便作品完成后无论从前面还是两边看，它们都相互合为一体。希腊人在制作雕像时，很大程度上采用了埃及人雕刻人物形象的比例系统。这便是为什么早期希腊雕像看上去酷似埃及雕像的原因。

希腊人制作的男子雕像分别用于以下三种用途：表现神的雕像、作为美好的物品奉献给神和用它作为个人的纪念碑安置在死者的坟墓上。这三种用途都没有妨碍过雕像的形式，也没有妨碍艺术家自由地变换形式。这与埃及的情况大不相同。在埃及，雕像常常服务于一种半巫术。例如，一个人的木乃伊偶然被毁坏时，就由别人选择雕像作为死者的"卡"（即人的灵魂）的家。所以，巫术利用了大理石的自然防腐和不变形的特点制作雕像，与其说是追求艺术表现，倒不如说是为了原始形制的崇拜。这也是埃及雕像的风格和形式历经上千年还那么相似的主要原因。而希腊的雕像功能则不限制其形式，雕刻家逐渐地改变原来的艺术风格，最后形成了自然主义的风格。比如古风时期早期的男子立像，已经逐渐接近真实的人物形象和情态，而非埃及刻板的姿势和表情。其风格比埃及人的雕像自然得多，艺术充满了生机。石雕风格的转变影响了公元前5世纪早期的青铜雕像。从此，希腊雕塑艺术经过了漫长的学习探索过程，终于形成了自身生动、形象和富于表现力的特点。

与雕像同步发展的是希腊的木绘和陶绘艺术，但木绘的遗存现在很难见到。希腊画师先后发明了黑像瓶画技法和红像瓶画技法，使画中人体变得更为生动，衣服更柔软逼真，人物具有更多的生活气息。古风时代希腊文化的发展为古典时代希腊文化的繁荣奠定了坚实的基础。

二、古典时代的文学

古典时代的希腊文化在很大程度上可称为雅典的文化。这个时期，雅典在文学、艺术、哲学、史学等方面人才辈出，创造了辉煌的文化成就，达到古代世界文化的最高峰。相比较之下，希腊其他城邦在文化方面则大多乏善可陈。出现这种状况的原因主要有以下几点：首先，雅典最早建立了民主政治，进行过梭伦、克里斯提尼和伯里克利的改革，雅典公民集团成为古代最为民主的政体，民主制度有利于发挥公民个人的积极性；其次，希波战争胜利后，雅典的奴隶制经济开始繁荣，雅典公民集团创造的灿烂文化，正是建立在占城邦人数一半以上的奴隶的艰苦劳动基础上的；再次，希波战争后，雅典海军在地中海东部取得霸权，建立了提洛同盟，雅典搜刮了同盟城邦大量的财富，雅典的文化建设从中获得了充足的资金支持；最后，雅典是当时希腊最大的工商业城市，商品经济和海外贸易发达，其经济基础造就了城邦的开放性和促使文化交流的日益频繁，所以灿烂的文化之花在雅典这片沃土绽放出来。

（一）悲剧

古典时代的辉煌文化突出体现在文学方面，而雅典的戏剧（悲剧和喜剧）是它的主要表现形式。

希腊悲剧是从赞美酒神的颂歌和祭祷发展而成的。"悲剧"，原意是"山羊之歌"。在祭祀酒神的庆典上，与祭者穿上羊皮，模拟酒神的从者——萨提尔（半人半神）。原先的酒神颂并不复杂，只是合唱队的合唱而已，既没有音乐的变化，也没有艺术性。自从合唱队中增加一个表演的人员——演员——这才向前跨了一大步。演员朗诵关于酒神的神话，跟合唱队对答台词。演员和合唱队之间有了交谈——对白——就构成了戏剧表演的基础。

正如戏剧一样，希腊剧场也跟酒神崇拜及酒神祭礼分不开。在举行献祭或神秘仪式之际，与祭者在靠着祭坛附近山坡上环立，如同后来圆剧场一样的位置，这就是希腊剧场的起源。圆剧场的原则一直保留到后世。希腊剧场始终是圆剧场，倚山坡而筑，露天，没有屋顶，没有台幕，是一片自由宽阔的场所，作半圆形。所以，剧场的设计已经含有民主和开放的原则，不为设备所局限，剧场规模极大，可以容纳大量民众。例如，雅典的狄奥尼索斯剧场可以容纳上万观众。剧场的主要部分包括观众场、歌队场（初时是演员所在的地方）和前台（以前是悬挂剧场装饰的地方，后来是演员表演的地方）。装饰富丽的酒神祭坛，设在歌队场的中央。前台的背景饰有廊柱，通常作王宫模样。观众所在的地方，则用木栅或石墙与市区隔开，但不盖屋顶。自从伯利克里颁行观剧津贴之后，雅典所有公民都可以进入剧场观看演出。

演剧只有在酒神狄奥尼索斯祭的节日进行，初时只是祭仪的附属品。后来，剧场逐渐取得了社会意义，成为政治的论坛及休息与娱乐之地。希腊城邦人民文化的高度水准，在很大程度上应该归功于组织民众、教育民众、启发民众的戏剧。演剧与城邦是不可分离的，城邦的民主没有演剧是不可想象的，有时候全城大约有一半人都去观剧。

希腊悲剧的内容和主题是极其多样的。然而，悲剧又惯常根据某些神话或英

雄传说，如取材于荷马史诗，而极少取材于历史事实。基于这些非现实的题材，悲剧作家们在其中融入了希腊人关心的种种现实问题，如命运问题、社会与个人之间的冲突、爱国与卖国等。

希腊悲剧之所以具有世界历史的意义，主要有两方面的原因：一是在内容上，其想象力极其丰富，而且处理问题具有哲学深度；二是在形式上，有诗的精炼，又不失语言的丰富与华丽。希腊悲剧由于使用了非现实的题材，使观众能够超越具体的内容，更深入地理解剧情；同时，在剧中又融入了现实的内涵，使观众关心剧情变化，戏剧由此接近了观众，吸引了观众。历史与时代意义在古典作家的作品中和谐地交织在一起。

在希腊悲剧作家中，最有名的是埃斯库罗斯、索福克勒斯和欧里庇得斯。他们的作品达到了人类文学史上难以超越的高峰。一般来说，埃斯库罗斯是希腊悲剧的真正创立者。他在剧中增加了第三个表演者，使剧情更加生动，使戏剧更多动作，因而更接近生活，也更接近观众。此外，戏场道具的改良——使用剧场装饰、面具、高底鞋、飞行装置、雷声装置以及其他器械——皆归功于埃斯库罗斯。总之，希腊戏剧的历史是从埃斯库罗斯开始的。

埃斯库罗斯（公元前525—前456年），生于神秘阴森的厄琉息斯秘仪的中心地点厄琉息斯。在希腊与波斯的战争中，他生逢其时，曾经亲自参加过与波斯人的战争。相传埃斯库罗斯的剧本共有70部，但完整保存下来的仅有《奥瑞斯忒亚》三部曲（包括《阿伽门农》《奠酒人》《降福女神》）、《波斯人》《七将攻忒拜》《被缚的普罗米修斯》和《求援女》。埃斯库罗斯的剧作极富生命力。这与他所受的神秘主义宗教影响有关；同时，他所处的时代是一个希腊人充满自信心的时代。他的思想深刻、雄伟且带有神秘主义，他的语言英气勃勃，富于隐喻或辞藻，他描写的人物性格刚强。在他看来，世上一切矛盾冲突的根源都来源于命运，无论人还是神都无法抗拒命运的安排。个人的自由意志与不可抗拒的命运之间的永恒冲突，正是埃斯库罗斯在其悲剧中所要表现的主要思想。

与命运这一观念紧密相关的是埃斯库罗斯（应该说古希腊人）的报应观念，即一个人有意无意所做的恶行，都不可避免地会得到报应。这在《阿伽门农》一剧表现得最为明显。阿伽门农王出征前以女儿祭神，战争结束后，他被其妻勾结他的弟弟所杀，这一结果是对前一行为的报应。报应观念与妥协观念在其他剧中也有反映。在《被缚的普罗米修斯》中，这两种观念彼此交织在一起。因此，该剧交织着两个主题：对自由和创造的渴望与不能获得自由的种种障碍，如氏族的、地区的、宗教的以及其他各种传统与偏见。用古代悲剧作家的话来说，这一切就是所谓的命运。

在埃斯库罗斯之后，索福克勒斯在悲剧中进一步深化了命运和报应观念，使之更加明确。索福克勒斯（公元前497—前406年），生于雅典，与伯利克里处于同一时代。他一生创作了123个悲剧，其中流传下来的有7个：《俄狄浦斯王》

《俄狄浦斯在科隆诺斯》《安提戈涅》《斐罗克忒提斯》《埃亚斯》《特拉基斯少女》和《厄勒克特剌》。人们把他比作戏剧的荷马。正如荷马全面表现了英雄时代一样，索福克勒斯热情讴歌、细致刻画了他所处的那个伟大的时代。他在剧作中反映出他对命运的看法：命运这一观念是与人类表现的伟大天才交织在一起的，人是一切价值的尺度。应当说，这样的自信也是一个激昂、奋发创造的时代的产物。

就命运这一观念来说，索福克勒斯的看法比埃斯库罗斯的看法更为抽象。在埃斯库罗斯的作品里，命运是接近神性的，索福克勒斯则不是这样。这一点在《俄狄浦斯王》中表现得最为突出。俄狄浦斯生下来时就有人预言他将杀父娶母。可是一旦明白了自己的命运，他又竭力地运用意志的力量去行善，去逃避命运给予他的打击。这里命运与报应的意义，表现得十分明确。但是在作者看来，命运的不可抗拒性不能抹杀人的个性，否定人的自由意志。他把人描写成自觉的生灵，自己的过失自己负责。

与以上两位作家不同，欧里庇得斯认为，命运就在个人的身上。他把命运与人睥睨一切的激情看成一个东西。欧里庇得斯（公元前480—前406年），出身贵族，常常周旋于雅典当时的名流之间。他写过70余部悲剧，但保存下来的仅有18部，包括《美狄亚》《特洛伊妇女》《伊菲革涅亚在奥利斯》《希波吕托斯》等。此外，还有一部讽刺剧《圆目巨人》。其作品的特点是反映了当时的一切重大问题，如神性与人性问题、崇拜的意义问题、自然法问题、妇女权利问题、两性关系及家庭问题等。与索福克勒斯表现的理想人物不同，他描写了人类高尚与卑劣的激情的冲突。在这方面，不妨说欧里庇得斯是莎士比亚的真正先辈。《美狄亚》是欧里庇得斯描写妇女悲剧中最重要的一部。美狄亚深爱她的丈夫，但丈夫却抛弃她另娶。于是，美狄亚由爱转为恨，不仅毒杀了丈夫的新妇，而且在痛苦中杀死了自己的两个儿子，以示对丈夫的惩罚，实现了"悲剧"。他的剧作标志着旧日悲剧的结束。在他的笔下，命运不再存于人之外，人与命运的矛盾变成了人自身内在的斗争。

（二）喜剧

希腊人也十分喜爱喜剧。亚里士多德将喜剧定义为对丑的和滑稽的事件和人物的模仿。古典时代雅典的喜剧主要是政治喜剧。这与雅典的民主政治有关。由于实行民主政治，特别是直接民主制，凡是公民都有参政权，因此他们都关心国家大事。喜剧以轻松的形式给人们提供了一个参政议政、理解政治的途径。与悲剧一样，喜剧起源于祭酒神的狂欢歌舞和民间滑稽戏。后来，狂欢游行的歌经过艺术加工，便形成一种新的文艺体裁——喜剧。日常生活中的一切事物都可成为喜剧的题材。喜剧的语言与日常会话接近，不同于常规的语言，在用字、构句、分场、设境等方面比悲剧显得有更大的自由度（悲剧必须按严格的规律写作）。

喜剧的舞蹈尤其放纵狎昵，妇女和儿童不能临场看喜剧演出。喜剧的内容和技巧比较自由。喜剧的登场人物比悲剧多，服饰更鲜明绚烂，面具也更多姿多彩。在喜剧中，作者的个性也表现得更突出，他甚至可以以演员身份登场向观众说话。

阿里斯托芬（公元前450—前388年），雅典人，堪称政治喜剧的能手，是喜剧创作的代表人物。他一生创作了44个剧本，保存下来的有11个。他的创作特色是：艺术性的形式美，无穷无尽的机智，悲剧的、喜剧的和抒情诗的三种情调的结合。他生活在希腊历史上的多事之秋，他一生中的一半时间生活在伯罗奔尼撒战争期间。他热爱雅典的民主政治，热爱和平，用手里的笔愤怒地揭露了当时社会上的种种丑恶行为。对政治人物，他的攻击更为激烈。在《巴比伦人》和《骑士》两剧中，他讽刺了雅典的民众领袖克利翁；在《和平》中，他无情地嘲笑了引导雅典从事伯罗奔尼撒冒险而破坏了雅典的一切幸福的主战派；在《鸟》中，他讥笑煽动家们诱惑雅典人去从事种种冒险事业。毫无疑问，《鸟》剧所指的正是后来带给雅典人巨大灾难的西西里远征。阿里斯托芬还把矛头指向了雅典的知识界。他在《蛙》里描述了埃斯库罗斯和欧里庇得斯彼此的斗争。这出喜剧的历史价值，在于使人们看到了知识分子当时的真实状况。而在《云》一剧里，他则讽刺了诡辩学派和新式教育的原则，当众讽刺苏格拉底的不切实际。对于日常生活中人们的贪得无厌、雅典人的诉讼狂等，他在剧中都有细致的刻画。总之，阿里斯托芬的喜剧既反映了当时的一切重大事件和现象，又表现了社会的不同阶层的精神面貌和生活状况。因此，他对同时代人的影响十分巨大。希腊戏剧既是希腊人在文化史上最主要的成就之一，也是给后世留下的一笔丰厚的文化遗产。

三、古典时代的建筑、雕刻和绘画

（一）建筑

希腊人的建筑艺术主要表现在宗教和公共建筑上。由于宗教原因，希腊人虔诚地为他们的神修筑庙宇，庙宇也成为人们公共活动的场所。

希腊的建筑主要有三种形式：多利亚式、爱奥尼亚式和科林斯式。因为希腊神庙是根据简单的立柱和横梁的原则构成的，所以希腊建筑以柱式分类，垂直的柱子支撑着水平的过梁。早期的建筑材料是木头和泥石，后来学习埃及人采用了大理石石材。多利亚式是强健的、朴素的和粗壮的，圆柱柱身粗大（其高度仅是底部直径的4～6倍）并直接立于基座上。柱身顶端的柱头由朴素的、像垫子一样隆起的圆形垫石和一块无装饰的正方形顶板组成，顶板托住无装饰且未分割的框缘。爱奥尼亚式比较纤细和华丽，柱身细长（柱高是柱底直径的8～10倍）并立于精心制作的柱基之上。爱奥尼亚式柱头依曲线从上方向左右两旁蜷缩成涡旋形,并用顶板盖住柱头,顶板托住框缘。以上两种形式的基本特征经久不变,但某些要素和比例可以作有限的修改。爱奥尼亚式通常比多利亚式得到更多自由的处理。公元前5世纪末,人们创造了科林斯式柱头,其风格华丽,柱头刻有精美的叶状装饰。此样式在希腊极少使用,因为装饰过分,而在古罗马时才被大量采用。从某种意义上讲,它是爱奥尼亚式华丽的变体。

希腊所有神庙都盖有斜坡式的屋顶,屋顶由前后三角形山墙托起。三角形山墙又称为人字墙。装饰的雕刻饰物使山墙的三角形变得优美,并使神庙屋顶的严格几何形状变得柔和。在雅典卫城顶上,为女神雅典娜修建的帕特隆神庙是雅典最宏伟的建筑。它气势宏伟,饰以黄金象牙,庄严富丽,由艺术家菲狄亚斯(生卒年不详,活跃在公元前450—前430年)负责设计。全部工程从公元前447年开工到公元前432年最后完成,均以大理石建成。神庙是多利亚柱式,同时也采用了爱奥尼亚柱式的手法,显示了希腊各种艺术的气魄。与神庙相对的伊力特盎,则主要用爱奥尼亚柱式建造,它以其秀雅灵巧与帕特隆的雄浑庄重相对照。由于希腊神庙的平面布局和柱式风格这时已定型,故建筑家所能自由发挥之处主要在细部比例和做工精细等方面。帕特隆神庙正是有了精益求精的安排才得以成为世界建筑史上的顶级之作。例如,艺术家注意到了人类视觉误差的现象,对此庙细部安排了一系列"视觉矫正"的措施,如地基中央较凸起,柱子较向内倾,各处直线改为细微的曲线,柱间距明处较窄、暗处较宽,等等。这些虽然肉眼不易察觉,却能曲尽其妙,其艺术处理使神庙形象雄伟而不呆板,坚实而有生气。

(二) 雕刻

经过古风时代漫长的学习和探索,到古典时代,希腊雕刻已一洗埃及风格的呆板、僵硬,在现实主义表现方面达到很高的境界。

希波战争后,希腊人尤其是雅典人爱国主义情绪高涨,要求塑造理想的英雄形象。社会的需求产生了艺术的进步,形成了近代艺术家称为"高贵的单纯与静穆的伟大"的古典盛期风格。曾在海里发现的宙斯青铜巨像和希腊战士青铜像均是这一需要的产物。另外,崇拜神像是希腊雕刻的另一个主题。在歌颂英雄主义、崇拜神灵时,艺术家们力求表现出人体的健美,从而使一些雕像越来越接近于自然的人像,逐渐走上了完美表现人体的现实主义道路。

古典时代的希腊人虽然喜欢描绘裸体男子,却喜欢雕刻着衣的女子。古风时代,艺术家们已经能表现雕像活生生的脸、臂和脚,但他们在涉及衣服这种无生命的领域时,则仅仅表现了它那整齐的外表,大理石雕像垂直的衣褶既未表现出衣服柔软地自然垂落,也未暗示衣服下面活生生的女性身体的风采。到古典时代,雕刻家发展了一些技巧和法则,将披着衣服的女性雕像表现得像活生生的妇女穿着用柔软衣料做的衣服一样。自然主义的表现技巧有了十分显著的进步。

古希腊三大雕刻家是菲狄亚斯、米隆(生卒年不详,活跃期为公元前460—

前430年)、波里克里斯特（生卒年不详，活跃期为公元前450—前420年）。菲狄亚斯与伯利克里是至交，帕特隆神庙的雕塑和浮雕就是由他主持雕刻的，故被称为"菲狄亚斯风格"。他的专长是雕刻神像，以两座巨大雕像最为著名。一座是帕特隆庙内的女神雅典娜的雕像，用象牙和黄金做成，高达12米，光辉耀目，神采奕奕；另一座是奥林匹斯山上宙斯神庙内的神像。米隆也生活在公元前5世纪，善于雕塑运动员的形象，名作《掷铁饼者》生动地表现了运动员弓身掷饼的瞬间动作，极富神韵。波里克里特斯则致力于研究人体表现的比例法则，代表作品《赫尔墨斯神像》是这位希腊古典大雕刻家仅存的原作，其表现力的高超完美，现代艺术家也为之惊叹。

（三）绘画

古希腊的绘画艺术，几乎全部被毁坏，现在只能通过陶土瓶上的瓶画加以研究。古典时代以红像瓶画技法为主。其中最著名的是科林斯彩陶，有图案和色彩线条等，画的内容有狩猎、收割、神话等。著名的画家有伯利诺塔斯（活跃期为公元前490—前460年）和爱钵罗多（活跃期为公元前420—390年）。前者作有公元前490年马拉松战役图一幅；后者发明了明暗法，创造出一种表现逼真的绘画艺术。

四、古典时代的哲学、科学和史学

（一）哲学

古希腊哲学的最初形态是自然哲学。由于宗教的世俗化，人们对自然界产生的疑问很难从宗教中得到解答，因此，人们开始理性地思考自己所处的环境。哲学的发源地在社会生活发育最快的小亚细亚，其代表人物是泰勒斯（公元前624—前547年），他创立了米利都学派。泰勒斯认为水是万物之源。自然哲学的思想随后也传播到了希腊各地。最著名的有小亚细亚以弗所的赫拉克利特（公元前530—前470年），他认为万物的本原是火。其次是大希腊的毕达哥拉斯（约公元前580—前500年），他认为数才是万物的本原。在自然哲学上与现代观念最为接近的是德谟克里特（约公元前460—前370年），他认为一切事物的本原是不可再分的原子与虚空。以上所列举的是古希腊哲学的代表人物。其实，在古典时代早期，希腊各地思想家关于自然的本原论述是非常多的。这个时期希腊哲学以探讨自然为主，学者们都思考构成自然界的要素，关于自然界的运动思考较少，关于社会生活的思考就更少。其中，赫拉克利特是比较特殊的，他进一步探讨了自然界的运动，认为世界处于按规律进行的永恒的变化之中。他的学生提出了一个对后世影响深远的命题："一个人不能两次踏进同一条河流"，从而生动地表述了人们在生活中面临的环境都是具体的、变动的哲学思想。

苏格拉底（约公元前470—前399年）使希腊哲学开始为之一变。学者们探讨的主题也从自然转变为人的道德伦理和思想本身。人们便以此为划分阶段的标准，称此前的哲学为前苏格拉底哲学。苏格拉底与他的弟子柏拉图及再传弟子亚里士多德奠定了后世西方哲学的坚实基础。苏格拉底认为，哲学的任务就是探讨与人生幸福有关的道德伦理问题。他对于知识的认识和探讨哲理的方法很有特色，提倡"知德合一"说，认为美德基于知识、源于知识，而两者的获得则有赖于教育。他坚持以破中求立的求知方法，以不断的追问使人们的传统思想露出破绽、出现谬误，最后推导出正确的结论。苏格拉底的职业有人说是石匠，总之地位不算高，但他却喜欢在公共场合探讨知识，加之他独特的引导讨论的方法，吸引了一大批年轻人。他一生虽无著述，但其弟子柏拉图和色诺芬记述了他的思想。后来雅典法庭以亵渎神灵、败坏青年罪名判处他死刑。临死之际，他坦然自若，坚持自己的思想。总的来说，苏格拉底在哲学上的启蒙作用大于具体成就，人格影响又在学识之上。

柏拉图（公元前428—前348年）是苏格拉底的得意门生。苏格拉底逝世后，他在雅典设立学园，广招弟子，一生除了短暂参与叙拉古的政治以外，以教书为乐，著述甚丰，影响深远。柏拉图思想的核心是"理念论"，理念即事物之概念。他认为只有理念才是真实的，具体的事物与事物的理念相比都是不完善的。由于理念存在于人的心灵或灵魂之中，因此认识理念无须学习，只凭"回忆"即可。柏拉图这套哲学对西欧后来的唯理主义哲学影响极为深远，黑格尔的哲学核心问题即由此而来。而他所著的、对后世产生深远影响的《理想国》，便是他的哲学思想在政治领域的应用和引申的突出成果。时至今日，欧洲一些哲学家仍然认为，现代欧洲的所有哲学讨论，似乎可以从柏拉图哲学中找到一些思想养料或问题的根源，只不过现代运用的分析工具比较新颖，内容有所不同而已①。

亚里士多德（公元前384—前322年）是柏拉图的弟子，年轻时从马其顿到雅典学园学习，学成回国后担任亚历山大大帝的老师。后来在雅典也筹办一学园，称"逍遥学园"。他既是哲学家、科学家，又是百科全书式的学者，集精深广博于一身，著作极多。据说，他一生所写的著作约400～1000卷，现存的也有162卷。在哲学上，他坚持"吾爱吾师，我更爱真理"，指出并批判了柏拉图理论的虚妄之处，认为理念是人类思维抽象出来的共相，并没有什么理念世界。同时，他确立了自己的"四因说"，认为一切事物的产生、运动和发展，都不外四种原因的作用。这四因是质料因、动力因、形式因和目的因。但他并未摆脱理念论的影响，认为形式可支配物质，形式属于精神世界。他非常重视逻辑学，把

---

① 张华夏等主编：《科学·哲学·文化》，中山大学出版社1996年版，第45页。

它看作哲学的部分和人们获得科学知识的认识工具。经过认真研究，他创立了形式逻辑，特别是对三段论推理的系统性研究独树一帜。他第一次提出了逻辑思维的三个规律，即同一律矛盾律和排中律。并通过例证和论证，确立了三段论的各种有效形式。其中第一格所用的例子："一切人都是会死的和所有诗人都是人"，由此得出结论"一切诗人都会死的"，后来被称为"典型格"。经亚里士多德的不懈研究，传统的形式逻辑的基本内容大体上已规定下来。

（二）科学

由于生产和海上贸易的发展，在古典时代，希腊人在科学上也取得了许多成就。在天文学方面，泰勒斯预言过公元前585年的一次日食，毕达哥拉斯则提出了最早的太阳中心说。在数学方面，泰勒斯提出几个几何学命题，并加以证明。毕达哥拉斯在数学方面的贡献尤其突出，他证明了毕达哥拉斯定理（中国称为"勾股定理"）。据称，后来欧几里得的《几何原本》的许多内容都是毕达哥拉斯及其学派研究的成果。在医学方面，最有代表性的是"医学之父"希波克拉底（约公元前460—前377年）。他把医学从巫术引向科学，他坚信各种疾病都是生硬失调和外界影响所致。他首倡体液学说，并根据体液把人分为四种气质：多血质、黏液质、胆汁质和抑郁质。他对医学贡献最大的是"希波克拉底誓言"，以誓言方式规定了医生的职责和道德，至今仍被奉为国际医务道德准则。

亚里士多德是古典希腊科学的集大成者，也是一些学科的开创者。他对逻辑学、生物学、物理学、心理学等学科多有开创之功。他第一个认真研究物理现象，汇集其著作的《物理学》一书是世界上最早的物理专著，其中主要是力学方面的研究。在生物学方面，他的著作中有1/3是关于生物学的内容，并对动物进行了分类。他被后人称为是伟大的生物学家，生物学分门别类第一人，或"生物分类学之父"。他一生研究了500多种动物，亲自解剖、观察的动物不少于50种，从而掌握了丰富的动物知识。推翻了当时流行的许多观点和看法，如大象必须靠在树上才能睡觉，等等。他对动物的观察和解剖的细微，令许多科学家感到折服；他的许多表述直到19世纪才被科学证实。但是，由于他不进行人体解剖，导致了他对人体器官功能的表述错误甚多。由于古典时代科学的局限是多运用演绎法推理方法，所以错误之处不少。古典时代的科学理论到希腊化时代被广泛应用在实用技术上。

（三）史学

古希腊人在史学方面也取得了极大的成绩。在众多的史学家中，希罗多德和修昔底德犹如一对灿烂的双子星座闪耀在古今历史长河之中。希罗多德（公元前484—前425年），小亚细亚哈利卡尔纳索斯人，曾遍游地中海各地，后居于雅典，为伯里克利好友。他写的《历史》一书（也称《希波战争史》）共9卷，以希波战争为主要线索，前4卷讲述埃及、巴比伦、波斯、印度、小亚细亚和黑海北岸的历史，后5卷翔实地记载了希波战争的历史（至公元前479年）。该书通篇采用叙述方式，其资料一些来源于过去史话家的著作，更多的是他遍访各地、追寻真相所得。他眼界开阔，以理解和友好的方式描述其他民族。在各种事件中，他采取各种方法加以证明，去伪求真，而非偏听偏信。因此，《历史》被公认为西方现存的第一部历史著作。而且，由于它具有怀疑和批判精神以及生花妙笔的描述而为千百年来的人们所喜爱，所以人们称希罗多德为"历史之父"。修昔底德（公元前460—前395年），雅典人，曾任雅典将军，被解职后对正在进行的伯罗奔尼撒战争进行了深入探讨，写成《伯罗奔尼撒战争史》。此书共8卷，结构严整，具有极高的史料价值。修昔底德治史态度严谨，是西方史学中第一个具有批判和求实精神的史学家。他十分注意用经济因素分析历史事件，在后世享有极高的声望。其他有影响的希腊历史学家还有苏格拉底的弟子色诺芬，他著有《希腊史》《回忆苏格拉底》等著作。

第三章
希腊化时代的文化

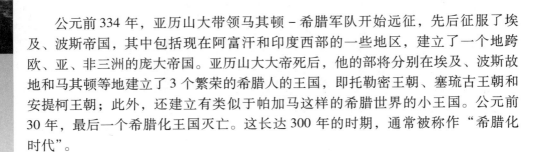

公元前334年,亚历山大带领马其顿-希腊军队开始远征,先后征服了埃及、波斯帝国,其中包括现在阿富汗和印度西部的一些地区,建立了一个地跨欧、亚、非三洲的庞大帝国。亚历山大大帝死后,他的部将分别在埃及、波斯故地和马其顿等地建立了3个繁荣的希腊人的王国,即托勒密王朝、塞琉古王朝和安提柯王朝;此外,还建立有类似于帕加马这样的希腊世界的小王国。公元前30年,最后一个希腊化王国灭亡。这长达300年的时期,通常被称作"希腊化时代"。

一、希腊化时代文化的含义和产生的历史条件

"希腊化"的提法为"类似原来的希腊人"的意思,是由19世纪德国史学家德罗伊森(Droysen)提出来并被广泛接受的,并非一个古已有之的概念。从文化史的角度来看,希腊化时代的文化,指的是希腊文化在亚历山大征服的地区广泛传播所取得的成果,是征服者和被征服地各族人民共同创造的文化。一方面,在被征服地区形成一个以希腊语言、艺术和知识为主,包含了波斯和埃及等文化因素的共同文化圈。希腊文化在融合被征服地区特别是古代东方文化的过程中,进一步发展,发挥着维系征服地区居民的作用。另一方面,马其顿-希腊军队在征服地区建立统治的同时,希腊文化也征服了被征服地区的文化,使其衰落下去,如两河流域和埃及。

亚历山大大帝在位时,非常重视建设新城市,据说在东方建立以他名字命名的城市就有70座,经考证和发掘核实的亦近40个。亚历山大的继承者沿袭了他的做法。在希腊化时代建立的城市达200多个,其中许多城市的人口在10万人以上,① 而亚历山大里亚和安条克城的人口各50万人。3个王国实行的是东方式的君主专制体制,但各城市在内务上仍然保留了希腊城邦的许多民主传统,即享受自治权,制定法律。各城市都有自己的公民大会、议事会、市政官员等,城市公民通过这些机构参与城市管理。在教育方面,希腊化时代文化传承了希腊城邦

---

① 徐新:《西方文化史》,北京大学出版社2002年版,第69页。

重视教育和体育锻炼的传统,甚至在一些地方,女子也可以接受学校教育。城市成了来自各个地方市民的集居地,成为非希腊人学习采用希腊文化的中心和媒介。一个城市就是一个文化中心,拥有剧院、神殿和图书馆等,成为诗人、作家、教师和艺术家的家园,普通市民学习的地方。① 由于人口的迁徙流动日益频繁,采用共同的货币标准和贸易的扩大和发展等,出现了希腊与近东地区市场一体化的趋势,进一步加强了民族的交流和融合。在埃及和叙利亚的城市里,一些当地人成长为精英,他们身穿希腊式服装,说希腊语,遵循着希腊的习俗。② 希腊文明由爱琴海向两河流域和印度河传播,使希腊化世界拥有了一个文化共同体。

希腊化时代文化的发展,首先得益于多元文化相互交流和融合。一方面,统治者重视与异地异族的交流和融合。亚历山大的征服,给东方各地人民带来了杀戮和痛苦,同时也带来了不同文化之间的交流。亚历山大逐渐采取融合东西方文化的政策,要求军人以波斯女子为妻,接受东方的宗教和礼仪等。他的后继者大都沿袭了这种政策。在冲突与融合之中,希腊语作为通用语言被征服地的人民所接受,成为维系各希腊化王国的纽带。这是希腊化文化形成的关键。另一方面,与西欧封建社会早期"蛮族"人征服古罗马不同,亚历山大征服的国家是东方古代文明地区,当地的文化比它还古老,发展水平较高,在某些方面甚至比它还先进。所以,既没有出现"征服者被被征服者的文化所征服"的情况,也没有全盘否定当地文化的现象,而是在相互吸收之中,当地居民对外来的文化有了新的探索的愿望。

其次,新的环境促使统治者选择了比较适合当地实际情况的统治方式,并保护和鼓励艺术和学术。希腊化王国的君主们还是保持了古典希腊城市的许多民主传统,保护和扶持艺术和学术。如阿塔鲁斯王朝的君主们热衷于希腊艺术,雇用了一批当时最著名的艺术家,使它很快成为著名的艺术中心。这对于希腊化时代的兴盛和文化繁荣起了重要的作用。

最后,希腊化各国经济、文化联系密切,文化中心对文化的发展起到领头羊的作用,起到集中传播希腊文化和融合异地文化的效果。除了雅典作为希腊地区的文化中心外,在东方也形成了更具活力的两个文化中心:帕加马和埃及的亚历山大里亚。这些城市都汇聚了大量希腊学者、工程师和艺术家。各个城市一般都建有图书馆和神殿等,供市民学习、交流和研究之用。如亚历山大里亚,城里有图书馆、博物馆、植物园、天文台和实验室等,藏书量达50万册(一说70万册),是当时世界上藏书最多的图书馆。它逐渐发展成为希腊化时期希腊本土之

---

① 约翰·巴克勒等:《西方社会史》第1卷,霍文利、赵燕灵等译,广西师范大学出版社2005年版,第151—152页。
② 马文·佩里主编:《西方文明史》,胡万民、王世民等译,商务印书馆1993年版,第137—138页。

外一个最为著名的文化中心。该文化中心的学术性影响一直延续到基督教时期。亚历山大里亚的学者利用希腊和东方文化的优秀成果,在天文学、地理学、动植物学、物理学、数学、文学和史学上都取得了辉煌的成就,对后世产生了深刻影响。这样的经济、政治、人才和图书等条件,为艺术、学术的繁荣提供了保障。

二、希腊化时代的文学、史学和艺术

(一) 文学和历史学

希腊化时代的文学有很多种体裁,如喜剧、牧歌、伤感小说、拟曲、散文等。阿波罗·尼奥斯写下的《阿戈尔船英雄记》,是一部具有荷马风格的史诗,讲述的是伊阿宋觅取金羊毛的故事。提奥克里图斯(公元前305—前245)创作了诗歌《丰收节》等,热情歌颂田园的美景和牧人的爱情,内容优美动人,富有感染力,将抒情、写景、叙事熔于一炉。他为希腊的牧歌(田园诗)奠定了基础。米南德(公元前342—前291年)是雅典著名的戏剧作家,创作的剧本多达105部,但保留下来的甚少。《兄弟》和《双料骗子》是他的名作,作品以描写公元前4世纪末雅典市民的生活为主。他将喜剧艺术推向了自阿里斯托芬之后的又一个高峰。芝诺多德(约公元前325—前260年)是亚历山大城第一任图书馆长,首次出版荷马史诗鉴定本,其编目沿用至今。

历史学家波利比乌斯(公元前200—前118年)坚持以目击者(包括他自己的经历)为依据,认真审查材料的来源,力求达到客观性。他的著作反映了希腊化时代总的发展趋势,特别是有关罗马的描述具有权威性。[①]

(二) 城市规划、建筑和雕塑

亚历山大建立的各个新城市的规划,都按以前惯用的几何学形式进行设计和安排,大体上呈棋盘格式,街道系统也开始独立存在。这种城市规划一直影响到近代。总体规划的意识也渗透到建筑概念中去,3层楼房和隆起的穹顶也建立起来了。[②] 古希腊原来的城市街道只有12英尺或13英尺宽,现在扩大到18英尺或19英尺,而在亚历山大里亚的主要通衢卡诺皮克大街则有100英尺宽。

协调性美学在城市建筑中得到充分体现。规划师和建筑师们在建筑物中创造出富丽堂皇的美学效果,这不仅表现在单体建筑物上,还表现在建筑物相互之间

---

① 马文·佩里主编:《西方文明史》,胡万民、王世民等译,商务印书馆1993年版,第140页。这个时期历史著作的体例也大为增加,出现了年代记、回忆录、人物传记、国别史、世界性通史和断代史等。

② 刘易斯·芒福德:《城市发展史——起源、演变和前景》,宋俊岭、倪文彦译,中国建筑工业出版社2005年版,第210页。

以及建筑物与场地环境的密切联系之中。如在绵长不断的街道中，高度一致的列柱（主要是比较纤细和华丽的爱奥尼亚式柱子），一眼望去，近大远小，排列有序，自有一种远景的魅力。

受到东方建筑艺术风格的影响，希腊化时期的建筑追求宏大、壮观和富丽堂皇的装饰。如建在亚历山大港的法洛斯灯塔高130多米，同样被称为"古代世界七大奇观"之一，而雅典风塔内径7.95米，高12.80米。雅典奥林匹亚、宙斯神殿等都是规模很大的建筑。甚至，连罗德斯岛的太阳神青铜雕像也追求这一风格，雕像修筑12年，高达34米（与纽约自由女神像的高度差不多），同样被称为"古代世界七大奇观"之一。

这个时期雕刻艺术取材广泛、构思缜密、工艺完美，具有与古典时代作品不同的特色。除了表现神和英雄人物的作品之外，裸体妇女、野蛮人、孩子和老人等都被当成有描绘价值的素材，反映了社会的宽容和融合。青铜雕塑《垂死的高卢人》《杀妻自杀的高卢人》和罗德斯岛发现的《拉奥孔》等都是这个时期的代表之作，影响到后来文艺复兴艺术家的创造艺术风格。但是，有部分人物雕像已丧失了古典时期雕像那种阳刚、自信和朝气。

三、希腊化时代的哲学

总起来说，希腊化时代的哲学家继承了古典希腊哲学的理性传统，认为受理性支配的人类能够认识受普遍规律支配的宇宙。希腊化世界里出现了四个主要的哲学学派：伊壁鸠鲁学派、斯多葛学派、犬儒学派和怀疑主义学派。

（一）伊壁鸠鲁学派

伊壁鸠鲁学派的创始人为伊壁鸠鲁（约公元前341—前270年）。他原籍雅典，生于萨默斯岛，36岁时重返雅典，创办了一所名叫"伊壁鸠鲁学园"的学校，招收男女学生，其中甚至有奴隶。据说他著作等身，达300多卷，但几乎全部散佚，留存下来的只有几封信和一些著作的片段。伊壁鸠鲁继承和发展了德谟克利特的原子论，坚持唯物主义哲学。他认为感觉是判断真理的标准。感觉是直接的，无所谓错误，错误只发生在对感觉的判断中。他依据感觉经验，肯定物体的存在，进一步发展了德谟克利特的原子论学说。他在《给赫罗多德的信》中补充了德谟克利特有关原子有形状、大小的猜想，认为原子还有重量，提出了原子重量的概念。他进而认为原子在虚空中有三种运动，提出了原子运动中的偏离学说，从而丰富了物质自己运动的思想。他说："原子永恒运动，它们有些碰撞后弹跳得甚远，有些则由于为一群具有犬牙交错形状的原子牵挂或为它们包围而在同一个地方震动。……所有这一切都是没有开端的，因为原子和虚空都是永恒

存在的。"① 他用唯物论来反对神学，认为在一个原子相互碰撞的宇宙中不存在一个支配万物的神明；还认为，神明也许存在，但他们不卷入人类事物，人能够决定自己的生活。他对"灵魂"做出了符合原子论的解释，认为灵魂是由热、气、风和一种非常精细的原子构成的混合物，所以人死灵魂灭。伦理学是伊壁鸠鲁的主要兴趣所在。他把人生快乐看成是幸福生活的开始和目的，认为幸福生活是人天生的最高的善。他主张增加个人的快乐，但反对暴饮暴食、玩弄权术和性交等纵欲无度的享乐主义。他提出，为了达到快乐，人们应该"平庸地生活"，不去追求财富、权力和声誉。实际上，伊壁鸠鲁是理性的快乐主义者。

（二）斯多葛学派

芝诺（公元前335—前263年）是斯多葛学派的创始人。他出生于塞浦路斯岛，青年时代移居雅典，终身在雅典从事教学。因他长期在柱廊的阴凉里讲学，他的学派由此得名（"斯多葛"意即"柱廊"）。芝诺之后，斯多葛学派主要的代表人物有巴内修斯、波塞唐纽斯、西塞罗、塞涅卡、爱比克泰德等人。

斯多葛学派的学说兼有唯物论和唯心论的因素，以重视现实世界为特征，在继承赫拉克利特关于逻各斯学说的基础上，认为理性是客观规律，它支配着宇宙万物，支配着自然界的一切秩序。人是宇宙的一部分，拥有充溢于宇宙的逻各斯。逻各斯具有理智行为，能理解支配自然界的法则。由于有了理性，所以，无论是希腊人还是野蛮人、自由人、奴隶等都是平等的，都是同胞兄弟。但人要通过自身具有的理性，面对命运的沉浮，发扬勇敢、谨慎、正义和节制的品德。而且，不同民族的人民都有公民资格，都遵守"大同国家"的法律，这个法律与自然规律是完全一致的，从而演绎出天赋人权、天赋法律和自然道德法则的观念。这些都对后来罗马法的形成产生过影响。而且，斯多葛主义也成为后来基督教的重要源头之一。对此，罗素曾经评论说："斯多葛主义比起我们以前探讨过的任何哲学派别都更少希腊性。早期的斯多葛派大多是叙利亚忍耐人，而晚期的斯多葛派则多是罗马人。"②

（三）犬儒学派

犬儒学派源自苏格拉底的弟子安提斯泰尼，但成形于他的弟子第欧根尼（公元前404—前323年）。安提斯泰尼不喜欢诡辩，但喜欢结交下层民众，演讲用的是普通民众都能听得懂的语言。他信仰回归自然，其思想基本上是对现实的否定。这恰是那个时代人们思想的普遍反映。很快，他的名声就被弟子第欧根尼所

---

① 伊壁鸠鲁：《致希罗多德的信》，见苗力田主编《古希腊哲学》，中国人民大学出版社1989年版，第623页。

② 罗素：《西方哲学史》，马元德译，商务印书馆1996年版，第319页。

超越。第欧根尼不但潜心研究他老师的学说,而且力行实践,主动选择简朴、贫困的生活。犬儒学派之得名,就来自于他决心"像犬一样"生活,拒绝接受一切现有习俗。如今,"犬儒"一词具有玩世不恭的意思,但第欧根尼的言行却与玩世不恭不同,他在追求禁欲主义生活中,热烈追求德行,对于世俗的财富则弃之如敝屣,甚至认为:人只有对幸运获得的财富无动于衷,才能真正从恐惧中摆脱出来。犬儒学派重在实践自己信奉的哲学,培养闲逸、冷漠和不动感情,忍受饥饿、寒冷,过禁欲的生活。犬儒主义在当时影响所及,不只是对于社会生活感到失望的所谓中下层民众,也影响了很多知识分子,甚至上层的权贵。

(四)怀疑主义学派

皮浪(约公元前365—前270年)是怀疑主义的代表人物。据拉尔修说,他曾经到过印度,与当地的苦行僧有过交往,对印度哲学有所了解。怀疑主义学派将其大部分时间花在批评甚至诋毁其他学派的学说上,试图证明那些学说荒谬和缺乏根据。皮浪认为事物难以认识,是非无法判断,因而要对现实漠不关心,以求心灵的安静。与皮浪有关的最有名的故事是他坐船遇到风暴,同行人慌张异常,唯有皮浪镇定自若,他指着船上一头正在吃食的小猪说:"这就是智慧之人所应具备的宁静状态。"他崇拜荷马,因为荷马有这样的诗句:"人的生命就像树上的叶子。"他还引述荷马史诗中揭示人的反复无常、徒劳无功和幼稚愚蠢的章节段落,① 以表明他的人生态度。

皮浪之后,他的弟子以及主要的怀疑论者,主要有腓洛、赫卡泰乌和蒂蒙等人。怀疑主义并不是希腊化时代独有的精神产品,但在那个时代,怀疑主义却和犬儒主义、斯多葛主义以及伊壁鸠鲁学说,共同构成人们精神生活的主要社会思潮,反映着不稳定、动荡的希腊化时代人们的精神状况。

四、希腊化时代的科学

希腊化时代的科学是古典希腊科学技术的继承和发展,达到了西方古代世界科学技术的高峰,是17世纪之前西方科学史的辉煌时代,其影响深远。在天文学方面,它以希腊的自由和理性思想为主导,吸取了古代东方特别是古埃及和古巴比伦天文学的研究成果等加以进一步发展。阿里斯塔库斯(公元前310—前230年)首先提出太阳中心说,这比哥白尼的日心说早了1700年。他所著的《论日月的体积和距离》一书流传至今,记载了他的观测。他认为太阳的直径要比地球的直径大,所以地球绕着太阳而动,而不是相反;月光是月亮对太阳光的

---

① 第欧根尼·拉尔修:《名哲言行录》,马永翔、赵玉兰等译,吉林人民出版社2003年版,第599 - 600页。

反射。① 希帕库斯（约公元前185—前120年）在具体的天文研究中建树颇多。他发展了天体运行学说，认为可以用具体数据和机械原理来解释天体的行踪。他确定回归年的长度为365日5时55分12秒，与实际数只多出6分钟，是西方古代最精确的计算。他还发明了天文仪。托勒密（公元85—165年）测算的月亮离地球的平均距离比希帕库斯的要更接近现代数值，并认为太阳和行星与月亮一样绕着地球运转。这一思想的影响持续到了哥白尼提出"日心说"后，才逐渐被消除。

在数学方面，欧几里得（约公元前320—前270年）与阿波罗尼厄斯、阿基米德并列称为希腊三大数学家。《几何原本》是欧几里得的代表作，它集希腊古典数学之大成，构造了世界数学史上第一个宏伟的演绎系统，并使几何学逐渐成为一门独立发展的正式学科体系。它是除了《圣经》之外翻译的语言最多和印数最大的一本书。至今它仍被西方高等学校用做教材。② 阿波罗尼厄斯（约公元前247—前205年）和阿基米德（公元前287—前212年）研究出立体几何和正侧曲线理论。而天文学家希帕库斯和其他学者创立了三角学。从阿基米德开始，算术和代数开始成为一门独立的数学学科。他用数学上的穷竭法把圆周率的计算精确到3.1428571和3.1408451之间（实际值为3.1415927）。他同时是一位物理学家，杠杆原理和浮力定律便是他发现的。

地理学方面，埃拉托色尼（公元前275—前195年）著有《地理学》一书（已失传），建立了科学地理学的完整体系，从科学角度论述自然地理现象。他将地球分成多个气候带，画出一幅当时所知道的地球情况的地图，上面画有经纬线，并标出5个地带：两个寒带、两个温带和一个热带。他认为，海洋是相连的，人们可以沿着同一平纬圈从西班牙航行到印度，从而准确地推测出地球是圆的。除了地理学之外，他对数学、哲学、文学和史学都有精深造诣，是一个文理皆通的天才科学家。但是，他关于地理学的许多见解不为世人所接受，希腊人还是无法摆脱天地迥别的想法。

---

① 斯蒂芬·F. 梅森：《自然科学史》，周煦良、全增嘏等译，上海译文出版社1984年版，第41页。
② 雅·布伦诺斯基：《科学进化史》，周煦良、胡寄南等译，海南出版社2006年版，第154页。

第四章
罗马时期的文化

罗马坐落在亚平宁半岛的中心地带、台伯河平原的七座小山丘上（罗马在古代称为七丘之都），由几个村落发展为有城墙和堡垒的城市。公元前5世纪后半期，罗马人组成的拉丁同盟人口不足15万人。① 至公元前3世纪，罗马人在意大利半岛大规模对外扩张的同时，推行罗马文字，进行罗马城市化。一个世纪后，罗马人占领地中海及其周围的广大地区，地中海成了它的"内湖"，罗马变成为海陆两种文化的综合之地。图拉真皇帝统治时期，帝国疆域最大，地跨欧、亚、非三大洲，② 形成了古代"地中海文化圈"③，保证了欧洲的大部分继续大体上作为一个文化单位运转。④ 古罗马人注重学习先进文化，让古代世界的精神源泉为己所用，利用有利的自然条件和周边现有的人文环境，积极吸收伊特鲁里亚文化特别是大力吸收希腊文化，⑤ 同时也接受东方的巴比伦文化和埃及文化的影响。古罗马文化不但与古希腊文化一起构成了欧洲的古典文化，而且成为连接古希腊文化与欧洲近代文化的桥梁。而罗马人制定的法律、深受罗马文化影响的基督教的兴起，等等，对欧洲文化的形成起到独特的作用，成为了现代西方文化的重要源头之一。

---

① 赫伯特·乔治·韦尔斯：《世界通史》（上），一兵译，新世界出版社2016年版，第281页。公元前4世纪拉丁同盟取消，罗马周边的城邦国家被合并到罗马国家之中。

② 莫里斯：《城市形态史——工业革命以前》（上册），成一农等译，商务印书馆2011年版，第152页。公元前2世纪中期，罗马的版图已是地跨欧、亚、非三大洲，见马文·佩里主编《西方文明史》（上卷），胡万里、王世民等译，商务印书馆1993年版，第156页。图拉真公元98年至117年在位。

③ 王立新：《古代地中海文化圈内部的文学与文化交流及相互影响》，载刘亚丁主编《外国文学：领悟与阐释》，北京大学出版社2013年版，第153页。

④ 波特兰·罗素：《西方的智慧——从苏格拉底到维特根斯坦》（全译本），瞿铁鹏等译，上海人民出版社2017年版，第131页。

⑤ 丹尼斯·谢尔曼、乔伊斯·索尔兹伯里：《全球视野下的西方文明史》（第二版 上册），陈恒等译，上海三联书店2011年版，第154、175页。伊特鲁里亚人居住在意大利北部，曾统治过罗马一段时间，其文化发展程度要比罗马高，他们的工程技术、宗教活动的仪式都影响了罗马人。而拉丁字母源自希腊文和伊特鲁里亚文。见刘易斯·芒福德《城市发展史—起源、演变和前景》，宋俊岭、倪文彦译，中国建筑工业出版社2005年版，第220－221页。

一、罗马时期的文学

希腊文化对罗马任何一个时期的影响都是直接和深远的,正如贺拉斯所言:"被俘的希腊俘获了她的野蛮的征服者,给土里土气的拉丁姆(指罗马人——引者)带来了艺术。"① 罗马人重视文学,文学流行于上流社会,几乎人人写作并坚持阅读朋友的作品。② 经年的努力,罗马人创造出诸如田园诗、教喻诗、讽刺诗、传奇和小说等新的文学形式。第一位诗人是希腊人安德罗尼库斯(约公元前280—前204年),他被罗马人俘虏而成为奴隶,后因文学上的成就而获释,获得了罗马公民身份,建立起一所学校。为了让他的学生有课本可用,他把荷马的《奥德赛》译成带有意大利本土诗体韵律的拉丁文。③ 他还翻译改编了一些希腊喜剧和悲剧戏剧,开创了拉丁文学。

(一) 喜剧和悲剧

普劳图斯(约公元前254—约前184年)是罗马喜剧的开拓者,一位多产作家,也是第一个有完整作品传世的罗马剧作家。他的喜剧都是根据希腊剧本改编的,但是,他在戏剧中采用了大量多样化的希腊格律,并用本民族语言撰写,从中可以看到作者对罗马现实生活的直接描写和反映。他创作的戏剧超过130部,在现今流传的20部剧作文本中,《一坛金子》《吹牛的军人》和《墨奈赫穆斯兄弟》等是名剧。④

恩尼乌斯(公元前239—前169年)被视为罗马悲剧的创建者。公元前240年,罗马人庆祝第一次布匿战争的胜利,首次举行戏剧演出。他是当时产生的第一位著名的悲剧诗人。他的作品根据希腊戏剧改编,有22部残留至今的悲剧标题和些许片段,其中以《伊菲革涅亚》为著名。⑤ 他也是一位百科全书式的诗人和作家,晚年完成的史诗《编年纪》,共18卷,是他一生中最为重要的作品,叙述了罗马人的历史业绩,给他带来最大声誉。⑥ 由于他对罗马文学影响深远,被称为"古罗马文学之父"。

阿克齐乌斯(约公元前170—约前85年)是罗马共和国时期的悲剧发展达

---

① 纳斯:《探询的历史》,吉林大学出版社2005年版,第70页。
② 斯托巴特:《伟大属于罗马》,王三义译,上海三联出版社2011年版,第335页。又见马鲁《古典教育史》(罗马卷),王晓侠等译,华东师范大学出版社2017年版,第173页。
③ 斯托巴特:《伟大属于罗马》,王三义译,上海三联出版社2011年版,第81页。
④ 罗念生:《罗念生全集(第九卷)·古希腊罗马文学》,上海人民出版社2016年版,第243-234页。
⑤ 罗念生:《罗念生全集(第九卷)·古希腊罗马文学》,上海人民出版社2016年版,第396页。
⑥ 福勒:《罗马文学史》,黄公夏译,大象出版社2013年版,第10页。

到最高峰的代表人物。他的作品中有约 700 行流传于世,还有约 50 部只能确定标题。他的艺术风格表现出鲜明的个性,他善于描写各种紧张的事件、激动人心的画面和人物近乎反常的心理,使悲剧充满激情,富有感染力。他的神话悲剧中的《阿喀琉斯》《安提戈涅》《盔甲之争》《美狄亚》和《特洛亚妇女》等作品,为人们所熟知。①

塞内卡(公元前 4—公元 65 年)生活于罗马的"白银时代",是唯一有完整悲剧作品流传下来的罗马悲剧作家。② 同时他也是哲学家、政治家和雄辩家。由于他出版多部哲学著作(他的悲剧也被称为哲理悲剧),所以他又被称为"哲学家塞内卡"。在他名下的悲剧有 10 部,《特洛亚妇女》《美狄亚》和《俄狄浦斯》为他的代表作。此外,哲学著作《论怜悯》《论恩惠》《书信集》和《天问》也是他的代表。塞内卡的悲剧几乎清一色地表现了人间最大的苦难:死亡与毁灭。③ 他认为:"死是绝对公平的。"④ 这除了他受古希腊悲剧影响之外,也许与他信奉斯多噶派哲学有关。他把剧中人物的悲惨经历归于命运的过错,但又认为既然是命,那就谁也没错。另一方面,他也提倡人应该坚韧不拔,勇于承担责任。在《特洛亚妇女》中,特洛伊小王子的视死如归和他母亲的宁死不屈,都令人深感震撼。⑤ 借由悲剧,死亡烘托出视死如归的悲壮和伟大,使历史充满人性的内涵,以此维护了人的最高也是最后的尊严,使死亡升华到了一个新的境界,展现和歌颂了英勇无畏的精神。为了种族、家国的利益,能面对苦难而不退缩,面对死亡而勇于牺牲,这既是希腊与罗马悲剧一脉相承的主题之一,也是希腊罗马利用戏剧对公民进行道德教育的重要内容,体现了希腊、罗马公民对社会和国家的强烈的责任心。而由各种教育形式培育而成的爱国心则是古代罗马大众遵守的德行。⑥ 亚里士多德说过,悲剧通过怜悯和敬畏来达到净化人的目的。⑦ 直面死亡与直面人生被赋予了同等的社会意义。

(二)散文、史诗和和诗歌理论

西塞罗(公元前 106—前 43 年)是罗马共和国晚期的作家、雄辩家、哲学家、政治家和律师,被罗马人称为"国父"。他所处的时代被称为罗马的"黄金

---

① 王焕生:《古罗马文学史》,人民文学出版社 2006 年版,第 81、83 页。
② 塞内卡亦译塞内加。白银时代指公元 1 世纪到 2 世纪初。
③ 刘文孝主编:《罗马文学史》,云南人民出版社 2003 年版,第 179 页。
④ 杨周翰:《杨周翰作品集——埃涅阿斯纪 特洛亚妇女》,上海人民出版社 2016 年版,第 472、470 页。
⑤ 杨周翰:《杨周翰作品集——埃涅阿斯纪 特洛亚妇女》,上海人民出版社 2016 年版,第 499、501 页。
⑥ 吉本:《罗马帝国衰亡史》(第一卷),席代岳译,吉林出版集团有限责任公司 2008 年版,第 8 页。
⑦ 汉密尔顿:《希腊精神——西方文明的源泉》,葛海滨译,辽宁教育出版社 2005 年版,第 262 页。

时代"。① 他留下了57篇演说词，12部政治、哲学著作，864封信（有90封是别人写给他的），其中包括了《论演讲》《论共和国》《论法律》《论义务》等名著。他的代表作有《论善恶的定义》《论演讲》《论友谊》和《反对安东尼》等。他的演说文辞优美，句子谨严，音韵和谐，说理透彻，幽默和机智，说服力强，常用夸张的手法突出有力的方面。但也有人认为，其演讲不免浮夸、自负，喜欢炫耀，甚至有意中伤对方和滥用自由。西塞罗不仅在继承前人的基础上全面整理了修辞学的内容，而且赋予修辞学这门艺术极高的地位。他不但认为修辞学是一门艺术，甚至认为正是修辞学才使人不同于动物。② 他的思想意识属于上层社会的，但他采用的表达方式则是针对广大的公民听众，故此，他的演讲能够打动不同的阶层，引起他们的共鸣。其演讲技巧主要有：①热情地提出问题；②以幽默和逸事来取悦听众；③无情地揭露对手的隐私或夸大对手的过错；④巧妙地转移听众的注意力，以掩盖或化解自己的不利之处；⑤扬自己在修辞学方面之所长，使对方无招架之力；⑥优雅的文言和粗俗的白话交相使用；⑦以掉尾句来加重语气和吸引听众注意力。③ 恺撒对西塞罗的演讲术赞赏有加，他说西塞罗是发现演讲术宝藏的第一人，罗马因他而荣耀，他"拓宽罗马的文化疆界比扩展帝国的边界更伟大"。西塞罗规定了一些作文、散文、韵律的规则，对古罗马散文体文学的发展影响很大。他实际上确立了罗马演说的可靠性与权威性，他的演说词成为散文的典范，被视为其所处时代最有学问的、值得崇拜的人。他与维吉尔等作家一起为奥古斯都帝国以及以后罗马人的治权提供了一种深刻的文化基础。④ 李维便认为："西塞罗之外的作家是否值得学习，端赖这些作家与西塞罗的相似度。"⑤ 文艺复兴时期的人文主义者彼得拉克对西塞罗尊崇备至，积极寻找他的手稿和重新发现的演讲词，认为西塞罗是"生活的源泉"，是"我们言听计从的引路人——你的名字为我们增光添彩"。⑥

维吉尔（公元前70—前19年）被称为古罗马最伟大的诗人。他以诗的形式书写罗马的历史，其代表作《埃涅阿斯纪》被视为西方自荷马之后最伟大的史诗。这是他用了整整11年时间才写成的初稿。临终前，对自己作品极为严苛的维吉尔，认为它不够完美，自己也没时间修改，叮嘱友人帮他将其烧掉。幸好屋大维得知之后，加以阻止，才使其得以流传下来。史诗共12卷，以荷马史诗为

---

① 指公元前1世纪晚期到公元1世纪，即奥古斯都时代。
② 杨慧林、耿幼壮：《西方文论概论》，中国人民大学出版社2013年版，第75页。
③ 威尔·杜兰特：《世界文明史：恺撒与基督》（权威修订版），台湾幼狮文化译，天地出版社2017年版，第150－151页。
④ 格雷格·沃尔夫主编：《剑桥插图罗马史》，郭小凌等译，山东画报出版社2008年版，第133－134页。
⑤ 马鲁：《古典教育史》（罗马卷），王晓侠等译，华东师范大学出版社2017年版，第109页。
⑥ 罗森：《西塞罗传》，王乃新等译，商务印书馆2015年版，第373页。

范本。1～6卷的内容，描写了希腊人用"木马计"进入特洛伊城之后，大开杀戒，城市陷入一片火海，毁灭与破坏罕至。混乱之际，特洛伊的王子埃涅阿斯得到朱庇特的神谕，乘乱带着特洛伊的诸家神和一家老少及仆人随从逃了出去，驾船在海上漂泊、历险，寻找新地方重建江山，承传香火。他的船在迦太基遇险之后，受到美丽的迦太基女王狄多的热情招待，相恋结婚。就此开始，"英雄与美人"的孽缘故事成为最引人入胜的内容，展现了古典悲剧的浪漫气息。然而，在天神逼迫埃涅阿斯履行天命时，他毅然决然地离开了狄多。狄多则在放下自己的尊贵身段、请求埃涅阿斯留下来而无果的情况之下，愤而引剑自刎，不失王者风范，亡灵投到已故前夫的怀抱，荣归贞淑妇德本分。自责、悲哀和无比惋惜的埃涅阿斯牢记使命，驾船继续向可以安身立命之地出发，带领船队历经磨难和神明的指引终于到达意大利。① 第7～12卷，主要描写了埃涅阿斯到达台伯河口的拉丁姆地区后，国王拉丁努斯受神的启示，热烈欢迎远航而来的英雄，并将自己女儿许配给了他。这引起了另一个求婚者、鲁图里亚国王图尔努斯的不满，爆发了他与埃涅阿斯的战争。天上诸神和地上的意大利人也卷入了混战之中，两勇相争智者胜，最终以图尔努斯被杀，史诗戛然而止。《埃涅阿斯纪》与《荷马史诗》一样，突出了"英雄不问出处，磨难出英雄"这一主题。所不同的是，《埃涅阿斯纪》更强调英雄的坚韧精神和高度的责任感。表面上看，埃涅阿斯的经历是个人遭遇，其实作者要强调的是使命、天命和生命，而归根结底，这些都是以人类这个生物的"种"的存留和延续为根本。历史上的城邦时代，战争频仍，自然恶劣，命运莫测，保存血脉是一个家庭、家族乃至一个种族的头等大事。人们认为只有盖世英雄才能拯救人类。反映这一历史时期的史诗其立意便是英雄主义，突出的是英雄的无限性作用，播撒的是英雄存在的意义。维吉尔在史诗中从埃涅阿斯一开始逃难时便将诸家神和家人等一并带走，以及不断表述了埃涅阿斯对父亲安奇塞斯的绝对虔敬，安奇塞斯对埃涅阿斯的主导性影响，这是诗歌对史实的尊重，反映了罗马城邦时期祖先崇拜的神圣和父亲作为一家之长的权威以及维系家族荣耀、繁衍后代的重要作用。② 在维吉尔的妙笔之下，种族利益、家族与国家理想和人物性格、情与义的冲突使历史故事跌宕起伏，扣人心弦，使命、天命和生命三者的交互作用衍化为引人入胜的久远的历史场面。义务与享乐的绝对对立，彰显了英雄的价值追求。英雄的精神超越了灾难，超越了爱情，超越了死

---

① 关于埃涅阿斯与狄多生离死别的凄美故事，见维吉尔·塞内加《埃涅阿斯纪·特罗亚妇女》，杨周翰译，上海人民出版社2016年版，第121－148页。
② 按照罗马法，家父对其妻子和子女有完全的家长权。在家庭之内，家长是唯一的领袖，他的言辞被视为法律。参见梅因《古代法——与社会远史及现代观念的联系》，郭亮译，法律出版社2016年版，第10页。家长组成区议会，族长组成元老院。元老院掌握国家主权。对家神和家长的尊重，其实就是对"种的繁衍"的重视。参见威尔·杜兰特《世界文明史——恺撒与基督》（权威修订版），台湾幼狮文化译，天地出版社2017年版，第55、364页。

亡，乃至超越了神性。开始时，面对狂风骤雨和滔天海浪，埃涅阿斯希望自己已战死在特洛伊，被最勇敢的希腊人狄俄墨德斯所杀以保全英名。但是，保命并非自私和懦弱，而是为了更好地保存和繁衍更多的生命，重建山河。埃涅阿斯牢记使命，挑战天命，敬重生命，带领家人和随从，经过与大自然和敌对力量的斗争，最后战胜了对方，保留了"火种"，寻找到了新家，成就了一个新的统治力量的重生和崛起，在毁灭的阵痛中绽放了更新的生命的价值，从伟大的历史中看到了罗马及其帝国的光荣，传达了当时主流社会的价值观念，告诫罗马人"建成罗马民族是何等的艰难啊"，① 希望起到培养罗马人刚强、尚武民族的伦理道德的作用。维吉尔的诗歌成了众多罗马诗人模仿的对象，成为罗马青年人的教科书，公元1世纪时，昆体良便开始用这些诗歌作为课程教育的基础。在中世纪，该史诗激发了但丁写出《神曲》。直到欧洲各民族语言全面取代拉丁语的统治地位之后，维吉尔的诗作依然是拉丁语教学的绝佳教材。②

贺拉斯（前65—前8年）是罗马杰出的诗人、批评家。其主要作品有《讽刺诗集》两卷，《长短句集》，《歌集》四卷，《书信集》两卷。他的诗歌以短诗闻名，最大的特点就在于用语典雅、优美、寻常、亲切。他自我意识突出，追求语言纯洁。他的抒情诗，以希腊抒情诗为典范，对早期希腊抒情诗的格律进行改造，使之更适应拉丁语，成为一种新的格律。这种抒情诗对西方诗歌的发展产生了很大影响，后来凡是仿照贺拉斯这种形式的抒情短诗被称之为"贺拉斯体诗"。③ 他的诗句"为国赴死，甘之如饴，荣耀之至"成为至理名言。他在诗歌的创作实践和理论研究中提出了贺拉斯"古典主义三原则"——"合式的原则""借鉴的原则"和"合理的原则"，被后人视为古典主义文学思想的奠基者。④《诗艺》是《书信集》中的一篇信，可以视为他的主要的诗歌理论，影响深远。他提出"诗歌就像图画"的看法，坚持诗作要顺自然，尊理智，要在艺术上做到恰到好处（即"合式"）；他认为，文学创作要为丰富和发展祖国文化而创新；在对待希腊文化上，他主张"应当日日夜夜把玩希腊的范例"，但要敢于不落希腊人的窠臼，尝试各种文学艺术类型；在天才与学习训练的关系的认识上，他认为："苦学而没有丰富的天才，有天才而没有训练，都归无用；两者应该相互为用。"他坚持文学创作源于生活实践，劝告作家到生活中到风俗习惯中去寻找模特儿，从那里汲取活生生的语言；他坚持文学作品要"寓教于乐"，给人以快感，给人以益处和快乐，这才能"名利双收"，流芳千古。他断言，被铜臭和贪

---

① 维吉尔·塞内加：《埃涅阿斯纪·特罗亚妇女》，杨周翰译，上海人民出版社2016年版，第40页。
② 王承教选编：《〈埃涅阿斯纪〉章义》，王承教、黄芙蓉等译，华夏出版社2010年版，第3—5页。
③ 马新国主编：《西方文论史》，高等教育出版社2002年版，第43页。
④ 杨慧林、耿幼壮：《西方文论概览》，中国人民大学出版社2013年版，第80页。

婪的欲望腐蚀了心灵的人，是写不出经典之作的。①

二、罗马时期的法学和哲学

（一）法学

德国著名法学家耶林在其所著的《罗马法精神》中说："罗马帝国曾三次征服世界。第一次以武力；第二次以宗教；第三次以法律。"但这三者，唯独罗马法的影响依旧深远。② 罗马人注重立法，在不同时期力图加强法制建设。罗马法律经近千年的演变，形成了一整套法学体系。公元前510年，罗马王政时代结束，共和制建立。但是，平民和元老院常常因为法律的制定、债务的取消、土地的分配或行政长官的选举而发生斗争。③ 公元前451年，罗马平民在斗争中获胜，十人委员会就职并提交了一部法律。该法律在获得通过之后，被铭刻在广场上的10块木表之上。翌年重新选出的十人委员会又增加了两块木表，共12块木表，从而诞生了《十二表法》。④ 其主要内容有：1—3：民事诉讼及执行；4—5：家庭继承法；6—7：契约、取得实效相邻法；8：私人刑法；9：刑事诉讼法及刑法；10：葬礼规章；11—12：附录，诸如，基于行政强制所造成的人体损害、奴隶及孩子。⑤ 通常认为，该法是罗马的第一部成文法。它仅仅适用于罗马市民，故被称为"市民法"，包括了私法和公法。⑥ 该法律创造了法律的稳定性和平等性，将城邦建立在法律的基础之上。⑦

在罗马共和政体之下，元老院主持法庭，执政官负责执行法律，公民大会负责立法。这种法制化的社会分工，使罗马的民主在建构上更加精细、明确化。其目的就是期望将具体制度、原理、原则的实践性活动赋予一种精神，即后来所称的罗马法治化精神。⑧ 罗马的第一个永久性法庭建立于公元前149年，目的是遏制罗马总督日益增长的对权力的滥用。公元前133年的提比略改革，便是准备以

---

① 高建平、丁国旗主编：《西方文论经典（第一卷）古代与中世纪》，安徽文艺出版社2014年版，第392、393、400、401、402、403、404页。
② 何勤华、李秀清主编：《外国法制史》（第三版），复旦大学出版社2011年版，第66页。
③ 阿庇安：《罗马史》（下卷），谢德风译，商务印书馆1985年版，第1页。
④ 孟文理：《罗马法史》，迟颖、周梅译，商务印书馆2016年版，第30页。《十二表法》亦译为《十二铜表法》。
⑤ 维瑟尔：《欧洲法律史——从古希腊〈里斯本条约〉》，刘国良译，中央编译出版社2016年版，第103页。亦可参考高鸿钧、李红海《新编外国法制史》（上册），清华大学出版社2015年版，第115页。
⑥ 孟文理：《罗马法史》，商务印书馆2016年版，第7页。
⑦ 斯奇巴尼：《共同罗马法》，黄美玲译，载徐涤宇、斯奇巴尼主编《罗马法与共同法》（第四辑），法律出版社2014年版，第3页。
⑧ 维瑟尔：《欧洲法律史——从古希腊到〈里斯本条约〉》，刘国良译，译者序：《欧洲法律史学派的欧洲法治观》，中央编译出版社2016年版，第10页。

法律程序迅速把罗马带进想象中的黄金时代的思考。① 随着时代的发展，罗马法律日益增加，处理各种严重案件的法庭建立起来。② 共和制后期，法学家成为专门的职业团体，法学开始成为一门独立学科。③ 到212年以后，凡帝国境内的人民，一律受《罗马法》的制约。④ 即使在西罗马帝国于476年灭亡之后，东罗马帝国的皇帝以继承罗马帝国大统自居，照常立法。公元483年，东罗马帝国的皇帝芝诺（474—491年在位）发布的一个敕令，被认为是罗马的反垄断立法。⑤

东罗马帝国皇帝查士丁尼统治时期（527—565年），其所编纂的《民法大全》实际上是罗马建国之后所制定的法律体系的集成、延续和修订。528年，查士丁尼采用学者、律师、官员的三结合制，组织十人委员会开始编纂《查士丁尼法典》。一年多时间之后法典颁布并生效，共10卷。此后，由于颁布了一些新敕令，他又组织编纂《查士丁尼法典》第二版，于534年对外颁布，共12卷。其内容以诉讼为先的安排与《十二表法》一脉相承。⑥ 533年，颁布了《法学汇编》，共50卷。533年底，颁布了《法学总论》，共4卷，钦定为罗马私法教科书，但具有法律效力。至565年，罗马法学家将《法学汇编》完成之后陆续公布的新敕令汇编成《新律》。1583年，法国法学家虓多弗雷多将4部立法文件汇编成《市民法大全》。⑦ 查士丁尼成了西方有史以来的第一次法典编纂运动的组织者，而罗马法是当今唯一一部由本国法律发展成为世界性法律的法律秩序。这被视为他对西方文化最重要的贡献。⑧ 罗马法的影响远超查士丁尼所处的时代。早在12—16世纪，罗马法便在欧洲得到复兴，史称"罗马法复兴"运动。罗马法的高度抽象性使其在任何社会制度和任何经济模式下都具有实用性。罗马法学家的判决因其表述的高度精确性、侧重法学重要问题的凝练性和解决方案的前后一致性，使其在向具有不同宗教信仰和文化传统国家传播的过程中，并未受到任何阻碍。⑨ 拿破仑引以为傲的《法国民法典》（即《拿破仑法典》），也是建立在罗

---

① 斯托巴特：《伟大属于罗马》，王三义译，上海三联出版社2011年版，第107页。提比略（公元前168—前133年）当选平民保民官后，开始着手改善无土地者处境的立法工作，提出土地改革草案。公元前133年遭元老院反对，投票当天被杀。

② 格雷格·沃尔夫主编：《剑桥插图罗马史》，郭小凌等译，山东画报出版社2008年版，第35页。

③ 徐爱国：《法学的圣殿：西方法律思想与法学流派》，中国法制出版社2016年版，第44页。

④ 阎宗临：《欧洲文化史论要》，广西师范大学出版社2007年版，第151页。

⑤ 徐国栋：《罗马的第三次征服：罗马法规则对现代公私法的影响》，中国法制出版社2016年版，第156-157页。

⑥ 徐国栋：《罗马的第三次征服：罗马法规则对现代公私法的影响》，中国法制出版社2016年版，第377页。

⑦ 徐国栋：《罗马的第三次征服：罗马法规则对现代公私法的影响》，中国法制出版社2016年版，第417页。《法学总论》亦译《法学阶梯》，《市民法大全》亦译《查士丁尼民法大全》。

⑧ 乌维·维瑟尔：《欧洲法律史——从古希腊到〈里斯本条约〉》，刘国良译，中央编译出版社2016年版，第145页。

⑨ 孟文理著：《罗马法史》，迟颖、周梅译，商务印书馆2016年版，第4、7页。

马法基础上的,是罗马法和法国北部地区习惯法的组合。① 从此,罗马的法律奠定了后来欧洲大陆法典的基础,至今仍然对欧洲、美洲各国的法律产生了无比巨大的影响。"罗马成了世界的立法者",罗马法成为"伟大的东西和传世杰作"。② 当时流行的话"人之可贵,乃在合法"也成了名言。

(二) 哲学

公元前2世纪中叶,罗马人征服希腊之后,对希腊文化非常感兴趣,将大批俘虏送往罗马,将大量的雕像运往罗马。后来,一个雅典哲学家使团来到罗马,其所做的学术报告在罗马贵族成员中引起强烈反响。希腊哲学对罗马共和国后期的学术产生重大影响。③

卢克莱修(约公元前99—前55年)被称为罗马最伟大的哲学诗人,是罗马主要的伊壁鸠鲁派哲学家。他的唯一著名长诗是《物性论》。由于德谟克利特和伊壁鸠鲁的著作只有一些残片留传下来,所以《物性论》便成了古希腊罗马时代唯一一部系统阐述原子论的传世著作而弥足珍贵。④ 诗的内容显示出作者惊人的洞察力,推测了物质的构成和早期人类历史。他将科学家的客观感受和诗人的主观情感融合在一起,把宇宙万象描写得如此细腻且苍劲,使自然在文学中取得避难所。他的诗歌因用词华美而得到当时一些人的赞赏,但他却认为自己首先是一个哲学家。《物性论》把德谟克利特的唯物论作为自己理论的基石,提出了唯物主义的自然观,阐述了原子运动的规律,也指出了德谟克利特忽视的偶然性的存在。其基本要点是,现实的基础是原子物体,它们偶然的聚合构成了宇宙。宇宙是机械的体系,无意识且毫无目的。⑤ 它旨在通过赞扬原子和虚空的解释力来克服对死亡的恐惧,表现出大胆的探索精神和对宗教迷信的极端藐视。⑥ 全诗共分六卷。在第一卷中,作者明确提出,物质是永恒的,未有任何事物从无中生出,除原子和虚空外,无物自存。⑦ 第二卷则集中谈论原子的基本特性。

认为产生世界万物的物体凭借物质"始基的运动"把多样的世界产生出来。"始基"形状各异,被创造的东西便不同。并在强调构成宇宙的物质总量不变、

---

① 孟文理:《罗马法史》,迟颖、周梅译,商务印书馆2016年版,第96页。该法律于1804年第一次公布。
② 汉密尔顿:《希腊精神——西方文明的源泉》,葛海滨译,辽宁教育出版社2005年版,第299页。
③ 孟文理:《罗马法史》,迟颖、周梅译,商务印书馆2016年版,第44–45页。
④ 王焕生:《古罗马文化史》,人民文学出版社2006年版,第103页。
⑤ 科恩:《剑桥古希腊法律指南》,邹丽、叶友珍译,华东师范大学出版社2017年版,第492页。
⑥ 斯托巴特:《光荣属于希腊》,史国荣译,上海三联书店2011年版,第322页。又见林德伯格:《西方科学的起源》,张卜天译,湖南科学技术出版社2016年版,第217页。
⑦ 卢克莱修:《物性论》,方树春译,北京联合出版社2014年版,第9页。

永远一样的前提下，对物质世界的生与灭的现象和规律进行探讨。① 第三卷阐述了"心灵的本性和构造"，指出灵魂由原子构成，是人体的一部分，是会死的，犹如旧物给新物让开来。所以，怕死是愚蠢的。人要通过认识万物的本性，认识生命规律，不必追求无法"铸造出新快乐"的再活下去的人生。② 第四卷论述了物象和感觉问题。从"物的外表"开始，深入到精神世界的研究。③ 第五卷作者认为，一切万物的发生，是完全没有神灵的干预的，万物其来自有。④ 大地本身和自然带来了"一切需要的东西"。世界也不是永恒的。并通过阐述世界的产生、宇宙的结构、人类的起源和发展等方面来论证自己的观点。⑤ 第六卷在指出人因无知而敬拜神灵之后，讨论了各种天象的成因以及地上的地震、火山喷发、河水泛滥等自然现象，以及"雅典的瘟疫"。⑥《物性论》面市后影响很大。西塞罗评价卢克莱修的作品是"闪烁着天才的光辉，同时也有技巧"。该书博学精深，自成一家之言，预示了后来才出现的近代科学的主要原理——宇宙能量不变，毁灭只是一种形式的改变而已，包含了"物质不灭"的思想。⑦ 而在文学史上，《物性论》是第一部成功地把科学（自然哲学）与艺术（诗歌）融为一体的作品，创造了一种科学与艺术融为一体的文学形式。就此而言，其文学成就是空前的。⑧

马可·奥勒留（121—180年）是罗马帝国皇帝。他在旅行、战争等环境中写下了哲学著作《沉思录》。他一生坚持感情服从理智，严格奉行斯多噶派的教条，鄙视肉体和生活享受，认为人的价值跟他所努力的工作一样，"享乐既不好亦无用"，只有哲学才能训练人养成优美的道德；只有能够充当良好生活的工具的知识才有价值。受希腊斯多噶派的影响，他认为人不论好坏都是兄弟，都是神的子民，就是那些丑陋的野蛮人也是我们的同胞。⑨ 受了德谟克里特的影响，他认为物质不灭，循环存在，生生不息，所有的事物都是相互连结的，坏事可以变

---

① 卢克莱修：《物性论》，方树春译，北京联合出版社2014年版，第63、66、100、103页。又见石敏敏《希腊化哲学主流》，中国社会科学出版社2012年版，第197页。
② 卢克莱修：《物性论》，方树春译，北京联合出版社2014年版，第132、149、176、183页。
③ 卢克莱修：《物性论》，方树春译，北京联合出版社2014年版，第186、209页。又见刘文孝《罗马文学史》，云南人民出版社2003年版，第87页。
④ 卢克莱修：《物性论》，方树春译，北京联合出版社2014年版，第258页。
⑤ 卢克莱修：《物性论》，方树春译，北京联合出版社2014年版，第258、266、315页。又见王焕生《古罗马文学史》，人民文学出版社2006年版，第105页。
⑥ 卢克莱修：《物性论》，方树春译，北京联合出版社2014年版，第341、344、407页。
⑦ 杜兰特：《世界文明史——恺撒与基督》（权威修订），台湾幼狮文化译，天地出版社2017年版，第141页。
⑧ 刘文孝主编：《罗马文学史》，云南人民出版社2003年版，第86页。
⑨ 杜兰特：《世界文明史——恺撒与基督》（权威修订），台湾幼狮文化译，天地出版社2017年版，第403页。

好事。① 人是理性动物，他的善就在于社会性的合作，人要仁爱地对待同类，要尊重神灵，与人为善，帮助他人。但是他又认为，一切发生的事情都与神有联系。② 奥勒留反复地谈论对死亡的认识，认为要蔑视死亡，活三天与活三代之间没有什么差别。但他对生与死，既不乐观也不悲观，认为死亡像生殖一样是自然的一个秘密，是同一些元素的组合与分解，并不是羞愧的事，不违反理性动物（指人——引者）的本性。他提倡过一种简朴、单纯、节制、静谧、谦虚、和谐和满足的生活，③ 做一个正直、高尚、节制、理智、自由、诚实、善良，有主见的人。他公开讲授哲学，以求立德、立言建立不朽功业，将一切身外之物视为无足轻重。他的言行可归纳为"严于律己，宽以待人，行事公正，处世仁慈"。④ 他表示爱好和平，讨厌战争，认为战争是对人性的屈辱和摧残，但是他也认为"战争、谈判和休战"是人的自然本性。⑤ 他以自己祖国的利益为上，维护帝国的疆界安全和国家的利益，一有战争马上披挂上阵。

三、罗马时期的教育学和自然科学

（一）教育学

公元前3世纪，罗马人征服了雅典之后，受希腊人的影响教育发生重大变化。⑥ 在罗马上层社会里，使用希腊语被认为是教养良好的一种表现，贵族子弟均高价购得希腊奴隶，以学习希腊语，在家庭教育中，开展希腊语、拉丁语教育很是普遍。⑦

昆体良（35—100年）是罗马帝国修辞学家和最著名的教育家。他从西班牙到罗马学修辞，学成后在罗马开设修辞学校。他在继承希腊教育传统中，结合罗马国情，注重教育的实践性，成了发展完善教育方法和教育思想的先驱，主张对儿童的教育应是鼓励，激发他们的兴趣。他第一次提出了双语教育问题，希望儿童学习希腊语和拉丁语。⑧ 公元78年，帝国设立由国家支付薪金的修辞学讲座，

---

① 奥勒留：《沉思录》，何怀宏译，中国盲文出版社2013年版，第59、90页。
② 奥勒留：《沉思录》，何怀宏译，中国盲文出版社2013年版，第12、61、189页。
③ 奥勒留：《沉思录》，何怀宏译，中国盲文出版社2013年版，第43、50、248、31页。
④ 吉本：《罗马帝国衰亡史》（第一卷），席代岳译，吉林出版集团有限责任公司2008年版，第64－65页。
⑤ 奥勒留：《沉思录》，何怀宏译，中国盲文出版社2013年版，132页。
⑥ 卡根等：《西方的遗产》（上册 第八版），袁永明等译，上海人民出版社2009年版，第132页。
⑦ 路德维希：《地中海历史》，刘毅译，人民日报出版社2015年版，第76页。
⑧ 吴式颖主编：《外国教育史教程》（缩编本），人们教育出版社2006年版，第69页。

昆体良成为该讲座的第一位教师。学校中知名的学生有塔西佗、小普林尼等人。① 由于他在修辞学教育方面成就突出,被图密善历史上第一次授予执政官的称号。②

昆体良总结了前人的教育教学经验和自己的经验,撰写了巨著《雄辩术原理》。书中的第一、二、十二卷论述了教育的一般性问题。他提出了"通才教育"的主张,③ 认为教育的目的为:"我们所要培养的人,是一个具有最高的天赋才能,满腹蕴藏着最有价值的各种知识的人,是上帝派遣下来为世人带来荣誉的人,是前无古人的人,一个各方面都是出类拔萃的人,一个会很好的思考又善于言词的人。"④ 他对教师的要求可以概括为"教书育人"。其主要内容是:①德才兼备;②对学生宽严相济;③多勉励,少斥责学子;④懂教学艺术,授课简明扼要,深入浅出;⑤因材施教。⑤ 他所罗列出来的帝国公民教育的内容以及对教师的要求,从教育角度来看,其观点也是十分现代化的。⑥ 由于罗马的上层文化重视贵族在公共场合所具有的娴熟演说技巧,从1世纪早期起,正式的演说训练成为罗马教育制度的一部分。昆体良在《雄辩术原理》中将演讲术本身分为5个方面:观念、组织、格调、记忆和表达。他认为一个组织严谨的演说应该包括前言、命题、证明、反驳和结论。⑦ 这些看法对后人均产生不小影响。

(二) 自然科学

罗马的自然科学既有传承、综合也有创新。恺撒(公元前102年—前44年)在当政期间,改革了立法。在埃及天文学家的帮助下,他制定了"儒略历",规定365天为一个太阳年,每四年多加一天(这是闰年的原型)。这部立法于1582年经过修改,至今还为整个西方世界所使用。⑧

老普林尼(23—79年)是古罗马大科学家、作家。他一生中著有哲学、历史、修辞学等各种作品。他在罗马接受文学教育时,便在那里研究植物。他提出的著名观点是:"自然,那就是生活。"在哲学方面,他大体上秉承斯多噶主义。

---

① 杜兰特:《世界文明史——恺撒与基督》(权威修订版),台湾幼狮文化译,天地出版社2017年版,第288页。

② 马鲁:《古典教育史》(罗马卷),王晓侠等译,华东师范大学出版社2017年版,第170页。图密善为罗马帝国皇帝,公元81—96年在位。

③ 吉本:《罗马帝国衰亡史》(第1卷),席代岳译,吉林出版集团有限责任公司2008年版,136页。吉本指出,罗马帝国的最初200年间,有名望的人物(包括军队的重要指挥官)都有受过通才教育的经历。昆体良的通才教育主张,不排除是在总结前人教育经验的基础上提出来的——引者。

④ 腾大春主编:《外国教育通史》(第1卷),山东教育出版社1995年版,第357页。

⑤ 吴式颖主编:《外国教育史教程》(缩编本),人们教育出版社2006年版,第70页。

⑥ 李伯庚:《欧洲文化史》(上),赵复三译,上海社会科学院出版社2004年版,第64页。

⑦ 沃尔夫主编:《剑桥插图罗马史》,郭小凌等译,山东画报出版社2008年版,第134、288页。

⑧ 索尔兹伯里:《全球视野下的西方文明史——从古代城邦到现代都市》(第二版 上册),陈恒等译,上海三联书店2011年版,第183页。

其代表作是《自然史》，成书于公元77年，参考了146位罗马作家和326位希腊作家的著作，①共约2000部，讨论到2万个项目，留下了160卷笔记和摘录，涉猎范围远远超出了之前任何一个罗马人。该书中所参考的大部分书籍至今已经亡佚。②《自然史》是一部百科全书式著作，试图完整地描述天上事物和地上事物的本质，概述出他那个时代的科学和谬误，共37卷，包括了生物、天文、地理、矿冶、农业、园艺、医药、艺术诸门类，并介绍了著名的艺术家和雕塑家，谈到绘画色彩的使用和制作艺术品材料的技术等，被誉为人类古代经典中最伟大的作品之一。③贯穿该著作的主旨是自然要服务于人类。在他眼中，这个奇妙的世界并不存在主宰者，它按照法则运转，唯一的神明是大自然，但这个法则时时向我们展现它的混乱、假象和不可思议。④他的求知欲极强，对事实材料很是迷恋。他在描述草药时穷尽一切细节，认为所有植物都有其独特的药用价值。《自然史》中有关药物的内容在其后的15个世纪里仍然成为医学作品的典范。⑤公元79年，当维苏威火山爆发时，普林尼正率领舰队驻扎在那不勒斯的港湾，为了就近观察这一自然现象，为了科学献出了自己的生命。

盖伦（约130—200年），16岁时便立志从医，是继希腊的希波克拉底之后的医学大家，也是哲学家和语言学家，其著作主要有《药物治疗》和《医术》等。盖伦总结了600多年的古希腊罗马学术医学传统的知识，并且裁定了其中的主要争论。他的著作是对古代医学进行一种庞大的综合，既详尽又系统，既注重细节，也关注大局。他既重视对前人医学理论（比如生理学）的综合、研究并积极参与有关医学问题的各种公开讨论和论证，也非常注重医学实践（比如药理学和解剖）。为了证明既定的假说并对假说加以解释，他本人解剖了各种动物（有活体也有死的），包括名叫猕猴的小猴。通过解剖，试图对身体活动器官进行理性研究。⑥

他在把古希腊医学和解剖学的知识加以系统化的基础上，于解剖学、生理学及医疗学方面，既兼收并蓄而又有许多新的发现。他认为研究和治疗疾病应以生理学和解剖学的知识为基础，并提出血液循环和"动物元气"学说，⑦在他的著作中，出色地描述了骨骼、肌肉、大脑和神经系统、静脉和动脉以及心脏，成为解剖指南。直到文艺复兴时期，盖伦为欧洲提供了有关人体解剖的唯一系统说

---

① 梅森：《自然科学史》，周煦良等译，上海译文出版社1984年版，第50页。《自然史》亦译为《博物志》。
② 辛格：《科学简史》，孔庆典、马百亮译，上海人民出版社2015年版，第83页。
③ 张世华：《意大利文学史》，上海外语教学出版社2013年版，第5页。
④ 杜兰特：《世界文明史——恺撒与基督》（权威修订版），台湾幼狮文化译，天地出版社2017年版，第283页。
⑤ 辛格：《科学简史》，孔庆典、马百亮译，上海人民出版社2015年版，第91页。
⑥ 沃尔夫主编：《剑桥插图罗马史》，郭小凌等译，山东画报出版社2008年版，第183-184页。
⑦ 林德伯格：《西方科学的起源》，张卜天译，湖南科学技术出版社2016年版，第196页。

明。他具有丰富的哲学学识和精良的方法论，使之能够提出一套完整的医学哲学，出色地说明了健康、疾病和治疗等现象。所有这些，使他成为古代最重要的医学权威（只有希波克拉底才能与之相比）。① 他流传下来的部分作品，在19世纪的标准版中已有22卷之巨。② 尽管盖伦的工作包含有许多错误，但是他的医学理论尤其是解剖学直到16世纪对西方医学仍然有很大的影响。他的思想对拜占庭和伊斯兰文明产生的深刻影响达1400年之久，对文艺复兴时期的西方科学也起了重要的促进作用。③

四、罗马时期的建筑和雕塑

（一）建筑

"条条道路通罗马"是人们耳熟能详的西方谚语，也是罗马帝国兴盛时期的真实写照。维特鲁威在公元前1世纪所著的《建筑十书》，是现存的古典著作中，第一次提出了建筑的评价标准和审美规范的书籍，书中提出的"实用、坚固、美观"的设计原则至今依然对建筑创作起着作用。④ 罗马人修筑"公路"主要在两个时期，一是在对外不断的军事扩张中，修筑罗马大道。二是在城市化过程中，最重要的城镇通过主干道系统连接，并通向罗马。不太重要的城市通过次一级的道路与罗马相连。⑤ 与中国古代注重驿站建设相似，在恺撒时期，便建立了驿传制度，每隔一定距离则换人或换马传送信息或特殊物件。⑥ 最迟至公元300年时，罗马帝国的主干道和岔路口都标注在城镇和驻地的表单上，各地间的距离都用"罗马里"注明。⑦ 道路的贯通和大量城市的兴起把罗马文化带到了帝国最偏远的地方。一座城市通常规划了南北走向和东西走向的两条主要街道，相交之处是城市中心，即城市广场。城市设计主要采用棋盘格布局。⑧ 除了军事和政治目的之外，修建通衢大道也促进了城市、商贸和文化的交流与发展，有效地提高了罗马人的整体性文明水平。罗马大道连接东西方形成了早期的丝绸之路。据老普林

---

① 林德伯格：《西方科学的起源》，张卜天译，湖南科学技术出版社2016年版，第199、204页。
② 沃尔夫主编：《剑桥插图罗马史》，郭小凌等译，山东画报出版社2008年版，第185页。罗马人的驿传制度是从波斯引进的。
③ 张世华：《意大利文学史》，上海外语教学出版社2013年版，第5-6页。
④ 维特鲁威：《建筑十书》，高履泰译，知识产权出版社2011年版，第2页。
⑤ 莫里斯：《城市形态史——工业革命以前》（上册），成一农等译，商务印书馆2011年版，第160页。
⑥ 路德维希：《地中海历史》，刘毅译，人民日报出版社2015年版，第106页。
⑦ 辛格：《科学简史》，孔庆典、马百亮译，上海人民出版社2015年版，第88页。
⑧ 芒福德：《城市发展史——起源、演变和前景》，宋俊岭、倪文彦译，中国建筑工业出版社2005年版，第221页。

尼估计,在奥古斯都执政时,光购买中国丝绸、印度珠宝和阿拉伯香料花掉的财富就高达数百万元。①

混凝土和圆拱。公元前2世纪,罗马人开始使用混凝土,混凝土结构建筑带来了建筑设计史上一场伟大的革命。②弧形是工程学上的发明,罗马人将弧形演绎得淋漓尽致,发明了各种各样的拱顶系统,共有4种:筒状拱顶、交叉拱顶、带有天窗的连续交叉拱顶和带有圆眼的半球形穹顶。③混凝土和拱顶的推广,确保了古罗马人修建的一些建筑异常宏大和精细,将实用和美观结合在一起,证明了罗马人精于计算,长于建筑。在帝政时期,首都各区和帝国行省尤其在西部的行省,大力建设公共工程,到处充满圆形竞技场、剧院、神庙、凯旋门、浴场和供水渠道。④恺撒(公元前63—公元14年)曾不无自夸地说:"我接受了一座用砖建造的罗马城,却留下一座大理石的城。"⑤而罗马拱门和希腊圆柱新的结合使用,充满着一种哥特艺术诞生的前兆。⑥

万神殿。万神殿(现为天主教堂)建于118—125年,是罗马宗教建筑的杰出代表,也是所有古代建筑中保存最完好的一座。整座建筑既体现了古希腊与古罗马建筑艺术的结合,也体现了罗马人和希腊人在建造方式上的差异,代表着罗马人设计和建造工程的最高水平。⑦为了保证建筑物的稳固,它的地基达到13.3米深。其主要部分为圆形屋顶,直径为43.2米,整个建筑的高度43.2,其屋顶中心有直径8.5米的圆形天窗,用以采光,此外再没有一扇窗户,但光线却非常充足。天窗正下方的地板中央有一排水池用来排放雨水,而下水道至今仍在使用。门廊的三角墙由16根希腊科林斯式柱子所支撑。⑧

竞技场(斗兽场、角斗场)。科罗西姆竞技场是罗马最大、最著名的竞技场,建于公元60—80年,由石灰质松石构建成椭圆形,长轴189米,短轴156

---

① 路德维希:《地中海史》,刘毅译,人民日报出版社2015年版,第106页。又见弗兰科潘《丝绸之路:一部全新的世界史》,邵旭东、孙芳译,浙江大学出版社2016年版,第15-16页。
② 马米亚:《加德纳艺术通史》,李建群等译,湖南美术出版社2015年版,第187页。后来,如果一座建筑的所有窗户和门都有圆拱顶的话,人们通常会称其为罗马式建筑,因为那是罗马国家曾经使用过的样式。
③ 马米亚:《加德纳艺术通史》,李建群等译,湖南美术出版社2015年版,第187页。又见伍德福特等《剑桥艺术史》(希腊和罗马、中世纪、文艺复兴),罗通秀、钱乘旦译,中国青年出版社1990年版,第166页。
④ 吉本:《罗马帝国衰亡史》(第1卷),席代岳译,吉林出版集团有限责任公司2008年版,第39页。
⑤ 路德维希:《德国人:一个民族的双重历史》,杨成绪、潘琪译,东方出版社2009年版,第9页。
⑥ 斯托巴特:《伟大属于罗马》,王三义译,上海三联书店出版社2011年版,第376页。
⑦ 格兰西:《建筑的故事》,罗德胤、张澜译,三联书店2009年版,第30页。
⑧ 桑戴克:《世界文化史》(上),陈廷璠译,上海三联书店2005年版,第194-195页。又见陈平《外国建筑史——从远古至19世纪》,东南大学出版社2006年版,第13-132页。

米，中间的表演区长轴87.5米，短轴55米，占地约2万平方米，高52米。① 竞技场场外部由4种柱式组成。第一层是多利亚式（亦译多立克式），第二层爱奥尼亚式，第三层是科林斯式，第四层是混合柱式，有人叫它为拉丁式，是罗马人发明的。② 直到20世纪前，这个可容纳50000名观众的建筑，是世界上最大的椭圆形露天竞技场，共有80个入口。塑像和其他装饰品点缀了整个竞技场，很多排的座位都是用大理石制成。它是西方古典世界遗留下来的所有废墟中，最堂皇壮观的一处，体现了罗马特性中的粗犷、威严和豪迈。③

引水渠。公元前312年，罗马修建了第一条引水渠。到了帝政时期，罗马人建造了14条引水渠，形成了一个巨大的城市工程（主要由引水渠、高架渠和蓄水池构成）。每天向罗马城供应30000万加仑的水，其规模之大，即使是现代的城市也是罕见的。而引水进入千家万户的城内供水管道系统，仍有部分保存至今在使用。④ 为了提升城市生活质量，将供水和排污隔离开来的做法，也成了罗马人的一项重要发明。⑤ 在西班牙，西哥维亚的引水渠全长17000米。⑥ 它修建于公元100年，引水渠由一个个用粗花岗岩块修建的100个双排圆拱构成，横跨约800米宽的山谷，最高处达28米。西班牙人和摩尔人对它很敬畏，称其为"魔鬼之桥"。罗马人将拱形造成半圆形，后来阿拉伯人的庞大建筑（如清真寺等）中半圆形仍是基本模式。⑦ 位于今天法国南部尼斯附近的加特引水渠建于公元14年，桥梁部分长达275米，顶部离河面约49米，分上、中、下三层，上层是水渠，中层是架立层，下层是桥，架立柱的两边可以通行人和马车。这三层均采用连续拱券建造，顶层用小拱券，下面两层用大拱券。⑧ 这既很好地解决了引水渠承重力的问题，又展现出整个建筑外观的变化与统一的形式美。

广场。罗马城内建设的广场是一个完整的建筑群集合体。如图拉真广场由主要的五个部分构成：第一是巨门（凯旋门）；第二是图拉真广场（为主体部分）；第三是前面带有双层廊柱的两个半圆形建筑；第四是一个小庭院，里面竖立着图拉真纪念柱，柱子两侧是图书馆；第五是图拉真神庙。⑨

---

① 沈福煦：《建筑艺术史绎》，上海锦绣文章出版社2012年版，第49页。
② 塞利奥：《塞利奥建筑五书》，刘畅等译，中国建筑工业出版社2014年版，184页。
③ 杜兰特：《世界文明史：恺撒与基督》（权威修订版），台湾幼狮文化译，天地出版社2017年版，334页。
④ 辛格：《科学简史》，空庆典、马百亮译，上海人民出版社2015年版，第93页。
⑤ 安东尼·藤：《世界为大城市的保护：历史大都会的毁灭与重建》，郝笑丛译，清华大学出版社2014年版，第34页。
⑥ 尹国均：《图解西方建筑史》，华中科技大学出版社2010年版，第38页。
⑦ 布伦诺斯基：《科学进化史》，李斯译，海南出版社2006年版，第90页。
⑧ 沈福煦：《建筑艺术史绎》，上海锦绣文章出版社2012年版，第48页。
⑨ 莫里斯：《城市形态史——工业革命以前》（上册），成一农等译，商务印书馆2011年版，第187页。

浴场。至公元3世纪的后半叶时，罗马城里共有11处大型公共浴场、926个公共浴室。卡拉卡拉浴场建于公元212—216年，浴场占地面积约达11万平方米，是罗马十字拱和拱券平衡体系成熟的代表作，水槽能蓄8万吨水。浴场内设冷、温、热水浴3个部分，总体面积为208725平方米（575米×363米），可供1600人同时沐浴。室内装饰富丽堂皇。周围是花园，最外面一圈设有商店、图书馆、博物馆、运动场所、音乐和演讲厅，形成一个功能较为齐全的综合性场所。①

凯旋门。罗马凯旋门一般是拱门两侧为科林斯柱式或组合柱式，立于高高的底座上。在柱上楣（檐口）之上，建有高高的女儿墙，宽阔的壁面刻有罗马大写字母的题献铭文，最上端装饰有一组四马双轮战车的大型雕刻。它是罗马人将希腊柱式与拱券结构结合起来，创造出来的一种新的建筑范例，也是一种新的视觉图式，丰富了古典建筑语言，成为后来西方世界一个常见的建筑设计元素。②建于公元312—315年的君士坦丁凯旋门，高21米，宽26米，采用了巨大的三联拱形式，三处拱门两侧是嵌入式混合柱式，是现存最完整、最漂亮、最雄伟的一座凯旋门。③

（二）雕塑艺术

到了共和国时期，罗马的雕塑艺术逐渐由肖像发展到胸像。它往往是在圆形的金属或石块上做肖像雕塑，并挂在室内，以作为装饰或纪念祖先之用。其特点是以浮雕形式出现的。公元前3世纪中期的《坡尔达奥斯胸像》可以视为这时期的代表作品。该像高约69厘米，为青铜作品，显示出罗马人高度的写实技巧。④帝政时期，君王为了宣扬自己至高无上的权威和显示帝国的强大，曾留下了大量的雕像，奥古斯都便是其中的突出代表。1863年在罗马郊外的李维娅别墅里发现的《李维娅的奥古斯都像》，为全身立像，高200厘米，是罗马肖像艺术的杰作。奥古斯都被描绘成一位凯旋的将军，正在向士兵发表演说。⑤可以与奥古斯都像相媲美的是鎏金青铜的《马可·奥勒留骑马像》。它比真人尺寸略大，呈现的是处于权势盛期的奥勒留，他是胜利的军事统帅，君临天下，犹如神人，散发出令人敬畏的强大力量。而对他的右手姿势的解释有很多种，也许是表示了在他

---

① 沈福煦：《建筑艺术史绎》，上海锦绣文章出版社2012年版，第51页。又见尹国均《图解西方建筑史》，华中科技大学出版社2010年版，第37页。
② 陈平：《外国建筑史：从远古至19世纪》，东南大学出版社2006年版，第120、136页。
③ 贺楠、赵宇主编：《中外建筑史》，吉林大学出版社2016年版，第159页。又见马米亚《加德纳艺术通史》，李建群等译，湖南美术出版社2013年版，第234-235页。
④ 刘汝醴、张少侠：《西方美术发展史》（第1卷），人民美术出版社1990年版，第92、94页。
⑤ 斯托巴特：《伟大属于罗马》，王三义译，上海三联出版社2011年版，第95页。见正文前面彩图第3页第2幅图。

高大、威严的形象之余又多了几分仁慈，这与他在《沉思录》中倡导智慧、坚忍、节制和正义的主张是一种契合。① 罗马的大多数的浮雕属于纪念历史事件的作品。图拉真纪功柱是为了纪念他战胜达西亚人而建的，高38米，直径4米，浮雕总长约200米，人物多达2500个，该浮雕强调了叙事性和说明性。柱上有关罗马人遭受蛮族人攻击的浮雕的内容，运用的是一种记录性的图表式写实主义。②

五、基督教文化的兴起

西方文化哲学家道森认为，在欧洲宗教与文化的问题错综复杂而且涉及范围很广，它把社会生活方式同生活的最高法则和个人与社会行为的最高准则的精神信仰和价值统一了起来。因此，对西方宗教和西方文化的研究是困难的。③ 可是，基督教的兴起是西方文化发展的重要推动力量，基督教文化是西方文化的重要构成部分，谈及罗马帝国后期的文化，基督教似乎是一个绕不开的问题。所以，我们还是尽自己的了解和理解能力对其作简要介绍。

在古希腊时代，哲学家对"我是谁？""我该做什么？""我要到哪里去？"做出了深入和多面向的回答，这应该是他们对社会各阶层的类型性疑问的思考和研究的结果。继承了希腊哲学传统的罗马学者同样要面对这样的问题，并要随着社会的不断变化所产生的相似问题做出新的解答。特别是处在社会急剧变化的时代，类似的问题更容易成为社会的主导性问题，也更需要社会精英做出解答和引导。在罗马共和国末期之后，伊壁鸠鲁派和斯多噶派成为罗马影响较大的哲学学派。但是，哲学家们不太注重对希腊哲学的理论创新与发展，也许是"实用主义"传统在作祟，他们主要提倡行为道德规范的践行。在罗马作家、诗人或学者中，几乎没有人愿意充当公众道德与良心的代理者。到了公元2世纪，哲学道德家们已成为了许多人茶余饭后嘲弄的对象。④ 在哲学家们渐行渐远的时候，随着罗马国家转向专制制度，传统宗教也几乎就是纯形式的或纯政治的附属，失去原有的神圣性、敬畏性和公信力，当凯旋的将军向朱庇特神殿献祭和祈祷时，没有多少人愿意登殿祈祷。⑤ 一些人则另辟蹊径，转向对基督教的信仰，通过一神教

---

① 马米亚：《加德纳艺术通史》，李建群等译，湖南美术出版社2013年版，第224－225页。
② 伍德福特等：《剑桥艺术史——希腊罗马、中世纪、文艺复兴》，罗通秀、钱乘旦译，中国青年出版社1990年版，第142页。
③ 道森：《宗教与西方文化的兴起》，长川某译，四川人民出版社1989年版，第2页。
④ 阿利埃斯、杜比主编：《私人生活史1：星期天历史学家说历史》（从古罗马到拜占庭），李群等译，北方文艺出版社2013年版，第216、237页。有些学者将这一时期的伊壁鸠鲁派和斯多噶派称为新伊壁鸠鲁派和新斯多噶派。
⑤ 斯托巴特：《伟大属于罗马》，王三义译，上海三联书店出版社2011年版，第166页。

的理论和宗教实践来解决对"人"的根本问题的思考。这种转向,与罗马帝国社会经济和文化缓慢地走向衰落密切相关。罗马文化从"黄金时代"转向"白银时代"发生在罗马从共和制转向帝制的时期。专制制度强化甚至是固化了罗马"简洁、实用"的传统,加上君王、地方政府和富人对实用领域的加大投入或赞助,引发了许多文人墨客转向注重叙事的文字表达和功利性、实用性领域的研究或实践,他们的主要精力集中于"战记""史记"、地理学、建筑学、农学和教育学等方面。① 写作题材和深入思考方面发展的机会受到严重限制。② 研究的精神、寻求真理的精神被遏制甚至被摧残,体制内的社会精英无法回答社会面临的问题,更无法引导社会追求更高层次的世俗精神文化,这就导致了主流社会对传统道德的追求转变为对物质追求,刺激感官的享受和欲望的膨胀。在帝政时代,历史学家戴奥(死于 235 年)在《历史》一书中感叹,他正从一个黄金时代过渡到一个黑铁时代。③ 贵族社会存在骇人听闻的道德败坏,耀富摆阔,沉溺酒色,追求享乐、耽于安逸。专制君王随心所欲征收和支用国家岁入以及连年征战,致使财源和兵源日渐枯竭,选用蛮族人进入罗马军队成为常态,甚至让他们自行编组军团,进入重要的内卫军部队。有才能的蛮族将士,身居高位乃至成为独当一面的将领。④ 这潜藏着巨大的政治和军事危机。特别是皇帝神化自己之后,君王的雕像成了膜拜的对象,国家神权政治化,而人们看到的却是不少皇帝劣迹斑斑,臭名昭著。独裁、暴虐、背叛、谋杀等导致政权更迭频仍,塞维鲁皇帝公元 235 年死后的 18 年里,有 12 位君主先后登上王位,所有人都是被军人拥立或被军队废黜。⑤ 专制政府的滥权、血腥、无常,蛮族人入侵的掠夺和破坏,社会的动荡和混乱,致使人民生命朝不保夕,罗马进入了"一个黑暗而可耻的年代"。⑥

而东方的各种传统宗教进入首都的圣殿之后,宗教信仰更是五花八门,没有一个主导性的宗教,个别皇帝甚至成为东方宗教的狂热宣传者,在私人的教堂里安放亚伯拉罕、基督等的神像。一些元老叹息"罗马屈服于东方专制的奢靡主义"。⑦ 这进一步造成人们价值取向上各不相同和思想的混乱,许多人在心理上

---

① 斯托巴特:《伟大属于罗马》,王三义译,上海三联书店出版社 2011 年版,第 336—338 页。
② 斯托巴特:《伟大属于罗马》,王三义译,上海三联书店出版社 2011 年版,第 354 页。
③ 汤普森:《历史著作史》(上卷 第一分册),谢德风译,商务印书馆 2009 年版,第 198 页。
④ 吉本:《罗马帝国衰亡史》(第 2 卷),席代岳译,吉林出版集团有限责任公司 2008 年版,第 32—33 页。
⑤ 斯托巴特:《伟大属于罗马》,王三义译,上海三联书店出版社 2011 年版,第 367 页。又见沃格林《政治观念史稿(卷一):希腊化、罗马和早期基督教》,谢华育译,华东师范大学出版社 2007 年版,第 244—246 页。
⑥ 汉密尔顿:《罗马精神》,王晋华译,中国画报出版社 2017 年版,第 224 页。
⑦ 罗素:《西方哲学史》(全新修订版),耿丽译,重庆出版社 2016 年版,第 139—140 页。又见麦克尼尔《西方的兴起》,孙岳等译,中信出版社 2013 年版,第 361 页。

与原有的宗教和文化价值产生疏离，罗马的文化传统与新兴宗教之间的二元对立与博弈不断地朝着有利于基督教的方向转化。这一时期，犹太人也遭受重大灾难。公元前63年，罗马人攻陷耶路撒冷并在随后的一段时间镇压犹太人的反抗，犹太人的宗教圣殿被毁，祭司被杀，土地被占领，财富被掠夺，人或被屠杀或被变卖为奴或受侮辱或流落他乡，民不聊生。多数人对原本被寄予厚望的救世主产生了怀疑与不满，出现了宗教信仰危机。社会混乱，灵魂纷扰，圣贤不明，唯有犹太教中的一个小分支——基督教在帝国的边陲之地不加张扬地开始传播新的信仰。"一人之辩胜于九鼎之宝，三寸之舌强于百万雄师"。罗马帝国宗教信仰的混乱和文化的衰落为基督教的兴起腾出了空间。这也许可以视为基督教产生的社会背景。换一种说法，罗马帝国社会政治与经济尤其是文化的衰落，为基督教的诞生创造了有利条件。而迷茫的民众终于可以从《新约全书》中找到思考自己、思考现实、思考未来的指引。

其次是，"超然物外"，低调行事，集中反映了民众的诉求。在新约里，作者郑重地说明基督教并不是颠覆罗马帝国的一种政治运动，也强调基督教的信仰成全了犹太教，①直到公元70年左右，基督徒仍然认为他们是一个犹太教内部运动的成员。② 在公元开始的头3个世纪中，基督徒一直表现出对帝政逆来顺受的忠诚。③ 他们拒绝崇拜皇帝，但为皇帝祈祷；说明遵守所有法律，却按着比法律更高的标准生活。④ 这也许不能理解是基督教为发展自己力量所采取的"韬光养晦"策略。因为，与希腊罗马奉行"弱肉强食"的英雄主义以及犹太教强调强力抗争精神不同，基督教注重的是"不要与恶人作对"，具有"爱你的仇敌"的超脱，以及"有人打你的右脸，连左脸也转过来由他打"的卑微式"低调"。或许，基督教的这种处世哲学，是超越传统、"超然物外"的一种"逆向思维"，是耶稣"能够温和地对待那些无知和犯错误的人"的宽容使然。⑤ 不过，这有可能在自觉或不自觉之中为基督教自身的存在与发展争取到相对有利的社会条件和环境。

基督教是一个自下而上发展的宗教。尽管《马太福音》开头便介绍了"耶稣基督是大卫的后代"，具有王族血统，⑥ 但是耶稣为民众排忧解难，对弱者的关爱，则是使人们看到的耶稣是他们当中的一位平易近人的善者，一个可亲可近

---

① 《使徒行传》见《新约全书》（修订版），香港圣经公会2005年版，第225页。
② 邓比：《伟大的书——西方经典的当代阅读》，苇杭译，国际文化出版公司2006年版，第163页。
③ 吉本：《罗马帝国衰亡史》（第2卷），席代岳译，吉林出版集团有限责任公司2008年版，第121页。
④ 冈萨雷斯：《基督教史：初期教会到宗教改革前夕》（上卷），赵城艺译，上海三联书店2016年版，第64-65页。
⑤ 《希伯来书》，见《新约全书》（修订版），香港圣经公会2005年版，第425页。
⑥ 《马太福音》，见《新约全书》（修订版），香港圣经公会2005年版，第2页。

的人与神的形象,感受到他助贫扶弱的仁慈。在耶稣创教后相当长的一个时间里,基督教属于不被承认的小教派,信徒主要是下层人民。耶稣更多的是用"大众语言"在"小众"中进行布道,家庭和家族的居所成为宗教活动的主要场地。喜爱单纯是基督教的一种传统。① 在早期教会中,参加的人很少富人。可能是为了获得下层百姓的认可,耶稣和门徒们反复强调,他们的布道"接地气"。保罗便曾说,基督要我传福音,不用智慧的言论。② 并转述圣经说:"我要摧毁聪明人的智慧;我要废除博学者的学问",强调他"并没有用什么华丽的辞藻或高深的学问对你们宣讲上帝的奥秘。"③ 新约记录了耶稣采用多种比喻和隐喻的方式向听众布道,解答疑问等。当听者问道:"为什么你对群众讲话用比喻呢?"④ 耶稣的回答同样是采用比喻的方式,这也许是耶稣考虑到听众的文化水平不高、理解能力有限的现实。不过,用比喻和隐喻阐释人们较生疏的事物或较为深奥的道理,这是希腊罗马早期文化作品的一种表达方式,如《伊索寓言》等,新约受其影响也并非不可能的。此外,新约也许可以反映出基督教创立的成功与耶稣事无巨细都加以考虑有直接关系。耶稣在派遣十二使徒外出传教时,赐给他们驱逐邪灵和医治各种疾病的权力,可以让他们为受众服务时用得上。同时盼咐:"你们到一个市镇或乡村时,先打听那里有谁愿意接待你们,就住在家里,直到你们离开那地方。"⑤ 基督教创立之初的这种务实,这种多做善事的举动和善用比喻、隐喻进行布道的方式,也许使民众认识到耶稣是"一个好人"而愿意亲近他,⑥ 产生一种信仰价值的认同感而信奉他。当然,作为一种比传统宗教更为开放、敢于面对不同阶层诸多诉求的新宗教,光有相对简单、直接的说教是不够的,适合不同需求的宣讲乃至抽象、玄妙理论和充满着哲理、对人生智慧和历史经验的总结的内容也必不可少。传教者在实际写作中也往往要体现出他们的深奥风格。⑦ 如对"福"的阐释,在"论福"的条款中便有了独特的看法和精辟的见解等等。⑧ 面对使徒对局势的看法提出的疑问,耶稣则这样回答:"不要为了附近打仗的风声和远方战争的消息惊慌。这些事必然发生;但这不是说历史的终局已经到了。一个民族要跟另一个民族战争;一个国家要攻打另一个国家;到处会有

---

① 帕利坎:《基督教与古典文化:基督教与希腊主义相遇中自然神学的转化》,石敏敏译,中国社会科学出版社2012年版,第10页。
② 《哥林前书》,见《新约全书》(修订版),香港圣经公会2005年版,第313页。
③ 《哥林前书》,见《新约全书》(修订版),香港圣经公会2005年版,第314页。
④ 《马太福音》,见《新约圣经》(修订版),香港圣经公会2005年版,第25页。
⑤ 《马太福音》,见《新约全书》(修订版),香港圣经公会2005年版,第18页。
⑥ 《约翰福音》,见《新约全书》(修订版),香港圣经公会2005年版,第191页。
⑦ 帕利坎:《基督教与古典文化:基督教与希腊主义相遇中自然神学的转化》,石敏敏译,中国社会科学出版社2012年版,第10页。
⑧ 《约翰福音》《马太福音》,分别见《新约全书》(修订版),香港圣经公会2005年版,第192、7页。

地震和饥荒。这些事的发生正像产妇沉痛的开始一样。"① 这不但引导大家客观看待灾难,而且要加以辩证地认识和分析,其话语也蕴含着灾难可能是新生事物产生的前奏的乐观看法。连与他作对的一位犹太教领袖也不得不承认:"这个人没有跟过老师,怎么会这样有学问呢?"② 至于玄妙的神迹、奇事和论述,在新约里随处可见,这给人们留下了阐释的多层空间,同样可以适应不同层次信众的需要。而耶稣浓缩在"苦路"上的"悲剧"式的神秘色彩,③ 与希腊罗马人与生带来的"悲剧情结"似乎冥冥之中有异曲同工之处,它将耶稣的奇迹一次又一次展现在受众的眼前,使准信徒和信徒加强了对基督教品格的敬仰,有了"情同此心"的理解,尤其是能够引起观望者的认同甚至皈依的冲动。护教士德尔图良(约160—222年)便认为:殉道(教)者之血是教会的种子。④

卢克莱修发出的:"苦难往往使人心灵自觉卑下"的感叹,⑤ 在这里,似乎反而被信徒们视为一种"苦难—辉煌"。就其信仰来说,一个人的感受被别人接受,通常是通过一种精神感染而实现的。正如《希伯来书》的作者所言:"我们看见他(指耶稣——引者)经过了死的痛苦而获得荣耀、尊贵的华冠。"⑥ 所以,早期基督教的价值观与罗马主流社会的庸俗、功利形成鲜明对照,早期的布道者成功地将"严肃文化"与"通俗文化"结合在一起。

其三是,始终坚持一神教信仰和发挥精神力量的强大作用。信仰的坚定和坚持对于保持组织的纯洁性和生命力是极为关键的。基督教继承了犹太教对上帝绝对忠诚和崇敬的激情崇拜传统,以"信"为开端,以拯救灵魂为目标,坚信一神教信仰;同时,通过"三位一体"理论提升了耶稣的人性的伟大、神性至高无上和无所不能的光辉形象,促使信徒在最为艰难困苦之中依然不怀疑,不叛教,甚至能够排除万难进行护教和发展组织。保罗在新约中,对"信"有专论,用了39段文集中说明对"信"的理解和如何践行。他所说的"信",主要包括了"信仰"和"信心"。后来护教者奥利金作这样的解释:"信心就是用人的整个心灵在洗礼时拥抱那信心的对象。"⑦ 对基督徒来说,信心是他们认识上帝的特殊道路,只有加入基督教才谈得上对它的信心,从信上帝入门,才能获得"主"的恩宠。⑧ 信徒要服从上帝,忠于耶稣;⑨ 要信上帝、圣子和圣灵三位一体;信上帝通过耶稣被钉于十字架而后升天,"道成肉身"使世人之罪得到赦

---

① 《马可福音》,见《新约全书》(修订版),香港圣经公会2005年版,第96页。
② 《约翰福音》,见《新约全书》(修订版),香港圣经公会2005年版,第191页。
③ "苦路"是指耶稣在耶路撒冷受难时经过的路径。
④ 纳斯:《探询历史》,吉林大学出版社2005年版,第255页。
⑤ 卢克莱修:《物性论》,方树春译,北京联合出版社2014年版,第344页。
⑥ 《希伯来书》,见《新约全书》(修订版),香港圣经公会2005年版,第422页。
⑦ 威尔肯:《早期基督教思想的精神》,陈知钢译,中国社会科学出版社2011年版,第148页。
⑧ 《希伯来书》,见《新约全书》(修订版),香港圣经公会2005年版,第434–436页。
⑨ 《启示录》,见《新约全书》(修订版),香港圣经公会2005年版,第492页。

免;信"新的约"是基督教的称谓。而为了强调新约的独特地位,布道者甚至大胆地推测:"既然上帝提到新的约,可见他已经把头一个约(指旧约——引者)当作无效;任何无效逐渐陈旧的,必然急速消逝。"① 相信耶稣是成为"更好的约(指新约——引者)的保证",他始终能够拯救那些借着他亲近上帝的人。② 布道者也不断告知信徒"主的日子快到",给信徒们增强得救的信念和获得进入天堂的信心与希望,③ 使信徒坚信,耶稣"为我们开辟了一条新路",虽然"人人必有一死",但耶稣"使我们圣化归主","结束劳苦而享安息";④ 同时,让信众明白这不是在强迫人,而是启发人,引导人。也许,这能为处于困惑、彷徨、无助而又急需改变人生、改变现状的民众在精神信仰上打开了一扇窗。

其四是,组织严密,信徒团结,纪律严明,组织日益强大。基督教内部团结,纪律性强,形成了一个独立的、日渐壮大的组织,产生了强大的内生力量和自组织能力。在新约中,记载了基督教徒变卖田产家业,所有的东西公有公用,按各取所需的原则分享钱财。信徒参加团契生活,聚餐,分享食物,一起祷告,和睦团结。⑤ 布道者反复要求信徒们要"彼此关怀,激发爱心,勉励行善"⑥。反复强调要团结,不要分裂,要有一致想法,有共同目标。⑦ 在管理上,基督教诞生之初,信徒们从教会中年纪较长的人中选出监督,称为长老。在公元100年之后相当长的一段时间里,罗马、希腊、马其顿的教会领导,都是一个共同执行管理的监督小组,或由长老监督组成的小组,由一些执事做助手。这些人是教会选举的,或者至少得到全教会的同意。在一些地区,负责管理本地方的教会则由三种职位组成神职班子:一位掌大权的监督,几名长老和执事。⑧ 公元2世纪早期,基督徒团体已经是一个独立的宗教。⑨ 公元2世纪中叶,主教制已经基本确立。⑩ 教会在每一个市区设立一个主教,每一个行省设一个大主教。为了防止个人独裁,主教和大主教都是民主选举产生的。⑪ 在罗马不再是皇帝的首都时,它却成

---

① 《希伯来书》见《新约全书》(修订版),香港圣经公会2005年版,第430页。参考舒也《圣经的文化阐释》,江苏人民出版社2011年版,第132页。
② 《希伯来书》,见《新约全书》(修订版),香港圣经公会2005年版,第428页。
③ 《希伯来书》,见《新约全书》(修订版),香港圣经公会2005年版,第433页。又见沃尔夫主编《剑桥插图罗马史》,郭小凌等译,山东画报出版社2008年版,第208-209页。
④ 《希伯来书》,见《新约全书》(修订版),香港圣经公会2005年版,第431、433、432、492页。
⑤ 《使徒行传》,见《新约全书》(修订版),香港圣经公会2005年版,第230页。
⑥ 《希伯来书》,见《新约全书》(修订版),香港圣经公会2005年版,第433页。
⑦ 《哥林多前书》,见《新约全书》(修订版),香港圣经公会2005年版,第327、313页。
⑧ 沃尔克:《基督教会史》,孙善玲等译,中国社会科学出版社1991年版,第52页。
⑨ 科亨:《古典时代犹太教导论》,郑阳译,中国社会科学出版社2012年版,第193页。
⑩ 任继愈总主编:《基督教史》,江苏人民出版社2006年版,第42页。
⑪ 桑戴克:《世界文化史》(上),陈廷璠译,上海三联书店2005年版,第216页。

了罗马教廷的所在地。① 到了罗马帝国后期，基督教在各地的作用和社会影响已是很突出。圣哲罗姆（约340—420年）曾写道：当蛮族人入侵图卢兹（法国西南部大城市）时，"大主教埃克修贝里乌斯成功地保卫了城市，使之免受毁灭"②。

其五是，吸引时代精英，助推宗教组织稳定发展；积极争取上流社会的理解和支持，实现华丽转身。耶稣创教之初，他和门徒们以纯洁形象与污浊的罗马上流社会形成鲜明对照，纯洁彰显了信仰的高贵，打动了一些不甘堕落的有识之士。创教伊始，基督教便剔除了犹太教中狭隘的观念，在不平等的帝国之内追求所有人的"兄弟姊妹"般平等，敞开了吸纳各路精英的胸怀，促进了基督教理论的发展和组织建设。耶稣和门徒们一开始便倡导平等（包括奴隶身份的人），在平等中产生"爱"，从"爱邻居"扩展到"博爱"，"人人保持和睦的关系"③。耶稣将门徒视为"我的朋友"。他打破了原来犹太人跟撒马利亚人不相来往的传统，让撒马利亚获得"活水"，由此引来了许多撒马利亚人信了耶稣。④ 基督教提倡和践行的平等、博爱，实质就是要建立新的社会关系。平等跨越了原有的各种界限所产生的非血缘或非族群的博爱，既是新的社会关系，也是一种新的生活方式，改变了基督徒的价值取向，加强基督教的凝聚力量和抗争能力，有利于优秀人物脱颖而出和吸纳外来的社会精英。这突出体现在保罗身上。保罗原本是反对甚至迫害过基督教徒的犹太人，⑤ 但他皈依之后，对基督教义的维护、整理、阐释、完善和身体力行上起到榜样作用。他受的难有坐牢、被鞭打、饥饿、劳碌困苦，经历过洪水、盗贼的危险等。⑥ 但他矢志不渝，精力充沛，在耶路撒冷、安条克、雅典、科林斯、哥林多、埃弗塞斯和罗马各处讲道。⑦ 据说，保罗在亚细亚省的首府哥林多布道达18个月之久，并在当地建立了教会。⑧

保罗和许多殉教者一样对耶稣基督笃信不移、英勇不屈的表现和精神，吸引不少人入教。如写出《宗教迫害史》和《神圣制度》著作的拉克坦细阿斯，便

---

① 道森：《宗教与西方文化的兴起》，长川某译，四川人民出版社1989年版，第20页。
② 舍曼等：《世界文明史》（上册 第四版），李义天等译，中国人民大学出版社2011年版，第91页。
③ 《使徒行传》，见《新约全书》（修订版），香港圣经公会2005年版，第230页。但是，《新约》从来没有否定奴隶制。见杰弗斯《古希腊——罗马文明：历史和背景》，谢芬芬译，华东师范大学出版社2013年版，第255页。
④ 《使徒行传》，见《新约全书》（修订版），香港圣经公会2005年版，第182-183页。
⑤ 《使徒行传》，见《新约全书》（修订版），香港圣经公会2005年版，第271页。
⑥ 《哥林多后书》，见《新约全书》（修订版），香港圣经公会2005年版，351页。
⑦ 韦尔斯：《世界史纲：生物和人类的简明史》（下），吴文藻、冰心、费孝通等，译林出版社2015年版，第481页。
⑧ 杰弗斯：《古希腊——罗马文明：历史和背景》，谢芬芬译，华东师范大学出版社2013年版，第288-289页。又见《哥林多前书》，见《新约全书》（修订版），香港圣经公会2005年版，第312页。

是在见证了殉教者的英勇行为之后才加入了基督教的。① 耶稣的忠实门徒们在"正本清源"和巩固基督教组织的根基中起到无可替代的作用。但是，护教者的出现，也许是基督教转危为安并化危为"机"的关键。他们当中，既有善于运用古代哲学的观念结合基督教原则对基督教神学进行修改的奥利金，也有为协调不同教派做出贡献的安波罗修。②

夸德拉都被称为"第一位护教士"。2世纪初，他便向皇帝呈送了护教申诉书。其后，陆续有基督教学者向皇帝上书为教会申辩，或将自己的著作献给皇帝以求皇帝的理解和支持。③ 如奥利金为基督教辩护，说基督徒为皇帝祈祷胜利，以求得皇帝的理解和谅解。④ 而君士坦丁皇帝在承认基督教之前，便对他统治下的高卢（现法国等地方）实行宽松的宗教政策，信奉基督教的臣民受到君王的权威和制定法律的保护。313年，他颁布《米兰敕令》宣布基督教合法化。⑤ 罗马的鹰徽换成十字架。

安波罗修（约339—397年）任主教后成为西方最具影响的基督教领袖。他致力于协调宗教与社会关系。⑥ 4世纪，对三位一体的理论是否属于正统教义存在尖锐的分歧。与此相关，发生了罗马主教选举的冲突，安波罗修调解了不同派系之间的矛盾。在米兰，他平息与宗教有关的群众骚乱。⑦ 他坚决与阿里乌斯派做斗争，在《论基督教信仰》中，把阿里乌斯主义的各宗派推断为一个神学总体，定义为"异端""敌基督"，并为基督共享有圣父（即上帝）所有的属性以及圣灵等同圣父、圣子（即耶稣）的完全神性，进行辩护，对三位一体的理论起到正本清源和维护的作用。通过他的努力，皇帝归还了基督教的米兰城市礼拜堂。受其影响，狄奥多西一世皇帝将阿里乌斯派从君士坦丁堡的领导层驱逐出去。381年，在安波罗修主持裁判的主教大会上，原本还留在罗马帝国西部的少数几位阿里乌斯派主教被罢免。⑧ 阿里乌斯派的主张被清除，巩固了正统基督教派的地位。护教者的不懈努力，为当时的基督教文明奠定了基础。在罗马帝国末期，有基督徒在布道集中这样写道："看呀，整个人类都向雷木斯的王国俯首称

---

① 汤普森：《历史著作史》（上卷 第一分册），谢德风译，商务印书馆2009年版，第216页。
② 文德尔班：《古代哲学》，詹文杰译，上海三联书店2014年版，第348页。因本书第五章有介绍德尔图良、奥利金和奥古斯丁3位护教学者的内容，在此便不赘述。参见本书第五章"教父哲学"相关内容。
③ 任继愈总主编：《基督教史》，江苏人民出版社2006年版，第45页。
④ 沃尔克：《基督教会史》，孙善玲等译，中国社会科学出版社1991年版，第121页。
⑤ 吉本：《罗马帝国衰亡史》（第二卷），席代岳译，吉林出版集团有限责任公司2008年版，第119页。罗马皇帝君士坦丁一世，从306年到337年在位。在罗马皇帝狄奥多西一世统治期间，基督教于392年正式成为国教。
⑥ 安波罗修：《论基督教信仰》，杨凌峰译，三联书店2010年版，第1页。
⑦ 安波罗修：《论基督教信仰》，杨凌峰译，三联书店2010年版，第3页。
⑧ 安波罗修：《论基督教信仰》，杨凌峰译，三联书店2010年版，第18页。

臣，不同的典仪所表达和思考的都一样。因此命中注定基督的法律，要把整个地球都统一起来。"①

总之，公元1世纪前后，基督教只是犹太教的一个小教派，是众多宗教信仰当中的一种信仰。但是，在传统宗教信仰已经无法适应罗马逐渐衰落的社会政治、经济和文化需要的态势以及犹太教的自我封闭状态之下，基督教获得了登上历史舞台的机会。耶稣和他的主要门徒筚路蓝缕，为基督徒提供慰藉、道德之镜，组成以傚效尤的榜样，首先从底层人民中发展信徒，站稳脚跟；使徒们不改初衷，负重前行，以四海为"兄弟"构建了大众化组织的平台和维系组织的团结；以"得救""天堂"为目标，吸纳四方信众，吸引许多社会精英加入组织，扩大队伍规模，增强组织内生力量，在迫害中求生存求发展，前仆后继保证了教会的连续性。尤其在争取统治阶级的支持和法律承认方面获得突破性成功，成为独尊的国教，战胜了传统的庞杂的众神体系和犹太教的封闭体系，使基督教走进社会文化的主流之中，久久为功，开始迈步走向独占鳌头的历程。基督教的兴起和发展成功地成为了西方文化理想中的一个组成部分。通常说来，西方文化有三大支柱：科学、法律和宗教。如果说古希腊人奠定了西方"科学"的柱基的话，那么"法律"和"宗教"柱基的奠定者便是广义的罗马人。

---

① 道森：《宗教与西方文化的兴起》，长川某译，四川人民出版社1989年版，第21页。雷木斯是罗慕洛斯的兄弟，传说中他俩建立了罗马城——引者。

第二编 西方中世纪时期的文化

第五章
西方封建文化的兴起和发展

西方文化史

一、西方封建文化的含义和特点

根据西方史学的分期方法，自公元5世纪西罗马帝国灭亡至公元15世纪西欧文艺复兴时期约1000年的时间被称为"中世纪"或"中古时代"。意大利文艺复兴时期的人文主义者认为，古代希腊、罗马是文化高度发达的黄金时代，他们自身所处的时代是古典文化复兴时期，而处在两者之间的则是文化普遍衰落的野蛮时代，即所谓的"中世纪"。

本章主要考察封建文化在该时期西欧社会中的历史行程；至于文艺复兴和宗教改革，则将其作为由中古向近代过渡时期的文化而专辟另章论述。

一定时期的文化（或文化运动）必然是以一定的社会生产方式为根基和条件的。总的来说，西方封建文化主要是指产生于西欧封建主义产生、发展、成熟和衰亡时期的文化。西方封建文化可以简单地归纳为宗教文化和世俗文化两大类。宗教文化居于主导地位，属于主流文化，世俗文化处于从属地位，而且深受宗教文化的影响，其中包含了许多宗教的因素，以至于不少学者只热衷于谈论这一时期的宗教文化，很少介绍或肯定世俗文化。基督教文化通过中世纪的发展而趋于系统化，成了西方现代文化的一个重要来源。

对于中世纪西欧的历史文化状况，在相当长一段时期内，存在两种截然不同的观点。一种为"黑暗论"。如19世纪中叶，瑞士著名历史学家布克哈特认为，在中世纪，人类意识处于梦寐或半睡半醒状态，意志消沉，无所事事，缺乏独创精神，愚昧无知的教会控制着社会。在众多历史学家数百年的着力渲染下，"黑暗中世纪"的概念深深浸入到世人的观念之中。另一种为"优雅论"。19世纪初期以后，西方一些学者，特别是某些浪漫主义学者一反传统看法，认为中世纪是一段令人钦羡的美好时光，是一个让人留恋的理想社会。在他们的笔下，中世纪的民众遵纪守法，轻松悠闲，快乐美满，毫无现代社会中那种恐惧和紧张现象，特别是那些坚固的城堡、多情的骑士以及美丽的贵妇等更让人追慕。

今天的史学已在一定程度上修正了上述两种极端的观点，一个客观、公正、科学的"中世纪"形象开始逐步树立。其实，在罗马帝国后期，希腊罗马文化已衰落。社会价值理念的颓废，人们特别是统治阶级成为颓败的代表，已为有识之士和基督教徒所诟病。他们力图采用新的价值观念取代旧的、已广泛流行的理念。而在这些方面，基督教早期教父显得尤其积极。这也就为基督教文化能够在后来的"蛮族"国家站得住脚，并很快占据主流地位埋下了伏笔。在西欧封建社会早期阶段，出现了日耳曼民族接受已经衰落并遭受严重破坏的罗马文化，产生了外来民族文化与被侵占地旧文化的融合；出现了基督教会部分地接受希腊罗马文化，基督教会文化与旧的希腊罗马文化开始融合的过程。当日耳曼民族在原罗马帝国土地上站稳脚跟，巩固了统治之后（或在巩固统治的过程中），日耳曼民族接受了基督教，产生了"蛮族"文化与基督教文化的融合。所以，当封建生产方式在西欧最后建立起来的时候，展现出来的新的封建主义文化有别于早已衰败的希腊罗马文化，呈现出一定的新活力和朝气。到了 12 世纪、13 世纪，封建主义的活力和朝气充分发挥出来，社会面貌为之一变，政治、经济、科技、文化教育等诸方面均有显著进步。当然，在西欧封建社会早期阶段，日耳曼民族进入了罗马帝国的一段时期内，游牧民族对占领地首先采取的掠夺和破坏的社会价值取向必然对罗马文化产生了破坏；古罗马的遗老遗少颓废、失望和迷茫的价值观念导致了他们对文化冷漠和保护的缺失；而基督教会，虽然在 313 年君士坦丁皇帝发布"米兰敕令"使其合法化，但是教会仍然把罗马文化当成异教文化，只吸收它的小部分，采取的主要态度是观望甚至排挤；等等。这些都构成了西欧封建社会早期文化相对落后的因素。而且在一个相当长的时期内存在部分宗教人士对古典文化作品的破坏，存在农奴制和宗教裁判所，以及蒙昧主义和禁欲主义盛行等状况。但是，对产生新文化的阵痛的价值判断，只能用历史的、系统的和辩证的方法进行研究和评价。如中世纪唯名论与唯实论（亦称实在论）之间的争论，看似烦琐，而实质上是欧洲哲学从古代关注的宇宙论、本体论转变到近代关注的认识论的中间环节。① 又如，13 世纪的多明我会修士大阿尔伯特，有"全能博士"之称，在巴黎大学任"外教"期间，不顾有关禁止传播希腊科学的规定，讲授亚里士多德的科学等。他根据形态差异，将植物进行系统化分类，对植物的研究极具原创性。② 类似这些情况，并非个案。

西方封建文化在经过吸收、融合之后，走上了创新之路，这与其他文化形式发展的一般路径并没有太大区别，只是在发展的成果和特色上各有不同而已。归纳起来，西方封建文化的主要特点有：一是体现了三种文化的融合，即"蛮族"文化、基督教文化和已经衰败的罗马文化的融合，而由于各自原有水平的差异和

---

① 弗里德里希·希尔：《欧洲思想史》，赵复三译，广西师范大学出版社 2007 年版，"中译者前言"第 2 页。

② 科林·A. 罗南：《剑桥插图世界科学史》，周家斌、王耀杨等译，山东画报出版社 2009 年版，第 201－202 页。

区域封建割据严重等原因所致,融合的时间较长;二是基督教文化处于主流地位;三是市民文化发展顺利、较快,独立性强;四是基督教文化与世俗文化在冲突中发展,在攻防中彼消此长和相互吸收贯穿于整个中世纪。

二、西方封建文化产生的社会、宗教和经济条件

一种文化的存在和发展以及一种文化与另一种文化之间存在这样或那样的差异,除了传统因素以外,主要取决于不同文化所面临的时代面貌和所处的空间环境。在中世纪时期,西方文化具有鲜明而又突出的特质,这就是封建宗教文化占据统治地位,宗教渗透到西方社会文化生活每一个层面,各个阶层的精神生活和物质生活都绝无例外地被厚重地打上了宗教的烙印,哲学成为宗教神学的婢女,教育成为宗教扩张的工具,文学成为宗教教义的衍生物,艺术成为宗教神灵的物化剂。毋庸置疑,中世纪西方文化之所以与宗教神学密不可分,主要是这种文化赖以产生的社会环境使然。

首先,与众不同的封建化道路是西欧封建宗教文化得以形成的内在必然性要求。西欧封建社会是在西罗马帝国奴隶制崩溃和封建因素萌芽的前提下,在日耳曼各"蛮族"部落氏族社会制度业已解体的基础上,通过外族入侵征服的形式,综合罗马、日耳曼两种因素而形成的一种新型社会制度。与东方各国的封建形成方式不同,西欧"蛮族"国家的封建制彻底打破了过去的血缘关系,建立起较为完全的地域社会政治结构,"蛮族"首领的亲信侍从、昔日罗马帝国上层社会的遗老遗少以及地位日隆的基督教会中上层僧侣等都依靠自身特殊的荣恩和地位而获得了规模不等的领地或封地,并由此形成了层层相依的西欧模式的封建等级制度。这种封建等级制度内部不具备血缘凝聚体,宗法伦理方面的约束机制在这里已全然无效,因此,新兴的蛮族王国迫切需要一套能够适合当时社会发展状况的思想文化体系,以满足地缘性极强的封建等级结构。但是,占总人口约5%的居于统治地位的日耳曼各族本身文化发展水平低下,文明程度较为原始,这种滞后性的文化使之难以应付复杂多变的局势。另外,"蛮族"各部落在建立国家过程中,对当地原有的罗马文化采取轻视甚至厌恶态度,虽已衰落但发展程度仍甚高的罗马文化被湮没在"蛮族"的铁蹄之下,众所周知的以破坏文化著称的"汪达尔主义"即出现于这一时期。这样,本来可以通过改造为其所用的古典文化思想体系亦失去立足之地,零星残存的古典文化片段在"蛮族"建国后最初几个世纪中未能引起世人的兴趣。在这种情况下,从罗马帝国遗留下来的基督教会和基督教的典章制度成为"蛮族"王国唯一可以借鉴的政治实体和文化模式。而且,有着非凡适应能力的基督教文化能够响应时代的呼唤,迅即转为新主服务。因此,中世纪西欧文化带有浓厚的宗教色彩也就在情理之中了。

其次,万流归宗的宗教神权是西欧宗教文化得以产生的外在强制性要求。在

世界各地，文化受宗教影响的情况极为普遍，但就大多数而言（伊斯兰文明是个例外），宗教的势力尚属有限，在宗教影响下的文化生活仍然呈现出多姿多彩的景色。就中世纪初期的西欧而言，基督教会亦曾面临过一个前途未卜的动荡时期，如若不是"蛮族"首领们适时地伸出结盟之手，基督教会的势力就难以预测了，中世纪西欧文化的发展方向亦会发生逆转。但是，历史却赋予基督教会以大显身手的机会，基督教会也积极运用历史所赋予的机会而纵横捭阖，扩张自己的实力。在"蛮族"王国（主要是法兰克王国）的利用性支持下，基督教会势力由小到大，从弱变强，实力日益膨胀：496年，克洛维率领众亲兵皈依基督教；754年和756年，丕平两次率兵远征意大利，并将夺自伦巴德王国的领土赠送给罗马教皇，教皇国由此形成；774年，查理出兵支持受伦巴德人威胁的教皇及新兴教皇国，确认"丕平献土"，并为之增加新的领土，基督教会的拥有政治实体的精神领袖地位逐渐确立并得到不断加强。同时，基督教会本身也竭力从历史和现实两个方面寻找依据以强化自己的实力，甚至处心积虑地伪造历史文件来装点自己的门面，其中最为昭著的当数教皇斯提芬三世在753年前后于罗马伪造的文件《君士坦丁的赠礼》。该文件伪称，罗马皇帝君士坦丁在公元4世纪初把拉特兰宫、罗马及帝国西部交给教皇管理，自己则迁居帝国东部；它还宣称教皇是教会首脑，皇帝是教皇的扈从。经过几个世纪的经营，从12世纪晚期至14世纪初，基督教会进入其鼎盛阶段，罗马成为当时西欧最大的国际政治中心。为了确保教会政治经济地位不受侵蚀，罗马教会必然要从思想文化上对西欧社会各个阶层加以钳制；同时，也正是由于教会手中握有无可匹敌的政治经济力量，才使得教会的文化钳制政策能够转变为现实的威力，对书刊的查禁、对异端的镇压以及对政敌的惩罚等各种恐吓威逼手段都必然导致西欧中世纪文化面貌带有一种强制性的整齐划一的色彩，宗教的怪光必然流溢于西欧大地的上空。

最后，自给自足的封建庄园体制是西欧中世纪宗教文化能够扎根并繁茂的土壤。罗马帝国时期，奴隶制城市商品经济较为发达，市民文化较为繁荣，各个地区之间的文化交流较为频繁，贴近自然的和切合人之本性的古典文化氛围较为浓厚，因此，基督教文化只是支流。但是，进入封建的中世纪以后，西欧曾长期处于分裂割据局面，封闭性庄园体制在西欧许多地区先后确立，特别是在法国和英国，经济自给的庄园更为发达。在庄园体制下，社会各个阶层的思维空间都变得越来越封闭，越来越狭隘。社会中下层特别是普通农奴除了单调的男耕女织和为领主服劳役以外，谈不上什么接受知识性教育的权利。因此，从总体上说，他们处于一种文化上的蒙昧状态。至于社会的中上层，虽然个别统治者提倡文化教育，但收效并不显著，许多贵族依然目不识丁，甚至连自己的名字亦不会写，对于他们来说，那种人吼马嘶的私战、比武和决斗更有刺激，会不会写字读书则无关紧要。在这样一个广袤的文化沙漠中，基督教便成了世人唯一的精神支柱。基督教会则利用各个阶层这种麻木无知的特点而积极展开宣教活动，将那些处于混

沌状态的虚位以待的大脑塞满光怪陆离的引人虔信的信条和说教。西欧社会的文化生活也就不得不染上强烈的宗教色彩。

以上我们从总体上分析了西欧中世纪文化的本质特征及其形成的社会背景，但需要注意的是，不能把宗教文化在西欧文化生活中的统治地位绝对化，而应作具体客观的分析，否则便有可能出现形而上学的偏差。首先，基督教会的文化专制政策虽贯穿于整个中世纪，但其专制程度却有一定的阶段性。在中世纪最初几个世纪，天主教正统观念虽被一再强调，但在具体施行过程中仍有一定的灵活性，而自 13 世纪以后的几个世纪中，教会的文化专制政策则显得日益残酷僵硬。其次，基督教的文化垄断地位具有相对性，即使在宗教文化最为昌盛的 12 世纪、13 世纪，世俗文化也从未中断，反映城乡普通民众日常社会生活的文学艺术作品仍时有出现。再次，基督教文化内部存在深刻的矛盾，哲学领域中的唯名论和唯实论的斗争持续数个世纪之久，教派之间的斗争更是接连不断，最终导致天主教会的大分裂，路德教和卡尔文教等一批新教从中分离出来。最后，基督教文化的作用具有两重性，一方面要看到它在阻碍西欧科技进步、妨碍民族文化的形成以及延缓西欧封建体制等方面所产生的消极影响；另一方面也要看到它在促进西欧封建统治制度和封建土地制度的形成、保存某些古典文化和农业生产技术以及普及初等文化知识等方面所起的积极作用。

三、哲学和神学的二位一体

哲学与神学在内涵上本属两个范畴，但在中世纪西欧特定的历史和社会环境中，两者却成了一对密不可分的连体。哲学的首要任务和其存在价值就是为基督教神学呐喊助威或虚张声势，其原有的独立地位已荡然无存，哲学完全蜕变为神学的奴仆或工具。神学以哲学面目登台，哲学为神学粉金饰银。在古代和中世纪，基督教哲学曾先后经历过两种不同的形态，前期为教父哲学，后期为经院哲学。两者在本质上是一致的，都是官方正统的宗教哲学。两者之间的关系是，教父哲学是经院哲学的前期准备和基础，经院哲学是在新形势下对教父哲学的发扬光大。

（一）教父哲学

教父哲学产生于公元 2 世纪末，繁荣于西罗马帝国行将崩溃的 4 世纪末 5 世纪初。当时，随着罗马奴隶制内部危机的日益加重和社会矛盾的全面激化，统治阶级逐渐认识到宗教意识形态的作用，合理地运用它，就有可能对动荡不安的社会起到镇定和缓解效果。因此，基督教这一原本属于下层贫民的宗教在统治阶级的扶持下逐步取得合法地位，并渐而成为罗马帝国的国教。为了使正处于角色变换过程中的基督教更好地为现实的社会政治服务，教会上层人物和一些精于基督教神学的高级教士开始制定适合政治统治需要的教条和教义，并运用当时流行的各种唯心主义哲学对之进行粗浅的论证。经过教会人士阐发的各种教理逐渐取得历代统治者的认可，成为中世纪西欧正统的官方神学理论。在历史上，创立并论证基督教教义和教条的教会人士被尊称为"教父"，由他们创建的哲学与神学的混合体则被称为教父哲学。

教父哲学在实质上与真正的哲学并无多少共同之处，它是徒具哲学外表的唯心主义神学思想体系。至5世纪前期，教父哲学的内容已经趋于完整，日益具有体系化特征。教父们创立的基督教神学理论主要包括以下几方面内容。第一，创世论。人类社会的物质世界乃至精神世界均是由全智全能的上帝从"虚无"中创造出来的，上帝有"无中生有"的超凡神力。第二，三位一体论。上帝有3个位格（Persona），即圣父、圣子和圣灵，但3个位格又不可分离，它们统一存在于上帝本体之中。第三，原罪论。人类始祖亚当和夏娃在蛇的诱惑之下偷食伊甸园中的禁果并因此而获罪，这种罪恶会代代相传，所以人人生而有罪。第四，救赎论。上帝为了拯救人类于罪恶之中，使圣子降为肉身并使之成为人类的救世主，但救世主并非是要解除人们现世的苦难，而是要人们忍受目前的一切痛苦，这样才能得到最后的拯救，才能获得苦极生乐、否极泰来的理想结果。第五，末日审判论。当世界末日来临之际，包括肉体已经死亡之人在内的所有人的灵魂都要接受基督的审判，行善的义人之魂将升入天堂，作恶的歹人之魂将被罚入地狱。第六，天启论。信仰高于一切，而且信仰完全来自上帝的启示，理性和知识必须从属于信仰，一切与得自天启的信仰相矛盾、相抵触的东西均属谬误。第七，教权至上论。教会是上帝在俗世的代表，君主之所以享有权力，只不过是得到教会手中权力的暂时委托，教会可随时予以收回，因此，教权高于俗权，教会高于国家。教父哲学的上述基本内容一直为西方正统教会所沿用，但同时也成为基督教内部长期争论不休的几个问题，各种"异端"思想亦不断对此提出种种质疑。

教父哲学在形成和发展过程中的主要代表人物有德尔图良、奥里金和奥古斯丁等。德尔图良（约160—222年），生于北非迦太基城，被称为第一个拉丁教父。他着力论证了耶稣基督的出生问题，认为在创造物质世界之前，上帝与逻各斯（道或话语）即已先在；创世时，上帝借助于逻各斯而衍生出圣子；圣子以"圣灵"的方式借童贞女玛丽亚取得肉身，降为世人，此即"道成肉身"。这种论证后来被定为基督教的正统教义。德尔图良还特别强调上帝创世的方式问题，认为上帝是超自然的威力无穷的最高神灵，具有自由意志，根本不受现实物质世界的限制。因此，上帝在创世时并未使用现有的物质材料，而是直接从"虚无"中创造世界的。另外，德尔图良还坚持认为，信仰是第一性的，只有通过虔诚的信仰才能认识真理，人的理性在认识真理方面则显得渺小和乏力。德尔图良曾留下一段经常被后人视为笑料的"名言"，他说："上帝之子死了，虽然是不合理

第五章 西方封建文化的兴起和发展

的，但却是可信的；埋葬后又复活了，虽然是不可能的，但却是肯定的。"可以看出，德尔图良的所谓哲学就是一种蒙昧主义思想，是与理性思维背道而驰的宗教迷信。

奥里金（约185—254年），生于北非亚历山大城，被视为希腊教父中的泰斗。在上帝创世的问题上，奥里金因袭了柏拉图的理念论，并将之糅合于宗教词句和宗教论证之中。他认为，上帝是处于绝对第一性地位的绝对本原的纯粹精神，是万原之原，万本之本；居于第二位的是上帝所创的精神世界，它是"实在"的世界；处于第三位的是与精神世界同时被造的物质世界，它的存在完全依赖于精神世界，物质世界只是精神世界借以活动的工具和手段。在信仰问题上，奥里金将有关的人分为3个层次：低层次之人只能通过虔诚的信仰而得到救赎之道；中间层次之人在有了初步信仰之后，可通过哲学以获得一些有益的知识，加强信仰，加快救赎，但是通过哲学而得来的知识不能违背已有的信仰；高层次之人凭借信仰和自身的能力可以达到"认识上帝"的地步，进入非感性的神秘的最高境界。从本质上看，奥里金的神学思想与德尔图良的神学思想并无二致，它们均属唯心的神秘主义、蒙昧主义和信仰主义，只不过奥里金更多地搬弄了古希腊的哲学思想，而使自己的神学体系在表面上略显"合理"一些而已。

教父哲学最著名的代表人物是奥古斯丁（354—430年）。奥古斯丁生于北非的塔加斯特（今阿尔及利亚）。他早年信仰起源于波斯地区的主张善恶二元论的摩尼教，后转变思想，皈依了基督教。奥古斯丁一生勤勉，著述丰富，其中大多完成于任希波主教时期，比较著名的有《上帝之城》《忏悔录》《论三位一体》《教义手册》和《预定论》等。

奥古斯丁的神学思想较为复杂，有时甚至陷入混乱，其思想来源既有基督教本身的，也有摩尼教的，同时还受到柏拉图主义和新柏拉图主义等唯心主义哲学广泛而深刻的影响。奥古斯丁宗教神学思想中对后世基督教的发展产生重大影响，这主要包括以下几个方面：

首先是上帝神性论。奥氏从各个方面论证上帝的神性。第一，上帝是不变的。作为最终实在的上帝是圆满无缺的，故没有理由让之变化；第二，上帝是创造的。关于人们对上帝从"虚无"中创造世界一事感到迷惑不解的问题，奥氏解释说，人们往往把人的创造力等同于上帝的创造力，但人的创造力充其量只不过是对现有质料的重新组合，而上帝的创造力深奥难测，它与人的创造力是风马牛不相及的两种类型。第三，上帝是永恒的。时间是上帝创造的，上帝存在于时间之外，不受时间流变的影响和制约。第四，上帝是全善的。每一件事物之所以是善，只是因为它是实在的，而上帝是至高无上的实在，所以上帝是全善的。

其次，奥古斯丁积极赞同"三位一体论"。他说："既非三个神，亦非三个善，而是一个至善全能的上帝，即三位一体自身。"他接着又解释道，如果有人要问三位到底是什么，我们就会感到人类语言竟会如此贫乏，以至于无法表述。

再次,奥古斯丁竭力宣扬双城论。在《上帝之城》中,他将世界分为上帝之城和尘世之城。尘世之城指的是末日审判后恶人所居留的地狱和人们现世栖息生活的世界,上帝之城指的是上天之中永恒的幸福和现实生活中的基督教会。他由此认为,教会的权力应当高于世俗的权力,只有如此,尘世之城才能得到救赎而成为上帝之城的组成部分。

奥古斯丁的哲学神学思想在5—6世纪的西方基督教世界占据了主导地位,并对整个中世纪时期、宗教改革时期乃至近代的宗教神学都产生了深刻的影响。教父哲学于9—10世纪期间逐渐让位于经院哲学,11世纪时完全被经院哲学所取代。

(二) 经院哲学

从公元八九世纪开始,特别自11世纪以后,西欧社会在经济、政治和文化生活等方面发生了新变化,新的矛盾也随之出现。

首先是经济发展与政治分裂之间的矛盾。11世纪前后的西欧封建经济开始以较快的速度向前发展,农业、手工业以及城市商品经济比以前有了较大的改观。但西欧各国在政治上大都处于四分五裂状态,给经济的进一步发展造成严重的阻碍。在此情形下,各国封建君主依靠中小封建主、市民及其他下层民众积极展开领土统一和加强王权的斗争。然而,以罗马教皇为首的西方基督教会却竭力反对王权的加强,因为君主权力的扩展意味着教会权力的沦丧。因此,教俗矛盾日益激化,斗争日趋尖锐,但斗争的结果在不同地区和不同时期有着不同的表现。在英国和法国,君权发展相对较快,教权则较为收敛;在德意志和意大利等地,情形则正好相反。另外,在12—13世纪,教权发展至鼎盛时期,此间有名的教皇莫诺森三世(1198—1216年在位)曾宣称:"教权是太阳,君权是月亮;教权来自神的创造,君权来自人的狡诈。"不过,应当注意到,教俗矛盾仍然是统治阶级内部的矛盾,两者之间在斗争的同时,也有团结一致和相互利用的一面。上述这种矛盾和斗争必然要对当时的思想文化生活产生投射作用,因而也就必然会曲折地反映在哲学和宗教神学领域之中。

其次是世人认识能力的提高与教父哲学的粗鄙之间的矛盾。中世纪初期的社会进步包含着科技水平的提高和知识总量的增长,因而也就不断促进人们认识问题和思考问题能力的提高。随着人们思维广度和深度的逐渐扩大,原有的教父哲学越来越显现出自身的缺陷和不足,逐渐为世人特别是宗教领域内的知识阶层所诟病。一批宗教哲学家开始投身到对教父哲学进行改造的活动之中,盛行于中世纪中后期的经院哲学渐趋形成。

经院哲学最初起源于9世纪前后兴起的各种宫廷学校、教会学校和修道院。在这里,学生和教师均以《圣经》和教父哲学中的教条为主要研读对象,并对之展开空洞抽象的演绎论证;同时运用古代哲学和当时的一些哲学思想来协助构

建自身的宗教神学体系。以上述方式进行《圣经》研究的场所被称为经院。后来，那些把哲学作为外壳、以《圣经》及各种教条为研究对象并采用玄虚烦琐的论证方法的教会学者被称作经院哲学家，其思想体系便被称为经院哲学。

经院哲学的根本任务是以教父哲学为基础，以哲学的形式对已有的天主教教条和教义进行论证和辩解。经院哲学家们借用柏拉图的唯心主义理念论，并孤立和歪曲使用亚里士多德的形式逻辑理论，通过三段论推理，使得本来已经不合时代要求的教父哲学变得更为思辨化、系统化、理论化和哲学化，论证的最终目的就是证明天主教的教义和教条绝对正确，永无谬误。

经院哲学的研究对象并不是客观的物质世界，而是虚无缥缈的上帝、圣子、圣灵、天使、魔鬼、天堂和地狱的超验世界。他们的研究已经完全脱离了现实，因而他们只能在既定的时空中做一些咬文嚼字的、玩弄概念的和抽象无聊的文字游戏，烦琐地论证一些表面玄妙莫测实质荒谬绝伦的神学问题，如"把猪牵到市场上去的究竟是手还是绳子？""上帝用泥土捏成的人类始祖亚当有没有肚脐眼？"等等。对于这些子虚乌有的命题，经院哲学家们却要皓首穷经地去旁征博引，并展开频繁的论战，在谁也说服不了谁的情况下，便会演变为谩骂甚至斗殴，最后仍是无果而终。

经院哲学的历史可分为两个时期，9—12世纪为形成和发展阶段，13—15世纪为兴盛并开始衰落阶段。在前一个发展阶段，经院哲学家们借用的思想材料主要是柏拉图学说、新柏拉图主义和奥古斯丁的宗教哲学思想。此间经院哲学的重要代表人物是安瑟伦（1033—1109年）。安瑟伦生于意大利，主要著作有《独白篇》《宣讲篇》和《神何以成人》等。安瑟伦是典型的信仰主义者，竭力肯定宗教信条的绝对权威。他说："不是先理解，后信仰；而是先信仰，后理解。"作为"最后一个教父和第一个经院哲学家"，让安瑟伦闻名于世的应当是他的所谓"上帝本体论证明"。为了证明上帝的存在，他提出一个三段论式理论：上帝的概念是最完善的概念；而最完善的东西必然包括存在，不然就不能说是最完善的；所以，上帝是存在的。实际上，安瑟伦的论证是荒谬的，他在命题的前提中已经肯定了所要证明的结论，在没有任何根据的情况下断定上帝是最完备的实体，其论证只能是空洞无用的"同语反复"。

在第二个发展阶段，经院哲学家主要利用亚里士多德的哲学思想和形式逻辑来为基督教教条和教义作论证和辩解，使之变得更为系统化和逻辑化。这一时期最为重要的代表人物是托马斯·阿奎那（约1225—1274年），他的宗教哲学代表了整个经院哲学的最高成就。托马斯出生于意大利的一个贵族家庭，一生共写有18部著作，重要的有《反异教大全》《哲学大全》《论存在与本质》和《神学大全》等，其中以《神学大全》最为著名。

托马斯创建了前所未有的最为系统的天主教思想体系，内容涉及政治、经济、文化、教育及宗教等各个学科。在宗教哲学方面，他不厌其烦地采用大量的三段式演绎推理论证信仰与理性的关系、上帝的创世和上帝的存在等一系列神学问题，其中他所创立的"宇宙秩序论"对后世影响极大。他认为，整个宇宙秩序是上帝按等级体系有目的地进行安排的。从最低一级的无生命界起，到植物界、动物界，再上升到人、圣徒、天使，至高无上的是上帝，每一个等级都在追求进入更高一级，上帝是宇宙的终极目的。在宇宙等级中，下级从属于上级，上级统御下级，最后统属于上帝。他还认为，人们中间也因才智有差异而形成等级体系，如若有人想改变上帝的安排，去提高等级，那是犯罪的。托马斯的思想体系因糅合有亚里士多德的哲学而一度受到正统派的抨击，甚至被斥为异端，但其流传却越发广泛，信徒日渐增多。1323年，教皇约翰二十二世承认托马斯为圣徒，这标志着其学说最终取得胜利。时至近代乃至今天，西方天主教会仍崇奉其学说思想，罗马教廷下属的所有大学都有专门研修托马斯学说的课程，可见其影响是极为深远的。

　　经院哲学虽然是中世纪西方的正统官方哲学，但从它诞生之日起，其内部就存在着唯名论与唯实论之间的斗争。唯名论属于非正统派，认为个别事物是先于概念而存在的，概念只是用来表示事物的相似性，是事物的名称，是后于个别事物而出现的。唯实论（又译实在论）则属于正统派，认为一般概念是存在于个别事物之先的某种精神实在。可以看出，两派之间争论的焦点是共相（即一般）与殊相（即个别）的关系问题。唯实论者把一般概念看作是第一性的东西，而把个别事物看作是第二性的东西，属客观唯心主义。唯名论则相反，强调个别事物的真实性。因此，一般来说，它具有唯物主义倾向。但是，唯名论并没有摆脱宗教神学的束缚，而且否定一般概念的客观内容，因而在一定条件下也会给主观唯心主义提供可乘之机。

　　唯实论的代表人物就是我们前面提到的安瑟伦和托马斯·阿奎那。安瑟伦认为，一般概念是先在的离开具体事物而独立的客观存在，是上帝造物时的原型，这些原型也就是上帝所具有的"理念"。这种论点实则是柏拉图理论的翻版，在经院哲学史上被称为"极端实在论"。托马斯·阿奎那的观点则属于"温和实在论"。他认为，一般也是一种"实体形式"（或称"隐蔽的质"），它既存在于个别事物之内，又存在于上帝与人的理性之中。这种说法虽较为巧妙，但最终还是认为一般先于个别，一般比个别更实在。唯实论的思想对于维护罗马教会的绝对权威具有重要理论意义。因为，既然一般高于个别，一般比个别更实在，那么，越是一般、越是普遍的东西就越高、越实在，而上帝的观念是最为普遍的，因而上帝就是最高的实在。另外，罗马天主教会是势力遍及各地的实体，其普遍性和实在性要远远高于各个具体国家，所以，教权高于王权，国王要服从教皇。

　　唯名论的主要代表人物有贝伦加尔、阿伯拉尔和罗哲尔·培根等。贝伦加尔（约1000—1088年）是法国神学家。他断言，除了实体以外没有任何真实的东西，而实体只能是为感观所感知的东西。他反对圣餐中实体转化论。他说，我们

吃的明明是面包，喝的明明是酒，要是大家都来吃基督的身体，那么，即使他的身体大如巨塔，也早就被这么多人吃得一干二净了。最著名的唯名论者是法国神甫阿伯拉尔（1079—1142年）。他认为，一般是从许多个别事物中抽象出来的共性，但这种共性在每一个个别事物中又被完全个别化，与个别事物是同一的。由此可知，在客观上只有个别，没有一般，一般只不过是人通过抽象而形成的概念。因此，教会所普遍宣传的三位一体、原罪、实体转化等教条都是根本不存在的。另外一位有名的唯名论者是13世纪英国牛津大学教授、近代自然科学的先驱罗哲尔·培根（约1214—约1292年）。在哲学上，他亦否认一般的独立自在，而肯定个别事物的客观存在。在具有唯物主义倾向的唯名论思想的指导下，他在数学、物理、化学、光学和医学等领域进行广泛研究，并取得丰硕成果，但他却因此受到教会的迫害，被囚禁达14年之久。

唯名论与唯实论之间的斗争并不是一场纯思辨的争论，它是封建政治斗争在宗教哲学领域里的反映，是以王权与教权之争作为其政治背景，曲折地体现了两种政治势力所主张的不同的政治发展方向。但对于两者之间的分野，不应过分夸大，因为两者之间的矛盾毕竟还是经院哲学内部的矛盾，它们对罗马教会基本教义的态度仍然是保持一致的。

四、西方封建社会早期的文化教育

西方中世纪的文化教育呈现出一系列较为鲜明的特征。首先是落后性。各"蛮族"王国建立后的相当长一段时期里，原先相当兴盛的文法学校和修辞学校等世俗教育机构大多消失。作为古代文化继承者和保存者的基督教会也未能即刻转化为文化教育事业的筹办者和指导者，而当它最终担当起这一任务时，西欧社会的知识领域已经严重地荒漠化。只是经过数个世纪的积蓄和开发，落后状况才渐渐有所改观。其次是等级性。中世纪西欧是等级森严的封建社会，教会内部存在着严格的教阶制，世俗封建主内部亦依据不同的主从关系而结成地位明确的等级结构体系，处于社会底层的是无权无势的普通民众。不同等级的人所接受教育的内容不尽相同，受教育的权利亦相差悬殊，因而使中世纪西欧的封建教育带有明显的等级性特征。最后是宗教性。宗教是中世纪西欧社会的精神支柱，是维系各阶层之间和人与人之间的桥梁和纽带，一个人自生至死都与宗教密切相连，因而其文化教育也就必然伴随有浓厚的宗教性特征。

但是，与其他一切社会、政治及经济领域一样，文化教育的发展在偌大的西欧地区亦不可能绝对均衡，在不同的时期和不同的地区，西欧的文化教育在一定程度上也出现多样化的发展趋势。例如，在中世纪初期，当西欧大陆上的文化教育处于停滞颓唐之时，相对隔绝的爱尔兰却散发出勃勃生机并为大陆各地输送出一大批知识丰富的教师和各类人才。再如，当西欧大多数"蛮族"国家的统治者对文化教育持轻视甚至是反对态度之时,一些有远见的政治家如法兰克的查理大帝和不列颠岛上的阿尔弗雷德大王等却积极发展教育以提高全民的文化素质。查理大帝曾于812年发布公告:"每人必须把自己的儿子送到学校去学文法,儿童必须留在学校里勤奋学习,直到他能学知识为止。"另外,在中世纪前期,教会学校在文化教育中占据主导地位,而至中后期,教育模式出现重大变化,行会学校(艺徒职业教育)、城市学校和大学相继兴起,尽管它们仍与教会存在某种关系,但其自由度与活力却大为增强。中世纪西欧文化教育的内容较为繁杂,在此只能撮其主要,以为概观。

(一)教会学校

中世纪前期,西欧文化教育事业主要由教会负责,查理大帝及其子孙经常以各种方式支持并督促教会扩大教育范围,责成教士提高自身素养以利施教。教会管辖下的教育机构主要有三种:修道院学校、主教学校和教区学校。

修道院学校又称僧院学校,大约兴起于公元6世纪,它是随着修行制度的出现而产生并发展的。修道院学校的办学目的主要是培养僧侣,但也有些修道院学校除了为本院新信徒提供基本教育之外,有时还招收修道院以外的俗家子弟,即所谓的"外学",但一般而言,外学的规模较小,数量亦很有限。

主教学校又称大教堂学校,大约首先出现于7世纪的英格兰,随后扩及西欧其他各地。此类学校一般设于主教驻跸地,其组织情况与修道院学校类似。起初,主教本人往往就是学校的常任教师。到8世纪时,他们开始在学校另设专门教学人员。主教学校并不是一种统一的教育制度,其办学方向是因地制宜。8世纪末9世纪初,以主教名义兴办的学校主要有歌咏学校和文法学校。歌咏学校亦不再是培养唱诗班歌手的纯粹专业学校,而是一种涉及基础教育的初等学校;文法学校也不再仅仅是为神学学习做准备,而是一种向未来的传教士传授普通课程以及一切专业课程的机构。至12世纪以后,西欧各国又逐渐在歌咏学校和文法学校之外增设了专门的神学学校。

教区学校出现时间比较晚,且并非是一种普遍的教育制度。这种学校的条件一般比较简陋,校址通常设在村庄小教堂内或牧师自己的家中。牧师招收本地区的一般居民子弟入学,收取一定费用(多以实物形式),为其讲授日常生活中所需的最基本的知识,包括识字、写字、读祈祷文和唱赞美诗等。

三类学校中,以修道院学校和主教学校较为正规,办学条件比较优越,因它们自己拥有地产并接受社会大量捐赠而免收学生的学习费用。这种做法后来在教会法中得到确认。例如,1189年召开的第三次拉特兰宗教会议明确规定,普通教士和贫穷的学生应接受免费教育。当然,教会重视教育的普及工作有着比较明确的宗教意图。因为教会发现,不给信徒特别是不给教士学习"圣经"和履行宗教职责所要求的那种文化,教会就无法深入宣传自己的理论,就无法达到既定

的政治和宗教目的。

教会学校的课程称为"七艺",即文法、修辞、辩证法、算术、几何、天文和音乐。七艺原本是古代希腊、罗马的传统课程,教会学校因袭之,但却赋之以浓厚的宗教神学色彩,每一学科的教学都有明确的宗教功用,如文法用于学习拉丁语并指导阅读《圣经》,修辞是为训练传道讲经的辩才,辩证法是为论证神学命题,算术和天文是为计算宗教节日和占卜星象,几何用以绘制教堂建筑图样,音乐则为礼拜和举行宗教仪式服务。尽管如此,教会学校的七艺教育在客观上还是起到了普及基本知识的作用,为后来西欧教育的大发展奠定了基础。

(二) 骑士教育

加洛林帝国瓦解以后,西欧各国进入了长时期的封建割据状态,在土地分封基础上形成的封建等级制度逐渐确立下来。当时,封建混战频繁,战争胜负主要取决于骑士们单枪匹马的格斗。因此,培养骁勇善战的骑士成为各个封建主阶层的共同要求。同时,为使骑士的行为方式和道德修养符合封建上层社会的规范,骑士教育中也包括一些礼仪教育。骑士制度起源于法国,盛行于11—14世纪,特别是11世纪末至13世纪下半叶长达200年的十字军东征期间,骑士的地位和作用大为增强,训练骑士的教育方式在11世纪也基本形成,12世纪盛行一时。

骑士教育是封建主阶级的一种特殊形式的家庭教育,大体可分为三个阶段,即侍童阶段、护卫阶段和骑士阶段。

首先是侍童阶段。幼童满7、8岁以后,封建主便将之送往比自己高一级的领主府邸中接受教育。这时的儿童是主人的侍童,其主要任务是服侍男女主人,学习上流社会的礼仪,并学习棋、琴、诗、歌及识字等,同时还有宗教教育,以养成对宗教的虔诚。在体育方面,主人则委派他人训练侍童骑马、赛跑、游泳、击剑、投枪和角力等。此外,主人还要注意培养侍童的侠义精神和对荣誉的热爱。

其次是护卫阶段。至14、15岁以后,侍童变为主人的护卫,其主要任务是侍奉男主人,平时照料他的一切起居住行,战时则随同出征,并负担保护之责。同时,护卫还要忠于女主人,学会在贵妇人面前表现得文雅知礼,善于殷勤侍奉。此间,护卫还要勤练武艺,经常比武,以锻炼作战能力。

最后是骑士阶段。护卫至约21岁时,在经过授予骑士称号的仪式后,骑士教育方告结束。这种仪式包括许多细节:首先是宗教仪式,如斋戒、祈祷、忏悔、领圣餐和接受牧师祝福等;其次是武艺表演,以此证明自己已经掌握足够的武艺,具有对敌作战的能力;再次是宣誓仪式,宣誓内容是保卫教会、尊重妇女、助贫扶弱和忠君爱国等;最后是接受象征骑士职能的剑、战车或其他武装器械。至此,才正式成为一名骑士。

一方面,骑士教育的直接结果就是为封建主阶级培养尚武精神有余而文化知识不足的武夫，为封建秩序的稳定提供了较为有力的保证。另一方面，骑士教育为培养西欧人乐观的现实主义人生观、爱情观及以后的绅士精神等都有一定的积极影响。至14世纪以后，随着军事科技的进步和作战方式的改变，骑士的作用渐趋减弱，与之相伴的骑士教育也因此慢慢消亡。

（三）中世纪大学的兴起与发展

大学是中世纪欧洲留给人类最为重要的文化遗产之一。它之所以能在12世纪的欧洲首先出现，一方面是中世纪初期几个世纪所形成的文化积淀，另一方面则是11世纪以后西欧因政治经济变化而出现的文化需求。从11世纪开始，西欧经济开始迅速复苏，沿海地区特别是意大利北部地区的对外贸易再次活跃起来，一些城市逐渐取得了独立或半独立地位，有些地方甚至建立了城市共和国，市民阶层有了较快的扩展。因此，社会对与政治经济生活有密切关系的世俗文化的需求亦日益强烈。另外，11世纪时，阿拉伯人的数学、天文学和医学均达到较高水平，而且他们还保存了大量的古希腊哲学、自然科学及医学方面的手稿、文献和著作，并通过西班牙和西西里岛等地将这些先进的文化知识传播到西欧各地，扩大了西欧人的视野。这就为西欧大学的兴起创造了必要的前提条件。

中世纪最早的大学是位于意大利那不勒斯附近的萨莱诺大学。它原本是一所医学专门学校，以编译古希腊及阿拉伯的医学著作和进行医学研究而著称。1137年发展为教授医学的萨莱诺大学，至1231年得到政府的正式承认。另一所古老的大学是意大利的波伦亚大学，它最初是波伦亚法律学校，以研究和传播罗马法而闻名欧洲。1158年时，神圣罗马帝国皇帝红胡子腓特烈下谕承认它为正式的大学。法国的巴黎大学亦很古老，它的基础是巴黎附近规模很大的修道院学校和主教学校。12世纪中叶，当地教师结成同业公会，巴黎大学初具雏形。1174年，罗马教皇予以承认，并授予它某些特权。1200年，法王腓力二世颁发特许状，巴黎大学正式诞生，1208年以后称"大学"。除了上述三所大学之外，12世纪后期到13世纪，西欧许多国家也纷纷成立大学，其中著名的有英国的牛津大学（1168年）和剑桥大学（1209年），法国的蒙彼利埃大学（1181年）、图卢兹大学（1230年），意大利的帕多瓦大学、那不勒斯大学（1224年），西班牙的帕伦西大学（1212年）和葡萄牙的里斯本大学（1290年）等。据统计，至1500年时，欧洲实际存在的大学总共有79所。

"大学"源自拉丁语（universitas），本义是指会社、社团、协会或行会。至14世纪中叶以后，该词才成为特指高等学府即大学的专有名词。早期的大学具有相对独立性，原则上由皇帝、教皇或国王批准，不受当地教会或政府的管辖。来自各地或各国的学生为了保护自身的利益而组成各种同乡会，并模仿手工业行会的组织形式而组成"师徒会社"，这种会社就是由一群师生所组成的拥有法权的合法团体。

中世纪大学的内部管理方式大体可分为两种类型，分别以波伦亚大学和巴黎大学为代表。在波伦亚大学，学校的管理工作以学生为主体，学生们组成"学生会社"（或称"学生行会"），掌管学校行政，制订学校规章，负责教师聘用工作、确定学费金额、决定作息时间等。欧洲南部各国如意大利、西班牙和葡萄牙等均以波伦亚大学为范例。巴黎大学则刚好相反，它的教学及行政管理工作以教师为主体，教师们组成自己的会社，选举校长，制订教学计划，并负责考试及授予学位等工作。北方各国如英国、德国、丹麦和瑞典等都以巴黎大学为管理模式。在上述两种情况中，波伦亚模式呈逐渐衰落之势。13世纪中叶以后，市政当局对波伦亚大学的干预力度不断加大，学生会社的力量不断被削弱，至18世纪末，学生会社的权力被最后扫除。

当时的大学在入学年龄、入学时间和学习期限上没有十分严格的规定。一般是学生在十三四岁时进入大学，先学习文科七艺和拉丁语，时间是4至7年。经过考试证明自己具备读、写、说拉丁语的能力后，可获得学士学位。再通过4至7年的分科学习（如神学、法学和医学），考试合格后可获得硕士或博士学位。当然，在中世纪早期大学中，学位制度刚刚形成，并不十分完善，而且不同的大学还有不同的规定，甚至有一些大学（如牛津大学等）在相当长一段时期里还没有任何学位制度。不过，从长远角度看，学位制度有利于教育事业的发展，有助于社会了解一个人所掌握的专门知识的程度和质量。所以，学位制度几经演变并流传下来，至今仍被广泛采用。

大学兴起之后，世俗文化有所发展，在一定程度上突破了教会对文化的垄断局面。教会则通过批准建校、给予经费或派遣神职人员等方式来控制大学的讲坛。经过一段时期以后，有相当一批大学终于被教会所控制，这就给大学的学术自由造成不良影响，学术研究中的经院习气亦随之而来。尽管如此，大学对西欧中世纪社会发展所起的积极作用仍然是不可低估的，它活跃了当时的思想文化生活，并为文艺复兴时期的人文主义运动提供了人才基础和思想基础。

五、封建文学和艺术

（一）封建文学

在中世纪西欧，文学与其他各个文化领域的情形一样，也是教会力图占领的阵地，教会文学成为正统的官方文学。教会文学名为文学，实质上只不过是宗教宣传品，包括圣经故事、基督故事、圣徒传、赞美诗、祈祷文、圣者言行录、奇迹故事、梦幻故事以及宗教剧等。教会文学的主要目的在于宣扬和普及基督教教义，使人敬畏上帝，禁欲苦行，憧憬来世。当然，在教会文学中，也有一些出自下层僧侣手笔的作品，它们在一定程度上反映了现实生活和普通民众的情绪。

教会虽然敌视世俗文学，但世俗文学在整个中世纪时期并未被扼杀。在教会文学的夹缝中，英雄史诗、骑士文学和城市文学等世俗化文学形式先后发展起来，给中世纪的文化生活增添了点点新绿，同时也给近代世俗文学的成长带来一定的积极影响。

1. 英雄史诗

英雄史诗是以历史上或传说中的英雄人物为基础而创作的诗歌形式的文学作品。中世纪西欧的英雄史诗大致可分为两类。一类反映的是原始社会末期"蛮族"部落的生活状况，歌颂的多是部落的贵族英雄，内容多以神话或历史事件为依据。其代表作品是盎格鲁·撒克逊人的《贝奥武甫》。全诗共3000余行，反映6世纪时盎格鲁·撒克逊人在欧洲大陆的生活，是英格兰民族的第一部史诗。《贝奥武甫》分为两个部分，第一部分描写瑞典南部贵族青年贝奥武甫渡海至丹麦，替丹麦人消灭了为害的巨妖和巨妖之母；第二部分描写50年后贝奥武甫作为国王为本族杀死焚烧人民房屋的火龙并因此而牺牲的事迹。全诗特别强调主人公见义勇为的英雄气概，并歌颂了他忘我无私、具有高度责任感的道德品质，体现了氏族社会瓦解时期部落民众的理想。

另一类英雄史诗以民间传说和历史人物为基础，其内容多是歌颂抵御外侮、要求国家统一和民族独立的爱国英雄。但这类史诗是西欧各民族已完成封建化以后的产物。其代表作品有法国的《罗兰之歌》、西班牙的《熙德》和德国的《尼伯龙根之歌》等。《罗兰之歌》首先流传于11世纪晚期，12世纪时用民间语言罗曼语写成。全诗约4000行，共分3个部分，主要内容是：8世纪后期，查理大帝在西班牙对阿拉伯人作战，阿拉伯人首领遣使求降。查理大帝指派加纳隆为使臣前往与之议定投降条件，但加纳隆却叛变投敌并向阿拉伯人献计献策。查理大帝班师回国时，阿拉伯人依计袭击其后卫部队。查理大帝12重臣之一的罗兰是后卫部队的主将，他与属下的2万精兵在英勇战斗并击毙了无数敌人后全部壮烈牺牲。最后，查理大帝为之报仇，消灭全部敌人，并将加纳隆处死。史诗将罗兰描写成一位理想的骑士，具有爱国忠君、对敌勇猛、不惜献身的精神。这种刻画体现了封建阶级上升时期的理想，同时也符合人民保卫自己领土的愿望。《罗兰之歌》是中世纪法国的优秀文学作品。

《熙德》约成诗于1140年前后，全诗共3700行，分3章。西班牙从8世纪初被阿拉伯人占领后，人民长期进行反抗外敌入侵的斗争，11世纪后进入高潮。熙德①就是这一斗争中产生的英雄。全诗的主要内容是：卡斯提国王阿尔封索听信谗言放逐熙德，熙德与摩尔人（阿拉伯人的一支）作战，屡屡获胜；国王给熙德的两个女儿说亲，熙德根据封建义务勉强答应；两个女婿对妻子施加暴行，

---

① "熙德"，阿拉伯语，本意为"首领"或"封主"，是对11世纪时西班牙英雄罗德利戈·德·比伐尔的尊称。历史上的熙德曾为伊斯兰教国王服务过，史诗将他加以理想化。

熙德与他们比武并最终战胜之。熙德和罗兰一样，是忠君爱国、英勇善战的英雄，在他的身上体现了人民心中理想的英雄品质。

德国英雄史诗《尼伯龙根之歌》约成诗于 1200 年，共 9516 行，分上下两部，上部名为"西格夫里特之死"，下部名为"克里姆希尔特的复仇"。尼德兰王子西格夫里特是位有名的勇士，早年曾杀死怪龙，并占有尼伯龙根族的宝物，后帮助勃艮第国王巩特尔打败敌人，并帮助他娶得冰岛女王布仑希尔特。巩特尔将自己的妹妹克里姆希尔特嫁给西格夫里特，以示感谢。10 年后，王后发现自己的婚姻是由"侍从"撮合而成的，感到耻辱，于是唆使国王护卫官哈根在打猎时杀害了西格夫里特，其后哈根又将尼伯龙根宝物沉入莱茵河。克里姆希尔特为了替丈夫报仇，在寡居 13 年后，同意嫁给势力强大的匈奴国王。又过了 13 年，她借故约请巩特尔等亲戚到匈奴国相聚，在一次骑士竞技大会上，对勃艮第人大肆杀戮。最后哈根被俘，她要他说出尼伯龙根宝物所在地，遭到拒绝，于是将哈根杀死。她的部下不能容忍她的残暴，最终亦杀死了她。《尼伯龙根之歌》反映了 12 世纪时封建主之间的权势争夺和当时的社会风尚，塑造了西格夫里特这一理想的骑士形象，是中世纪德国文学的宝贵遗产。这部史诗所用的诗体后来被称为尼伯龙根诗体，对其后的德国诗歌创作产生了较大影响。

2. 骑士文学

骑士文学是伴随着骑士制度和骑士教育的出现而兴起的，它反映了骑士的社会、爱情和宗教生活。12 世纪、13 世纪是骑士文学的繁荣时期，其中以法国为最盛。骑士文学可分为两种，即骑士抒情诗和骑士传奇。

骑士抒情诗的中心是法国南部的普罗旺斯，作者主要是封建主和骑士，也有少数手工艺人和农民。他们的名字流传下来的有数百之多，但其作品保存下来的却很少。普罗旺斯抒情诗继承了民间诗歌的传统，在诗法、曲调和表现技巧等方面都受民间诗歌的直接影响。骑士抒情诗最普遍的主题是讴歌骑士之爱。所谓骑士之爱就是骑士对封建贵妇的热情崇拜和尊敬服从，为了博得她们的爱情，甚至不惜冒一切危险。这种"爱情"实质上并没有多少真实的感情可言，而是精神空虚与狂妄的英雄主义情结的混合物。骑士抒情诗的形式多种多样，如夜歌、情歌、怨歌、牧歌和破晓歌等。其中以破晓歌最为著名，它一般都是描述偷恋的骑士和贵妇在破晓时分情意缠绵和难舍难分的情景。恩格斯对普罗旺斯民族及其抒情诗在语言学和诗学方面均有较高评价。他认为："它在近代的一切民族中第一个创造了标准语言。它的诗当时对拉丁语系各民族甚至对德国人和英国人都是望尘莫及的范例。"①

骑士传奇的中心在法国北方，其主题大都是骑士为了爱情、荣誉或宗教而表

---

① 恩格斯：《法兰克福关于波兰问题的辩论》，《马克思恩格斯全集》第 5 卷，人民出版社 1972 年版，第 420 页。

现出一种冒险游侠的精神。骑士传奇不同于英雄史诗，它没有历史事实根据，而是出自作者的虚构，有的取自民间传说，有的模仿古希腊、罗马的作品。骑士传奇中，以描写"亚瑟王故事"的作品数量最多。其内容是关于不列颠传说中的凯尔特人国王亚瑟的12名骑士围坐在圆桌旁叙述爱情和冒险经历的故事。亚瑟王原来是民间传说中6世纪凯尔特人的领袖，曾领导凯尔特人反对盎格鲁·撒克逊人的入侵，而在故事中则被描绘为典型的封建领主。在亚瑟王故事系列中，以12世纪法国作家特洛亚所写的《郎斯洛》最为有名。郎斯洛是亚瑟王的骑士，秘密爱恋着王后耶尼爱佛。为了寻找耶尼爱佛，郎斯洛不惜牺牲骑士荣誉，不骑马而坐上小车，随后又冒生命危险爬过一道像剑一样锋利的桥。在比武场上，不论耶尼爱佛命令他退让还是还击，他都唯命是听，绝对忠诚。郎斯洛的身上集中体现了骑士的爱情观点。骑士传奇在人物外形、内心活动和生活细节等方面一般都有细致的描写，对文艺复兴和近代文学有一定影响，与近代长篇小说更是有较为直接的渊源关系。

3. 城市文学

11世纪以后，一度衰落的西欧城市开始重新繁荣，世俗的市民文化逐渐得到发展，在一定范围内突破了教会对文化的垄断。在此基础上，具有强烈的现实性和乐观精神的城市文学得到了较为充分的发展。法国是中世纪城市繁荣最早的国家之一，城市文学亦最为繁盛。

城市文学中最重要的一种民间创作是讽刺故事诗。这种诗通常以一只名字叫列那的狐狸为主人公，俗称列那狐故事诗。法国城市文学中流传至今的列那狐故事有4部，即《列那狐传奇》《列那狐加冕》《新列那狐》和《冒充的列那狐》，其中以《列那狐传奇》最为著名。《列那狐传奇》产生于12世纪70年代至13世纪中叶，由27组故事诗组成，全诗长3万余行。这部传奇以兽喻人，假借动物世界的故事以反映当时的社会现实。狮子是国王，狼和熊是封建廷臣，笨驴是主教，骆驼是教皇，鸡、兔、蜗牛、乌鸦和麻雀等弱小动物则象征下层民众。列那狐则象征新兴的市民阶级，其特征是机智和狡猾。在与狮、熊、狼的斗争中，胜利者一定是列那。同时，列那也欺压弱小动物，而在这些斗争中，列那总是失败者。该传奇在西方传播甚广，被译为英、德、意等多种语言。18世纪90年代，德国诗人歌德根据这则故事写成叙事诗《列那狐》。

《玫瑰传奇》也是法国城市文学中的一部重要作品，成书于13世纪40年代至13世纪末，由洛利斯和墨恩两位诗人完成。这部传奇采用寓意手法，以玫瑰代表少女，描写诗人开始追求玫瑰而无所获，后来诗人经过种种努力，克服重重障碍，终于得到玫瑰。全诗的前半部基本继承骑士文学的传统，宣扬骑士爱情观点；后半部则反映市民的思想感情，批判禁欲主义和蒙昧主义，强调要以理性和自然的原则对待爱情和生活。这部作品在中世纪曾产生过广泛的影响。

(二) 封建艺术

中世纪西欧的封建艺术是为基督教服务的，在很长一段时期里，几乎不存在独立于宗教的艺术。在基督教会的长期钳制下，中世纪艺术呈现出一系列违背自然的特点，绘画艺术朝着公式化和简单化方向不断靠拢，千篇一律、单调呆板的耶稣像和圣母像被奉为标准，头大身小、比例失调的雕塑作品充斥着宗教圣坛。

中世纪艺术最具代表性的是教堂建筑。9—10世纪以后，西欧封建制度趋于稳固，作为西欧社会精神支柱的基督教会不断发展，修道院制度日益完备。特别是11世纪末十字军东侵开始后，基督教会的势力更是急剧膨胀。宗教狂热的不断升温加上经济的初步发展使得新建的教堂和修道院层出不穷。中世纪教堂建筑分为两种不同的风格，9—12世纪为罗马式建筑，12—15世纪流行哥特式建筑。

罗马式建筑脱胎于罗马长方形会堂建筑，它普遍采用类似古罗马的拱顶和梁柱相结合的体系，并大量采用希腊罗马时代的"纪念碑式"雕刻来装饰教堂，因此，这个时代的建筑风格被称为罗马式。罗马式建筑的主要特征是坚实、庄严和肃穆，其基本形象是坚厚的石墙、狭小的窗户、半圆的拱门、灰暗的厅室、粗矮的柱子和圆矮的屋顶；另外还有配置于建筑前后的碉堡似的塔楼。后来塔楼逐渐固定在西面正门的两侧，成为罗马式建筑的标志之一。这种建筑以教堂居多，具有代表性的有法国的阿耳大教堂和普瓦提埃大教堂，德国的美因斯大教堂和意大利的比萨大教堂及周围建筑群。值得注意的是，著名的比萨斜塔是教堂的塔楼，但与教堂本身是分开的。

哥特式建筑于12世纪兴起于法国北部，随后传至西欧各地。意大利文艺复兴后期，人文学者将12—13世纪至他们所处时代之间的建筑艺术称为哥特式，认为它是由北方"蛮族"哥特人发展起来的，实际上两者之间没有什么直接关系，其实质带有贬义。哥特式建筑最突出的风格是高直细尖，有尖拱门、尖高塔、尖屋脊、尖房顶和尖望楼。具体而言，哥特式建筑的特征就是用尖形拱门代替罗马式半圆拱门，力求增加建筑物的高度，减少内壁、内柱和支柱的厚重度；外部有许多高耸的尖塔，墙壁较薄，窗户较大，并饰有彩色玻璃图案，室内光线比罗马式建筑充足，门前饰有许多形象生动的浮雕和石刻。哥特式风格的代表性建筑有法国的巴黎圣母院、夏特尔教堂、兰斯大教堂和亚眠教堂，德国的科伦大教堂，英国的林肯大教堂和坎特伯雷大教堂，意大利的米兰大教堂，等等。按一般说法，第一座哥特式教堂是1143年在法国巴黎郊区建成的圣丹尼教堂，它的四尖券巧妙地解决了各拱间的肋架拱顶结构问题，并配设有大面积的彩色玻璃窗。圣丹尼教堂落成后，各国宗教界人士深感惊讶，为它的建筑形式的魅力所征服，纷纷效法。

另外需要注意的是，经过中世纪最初数个世纪的沉寂之后，从13世纪开始，西欧某些地区逐渐产生了一种与宗教艺术相对立的新艺术。例如，13世纪末意大利比萨雕刻家尼古拉·比萨诺以偶然发掘出来的古希腊雕刻为摹本，创作出仿古典雕刻新作品，首次打破了宗教雕刻艺术的扭曲僵化局面；13世纪，意大利画家吉奥图及其继承者使用强光和新的几何配景学使二维空间的绘画转变为三维空间的绘画，逼真自然的画面取代了从前拘谨平板的格调。这种新气象表明，中世纪教会一统艺术领域的格局已经出现裂缝，反映世俗生活的文化艺术已经破土萌芽，一个新的时代即将来临，文艺复兴的脚步已经临近。

第五章 西方封建文化的兴起和发展

第六章
文艺复兴时期的文化

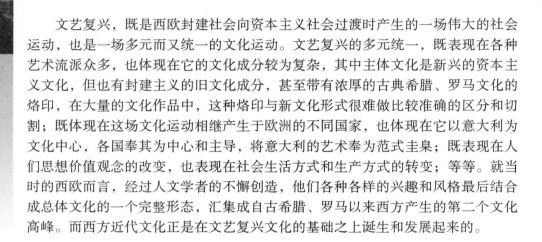

文艺复兴，既是西欧封建社会向资本主义社会过渡时产生的一场伟大的社会运动，也是一场多元而又统一的文化运动。文艺复兴的多元统一，既表现在各种艺术流派众多，也体现在它的文化成分较为复杂，其中主体文化是新兴的资本主义文化，但也有封建主义的旧文化成分，甚至带有浓厚的古典希腊、罗马文化的烙印，在大量的文化作品中，这种烙印与新文化形式很难做比较准确的区分和切割；既体现在这场文化运动相继产生于欧洲的不同国家，也体现在它以意大利为文化中心，各国奉其为中心和主导，将意大利的艺术奉为范式圭臬；既表现在人们思想价值观念的改变，也表现在社会生活方式和生产方式的转变；等等。就当时的西欧而言，经过人文学者的不懈创造，他们各种各样的兴趣和风格最后结合成总体文化的一个完整形态，汇集成自古希腊、罗马以来西方产生的第二个文化高峰。而西方近代文化正是在文艺复兴文化的基础之上诞生和发展起来的。

一、文艺复兴与人文主义

现在通用的"文艺复兴"一词，来源于法语 Renaissance，由"再"（re）与"生"（naissance）组合而成，意思是"复活""再生"。但最早使用"文艺复兴"一词的是意大利艺术家乔治奥·瓦萨里（1511—1574年）。他在1550年出版的著作中谈到艺术在希腊、罗马时达到繁荣。其后，由于"蛮族人"入侵罗马和基督教徒的破坏，艺术衰落，直到13世纪才出现"艺术再生"。19世纪初，法国学者把文艺复兴定义为：从15世纪至16世纪起的文学、艺术、科学运动。1860年，瑞士著名学者雅各布·布克哈特在《意大利文艺复兴时期的文化》一书中使用"文艺复兴"一词。但是，他并不认为文艺复兴仅仅是古典文化的再生，而是把它的内容引申到人的精神生活和社会生活的变化。从此，"文艺复兴"一词逐渐被广泛运用。

文艺复兴绝不是古典学术、艺术的简单恢复。从文化继续性的角度来看，所谓文艺复兴，不过是新兴资产阶级以古典文化为借鉴，在继承和利用的基础上进行创造，以适应资产阶级刚刚登上历史舞台，导演出历史新场面的需要。文艺复兴在本质上不是面向过去，而是面向现实、面向未来。法国启蒙运动的创始人之

—伏尔泰（1694—1778年）指出，文艺复兴的重要意义不在于复古，而在于创造。

文艺复兴既是一场新文化运动，又代表了一个历史时代。恩格斯早就指出，"文艺复兴"这个词并没有把时代充分地表达出来①。它是社会、经济、政治、文化科学发生全面转折的伟大时代。作为历史时代，它始于14世纪，延续到17世纪初，长达3个多世纪；作为一场文化运动，它诞生在意大利，而后蔓延到西欧。文化运动构成文艺复兴时期的一个重要历史内容，是新兴资产阶级在思想文化领域里，向封建主义和基督教神学体系发动的一场伟大革命，它解放了人的思想，从根本上动摇了整个西方神学世界观的基础。在运动中，人文主义者使古典文化重放光芒，同时创造了光辉灿烂的新文化。其文化成就是古典时代所无法匹比的，其文化上的影响则是恒久的，这也难怪人们常常把文艺复兴只理解为文化上的成就了。

如果说文艺复兴是一个时代的话，那么人文主义就是这个时代新的思想体系和文化特征。它不仅是一种社会思潮，也是伟大的文化建设。Humanism（人文主义）一词来源于拉丁文 Humanus（意为"人类的"）或 Humanitas（意为"人性"）。Humanism 一词，中文译作"人文主义"或"人道主义""人本主义"。但一般把文艺复兴时期的 Humanism 译为人文主义，以区别于后来资产阶级的人道主义。所以，人文主义是在特殊环境下发生的，是一个历史范畴。它的基本含义有两方面：一是指与中世纪天主教神学相对立的人文学科，即以人为中心的世俗文化，包括语言、文学、艺术、伦理、哲学和自然科学等；二是指关于"人"的学说。"人文主义者"一词最早出现在15世纪中期的文学诗歌中，指的是人文学科的教师。其后内涵扩大，通常把继承优秀的古典文化遗产为当时的现实服务，并通过自己的著作批判天主教神学思想的人称为人文主义者。人文主义者来自不同的社会阶层，但基本上属于社会上层和中上层的有产阶级。他们是新兴资产阶级知识分子阶层，以研究人和自然为对象。人文主义者总的目标可以概括为：通过对古典文化的研究、复兴和发扬，来打破中世纪的经院哲学和天主教会在精神上的专制，并按照古代的典范，创立一种摆脱教会权威的、建立在文化知识和理性基础上的对世界和对人的看法。人文主义的基本思想主要包括以下两个方面：

（一）提倡以"人"为中心，注重活在当下

人文主义者提倡以"人"为中心，反对以"神"为中心，以"人性"反对"神性"，以"人权"反对"神权"。

在文艺复兴运动的不同发展阶段，人文主义呈现出不同的特点。但是，如何

---

① 恩格斯：《自然辩证法》，《马克思恩格斯选集》第3卷，人民出版社1972年版，第444—445页。

摆正"人"的位置，提高"人"的地位，则是不同阶段人文主义者共同思考的主要问题和为之奋斗的主要目标。因为人文主义者在研究古典学问以及思考和回答现实社会的问题中，最感兴趣的是伦理的内容，而这恰恰是当时社会生活中迫切需要解决的基本问题。在中世纪，无论是宗教界还是世俗社会，主流思想来源于圣经。神创论和原罪说的普遍承认，天主教的万流归宗的地位使人们的思想受到严重束缚。人们普遍认为，神是全世界乃至整个宇宙的创造者、中心和主宰者。神性至高无上，神权不可侵犯，人是神的被创之物，其质料是普普通通的"泥土"，只是神的一种工具和附庸、世间的一个不光彩的匆匆过客。与此相反，人文主义者通过对人的价值、尊严的肯定，来提高人的地位。文艺复兴时期文化的觉醒，首先和重点是重新肯定人的价值。

1. 不以人为耻，而以为荣

人文主义之父彼得拉克说："我不想变成上帝，或者居住在永恒中，或者把天地抱在怀抱里。属于人的那种光荣对于我就够了。"莎士比亚则赞美："人类是一件多么了不得的杰作！多么高贵的理性！多么伟大的力量！多么优美的仪表！多么文雅的举动！"①

2. 不以现世生活为罪，而以为幸福

天主教禁欲主义否定了人的现世生活，宣扬追求永恒"天国"的快乐。人文主义者对人性和人的权利的肯定，主要从两个方面反映出来，即理论上的阐述和身体力行的实践。彼得拉克认为"我自己是凡人，我只追求凡人的幸福"。他还说："忽视或蔑视人的本性、人生目的以及人们的来处和归宿，这对我们又有什么益处呢?"② 在人文主义者看来，追求人生快乐、幸福、情欲等，都是人的自然本性或本能，实现人的物质欲求和趋乐避苦的本能，也就是实现人的本性。所以，像薄伽丘等著名的人文主义者都极力反对禁欲主义，对饮食男女之事给予肯定和追求。

在有关人权方面，人文主义者不但认为人有生存之权，追求快乐、幸福之权，而且有自由、平等、参政、议政之权。人文主义者先驱但丁在《神曲》中谈到，唯独人类才有"自由的意志"。他在《论世界帝国》中，第一次从理论上提出了政治和宗教平等、政教分离的观点，向君权神授、教权高于皇权和教会至上等观点提出挑战，并在当时第一次明确地提出了"人权"概念，强调要建立统一的世界"帝国的基石是人权"，帝国"不能做任何违反人权的事"。薄伽丘则认为人生而平等，"我们人类向来是天生一律平等的，只有品德才是区分人类的标准，那发挥大才大德的才当得起一个'贵'字；否则就只能算是贱。"③ 但

---

① 莫洛佐夫：《莎士比亚传》，湖南文艺出版社1984年版，第141页。

② 保罗·奥斯卡·克利斯特勒：《意大利文艺复兴时期八个哲学家》，姚鹏等译，上海译文出版社1987年版，第18页。

③ 薄伽丘：《十日谈》，上海译文出版社1985年版，第267－268页。

丁、萨留塔蒂和布鲁尼等都把积极参加社会活动、参政议政看成是人的权利。萨留塔蒂和布鲁尼认为，每个人应该积极为社会服务，关心全体人民利益，关心国家安危，不要过离群索居的"沉思生活"，而要过"积极的社会生活"。

3. 不以"人"为奴，而为历史主人、命运的主宰

把人文主义者反对以神为中心看成是无神论者之举，这显然是不符合实际的。但是，人文主义者把人从神的束缚中解放出来，改变神人主从地位，却是不可否认的。文艺复兴时期，不少人文主义者写了论人的尊严和赞美人的著作，其目的是在自我肯定的基础上，使人摆脱受神和教会的控制，还其历史主人的本来面目。莎士比亚把人看成是"宇宙的精华、万物的灵长"。米朗多拉在《关于人的尊严的演讲》中，提出了关于人的学说代表文艺复兴时期人的理论发展的巅峰。他以上帝的名义对人类的始祖说："人是不能被赋予任何固有的东西的，……我们不给你固定的地位，固有的面貌和任何一个特殊的职守，以便你按照你的志愿，按照你的意见，取得和占有完全出于你的自愿的那种地位、那种面貌和职守，……而我们却给你自由，不受任何限制，你可以为你自己决定你的天性。我把你放在世界的中间，为的是使你能够很方便地注意和看到那里的一切。"① 在这里，米朗多拉充分肯定了人的自主性，从而淡化了上帝创造人的说教。阿尔伯蒂和马基雅维利等认为人是自己的主人，对命运要敢于斗争，人有能力去抑制命运女神。马基雅维利指出："迅猛胜于小心谨慎，因为命运之神是一个女子，你想压倒她，就必须打她，冲击她。"所以，在布鲁尼、马基雅维利各自所写的相同书名的《佛罗伦萨史》中，他们均把历史看成是人本身活动的历史，否定了历史进程受天意决定的宗教史观。

（二）以理性和科学反对蒙昧主义和神秘主义

在中世纪，罗马天主教会在西欧处于独尊地位，思想文化领域笼罩着蒙昧主义的迷雾，理性屈服于宗教信仰。对中世纪持否定态度的人文主义者，对社会和人进行理性思考，提出个性自由和个性解放。他们颂扬人，把自由地、全面地发展人的个性理想放在首位。不少人文主义者对神职人员、宗教组织乃至宗教信仰持否定态度。圭查尔狄尼便认为："信仰也就是对非理性的现象的坚定意见或确信。"他把宗教看成是迷信，认为上帝只是"对头脑糊涂的人有特别大的威力"，对于有理性的人来说已不再是崇拜的对象②。虽然圭查尔狄尼和其他人文主义者一样并没有彻底否定天主教的存在，但在他看来，在现实生活中理性已是高于宗教信仰了。这种关于人的理性的深刻发现，是对宗教神学的沉重打击。在理性面前，上帝失去了奴役人的权力。人在摆脱上帝的羁绊之后，就获得理性的力量，

---

① 布克哈特：《意大利文艺复兴时期的文化》，何新译，商务印书馆1979年版，第351页。
② 张椿年：《从信仰到理性——意大利人文主义研究》，浙江人民出版社1994年版，第82-84页。

从而使人获得了价值和尊严,以及个性的自由发展。自彼得拉克开始,人文主义者便把搜集和学习古典著作,掌握古典文化当成一种理性行为。在人文主义者的言行中,古典文化成了反对蒙昧主义、反对中世纪官方哲学——经院哲学的锐利武器。理性思维使人文主义者敢于大胆怀疑,大胆否定,甚至被教会奉为权威、使天主教的基本教义神圣化的亚里士多德理论,在彼得拉克看来,它是那样的贫乏,远不如西塞罗和塞涅卡的著作有价值。在人文主义者的眼里,中世纪以宗教神学为核心的知识体系已经过时。

社会需要的新的科学知识体系,显然不能靠神或教会来创立,只能依靠人文主义者心目中的"人"——即他们自己。他们认为,人不同于动物,是有智慧的生物,具有理性思维能力,能认识自然、接受教育、掌握科学文化知识,成为全面发展的人,创立新的文化。而人的潜能、人的智慧必须靠人文主义教育才能充分发挥出来。14世纪,当文艺复兴在意大利开始兴起时,教育界立刻受到影响。求知欲极强的青年,聚集在拥有古典名著手稿并具有解释这些手稿的知识和能力的学者周围,接受人文主义教育。人文主义者通过开办学校以及对教学形式和内容的改革,逐步提出一套新的教育纲领。弗吉里奥(1349—1420年)在教育中,坚持了古罗马教育家昆体良的"通才教育",并强调"自然知识、天地万事万物的法则和性质,以及它们的起因、变化和结果——这是最令青年高兴,同时又是有益于青年的两门学科"。维多利诺(1423—1446年)将学生学习古希腊、罗马著作视为智力教育的基础。人文主义者除注重人文学科教育外,还注意到舞蹈、音乐、绘画技能等的学习,以及开设体育或军事课程。① 14世纪后期,经院哲学的处境已经十分困难,不但在大学里讲授从古典哲学里"再生"出来的"新哲学",而且,新的学问在许多城市和宫廷中也传播开来。受人文主义新浪潮的冲击,1473年,佛罗伦萨大学不再雇用僧侣担任哲学教员,因为学生们不再接受他们,而雇用了很有声望的拜占庭教师来讲解古希腊哲学家们的著作。② 人文主义教育反映了新生资产阶级要求启迪人的心智,传播新知识,培养多才多艺、全面发展的人才和发展资本主义的愿望。

二、西欧产生文艺复兴运动的社会文化条件

文艺复兴运动的发源地在意大利,它的经济和社会现状是产生文艺复兴的典型性沃土。首先是具有资本主义特征的工商业经济非常繁荣。14世纪的意大利主要由各城市共和国组成。但是,如果将意大利作统一性的考察,就不难发现,它在工业和商业两个领域的发展状况都比同时期欧洲其他国家要强得多。而佛罗

---

① Ellwood:The History of Education, London, 1948, pp. 266 – 267.
② (意)欧金尼奥·加林:《文艺复兴时期的人》,李玉成译,三联书店2003年版,第177 – 178页。

伦萨是工商业高度发展的典型。从12世纪起，佛罗伦萨的银行业在欧洲享有盛名，甚至意大利其他城市也无法与其匹敌。在13—14世纪，巴第尔、美第奇等家族开办的银行，在代理罗马教廷征收欧洲各国、各地区的什一税等之中，获取了大量的财富。美第奇家族还开公司，与其他人合伙经营商业贸易，富可敌国。① 佛罗伦萨银行发行的金币佛罗林，币值稳定，通行他国。工厂手工业的发展也同样处于领先地位。在1336—1338年，佛罗伦萨的毛纺织业作坊有200座，年产的呢绒价值220万金佛罗林（约合480万美元）。地方已经开始城市化过程，大量农民涌入佛罗伦萨，该城人口约9万人，以毛纺织业为生的约3万人。该城的资本主义生产关系最早在毛纺织业中产生。积累了大量资本的富商们已有经济实力来开展和支持新文化运动了。

在政治上，佛罗伦萨有"意大利的雅典"之称，实行城市共和国形式。佛罗伦萨城市公社在反对封建统治的斗争取得胜利之后，制定了有利于中、上层市民的新宪法《正义法规》，运用法律手段限制封建主权力，维护新兴市民特别是富裕市民的利益。富裕市民与没落贵族融合形成新贵族，他们主要由富商、银行家、大承包商和大雇主组成，被称为贵族化资产阶级。他们在赚钱赢利、享受自由的同时控制着行会，进而控制由市政议会成员组成的市政府。② 因此，即便是在城市寡头统治时期，工商业仍然受到较好的保护。

教育和民智开发等已经引起市民社会的重视。13世纪时，适应城市发展的需要，最早产生大学的意大利，世俗学校已经兴旺起来，一些富有家族办起私人学校，一些教堂也办起普通班，向世俗弟子开放。14世纪，佛罗伦萨的初级学校约有6所，高级学校4所。培养工商业者采用的是入校学习与当学徒结合起来的方式。在男性居民中，识字率约占1/3，甚至木工、漂布者和庄稼汉都丢下了他们的谋生职业去谈论阿波罗和缪斯女神了。③ 这也许是夸大，但佛罗伦萨的确是当时西欧文化发达地区的翘楚，支持新文化有了较为广泛的社会基础。与此同时，许多古典著作的手稿和文物被发现、搜集和传进来。西欧的本国方言土语（民族语言）在文学作品中被广泛使用，使市民大为感动的乡土文学发展起来。教会特权也随着"阿维农之囚"的开始而走向衰落，普通信徒逐渐控制了教区事务。西欧社会已处于急速变化之中，最具活力的市民阶级的生活和生产获得多元化发展，市民的心态和价值观念发生了一系列变化，他们力图追求一种积极、自由、现实和较为理想的生活。

文艺复兴运动在意大利首先产生之后传播到整个西欧。尽管当时西欧其他国

---

① 沈之兴、张来仪、韩益民：《世界中世纪史研究——郑如霖教授论文集》，广东高等教育出版社2000年版，第263-264页。
② 威廉·弗莱明、玛丽·马里安：《艺术与观念——古典时期——文艺复兴》上册，宋学立译，北京大学出版社2008年版，第264页。
③ 郑如霖：《文艺复兴时期名家著作选译》，载《世界中世纪史研究通讯》1983年第3期，第35页。

家的具体情况与意大利不尽相同，但存在许多共性的东西。一是各国都相继出现了资本主义的萌芽，市民阶级对中世纪的宗教文化不满，要求产生新的文化为其服务；二是世俗统治者（也包括部分宗教人士）支持人文主义开展活动；三是社会重视教育，人们热衷于搜集、研究古典文化；四是城市市民的心态和价值观有了新的变化。所有这些，使文艺复兴的兴起在西欧有了共同的政治、经济、文化教育和思想意识的基础。在文艺复兴运动兴起之后，由于印刷术在西方的广泛使用、大量古典著作的传入、地理大发现和宗教改革等方面的影响和刺激，文艺复兴在西欧持续发展长达300多年之久，极大地丰富了人类文化宝库。

三、意大利文艺复兴早期的文学和艺术

（一）文学

意大利文艺复兴早期（14世纪至15世纪中叶），在古典文化重新被发掘和研究的前提下，产生了以人文主义为核心的新文学和新艺术，标志着西方近代现实主义文学和艺术的诞生。这个时期，在文学创作上的代表人物主要有但丁、彼得拉克和薄伽丘，后人称他们为"文艺复兴文学三杰"。

1. 但丁

但丁·阿利格里（1265—1321年）是意大利文艺复兴的先驱。恩格斯称他为"中世纪的最后一位诗人，同时又是新时代的最初一位诗人"[①]。但丁幼年丧母，但从小接受良好的教育。他学识渊博，精通神学，对文学、美术、音乐、政治、天文、地理、历史和哲学等都有很深的研究。他曾任佛罗伦萨的行政长官，参加反对教皇势力的斗争失败后，遭到迫害，被判处终身流放，晚年定居在古城拉文纳。但丁的文学著作主要有《新生》《飨宴》《论俗语》《神曲》。

他的第一部文学作品《新生》是写他青少年时代对一位少女的爱慕，运用民歌的形式抒发了对意中人的赞美和爱意。《新生》散发出一股清新的气息，是对中世纪教会蔑视妇女美貌和人间爱情、鼓吹禁欲主义的大胆否定，显示了人文主义文学现实主义的思想。

《论俗语》是最早一部关于意大利语及其文体和诗律的著作。书中阐述了俗语的优越性和形成标准意大利语的必要性，认为俗语不仅有助于意大利民族国家的统一，还可以促使意大利文学接近自然和人民；书中还对俗语在解决意大利民族语言和文学用语问题上所起的作用作了充分肯定。这充分表现了但丁的民族自豪感和爱国主义，其目的在于使作品能为更多的读者所接受和引起知识界对于民

[①] 马克思、恩格斯：《共产党宣言》，《马克思恩格斯选集》第1卷，人民出版社1972年版，第249页。

族语言的注意。语言、文学与民族和国家联系在一起，这正是文艺复兴时期西欧各国文学更具有民族特点、更富民族历史内容的表现，而但丁的主张和实践便是先声。薄伽丘曾这样赞扬但丁，"他是第一人在诗的、特别是语言的方面，使方言升华，并取得意大利人民的尊重，就像荷马之于希腊，维吉尔之于拉丁语。"①据说连驴夫也能吟诵但丁的诗句，这与但丁用方言创作不无关系。但丁是首先把古代文化推向民族文化的最前列的人。②

鸿篇巨制《神曲》是但丁被放逐期间用意大利方言所写的代表作，也是欧洲现实主义文学发展史的一座里程碑。《神曲》又叫《喜剧》，在中世纪，"喜剧"和"悲剧"并不一定含有舞台剧本的意味。由于但丁这部长诗叙述了从地狱到天堂，从苦难到幸福的历程，结局完满，故称为《喜剧》。后来，西方学者为了表示对但丁的尊敬，给书名冠以"神圣"二字③，因此又名《神圣的喜剧》，但中习惯译法仍是《神曲》。

但丁创作《神曲》的动机不应该是单一的，归纳起来，大概有以下几个方面：一是对意中情人碧雅特丽丝恋情的寄托，并上升为一种神圣的使命感；二是政治抱负无从实现的遗憾，遭受终身放逐的愤恨与不平，转而将自己的理想、对芸芸众生的评判、对世态炎凉的看法付诸笔端，欲立言以垂世；三是以独特的风格对自己所了解的古典文化和中世纪的知识进行概括性的总结和运用，向世人展示自己的才华。而驱使但丁创作的最直接动力，正如诗人自己所言："我是一个人，当爱情鼓励我的时候，我依照它从我内心发出的命令写下来。"

《神曲》是一部不朽的长诗，内容复杂，采用中世纪梦幻文学形式。全书分为地狱篇、炼狱篇、天堂三部分，共计14233行诗。《神曲》的主要情节便是写但丁假托梦幻游历"地狱""炼狱""天堂"三界的经过。诗中叙述但丁在黑暗的森林（象征罪恶）里迷了路，当出了森林，忽被3只张牙舞爪的野兽：豹子（象征淫欲）、狮子（象征强暴）和母狼（象征贪婪）挡住去路。正危急时，古罗马的伟大诗人维吉尔出现了。他受碧雅特丽丝的嘱托来救但丁，帮他从另一条路走向"幸福之国"。维吉尔引导但丁游历了"地狱"和"炼狱"，接着，碧雅特丽丝又引导他游历天堂。她把但丁引导至九重天后，便将他交给圣伯纳特，自己归于"幸福者的玫瑰"中。但丁受圣伯纳特的指引，谒见上帝，大彻大悟，见到了"最后真理"。

《神曲》复杂而又充满象征和寓意的内容，的确使人感到读来颇为费力，但细心的读者仍可以看到贯串于全书的主导思想是：个人和人类从迷惘和错误中经过苦难的洗礼和考验，便能达到真理和至善的境界。围绕着这一主导思想，但丁

---

① 伍蠡甫：《欧洲文论简史》，人民文学出版社1994年版，第67页。
② 布克哈特：《意大利文艺复兴时期的文化》，何新译，商务印书馆1979年版，第200页。
③ 布克哈特：《意大利文艺复兴时期的文化》，何新译，商务印书馆1979年版，第200页。

通过象征隐喻的笔法来表现当时的社会、政治，表现自己的宗教、哲学、思想、道德伦理观念和社会政治主张。"地狱"是现实苦难生活的写照，"天堂"是希望达到的理想境界，"炼狱"则是从现实到达理想境界所要经历的苦难历程。对于现实社会的丑恶现象，但丁大胆直笔。教会的贪婪腐化，封建统治者的残暴专横，以及市民的贪财好利，均遭受到诗人的揭露和抨击。所以，无论是象征隐喻还是直笔不喻，均倾诉了作者希望给人们以教育和启示，寻找通向真理之路，最终能达到至善境界。

《神曲》是意大利封建社会向资本主义社会过渡的一面镜子，折射出过渡时期的社会现实，充分反映了但丁所扮演的双重角色。就《神曲》的中世纪因素而言，主要表现在：①《神曲》故事采用了中世纪梦幻文学的形式，结构充满神学意义和宗教象征。如全书分"地狱""炼狱"和"天堂"三篇，"三"象征神学上的"三位一体"。"天堂"分为九重天，加上"幸福者的玫瑰"形成十级。每篇分33歌，全书99歌，加上"序曲"，共百歌。"十"表示完满、完美，"百"则是"完美中的完美"。而天堂十级之上是上帝，即寓意"完美中的完美"来自于上帝。②所描写的主要内容仍然是中世纪文学的典型题材。③崇奉禁欲主义和神秘主义的圣者。④宣扬灵魂不死和来世观点。所以，《神曲》给中世纪文化以艺术性的总结，是中世纪百科全书式的著作。

但是，从《神曲》中我们可以看到人文主义的萌芽，这主要表现在以下几个方面：①赞美古典文化，提倡发展文化，追求知识，反对中世纪的蒙昧主义。但丁对古希腊、罗马文化非常敬仰，对古代作家极为崇敬，把维吉尔看作是理性的化身并自诩为荷马以来六大诗人之一。他赞美人的才能和智慧，通过古代英雄奥德赛之口指出，人"不能像走兽一般活着，应追求美德和知识"。②强调人的价值，认为人是有理性、有自由意志的。尽管但丁仍然认为信仰和神学高于理性和哲学，所认识的理性和至善还局限在基督教神学的观点里，但是，他认为上帝赏罚的根据在于人的功过，人的功过又只能是其"自由意志"的选择结果，因此人对命运的责任是无可推卸的。这样，但丁不但使古希腊文学中至关重要的"命运说"发生了根本性的变化，而且实际上否定了基督教一贯坚持的人是上帝的奴隶、人的个性的自由发展在地球上不可能实现的说教。对人的个性、理性、自由意志的肯定，是人文主义者的共识。③赞美现世生活，肯定人生，颂扬爱情。《神曲》充满了作者对佛罗伦萨城市特有的思想感情和关注，肯定现实生活的价值，鼓励世人积极投身现实斗争，追求荣誉，掌握自己的命运，宣扬人应追求爱情。但丁的作品继承了城市文学力求反映社会现实和乐观精神的因素，但比起前者，不仅反映的现实面更为广阔，而且更能反映时代的重大问题，对人生的肯定，情爱的体验，乃至对古典文化社会作用的认识是前者所无法企及的。④否定神权统治和教会至上的信条，反对教会的黑暗和腐化。这表明但丁的主要政治倾向与时代发展要求相一致，反映了新兴资产阶级要求摆脱封建教会的束缚和改革教会的强烈愿望。

《神曲》不但内容丰富，思想深刻，而且也是一部具有很高艺术价值的作品。《神曲》写人，则形象刻画细致入微，既富有艺术的概括力，又有鲜明的个性和细节的真实感；写景，则有立体感，善于烘托、渲染各种不同的环境气氛。作者以奇特、丰富的艺术想象力创造了渗透着作者审美评价和审美理想的艺术美，使这一巨著直到今天还保持着历久不衰的艺术魅力。《神曲》是用意大利方言写的，为意大利文学语言奠定了基础，文学史上也将但丁称为意大利第一个民族诗人。

2. 彼得拉克

弗兰西斯·彼得拉克（1304—1374 年）是意大利著名诗人和学者，出身于佛罗伦萨的名门望族。1312 年，他一家搬迁到当时教廷的所在地法国南部的阿维农。彼得拉克自幼酷爱文学，喜欢修辞。在大学学习法律专业时，他不研究法律，却对古典作品情有独钟，阅读了他所能找到的古罗马作家的著作。古典著作给他打开了文学和哲学的新世界，给他丰富的想象力插上了翅膀。彼得拉克喜欢探奇览胜、游赏山川湖海。但他最大的兴趣是搜集古典著作和研究古典文化。到彼得拉克逝世时，搜集和抄写古代手稿的热情已风靡整个意大利。彼得拉克在挖掘古代文化、影响社会掀起搜集古书手稿以及古物方面的确做出了不小的贡献。他毕生研究古典著作，认为古典著作可以完善人们的智力和使行为文明化。直至去世时，人们走进他的房间，发现他的头还埋在维吉尔的手稿中，真正做到了"活到老，学到老"。他特别推崇西塞罗和维吉尔的诗歌，称赞他们是古典文化的"两只眼睛"。古典文化为他提供了精神生活的准则，求知欲使他不满足于只对《圣经》神学的理解。借助于古典文化这一"眼睛"，他明显地感到自己所处的时代与中世纪不同，是一个新时代。他主张人以及现实的问题应该是思想和哲学的主要对象和关心点，认为不应当仅仅把自己看成是社会的"动物"，而且还应当看成是有智慧和文学修养的"动物"。人不仅要学习，掌握知识，而且还要懂得为了公众利益如何去传播和运用知识。他最早提出以"人学"（即"人文学科"）对抗"神学"，号召复兴古典文化，故被看成是文艺复兴第一个人文主义者，被誉为"文艺复兴之父"。

彼得拉克的著作很丰富，主要有《阿非利加》《歌集》《意大利颂》和《名人列传》等。像但丁一样，彼得拉克也是用双语即拉丁语和意大利方言进行创作的诗人，诗成了他思想的载体，是用来进行沉思、表达满足或沮丧的情绪以及提高生活质量的实际工具。

史诗《阿非利加》是彼得拉克仿效维吉尔的笔法，用纯拉丁语创作的。该诗描写了古罗马统帅西庇阿战胜汉尼拔的英雄故事。《阿非利加》史诗使彼得拉克蜚声诗坛，巴黎大学和罗马市政府争着给他加冕桂冠。诗人最后选择了后者。1340 年 4 月，在罗马民众和贵族的欢呼声中，他从一个元老手中接受了一顶桂冠,从此,彼得拉克获得了"桂冠诗人"的荣誉。

《歌集》是他用意大利方言写的代表诗作,共366首,其中主要是十四行诗,有317首,另有抒情诗29首,六行诗9首,叙事诗7首,短诗4首。全部诗集分上下两部分,即《圣母劳拉之生》和《圣母劳拉之死》。劳拉是彼得拉克23岁时在阿维农一所教堂里邂逅相识的一位贵妇人,诗人对她一见钟情。当黑死病夺去劳拉生命时,诗人哀伤不已。诗寄托了彼得拉克的一片深情,他运用诗的语言使知识通俗化,也使自己的处世态度世俗化,尽管他曾任教职,并参与教廷的一些政治和外交活动。彼得拉克对爱情的袒露,已是与中世纪骑士那种抽象甚至是畸形的对贵妇人之爱截然不同,也与但丁笔下那种隐喻性、象征化、哲理化的爱情有很大区别。他所表达的是对实实在在的、活生生的女人的爱。他对自己的创作效果充满自信。"尔后,纵使铁石心肠者,见吾诗后,任其冷酷无情,亦心在叹息中燃烧而化为灰烬。"彼得拉克的诗很快在佛罗伦萨的知识界中流传开来,并迅速地为广大民众所赞赏。他通过长期探索和创作,使十四行诗在内容和形式方面发展成为一种新诗体,即"彼得拉克诗体",为欧洲抒情诗开创了道路。英国的乔叟、莎士比亚等著名文学家和诗人均模仿了他的诗体。

彼得拉克曾讲到,他自己好像站在两个国家的边境上一样,既前瞻又后顾。的确,彼得拉克是一个处于两个时代交替时期的人。他在诗中猛烈抨击教廷,称教廷是"邪教徒的寺院,引入邪途的学堂"。但他像其他人文主义者一样,不想也不可能从根本上否定基督教,宗教信仰和宗教虔诚在他的思想和著作中居于重要地位。他说:"我的心灵的最深处是与基督在一起的。"他虽然大胆地追求爱情、世俗生活和名誉,但他对基督教的道德观念并不加以否定。他在《秘密》中以向奥古斯丁忏悔的形式,把自己内心深处情感和活动交给宗教审查,认为自己对爱情和对荣誉的追求是罪恶的。他还说:"在思考和谈到最高真理、真正的幸福和永恒的灵魂的拯救时,我肯定不是西塞罗主义者或者柏拉图主义者,而是基督徒。"① 这说明彼得拉克既能够反对经院哲学,同时仍保持其基督教信仰,并力图把自己的古典学识和宗教信仰调和起来。这成为人文主义者一个基本的共同性特点。但相比之下,如果说但丁主要是总结过去,那么彼得拉克主要是展示未来。

3. 薄伽丘

薄伽丘(1313—1375年)是彼得拉克同时代的人,出身于佛罗伦萨富商家庭,小时候受过良好教育,在启蒙教师的熏陶下,从小喜爱文学,立志作诗。当他遵从父命到那不勒斯大学学法律时,却对法律不感兴趣,"先生的教导,父亲的命令,乃至朋友们的规劝,都不能使我安心向学,因为好诗是克制不了的。"

---

① 克利斯特勒:《意大利文艺复兴时期八个哲学家》,姚鹏等译,上海译文出版社1987年版,第12页。

经历就是财富。走南闯北的经商，使薄伽丘广泛接触社会实际，了解了各地的风俗、传统习惯和民间传统故事。在那不勒斯学习期间，正值那不勒斯国王广揽人才，奖掖文化、尊重知识、重视人才的风气对文人学士产生很大影响。薄伽丘经常利用机会参加上流社会的社交活动，结识了许多人文主义者。在交际活动中，信息的交换，使年轻的薄伽丘不断扩大自己的认识范围和生活范围，扩大了他在文化领域中的视野，建构认识中的异中之同，与其他人文主义者形成共识；同时，也促使他对古典著作更加着迷，他熟读了维吉尔、奥维德和西塞罗等人的作品。与其他人文主义者一样，薄伽丘在古典文化的习得和运用的过程中，逐步体会前人观察事物的角度和思考的框架，获取前人遗留下来的认识成果，领悟文化的模式特征，再以此为背景、为基础、为线索和参照，不断地在继承中作新的探察和认识，开始了他的文学创作活动。

薄伽丘一生著述甚丰，包括叙事诗、十四行诗、长篇小说、论文等。早期的文学作品大多取材于古希腊、罗马人传说以及自己的爱情经历，一般都歌颂人间的爱情与欢乐，以表现新的人文主义观点。半诗半散文的《爱米多》、诗歌《爱情的幻影》和散文故事《可爱的菲亚达》，是他对情人玛丽亚深切思念的表露。《可爱的菲亚达》被誉为欧洲文学史上的第一部"心理小说"。作者描述了与情人玛丽亚（即书中的菲亚达）在一起的快乐时光，真实而细腻地描写了女主人公的情绪、欲望、妒忌和被弃的痛苦。这部作品除了采用写实主义手法之外，在艺术形式上也基本摆脱了骑士文学的影响，形成了自己独特的艺术风格。

薄伽丘最著名的作品是《十日谈》，这是用意大利方言写的短篇小说。小说叙述了10个男女青年为逃避瘟疫，在佛罗伦萨郊区的一座别墅里住了14天。在其中10天中每人每天讲一个故事，总共讲了100个故事，所以叫作《十日谈》。这些故事题材来源十分广泛，分别取材于历史事件、中世纪趣闻轶事、法国的寓言、东方民间故事、宫廷传闻和街谈巷议等。通过作者的天才创作，艺术地再现了14世纪意大利广阔的社会现实生活，反映了作者的主要思想。

《十日谈》对天主教会进行了尖锐的讽刺和大胆揭露。第一天第二个故事中写道：罗马教廷"从上到下没有一个不是寡廉鲜耻，犯着'贪色'的罪恶，甚至违反人道，耽溺男风，连一点顾忌、羞耻之心都不存了"。在其他的故事中，作者还揭露了教会的腐败和黑暗、虚伪和欺骗。

《十日谈》提倡个性解放，反对禁欲主义，反对买卖婚姻，维护妇女的权利。作者在描写男女青年甚至僧侣在大胆追求世俗生活尤其爱情时，充分肯定了"人生""人"的价值和"人"的尊严，既是反对禁欲主义，也是对个性解放的肯定和赞扬。现世的享乐是人的本性、人的权利。薄伽丘甚至提出男女平等的观点。如第六天第七个故事，叙述一个叫菲莉芭的妇女在法庭上回答法官说："法律对于男女，应该一律看待"，"当时定下这条法律，女人并不曾同意过，而且

第六章 文艺复兴时期的文化

也没征求过我们女人的意见。所以这条法律可以说是一点也不公平的。"① 结果,菲莉芭在法庭上对自己所作所为的辩解获得法庭上旁听者的赞许和法官的同意,她胜诉回家。

《十日谈》热情地称赞市民、下层人民甚至异教徒的聪明、勇敢和机智。在薄伽丘看来,人是世界的主人、命运的主人,人不论出身如何,只要靠自己的聪明才智就能变不利为有利,把握好人生。它把受封建统治阶级所鄙视的商人、手艺人、诗人、艺术家作为小说的主人公来描写,而且"低贱"者往往战胜"高贵"者,这是当时市民阶级壮大以及知识和艺术社会价值提高在文学上的反映。所以,如果说但丁是以其非凡的想象力,通过梦幻形式创作了反映现实社会却又使人感到虚无缥缈的《神曲》的话,那么,薄伽丘则是用写实主义的手法,谱写了一首赞美人和现实生活的"人曲",它直抒胸臆,感情外溢,给人真切之感。

《十日谈》在写作方法和写作技巧上也取得巨大成就。该书故事完整,情节离奇曲折,脉络清晰,结构严谨,穿插细密,语言通俗、精炼、生动又带幽默,100 个故事巧妙地串在一起,全书浑成一艺术整体。它首创了短篇小说这一独特的艺术形式,为意大利散文的发展奠定了基础,在现实主义创作方法上开一代先河。《十日谈》一问世,便引起社会广泛注意并很快流传到欧洲各地,15、16 世纪欧洲便刊印了近 100 版。许多著名的文学家模仿和吸收了它的成果。如英国乔叟的《坎特伯雷故事》,莎士比亚的两个喜剧《辛白林》《善始善终》,法国那伐尔的《七日谈》,莫里哀的喜剧《乔治·唐丹》(或译《受气丈夫》),德国莱辛的话剧《智者纳旦》都借鉴或模仿了《十日谈》的故事。

《十日谈》所反映的社会层面较广,但多数故事以不同社会层面人物的爱情和聪明才智为主题,在描述故事主人公在情与理的冲突中,反映了作者的爱情观、人生观和价值观都无不真实地打下了那个特定时代的印记。薄伽丘和但丁、彼得拉克一样,同属于新旧时代交替的代表人物,不可能完全摆脱旧事物的影响。如第九天第七个故事宣扬了封建迷信;第九天第九个故事中,宣扬男尊女卑、"棒打出贤妻"的陈旧观点。另外,《十日谈》在反对禁欲主义、歌颂爱情的同时,既突破了陈旧的道德界限,也置一般的家庭道德观念而不顾,描写和肯定了放纵情欲。尽管作者在《十日谈》的"跋"中对自己的描述作了辩解,但我们在不苛求古人的前提下,也应该看到没有理性的爱情是盲目而有害的。总之,《十日谈》新旧杂陈,是文艺复兴早期特定文化氛围的产物。

薄伽丘后期转向学术研究。他在佛罗伦萨大学担任《神曲》的研究讲座教师,对令其崇敬的但丁进行深入研究,并撰写了《但丁传》。作为第一个认识希腊文的人文主义者,他通过对古希腊文学作品和其他古典著作的搜集和研究掌握了大量的史料,写出巨著《神谱》。这两部著作出版后,扩大了文艺复兴的影响。

---

① 薄伽丘:《十日谈》,上海译文出版社 1994 年版,第 568 页。

(二) 艺术

与文学领域的变化相呼应，在美术领域里，意大利的佛罗伦萨美术家在人文主义思潮的影响下，对中世纪的艺术进行了总结和突破，克服了中世纪艺术中的抽象比、概念比的公式，借用宗教人物和宗教故事，赋予它新的内容和新的含义，表达了美术家对现实生活的歌颂，这就是早期文艺复兴美术的一个重要特点。

1. 乔托

由于地理条件、文化交流以及民族特性等因素，当哥特式艺术在欧洲占主导地位时，意大利人对它则采取冷漠态度，他们尊重的是拜占庭艺术。虽然意大利人对拜占庭的马赛古画作了改进，但仍然是形象生硬、呆板，千人一面，没有个性，缺乏生气。打破拜占庭的画风，使意大利的绘画从公式化、概念化中解放出来的首先是乔托。乔托（1267—1337 年）出生于佛罗伦萨附近的一个铁匠家庭，从小就喜欢画画，一生作品很多，主要是壁画，1305 年左右，乔托在帕都亚作画。在阿累那教堂绘制了 36 幅系统壁画，其中包括《圣母生平事迹》《基督生平事迹》《善恶喻世图》和《最后的审判》组画。这些精心排列的壁画，在洋溢着庄重静谧的气氛中，仿佛在叙述关于基督的娓娓动人的历史故事，把一些情节各不相同的场面贯串起来，结合成为天衣无缝的整体。在技巧上，乔托将富于体积感的人物置于秩序井然的构图中，有一种自然的空间感。这些壁画中最著名的作品是《金门之会》《逃出埃及》《犹大之吻》和《哀悼基督》。

《金门之会》（又称《约清和安娜的会见》）的内容是圣母玛利亚之父约清和母亲安娜在金门相会的故事。乔托描绘了约清和安娜因得到天使告知将有后降临的喜讯，赶往金门会晤，相互拥抱的情景。乔托的构图单纯而紧凑，所有的人物和建筑物都做了细心的安排。约清与安娜在金门的拱门前见面，使场面显得庄严而真实。拥抱着的约清和安娜的形体壮丽，动作自然、潇洒。透过他们相互拥抱的姿势、面部表情和手势，使二老的欣喜之情表露无遗。可见，乔托是怀着对生活真实、对尘世温暖的深切感受描绘这两个人物的。

《犹大之吻》是乔托的代表作之一，该画情节出自《圣经》中一个有名的故事。耶稣的门徒犹大与罗马祭司长勾结，得到 30 块银币的赏钱，答应出卖耶稣。约定捉拿耶稣的暗号是犹大吻谁，谁就是耶稣。在逾越节的晚上，耶稣与 12 个门徒共进晚餐。席间，耶稣指出，你们中间有人出卖我。犹大见势不妙，随即逃走，并带罗马士兵和法利赛人的差役前来捉拿耶稣。画面上描写的正是敌人要逮捕耶稣的情节。画面正中是耶稣与犹大拥抱、接吻等动作，画的两侧是耶稣的门徒反抗罗马士兵的情景。乔托给这个传统题材赋予新意，画面上的耶稣已不是神，而是一个反对叛徒告密的伟人。当犹大伸臂搂住耶稣，噘起嘴巴要与耶稣亲吻的时候，耶稣并没有相应做出接吻的动作，而是以意味深长的目光逼视犹大的

眼睛。那目光显示出惊人的穿透性、鄙视、大无畏和坚毅的拒绝。该画具有戏剧性强、心理描写突出的特点。耶稣和犹大形成鲜明的对照：耶稣形象庄重、镇静、崇高、磊落，鼻子、嘴巴、下颌、脖子乃至胡须，造型完美；犹大的侧面则像令人厌恶的猴子，他那十分突出的眉弓和低的前额、细小的眼睛、短而尖的下颌，使脸孔显得猥劣。这象征美与丑、善与恶的形象，表明乔托对正面人物的歌颂，对背叛者的鄙视和鞭挞；表现了乔托克服了中世纪的寓意倾向，使美德与恶行化身成为生动而有性格的人物。

《哀悼基督》也是乔托的杰作之一。故事同样出自《圣经》，讲的是基督在巴勒斯坦讲道传教，后被犹太祭司长诬告为反对罗马统治、企图当犹太国王。耶稣被捕后，经受百般折磨，被判极刑，钉死在十字架上。这幅画，乔托选取了耶稣刚从十字架上被卸下来，他的母亲玛利亚、他的门徒和亲友相继赶来哀悼。该画哀悼者的手势、脸孔和注视着基督尸体的目光，以迥非寻常的感染力表达了深沉的悲痛。作者用简洁的线条着力勾画出圣母俯视基督长眠的脸，悲痛欲绝，表达了母爱的世俗性。而死后的耶稣一副安详神情，似乎一切都在他生前意料之中，表现了通过献身终于获得了整个世界的满足感。这种安详恰恰与周围人们内心的激动形成戏剧性对比，展示了伟大人物的独特品格，达到此时无声胜有声的艺术效果。

乔托在帕都亚的系列壁画，是他艺术上成熟的标志，也是他首先打破中世纪绘画传统，为近代写实主义绘画开辟道路的标志，这种标志主要表现在如下几方面：①首先表现在乔托对人物形象做出了新的阐释，他描绘的人物朝气蓬勃、真实感人，有突出的个性。一方面，他像对待确实存在过的历史事件一样来对待《圣经》传说，使之有了历史的真实感；同时又将大量的现实社会中生活的细节穿插在《圣经》传说中，使之充满尘世气息。另一方面，乔托在每一个场面里，非常注意表现人的情操和感受，使笔下的人物具有因人而异的品质，具有不同的命运。乔托笔下人物的姿态与手势是多样化的、性格化的。他主要通过人物的姿势来揭示精神状态，姿势构成了每一个人物表情深刻的性格描写。如《哀悼基督》中，站在耶稣左前侧的是门徒约翰，他张开双臂，流露出绝望的神情。站在外围的两个男人表情上比较平静克制。空中飞翔的天使则加强了悲天悯人的气氛。②乔托成功地创造了一种新的表现手法，即在构图上利用集中统一规律，使众多人物紧密联系起来，而且突出了中心。他使图画第一次变成了由一个统一视点构建起来的舞台，变成了人与物在其中各就其位，并可按几何分法计算处于统一空间里。《金门之会》和《哀悼基督》等，所要表现的主要人物并非处于画的中间，但作者以高超的构图技巧，使人们一眼看去便感觉到中心人物突出，主题外显。如《哀悼基督》，背景中有一段石头的斜坡由上而下、自左至右把画面分割成两个部分，这一段斜坡并没有破坏这幅画的完整性。相反，它有效地将前景中的众多形象连接起来，并凝聚得更加紧凑和有力。而且山坡的斜线有如指引方向的标志,把观众的视线引向画中中心人物圣母和圣子身上。加之画中两侧人物的目光注视主要人物,使之主次分明,中心突出。③乔托力求在绘画平面上再现三维空间的各种形态的艺术效果。与中世纪绘画有根本区别的另一标志是,乔托以明朗色调和明暗渲染来加强人物立体造型,使它们显示出体积感和深度感。虽然乔托不懂得解剖学,尚未掌握15—16世纪才发明和运用的明暗法,但由于对艺术的执着追求、对事物的细心观察和对技术的不断探索,乔托应用细部省略,把握明确的形体,使形体单纯而厚重,从而达到立体的效果。在构图上,乔托为了使形象具有浮雕感和叙述故事的必要,画面上出现了背面和侧面的人与物,不但丰富了画面的表现,使画面的空间大大地扩大了,而且空间构成的远近关系具有层次感和深远感。如《金门之会》中的人物在一个统一体中可以分为三个主要层次。拥抱着的约清和安娜为第一层次;他们身后的两位妇女为第二层次;金门下的三位妇女为第三层次,从而加强了艺术效果,摆脱了中世纪美术程式。乔托受到了人文主义者和艺术大师的称赞。但丁在《神曲》中写道:乔托的荣誉盖过所有的名流。彼得拉克曾就乔托的圣母玛利亚像讲道:"该画乃最卓越的画家乔托所画,此画之完美……足以使艺术大家惊讶。"① 达·芬奇在《论绘画》书中也写道,乔托"不仅超过了当代的画家,也超过了过去几世纪以来所有的画家"。15世纪马萨乔、达·芬奇、拉斐尔、米开朗琪罗等艺术巨擘都曾揣摩过他的作品,并从中吸取灵感。乔托为近代写实主义绘画开辟了道路,因此西方美术家尊称他为"欧洲绘画之父"。

乔托晚年除继续作画外,还从事建筑设计。1334年乔托在佛罗伦萨全城欢迎中回到了故乡,被政府授予"艺术大师"称号,并任命为佛罗伦萨大教堂、城防建筑和其他建筑工程总监,负责设计圣玛利亚大教堂的钟楼,并参加该楼的浮雕工作。钟楼在他死后才竣工。整个设计形式优雅,把哥特式风格与佛罗伦萨的罗马式装饰传统和谐地结合起来。直至今天,它仍是佛罗伦萨最优秀的建筑古迹之一。

2. 布鲁奈列斯奇

人文主义思想在佛罗伦萨广泛传播和发展,促进了新的现实主义艺术的迅速成长,城市住宅、世俗性公共建筑、修道院建筑群和宗教建筑物在新的社会条件下发生了根本改变。意大利建筑中新思潮的首创者就是腓力·布鲁奈列斯奇(1377—1446年)。布鲁奈列斯奇出生于佛罗伦萨一位公证人家庭,他天资聪慧,对艺术有着浓厚的兴趣,约年满20岁时,在各种艺术方面已显露出非凡的才华。

风华正茂的他正准备在雕塑方面施展才华的时候,一场竞争促使他把主要精力投向建筑艺术方面。1401年佛罗伦萨公开举行洗礼堂的第二道铜门的浮雕设计投标,题材是"亚伯拉罕献祭",有6位雕塑家参加了竞赛。从现存于佛罗伦

---

① 威尔·杜兰:《文艺复兴总述》,台湾幼狮文化事业公司1995年版,第33页。

萨警监府博物馆的雕版来看，布鲁奈列斯奇的作品具有创新性和内容的真实可信性，但竞争对手基贝尔蒂的作品以其成熟性获得了优胜。不服输的布鲁奈列斯奇很快感到必须深入学习古典艺术，提高自己，于是会同参加竞赛的多那太罗赴罗马学习。瓦萨里记述道，在罗马"他将自己完全投身到研究中去了"①。他观赏、临摹古罗马建筑和雕像，爬上古建筑遗迹进行测量。他通过对古建筑的柱子、山墙、拱门等的测量，找到了古罗马建筑家使用的数量比率，发现了古典建筑物的规格和原理，还认识到空间观念和视觉艺术基本方面的原理，领会到古典艺术家的思想和精神实质。他绘制了各种古建筑和雕像的构图，记录和绘制古代建筑的拱顶和哥特式骨架，记录了造拱工程的加固、锁紧和转向的方法，研究和绘制了古希腊式的多立克、爱奥尼和科林斯等各种柱式，特别认真地研究了万圣殿的圆顶建筑。在罗马三四年间，他掌握了大量的建筑知识。这一时期正是佛罗伦萨整顿市容、美化城市、大兴土木之时。人文主义者萨留塔蒂曾这样赞美自己的城市，"有哪一个城市，不仅在意大利，而且就整个世界而言，能够（比佛罗伦萨）……在宫室建筑上得到更大的荣耀，在教堂建筑上数目更多，更辉煌美丽，在城门上更雄伟，在广场上更富丽，在街巷上更悦目。"② 这为布鲁奈列斯奇提供了施展才华的机会，他回佛罗伦萨后，于1419年便接受委托建造育婴堂。就建筑形式而言，他仍采用了中世纪住宅和修道院建筑群样式，即采用沿着正方形大院落周围修建的方式，用拱顶回廊环绕大院落。但不同的是，该建筑围绕着内部院落的整个布局体系，具有层次分明、条理井然、简洁明快的特点，体现了新的倾向性。从育婴堂的外表来看，新的倾向性就更明显，设计者的柱式构思具有独创性。该建筑的正面是由9个科林斯柱半圆拱门组成的敞廊，总宽度83米，显示出一派雄伟气势，广场显得非常协调，敞廊既是相毗连的广场的边界，又是它的延伸。这种建筑结构的革新，敞廊出人意表地轻灵开朗，总是向广场敞开，体现了一种开放思想和市民意识，具有独特的社会意义。敞廊上矫健匀称的造型十分秀丽，体现了造型的朴素和气概不凡。总之，育婴堂体现了15世纪意大利文艺复兴建筑艺术的典型风格，再现了古典柱式建筑设计思想，采用宽阔的半圆形拱门，总体设计和各部比例简洁明快，少用雕塑装饰。

佛罗伦萨圣母玛利亚大教堂圆顶的设计和修建，使布鲁奈列斯奇的艺术风格发挥得淋漓尽致。按设计，圣母玛利亚大教堂有一个长长的中殿，两排耳室通向一个八角形的讲经坛大厅。小礼堂从八角形大厅的每一边向外延伸，像一朵鲜花的花瓣。中殿和耳室的宽度使教堂的空间极为宽广。如果按传统的建筑方法，要修建一个盖住大教堂中殿和耳室的拱顶需要一根约43米长，足够穿越八角形讲经坛大厅的大梁，否则修建拱顶之事便是纸上谈兵。但是，如此之长的大梁显然

---

① 清华大学建筑系：《建筑史论文集》第7辑，清华大学出版社1985年版，第184页。
② 布鲁克尔：《文艺复兴时期的佛罗伦萨》，朱龙华译，三联书店1985年版，第33页。

是找不到的。集建筑师、工程师、美术家、理论家于一身的布鲁奈列斯奇将设计和修建大教堂圆顶看成是迎接挑战和施展自己才华的难得机遇，勇敢而又理智地担当起这一艰巨的任务。他成竹在胸，置人们的讥讽而不顾，破除了传统的思维模式和旧的设计样式，充分运用所掌握的丰富的建筑设计知识和高超的艺术才能，进行了史无前例的大胆而科学的设计。为了解决圆顶跨度规模宏大和必须用木材在墙垣厚度较薄的高耸的八角形鼓座上修盖圆顶的最棘手问题，他综合了古典建筑的圆拱与柱式体系、拜占庭建筑的三角拱架拱顶体系和哥特式建筑的曲肋体系等优点，创造出球面三角形交叉和拱骨架。为了最大限度地减轻圆顶的重量，降低对鼓座墙垣起作用的横压力，以及为了处理好隔热和遮蔽风雨等问题，他设计了两层外壳的空心的圆顶结构。下面一层较厚的外壳担负承重任务，上面一层较薄的外壳用于隔热和遮挡风雨。为了保证圆顶有足够的硬度使之不变形，承重的8根主要沿端橡木分布在8面体的8个角落里，并且用围绕着8个角落的石环衔接起来。当整个圆顶主体工程即将结束时，布鲁奈列斯奇又设计了作为结顶的采光塔，来一个锦上添花。

圣母玛利亚大教堂的圆顶是世界上最大的不用柱子支撑的圆屋顶之一，高30多米，直径44米，是意大利文艺复兴时期第一个圆屋顶。它的造型承袭了古罗马的万神殿，但两者之间有明显的区别。圣母玛利亚大教堂的圆顶以砖砌双包络结构代替了万神殿的单块混凝土结构。圆顶的形状也不同，万神殿圆顶的高度与底部的直径相等，像一个半球体，宏伟、浑厚，古拙之中给人一种单调乏味的感觉；圣母玛利亚大教堂圆顶外形显得灵巧、优美、典雅，各部位都给予明确的划分。例如，一个典型的特点就是"肋"，石头的半拱形肋带将圆顶分为不同的"瓣"。肋带与采光塔连接在一起，形成向上伸延的动感，具有宏伟豪迈的气魄，又有直上云霄的轻灵。他把哥特式轻巧、飞翔的特点运用于古罗马风格之中，从而缓和了罗马建筑物沉重的雄伟气势。时至今日，舒展在佛罗伦萨天空下最令人注目的建筑，仍然要算圣母玛利亚大教堂的圆顶。它的外形和城市的街区马路相映生辉，条条大道就像从它那里向四处扩散。雄伟硕大的圆顶显露在佛罗伦萨的地平线上，君临整个城市以及围绕着该城的山川风物，它成为城市的光荣标志。阿尔伯蒂非常佩服布鲁奈列斯奇的成就。他说："这一建设事业在我们时代是不可思议的，或许甚至古人不知道如何去做。"米开朗琪罗也对大教堂的圆顶给予充分肯定，曾说，他可以造一个圆拱"更大，但不能更美"。也许这是大师的谦虚之词，但他后来设计的圣彼得大教堂的圆顶受布鲁奈列斯奇的影响是不言自明的。

圣斯必利多教堂代表了布鲁奈列斯奇晚期成熟的古典艺术风格。它和圣罗伦索教堂均属于柱厅式教堂，其布局独创一格，除了以基本单位为基础的比例体系外，还将侧廊的方形柱按一定间距环绕着整个教堂主体的中殿、歌坛、耳堂周围进行安排，使室内空间序列更为复杂多样。所以，尽管圣斯必利多教堂的本堂、

神廊和位于中央的圆穹顶表面上符合中世纪拉丁式十字的典范设计风格,可是,柱厅内部一排排优美整齐的科林斯式圆柱,仿佛在柱头上"飞翔"的拱顶,附着花饰的天花板,起棱的圆穹顶,以及廊柱上的桥跨分开于两侧、拱门上饰有连续的雕带,深色的石料与浅色的粉饰形成强烈的对比,这一切说明空间的处理上具有崭新而非常严谨的观念,也予人以世俗建筑豪华室内景的印象,它完全是文艺复兴式的臻于完美无缺的整体设计风格。

布鲁奈列斯奇在建筑艺术上取得的巨大成就,是与他创立并严格遵循的透视法原理分不开的。在中世纪,在平面上模仿空间的技术只作过经验性、直觉性的尝试,其效果并不明显。布鲁奈列斯奇在从事设计中体会到,没有一套系统的透视画法,是很难表现出距离的效果来的。通过对古典时代透视知识的了解以及刻苦钻研,他大约于1415年第一次使用了中心透视法(或称单点透视法),这种透视法就是创作者首先要选取的一个点,所描绘的物体正是被假定从这一点来观察的。他得出了透视的一条公式:所有基线最终汇聚于一个中心点,在这个点上它们仿佛消失掉了。例如,从圣罗伦索教堂和圣斯必利多教堂的中门向中殿大厅看去,一排排科林斯式细长的柱子成行远去,一切线条都好像向主讲经坛集合,"物体按数学原理有规则地向一个固定的消逝点缩小"。反过来,当人处于这个中心点时,也能看到整个建筑物。透视的焦点集中在主讲经坛的中心点,使观赏者的视线很容易顺着一切透视的变线而集中到这一中心点。运用透视法,在平面画面上便能表现出三维空间。在这个三维空间的世界中,可以用数学的精确性判定各物体的位置以及它们彼此之间的关系,从而使平面画面产生立体空间感。利用这一技法可以加强现实主义的表现,使艺术家更能激发观众的感受和情感。它被应用于建筑设计,使建筑物变得对称、规整和统一;应用于绘画上,能把空间物体科学原则表现于纸上,甚至可以达到以假乱真的效果;应用于雕塑上,使艺术家能够更加真实地掌握雕像的比例和姿势,特别是表现人物群体时,能使他们之间展现逼真的空间关系。单点透视法又叫人工透视法,因为它是人的意念创造的,是从人的角度去体现自然界,从观者的角度出发来设计建筑物。建筑是人和他的实感对外部世界的投射,体现了人的理想和价值标准。布鲁奈列斯奇对美妙空间有着特别强烈的感受力,透视法成为他表现美妙空间的技艺,他借用这一技艺从人的角度去解释和理解自然,并将其表现出来。所以,他的创作体现了人是现实世界上的"中心和衡量标准"的人文主义思想。

3. 多纳太罗

几乎与布鲁奈列斯奇同样齐名的是多纳太罗(1386—1466年)。他出生于佛罗伦萨一个毛织手工业者家庭,幼年丧父。在学艺期间,他接受了严格的艺术训练,工作勤奋,学习刻苦,具有坚强奋发、独立自主的性格;他对自己的才能充满信心,喜欢探索,注重自由发展自己的志趣与技法。他向教师基培尔提学习雕刻手艺,向好友布鲁奈列斯奇学习新的科学知识透视学,但未受师长风格的约束。

　　1408—1409 年间，多纳太罗创作了现珍藏于佛罗伦萨国立美术馆的大理石雕像《大卫》，这是他最早的作品之一。作品还没有完全摆脱哥特式传统的影响，人物缺乏个性，更谈不上独创精神。多纳太罗在奥尔·圣米克尔教堂的壁龛上制作的《圣马可》雕像，开始显示出艺术独创精神，人物形象已具有鲜明的个性，体现了新的人文主义理想。米开朗琪罗第一次见到这尊雕像时说："开步走吧。"这一作品被公认为是文艺复兴时期的第一件雕塑艺术品。

　　《圣乔治》是古罗马时代以来第一尊独立式雕像。传说圣乔治是古罗马的一名军官，在罗马皇帝戴克里先对基督徒实行镇压期间，由于他宣称自己也信仰上帝而被罗马统治者杀害。据传他在一次旅行到小亚细亚时，听人说在利比亚的西里内有一条恶龙食人，国王的女儿作为牺牲品而面临被吃掉的危险。圣乔治为正义所驱动，前往救助，经过一场血战，斩杀恶龙，救出公主，并拯救了全城。该城居民对乔治感恩戴德，皈依了基督教。多纳太罗为圣乔治雕像选择了战斗前的场面。圣乔治身着轻薄甲胄，斗篷随随便便地披在肩上，两手轻轻地扶住立着的盾牌，两脚左右稍稍叉开，头上没有戴头盔。凝视着敌人的圣乔治，无论是从他的严厉目光上，还是人物造型上，都深刻地体现了他的无比英勇以及对于自己的威力毫不犹豫的信心。而构图上处理得特别紧凑，也是为了加强人物形象上的充沛精力。瓦萨里称赞多纳太罗："这个雕像的头部，以极端的写实手法再现了圣徒的青春的俊美、勇气和神态，它使一块顽石具有了生命。"圣乔治俊美的容貌成为法国人心目中的典范，在赞美男子时，法国人常说"美如圣乔治"。圣乔治雕像的成功，大大提高了多纳太罗的知名度，他受到佛罗伦萨执政者柯西莫·美第奇的重视，并给他以极优厚的待遇。

　　《大卫》青铜雕像，是多纳太罗一生中最著名的作品之一，该立像取材《圣经·旧约》中的故事。大卫是以色列国王，少年时是个牧童。一次，非利士族的巨人哥利亚领兵攻打以色列的城池，以色列人见哥利亚凶神恶煞，神勇威武，不敢迎战。这时大卫奉命前往军营给哥哥送干粮，见状不禁勃然大怒，主动向国王请战。国王起初见他年幼，没有答应，后经大卫请求才同意，并赏赐他衣甲和宝剑。大卫浑身是胆，只带甩石机上阵。当蔑视大卫的哥利亚狂笑起来时，大卫乘机用甩石机抛出一块大圆石，击中了哥利亚的头，把他打倒在地。没等惊呆的非利士人回过神来，大卫已飞跑到巨人身边，夺过他的剑，割下了他的头。以色列军趁机杀败了敌人。后来大卫屡建战功，被选为国王。多纳太罗的《大卫》雕像，表现的是大卫杀死哥利亚后站立休息的一瞬间的情景。少年大卫头戴一顶装饰有月桂树的牧童毡帽，一手拿剑，一手拿着一块圆石叉腰而立，以胜利者的姿态踩着割下来的巨人哥利亚的头颅。大卫身体各部分之间的比例符合古典艺术的理想美标准，他的姿态遵守"重心转移"的造型规律，显得放松而自然，可以感觉到锋芒和紧张正随着胜利而倦怠和松弛下来。大卫那特有的轻捷优雅的体形

和动态,使整个造型显现了一种均衡协调的美。《大卫》雕像的重要意义,还在于它是自古罗马时代结束以来的第一件圆雕裸体雕像。在中世纪,裸体形象一般总是严格限制在亚当和夏娃身上,或在审判日从坟墓中出来的死者身上,基督教会一向把裸露人体视为猥亵和异端的"偶像崇拜",多纳太罗创作裸体雕像是对中世纪基督教观念的叛逆。大卫是平静的,他丝毫没有理会自己没有穿衣服的状态,也不理会观赏者对自己的裸体有何感想,一切都处于一种自然状态之中。他的目光似乎不是在欣赏胜利的果实——巨人哥利亚的头颅,而是对准自己的躯体,他发现了人自身的美和力量。文艺复兴时期关于人是"万物之尺度",是宇宙中最智慧、最伟大的创造物的观点,在大卫身上又一次体现出来。《大卫》的诞生,标志着多纳太罗的雕塑艺术达到了完全成熟的水平。

《加塔梅拉塔骑马像》是多纳太罗最著名的代表作品。它是自罗马时代以来第一个大型青铜骑马像,也是文艺复兴时期雕刻中第一次出现的纪念碑塑像。在这一作品中,加塔梅拉塔被处理成为潇洒轻松地控驭着他的骏马,泰然自若,表现出一位佣兵统帅坚强的意志和必胜信心。他的战马不慌不忙地迈着步子,从容之态与主人的泰然自若十分协调。与韦罗基奥(1438—1488年)的《科莱奥尼骑马像》相比,多纳太罗的设计效果更好。韦罗基奥按真实比例雕塑的马和骑士,从下面看上去,马显得比人更加突出。而多纳太罗则避免了这一错误,骑马雕像的外轮廓十分壮丽,观者从任何一个角度来看这一座雕像,它的外形总是同样的表情深刻,同样的和谐,人马俨然一体,构图庄重严谨,雕像威武雄壮,身体的造型、面部的特征,都表现出艺术家对文艺复兴时期个性特征的深刻理解,以艺术形式刻画了生气勃勃和个人英雄主义的时代特征。此外,该雕像的设置与圣安东尼教堂广场以及周围的建筑物协调一致,美化了环境,使整个环境洋溢出优雅的艺术气氛。

多纳太罗对艺术的追求从没有止境。在浮雕创作方面,多纳太罗同样进行大胆革新并取得巨大成就。青铜浮雕《希律的宴会》(又名《莎乐美之舞》),被称为15世纪最优秀的叙事性作品。它取材于《圣经·新约》中关于施洗约翰王之死的故事。多纳太罗刻画了"宴会献头"的情景,即当一个士兵手托盛着圣约翰被砍下的头,突然跪在加利利国王希律的面前时,宴会所发生的情况。献头士兵的出现,使希律王的宴会和莎乐美的舞蹈突然中断;托盘跪地的士兵,四肢仍在突发的动作中颤动;希律恐怖地张开双手向后退缩;在士兵与希律旁边的几个小孩,被吓得爬的爬、躲的躲;坐在国王左手席上的贵宾,正伸手向希律解释着什么;男贵宾左手旁的那位女宾则早吓得手捂双眼躲向一边。与大厅矮墙相隔,拱门下小乐队正在演奏音乐,不知道前面发生的事,也不受干扰;在乐队后面和右边有3个人亲眼看见了这血腥和罪恶的场面,其中两个惊呆了,但中间那个女人在转头时假装看往别处。多纳太罗在这一作品中,成功地将他向布鲁奈列斯奇学习的透视法和进行尸体解剖而获得的知识运用于雕塑艺术中,并根据实践检验，通过浮雕的凸凹层次的变化，获得了前景、中景和背景的效果，既保留了空间纵深感，又避免了各层次的混淆，从而改变了哥特式浮雕表面平铺直叙的缺陷。在艺术处理上，多纳太罗通过动与静，尤其是前景上的戏剧性同图景上半部（中景）的平静，形成鲜明的对比，把观赏者的视线带到希律王这个恐怖的人物身上来，使作品的叙事性更加强烈。

多纳太罗在60多年的艺术生涯中，共创作了60多件雕塑作品，有石雕、木雕、铜雕和泥雕，而体裁更是多种多样，他是文艺复兴早期最伟大的雕刻家。1466年，多纳太罗去世时，几乎所有佛罗伦萨城的建筑师、雕刻家和画家都为他送殡。①

4. 马萨乔

马萨乔（1401—1428年）被时人誉为"画坛上的布鲁奈列斯奇"。他和布鲁奈列斯奇、多纳太罗同是意大利文艺复兴艺术的奠基人，艺术史家称他们三人为艺术上的"文艺复兴之父"。马萨乔从小生活于贫困之中，但勤奋好学，尤其喜欢绘画。

自乔托去世之后，意大利的绘画艺术跌入低谷，流行哥特式画风。不甘平庸的马萨乔吸收了老师马索里诺在艺术上的古拙天真的韵味，超越了他对艺术的见解和保守的思想；他认真学习已被人们遗忘的乔托的遗产，继承了他的传统；在与布鲁奈列斯奇、多纳太罗的结交中，他向前者学习透视法，向后者学习雕塑知识和解剖学。通过对不同艺术样式和艺术风格的研究、综合以及再创造，马萨乔形成了自己独特的艺术风格。在他笔下，人物形象富于表情，身强力壮，具有高尚的人格，充满自信心和自尊心。他确立了现实主义的绘画基础。正如瓦萨里在《意大利绘画、雕刻、建筑名家列传》中所说："我们绘画中的优良传统首先是马萨乔建立的。他认为绘画就是以形体和色彩模仿自然，因此画家能愈紧密地追随着自然就愈接近于艺术上的完美。马萨乔的这个思想使他经过长年累月的探索而掌握了极为丰富的知识，使得他成为那些能够摆脱艺术上的僵硬呆滞而把运动、精神和生气赋予人物形象的大师中的第一人。"

马萨乔在短暂的一生中，通过不懈的努力，开创了一代艺术新风，从而大大提高了生命的价值。《圣母玛利亚和圣婴》是马萨乔约于1426年创作的木版画，内容反映了圣母和圣婴加冕时的情景：圣母抱着圣婴端坐在宝座上，两位天使坐在宝座脚下弹琵琶，宝座两侧各站着一位看似圣女的人物。整个画面主要突出圣母和圣婴。然而，圣母一张平凡而充满着母性的脸似乎与神性相差甚远。她的眼睛没有看着圣婴，忧伤的目光似乎表明在沉思着自己的儿子将在这难测的人世间如何成长，担忧多于欣慰。但她那把孩子舒舒服服放在膝上的动作，又表现出母爱的呵护备至之情。圣婴则是充满着无忧无虑的天性，他一手拿着一颗葡萄在嘴

① Young: The Medici, New York, 1933, pp. 118–119.

上吮吸，一手在他母亲手中的葡萄串上乱抓。他那摸索找嘴的动作和悬在空中的双脚与普通小孩并无任何差别。玛利亚的忧伤、小孩的无忧和天使的安宁静谧使画面呈现一股温情暖意，天上的神被带进了人间俗界。在画面空间的处理上，马萨乔勇敢地摆脱了中世纪艺术传统的羁绊，广泛运用明暗对比方法，他在宝座周围创造了一种真实的空间感。从画面的第一层开始有一个升起的台阶，台阶两旁各坐着一位弹琴的天使，天使比圣母小得多。这样的处理，使对台阶弹琴的天使与圣母圣婴产生一定的距离，加之光线从上面照在台阶上，增强了形象的立体感，使观赏者确实感到画面的深度和广度。

《三位一体》（又称《三位一体和圣母、圣约翰及施主》）约于1427年完成，是为佛罗伦萨新圣母玛利亚教堂所作的壁画。"三位一体"是天主教重要教义，指圣父上帝耶和华、圣子基督耶稣和圣灵三位为一体而言。这幅画更充分表现出马萨乔对空间问题的完美把握。图画变成了一个由统一视点构建起来的舞台，变成人、房屋和其他物件在其中各就其位，并可按几何方法计算的统一空间。该壁画描绘了文艺复兴时期敞开的小教堂，饰有藻井的布鲁奈列斯奇式的拱顶，用古希腊的壁柱与圆柱构成了小教堂的门框。画面中央神坛上是钉在十字架上的圣子基督，他的头顶上有一只象征圣灵的鸽子，十字架后面那支撑着十字架重量的搁板上站着圣父上帝耶和华；神坛两侧站立着圣母玛利亚和施洗约翰；神龛外，左右两侧是这幅画的施主兰兹及其夫人，他们正跪着作祈祷。《三位一体》把人物形象安排在一个等腰三角形之中，这个三角形的两条边，分别从施主夫妇的头，升向十字架上方圣父形象头顶会合在一起，突出了"三位一体"的主题。图画中利用建筑和三角形中的人物相互交搭的画面，四个层次逐步深入，具有最强烈的空间效果。不难看出，兰兹夫妇为第一层次，圣母玛利亚和施洗约翰为第二层次，圣父、圣子、圣灵为第三层次，圣父后面的拱门和其他建筑物为第四层次。四个层次形成有机的递进层次关系，从而使画面产生了真实的三维空间感。有必要再强调的是，马萨乔在画中对藻井的建筑装饰运用得非常巧妙，它不但使画中的小教堂显得真实可信，而且通过饰有藻井的天花板会聚在后墙上产生了画面的深度感，增添了画中央的"三位一体"的真实性——壁龛里正在显现一件神迹。的确，"马萨乔在画人物的头部、服饰、建筑、人体以及色彩和远近大小时采用了新方法，他由此开创了现代绘画的风格"①。

马萨乔一生中留下来最重要和保存得最好的作品，是在佛罗伦萨圣玛利亚·代尔·卡尔米教堂内的布兰卡奇礼拜堂的两幅著名壁画《失乐园》和《纳税钱》。

《失乐园》（又名《亚当和夏娃被逐出伊甸园》）取材于《圣经·旧约》中的传说故事。故事内容说的是人类的始祖亚当和夏娃夫妻二人无忧无虑，赤身裸

---

① 苏珊·伍德福特等：《文艺复兴》，《剑桥艺术史》（一），钱乘旦译，中国青年出版社1990年版，第371页。

体，生活在天上的乐园（又称伊甸园），不幸在蛇的引诱之下，吃了智慧果，顿时心明眼亮，发觉自己一丝不挂，羞耻难容，只好用树叶编成裙子遮羞。上帝耶和华对亚当和夏娃偷吃禁果的行为大怒，将他们逐出乐园。画面上的亚当双手掩面，绝望悲号；夏娃用手捂着乳房和下身，闭着眼睛，以表示内心的羞愧。在西方美术史中，这是把亚当和夏娃受诱惑偷吃禁果而堕落的影响，作为一种人类的悲剧与个人的损失加以表现的第一件作品。画中人物形象十分逼真、概括，感情真切而又动人。这说明他所塑造的人物已摆脱了宗教伦理的基本因素，贯穿着新的真正入世的处世态度。在技巧处理上，马萨乔用光线从一个方向强烈地照射着处于行动中的亚当和夏娃的裸体，使人体似乎是可以触摸得到的实体，有强烈的肉体质感和重量感。而画面把亚当和夏娃安排一前一后，则形成了深广的空间印象和动感。

《纳税钱》（又称《奇迹与钱》）取材于《圣经·新约》中从鱼口得税银的故事。耶稣师徒一行到迦百农城时，税吏要他们缴纳入城税方准入城。耶稣向身边的彼得说出了不用纳税的道理。但为了免惹麻烦，仍命彼得从鱼口里取钱，缴纳税金。马萨乔把"要税"、"取钱"和"交税"三个情节和三个不同地点，巧妙地布置在同一空间和画面上。画面突出三个人物，即耶稣、彼得和税吏。身穿玫瑰色长袍与蓝色斗篷的基督，站在为灿烂阳光所照耀的一大群使徒中间，他沉着而庄严的手势，表示正平息着使徒彼得和税吏之间的争论，显示出他是一行人的主宰。满脸愠怒的彼得一只手指着湖水，一只手举起作欲击税吏状。背有些驼的税吏，一手伸向众人索取税钱，一手指向城门，表示不交钱便不得进城。画面人物栩栩如生，自然真实，使徒们的肩膀宽阔、身体结实，如同出身民间的豪迈的普通人。连作为反面人物的税吏，其背向观众的姿势，也被刻画得那样生动自然。人物形象与建筑物融合为一体。当然，《纳税钱》令人印象最深刻的还是整个构图完美的立体效果。作品对特殊人物和对背景人物以及风景的空间关系的精确描绘，令人信服地表现出真实三维空间中的人物形象，从而传达出真实的体积感和重量感。

马萨乔的作品数量不多，但精妙卓绝，对后世的影响很大。意大利文艺复兴盛期的"艺坛三杰"达·芬奇、米开朗琪罗和拉斐尔均观摩、学习和研究过他的作品。当马萨乔不幸去世时，布鲁奈列斯奇顿首大叫："时代的重大损失啊！"

5. 波提切利

波提切利（1444—1510年）是意大利文艺复兴早期最后一位著名画家，15世纪70年代，他受到当时佛罗伦萨执政罗伦佐的赏识，在美第奇宫廷里结识了许多人文主义诗人、学者和艺术家。在这里他认识了诗人波利蒂安，之后两人交往甚密。波提切利在参加美第奇宫廷的活动中，受到人文主义思想的影响，他的创作走向成熟，但也沾染了宫廷贵族文化的习气。

《春》是波提切利最有名的代表作之一。这幅画的主题，来源于波利蒂安的寓言长诗《吉奥斯特纳》。画面上鲜花满地，幽静的密林结满了金色果实，位于画面中心的爱和美的女神维纳斯满面春风，容光焕发，凝视着和煦的阳光，她正迎接着春的来临。维纳斯头上飞来的小爱神丘比特，正弯弓搭箭，准备向三美神中的一位瞄准射击。左侧是欢乐起舞的三美神（爱神）的3个侍女，代表美丽、青春和欢乐。她们的旁边是众神的使者麦丘利，正举起右手用一根法杖驱散冬日的阴云。维纳斯的右侧，是全身裹着花装、嘴里衔着鲜花的花神，在风神的推拥之下奔跃而至，象征着把春天带给人间。在她的背后是风神。画面的情节是一个比喻：从海面上吹来了暖和的西风，春天来到了，万物充满了生机，大地展现出百花盛开的春天景象；爱情的心也苏醒了，人间充满欢乐。从《春》所塑造的形象上来看，作品强烈地表现了抒情原则与精致细腻的特色，《吉奥斯特纳》的诗韵被艺术地表现出来了。整个画面上轻快甜美的诗意和生动流畅的线条组成了一种美的旋律。但是，这美丽的春天秀色中，渗透着幻想与淡淡的忧伤，给人一种不太协调的感觉。

《维纳斯的诞生》比《春》更为著名，也是依据波利蒂安的长诗《吉奥斯特纳》而作。画中，裸体女神维纳斯从海上波浪中诞生，踏着大贝壳在风神齐菲尔的轻吹中将要靠岸。岛上，果树女神波摩娜手持一件袍子，等候维纳斯一登岸就给她穿上。画面中央的维纳斯亭亭玉立，微妙的曲线和波状的金发和谐优美，既充满着女性的娇美，又给人一种超凡脱俗之感，具有缥缈空灵、诗一般的意境。但是，她那纯洁而羞涩的美容却露出一种隐忧的表情，似乎对未来缺乏信心，感到困惑与迷惘。

《春》和《维纳斯的诞生》取材于希腊神话传说，是反基督教传统精神的、异教的，它的内容具有鲜明而世俗的人文主义倾向性。这表明，波提切利尽量让绘画题材从宗教故事中解脱出来，使艺术创作获得了更大的自由。在艺术风格上，线条成为波提切利最主要的艺术表现手段。如《春》的三女神、《维纳斯的诞生》中的维纳斯，画家用流畅、有韵律的线来表现她们的舞姿、手势、轻纱和轮廓。在形象塑造上，他追求优雅的平面感和哥特式艺术的修长，但由于运用了细腻典雅的色彩艺术和具有运动感的线条节奏，使作品并没有平板的印象，而是具有体积感。他的艺术风格对许多画家产生了影响。

四、文艺复兴文化的传播和发展

文艺复兴早期，意大利已形成了一个气势磅礴的文化革新运动，猛烈地冲击着旧传统的基督教文化。意大利新文化迅速向西欧其他地区传播，在西欧形成了相似性的文化。文艺复兴文化的传播主要是通过两种温和的途径来实现的。一是在15世纪中叶，意大利的学者已经到英国、法国和德意志等地区传授拉丁文和希腊知识，介绍古典和意大利人文主义的著作，他们的活动引起了西欧各国学者和艺术家对人文主义思想和学问的兴趣；二是西欧人把意大利称为"欧洲学校"，纷纷派遣留学生前往学习，西欧各国的思想家、艺术家和科学家纷纷访问意大利，如饥似渴地学习人文主义新文化，从中吸取营养，然后把新思想和新知识带回本国，广为传播，并结合本国的实际，创作出适合本国国情的新文化，使文艺复兴运动进一步得到发展。

（一）伊拉斯莫

自15世纪中叶起，德国产生了一批卓越的人文主义学者，其中最伟大的代表是伊拉斯莫（1466—1536年）。他的活动和影响具有国际性。他编写的《格言集》是一本从古典著作中精选出来的格言。他对每篇格言写了注解，以讽刺他所处时代的社会问题，反对教会的腐败。他在书中一处写道，"据《圣经》说，牧师们吞食了百姓的可赦之罪，但他们无法把赦罪消化掉，他们必须有最佳醇酒，才能把它们吞咽下去。"① 1506年，伊拉斯莫访问意大利，在都灵获得博士学位。

1509年，伊拉斯莫再度访问英国，并写出了他的代表作《愚人颂》（亦译《愚颂》）。这是一部反映德国现实社会的讽刺著作，作者站在人文主义立场上，把"愚蠢"人格化。"愚人"是著作的主人公，她登台演说，通过自夸有才华，来讽刺上层社会的各种愚昧表现，对教会、经院哲学家和贵族进行嘲笑和咒骂，对教会神职人员的贪婪欺诈、荒淫无度，封建贵族的寄生腐朽、贪图虚荣、抢劫好战的卑鄙行为予以揭露和批判。伊拉斯莫讽刺说，教会中的迷信者做什么都有一个章程，鞋带拴几个扣，腰带有多宽，都要按规定。他认为教皇追求的是"金钱、荣誉、权力和荣华"，指出，假如人类不存在愚昧以及人们的愚直和轻信更少些，那么，宗教是存在不下去的，他甚至否认上帝是全能的。《愚人颂》一出版就引起教会的恐慌，罗马教皇保罗四世宣布它为禁书。但该书影响甚广，几乎被译成欧洲所有国家的文字，伊拉斯莫在世时就已翻印过27次，成为当时欧洲人文主义的代表作。

按通常说法，伊拉斯莫在文化上的最大贡献，在于完成了他校正过的希腊文《新约全书》的编纂和出版工作。为了使人们易于理解经文，该书还附有他自己的拉丁文译文和注释。他以历史的眼光和理性的态度看待《圣经》，指出天主教唯一认可的拉丁文版《圣经》不仅是第二手的，而且有谬误。该书的问世，再一次引起人们思想上的极大震动。但是，伊拉斯莫与其他人文主义者一样，对宗教并不完全反对，只是想追求一个合理的教会。正因为如此，他的著作和他的思想有力地促进了欧洲宗教改革的思潮。后人曾这样十分生动、贴切地比喻："伊拉斯莫生了蛋，路德孵出了小鸡。"

---

① 杜美：《德国文化史》，北京大学出版社1992年版，第57页。

（二）拉伯雷

弗朗索瓦·拉伯雷（1494—1553年）是法国文艺复兴运动的著名代表人物之一，是继薄伽丘之后具有全欧影响的杰出的人文主义作家。他曾在德马伊修道院研究古希腊罗马文化，伴随该修道院院长访问过意大利和其他几个欧洲国家，这大大地丰富了他的阅历。后来，他到法国各地游学，有机会接触和了解各个阶层的人尤其是普通市民和农民。这增加了他对社会的认识，使他发现了封建法律制度的黑暗腐败和经院教育对人才的摧残。这一切对他日后的创作大有裨益。

《巨人传》（亦译《高康大和庞大固埃》）是拉伯雷花20多年写成的代表作。这部长篇讽刺小说共5卷。第一卷叙述巨人高康大的出生和他的童年时代。第二卷写高康大的儿子庞大固埃出世，他一开始就受到人文主义教育，在法国努力学习科学。后来另一邻国入侵，他回国抗击侵略者，取得胜利。第三卷写庞大固埃如何推行仁政，在巴奴日应不应该结婚的问题得不到合理解答之后，庞大固埃和约翰修士、巴奴日一道出发到世界各地去寻找"神瓶"。第四、五卷写庞大固埃和巴奴日等远渡重洋，遍访各岛，寻找"神瓶"，追求真理。最后他们终于找到象征真理的神瓶。《巨人传》以民间故事为蓝本，采用夸张的手法塑造了理想君主巨人父子高康大和庞大固埃的形象，寄托了作者指望依靠时代巨人解放人类，实现符合人文主义要求的社会的理想。该书故事虽然奇特，但是却有着深厚的现实基础。作者对社会黑暗面的揭露，对教会腐朽、经院哲学家的蒙昧主义和愚民政策的抨击，其针对性都是很强的。书中"特来美修道院"提出的"做你所愿做的事"的口号，反映了资产阶级个性解放的要求；书中关于培养"全知全能的人"的教育主张，正是人文主义教育思想的体现；"神瓶"启示的"喝"，恰恰反映了新兴资产阶级渴求知识和开创新世界的愿望。总之，尽管《巨人传》结构松散，其内容初读之下似乎又是些滑稽、逗笑的故事，但仔细品味起来，它充满着革命性和战斗精神，是法国第一部成功的通俗小说。拉伯雷的现实主义和浪漫主义相结合的讽刺艺术对莫里哀、伏尔泰、司汤达、巴尔扎克、福楼拜等大作家都产生过不同程度的影响。

（三）蒙田

蒙田（1539—1592年）是法国文艺复兴后期著名的人文主义者和当时最杰出的散文作家。他出身于波尔多城的名门大族，从小受过良好的教育，精通拉丁语和希腊语，曾担任法律顾问和波尔多市长。他的代表作《随笔集》（亦译《蒙田随笔》）是一部散文作品，同时也是一部哲学和社会政治思想著作。按该书1595年的修订本计，全书分3卷，107章。在这卷帙浩繁的散文集中，每篇有一个题目，讨论一个独立问题，内容驳杂纷繁，往往从一个主题跳到另一个主题，常旁征博引古希腊罗马作家的著作；章题也常常与本章的内容不大相符，处处体现了"随笔"的特点。它的主要内容概括起来，大致是作者对现实世界的理解、对自我的感觉和对人类生活方式及思想感情的体会。贯串于全书的基本思想是"人性"，而怀疑论则是作者不受时代局限和阶级局限的重要思想之一。蒙田在书中提出了"万事可能又不可能"的信条。他列举了古代哲学家们相互矛盾的意见，以及他们现代的追随者，特别是基督教辩护士在精神实质上的相互矛盾，说明他们一事无成和令人怀疑他们留下的知识是否可信。他大胆地宣布了人类有权怀疑和不信宗教，而且对理性也不盲从。他进而认为，唯一兼具恰当性和毋庸置疑性的知识是关于自己本身的知识（即自我），一旦人以自我为基础就具有信心和保证。但是，蒙田并没有因持怀疑论而把自己视为高人一等，他认为自己是一个平常的人，因为"每一个人都具有人类身份的全部标志"。他怀疑，但并不否定一切。他认为"那些藐视学习的人们仅仅暴露出自己的愚笨"。生活是真实的，应当尽量享受生活的快乐。他认为教育不但是需要而且是有益的，教育的目的就是培养道德高尚、悟性高、判断力强的"绅士"。《随笔集》的笔调亲切自然，充满诗意，对后人影响很大。他是欧洲近代散文体裁的创始人。

（四）莎士比亚

英国文艺复兴时期最伟大的戏剧作家是威廉·莎士比亚（1564—1616年），文学史上称他为"英国戏剧之父"。他出生于英国中部特拉福镇上一个富裕市民的家庭。莎士比亚一生共写了2部长篇叙事诗、37个剧本、154首十四行诗和一些杂诗。莎士比亚的创作按其思想和艺术的发展可分为三个时期：第一为历史剧和喜剧时期（1590—1600年）；第二为悲剧时期（1601—1607年）；第三为神话剧和传奇剧时期（1608—1612年）。

莎士比亚创作的两首长诗和十四行诗中的大多数，属于第一个时期，两部长诗题材源于罗马诗人奥维德的作品，十四行诗的主题是歌颂爱情与友谊。与彼得拉克的十四行诗相比，莎士比亚的作品更向前发展了一步，主题更加丰富，对待爱情已没有宗教情绪或封建等级观念。他还改变了意大利十四行诗的格式，按四、四、三编排，每首诗更能体现起承转合，情感和思路曲折而有变化。这一时期，莎士比亚写了9部以英国历史为题材的历史剧，主要有《亨利六世》《理查三世》《约翰王》《理查二世》《亨利四世》《亨利五世》等。剧本概括了13世纪至15世纪历史，贯串着作者反对封建割据、拥护开明君主、维护统一的思想。如在《亨利五世》剧中，亨利五世知错必改，弃旧图新；作战时身先士卒，机智勇敢；和平时善良仁慈，接近人民。他是莎士比亚心目中的贤明理想的君主形象。这一时期，莎士比亚还写了10部喜剧和3部悲剧。主要喜剧有：《驯悍记》《仲夏夜之梦》《威尼斯商人》《温莎的风流娘儿们》《第十二夜》等。《威尼斯商人》是莎士比亚第一时期创作的重要作品之一。作者在剧中肯定了以安东尼奥为代表的商业资本家，歌颂了资产阶级新女性鲍西娅的才华和正义感。剧本以人文主义、友谊和爱情最终战胜贪婪、仇恨和阴险的报复为结束。《罗密欧与朱丽叶》也是作者这一时期的重要作品之一。其内容描写的是一对青年分属于两个世代为仇的封建家庭，他们之间的爱情受到阻挠，导致两人殉情。该剧突出地反映了新的爱情观与封建意识、封建道德观之间的冲突，表达了爱情自由的理想，表现了积极的反封建的资产阶级民主思想。虽然这是一出悲剧，但却是别具一格悲喜交集的戏剧。

第二时期是莎士比亚创作成就最大的时期。这一时期他所写的11出戏剧绝大多数是悲剧。他创作的7部悲剧是：《哈姆雷特》《奥赛罗》《李尔王》《麦克佩斯》《安东尼与克莉奥佩特拉》《科利奥兰纳斯》《雅典的泰门》等。前面四剧被称为莎士比亚的四大悲剧。《哈姆雷特》（又称《王子复仇记》）是莎士比亚戏剧创作的最高成就。该剧的主要内容是：丹麦王子哈姆雷特的叔父克罗迪斯为了篡夺王位毒死了国王，又娶了王后。王子对父亲的暴死和母亲的再嫁感到十分悲愤。国王的鬼魂显现，并把自己的受害经过托梦给哈姆雷特，要他为父报仇。王子把复仇看成是为了整个国家的问题。奸王克罗迪斯觉察后，把他送往英国，想假借他人之手杀死王子。哈姆雷特识破了阴谋，逃回丹麦，在一场由克罗迪斯安排的蓄谋杀害他的比剑中死去。但哈姆雷特在临死前刺死了奸王，他的母亲则饮毒酒而身亡。莎士比亚在该剧中把中古式的复仇内容改编为反映时代精神的悲剧，使复仇有了深刻的社会背景，把哈姆雷特塑造成一个典型的人文主义思想家，其形象从此成为世界文学中最著名的典型人物之一。《雅典的泰门》叙述了金钱换来的虚伪友谊使泰门倾家荡产，尝尽世态炎凉，变成厌世主义者。作品深刻地揭示了阶级社会中尤其是资本主义社会中人与人之间赤裸裸的现金交易关系。

第三个时期，莎士比亚的剧作主要有《辛白林》《冬天的故事》《暴风雨》。在这些作品中，莎士比亚虽然仍保持了人文主义者的信念，相信人类有前途，始终表现乐观精神，但对社会黑暗现实更多的是采用宽恕与和解的态度，试图通过道德的劝善和教育，改造丑恶，达到美好，表现出一种乌托邦式的思想。

莎士比亚是一位杰出的语言大师。他善于吸取古代语言、当代文学语言和人民语言的精华。作品语言生动有力，优雅活泼，感染力强。与他同时代的著名剧作家本·琼生认为，莎士比亚是"时代的灵魂"。

（五）塞万提斯

塞万提斯（1547—1616年）是西班牙文艺复兴时期伟大的作家、戏剧家和诗人。1571年，塞万提斯作为一名士兵，参加历史上有名的勒班多海战，受了伤，左手致残。1575年他从意大利回国，途中被土耳其人俘虏，当了5年囚徒。后来因偶然机会，他被赎回国。此后不久，他凭着顽强的意志和惊人的毅力从事文学创作，写下大量诗歌、戏剧和小说。

《堂·吉诃德》是塞万提斯的代表作，全名为《奇情异想的绅士堂吉·诃德·德·拉·曼却》，共分2卷。小说的基本情节是写堂·吉诃德三次行侠冒险的经过。拉·曼却地方的穷乡绅阅读骑士小说入了迷，失去了理智，自己也想当一名游侠骑士，于是穿上祖上传下来的一副古老的盔甲，骑上一匹瘦马，手持盾牌和长枪，化名为堂·吉诃德，把邻村一个挤奶姑娘作为意中人，决心终身为她效劳，找了邻居桑丘作为侍从，出门行侠。由于他一心只想建立骑士功勋，耽于幻想，错把风车当巨人，旅店当城堡，羊群当敌人，不顾一切，策马提矛胡乱冲杀，闹了不少笑话，吃尽了苦头，被人戏弄嘲笑，还到处挨打受骂，几乎丧命。临终前，他才醒悟过来，痛斥骑士小说之害，并留下遗嘱，不许自己唯一的亲人外甥女嫁给骑士，否则就得不到遗产。这部小说讽刺了已不合时宜的中世纪骑士精神，给骑士小说致命的一击。自从这部作品问世以后，西班牙再没有骑士小说出现。小说还展现了当时各社会阶层的生活画面，对当时社会的政治、道德、法律乃至婚姻制度等进行了抨击，并流露出作者对劳动人民的同情和喜爱。小说成功地塑造了堂·吉诃德和桑丘两个不朽的艺术形象。作者往往把堂·吉诃德主仆在现实生活中的活动加以夸张，反复强调他们的某些特点，并通过他们之间的对比和他们彼此推心置腹的谈话，来突出这两个人物的性格。

　　《堂·吉诃德》被誉为欧洲"近代小说的开山之作"。它一直受到全世界人民的热爱，被译成100多种语言。它对欧洲文学的发展产生了深远的影响，18、19世纪的斯威夫特、菲尔丁、狄德罗、巴尔扎克、果戈理、列夫·托尔斯泰等作家都直接或间接地受到这部巨著的影响。

五、文艺复兴盛期的艺术

　　文艺复兴盛期（15世纪末至16世纪中期）是整个文艺复兴伟大文化的巅峰。在艺术上，盛期的艺术总结了15世纪艺术的经验，把透视、解剖、明暗等写实的手法发展到尽善尽美的地步。充分掌握了写实技巧的新一代艺术家更着意于对真实世界内在品质的传达与对作品完美性的追求。完美、大气磅礴是文艺复兴盛期艺术的主要特征。尽管这一时期意大利尤其是佛罗伦萨的经济状况和政治局面江河日下，但是，佛罗伦萨仍然是形成盛期文艺复兴文化的基础、诞生盛期文艺复兴艺术和学术的地方。作为艺术家的突出代表者达·芬奇、米开朗琪罗和拉斐尔都是在佛罗伦萨成长起来或者是在佛罗伦萨开始其创作道路的，许多著名的人文主义者也生于斯长于斯。毫无疑问，只有佛罗伦萨深厚的文化和充满着竞争的社会环境才造就了"艺术三杰"，才能出现马基雅维里这样杰出的政治思想家。在这一时期，罗马作为文艺复兴运动的另一个重要中心也显露头角，并进而发展为主要的中心。

（一）达·芬奇

列奥纳多·达·芬奇（1452—1519年）是文艺复兴盛期第一位画家。他不仅体格健美、举止优雅、品格高尚，而且学识渊博、多才多艺，在艺术和科学的许多领域的研究都处于领先地位。达·芬奇出生于意大利佛罗伦萨芬奇镇一位有名的公证人家庭。他14岁跟师学画，15岁（1467年）学成出师。不久，他便独自设立工作室。这段时间，他画了《拈花圣母》（又名《持花圣母》）、《博士来拜》等初期作品，这些作品已具有诗意和思想丰富的特点。他的素描和透视学已纯熟谙练，开始注意借助动作、手势、姿态来表现人物的内心活动。

1482年，达·芬奇为了谋求更大发展，离开了佛罗伦萨，前往米兰。他在米兰进行艺术实践和创作的同时，也进行自然科学的研究。《岩间圣母》《抱白鼬的夫人》和《最后的晚餐》是达·芬奇这一时期的主要美术作品。

《岩间圣母》充分显示出达·芬奇的独特的风格已完全成熟。该画描绘的是年轻的圣母跪在地上，右手扶着婴孩施洗约翰，左手张开并高悬在坐着的小耶稣的头顶上方。约翰双手合掌像是在祈祷，右边穿着红袍的天使左手扶住耶稣，右手指向小约翰。在艺术处理上，该画以"金字塔形构图"取代了过去的"三角形构图"，立体性更强。在手法上，达·芬奇接受和发展了马萨乔所发明的"明暗画法"。他给人及物体轮廓和背景涂上阴影，与光线强烈的部分形成对比，使整个画面洋溢着空气和空间的深度感；而光和影的强烈晃动造成一种特殊的气氛，仿佛处在梦和真实之间，使画能够引起精神上和心理上的联想。加之画中的诸人物做着多种多样姿势，使画中人物的心理活动更加充分地表现出来。

《最后的晚餐》是达·芬奇最成熟和最完整的作品。它不但标志着盛期文艺复兴艺术的成熟，而且与米开朗琪罗的《最后审判》和拉斐尔的《雅典学派》被誉为文艺复兴盛期三大杰作。作者用艺术手段歌颂了光明正大、忠诚善良和疾恶如仇，揭露了背信弃义的叛徒行为。该画取材于《圣经·新约》的故事，大意是耶稣的门徒犹大因贪生怕死而叛变，接受罗马祭司长30枚银币，答应做内应帮助逮捕耶稣。在犹太民族的主要节日逾越节的晚上，耶稣已预知自己死期将至，和12个门徒共进晚餐，故名《最后的晚餐》。达·芬奇抓住耶稣在晚餐餐桌上突然向门徒宣布说："我实实在在告诉你们，你们之中有一个人要出卖我"的一刹那间，每个门徒的不同姿态和表情，揭示了人物内心世界的矛盾，刻画了人物的不同性格。画中13人的座次（自左至右）分别是巴多罗米欧、小雅各、安德烈、老彼得、犹大、约翰、耶稣、多马、老雅各、腓力、马太、达太和西门。12个门徒被分为4组，每组3人。左端的3个门徒为一组，他们都面向耶稣，情绪显得特别激动，尤其是年轻的巴多罗米欧，双手按着桌子，上身倾向耶稣，表现出怒火中烧，恨不得马上把叛徒揪出来；右端的3个门徒自成一组，他们惊讶地互相探问，交头接耳。但从西门和马太的手均指向中央来看，似乎在表白，出卖一事与这一组人无关。画面右边靠近耶稣的3个门徒显得单纯，动作也朴素，尤其是站立的腓力，两手扪胸，表现出自己的忠诚和善良。画面左边靠近耶稣的3个门徒，特别富于表情，老彼得左手搭在约翰的肩上，头向前伸，似乎在低声询问约翰哪一位是叛徒。犹大的脸部则处在阴影之中，右手紧握一只钱袋，暗示这只钱袋是犹大出卖自己灵魂、出卖耶稣的见证。

在构图方面，达·芬奇打破了将犹大放在独处位置的传统做法，使犹大与耶稣同其他门徒同坐一侧，犹大的身体稍向后仰，面呈阴险、狡诈状，表现出与众分离、处于孤立的境地；而其他11个门徒每个人的表情、动作、姿态虽不相同，但却朝着一个中心，即向着耶稣。画的中央，耶稣非常平静地坐在整个骚动场面的中心，他倦怠地伸开手，眼也不抬，面部和姿势表现出一种静穆与伟大。耶稣的"静"与众门徒的"动"形成了鲜明的对照，门徒们动态的穿插变化与神情的互相交融俨然一体，使整个画面形成多样统一。艺术获得了新表情的巨大蕴藏，给人以无比的震撼力。

达·芬奇花了4年时间完成这幅壁画。在创作过程中，每画一个人的时候，他必先研究那个人的身份、性格、年龄等，到现实生活中寻找各式各样的典型形象，画了许多素描，做笔记，反复推敲。他认为："一张人物画，或其他形式的人物表现，应该做到使人一看就很容易地从他们的姿态中觉察他们的思想，……就好像一个聋子看人讲话，虽说他不能听见，但依然可以从两人说话的动作姿态中揣度他们讨论的主题。"为了刻画出人物的典型性格，达·芬奇差不多花了1年时间，每天从早到晚深入到小偷和流氓聚集的地方，寻找类似犹大的模特儿。

1503年，达·芬奇和米开朗琪罗同时应佛罗伦萨政府之聘，为佛基奥宫500人会议厅绘制壁画。两名艺术家均以战争为题材，达·芬奇作的是《安加利之战》，米开朗琪罗作《卡希那之战》。前者描绘战争最紧张的时刻——双方争夺军旗的斗争；后者则表现了正在洗浴的士兵闻敌来袭的瞬间——激战前的准备。令人遗憾的是这两幅图稿均未留存下来。达·芬奇只画完了壁画的中央部分，以后就再没有继续下去。由于他所用的颜料褪色很厉害，几年后该画已无法辨认。直到17世纪佛兰德斯画家鲁本斯才临摹了此画的主要部分。今天，人们只能从临摹的达·芬奇留下的草图来了解此画的宏伟气概。

《蒙娜丽莎》是达·芬奇回故乡后所作的另一幅画，这是他的杰出代表作品，也是文艺复兴盛期最卓越的肖像画之一。蒙娜丽莎是佛罗伦萨银行家佛朗切斯柯·戴尔·佐贡多的妻子，达·芬奇为了捕捉她那充满内心喜悦的表情，为她请来乐师在旁弹奏着优美的乐曲，歌唱家为她演唱，滑稽演员在一旁做幽默风趣的表演，以便使模特儿保持愉快的情绪。达·芬奇完全摆脱了传统的宗教题材，着力刻画了一个市民妇女的典型，她温柔典雅，对生活充满了信心和喜悦，表达了新时代新人物的自信心和乐观主义的精神。《蒙娜丽莎》给人们留下最深刻印象的是她的"神秘微笑"。画中蒙娜丽莎嘴角上一丝淡淡的微笑，悄悄地在脸上掠过，像一缕清风漾起涟漪，拂动了脸上柔滑的皮肤，给观众以丰富的联想，耐人寻味。蒙娜丽莎宽阔的额头和无眉毛，是当时社会的风尚。而模特儿圆润光滑的手和优雅的手指，也从另一方面表达了艺术家的创作思想。她一只手搭在另一只手上，姿势宁静的双手大大加强了自信的性格表现，而且让人感受到她灵敏手指的微妙触感。手势和微妙的面部表情同样反映了画家对人物内心的探索。

达·芬奇的作品尚有油画《丽达和天鹅》《圣母与圣安娜》等。除艺术作品之外，他还留下了7000多页手稿。他还是大数学家、力学家和工程师，在物理学、生物学、解剖学、地理学、军事科学等领域成就卓著，是世界科学史上全面发展的学者和艺术家。

（二）米开朗琪罗

米开朗琪罗（1475—1564年）是意大利文艺复兴盛期著名的雕刻家、画家、建筑师和诗人。他出生于佛罗伦萨卡普莱斯镇一个当地行政长官之家。他早期创作的作品已显示出独特的艺术特色，即以人物形象为中心，人体魁伟强壮有如巨人。《堪陀儿之战》（又称为《拉庇泰人与马人之战》）浮雕，是他这一时期的主要作品，取材于希腊神话故事。堪陀儿是上身为人形、下身为马体的怪物。故事说的是拉庇泰人在希腊英雄德修斯的帮助下，与堪陀儿人展开战斗并击败对方的场面。作品构图复杂，布满交叉缠绕的肢体，像是某种网状组织，令人难以分辨出那些手臂和腿究竟是属于谁的。它所塑造的裸体人物充满了战斗的激情，显示出人体强健有力。从此之后，作者把自己的全部心血都倾注在刻画"裸体人物的美"上。

1492—1501年，他除了在佛罗伦萨学习、创作之外，还先后到过威尼斯、波洛尼亚、罗马。为了了解人体，掌握有关人体知识，他躲到圣斯比里托修道院里解剖尸体，终日与尸体相伴，直到腐尸恶臭难忍才走出停尸室。在波洛尼亚，他研究了奎尔查所创作的气势宏伟而庄严、具有强烈力度的裸体雕像，观摩了当时已声名大噪的画家西纽雷利创作的裸体壁画。在罗马，他见到了已被发现的著名古代雕刻《拉奥孔》和《观景殿的躯干像》。所有这些，对米开朗琪罗以后的创作不无影响。他在罗马创作的作品有《酒神》（又称《酒神巴库斯》）和《哀悼基督》。巴库斯是希腊神话中的酒神、葡萄酒的发明者。大师雕刻的裸体酒神像，不但年轻健壮而俊俏，而且将他的醉态表现得淋漓尽致。《哀悼基督》内容取自《圣经》故事，表现的是基督被从十字架上卸下后，圣母玛利亚抱起儿子尸体时的悲痛与哀悼情景。雕像由坐着的圣母和横躺在她膝上的基督的遗体构成。在构图方面，米开朗琪罗采用了当时流行的金字塔形结构，使整个雕像显得平稳、庄重。雕像着重于线条的表现。玛利亚抱着死去的基督的沉重躯体，但并未被压垮，从所有的视点都可以清楚地看到基督，他的每一条轮廓线都富有表现力。作品将伟大的母爱寓于悲哀之中。但作者并不以哭泣或昏厥过去的神态这种一般手法来刻画玛利亚,而是通过她用右手紧抱着基督,让其似乎舒服地横卧在自己的膝上,以及低头、双目紧闭下垂和半张着的左手,使她的悲痛和母爱显得更加深沉和含蓄。米开朗琪罗的这种深沉和含蓄的表现手法,在他其后创作的几组圣母子群体像中都得到了体现。

1501 年,米开朗琪罗回到佛罗伦萨并从事《大卫》雕像的制作。他表现的大卫是即将投入战斗时的情景:大卫头猛然左转,怒视前方,左手紧握肩上的投石机弦,右手有力地拿着一块石头。大卫是许多艺术家曾雕刻过的艺术形象。多纳太罗将其刻画成一个稚气未消的牧童,韦罗基奥将其塑造成一个清秀苗条、身体修长的少年。而米开朗琪罗制作的大卫,是一个英俊、朝气勃发的年轻英雄。《大卫》雕像高 5.5 米,被称为巨人像,是当时最大的不需要支撑的大理石雕塑。大卫的外貌有棱有角,体现了艺术家傲岸不羁的个性特征。大卫紧闭嘴唇,锁眉蹙额,怒目注视前方,他那骄傲的姿势、遒劲而富有弹性感的身躯,显示了人物坚决、勇敢、机智与无畏的英雄气概,倾注了作者满腔的爱国热情,充分反映了他爱祖国、爱人民的崇高思想品质。

《大卫》将艺术家的发明才能和制作才能巧妙地融合在一起,它标志着 29 岁的米开朗琪罗的创作思想和风格已经成熟,从此他被公认为意大利第一流的雕刻家。佛罗伦萨政府特地组织了一个有著名艺术家参加的委员会(其中包括达·芬奇、波提切利等),研究《大卫》雕像的安放位置。经过长时间的争论,最后尊重作者的意见,确定将其安放在佛罗伦萨共和国政府大厅前面的广场上。为此,佛罗伦萨举行了隆重的安放仪式。今天,人们在佛罗伦萨市政厅前见到的《大卫》像是仿制品,原作已移藏于佛罗伦萨美术学院。在完成《大卫》像的同时,他还创作了《圣保罗》《布鲁日圣母子》大理石圆雕,《圣家族》圆形木版画和《卡希那之战》壁画。

此后,米开朗琪罗主要受教皇和美第奇家族聘请而创作。从 1513 年至 1519 年,他为教皇朱理二世陵墓制作了《摩西》、《垂死的奴隶》和《被缚的奴隶》等大理石圆雕。1534 年,他完成了美第奇礼拜堂的雕刻工作,雕像计有《朱良诺·美第奇》《罗伦佐·美第奇》《美第奇圣母》(又称《抚婴圣母》)和 4 座男女裸雕:《昼》《夜》《晨》《昏》等。《摩西》被许多艺术家视为与《大卫》一样齐名的代表作品,艺术家对两个艺术形象都赋予理想化的健美和巨人般的力量,表现了人能够克服任何困难的坚定不移的信心。但贯串于《大卫》像的是精力充沛与行动积极,洋溢着青春活力;而摩西在努力控制住巨大的愤怒这一姿态中,显示出他的英明、智慧、刚毅、果断的英雄气质,表明了他的成熟性和王者的风范。

当米开朗琪罗第一次也是唯一一次在《哀悼基督》群像上刻下自己的名字时,无疑表明他坚信自己的作品将驰名于世。但对于绘画,艺术家则一再声明,他是雕刻家,绘画不是他的本行。然而,面对教皇的一再要求和他人的嫉妒,他

毅然地接受了挑战，愤慨而又充满信心地写道："1508年5月10日，我，雕刻家米开朗琪罗，开始作西斯廷的壁画。"从此，历时4年5个月，在没有任何人的帮助下，他绘制了面积达530余平方米的教堂拱顶画。画长40米，宽14米，距离地面高达20多米，整个画面包括9幅主体画，12个先知及许多装饰性人体，一共画了343个人物。虽然西斯廷教堂壁画的内容是反映上帝创造世界所做的6天工作，但实际上是对人类强大创造力与崇高品质的歌颂。人成了主宰，背景、无关紧要的附属物甚至衣着之类的东西都被尽量略去，一切都为了使主要人物凸显于画面上，印证了他有关"绘画只有当它愈益接近浮雕时，才能算作佳作"的看法。米开朗琪罗的雄伟、豪迈、刚劲、气势磅礴的艺术风格在这里得到充分发挥。画中的人物或是结成群体，或是孤身独影，但他们巨大的躯体、他们的千姿百态似乎使整座教堂为之震颤。

9幅主体画中，以《诱惑和被逐》《创造亚当》和《创造夏娃》为最佳。虽然这3幅画内容各异，但都体现了作者基本的创作思想：人体之外不存在美。作者通过对男女躯体健美刻画，淡化了"犯罪导致受罚"的主题思想。尤其对男性的赞美显得更为突出，主动的一方似乎都是在男方："堕落"中的亚当，大胆地伸手指向树枝，表现出对命运的挑战；斜躺在山坡上用指尖与上帝指尖接触的亚当，那看似静止不动的身躯中蕴藏着巨大的潜力和动势，而飞向亚当的上帝反而给人以飘忽之感，"动""静"之中，淡化了被创造者处于依附地位的传统观念；在曲身向上帝拜谢其创造力的夏娃的旁边，斜靠岩石的亚当，似乎对上帝的威严无动于衷，熟睡可也。凡此种种，表明作者在肯定人的自主性、赞美男女同样享有健美的躯体的同时，仍然无法摆脱以男人为中心的传统思想的影响。

西斯廷拱顶壁画完成后，轰动了整个意大利，被公认为是世界上最伟大的美术作品。拉斐尔称赞说："米开朗琪罗是用着上帝一样杰出的天才创造出这个世界的。"

1534年，花甲之年的米开朗琪罗开始绘制西斯廷教堂的祭坛画，费时6年，完成了《末日的审判》这一杰作。画的内容取自《圣经》故事，描绘了世界末日来临时，基督把万民召集在自己面前，分出善恶，判决谁该上天堂，谁该下地狱。画中人物达200多个。瓦萨里是这样记载的，当《末日的审判》揭幕时，"它使整个罗马惊讶，事实上是使整个世界大吃一惊。我就是在那时从威尼斯去罗马的，专程赶去看它，我简直吓了一跳"。

《末日的审判》大体上可分为四个部分。第一部分与拱顶壁画相连接，有两幅大小相等、构图均衡的画，分别画有无翼天使抱着基督受刑用过的圆柱和处死用过的十字架。第二部分画的是基督已降临人间，他还在对人类作最后审判。第三部分画的中间是一组吹响号角的无翼天使，左边是得救的人，右边是被判下地狱的人。第四部分画的是地狱之河和地狱。在艺术处理上，作者超越了文艺复兴早期人们对人的空间、体积，对自然比例和人造透视等的固定看法，整幅画既没有边框，也不顾任何时间和逻辑的顺序，散漫于约200平方米的整个墙面。但观赏者一眼便能清楚地看到，作品的中心是基督，他那健壮高大的身躯处于最亮的中心区。基督的两边是他的12个门徒和一些戴着殉教时受刑刑具的圣徒。门徒们具有巨人般的身躯，与其他被审判的人形成鲜明的对照，他们紧紧地挤在基督的周围，请求他做出明确的判决，更加衬托出基督的中心地位，甚至于基督旁边的玛利亚也处于从属地位。基督的左手手势向下，右手高举，以此表示了他对请求者的回答。这一手势表示了他既是人类悲喜剧的导演者，又是制止混乱局面的权威者。

《末日的审判》中的人物大多数是裸体，教会中一部分人以及一些社会名流认为这是对上帝的亵渎，教皇保罗三世要求米开朗琪罗进行修改，遭到断然拒绝。教皇只好请画家伏尔泰拉给这些裸体人物画上一条遮羞布，他因此得了"穿裤子的伏尔泰拉"的绰号。幸好伏尔泰拉没有破坏这幅被喻为"人体百科全书"的巨作，从而使后代许多画家能从这幅壁画中学习运用人体的透视画法和各种姿势。

（三）拉斐尔

拉斐尔·桑西（1483—1520年）是意大利文艺复兴盛期著名的画家和建筑师。他出生于意大利乌尔宾诺城附近的小镇翁布里亚的一个艺术世家。现保存下来的拉斐尔最早作品《骑士之梦》和《三美神》，是他约17岁时所作的。这两幅小型画的主题均取自古希腊罗马的传说。作者追求的是和谐的情调，画面具有开朗、朴素和清纯的柔美感。此后，他所创作的《圣乔治和龙》则以英勇的大力士和恶龙进行决斗的传奇故事为题材，在构图上用新的方法，追求的是强烈的戏剧性冲突。《圣母的婚礼》（1504年）是拉斐尔早期作品中的优秀之作，它取材于《金色的传说》一书。据传说，玛利亚和约瑟的婚姻是上天注定的，玛利亚要在一群按习俗手拿树枝的求婚者中找到唯一持有开花树枝的约瑟并嫁给他。画的内容是说玛利亚和约瑟遵从上帝的神谕，在教堂前的广场上举行婚礼。该画采用了均衡和谐的构图方法，以主持婚礼的祭司为中心，左边是玛利亚和她的女伴们，右边是约瑟和失望的求婚者。这一构图方法无疑受到他的老师佩鲁基诺的影响，因为后者曾画过相同的题材。但拉斐尔在这一传统画题中注入了清新的生气。蔚蓝色的苍穹下，教堂前面阳光灿烂，金色、红色与绿色这三种基本色调在服装、建筑与风景上重复出现，组成了出色的合奏，给人一种明朗、喜悦而又华丽的感觉。构图、色彩以及人物姿态的刻画等，表明拉斐尔熟谙地掌握了老师的全部绘画技巧，但他的画比老师画得更有生气，更富有节奏感，更柔和，更美丽动人。尤其是他的圣母形象，已经显示出独特的女性趣味。但是，拉斐尔并不以此为满足，而是"认识到在成为大师之前，他必须再做一次学生"。1504年，他到达向往很久的人文主义文化中心佛罗伦萨。

在佛罗伦萨，他一如既往，谦虚、认真地学习和研究名家的作品，尤其是达·芬奇和米开朗琪罗的作品。同时，他还认真地学习解剖学、数学、透视等知识。他继续不断地尝试新的绘画方法和方式，从名家的每一件作品中吸取精华，吸收了佛罗伦萨画派大气磅礴的风格，主要融会了达·芬奇和米开朗琪罗两人的艺术特点，加上自己对现实生活的观察体验，进行细致的概括综合，从而创立了自己独特的秀美、优雅、圆润和通俗的艺术风格。

在佛罗伦萨的4年间，拉斐尔创作了一系列的圣母像。其中最有名的有：《大公爵的圣母》（因一名大公爵收藏而得名）、《草地上的圣母》《花园中的圣母》（以草地、花园为背景而得名）、《带金莺的圣母》（以画中婴儿拿金莺而得名）等。拉斐尔笔下的圣母纯朴、善良、美丽、和蔼可亲，体现了一种平民式的母爱和人情味。圣母和圣子均被世俗化。拉斐尔曾在给一位友人的信中谈到他创造圣母形象的过程。他说："我为了创造一个完善的女性形象，不得不观察许多美丽的妇女，然后选出那最美的一个作为我的模特儿。"但是，"由于选择模特儿是困难的，因此我在创作时还不得不求助于我头脑中已形成了的和我正在搜寻的理想的美丽形象"。这表明艺术来源于现实，又高于现实，是现实的理想化。所以，如果说米开朗琪罗主要是通过创作大量巨大的裸男雕像和画像来赞扬人，赞扬男性的阳刚之美的话，那么，拉斐尔则主要以世俗的理想来歌颂人，歌颂女性的温柔优雅之美和母爱的伟大。拉斐尔所画的圣母被不同国籍甚至不同信仰的人们所喜爱，历来得到艺术家和研究者的称赞。时至今日，意大利和英国妇女还常常以他的圣母像作为衡量女性美的标准，谈及某位女子长得漂亮时，将其形容为"长得像拉斐尔所画的圣母那样美"。

同当时许许多多艺术家一样，拉斐尔将为教廷创作看成是艺术创作的最好机会和最大荣耀。1508年，他到达罗马。教皇为其杰出的艺术才能而震惊，立即解除了以前与赛顿等画家的契约，让拉斐尔取而代之，担任梵蒂冈宫中的壁画装饰工作。历时10年，拉斐尔创作了以总名为《教廷成立及巩固》的一系列宏伟的壁画。他首先为教皇宫的签字大厅绘制壁画。他以文化的4个领域：神学、哲学、法律和诗学为主题，画了4个女神像。与此相对应，在天花板的4个角落画了《亚当与夏娃的原罪》（对着"神学"）、《宇宙的冥想》（对着"哲学"）、《所罗门的审判》（对着"法律"）和《阿波罗与马尔希亚斯》（对着"诗学"）。在四周的壁画上也相应地画了4幅大壁画。"神学"下面是《圣餐辩论》；"诗学"下面是《帕那苏斯山》；"法律"下面是《三德像》；"哲学"下面是《雅典学院》。《雅典学院》巨幅壁画，将古希腊、罗马和当代意大利等50多位哲学家、科学家、艺术家和名流荟萃一堂，他们正进行热烈的讨论和思考。画面以一座多立克柱式的宏伟大厅为背景，大厅两侧的壁龛里安放着阿波罗和雅典娜的雕像。画中人物聚集在壮丽的拱门基座附近，两位哲学大师柏拉图和亚里士多德居于中央，前者右手指天，后者左手指地，他们边走边议论，在仪表上、步伐上洋溢着卓然不凡的气概。左边是柏拉图的老师苏格拉底,他正在同一组人交谈;右边裹着深色斗篷的是斯多葛派哲学家芝诺;半躺在台阶上的是第欧根尼。左下方是以数学家毕达哥拉斯为主的一组人,其中站着伸头向左看的是著名的阿拉伯学者阿威罗伊,赫拉克利特则坐着正沉思问题。右下方一组的主要人物是希腊著名的科学家阿基米德,他正弯腰用圆规在平板上画图;他的身旁是头戴荣誉冠冕的天文学家托勒密。拉斐尔和他的朋友索多马、建筑家布拉曼特也在这一组中。《雅典学院》被普遍认为是文艺复兴盛期的美术形态和空间和谐理想之高峰的标志。整个画面层次分明,具有深远开阔的透视效果,人物个性鲜明,个个呼之欲出。气势宏伟的拱形圆屋顶烘托出画中人物尤其是柏拉图和亚里士多德思想的精深和博大,使作品有更强烈的思想性,可以说是一首人类智慧胜利的赞歌。

拉斐尔为梵蒂冈宫第二厅"赫里奥多罗厅"(用拉斐尔壁画命名)绘制了《赫里奥多罗被逐出神殿》《波尔申纳宫的弥撒》《圣彼得被救出狱》和《教皇和阿提拉会见》。接着,又为第三厅创作了壁画《波尔奇宫的火警》(该厅因此而命名为"火警厅"),其他3幅全出自他的弟子之手。作者变更了艺术风格,给画面以强烈的动感和雄伟的气势,人物的动作和形象表现出男性的力量和壮美感。此外,他在罗马还创作了许多肖像画和圣母像,最有名的肖像画有《教皇朱理二世》《教皇利奥十世》《英杰拉密像》《卡昔利翁肖像》和《披纱的女子像》。这些作品出色地表现了人物性格、特征和风度。圣母像有《阿巴家的圣母》、《椅子中的圣母》和《西斯廷圣母》。其中《西斯廷圣母》是他所有圣母作品中最成功的一幅。画面上帷幕缓缓拉开,身披长袍、赤足的圣母,怀抱圣婴耶稣,自云端徐徐降临。她身边是低头下视、半跪着的年轻女圣徒巴尔巴拉;女圣徒对面是穿着锦袍的教皇西克斯特;下面是两个前来迎接的小天使。整幅画线条、用色圆润典雅,构图、形象完美协调。

拉斐尔在短短的37年生命历程中,创作了近300幅作品,把意大利的绘画艺术推进到新的高峰,因此被称为"画圣"。并不喜爱他的米开朗琪罗也曾这样评论道:"优美的绘画本身是无比虔诚的,这是由于灵魂是在经过努力奋斗之后才冉冉升起的。拉斐尔所需要的恰是这种努力,以便达到自我完善并与上帝结合为一体。优美的绘画就是这种顺从天意的完美无瑕的成果之一。它是上帝之笔描绘的影像,是动听的音乐,是悦耳的旋律,唯有那些具有最高智慧的人,才能进入这一美好的境界。"① 伟大的艺术家必然具有惊人的创造力,惊人的创造力源自于不囿于传统的强烈的个性,这种个性通过独特的艺术风格充分地展现在他们创作的艺术品之中。如果把达·芬奇的艺术比作是深深的海洋,把米开朗琪罗的作品比喻为险峻的高山的话,那么拉斐尔的绘画便是广阔展开的明朗的原野。这可以说是"艺术三杰"的不同艺术特点。

---

① (法)艾黎·福尔:《世界艺术史》,张泽乾、张延风译,长江文艺出版社1996年版,第492页。

（四）提香

提香·维契利奥（1482—1576年）是意大利文艺复兴盛期威尼斯画派最杰出的艺术大师，他的艺术成就使威尼斯画派达到了巅峰。他曾与乔尔乔内同窗受业，并向乔尔乔内学习绘画技术。乔尔乔内最成功的作品是《入睡的维纳斯》。沉睡的维纳斯宁静、温柔、漂亮，是一个玉洁冰清的理想化形象，人体和风景的结合达到了协调的抒情以及构图的统一、完整。乔尔乔内的作品充分体现了威尼斯画派的艺术特点：较少依赖线条来完成形体的塑造，更多的是通过熟练驾驭色彩获得效果。在色调技法方面，乔尔乔内还发明了将色度提亮或减暗的技巧，赋予人物一种自然的和谐统一的效果。提香早期的作品明显地带有乔尔乔内影响的痕迹。他在这一时期的著名作品主要有《打扮中的少妇》《花神》《天上的爱和人间的爱》（又称《美狄亚和维纳斯》）、《纳税钱》和《圣母升天》。

《天上的爱和人间的爱》根据古希腊故事创作，画中美神维纳斯正在旷野中劝说美狄亚跟那个冒险来求金羊毛的希腊英雄逃走。裸体维纳斯象征宇宙永恒、纯理性美；衣着华服的美狄亚象征人间创造美的力量，表示尘世的物质之爱短暂无常。作品展示给人们的是优美的大自然风光衬托着丰满、健美的形象，表现出自然和人间、基督的爱和异教的爱相互并存的理想和睦世界，讴歌了人的人体美和精神美，以及大自然的美。该画的构图、对人物和自然的艺术处理等方面均与乔尔乔内的作品有许多相似之处。但是，提香是一位执着追求个人风格的画家，在继承威尼斯前辈画家技艺的同时，他认真学习和研究达·芬奇、米开朗琪罗、拉斐尔及古典时代的艺术品，刻苦磨炼绘画技巧。比较起来，提香的作品更加激情奔放，生活气息浓郁、明朗和具有运动感，人物性格更为突出，形象上更具现实主义的说服力，色彩更加泼辣大胆，色调更加明快。《天上的爱和人间的爱》被视为提香对乔尔乔内艺术遗产的全面总结。

《圣母升天》是规模宏大的纪念碑式的嵌板祭坛画。该画采用螺旋形上升结构，全画分成三部分：上部为上帝和天使欢迎圣母升天；中部是圣母在天使的簇拥下升天；下部是众多的使徒目睹圣母升天的奇迹而惊喜、欢呼。画面逐层展开，从人间一直画到天上，挥洒自如而又不失古典风格。使徒们形态各异，有的跪着，有的站着，有的坐着，有的张开双臂跟在升天圣母的后面跑着，他们组成一个坚实的矩形基础，而上帝的俯视与使徒们的仰视相互呼应，视点集中在圣母身上，使三个层次分明的部分浑然一体。使徒们惊喜、欢呼的姿态和圣母的红色长袍由于上升而翻动飘转，披风因上升的气流而缠绕纠结，画面打破了静止的状态，充满了"上升"的运动感，也使圣母显得高大厚重，从而表现出特有的热情奔放和感染力。

从16世纪20年代至40年代，提香的艺术进入了一般人认为的最典型的提香艺术阶段，著名的作品有《酒神祭》《酒神与阿莉爱德妮》《入殓》《比萨罗家族的圣母》《浴后的维纳斯》（又称《乌尔宾诺的维纳斯》或《躺着的维纳斯》）。《乌尔宾诺的维纳斯》因受乌尔宾诺公爵的委托创作而得名。此画的主要构成因素为以后几百年西方女人人体艺术树立了典范。画面上，一名浴后裸女安适地躺在一贵族房间豪华富丽的卧榻上，一只哈巴狗睡在女主人的脚旁，女仆正在后房为她准备衣服，窗台上放着一盆花。一切都充满着日常生活的气息，丝毫看不到维纳斯女神的故事情节。卧榻上亚麻布的灰白色、人体的金黄色，微妙变化着的淡柔的阴影，使人体部分达到了高度的质感。这期间，提香塑造的人物形象清秀、端庄，表情开朗、欢乐，具有显著的享乐主义，绘画色彩绚丽、强烈。他将色彩所产生的令人陶醉的效果推向了顶点，特别是对金橙色的运用，达到了出神入化的地步，有"金色提香"的美誉。直至今日人们仍把金橙色称之为"提香色"。

　　提香创作晚期正是意大利社会经济走向衰落的时期，许多艺术家在他们的作品中不断流露出伤感、悲哀等情感，但已近花甲之年的提香则以乐观的态度辛勤地从事创作，深入地理解色调的相互关系和明暗的规律，进一步完善造型处理上的笔法运用与色彩安排。多幅《达娜伊》取材于希腊神话，其中以现藏于彼得格勒爱尔米塔什博物馆的一幅最为成功。达娜伊是希腊神话中的一位美丽少女，天神宙斯爱上了她，与她幽会时化作一阵金雨临降到她身上。画中的裸体少女达娜伊不但非常美丽、娇媚，而且感情热烈，情绪异常冲动，给人一种感情高潮迭起的感受。提香在该画中还通过对比的手法，做了更为深刻的描绘。达娜伊身旁坐着一个贪婪、丑陋的老女仆，她正用抖开的围裙接受从金雨中降落下来的钱币。美丽与丑陋、崇高与卑贱交织在一起，形成了鲜明的对照，产生了强烈的戏剧性效果。《马格达林》（又称《抹大拉》）是提香晚年的另一幅著名作品。根据《新约全书》所传，马格达林是一个改邪归正的妓女，她被教会认为是一个通过忏悔而得到"超升"的典型。提香巧妙地将马格达林因追悔过去而带来的恐怖、懊丧和悔恨与因"归正"而产生的对未来充满着希望和幻想的复杂心情表现得淋漓尽致。当然，作者还是着力于表现马格达林对未来希望的坚定信念上。马格达林青春美丽和健康丰腴的躯体、充满希望和明智的眼光，使观赏者看到她重新燃起了生命的火焰，体现出她与黑暗势力进行顽强斗争的不屈不挠的精神。

　　提香创作的肖像画，在美术史上同样占有特殊地位。《拿手套的青年》是他早期肖像画的代表作。第二个阶段最著名的作品有《带鹰的男子》和《托马索·摩斯提肖像》等。晚期的著名作品有《教皇保罗三世》《查理五世骑马像》等。在这些肖像中，提香不仅把人物的外貌刻画得惟妙惟肖，而且揭示出人物的性格特性和精神状态。他那善于捕捉人的外貌和神韵的能力，使笔下的人物肖像画产生了一种魔力。

第六章 文艺复兴时期的文化

（五）丢勒

阿尔布雷希特·丢勒（1471—1528年）是德国文艺复兴时期最有成就的艺术家，与意大利的达·芬奇一样，丢勒是一位多才多艺的人物。他到过尼德兰各地，两次游学意大利，到过威尼斯、帕多瓦和佛罗伦萨等城市。在意大利，他倾心于透视学、人体解剖学、比例学和色彩的研究，临摹了意大利名家的作品，学习和研究达·芬奇的艺术理论，既受到意大利文艺复兴思潮的激励，又学到了许多新的绘画技艺。丢勒在博采众长的基础上，形成了自己的艺术风格，其作品具有北欧人的细腻、精致和个性特点，也兼有意大利艺术的优美、理想化和科学性。

丢勒早期最著名的作品是15幅木刻组画《圣约翰的启示录》，其中最有代表性的是《四骑士》。它描绘的是4位骑士在天使的指挥下破空下凡。拉弓射箭的骑士象征疾病，举剑挥砍的骑士象征战争，手执天平的骑士象征饥饿，持三叉戟的骑士象征死亡。他们胯下的战马，正在无情地践踏着倒下的各阶层人群。作者利用隐晦曲折的含义，影射当时德国的社会现实。因此，这一作品具有鲜明的形象性、强烈的倾向性和幻想的感染力。

1507年到1520年是丢勒艺术上的成熟期，创作的油画主要有《亚当和夏娃》和《威巴斯妇女肖像》。在亚当和夏娃的形象中，整个线条处理已更趋单纯化，那种柔和的明暗变化和色彩的细腻转折，显得极为优雅调和。但是，丢勒在这一时期创作的最有名的作品是三大铜版画：《骑士、死神和魔鬼》《书斋中的圣哲罗姆》和《忧郁》（又译《悲哀》）。《骑士、死神和魔鬼》塑造了一位全身披甲、手持长矛的骑士，他不怕背后面目狰狞的魔鬼的追逐，不畏前面手持沙漏的死神的威胁，更不去看那地面上的头颅，奋勇向前，表现出一种战胜黑暗的信心。整个画面充满气势磅礴的运动感，凸显了"血气方刚、奋勇直前"的主题。在《书斋中的圣哲罗姆》这幅画中，作者并没有把基督教会大名鼎鼎的"教父"哲罗姆置于与世隔绝的修道室里，而是在市民住宅的一个房间里潜心于科学研究，成功地塑造了一位知识分子的形象，表达了人文主义者的理想。《忧郁》含有深刻哲理，主题思想曲折复杂。丢勒在这里刻画了一位体魄强健、背长双翼的大天使，她一手托头，一手拿着象征科学的圆规正在沉思。在她周围散置着天平、沙漏器、锯、圆珠、刨子、锤子和钉子等物。作者也许通过隐喻的手法，以此来赞扬人文主义者所从事的学术活动，或是对新时代的哲学沉思。在这三大铜版画中，丢勒利用新颖的构图，采用平行线、交叉线及点线的结合来表现物体的不同质感和形体，表明了他的版画艺术已达到炉火纯青的地步。

进入创作晚期的丢勒，仍然不断地探索，追求更高的艺术境界，创作了一系列伟大的杰作，其中以油画《圣哲罗姆像》《四使徒》、素描肖像《母亲》最为著名。《四使徒》由两联长画构成，每联均画两个与真人一样大的人像，从左至右的排列为约翰、彼得、保罗和马可。该画构图独辟蹊径，把人物安排在窄长的画面之中，使四使徒的形象宛如顶天立地的巨人。作者对人物面部的个性特征进行了深入的刻画，约翰的沉着稳重、彼得的平静温和、保罗的刚毅坚韧和马可的粗犷憨直跃然画面，而且四使徒形象深沉有力，蕴藏着一种强大的内在力量。"向人间的统治者提出警告！"丢勒在作品中的题词以及将此画献给纽伦堡市政会的做法，似乎进一步表明了他创作该画的深层思想：艺术地表现了德国资产阶级兴起时充满信心和坚强的意志。

六、文艺复兴时期的政治学和哲学

（一）政治学

人文主义者在政治学和哲学领域取得的光辉成就，同样构成了文艺复兴文化不可缺少的内容。意大利的马基雅维里、康帕内拉和英国的托马斯·莫尔等的政治思想大大地丰富了人类政治思想文化宝库。

1. 马基雅维里

尼可罗·马基雅维里（1469—1527年）是意大利文艺复兴时期的政治理论家、史学家，近代政治科学的先驱人物，曾在佛罗伦萨共和政府中任职多年，官至共和国第二国务秘书，负责外交和军事事务。后因美第奇家族重新执政而解职还乡，集主要精力从事著书立说。著名的著作主要有《君主论》（又称《霸主》）、《论李维的前十卷书》（又称《罗马史论》）、《战争艺术》《佛罗伦萨史》等。《君主论》和《论李维的前十卷书》均论述了国家兴衰的原因和政治家维持统治的手段这一主题，是作者政治思想的集中表现。前者主要是对意大利几百年来的社会政治以及他自己从政经验的总结；后者主要是评论古罗马历史，借古鉴今。他所关心的问题是治国之道、兴邦之术、强国之策和衰国之虞，尤其着重政治权术。尽管后者更全面地反映了他的政治思想，但一般认为前者是他的代表作。

马基雅维里的政治思想有两个突出特点。第一是他的政治理论摆脱了基督教的神权政治理论樊篱。他以人文主义思想为基础，从人和人的经验出发，总结了意大利长期分裂的原因，提出了建立强有力的中央集权国家，实现意大利统一的方案。他否定了中世纪世俗政权依从于教会政权的主张，批判了"君权神授"的观念，反对教皇和教会干预世俗政治；认为"教皇的统治是意大利分裂衰败的总根源"，不是国家服从宗教和教会，相反地，应是教会和宗教成为国家政权手中的工具。教会应该帮助巩固国家政权，提高它的威信，劝导人民绝对服从政权。宗教乃是社会中的必要设施，它的职能是对公民进行道德教育。第二是政治理论与道德相分离。马基雅维里在《君主论》中提出了"目的总是证明手段正

确"的原则。按其观念，国家的根本问题就是统治权，政治就是权力，政治的最高目的是国家的庄严、强大和安全，国家的利益应该成为社会生活的主要法则；他认为君主的目的就是夺取和保持权力，"为了达到目的，可以不择手段"。君主要同时具备狮子的凶猛和狐狸的狡猾，既要使人害怕，又要善变多谋。后来，有人便把他的这些主张简单地概括为"马基雅维里主义"，将其当成是政治上的尔虞我诈、背信弃义的同义词。其实，马基雅维里的政治理论和"马基雅维里主义"并非一回事。马基雅维里的主张是基于对意大利历史的考察和对现实生活中政治与道德关系的认识，从"人性恶"的理论出发，针对"时势复杂"和自己祖国四分五裂的状况，并力图寻找出解决国家统一办法而提出来的。在将道德摒弃于政治之外以后，他得出了国家的生存、国家的统一，取决于法律、军队和政体。在他看来，完善的法律是产生公民全部爱国美德的源泉；共和国是最理想的政体，古罗马的共和政体就是以优异的法律为基础的。但是，法律的力量是有限的，还需要有强大的动力来维持。没有良好的军队，就不会有良好的法律；没有强大的武力，国家就会覆灭。由此可见，马基雅维里把"国家利益"作为政治伦理的唯一行为准则，以政治功利来判断道德价值。其"政治无道德"的结论具有很强的针对性和一定的范畴性。"马基雅维里主义"是自马基雅维里死后，有人阐发他的学说，许多政治人物以不同的动机为我所需，在实践中采用了他的政治权术，将他的一些主张泛化。但是，马基雅维里在使"政治的理论观念摆脱道德"摆脱了神学的同时，也贬低和取消了人的行为的道德评价。尽管他也承认，新君主表现出那些通常被人们认为是善的品质，是值得称赞的。他认为，一个聪明的君主为了保持自己的地位，"必须非善良地去获取权力"，只要有利于政治，不必理会道德的评价。

  2. 莫尔

托马斯·莫尔（1478—1535年）是英国著名的政治活动家和思想家、空想社会主义者；他出生于伦敦一个富裕的市民家庭。在大学期间，他成为一名人文主义者；毕业后，莫尔成为一名优秀的律师。由于他博学多才，受到国王赏识，先后担任过副财政大臣、下议院议长、大法官等职，获爵士称号。1515年到1516年间，莫尔写下了不朽之作《乌托邦》，它的全名是《关于最完美的国家制度和乌托邦新岛的既有益又有趣的金书》。"乌托邦"一词来自希腊文，意即"乌有之乡"。该书主要批判当时英国和欧洲其他国家的君主专制制度和刚刚产生的资本主义制度，描述了美好的乌托邦社会。在莫尔所处的时代，英国资产阶级化的新贵族、资本家和封建贵族等使用暴力圈占农民的土地，变耕地为牧场，主要放养绵羊，出现"佃农从土地上被撵走，他们找不到安身之处"的惨状。莫尔根据自己的细致观察，将"圈地运动"比作"羊吃人"运动，揭露了在"羊吃人"的社会状态下，社会贫富对立、两极分化日益加剧的严酷事实，对下层劳动者寄予极大的同情。莫尔比其他人文主义者更高明的地方在于，他并不简单地把当时的社会弊病与罪恶归因于人的愚蠢、缺乏道德心或对宗教的不虔诚，而是把它们归因于财产私有制。他在该书中说："我深信，只有完全废止私有制度，财富才可以得到平均公正的分配，人类才能有福利。如果私有制仍然保留下来，那么，大多数人类，并已是最优秀的人类，会永远被压在痛苦难逃的悲愤重负下。"在莫尔的理想社会里，废除了私有制，没有剥削，没有贫富对立，人人参加劳动，产品归全社会所有，各取所需，共同享受。公民在政治上一律平等，国家管理人员均由选举产生，可时常变换，无任何特权。但由于时代和阶级的局限，莫尔认为这个理想社会以农业和手工业生产为基础，存在宗教和奴隶制。莫尔第一个明确地表述了空想社会主义的许多原理，他的政治思想对以后的空想社会主义者有着深刻的影响。

3．康帕内拉

托马斯·康帕内拉（1568—1639年）是早期空想社会主义者的另一代表人物、杰出的思想家。他出生于意大利卡拉布里亚省提罗城附近农村的一个贫苦农家。不满15岁时，他进入多米尼克修道院当修士，如饥似渴地博览群书，包括古希腊哲学、神学、中世纪的经院哲学和当代的许多名著，同时还研究了医学和自然科学，成为一名学识渊博的学者。其后，他在布道和辩论中不断宣扬自己的主张，著书立说阐述自己的观点，即使遭受反动势力的陷害，身陷囹圄也仍然坚持真理、坚持斗争。在他秘密组织和策划反对西班牙人统治的武装起义失败，被捕入狱并受尽严刑拷打之后，面对死亡的威胁，于1602年在牢中写成了传世巨作《太阳城》。该书内容无疑受到柏拉图的《理想国》和莫尔的《乌托邦》的深刻影响，是作者一生思索改造社会、寻找拯救人类出路、幻想建立幸福社会的总结。在他虚构的新型的理想社会里，没有私有财产，没有剥削，人人劳动，生产和消费由社会统一组织安排，产品按需要分配给公民，儿童由国家抚养教育，教育与生产相联系，脑力劳动与体力劳动相结合，实行共妻制，等等。太阳城内没有乌托邦那样的奴隶和仆役。这点比莫尔的思想更具进步性。但是，莫尔的乌托邦是一夫一妻制，太阳城内则实行公妻制，公妻制的主张显然是非常荒谬的。康帕内拉对剥削制度的揭露和批判，对未来社会的天才臆测，其政治思想对空想社会主义思想的发展仍然具有巨大的推动作用。

（二）哲学

文艺复兴时期突出的不是系统的哲学，而是对哲学进行批判性的修正与创造性的思考，对未知领域的尝试性探索。15—16世纪，在哲学领域，具有代表性的是，摆脱了亚里士多德框框的自然哲学理论和英国的唯物主义。自然哲学是与科学进步同时发展起来的，它的代表人物主要有库萨的尼古拉、特莱肖和布鲁诺等，他们是新体系的创立者，是近代哲学思想的先驱。

1. 尼古拉

库萨的尼古拉（1401—1464年）是发挥了新柏拉图主义和泛神论传统的第一位自然哲学家。他出生于德国莫赛尔河口的库萨村的一个富裕农民家庭。尼古拉成为神职人员后，平步青云，成了罗马天主教会的高级官吏、红衣主教。他的主要著作是《有学问的无知》。作者在该书中通过泛神论表达了具有唯物主义性质的自然哲学思想。他认为，万物的本质是上帝，万物是从上帝自身流溢出来的，而上帝又展现为万物，上帝也在万物之中。这实际上把至高无上的上帝降到与世俗万物相同的地位，体现了对正统神学的叛逆精神。因此，尼古拉在发表《有学问的无知》后，被谴责为崇仰"泛神论异端"。在对地球与宇宙的认识上，尼古拉否定了中世纪有关世界有限的观念。他断言：地球并不是宇宙的中心，宇宙只能是这样的一个球体，它没有圆周和圆心，宇宙无限、没有边界。可见，他早在哥白尼之前就否定了地球中心论。他还认为宇宙间的万事万物有着普遍的联系；自然是一个活的、具有灵性的、统一的机体，这个机体的最重要表现之一是人这个活物。人是个无限的东西，是宇宙压缩了的形象，是个"小宇宙、小世界"。这一看法与著名的人文主义者皮科的看法非常相似。

尼古拉的自然哲学还具有一定的辩证思想，是近代第一个提出著名的"对立面一致"的观点的学者。他认为，"一切事物皆由对立面构成，只是程度各异"，并举数学例子加以说明，如圆与直线是对立的，但是随着半径的增大，圆也就愈来愈跟它的切线相一致。①尼古拉在研究人的认识能力方面，还提出认识过程四个阶段的思想，即感性、知性、理性和直觉，认为它们像人的机体的各个部分一样，分工协作，各司其职。尽管尼古拉的认识论中带有浓厚的神秘主义因素，并把直觉看成是最高和最后的认识，说明他的思想还没有完全摆脱经院哲学的影响。但是他把认识过程分成阶段，特别是把知性和理性区别开来，这在认识论上是有启发意义的。

2. 特莱肖

特莱肖（1508—1588年）是具有唯物主义倾向的自然哲学家。他出生于意大利科森察一个贵族家庭，在帕多瓦大学学习哲学和数学，获得博士学位。帕多瓦当时是反对经院哲学和亚里士多德主义的堡垒，也是新兴起的自然科学中心之一。完成学业后，特莱肖醉心于自然科学事业，倡导用观察和实验的方法研究自然事物。定居那不勒斯后，他办起了欧洲第一个科学协会，称为"特莱肖学园"，其任务是对自然进行经验的研究。他的代表作是《物性论》（又称《按照事物本身的原则论事物的本性》）。该书力求只从世界本身来说明世界，而不诉诸任何超自然的力量。在自然观上，特莱肖肯定世界是物质的，他认为，万事万

---

① （苏）B. B. 索柯洛夫：《文艺复兴时期哲学概论》，汤侠生译，北京大学出版社1983年版，第67页。

物的本原是"热""冷",二者是能动的,"冷""热"的合一,产生万事万物。"热"与"冷"两个本原不是单独存在于物质之外,而是与物质有着不可分割的联系。他还批驳了亚里士多德关于形式支配物质的学说,认为事物的形式或类型并没有独立的存在,而是在物质运动过程中产生的。物质不但是运动的,而且由物质构成的万事万物是普遍联系的。他认为宇宙万物都按照自然的必然性而活动,万物的本性是自我保存,在自我保存中又构成了与其他事物的联系,由此形成了宇宙万物普遍联系的整体。通过对时空这一自然现象的观察和研究,特莱肖认为物体存在于空间中,宇宙空间处处被物体充满。他肯定事物总是存在于空间之中,否定没有物质存在的虚空的空间,这是正确的。他还认为时间是一种客观实在,时间不是人用以计算运动变化的主观尺度,而是独立于运动,先于运动,从而否定了亚里士多德关于时间依赖于运动、时间是有限的、时间只有相对人时才是有意义的看法,朝着牛顿的绝对时间迈进了一大步。[1]

与其他自然哲学家一样,特莱肖不但重视对自然的研究,而且重视对人的研究。他把人的灵魂分为两种:一种是来自物质的,作为自然的产物的灵魂,它是人和动物、植物共同具有的,由精细的物质所构成,与人的肉体相联系,随着肉体的死亡而死亡;另一种是高级的灵魂,它是上帝创造的,与物质无关,是人所特有的,是不朽的。诚然,特莱肖把人的灵魂分为两种是对神学的灵魂不朽说的让步,但是,他的主要目的不在于为神学辩护,而是企图说明人的精神活动不同于其他动物的生命活动,在于说明人的高级精神活动的特殊性质。所以,在认识论上,他特别强调感觉在认识过程中的作用,认为一切认识,包括抽象的逻辑和数学等,都是从感觉经验得来的,感觉经验是一切认识的基础。理性认识是从感官知觉获得的。但是,他却忽视甚至贬低理性的作用,认为理性思维只不过是对感觉印象进行比较和概括,"理性远不如感觉完善"。

3. 布鲁诺

乔尔丹诺·布鲁诺(1548—1600年)是文艺复兴时期最卓越的自然哲学家,伟大的思想家、文学家和科学家。他出生于意大利那不勒斯附近诺拉城的一个破落小贵族家庭,10岁时,进入私立人文主义学校读书,青年时被送到多米尼克修道院当修道士;在修道院学校学习了大约10年,获博士学位,因反对经院哲学,阅读了不少禁书,被教会指控为"异端",革除教籍。为了逃避宗教裁判所的审判,他从1576年起流亡他乡,除意大利各城市外,还到过瑞士、法国、英国和德国。1600年被宗教裁判所在罗马的鲜花广场处以火刑。直到1889年,罗马宗教法庭才不得不为布鲁诺平反。他的主要著作有《论原因、本原和太一》《论无限、宇宙和诸世界》《论英雄热情》《论三种极小和限度》《论单子、数和

---

[1] 克利斯特勒:《意大利文艺复兴时期八个哲学家》,姚鹏等译,上海译文出版社1987年版,第125页。

形状》等。

布鲁诺在哲学上的突出贡献,是他在继承和发展古代朴素唯物主义和自发辩证法的优良传统基础上,吸取了文艺复兴时期先进哲学和自然科学成果,继尼古拉之后,再次用泛神论的形式阐述他的唯物主义思想,论证了辩证法思想,开近代唯物主义和辩证法之先河。与其他自然哲学家相比较,布鲁诺的物质观更为具体。他认为物质实体(或称唯一的物质本原)既是世界万物的本原,又是世界万事的原因。物质是永恒的和始终不变的,物体则是物质的变形,本身是易变的、流逝的。强调物质与形式不可分割,物质不能没有形式而存在,形式也不能没有物质而存在,形式的基础在物质之中。布鲁诺把物质叫作事物的生长者和母亲。宇宙也是由物质构成的,它是物质世界的整体,宇宙间一切生灭变化的事物,都是同一个物质本原的"流逝的、运动的、变易之外观"。这就否定了亚里士多德关于物质是纯粹的"潜在性"或可能性的思想,肯定物质的客观存在。而且,既然物质是自然界一切过程和形式的唯一源泉,是真正的统一本原和原因,那么,上帝便完全融化在自然中了。布鲁诺从宇宙的物质性出发,进而论证了宇宙的无限性和统一性。他认为宇宙是不可计量的和无边际的,是无限和无尽的。他在一次审讯中说道:"有两种无限,这就是宇宙的无限大和世界的无限多。"① 宇宙和无数的世界都是统一的。我们在前面提到,尼古拉已经谈到了宇宙的无限大,但是他的学说还是一种半神学的性质,也讲得相当含糊。而布鲁诺则把它作为彻底的自然主义的学说,发展了前者的思想。同时,他还摒弃了哥白尼关于太阳是宇宙的绝对中心的观点,断言:宇宙根本没有中心,"任何部分都没有圆周"。太阳并不是绝对的宇宙中心,而只是相对的宇宙中心,只是我们这个行星系的中心,是宇宙一个极小的部分。在宇宙中、在宇宙的每一部分中,到处都存在着不停顿的运动。地球和其他行星围绕着太阳转,而太阳本身并不是不动的。这说明,布鲁诺补充和推进了哥白尼的天文学理论,提出了一幅比较完整的关于宇宙结构的图像。他的许多大胆猜想,后来都被科学所证实。

布鲁诺的自然观还包含了丰富的辩证思想。他把整个宇宙看成是一个万物相互流动、相互转化的过程,认为宇宙中的一切事物都是不断运动变化的,"不论是处在天上的或天下的,一切皆旋转、运动,静止是没有的"。他根据宇宙无限性和统一性的原理,进一步论证和发挥了尼古拉的"对立面一致"的观点,提出"对立面吻合于一"的命题。他说:"没有任何存在的东西是纯粹不杂的""一切事物都是由对立面组成。"而要"探究自然的全部秘密,我们就必须研究事物的对立和矛盾的极端,即'至大'和'至小'"②。"至大"和"至小"是对

---

① 北京大学哲学系外国哲学史教研室编译:《西方哲学原著选读》上卷,商务印书馆1985年版,第331页。

② 黑格尔:《哲学史讲演录》第3卷,贺麟、王太庆译,商务印书馆1983年版,第356页。

立面的一致，对立面的统一是宇宙的普遍现象。他用大量的事例来证明自己提出的命题。他说，直线和曲线是对立的，但最小的弧和最小的弦是一致的；产生和消灭是统一的，此物的消灭就是彼物的产生；爱和恨是相辅相成的，对反面的恨就是对正面的爱；等等。①

在认识论上，布鲁诺抛弃了"双重真理"的学说，否认有"信仰真理"，只承认"自然真理"。他把人看成是自然的不可分离的一部分，是反映大宇宙的小宇宙；主张自然界是唯一的认识对象，认识就是人类理性去把握唯一的自然真理。他与尼古拉的观点基本一致，把人的认识过程区分为四个阶段，即感觉、理性、理智和智慧。他认为，感觉提供事物的感性形象；理性是抽象概括和推理的能力，提供概念和推理的知识；理智是一种通过主动的思考反映事物的能力，它的目的是探讨事物的实体、本质、原型和真理；智慧是人类最高的认识能力，是对原初的普遍实体的直观。他一方面肯定了感觉的作用，但同时又警告说，在理智面前，感觉不能进行判断或做出最后决定。真理只有一小部分来自感觉这个薄弱本原，但真理并不包含在感觉中。智慧才是一切知识的最高的统一和完成。这是对特莱肖等哲学家片面夸大感觉作用的观点的重大修正，但带有轻视感觉的缺陷。

4．培根

弗兰西斯·培根（1561—1626 年）是英国唯物主义哲学家和科学家，被尊为哲学和科学史上的划时代人物。他 12 岁时便进入剑桥大学学习。毕业后，他曾担任过英国驻法使馆随员，回国后通过考试取得律师资格，并且当上了国会议员，其后转向学术研究。17 世纪初，他官运亨通，担任过枢密院顾问、掌玺大臣、大法官。他的著作主要有《论说文集》《学术的进步》《新工具》《新大西岛》等，其中《新工具》为他的代表作。培根强调自然，主张人要直接面对自然，要以自然科学为基础。他在《新工具》第一卷中便开宗明义地谈道：人，是自然的仆役和解释者。② 他尖锐地揭露和抨击经院哲学极端蔑视自然，扼杀自然科学的真理，竭力把一切自然科学知识纳入神学的轨道，为论证宗教神学服务；认为自然界真正存在的就是按照一定规律运动的个别物体，哲学的任务不仅在于认识自然、认识自然界个别物体的运动规律，而且在于支配自然，所以他把实用的或行动的哲学与思辨哲学加以区分。思辨哲学的任务是发现自然规律，行动（实用）哲学的任务则是将这些规律用于实践。在认识自然界的方式和方法问题上，他非常重视感觉经验和归纳逻辑在认识过程中的作用，认为旧式的三段论法力求预见事实，但常常陷于错误，经验归纳法则是解释、说明事实。只要把

---

① 北京大学哲学系外国哲学史教研室编译：《西方哲学原著选读》上卷，商务印书馆 1985 年版，第 334－335 页。

② 北京大学哲学系外国哲学史教研室编译：《西方哲学原著选读》上卷，商务印书馆 1985 年版，第 345 页。

观察资料加以系统整理，事物的真相便会显露出来，才能发现真理，这就开创了英国经验主义哲学的先河。

培根多次强调：知识的目的并不在知识本身，而在于人对自然的统治。针对中世纪的蒙昧主义，他提出了"知识就是力量"的至理名言。为了强调知识的重要性，为哲学和科学争取一个存在和发展的空间，培根提出了"二重真理说"，即关于科学与宗教互不干扰的学说。他认为，知识可分为神学和哲学两类。哲学、理性在于认识自然；信仰在于显示上帝。神学和哲学可以互不相干，同时并存。他从唯物主义反映论出发，强调真正的科学知识不是头脑里固有的，也不是从某个权威的结论中演绎出来的，而是对自然界的正确反映。只有感性认识和理性认识相结合，才能得到真正的知识。知识的作用在于它的实用价值。一个文明的社会不可能没有知识，就连上帝传播信仰也需要知识。但是，古希腊的科学和哲学只适合于古人的狭隘视野，"新的世界的许多部分已被发现……我们的经验的宝藏已经增加到无限的数量"。所以，他提出了"科学的伟大复兴"，要求对古代和当代的知识范围加以分析、改造。这充分表明，培根已明确地认识到科学发展对社会历史的巨大推动作用，是非常前瞻性的见解。

培根认为，对于自古以来关于知识可靠性的问题，必须诉诸经验。可是，假象经常扰乱人心，引人产生错误的思想和观念，歪曲自然的真正面貌，从而妨碍理智的认识活动。对此，他提出了著名的"四假象说"：一是"种族假象"，即由于人的天性而引起的认识错误；二是"洞穴假象"，即由于心理、习惯和教育等原因而产生的认识上的局限性；三是"市场假象"，即由于交往时错用语言，以讹传讹而导致的概念混乱；四是"剧场假象"，即由于盲目迷信权威和传统而造成的错误认识。培根对四种假象的批判，目的在于清除人们认识自然的障碍，运用以经验主义为基础的归纳法，获得可靠的知识。

5. 笛卡尔

笛卡尔（1596—1650年）是法国著名的哲学家和数学家，近代理性主义的创始人。他和培根一样，是欧洲哲学史上的一位划时代人物。大学毕业后，他到欧洲各国游历，去读"世界这本大书"。从1629年起，他侨居荷兰达20年之久。笛卡尔的主要著作有《方法谈》《形而上学的沉思》和《哲学原理》等。

与培根一样，笛卡尔主张批判经院哲学，也企图建立一个新知识体系。但培根走的是经验论的道路，笛卡尔则建立唯理论体系。笛卡尔在《哲学原理》中，曾把自己的哲学体系比作一棵大树，树根是"形而上学"（即研究上帝、心灵、物质等超自然的抽象思辨哲学）；树干是"物理学"（即机械唯物主义的自然观）；树枝是各门具体科学。而他唯心的唯理论和理性演绎法则是贯穿于他的整个体系中的认识工具。

笛卡尔力图创造一种可用于建立科学知识和建立系统化的新方法。在思维方法上，笛卡尔提出理性主义反对经院哲学的信仰主义，提倡以具体的科学研究反对经院哲学和形式主义。为了对经院哲学进行批判和清算，他主张人们在认识之前，要用"理性"对过去接受的一切思想、观念进行审查。他写道："那种正确地作判断和辨别真假的能力，实际上也就是我们称之为良知或理性的那种东西，是人人天然地均等的。"① 他所谓的"理性"，是指人生而具有的判断和辨别是非真伪的能力。人要发挥"理性"的权威，清除谬误，就必须对以往接受的一切进行一次普遍的怀疑，然后才可能在"理性"的基础上重建科学知识的大厦。笛卡尔强调指出，他的普遍怀疑原则，不同于怀疑派和不可知论者，"我的怀疑并不是由于漫不经心或轻率，而是有很强的、考虑成熟的理由的"。在他看来，怀疑本身并不是目的，而是用以破除错误的传统偏见的手段。

笛卡尔从普遍怀疑原则出发，肯定了"自我"的存在。他认为，当"我"对一切普遍怀疑时，"我在怀疑"这件事本身是无可怀疑的；而怀疑活动是思想活动，所以说我在怀疑，也就是说我在思想。既然我在思想，必然有思想的承担者——"自我"的存在。于是，他得出了"我思故我在"这个著名的结论（或哲学命题），并以此当作他"所研究的哲学的第一条原理"或整个体系的基石。但是，在他看来，自我乃是一个纯粹的精神实体（心灵）。从"第一原理"出发，他首先推论上帝的存在。他认为上帝是无限完满的，所以上帝必定是存在的。接着，他推论出物质世界的存在。他认为，我们既然清楚明白地认识一个物质世界，那么这个物质世界就是必然存在的。这样，笛卡尔最终确立了三个实体的存在，即自我（心灵）、上帝和物质，并把这三种实体的确立看作他的哲学体系中"形而上学"部分的主要任务和内容。那么，这三个实体是什么关系呢？笛卡尔认为，上帝是绝对的实体，是最高理性，它创造了心灵和物质。心灵和物质是两个相对实体，各自独立，彼此平行，互不影响，性质完全不同。这就是欧洲哲学史上第一次提出的典型的二元论。从二元论的世界观出发，笛卡尔把物质与意识、存在与思维分割开来，既不承认感觉经验的真实性、可靠性，又否认理性认识依赖于感性认识。他认为，可靠的理性认识只能靠理性直观和演绎推理。由此看来，笛卡尔在看到理性认识比感性认识更深刻、更能反映事物的本质以及思维的能动性的同时，却贬低和否认感性认识在认识中的作用，否认感性认识的真实性、可靠性。

"物理学"是笛卡尔哲学中最有积极意义的内容。他反对关于"多重世界"的神秘主义说教，在"物理学"中指出，自然界是统一的物质世界。物质不论是在宏观方面还是在微观方面都是无限的；物质的根本特征是广延性；形状只是在广延物中才能被想象，运动只有在广延空间中才能被设想。他曾提出："给我物质和运动，我将为你们构造出世界来。"从物质实体的根本属性是广延这一基

---

① 北京大学哲学系外国哲学史教研室编译：《西方哲学原著选读》上卷，商务印书馆1985年版，第362页。

本观点出发，笛卡尔提出了一些重要的唯物主义原理：①物质、广延、空间统一的思想；②物质无限的思想。此外，他还认为物质运动是绝对的，但他的运动观是机械论的，他只承认一种运动形式，即机械运动形式。

七、文艺复兴时期的自然科学

（一）天文学

1. 哥白尼

尼古拉·哥白尼（1473—1543年）是波兰伟大的天文学家，近代天文学的奠基人。他10岁丧父，靠舅父抚养成人，18岁进入克拉科夫大学读书，掌握了大量的数学和天文学知识，对托勒密的"地心说"产生了怀疑。其后，他又到意大利的波伦亚、帕多瓦大学学习，在罗马任天文学教授，1506年返回祖国。在担任神职期间，他把主要精力放在天文学研究上，经过30多年对天文的观察以及对观察材料的数学加工，并在总结前人研究成果的基础上，写成了《天体运行论》。该书共分6卷：第一卷为宇宙论，主要论述了太阳中心说的基本思想；第二卷运用三角学论证天体运行的基本规律；第三卷为恒星表；第四卷叙述了地球绕轴运行和周年运行；第五卷阐述了月球的有关问题；第六卷是关于行星运行的理论。

哥白尼的太阳中心说（亦称"日心说"）的基本思想是：①地球绝不是不动地处在宇宙的中心；②地球围绕处于宇宙中心的太阳运行。他明确指出，地球不是宇宙的中心，它是一颗一面自转一面公转的普通行星，太阳则位于宇宙的中心。在此之前，"地心说"已在欧洲统治了1000多年。该理论认为，地球是宇宙中心，日、月、星辰均环绕地球运转。教会支持"地心说"，提出地球为上帝所造，"地球是宇宙的中心，教皇是地球的中心"；教皇是上帝在地上的代表者，是地球的主宰。太阳中心论的提出，是自然科学研究上的一大进步。但在当时的情况下，其主要意义在于否定了教会的权威，使天文学从宗教神学的束缚下解放出来。所以，太阳中心说在近代自然科学发展史上具有划时代的意义，无论对人的思想解放还是对哲学思想的发展，都产生了重大影响。著名诗人歌德充分肯定了哥白尼的理论，他说："哥白尼地动说撼动人类意识之深，自古无一种创见，无一种发明，可与之比。""自古以来没有这样天翻地覆地把人类的意识倒转过来。因为若地球不是宇宙的中心，那么无数古人相信的事物将成为一场空了。谁还相信伊甸的乐园、赞美诗的颂歌、宗教的故事呢？"

由于哥白尼的学说触犯了教会的主张，他的书被定为禁书，被烧毁和查抄。但是，随着太阳中心说的传播，信仰者日益增多，一些追求真理的学者不断宣传和发展哥白尼的学说，其中主要有布鲁诺、开普勒和伽利略。

2. 布鲁诺

布鲁诺（1548—1600年）在其著作《论无限性、宇宙和诸世界》《诺亚方舟》中，提出了宇宙无限和统一的新观点。他大胆指出，"宇宙是无限大的，其中的各个世界，是无数的"；太阳也不是宇宙的中心。宇宙有统一的法则，但是没有中心，因为一个无限的宇宙是不可能有中心的。这样，布鲁诺不但继承和捍卫了哥白尼的学说，而且比前者还前进了一步。但是，他的主张受到了教会和封建贵族的强烈反对，宗教裁判所把他拘禁起来，他于1600年被烧死。

3. 开普勒

开普勒（1571—1630年）是德国杰出的天文学家和数学家，出生于一个贫困家庭，16岁进入新教办的图比根大学读书，信奉哥白尼的学说。毕业后，教授天文学和数学等。1596年，他发表了《宇宙的神秘》一书，明确主张哥白尼体系，并将这本书寄给当时丹麦著名的天文学家第谷。几年后，他接受第谷的邀请，当他的助手，一起研究天文学。第谷去世后，开普勒充分利用第谷留下的天文观测资料和仪器设备，继续研究，创立了行星运动三定律，即"开普勒定律"。其内容是：①每一个行星沿一个椭圆轨道环绕太阳，而太阳则处在椭圆的一个焦点上（也称行星运动第一定律或叫轨道定律）；②在相等的时间内，行星和太阳的连线所扫过的面积相等（又称面积定律）；③行星绕太阳一圈的时间的平方和行星到太阳的平均距离的立方成正比（又称调和定律）。这就否定了以往学者（包括哥白尼在内）有关一切天体运动都是圆周运动的成见，并且使哥白尼的学说得到数学的验证。他的三大定律奠定了经典天文学的基础，为牛顿后来发现万有引力定律铺平了道路。1618—1621年，开普勒在意大利波伦亚大学受聘任教期间，发表了《哥白尼天文学简论》，阐发了哥白尼的理论，论述了日食、月食的成果和预测方法等天文学理论，从而进一步捍卫和发展了哥白尼的学说。

4. 伽利略

伽利略奥·伽利略（1564—1642年）是意大利天文学家、数学家、物理学家，是欧洲近代自然科学的创始人之一。他出生于没落贵族家庭，从小聪明伶俐，善于思考，兴趣广泛。17岁进入比萨大学学医，但很快便改学数学和物理学。1597年，他写信给开普勒时，谈他自己"多年以前就已经拥护哥白尼的学说"。他制造了一架放大率可达30倍的天文望远镜，用它观察到月球表面，发现了木星有4个较小的"行星"围绕它旋转（后来开普勒将这些"行星"称为"卫星"）。他将自己的观察和研究成果写成《星球的使者》一书。其后，他又阐述了太阳和地球都在旋转，地球围绕太阳旋转的自然现象，证明了哥白尼学说的正确和地心说的错误。罗马教廷对此感到非常害怕，宗教裁判所不准伽利略"捍卫"哥白尼的学说，迫他保持缄默。但伽利略仍坚持研究。1632年出版了他的代表作《关于两个世界体系的对话》。该书通过三人对话的形式，围绕着哥白尼学说和托勒密学说的真伪是非展开辩论。其讨论的三个问题是：①证明地球在运

动；②充实哥白尼的学说；③地球的潮汐。《关于两个世界体系的对话》是作者长期研究和实践所获得的各种科学发现的总结，宣告了"地心说"在认识上和实践上的破产。天主教会对该书的广泛流传和影响十分恼火，宗教裁判所宣判它为禁书，判处伽利略终身监禁，迫使他承认错误。1980 年，罗马教廷成立了一个由著名科学家组成的伽利略案件调查委员令。1983 年，该调查委员会宣布："给伽利略定罪的法官犯了错误。"罗马教廷公开对伽利略进行平反。至此，他的这一沉冤终于得到昭雪。

（二）物理学

在物理学方面，达·芬奇研究了杠杆原理，并且认为杠杆是最基本的机械。他重新发现了阿基米德的液体压力概念，证明了连通器中液面有相同的高度，如以不同的液体装入两管之内，其高度将与液体的密度成反比。他讨论了水波和声波的传播规律，探讨过光的反射。他还研究过材料的承重，指出柱子的载重能力与柱子直径的立方成正比，横梁的承重能力与它的粗细成正比而与它的长度成反比的关系。

伽利略在 17 岁时便发现了摆锤的定时性定律。1590 年，他第一个提出了自由落体定律。根据该定律，物体不论大小轻重，在自由下落的过程中，若把空气的阻力产生的影响除外，它们的加速度完全相同，从而否定了亚里士多德的"体积相等的两个物体，较重的下落得较快"的观点。晚年，伽利略提出了牛顿第一、第二运动定律的基本思想，阐述了力的合成定律等。他的学生托里塞利（1606—1647 年）对液体和气体动力的研究做出了贡献，他测定一个大气压相当于 76 厘米高的水银柱产生的压强，并于 1643 年发明了水银气压计。

（三）数学

在这一时期，数学不仅是应用学科，而且也是理论学科。所以，在各门科学中，数学是发展较快的一支。自学成才的意大利数学家尼可拉·方丹纳（1500—1557 年）研究出解三次方程的方法，他的学生费拉里发现了四次方程的解法。被称为西方"代数学之父"的法国人韦达（1540—1603 年），首次在代数学上使用了文字符号，用辅音字母表示已知数，用元音字母表示未知数，用一般公式来表示方程及其根的性质。英国人耐普尔（1596—1650 年）第一个制成了对数表，减少了复杂的计算。笛卡尔的卓越贡献，在于创立了解析几何。解析几何是把代数学和几何学结合起来，把数和形统一起来的一种新方法。笛卡尔在《几何学》一书中指出了把代数思想和记法引进几何的优越性，把几何学代数化，用代数方程来表示几何图形，创立了解析几何。解析几何把变数的概念引进数学，这被认为是"数学中的转折点"。后来德国学者莱布尼兹和英国学者牛顿在笛卡尔的解析几何基础上，创立了微积分数学。

（四）医学和生理学

1. 维萨里

为近代解剖学奠定基础并为血液循环的发现开辟了道路的，是比利时的维萨里（1514—1564年）。他出生于医生世家，在巴黎大学读书时，常常深夜去偷绞架上的尸体进行人体解剖。《论人体构造》一书是他对当时解剖学的总结。在该书中，他按系统分述了人体的构造，并大胆地纠正了盖伦著作中的200多处错误。① 他否定了盖伦关于左右心室相通的说法，指出左右心室之间的肌肉很厚，没有可见的孔道能将动脉血和静脉血沟通起来。他还指出，根据解剖的观察，男人身上的肋骨与女人的一样多，从而否定了上帝用男人肋骨创造出女人的说法。他对人的骨、脉、内脏、脑等方面的研究，为后来发现血液循环打下了基础。

2. 塞尔维特

塞尔维特（1511—1553年）在巴黎大学学习时曾与维萨里同学。他出生于西班牙，是第一位解释血液流动的医学家。他提出血液从右心室通过肺流入左心室的小循环学说。他否定了盖伦所谓人体中有自然的、活力的和动物的灵气三个等级的说法，认为不存在有分别含着自然灵气和活力灵气的两种不同血液，而只有一种血液；主张"灵魂本身就是血液"，这触犯了基督教灵魂永生的基本教义。因为主张灵魂是血液，就意味着坚持了灵魂随肉体死亡而死亡的非正统观点。1553年，塞尔维特被加尔文教派处以火刑，其著作被烧毁。

3. 哈维

威廉·哈维（1578—1657年）是英国杰出的医生和解剖学家，是血液循环学说的确立者。他出生于肯特郡的福克斯，16岁进入剑桥大学，后就读意大利帕多瓦大学，获医学博士学位。回国后，他在伦敦行医，1607年被选为皇家医学院士，两年后任圣巴托罗缪学院院长。他医德高尚，无论贫富贵贱，来者不拒，尤其体恤穷人，常常免费为他们治病。他通过解剖，考察了血液循环的大部分进程，公开批判盖伦的观点。他指出血液不能通过心脏的中隔，不仅仅是因为中隔太厚，而是因为两个心室都同时收缩和舒张，根本就没有一种推动血液通过中隔的压力。随着研究的深入，他于1616年发现了血液循环的规律。他指出：心脏是血液运动的中心和动力的来源，像水泵一样将血液压进血管，血液进入血管导致血管扩张而产生脉搏。血液从左心室进入动脉流到全身各部，再沿静脉流回到右心室，然后进入肺里，在肺里变成鲜红的血液流回左心室，血液就这样循环不息。1628年，哈维出版了他的著名医学著作《心血运动论》。"哈维由于发现了血液循环而把生理学（人体生理学和动物生理学）确立为科学。"②

---

① 盖伦为古罗马著名的医生。见前面"罗马时期的文化"有关内容。
② 恩格斯：《自然辩证法》《马克思恩格斯选集》第3卷，人民出版社1972年版，第524页。

第七章
欧洲宗教改革时期的文化

公元14—16世纪，欧洲特别是西欧处于一个思想解放、心灵觉醒、人才辈出、封建社会向资本主义社会过渡的时期。欧洲展现的历史舞台，既有"文戏"也有"武戏"。从"文"的方面来看，意大利是文艺复兴的发源地，也是文艺复兴运动发展最为顺利、成就最为辉煌的国度，文艺复兴运动席卷了整个欧洲。而"武"的方面，有四个国家表现很突出，西班牙和葡萄牙开展海外探险与殖民，开启了欧洲"大航海时代"；英法两国则开展了人类历史上最长的战争"百年战争"（1337—1453年）。而德国则是"文""武"兼而有之，16世纪初的宗教改革以及随着而来的农民战争，前阶段为"文戏"，后阶段为"武戏"。当然，这是笔者挂一漏万的提法，主要目的在于简略地点出与这一时期历史文化关系极其密切的重大历史事件。这一时期各国上演的"文戏"或"武戏"，使欧洲的历史文化显得比自西罗马帝国灭亡以降约1000年的任何时候都要精彩，历史舞台也显得更加宏大。而在上面所提到的重大历史事件中，宗教改革似乎比其他事件要敏感得多，几乎波及整个欧洲，发展成为全民性的社会运动，对欧洲的宗教文化影响更加深远。

一、天主教会的衰落和人们思想意识的变化

（一）天主教教会世俗化、官僚化和僵化，腐败堕落成为众矢之的

在西欧中世纪晚期，天主教会的世俗化以及由此而产生的腐化堕落已达到空前严重的地步。至中世纪中期，天主教会业已建立起一套教皇、红衣主教（或枢机主教）、大主教、主教（社区主教）、教士和修道院院长的严密教阶制度，出现了教会组织和王公贵族共同统治国家或地区的二轨制社会行政管理模式。教会人员和王公贵族这两部分人的文化特性决定社会的形式，并引导社会的行为。一些教会法学家认为，罗马教会不仅是作为一种宗教法庭具有凌驾于其他所有基督教教派的司法权，而且它还凌驾于皇帝和国王之上。罗马教廷是从救世主上帝那

里获得了最高的权力。① 一些教职人员一身二任,如英国萨德伯里大主教也是国家的大法官。② 教皇依据罗马法典发展出一套教会法规,并建立了实施它的各级教会法庭,不但用教会法来约束教士们,而且将纷繁的个人和公共生活置于教会司法权之下。③ 罗马教廷通过大一统的宗教建立起共同的价值体系、文化意识,通过知识界影响大众。教皇一直以上帝代理者自居,从国王到黎民,几乎都是他的子民。教会组织通过获取封邑、地产、捐赠和收取"什一税"等,并在国王、贵族等的支持下修建了教堂和修道院,拥有大量土地。1147年,德国皇帝康拉德三世在批准给一所寺院的赠予时,还加上一些属于王室的荒地(一处树林),并迁移农民到那里。在12—13世纪里,滥给赠予已成家常便饭。④ 教会组织成为最大的地主,获得大量钱财,富可敌国。在罗马,有一个庞大的官僚机构处理教廷繁多的公务,其经费来源主要靠整个拉丁基督教世界提供。⑤ 许多教皇过着君主般的生活。在15世纪的德国,不仅55个大主教、主教都拥有领地,而且其他75位帝国修道院长、条顿骑士团和圣·约翰骑士团的首领也拥有领地。高级神职人员占有的土地达到帝国所有土地面积的15%。所以,高级宗教贵族既是领地上的全权主人,也是罗马教廷在德国的代理人和皇帝麾下的地方统治者,三重身份,位高权重,领地成为国中之国,引来众怒。⑥ 教会组织的世俗化必然导致神职人员的腐化堕落。在中世纪后期,教会允许出卖重要的宗教职位,不再对传教士的资格做硬性规定。领取圣俸者不住在自己的牧区,多是住在罗马城里,雇人来代替他们行事。⑦ 在教会中,无钱贿赂而想凭功绩升迁实属罕见。欧洲最大的贿赂行为在罗马教廷中,一切都须要靠钱买,没有钱便无法获得红衣大主教的选派,虔诚被视而不见,通常均视其财富、政治关系或管理才能而定,他们并不把自己视为背负誓言的僧侣,而是富强国家的参议员与外交家。⑧ 在宗教改革前统治教会达25年之久的英诺森八世就曾给罗马城增添了8个私生子,其中有几个是他当教皇之前生的。主教、地方神父甚至一些教宗,都在夸耀他们有私生子。男女修道院变成安逸生活之地,君主和贵族常常让他们的私生子担任修道院

第七章 欧洲宗教改革时期的文化

---

① 伯恩斯主编:《剑桥中世纪政治思想史350年至1450年》(上),程志敏等译,三联书店2009年版,第376、379页。
② 琼斯:《金雀花王朝》,陆大鹏译,社会科学文献出版社2015年版,第557页。
③ 麦克尼尔:《西方的兴起——人类共同体史》(下),孙岳、陈志坚等译,中信出版社2016年版,第579-580页。
④ 汤普逊:《中世纪经济社会史》(下册),耿淡如译,商务印书馆1984年版,第216、219页。
⑤ 克尔顿:《近现代世界史》(上册),孙福生等译,商务印书馆1992年版,第46页。
⑥ 朱孝远:《宗教改革与德国近代化道路》,人民出版社2011年版,第31页。
⑦ 卡根等:《西方的遗产》(第八版 上册),袁永明等译,上海人民出版社2009年版,第360页。
⑧ 杜兰特:《世界文明史——宗教改革》(上),台湾幼狮文化译,天地出版社2017年版,第17页。

院长。① 教会一向禁止放高利贷，但教士（神甫）宗教机构中的教士首先放高利贷。② 教会几乎把所能利用的资源都尽量商品化，包括买卖圣职，出卖赎罪券敛钱。而从15世纪起，德国便成为教皇销售赎罪券的主要市场。按照1517年公布的收费制度，赦免杀人罪需7个杜卡登（古金币名称），赦免抢劫教堂罪需9个杜卡登，赦免谋杀双亲和兄弟姐妹罪需4个杜卡登。③ 此外，教士们在弥撒中念经也要求付钱、赏赐或遗赠，出卖所谓圣徒遗物。美因兹大主教便宣称拥有42具圣徒的完整尸体和9000件圣徒遗物，其中包括有耶稣被钉在十字架上时流下的汗珠、童贞女玛利亚哺乳耶稣的奶汁，最后晚餐的餐桌木板，等等。实际上，所谓的圣物圣遗不少是赝品或假冒之物，上帝的恩典必须通过善行（功德）来获得，甚至成了一种用金钱来购买的商品。对此，哥伦布曾揶揄说："凡拥有金钱者，就拥有使灵魂升入天堂的权力。"④ 宗教活动世俗化、庸俗化日益严重，世俗和精神之间的距离随时都有被抹杀的危险。宗教情怀和世俗平庸在日常生活中不可分离地混合在一起。最普通的家务比如生火炉、挤牛奶、擦洗炊罐等都被许诺能够使人赎罪。⑤ 宗教仪式的生命力被人为地扭曲、变形了，这无疑是对信仰的庄重和严肃性的嘲笑。芒德主教杜兰德在呈送给维也纳宗教会议的论文中便写道："教会人士丑闻昭彰，——罗马教会已经染上臭名，大家都在呼喊宣扬说，'教士的宴会比皇族、国王更加奢侈'——整个基督教人民显然已从教士那里学到贪婪的坏习而弄得声名狼藉。"在教会怀抱中的所有人——从大人物到最小角色都是心想贪婪。⑥ 14世纪，天主教会已堕落为一个既得利益集团。驻在罗马的一位德国使者在呈给王侯的一封信中，既揭露了罗马教廷的腐败，也预计到许多国家将公开反对教廷。他写道："贪婪在罗马教廷里主宰一切，并且天天都有新花样——向德国人诈取金钱——因而引起许多咆哮与愤怒——教皇职位将会引起许多问题，不然，信徒最后必将悉数与教廷断交，以逃避意大利人（指教廷——引者）疯狂的压榨。依我看，后一趋势将为许多国家所接受。"⑦ 15世纪登上教皇宝座的庇护二世也不得不承认：教廷里的许多红衣主教及其他神职人员，确实过着腐化生活。"如果坦白承认那些事实（腐化堕落——引者），那么我们教廷里的奢侈与靡费，实在太过分了。这就是老百姓为何如此厌恨我们，以至即使我

---

① 冈萨雷斯：《基督教史：宗教改革至今》（下卷），赵城艺译，上海三联书店2016年版，第8页。
② 林赛：《宗教改革史》，孔祥民等译，商务印书馆2016年版，第88页。
③ 洛赫：《德国史》（上册），北京大学历史系世界近代现代教研室译，三联书店1976年版，第63页。
④ 杜兰特：《世界文明史——宗教改革》（上），台湾幼狮文化译，天地出版社2017年版，第22－23页。
⑤ 赫伊津哈：《中世纪的秋天》，何道宽译，广西师范大学出版社2009年版，第165－166页。
⑥ 杜兰特：《世界文明史——宗教改革》（上），台湾幼狮文化译，天地出版社2017年版，第7页。
⑦ 杜兰特：《世界文明史——宗教改革》（上），台湾幼狮文化译，天地出版社2017年版，第11页。

们在传道何为正义与理性时,他们也不屑一听的原因。"① 社会上,常有人起诉表现恶劣的教职人员,但经常得到的回答是,教外原告无法使教会法庭对犯罪的教士给予处分,这致使人们大失所望。在人们心目中,教士的形象很丑陋、名声很臭。德国人文主义者伊拉斯谟报道说,在教外人士之间,对教会人员、教士或僧侣的称呼视为一种尖刻的贬义之词。②

对此,一批人文主义者经常通信,希望自己的工作会带来教会的改革。③ 胡登(1488—1523年)是德国人文主义者,从1515年到1517年,他和另一位人文主义者鲁比安合作,写成《鄙人书翰》。他认为,德国唯一的敌人是15世纪末的教皇制度,教皇制度耗尽了德国的黄金,使帝国受到奴役,教皇制度就是他要摧毁的,并对天主教会和经院哲学进行抨击。后来他成为路德改革行为的热情赞赏者。④ 社会大众感到无比愤慨,一些激进的知识分子成为社会各阶层的代表,公开反对教会的蜕变、腐化堕落,提出改革教会的要求。其中英国的威克里夫和捷克的胡斯表现尤为突出。威克里夫(约1330—1384年)出生于英国约克郡。曾担任英国朝廷与教会的调解人,解决教会财产、税收,以及教会与国家相冲突的其他问题。他反对教皇对世俗政治生活的干预。他认为《圣经》是最高权威,是教会唯一的法律。教会唯一的首领是基督,教皇和枢机主教并非核心,上帝的全体选民才是核心,因为教皇不一定是上帝的选民,教皇也可能属于堕落者之列。上帝的选民都是真正的祭司,一切主教的权力都不符合《圣经》的教导。他还提出,由教区的人民选举出自己的神父。他积极进行改革活动,提倡把《圣经》翻译成民众使用的语言,使所有的平信徒自己可以阅读和研究《圣经》。他不但用拉丁文和英文写下大量论文,而且派遣"穷神父"周游各地用大众熟悉的语言进行布道。⑤ 他竭力支持预定论,认为教会是被拣选之人预定的团体,普世教会是古今将来所有被拣选之人组成的集合。他指责教会的腐化与滥权,严厉地谴责教宗的世俗主义行为和对权力与财富的贪婪,称"邪恶的教宗是一位敌基督和魔鬼,因为他同时是虚晃本身,又是谎言之父",是"魔鬼代理人的头目"。神父是"强盗""恶毒的狐狸",修道院是"贼窝、蛇洞和魔鬼的老家"。到了晚年,他更呼吁废除教皇制度。⑥ 他猛烈批评罗马教会出售赎罪券的行为,表示了对教廷苛捐杂税和贪婪的愤恨,表达了他强烈的爱国主义精神。所以,威克里夫

---

① 杜兰特:《世界文明史——宗教改革》(上),台湾幼狮文化译,天地出版社2017年版,第12页。
② 杜兰特:《世界文明史——宗教改革》(上),台湾幼狮文化译,天地出版社2017年版,第23页。
③ 冈萨雷斯:《基督教史:宗教改革至今》,赵城艺译,上海三联书店2016年版,第13-15页。
④ 林赛:《宗教改革史》(上卷),孔祥民等译,商务印书馆2016年版,第81-82页。
⑤ 沃尔克:《基督教会史》,孙善玲、段琦、朱代强译,中国社会科学出版社1991年版,第341-342页。
⑥ 乔治:《改教家的神学思想》,王丽译,中国社会科学出版社2009年版,第22页。

实际上是在开展一场关于基督教生活的大幅革新和变革的政治运动。① 当他的追随者被定为异端判处火刑时,他因得到民众和宫廷权贵的强有力支持,幸免于难。但是,1415年5月4日,康斯坦茨大公会议谴责威克里夫,下令焚烧他的已埋葬很久的尸骨。而当波西米亚的学生将威克里夫的学说和著作带回国内尤其带到布拉格大学之后,新教改革运动便在波西米亚发展起来。波西米亚人胡斯成了威克里夫最为热烈的拥护者。1402年胡斯成为布拉格大学校长,开始研读威克里夫的宗教著作,并大为折服。他认同预定论,认为教会是由上帝预定的人组成,它的真正首脑不是教皇,而是基督。② 邪恶的神父和教皇是"被预知的"堕落之人,他们的命令不应该服从。他反对教会的腐败,反对出售赎罪券,要求以基督和使徒的简朴为榜样对教会进行改革,被视为民族英雄。国王温斯劳也一度支持他。1415年5月,康斯坦茨大公会议要求胡斯悔罪并销毁自己的著作,遭到他的拒绝。7月6日,胡斯被定罪烧死。临刑时,他毫无惧色,视死如归。胡斯的死激起波西米亚人们极大愤慨,掀起反对罗马教会的浪潮,群众冲进教堂和修道院,痛打神职人员,夺取教会财产。③ 威克里夫和胡斯被称为宗教改革的先锋,后来路德曾承认在许多方面,他和胡斯是一致的。

总之,以罗马教皇为首的教会严重世俗化,教会资源变资产,精神宗教变经济宗教,教会的尊严扫地,权威跌落谷底,引起欧洲社会广泛不满。在这种文化环境下,必然对人们(包括教会里有识之士)的思维方式和价值取向产生重大影响。在威克里夫和胡斯等思想家的鼓动之下,穷人的社会意识已经唤醒了,社会中积聚的不满情绪由星星之火而成燎原之势。④ 要求改革教会,成为农民、市民、人文主义者和教会中有识之士的共识,形成一种社会潮流,改革拉丁世界教会已成为人们共同的心声。正如伊拉斯谟所说:"路德倡导的许多改革显然是教会所急需的。"⑤

(二)教俗实力此消彼长,世俗社会要求改革教会

其实,当罗马教皇的权力如日中天的时候,一些有识之士对教皇及其领导下的教会组织权力过大,影响国家正常运行产生不满。13世纪,一些法学家便认为,在世俗问题上,没有比国王更高的权威,在国王的王国内,国王就是皇

---

① 伯恩坦主编:《剑桥中世纪政治思想史》(下),郭正东等译,三联书店2009年版,第870页。
② 沃尔克:《基督教会史》,孙善玲、段琦、朱代强译,中国社会科学出版社1991年版,第344—345页。
③ 任继愈总主编:《基督教会史》,江苏人民出版社2006年版,第158页。
④ 巴克勒等:《西方社会史》(第二卷),霍文利等译,广西师范大学出版社2005年版,第45页。
⑤ 冈萨雷斯:《基督教史:宗教改革至今》(下卷),赵城艺译,上海三联书店2016年版,第16页。又见杜兰特《世界文明史——宗教改革》(上),台湾幼狮文化译,天地出版社2017年版,第402页。

帝。① 14 世纪民法专家认为，王国是一个由自由的人构成不朽的实体，这些自由的人拥有选举其统治者的权利（这一权利来自于万民法）。法学家认为国家是权利主体，君主和民众一致认为，暴政违背了民众的福利，而实现公众福利才是政府创立的初衷。人民可以因为暴政而免去国王的职位。而国王因为皇帝的暴政行为而反抗皇帝，这同样可以被证明为是合理的。巴尔杜斯甚至提出，皇帝可以正当地组织武装反对教皇，前提是教皇破坏了他们之间的封建信念纽带。②

从 14 世纪开始，法国、英国、西班牙、葡萄牙的分权封建制度逐渐让步于组织更加严密的君主制，国家主义日益高涨。③ 14 世纪的法国，形成了由教士、贵族、市民代表组成的三级会议，国王实际上控制着三级会议，国王的权威居于至上的地位。④ 15 世纪中叶，罗马教廷企图在法国进行宗教审判，巴黎最高法院坚决给予拒绝。⑤ 英国从 1343 年开始，国会分为两院，上议院是贵族院，由僧侣大封建主组成；下议院是众议院，由骑士和市民代表组成。两院基本上控制在国王手里。"百年战争"的结束，促使英法两国统治者各自将眼光朝内，加速了王权加强的进程，更好地集中精力发展本国的社会经济、制度文化、世俗文化和宗教文化。西班牙和葡萄牙则在反对信仰伊斯兰教的摩尔人的收复失地的战争中，加强了王权，并取得战争的最后胜利，强国意识、文化自信进一步加强，集中人力财力开展海上探险和海外殖民掠夺，用血与火将欧洲的海洋文化与"新世界"、古老的东方文化相连接，扩展了欧洲人的视域，丰富了人们的思想文化意识和开拓精神。

同一时期，德国仍然四分五裂，被教皇当作一头私有的母牛（奶牛）。人民对罗马教廷的恨恶比别国更加厉害，普遍认为教会是第一号仇敌，对德国分裂和被榨取负有责任。⑥ 但是，德国在 14 世纪中期开始，建立的帝国会议由选帝侯和帝国诸侯两部分组成，确定皇帝由选帝侯多数选举产生，排除了罗马教皇对选举皇帝的干涉。教皇西克斯图斯四世（1471—1484 年在位），将 300 个采邑和 7 位主教的指定权让给国王。⑦ 日耳曼法的基本原则认可每个市民群体在其成员之间的交往中，享有适用他们自己习惯法理念的权利。这一原则，有利于城市联盟和

---

① 伯恩坦主编：《剑桥中世纪政治思想史》（下），郭正东等译，三联书店 2009 年版，第 630－631 页。
② 伯恩坦主编：《剑桥中世纪政治思想史》（下），郭正东等译，三联书店 2009 年版，第 628－630 页。
③ 罗杰斯：《西方文明史问题与源头》（第 6 版），潘惠霞、魏婧等译，东北财经大学出版社 2011 年版，152 页。
④ 陈文海：《法国史》（修订本），人民出版社 2014 年版，第 84 页。
⑤ 米什莱：《女巫》，张颖绮译，电子工业出版社 2014 年版，第 100 页。
⑥ 罗伦培登：《这是我的立场——改教先导马丁·路德传记》，陆中石、古乐人译，译林出版社 1995 年版，第 106－107 页。
⑦ 杜兰特：《世界文明史——宗教改革》（上），台湾幼狮文化译，天地出版社 2017 年版，第 15 页。

地区联盟的繁荣和发展。① 城市或地区联盟既是共同意识推动的产物，也是促进共同意识进一步发展的动力，有利于民族语言的形成，是文明进步的伟大收获之一。② 而且，为了自身的利益，德国的个别皇帝也曾公开反对罗马教皇，保护敢于反对教皇的异议人士。③ 15 世纪中叶，德国有识之士呼吁法律的统一，并商定将罗马法适用于所有不具备区域特别法的地区。④ 当罗马教廷企图在德国建立宗教审判法庭时，则遭到德国教会公侯的反对。⑤

  整个 14 世纪，天主教会饱受政治上的屈辱。法国国王腓力四世（1285—1314 年）在与教皇卜尼法斯八世（1294—1303 年）的斗争中获胜，在这位教皇死后，还组织了对他的审判。⑥ 教廷被迁到法国罗纳河的阿维尼翁，教皇实际上成为人质与囚犯达 68 年之久，史称"阿维尼翁之囚"，这标志着罗马教廷开始由盛转衰。其间，在德国不断出现教皇的收税人横遭追捕、监禁、残杀及勒杀。1372 年，科隆、波恩、克桑腾和美因茨诸地的教士团串通起来，拒付教皇格里高利十一世征收的什一税。⑦ 德国人的民族主义情绪持续高涨，这都给后来路德意想不到却又十分重要的帮助。在原本属于教区兴起的城市，为了获得并保持城市的独立与自由的地位，在反对教会组织的经济掠夺方面更显积极和彻底。如 1376 年，意大利佛罗伦萨城市与教皇格里高利十一世发生矛盾，没收了该地区教会的所有财产，关闭主教法庭，废除异端裁判所的建筑，监禁或绞杀反抗的教士，并请求意大利终止教会所有世俗的权力。⑧ 教廷内斗不断，分裂严重，自我削弱，为世俗权力的加强和改革教会创造了条件。从 1378 年至 1417 年，出现了"教皇权分裂时代"，乌尔班六世当选罗马教皇之后，红衣主教团觉得他不是理想人物，重新选出克莱门特七世为教皇，出现两个教皇并存。欧洲各国各地区只好投靠能保证自己利益的教皇。乌尔班六世死后，教会不但无法统一，更是出现了三人争夺教皇名号的局面。阿拉贡人冯·卢纳赖在法国的阿维尼翁自封为本尼迪克特八世，被称为"月亮教皇"。⑨ 阿维尼翁和罗马教皇职位的分裂，立即在这些地区之间引起了激烈的党派纷争，甚至引起了基督徒和非基督徒的纷争。当布鲁日从效忠罗马教皇转向效忠阿维尼翁教皇时，许多人离乡背井，抛弃工作，

---

① 维诺格拉多夫：《中世纪欧洲的罗马法》，钟云龙译，中国政法大学出版社 2010 年版，第 91 - 92 页。
② 其波拉：《欧洲经济史——中世纪时期》（第 1 卷），徐璇译，商务印书馆 1988 年版，第 80 页。
③ 奥尔森：《基督教神学思想史》，吴瑞诚、徐成德译，北京大学出版社 2006 年版，第 377 - 378 页。
④ 孟文理：《罗马法史》，商务印书馆 2016 年版，第 95 页。
⑤ 米什莱：《女巫》，张颖绮译，电子工业出版社 2014 年版，第 100 页。
⑥ 冈萨雷斯：《基督教史：初期教会到宗教改革前夕》（上卷），赵城艺译，上海三联书店 2016 年版，第 396 页。
⑦ 杜兰特：《世界文明史——宗教改革》（上），台湾幼狮文化译，天地出版社 2017 年版，第 7 页。
⑧ 杜兰特：《世界文明史——宗教改革》（上），台湾幼狮文化译，天地出版社 2017 年版，第 8 页。
⑨ 赫伊津哈：《中世纪的秋天》，何道宽译，广西师范大学出版社 2009 年版，第 12 页。

牺牲薪俸,以便到效忠教皇的地区去。这也影响到法军统帅在战场上举什么旗的问题,最后只好打了法国王室的红旗,因为对方效忠于罗马教皇,是异教徒。①人们悲叹世风日下,公义不存,权势掠夺弱小,弱小互相掠夺。这造成信徒们思想混乱、茫然和信仰危机,人们普遍相信,自从两位教皇分裂对垒以来,上帝还没有允许任何人进入天堂。②信仰危机动摇了天主教会"万流归宗"、一统天下的格局。世俗封建主反对教皇,因为他本该是他们的精神领袖,而现在却是一个不断与他们争利益的富有的世俗性质的君主,成为争权夺利的强有力对手。他们想方设法阻止金钱流入到罗马教皇的手里,争夺精神上的权威、教育权力和他们领地内的教会的物质财富。③1414 年至 1418 年期间举行的康士坦斯公会议(第十六次基督教全体大会)上,红衣主教团第一次不再按传统作为一个整体参加投票和表决,而是归入各自的世俗封建主阵营。也就是说,民族国家和王朝利益开始决定会议进程,统一的基督教欧洲这一古老的观念和理想,包括基督教国家的教皇与国王共同治理的原则都已逐渐日暮途穷,取而代之的是,国王坚持在他的管辖范围内拥有全部的王家(或皇家)统治权。④科隆各修道院院长公开承认说:"罗马教廷已受到如此轻视,致使这些地区天主教的信仰似乎受到严重的危害。"⑤

(三)"天灾"和"人祸"频繁发生,给教会组织构成了叠加的负面效应

如果说教会组织的腐化堕落以及权威衰落是"人祸"的话,那么饥荒和"黑死病"的爆发及蔓延则是"天灾"。14 世纪早期,欧洲的一些地方出现严重的饥荒,以至于出现了人吃人的事件。⑥祸不单行,14 世纪中叶,由鼠疫杆菌引起的瘟疫仅仅用三年多一点的时间,就从亚洲大草原蔓延至欧洲腹地。法国人称之为"大疫"(16 世纪时,历史学家称其为"黑死病")。自 1347 年秋季开始,黑死病便以每天 2.5 英里的速度席卷西欧。法王腓力六世(1328—1350 年在位)为此逃离都城,但他的王后则染病去世。黑死病传播到每一个村庄,人们无计可施,唯一的预防措施只是升起黑旗,警告民众远离此地。⑦英王爱德华三世的一个 15 岁的女儿和一个 3 个月大的儿子,也染上该病而死。从 1348—1351 年,英国的许多村庄因此而损失了三分之一至二分之一的人口。一些地方,甚至出现了

---

① 赫伊津哈:《中世纪的秋天》,何道宽译,广西师范大学出版社 2009 年版,第 17 页。
② 赫伊津哈:《中世纪的秋天》,何道宽译,广西师范大学出版社 2009 年版,第 30 - 31 页。
③ 韦尔斯:《世界史纲:生物和人类的简明史》,吴文藻、冰心、费孝通译,译林出版社 2015 年版,第 669 - 670 页。
④ 列尔森:《欧洲民族思想变迁——一部文化史》,骆海辉、周明圣译,上海三联书店 2013 年版,第 16 页。
⑤ 杜兰特:《世界文明史——宗教改革》(上),台湾幼狮文化译,天地出版社 2017 年版,第 8 页。
⑥ 乔治:《改革家的神学思想》,王丽译,中国社会科学出版社 2009 年版,第 12 页。
⑦ 琼斯:《金雀花王朝》,陆大鹏译,社会科学文献出版社 2015 年版,第 501 - 502 页。

"没有足够的活人去埋葬死人"的惨状。① 在此期间,教会和修道院利用自己较为完善的组织系统,在救治受害者方面起到了世俗政府所起不到的作用。但缺医少药的窘境仍然无法达到有效的结果。1347—1351年鼠疫大流行,西欧人口总的损失达25%,1385年又损失20%。②

与黑死病流行相伴随的是,发生了对异端分子的专项性迫害、"猎巫运动"和镇压神秘主义者的另类"人祸"。1215年,教皇英诺森三世召开第4次拉特兰会议,通过一项决议:根除异端、安慰灵魂。这开启了长达几个世纪的对异端分子的专项性迫害。13世纪60年代,教皇亚历山大四世进一步将占卜和巫术与异端一并视为宗教裁判所予以处理的对象,从而扩大了对反对罗马天主教或被认为与传统信仰相悖的民众的迫害。1484年,教皇英诺森八世授权异端审判所的法官莫斯蒂托里斯和斯普伦格,对巫术进行系统调查。两年后两人出版了臭名昭著的《女巫之锤》③。该书通过汇编有关的文章制定了一个完备的提纲,成为关于巫术的官方教科书和调查异端邪说的指导手册,为驱逐女巫提供了标准和帮助,把"驱赶女巫"主要集中在迫害妇女身上。④ 其时,一旦发生冰雹、干旱、庄园牲畜死亡、婴儿早亡、性无能等,都认为是巫术在作祟。被认定为女巫的人,最终均采用火刑处死等刑法加以惩处。同时,人们认为巫术与异端之间存在千丝万缕的关系。光是在14—17世纪发生的"猎巫运动"中,大约有5万人死于非命,其中德国所占人数超过25000人。⑤ 在德国维尔茨堡有800位牺牲者被集体烧死。在实际执行中,有一些男人被归类为"女巫"受到迫害,甚至有些儿童也被视为施巫术者受处理,如维尔茨堡的受害者中,有一位是在上学的11岁巫师和一位15岁的女巫,而在巴约纳有两名17岁的女巫。⑥ 尽管这种迫害运动所造成的危害因国家不同而差别很大,但对整个西欧社会的冲击则是不可小看。仇恨与恐怖只会将人类驱逐到由社会压力和宗教信仰构筑的暴力之中。告发已死的异端者,可得30%~50%的利益。随着金钱流入异端裁判所的钱柜,腐败堕落也假借宗教之名盛行起来。⑦ 甚至连教皇西克斯图斯四世也抱怨,异端裁判所的裁判

---

① 琼斯:《金雀花王朝》,陆大鹏译,社会科学文献出版社2015年版,第503-504页。
② 其波拉:《欧洲经济史——中世纪时期》(第1卷),徐璇译,商务印书馆1988年版,第31页。
③ 乔治:《改教家的神学思想》,王丽译,中国社会科学出版社2009年版,第17页。
④ 范迪尔门:《欧洲近代生活:宗教、巫术、启蒙运动》,王亚平译,东方出版社2005年版,第100页。又见罗珀《猎杀女巫:德国巴洛克时期的惊惧与幻想》,杨澜洁译,经济科学出版社2013年版,序第10页。
⑤ 罗珀:《猎杀女巫:德国巴洛克时期的惊惧与幻想》,杨澜洁译,经济科学出版社2013年版,第7页。
⑥ 米什莱:《女巫》,张颖琦译,电子工业出版社2014年版,第1、4页。斯普伦格在1500年前便说:"我们应该说女巫异端,而非巫师异端,男巫的数量微不足道。"所以,无论是女巫还是男巫都统称为"女巫"——引者。
⑦ 杜兰特:《世界文明史——宗教改革》(上),台湾幼狮文化译,天地出版社2017年版,第199页。

者,贪婪黄金比热心宗教更有过之。①

其实,在"女巫"被迫害的年代,已有人明确表示对该运动的质问。有一些反对的声音悄悄地传播在大街小巷,诺德林根就存在一个反对审判的声音:艾布施泰特坚信自己的被控诉的妻子是清白无辜的,并质控当权者非法监禁他的妻子。这种对猎巫运动的质疑声,普遍存在于整个猎巫运动中。② 许多神学家——尤其是封·施佩,不相信巫婆会飞,不相信巫婆的安息日,严厉谴责迫害非基督徒的行为。许多人把那些定为犯了巫术罪的人仅仅看作是受迫害的可怜的女人。③

但是,直至2012年德国才郑重其事地重新审理了对发生在385年前的"女巫"案,并为"女巫"恢复清白名誉。④

异端裁判所对所谓异端的审判,主要集中在西班牙,受迫害的人数存在很大争议,但教皇、欧洲一些教会组织或国家也都有发生过对持"异端邪说"的知识分子进行迫害,产生了不良的社会影响。

14世纪的德意志神秘主义者复活了公元500年前后的伪丢尼修的神秘主义。该运动以莱茵河地区和瑞士的男女修道院为核心,爱克哈特是神秘主义的突出代表(死于1327年)。⑤ 他认为,每个人的内心深处都有一个"灵魂的根基",都有神圣生命的火花,具有与神联合或进入神之中的可能性。一旦灵魂意识到没有任何创造物能够进入上帝的王国,灵魂就会走自己的路而不再寻找上帝的王国。所以,在神之外,无物存在。这表明,他的神秘神学允许在已经建立的圣礼渠道之外寻求恩典,使得神职人员与平信徒、王侯与农夫、女人与男人都可能与神联合。⑥ 爱克哈特赞美善行的道德,他认为,如果你能够施舍穷人一碗粥,你甚至应该放弃保罗的至福。爱尔哈特生前被罗马教会指控为异端,死后2年仍受到教皇的谴责。但是,他的神学被他的学生陶勒和苏索翻译成流行语言,使他的思想继续传播。而路德出版的第一本书就是陶勒的讲道集,他给该书命名为《德国神学》。就此,有学者认为:"神秘主义为路德批判中世纪的称义提供了平台。"⑦

---

① 杜兰特:《世界文明史——宗教改革》(上),台湾幼狮文化译,天地出版社2017年版,第201页。
② 罗珀:《猎杀女巫:德国巴洛克时期的惊惧与幻想》,杨澜洁译,经济科学出版社2013年版,第42页。
③ 范迪尔门:《欧洲近代生活:宗教、巫术、启蒙运动》,王亚平译,东方出版社2005年版,第100页。
④ 罗珀:《猎杀女巫:德国巴洛克时期的惊惧与幻想》,杨澜洁译,经济科学出版社2013年版,第4页。
⑤ 道森:《宗教与西方文化的兴起》,长川某译,四川人民出版社1992年版,第246-247页。
⑥ 乔治:《改教家的神学思想》,王丽译,中国社会科学出版社2009年版,第29-30页。
⑦ 乔治:《改教家的神学思想》,王丽译,中国社会科学出版社2009年版,第30页。伪丢尼修,大概是叙利亚修士的假名,活跃于500年前后,写了多伦多希腊语的论文和书信,试图将新柏拉图主义、基督教神学和神秘主义进行嫁接,托名该宗基督教的亚略巴古人丢尼修说话;著有《圣名论》《论神秘的哲学》等,对后世的神学家和神秘主义者产生重大影响。

从爱克哈特到其弟子陶勒的神秘主义历史越来越清楚地指向践行的要素，赋予它重要的意义。这就是说，从最初的少数人强烈的神秘主义的涓涓细流开始，逐渐形成许多人日常生活里强烈的神秘主义，然后到"近代虔诚"运动的滚滚洪流，独自一人罕见的至福境界被取而代之了。①

综上所述，在向近代过渡的欧洲，处于多事之秋。一方面，有识之士强烈要求改革教会；另一方面，广大的民众处于失望、彷徨和茫然的状态，对罗马天主教会表示怀疑、不信任甚至厌恶，信仰危机导致人们要求改革信仰现状。诗人德尚这样写道："现在的世界怯懦、没落、衰老、贪婪、胡言乱语。我看到的都是男男女女的傻子，末日确实临近了———一切都滑向败坏。"表达出一种失望而忧郁的普遍情绪。② 整个拉丁语世界的人们疾呼"教会从头到尾要彻底改革"。③

二、路德宗教改革和新教教会的建立

（一）马丁·路德与《九十五条论纲》

历史选择了马丁·路德，路德开创了欧洲宗教改革的历史。在宗教改革前，路德的确是一位名不见经传的修士。但那只是历史尚未给他提供发挥才能的舞台，一个在历史文化关节点上起到引领作用的人，绝非平庸之辈。可以说路德是一位才华出众，熟悉宗教事务，敏感、善于雄辩、明辨是非、敢于担当的宗教革命者。1483 年 11 月 10 日，路德出生于市民家庭，从小生活在虔诚的宗教信仰的氛围之中，信仰基督教。儿童时期，在教会学校接受教育。1501 年，他进入爱尔福特大学学习法律和哲学。因富有学识，口才出众，他在校内有了"哲学家"的美称，并在这里接受唯名论哲学教育，受到人文主义思潮的影响。1505 年，路德获得文学硕士学位。他的成绩在 17 人的班级中，名列第二，是优等生。④ 大学毕业后，他选择到严格的奥古斯丁修道院当一名僧侣，学习和研究神学，随后被送往威登堡大学学习。1507 年，他正式成为奥古斯丁教会一名布道神父。1511 年，路德出差到罗马，与一般信徒一样，此前路德对罗马教会并没有不好的认知。但是，在罗马，他看到的是污秽、堕落、亵渎、争吵与灵性冷漠，使他如梦初醒，对罗马教会有了深刻的认识。⑤ 1511 年 2 月，路德回到威登堡，被晋

---

① 赫伊津哈：《中世纪的秋天》，何道宽译，广西师范大学出版社 2009 年版，第 244 页。
② 乔治：《改教家的神学思想》，王丽译，中国社会科学出版社 2009 年版，第 12 页。
③ 杜兰特：《世界文明史——宗教改革》（上），台湾幼狮文化译，天地出版社 2017 年版，第 23 页。
④ 朱孝远：《宗教改革与德国近代化的道路》，人民出版社 2011 年版，第 38 页。
⑤ 奥尔森：《基督教神学思想史》，吴瑞诚、徐成德译，北京大学出版社 2006 年版，第 406 – 407 页。

升为省区总教士。① 1512年，他获得威登堡大学神学博士学位，任该校教授。在此期间，路德经过8年的隐修和学习，获得了丰富的学识，养成了善于独立思考的能力，对许多基督教理论有了自己的见解，对上帝、信心和教会有了新的认识。1513年，路德在隐修院的钟楼里突然领悟到上帝有绝对自由，信心是通向上帝的道路，上帝的公正与他的惩戒力量毫无关联。随后，路德又在威登堡大学先后讲授新约和旧约。他说："在这讲授《圣经》的过程中，罗马教廷与我日益疏离了。"② 他在保罗写给各地教会与个人的书信中，得出了自己的中心教条——"因信称义"。"因信称义"的主旨就是一个人的救赎全在于信仰，是对传统的"行为称义"的否定。③ "因信称义"的实质是人的灵魂获救的问题，这是基督教的中心教义之一。也就是说，人的灵魂的得救只能靠上帝，上帝的公正不需要无休止的善功，不需要通过教会为中介，不需要罗马教会规定的宗教仪式。任何人都无法靠自己的善功得到救赎，人类得到救赎——称义，完全是上帝赐予那些预定得救的人的，而不是买回来的，不管其经济条件或社会背景如何。这实际上是强调了个人与上帝关系的新见解，使制度化的教会从中心地位被边缘化了。在授课过程中，他大胆讲解自己对宗教理论的理解，即使在他名声大震的时候，他仍然是对布道一丝不苟，严格要求自己。"若读他30年所讲同一题目的讲章，便会惊奇每一年讲章的新鲜感，显出了某一方面新的亮光。在人觉得这一次不会有什么令人惊讶之处时，闪光便忽然出现。"④ 他著作等身，路德全集超过100卷；而在新教制度设计方面，路德无疑是那个时代的引领者。

路德反对罗马教廷的起因是与教皇出售赎罪券相关联的。14世纪，教皇克雷芒六世宣布存在"美德宝库"，这是教会所拥有的一份无尽的宝藏，任由教皇安排分配到各处。⑤ 而为了应付奢侈等方面的开支，教廷曾在1500年、1501年、1504年和1509年在德国出售赎罪券。⑥ 销售赎罪券已经成为教宗收入的主要来源之一。教皇利奥十世（1513—1521年在位）将美因兹大主教的职位卖给了勃兰登堡的阿尔贝特。这位大主教当时只有23岁，依法律并未达到可以担任主教职务的法定年龄，而且他从来没有受过任何神学训练。一人任三个区的主教和大主教也与教会的法例不合，因为根据法例规定不可以兼职。⑦ 3年后，为了筹措

---

① 杜兰特：《世界文明史——宗教改革》（上），台湾幼狮文化译，天地出版社2017年版，第320页。
② 林荣洪：《基督教神学发展史（三）：改革运动前后》，译林出版社2013年版，第119-120页。
③ 马克垚主编：《世界文明史》（第二版 上），北京大学出版社2016年版，第475-476页。
④ 罗伦培登：《这是我的立场——改教先导马丁·路德传记》，陆中石、古乐人译，译林出版社1995年版，第326页。
⑤ 卡根等：《西方的遗产》（第八版 上册），袁永明等译，上海人民出版社2009年版，第361页。
⑥ 丁建弘：《德国通史》，上海社会科学出版社2014年版，第49页。
⑦ 马丁·路德：《马丁·路德文选》，马丁·路德著作翻译小组译，中国社会科学出版社2003年版，第478页。

修建圣彼得大教堂的资金,利奥十世颁布教令,向欧洲各国发售赎罪券。当时,教皇把德国中部出售赎罪券的权利交给美因兹大主教阿尔贝特,为期10年,教皇从大主教方获得净值1万杜卡登(古金币名称)。几年前,阿尔贝特靠德国金融家奥格斯堡的福格尔家族的金钱才弄到美因兹大主教的职位,如今福格尔家族、教皇和阿尔贝特共同商定,赎罪券的收入的50%缴归教皇,50%作为阿尔贝特偿还福格尔家族的债金。而为了取得德国皇帝同意这宗交易,另给皇帝3000古尔登(德国金币)。① 具体负责销售任务的是名声极坏的多米尼克会修士台彻尔。为了敛财也为了博取上级的欢心,台彻尔卖力兜售赎罪券,宣称:难道你没有听见你死去的双亲和其他亲人的呼喊吗——"可怜可怜我们吧!我们正遭着大罪,受着苦痛。你们施舍一点儿就能把我们从苦难中救出来。——我们生了你,养了你,呵护你,还把我们的东西留给了你。为何你们这么冷酷地对待我?为何我们受着煎熬?何时才能花上一点点拯救我们啊?"② 他打出的赎罪券广告便是:"银钱叮当落银库,灵魂立即出炼狱!"③

台彻尔的拙劣表演使广大民众怒火中烧,也极大地激怒了路德。1517年10月31日万圣节,路德在威登堡大教堂门口贴出了《九十五条论纲》,抨击售卖赎罪券的丑陋行为,把矛头指向教皇,认为教皇不能赦免任何罪债。他在第36条论纲中更写道:每一位真悔改的基督徒,即令没有赎罪券,也完全解脱了惩罚和罪债。④ 这与他后来发表的三篇檄文,否定教皇等神职人员是"属灵阶级"以及"因信称义"论的内涵相一致。

(二) 路德的转变与宗教改革的主要主张

1517年,路德贴出《九十五条论纲》"使用的是学术范畴"⑤,即采用了中世纪一般的学术辩论的方式,将自己对销售赎罪券的看法张贴出来供大家辩论。一开始,路德态度低调,并不想把事情扩大化,教会组织也通过各种途径力图使路德撤回见解,令其回心转意。但是,路德的学生迅速将拉丁文的《九十五条论纲》翻译成德文。而新的印刷技术的快速印刷能力,为《九十五条论纲》的传播创造了条件,使它在2周之内便传遍整个德国。几个月之内,路德就变成德国人民眼中的英雄,因为他胆敢挑战大肆搜刮德国钱财的罗马教廷这一外国势

---

① 丁建弘:《德国通史》,上海社会科学出版社2014年版,第49页。
② 卡根等:《西方的遗产》(第八版 上册),袁永明等译,上海人民出版社2009年版,第361页。
③ 麦格拉思:《加尔文传——现代西方文化的塑造者》,甘霖译,中国社会科学出版社2009年版,第7页。
④ 马丁·路德:《路德选集》,徐庆誉、汤清译,宗教文化出版社2010年版,第4、6页。又见丁建弘《德国通史》,上海社会科学出版社2014年版,第50页。
⑤ 爱森斯坦:《作为变革动因的印刷机》,何道宽译,北京大学出版社2010年版,第189页。

力。① 正如教皇特使给教皇的报告中所说的："全德意志都骚动起来了，十分之九的人开口闭口都说'路德'。其他十分之一的人纵然不理解他所说的，但也喊着'打倒罗马教廷'。"② 特别是得到腓特烈选帝候明确的支持以及一些知识分子等的大力支持之后，路德的心态起了变化，面对教会的强硬态度变得明朗起来。1518 年，路德写信给朋友认为："真正的伪基督教控制了罗马教廷。我认为他比任何土耳其人还糟糕。"路德写给乔治公爵的一封信中写道："宗教的和世俗的阶级都必须进行改革。"这是他第一次用"改革"一词。③ 1520 年 6 月他在给一位朋友的信中写道："我已经将生死置之度外。现在，我已不顾罗马人的愤怒和对我的恩宠。我将永不与他们妥协——让他们斥责和烧掉所有属于我的东西。我将同样地还以颜色。"④ 从 1518—1520 年，路德不断与罗马天主教的主要学者进行辩论，并于 1520 年发表了三篇重要文章：《致德意志基督教贵族的公开书》《论教会的巴比伦之囚》和《论基督教徒的自由》。路德用德文写作，当时拉丁文是欧洲教会精英和知识分子所用的语言，平民百姓所用的是德文，这方便了民众的阅读，也拉近了他与民众的情感。在第一篇文章中，体现了路德既是神学家、改革者，也是爱国志士，他代表全德意志向教皇的专制腐败提出抗议，倡导改革。⑤ 他否认教皇、主教、神甫和修道士为"属灵的阶级"，认为所有的基督徒都是"属灵的阶级"，只是职位不同，没有"阶级"差别。⑥ 在他看来，多数教皇没有信仰，所谓的"只有教皇能解释《圣经》"，只是教皇僭夺了这种权柄，全教会虔诚的基督徒具有"言语和悟性"解释《圣经》的能力。⑦ 如果教皇僭取权柄，以革除威胁虔诚的教徒，就应该藐视他，把他当作疯人，要革除他，尽力约束他，"我们要以生命、财产和我们所有力量去反对这样的权力，绝对不予服从"⑧。所以，他认为罗马教会并非神圣不可侵犯的，既然教廷不愿改弦更张，德意志的皇帝和王公贵族们"应该在俗世的和宗教的事务方面尽力保护人民"，反对罗马教廷，承担起改革教会的使命，呼吁他们不要再效忠教皇，并提出了"所有的信徒都是神甫"的新理论，⑨ 否定了传统的罗马天主教会是神人中介的

---

① 奥尔森：《基督教神学思想史》，吴瑞诚、成徐德译，北京大学出版社 2006 年版，第 408 页。
② 沈之兴、张来仪、韩益民：《世界中世纪史研究——郑如霖教授论文集》，广东高等教育出版社 2000 年版，第 224 页。
③ 杜兰特：《世界文明史——宗教改革》（上），台湾幼狮文化译，天地出版社 2017 年版，第 323 页。
④ 杜兰特：《世界文明史——宗教改革》（上），台湾幼狮文化译，天地出版社 2017 年版，第 327 页。
⑤ 马丁·路德：《路德选集》，徐庆誉、汤清译，宗教文化出版社 2010 年版，第 105 页。
⑥ 马丁·路德：《路德选集》，徐庆誉、汤清译，宗教文化出版社 2010 年版，第 109 – 110 页。
⑦ 马丁·路德：《路德选集》，徐庆誉、汤清译，宗教文化出版社 2010 年版，第 113 页。
⑧ 马丁·路德：《路德选集》，徐庆誉、汤清译，宗教文化出版社 2010 年版，第 115 页。
⑨ 马克垚：《世界文明史》（上），北京大学出版社 2016 年版，第 475 页。又见马丁·路德：《路德选集》，徐庆誉、汤清译，宗教文化出版社 2010 年版，第 109、110、119 页。

作用。第二篇文章，路德指出由于罗马教皇长期受到拘禁，基督教在其信心、道德和仪式上都已腐败，否认了教皇的权力和地位，认为神甫的职责就是服务，①驳斥了天主教会繁复的礼拜仪式，为建立新的廉价教会提供了最初理论。要强调的是，路德在文中公开反对罗马天主教会承认的七个圣礼。在此文中，他所揭示的圣礼观和平信徒皆为祭司的真理成了复原教（信义宗——引者）的两大柱石。② 中世纪时期，经历过圣礼神学的整合，教会普遍承认的圣礼有七项：洗礼（圣洗）、圣餐礼、补赎礼（告解）、坚振礼、婚礼、按立礼（授圣职）和临终涂油礼（临终膏油）。路德起初只承认三个圣礼（洗礼、告解礼和圣餐礼），但在该文结束时，认为上帝的教会里只有两个圣礼——洗礼与圣餐礼。③ 他认为，只有这两个圣礼才具有上帝的话与外在的圣礼标记这两个基本特色。④ 这反映了当时新兴的市民阶级要求简化烦琐的宗教礼仪的要求。修道士神学家布根哈根原本是为了驳斥路德而读了该书，但是读后他却觉得"全世界可能错误，但路德是对的"。后来，他成为著名的改教家。⑤ 第三篇文章，路德视其为"包含着基督徒生活的总纲"。⑥ 他认为："上帝的道不是用什么行为，而是单用信才能领受的爱慕的。"你既已信上帝，就"使你一切的罪都得赦免"⑦。所以，平信徒得救并非借助宗教的礼仪，也并非依靠苦修，而是靠对基督耶稣的信仰、靠他的恩典，教会制度只是一种多余的累赘。⑧ 他号召信徒们通过信仰基督争取真正的精神自由，阐述了"因信称义"的思想，反对罗马教会提倡的"行为称义"。同时，他要求信徒们约束自己的行为，做一名社会上守法的公民；去服从合法的政治权威，根据基督徒博爱的原则去行善事，表示他不愿意对合法的世俗政权造成任何威胁。⑨ 在文章里，他将自己特有的革命胆略与机智稳健结合起来，给予要求实现宗教改革的人们以勇气和镇静自若。⑩ 正是路德的善于思考、敏感和博学，使他能够概括出中世纪教会的问题所在，也能提出解决教会弊端的改革主张。⑪

  同年，教皇宣布把路德逐出教会，并命令路德于1521年到沃尔姆斯皇宫晋见德皇查理五世。在前往沃尔姆斯的途中，路德受到了包括商人、骑士、农民、

---

① 马丁·路德：《路德选集》，徐庆誉、汤清译，宗教文化出版社2010年版，第226页。
② 马丁·路德：《路德选集》，徐庆誉、汤清译，宗教文化出版社2010年版，第159页。
③ 马丁·路德：《路德选集》，徐庆誉、汤清译，宗教文化出版社2010年版，第167、231页。
④ 麦格拉思：《宗教改革运动思潮》，蔡锦图、陈佐人译，中国社会科学出版社2009年版，第168-169页。
⑤ 马丁·路德：《路德选集》，徐庆誉、汤清译，宗教文化出版社2010年版，第161页。
⑥ 林赛：《宗教改革史》（上卷），孔祥民等译，商务印书馆2016年版，第241页。
⑦ 马丁·路德：《路德选集》，徐庆誉、汤清译，宗教文化出版社2010年版，第237页。
⑧ 沈之兴、张来仪、韩益民：《世界中世纪史研究——郑如霖教授论文集》，广东高等教育出版社2000年版，第225页。
⑨ 佩里：《西方文明史》（上），胡万旦、王世民等译，商务印书馆1993年版，第416页。
⑩ 林赛：《宗教改革史》（上卷），孔祥民等译，商务印书馆2016年版，第242-243页。
⑪ 朱孝远：《宗教改革与德国近代化的道路》，人民出版社2011年版，第49页。

人文主义者、贵族和部分僧侣等大批民众的热烈支持。平信徒们蜂拥来到威登堡，倾听路德的布道。所有德国人都武装起来抵抗罗马教会。整个世界为即将在德国举行的会议哗然。教皇颁发的开除教籍的训谕成为取笑的对象。路德的肖像画头顶上被加画了光环。肖像大为畅销，人们吻着这些画，以示亲近和敬重他。路德到达沃尔姆斯城之时，大街上人山人海，男男女女纷纷爬上屋顶以求一睹路德经过的情景，有 2000 名群众围绕着他坐的车，既是拥戴他也是保护他。在爱尔福特，很多教授和教士联合起来，拒绝承认教皇的训谕，学生们把训谕的一些抄本丢到河里。①

在沃尔姆斯帝国议会上，路德面对皇帝、教皇使节和帝国议会各等级代表，做出明确回答："我既不信任教皇也不相信宗教会议，因为他们经常出错和自相矛盾。只要我还不曾被《圣经》的文字或清晰理论驳倒了的时候，我不能也不愿意撤回任何话，因为违背良心行事难于做到的，也是危险的。"② 会后，他给一位朋友写信说："我丝毫无意承认错误。"③

如果说，路德贴出《九十五条论纲》只是遵循当时学术讨论的一种传统做法的话，那么，他在 1520 年发表三大论著立即成为人所共知的宗教改革家；而随后赴沃尔姆斯城勇敢应对挑战，应该是有备而为之。所有这些，可视为他从被动转为主动开展宗教改革的标志。路德曾说："我十分赞成，上帝会叫人出来——收拾我发动的这场反基督者的战争。"④ 路德终于勇敢地站在了宗教改革历史舞台的中央。

（三）德国宗教改革的变化与发展

路德掷地有声的回答，使皇帝感到震惊，不敢明令判他的罪，只是在路德和他的拥护者离开沃尔姆斯之后，皇帝才颁发一道敕令，宣布他不受法律保护。路德也深知自己处于危险境地，接受了腓特烈选帝侯的保护，隐去真实名字，在威登堡隐居，继续从事改革计划，包括礼仪的修订、《圣经·新约》的翻译、撰写其他的改革专著。⑤ 与罗马教廷决裂以后，路德的家成了学生和崇拜者的招待所。传教士、信徒、学者和难民等（多数为年轻人）上门请教和看望他。他在大桌子旁与他们谈教义、时事和人生，并来之不拒招待他们。这些交谈内容，形

---

① 林赛：《宗教改革史》（上卷），孔祥民等译，商务印刷馆 2016 年版，第 279 页。又见杜兰特《世界文明史——宗教改革》（上），台湾幼狮文化译，天地出版社 2017 年版，第 334、331 页。
② 丁建弘：《德国通史》，上海社会科学出版社 2014 年版，第 52 页。
③ 林赛：《宗教改革史》（上卷），孔祥民等译，商务印刷馆 2016 年版，第 285 页。
④ 杜兰特：《世界文明史——宗教改革》（下），台湾幼狮文化译，天地出版社 2017 年版，第 440 页。
⑤ 麦格拉思：《宗教改革运动思潮》，蔡锦图、陈佐人译，中国社会科学出版社 2009 年版，第 87 页。

成了《桌边谈》一书。① 此前，虽然已有南德语言的 14 种《圣经》译本和北德语言的 3 种《圣经》译本，但是这些译本晦涩难懂，无法在整个德国顺利流通。路德把《圣经·新约》从希伯来文本和希腊文本译成德文。由于其译本是未受后人篡改过的《圣经》原本，路德译本采用的又是民间通行语言，所以他的译本对于创立统一的德意志语言文字是一个伟大的贡献。马克思对此形象地指出，路德"扫清了德国语言这个奥吉亚斯的牛圈"。② 有学者则认为，这奠定了德国现代文学的基础。③ 沃尔姆斯会议之后，宗教改革运动发展更快，也开始分裂，出现了三个营垒：第一个为保守派营垒，包括皇帝、高级教士、部分诸侯和城市贵族；第二个是温和改革派营垒，包括市民中产阶级、低级贵族和部分高级贵族和诸侯；第三是激进改革派营垒，主要包括农民和城市平民。天主教堂受到冲击，财宝被抢劫，一些修士和修女响应路德的号召自行还俗。1525 年，42 岁的路德践行了自己的信诺，与 25 岁的修女凯瑟琳结了婚，为新教徒树立了榜样。

路德反抗教会权威以及由此引起贵族、部分教士、市民和人文主义者纷纷起来反对罗马教廷的斗争，激发了处于底层的农民的斗志。他谴责贵族们违背上帝福音的教导，未能照顾好穷人的言论，更刺激了农民。而且，当西欧许多国家农奴制基本上消除的时候，德国的封建主尤其是僧侣贵族，却试图重新将自由农变成依附农，加重了对农民的盘剥，侵占村社的公地、森林和牧场，增加地租、赋税和劳役，企图"再版农奴制"。1460 年后，教会已成为农民的永久性债主。④

农民与封建主矛盾的激发，促使德国终于爆发了规模宏大的农民武装起义。1524 年，农民造反波及德国三分之一的地区，约有 30 万农民拿起武器同自己的领主开展斗争。⑤ 首先起事的士瓦本农军甚至派出密使到各地串联，打算成立全德新教兄弟会。与农民起义密切相关的著名人物闵采尔（1489—1525 年）的思想比路德更为彻底和激进。他认为，宗教改革运动的目标应是建立一个选民的教会，这个教会将产生正义与博爱的新的社会秩序，主张若有必要应以流血革命来推翻教士的不义统治，建立没有压迫剥削的"千年帝国"。在他的影响下，农民军提出了斗争纲领，要求由普通人建立人人平等的社会。后来士瓦本地区的农民军通过的《十二条款》纲领，要求废除农奴的人身依附关系，取消各种什一税和不合理的捐费以及选举本地区牧师的权利等，均反映了农民阶级改革教会和摆

---

① 巴尔赞：《从黎明到衰落：西方文化生活五百年，1500 年至今》，林华译，中信出版社 2014 年版，第 18 页。
② 马克思：《致恩格斯（1856 年 3 月 5 日）》，载《马克思恩格斯全集》第 29 卷，第 25 – 26 页。
③ 斯塔夫里阿诺斯：《全球通史：从史前史到 21 世纪》（第 7 版 修订版 下册），吴象婴等译，北京大学出版社 2015 年版，第 375 页。
④ 朱孝远：《宗教改革与德国近代化道路》，人民出版社 2011 年版，第 33 页。
⑤ 佩里主编：《西方文明史》（上），胡万里、王世民等译，商务印书馆 1993 年版，第 418 页。

脱封建剥削的要求。① 但是，由于农民运动的分散性和封建势力的强大等因素，农民战争于 1525 年失败。农民战争的暴力行为也遭到路德的竭力反对。

在德国宗教改革过程中，建立新教会的过程基本上分为三个阶段。第一是聘用新教的布道士，然后是规定新的礼拜制度，取缔修道院，审查神职人员的资格和道德资格。如法兰肯尼亚的村庄文德尔施泰因严格规定牧师的职能："我们认为你不是领主而是这个村民大会的奴仆、仆人，不是你要求我们，而是我们应该要求你，命令你为我们诚实而又清晰地忠实于真理地（不以人类的学说隐瞒玷污）朗读福音和上帝的话语。"② 第二是通过基督教义问答手册强化教区教民的宗教教育。比如，下派到教区视察的人员，建议将路德的《圣经注释》或日课讲道要点发给所有教区，并命令牧师们务必向辖区内的全体教徒宣读。③ 路德对此尤为重视，他写出大、小两种《教义问答册》，分别作为教职人员与普通教徒的宗教常识课本，解答信徒们提出的问题并宣传了新教的教义。④ 第三由于旧的教会制度的取消，新教的外在组织机构随着建立起来，机构中既有教士也有世俗官员。⑤ 沃尔姆斯议会之后，在路德的帮助下，腓特烈选帝侯在萨克森建立视察委员会，监督并改革了萨克森教会。为了了解实际情况，路德曾经多次走遍萨克森，教区教士向他摆出他们的种种困难并请他指点。腓特烈选侯辖区分为 4 个"区"，每个区的视察任务由指定的几个神学家和法学家组成的委员会负责。在威登堡区，路德与另一位神学家和 2 位法学家组成该区委员会，他们在 1528 年花 2 个月的时间进行调查，了解到区内教会的情况，提出改革方案并给予指导。⑥ 新教福音派（即路德派）集团不仅蔑视教皇及其使臣，而且迫使上一年帝国议会宣布上年的沃尔姆斯敕令不予施行。1525 年普鲁士宗教骑士团宣布世俗化，把路德教作为领地宗教，其他的一些地方受其影响也进行改革。⑦ 同年，帝国议会在斯派耶尔召开，保守营垒占领上风，皇帝查理五世的代表宣布重申沃尔姆斯敕令，不得进行宗教改革等规定。帝国议会中的路德派同情者宣布他们不受会议决议的约束。14 个城市的代表发表抗议书。从此以后，路德教的追随者开始被称为抗议宗新教徒。16 世纪 20 年代和 30 年代，德国一些重要城市，如斯特拉斯堡、纽伦堡、奥格斯堡等都通过法律禁止罗马天主教会的宗教仪式，要求所有宗

---

① 沃尔克：《基督教会史》，孙善玲、段琦、朱代强译，中国社会科学出版社 1991 年版，第 399 - 400 页。

② 范迪尔门：《欧洲近代生活——宗教、巫术、启蒙运动》，王亚平译，东方出版社 2005 年版，第 35 页。

③ 林赛：《宗教改革史》（上卷），孔祥民等译，商务印书馆 2016 年版，第 405 页。

④ 马克垚主编：《世界历史——中古部分》，北京大学出版社 1989 年版，第 441 页。

⑤ 范迪尔门：《欧洲近代生活——宗教、巫术、启蒙运动》，王亚平译，东方出版社 2005 年版，第 45 页。

⑥ 林赛：《宗教改革史》（上卷），孔祥民等译，商务印书馆 2016 年版，第 402 - 404 页。

⑦ 丁建弘：《德国通史》，上海社会科学院出版社 2012 年第 4 次印刷，第 63 页。

教仪式都要遵从新教教义和程序。① 16世纪时，神圣罗马帝国的85个自由的帝国城市中，超过50个城市皈依了新教。② 1530年，在奥格斯堡帝国议会上，抗议宗新教徒发布了《奥格斯堡信纲》（亦译奥格斯堡告白），强调教会、合法国家和社会制度都应符合上帝的意志，应予尊重和服从；主张基督教各派要宽容、温和与平心静气地协商。为了应对旧教的对抗，1531年2月，新教诸侯和城市结成施马尔卡尔登同盟，使莱茵河以北广大北德土地和东德的广大平原地区，大部分落入新教手中。③ 1555年新教诸侯和旧教诸侯，在奥格斯堡订立了"奥格斯堡合约"，规定各地诸侯、帝国城市有权选择领地内的宗教，确立了"教随国定"的原则，路德教从此取得合法地位。自此，罗马天主教会第一次陷入了与其他基督教教派的竞争之中，而全德境内宗教与政治的地域性独立更为严重。

三、宗教改革在其他国家的扩展

（一）慈温利在瑞士的改革

16世纪20年代末期，路德的思想传遍德国的同时，也传遍了瑞士的大部分地区。16世纪30年代，在法国、英国、低地国家，甚至在天主教势力强大的意大利和西班牙都发生了抗议宗（即新教）开展的运动。④ 在瑞士，领导新教改革的是慈温利。1484年元旦，慈温利出生于圣高尔州的怀尔德豪斯山谷村庄（位于今天瑞士的东部），家庭属于中上阶层。10岁时他便被送往巴塞尔的拉丁学校就读，16岁到18岁就读维也纳大学。18岁时，他返回巴塞尔修习神学。1506年从巴塞尔大学获得神学硕士学位，并且很快获得格劳乌斯区的牧职。⑤ 1516年，慈温利深信教会需要改革，他购买了伊拉斯谟的希腊文新约版本，研读了希腊和拉丁文教父的著作。⑥ 1518年，他攻击赎罪券的发售，同年底，受召担任当时瑞士最繁荣的城市苏黎世大敏斯特教堂大主教，即"人民的牧师"一职。⑦ 这一天，这位新上任的牧师宣布抛弃天主教会传统的读经课本，直接讲《马太福音》，接着讲《使徒行传》等。讲完新约之后，又开始讲旧约。这为他在几年之

---

① 本特利、齐格勒：《新全球史》（第五版），魏凤莲译，北京大学出版社2014年版，第214页。
② 乔治：《改教家的神学思想》，王丽译，中国社会科学出版社2009年版，第100页。
③ 丁建弘：《德国通史》，上海社会科学院出版社2012年版，第64页。
④ 本特利、齐格勒：《新全球史》（第五版），魏凤莲译，北京大学出版社2014年版，第212页。
⑤ 奥尔森：《基督教神学思想史》，吴瑞诚、徐成德译，北京大学出版社2006年第4次印刷，第431页。
⑥ 麦格拉思：《宗教改革运动思潮》，蔡锦图、陈佐人译，中国社会科学出版社2009年版，第89页。
⑦ 杜兰特：《世界文明史——宗教改革》（上），台湾幼狮文化译，天地出版社2017年版，第378页。

后进行宗教改革做了准备。① 为了让信徒们了解德国的宗教改革，他催促他的信徒购买和阅读路德的书籍，而此时苏黎世和巴塞尔已经出版了大量的路德书籍印刷品。1520年，他放弃了已领了数年的教皇津贴。两年后，他又辞掉了苏黎世"人民牧师"的职位，以表示与罗马决裂并公开支持新教事业。针对慈温利大胆、尖锐的言论，康斯坦茨主教发出了警告，但慈温利给予坚决回击，他说："如果你愿意坚持说我没有正确地讲授福音教义，那么请不要用威胁和谄媚的方法，不要设下陷阱并暗中算计，而是要通过《圣经》的战争以及公开的会面，让《圣经》作为你的向导和老师，不要仅凭人的私念。"② 1523年1月29日，当他的观点引起争论并被提交苏黎世大议会判决时，慈温利写出《六十七条目》，系统批判天主教关于圣礼、弥撒、教皇制、赎罪券、朝圣和僧侣独身等理论。③当天下午，苏黎世议会宣布裁决：慈温利大师可以"按照他的能力继续像以前那样在上帝的灵的同在中宣讲神圣的福音以及正确而神圣的《圣经》"。从此，苏黎世成为第一个新教政权。④ 慈温利既是牧师又是爱国主义者，既是神学家又是政治家，他把新教的信念直接应用于当时的社会和政治。他建立神学院、设立道德法庭、将《圣经》翻译成瑞士德语、宗教改革扩展到其他州，尤其是伯尔尼和巴塞尔，使改革得到巩固。但是，他在1531年10月的一场捍卫他的改革的战役中不幸逝世。⑤

（二）加尔文在瑞士日内瓦的改革

16世纪的日内瓦是另一场新教国际运动的中心，领导这场运动的便是加尔文。加尔文1509年7月10日出生于法国的努瓦永附近。他的父亲是努瓦永主教的财务秘书。加尔文被视为早慧的孩子。12岁时，经他父亲的努力，加尔文成为助理牧师，获得了神职人员的俸禄可供上学。1523年，为了躲避流行的瘟疫，加尔文离开努瓦永到了巴黎读书，很快进入蒙太古学院学习。他的学业非常出色，开始进入法国人文主义的圈子。⑥ 1528年，按照他父亲的要求，加尔文离开巴黎到奥尔良学习民法，同时学习了希腊文，1531年获得法学学位。在完成了学业并处理了家里事务之后，他返回巴黎进修古典文学。24岁时，他从天主教改信新教，成为宗教改革运动的热心支持者，积极鼓吹新教，被天主教会视为异

---

① 乔治：《改教家的神学思想》，王丽译，中国社会科学出版社2009年版，第99页。
② 乔治：《改教家的神学思想》，王丽译，中国社会科学出版社2009年版，第101页。
③ 马克垚：《世界历史——中古部分》，北京大学出版社1989年版，第442页。
④ 乔治：《改教家的神学思想》，王丽译，中国社会科学出版社2009年版，第102页。
⑤ 麦格拉思：《宗教改革运动思潮》，蔡锦图、陈佐人译，中国社会科学出版社2009年版，第90页。
⑥ 乔治：《改教家的神学思想》，王丽译，中国社会科学出版社2009年版，第154–155页。

端，被迫离开巴黎，定居于瑞士城市巴塞尔。① 在1536年5月，加尔文出版了《基督教要义》，而在接下来的25年里，他不断地加以修改。该书立论之大胆、思想之缜密、热情之洋溢、文笔之流畅，堪称宗教改革以来最有条理、最系统地阐释教义和基督徒生活的通俗著作。② 在他有生之年，该书已是改革宗神学的教科书，此后保持长达好几百年，并且至今还在出版、分析、诠释和辩论之中，已成为拉丁文和法文的经典著作。③《基督教要义》一出版，年仅26岁的加尔文便成为法国新教领袖。④ 一夜之间，该书成为畅销书，也成为16世纪新教神学首要文献的书。该书的第一版共分6章。第一章，"论律法"，详细解释了十诫。第二章，处理信心问题并对《使徒信经》做了注释，提出预定论教义。第三章，论祷告。第四章，讨论洗礼和圣餐礼。第五章，驳斥了"五种错误的圣礼"。第六章，关于基督徒的自由、教会的政策和公民政府。该书系统并清晰地说明基督教信仰的要点，与之前类似的书籍相比，加尔文对新教神学实质的陈述更清晰和娴熟。⑤ 对于该书的写作目的，加尔文写道："本书准备为神学生研究上帝圣道之用，好叫他们容易入门，进展无阻。"⑥

　　1537年7月，加尔文为了躲避战祸在途经日内瓦时，由于该城大主教被市民暴力驱逐，全城处于无组织状态，被邀请留下来指导改革。但是，当他试图改革日内瓦教会的教义和教规时，受到有组织的反对力量的强烈抗拒，并在一连串的争论之后，他被驱逐出城，只好逃亡到斯特拉斯堡避难。在此期间，日内瓦遭遇了宗教和政治危机，由于领导乏人，秩序混乱，工商业无从发展，人们思变。在派别的斗争中，和加尔文友好的一派再次掌权，邀请他重返日内瓦领导宗教改革。回到日内瓦之后，加尔文提出他新编订的《教会宪章》，并得到教会同意，以此来指导宗教改革和政府工作，建立了政教合一的代议制共和政权，并建立了一套与此相匹配的道德和纪律都十分严格的管理制度。他事必躬亲，带头过简朴和纪律严明的生活，即使一些细微的有违道德的事情他都不能容忍。加尔文简化了宗教仪式，只保留了洗礼和圣餐两种。他主张，所有宗教绘画、塑像甚至十字架，均应该从教堂中清除。⑦ 即使在加尔文去世后（1564年5月27日去世），新教徒仍然严格执行他的主张。1581年5月2日，有人记录下这样的情况："8天前，士兵和加尔文分子把比利时所有教堂和修道院里的绘画和神坛都砸毁了，僧

---

① 马克垚主编：《世界历史——中古部分》，北京大学出版社1989年版，第442页。
② 沃尔克：《基督教会史》，孙善玲、段琦、朱代强译，中国社会科学出版社1991年版，第444页。
③ 奥尔森：《基督教神学思想史》，吴瑞诚、徐成德译，北京大学出版社2006年版，第441页。
④ 沃尔克：《基督教会史》，孙善玲、段琦、朱代强译，中国社会科学出版社1991年版，第444页。
⑤ 乔治：《改教家的神学思想》，王丽译，中国社会科学出版社2009年版，第162页。
⑥ 麦格拉思：《宗教改革运动思潮》，蔡锦图、陈佐人译，中国社会科学出版社2009年版，第237页。
⑦ 杜兰特：《世界文明史——宗教改革》（下），台湾幼狮文化译，天地出版社2017年版，第434页。

侣和将近500名天主教徒被驱逐出去，有些甚至被囚禁，布鲁塞尔的天主教信仰算完了。"有的人见势不妙，把雕塑、鸣钟、铜器、圣人的石雕、蜡烛和其他一些教堂的用品装满了四艘船，运往纳尔瓦和莫斯科，希望能卖个好价钱。①

在日内瓦教会中，设立牧师、教师、长老和执事4种职务。长老居于中心地位，他们由小议会选出的平信徒担任。由他们和牧师共同组成教会法庭，负责惩戒。日内瓦市民的生活处于教会法庭严密的监督之下，加尔文力图把它建成完美的基督教社会的模范。② 在加尔文管辖下的日内瓦，人们一天必须上两次教堂，如有人缺席，或犯下通奸或渎神的行为，长老会马上汇报上去，教会立刻派人对犯错的人好言相劝。如果犯罪屡教不改，就要提交给民政当局处置。在那里，通奸罪可能会被判死刑。③ 宗教组织渗透、控制着社会各个层次的管理。大量的学生、新皈依的新教徒和年轻的探求者等不同年龄、不同国家的人涌入日内瓦听他讲学、布道，其中不少人离开时已经变成了传教士。日内瓦变成了欧洲的知识中心和新教的首都。

加尔文是新教改革的集大成者，从路德那里，他采纳了因信称义、因信获选的理论；从慈温利那里，他采纳了圣礼侧重精神的解释；从布塞尔那里，他采纳了神意为万有根源，虔诚是获选证据的矛盾观念。这些新教教义到加尔文手里，已变得更为成熟、更为精到。④ 而归纳起来，新教共同主张的三大救恩原则便是：《圣经》具有至高无上的特别权威，唯独靠恩典因信称义，以及信徒皆有祭司的职分。⑤

加尔文相信自己是由上帝挑选出来的。他的神学的出发点是所谓的"预定论"（又译"前定论"）。他论道："我们把上帝永恒的法令成为前定论，他亲自决定人类的每个个体将遭遇什么。他们被创造成拥有不同的命运，有些人注定会得到永生的，而其他人是注定要受到诅咒的。"⑥ 他认为，甚至亚当、夏娃的堕落及其堕落对人类产生的一切后果，在保罗看来，可以说也是"上帝事先决定好的"。上帝之所以对未来有先见，原因在未来是由他规划、决定的。⑦ 上帝是万

---

① 巴尔赞：《从黎明到衰落：西方文化生活五百年，1500年至今》，林华译，中信出版社2014年版，第17页。
② 沃尔克：《基督教会史》，孙善玲、段琦、朱代强译，中国社会科学出版社1991年版，第448－449页。
③ 巴尔赞：《从黎明到衰落：西方文化生活五百年，1500年至今》，林华译，中信出版社2014年版，第39页。
④ 杜兰特：《世界文明史——宗教改革》（下），台湾幼狮文化译，天地出版社2017年版，第435页。
⑤ 奥尔森：《基督教神学思想史》，吴瑞诚、徐成德译，北京大学出版社2006年版，第429页。
⑥ 朱孝远：《宗教改革与德国近代化的道路》，人民出版社2011年版，第171页。
⑦ 杜兰特：《世界文明史——宗教改革》（下），台湾幼狮文化译，天地出版社2017年版，第434页。

物的创造者、管理者和支配者，它以其智慧预定它所要做的事，以其权能执行它所预定的事。世界上发生的一切都是上帝的安排和命令。① 所以，上帝的公正不需要无休止的善功，不需要传统的罗马教会规定的宗教仪式。因为任何人都无法靠自己的善功得到救赎，人类得到救赎（称义）完全是上帝赐予那些预定得救的人的。这样，加尔布塞尔（1491—1551年）生于法国的阿尔萨斯。1523年移居斯特拉斯堡，成为该城最重要的新教护教家和理论家之一。后移居英国，被英王委任为剑桥大学钦定神道学教授。他出版的《论基督的统治》一书被视为改革宗神学典范，书中主张在福音的基础上，改革教会和社会。

　　与其他新教改革者一样，通过宗教改革，加尔布塞尔通过其著作不仅宣布了一种新的信仰，而且还预示着一种新生活。通过预定论，倡导和坚持了每个基督教徒的宗教自主性和直接性的要求，并使之成了近代新教教义的一个原则。而自主性也是人文主义者所提倡的一个原则，是人的解放的标志之一。这应该可以算是近代社会将宗教当作个人的或私人的领域来体验的起点，而这恰恰是"基督教发展成一种在时间的终点从罪中获得永恒救赎的宗教"所必不可少的条件②。因为新教改革，使平信徒可以不用通过教职人员这一中介，直接通过个人心灵上的信仰与上帝沟通并获得救赎，反映了民众对信仰的理解和宗教的个人主义的要求。就此而言，宗教改革运动与文艺复兴运动一样，培育了欧洲人的批判反思精神和独立思考精神。

　　为了适应新教人才培养的要求，1559年，加尔文创办了"日内瓦学园"（即日内瓦大学的前身），培养出来的牧师被派往法国、尼德兰、英格兰、苏格兰、德国和意大利甚至远至匈牙利进行传教。他们在这些地方建立起自己的教会组织，进行新教改革，使新教在这些国家得到发展。③ 1560年，在英国大受欢迎的日内瓦版本的《圣经》，便是根据加尔文阐释的英译本《圣经》写就的，还收录了加尔文写作的一篇前言。④ 加尔文除了神学，他对于政治、经济和社会伦理的影响，在新教的文化中非常深远，尤其是在尼德兰和苏格兰等地，他的神学更统治了整个国家教会。⑤ 到16世纪中叶之后，形成了新教的三大主要教派：马丁·路德创立的路德宗（亦称信义宗），加尔文创立的归正宗（亦称加尔文宗）和作为英格兰国家的安立甘宗。

　　但是，值得一提的是，文艺复兴和宗教改革的目的并不是要改变基督教的基本信仰和精神实质，而主要是要改变其组织体制和行为方式。恩格斯在评价路德

---

　　① 徐瑞康：《欧洲近代经验论和唯理论哲学发展史》（修订本），武汉大学出版社2007年版，第32页。
　　② 库比特：《西方的意义》，王志成、灵海译，四川人民出版社2012年版，第3页。
　　③ 本特利、齐格勒：《新全球史》（第五版），魏凤莲译，北京大学出版社2014年版，第215页。
　　④ 唐金：《工作的历史》，谢仲伟译，电子工业出版社2011年版，第44页。
　　⑤ 奥尔森：《基督教神学思想史》，吴瑞诚、徐成德译，北京大学出版社2006年版，第441页。

宗教改革时曾精辟地指出："路德战胜了信仰的奴役，只是他用信仰的奴役代替了它。他破除了对权威的崇拜，却恢复了信仰的权威。他把僧侣变成了俗人，但又把俗人变成了僧侣。他把人从外在的宗教解放出来，但又把宗教变成了人的内在世界。他把肉体从枷锁中解放出来，但又给人的心灵套上了锁链。"①

第七章 欧洲宗教改革时期的文化

---

① 马克思、恩格斯：《马克思恩格斯全集》第1卷，人民出版社1956年版，第461页。

第三编 西方近代文化

第八章
资产阶级启蒙运动时期的文化

西方文化史

如果说15—16世纪是西欧封建社会解体、资本主义形成时期的话，那么17—18世纪便是欧洲资本主义蓬勃兴起、封建制度日趋灭亡的时期。这一时期的历史是资产阶级早期革命的历史，也是资产阶级思想文化体系形成、发展和资产阶级文化空前普及的历史。

孕育在西方封建社会母体内的资本主义生产关系萌芽，随着科学技术的不断进步和社会生产力的逐步提高，在日益活跃的商品经济作用下不断成长壮大。作为新生政治力量的资产阶级通过文艺复兴、宗教改革等一系列社会政治运动的锤炼，羽翼日渐丰满，终于在17世纪和18世纪向封建制度发起了大决战，形成了资产阶级革命的凯歌行进时期。这一时期，思想革命的巅峰就是启蒙运动。它发源于17世纪80年代的英国，鼎盛于18世纪的法国，是席卷欧洲的一场政治思想运动，是西方文化史上的一座丰碑。

一、17世纪、18世纪的欧洲社会及资产阶级政治思想

（一）荷兰

经过长期的斗争，尼德兰资产阶级革命终于在17世纪初取得了最后的胜利。这次世界历史上第一次成功了的资产阶级革命为欧洲的第一个资产阶级共和国——荷兰的资本主义发展开辟了广阔道路，对以后欧洲各国的资产阶级革命产生了巨大影响。这个新生的国家奇迹般地成为17世纪标准的资本主义国家：是当时欧洲经济最发达的国家，是举世闻名的商业资本主义强国，是全球最大的海上霸主和殖民强国。革命的胜利也促进了科学文化的繁荣。当时的荷兰又是欧洲科学文化的中心，在自然科学领域出现了一系列发明；在社会科学方面，当时各国先进思想家也纷纷逃往荷兰，在这里避难并著书立说。

资产阶级在同封建势力进行斗争时提出了自然法理论作为思想武器，以此来批判旧的社会制度及其精神支柱神学政治论，进而论证资本主义制度的必然性与合理性。同时，他们又担心站在自己背后的无产阶级和劳动人民也使用"自由""民主""平等"等天赋人权理论来反对他们自身，因而又煞费苦心地将这些理

论加以种种解释与限制，效力于资产阶级的政治统治。当时荷兰最著名的思想家有格劳秀斯和斯宾诺莎。

1. 格劳秀斯

胡果·格劳秀斯（1583—1645年）是资产阶级的政治思想家、资产阶级自然法学派的创始人之一、近代资产阶级国际法理论的奠基人。格氏等创立的自然法理论是资产阶级革命时期反封建斗争的重要思想武器，其特点是用人的眼光来观察国家，从理性和经验中引申出国家的自然规律。其政治学说是建立在人性论基础之上，认为人类生来就有社会性，以语言作为社会交往的工具，人类更重要的标志是"理性"，人的行为是受理性支配的，这个所谓的理性就是自然法的渊源。他反对封建思想，论证资产阶级私有财产的神圣不可侵犯性。虽然，他并非彻底的无神论者，依然承认神的存在，神是法的第二个渊源，但他提出的神祇法必须以自然法为依据的口号不同凡响。

格氏用"自然状态""社会契约"的观点来阐明国家的产生问题。他认为在国家出现前的自然状态下，既无国家也无等级的存在，人们彼此平等自由，过着孤立分散的生活；由于自然法的存在，人们被理性所驱使。为了防止外来侵袭和获得安全的生活，人们便意识到联合起来组成国家的必要性；国家是"社会契约"的产物，国家的目的是人类的"共同福利"。这种理论虽然属于唯心史观，不科学，不正确，但却对"君权神授"说、国家是神意建立的等封建神学思想是一个有力的批判，在当时具有反封建的进步性。他还认为国家主权是国家的最高统治权，主权的行为不受另外一切权力的限制，主权的具体体现者是君主或少数人，坚决反对人民主权原则。

格氏的国际法理论在其政治思想中占有重要地位。他是历史上第一个系统地阐述国际法的理论家，因此被推崇为资产阶级国际法理论的奠基人。他认为国际关系不应以强力而应以法律（国际法）为基础，而国际法的准则应该是"正义"和公理。国际法可区分为两类：一类是自然法的国际法，它为自然所赋予或国际所公认；另一类是根据各国共同意志所制定的国际法。自然法代表人的理性，是制定国际法的根据。在对待战争的态度上，他认为应尽最大的努力来防止战争，但在正当理由下，如自卫、恢复自己的财产和惩罚时，进行战争也是被允许的。正义战争的目的在于解除敌方的危害力量，提出"为和平而战争"，他还提出了关于中立的思想，主张非参战国对于没有正当理由进行战争的一方不应该采取任何支持行为，而对于有正当理由进行战争的一方，不采取阻止它的行动。格氏还主张"公海自由"，在战争中要遵守"人道主义"原则，对妇女儿童进行保护，对战俘要给予人道待遇，以及避难权等思想。这些国际法理论有其历史进步性，对国际关系也产生了一定的影响。

2. 斯宾诺莎

别涅狄克特·斯宾诺莎（1632—1677年）是著名的资产阶级唯物主义哲学

家和政治思想家，出身于犹太商人家庭，因反对宗教信仰而被逐出犹太教公会。他虽然过着依靠磨镜片谋生的悲惨生活，但仍砥砺学问，著有《笛卡尔的哲学原理》《神学政治论》《伦理学》等书，对西方近代思想文化产生了重要影响。

斯宾诺莎在宗教神学还统治着人们头脑的时候就大胆批判神学经典，主张哲学摆脱宗教的控制，政教分离。他从客观存在的"实体"出发来说明自然界的万物，但又说"上帝就是自然"，给自己的唯物论披上了一层神的外衣（自然神论）。他唯心地认为理性认识可以不从感性认识得来，看不到实践的作用，因而只能是唯物论的唯理论者。在政治思想方面，他认为最好的国家形式是民主制度，反对限制自由。在国家起源问题上，他提出自然法和天赋人权理论，认为人们在抛弃自然状态、建立国家、签订社会契约时，只给统治者转让了自己的一部分天赋之权。当个人保留的天赋之权受到侵犯时，可以违约并重新订立契约。这种理论为资产阶级反封建、争取民主自由具有进步意义。

（二）英国

在英国，由于长时期、大规模的圈地运动，较早地实现了农业革命或称土地革命。原来分散使用的小农耕地被新贵族集中起来，变成按资本主义方式经营的大农场。这不仅为工业发展提供了大量原料和自由劳动力，而且造成了一个广阔的国内工业品市场。17世纪时，英国已经有了发达的工场手工业，封建行会制度已经解体，自由雇佣劳动占据主要地位。英国的纺织、制盐、造船、日用化工、采矿等部门迅速崛起，并呈现繁荣景象。但资本主义生产关系却受到封建制度的种种干扰与破坏。所以，1640年爆发的资产阶级革命反映了时代的要求，是具有欧洲范围和世界意义的资产阶级革命，开辟了资产阶级代替封建统治的新时代。

17世纪的英国文化是在政治大革命的直接影响下发展起来的。长达半个多世纪的激烈、复杂的阶级斗争，产生了代表各个阶级、阶层利益的丰富的思想文化。其中资产阶级提出的自由民主等反封建思想，具有振聋发聩的启蒙作用，成为以后西方各国资产阶级和人民群众进行反封建斗争的宝贵思想武器。

1. 弥尔顿

约翰·弥尔顿（1608—1674年）是最早提出"天赋人权"和"社会契约论"的资产阶级思想家之一。其主要政治思想著作有《论出版自由》《偶像破坏者》《为英国人民辩护》《再为英国人民辩护》、《建设自由共和国的简易办法》等。这些著作大都是为适应革命斗争的实际需要而写作的，虽缺乏系统性，但却充满着革命的斗争精神。弥尔顿思想的中心内容是自由，其理论基础是资产阶级的自然权利、自然法和社会契约说。

弥尔顿认为，在国家成立之前，人们的生活是四处流浪、漂泊不定的。自由、财产、生命安全是人们的自然权利。由于生活的不安全，自然法便指引人们，为了保障大家的自由、和平和安全，建立政府，指派一个人或多数人来管理其余的人。政府的目的，不论在和平或战争时都首先要保障人民的自由。只有人民享受充分的自由，政治生活才是完善的。他赋予自由十分广泛的内容，即包括财产自由、信仰自由、言论出版自由、婚姻家庭生活自由……其中言论出版自由是最重要的，是一切伟大智慧的"乳母"。正是站在资产阶级的自由权利神圣不可侵犯原则之上，弥尔顿对封建君主专制制度进行了猛烈的批判，并提出"人民革命"的原则。他认为，君主专制制度与自由是水火不相容的，在一个放纵无度、深怀仇恨、图谋报复的君主面前，人民的自由、生命、财产不可能得到任何保障。因君主的权力是由人民的意志产生的，人民有权废黜暴虐无道的昏君。但他并不反对"公正的君主"和君主立宪制，这体现了英国资产阶级的软弱性与妥协性。

2. 哈灵顿

詹姆斯·哈灵顿（1611—1677 年）出生于英国一个土地贵族家庭，著有《大洋国》。他提出了政府的组织原则以及如何防止封建专制制度复辟的设想，对西方政治思想的发展和欧美资产阶级国家政治制度的建立产生了重大影响。

哈灵顿的思想大厦是以"财产因素"和"心灵因素"为基础的。他把财产看作是国家的基石，认为国家权力是"财产的自然产物"，国家的性质、政府的形式是由财产中最重要的因素——地产的分配情况，即"产权的均势"所决定的。如果一个国家的大部分土地为一个人所占有，或一个人的土地超过了大多数人的土地，政府就必然是君主政体；如果土地为少数人占有，政府就必然是贵族政体；土地若归全体人民占有，政府就必然是共和政体。由于英国的"财产均势"已经由君主、贵族占优势变为绅士和富人占优势了，因此，政府必然要由专制的君主政体变为符合资产阶级要求的共和制度。这说明他已经看到了经济关系对政治制度的影响。遗憾的是，他没有看到产权关系是一种阶级关系，国家是阶级斗争的产物。

哈灵顿认为，"心灵因素"也是影响政府施政和决定政府形式好坏的重要因素。他把政府看作是"一种艺术"，是为了某种目的建立的、用不同方法管理人民的组织。古往今来的一切政府都可以分为两类：一类是"法律的王国"，是为了维护共同权利和公共利益建立的、实行法制的政府；另一类是"人的王国"，是为了维护统治者个人利益、实行人治的政府。他指出，心灵因素总是体现为理性和情欲，人的行为由理性支配便产生美德和自由，而由情欲支配则只能产生罪恶和镣铐。同理，政府就是"国家的心灵"，政府如受理性支配就是"法律的王国"，受情欲支配就是"人的王国"。他进一步指出，"财产均势"产生的是权力原则，理性产生权威原则，能够把两种原则结合起来的政府，才是完善的政府，这样的国家就是最自由的国家。另外，哈灵顿主张建立两院制的代议制政府，实行秘密投票的选举制度，议员实行轮换制，其目的在于保障资产阶级的自由权利。

3. 李尔本

约翰·李尔本（1614—1657年）是英国革命时期一位坚定的民主主义者。因反对封建专制和资产阶级新贵族的反人民政策，他先后4次被捕入狱，但长期的囹圄生活并没有消磨他的革命斗志。他写有《贵族暴政的剖析》《英国的天赋权利》《英国的新枷锁》《人民公约》等，猛烈抨击专制统治，主张实行普选权和议会机构的民主改革，建立人民主权的共和国。他将个人的神圣不可侵犯的自然权利作为自己思想体系的基础和归宿。他的激进民主思想曾极大地鼓舞了人民的革命斗争。

4. 温斯坦莱

杰拉德·温斯坦莱（1609—1652年）著有《真正平等派举起的旗帜》、《自由法》等。书中揭露和批判了封建政治制度和私有制度的不合理性，抨击资产阶级建立的共和国压迫、奴役人民的罪行；提出在英国建立一个以土地公有制为基础的，没有人压迫人、人剥削人的理想社会制度的主张。他认为土地私有制是一切压迫、奴役的根源。但他不了解私有制和不平等产生的根源，也没有指出消灭不平等的正确道路。尽管如此，温斯坦莱的空想社会主义思想仍有着很大的历史意义。

5. 霍布斯

托马斯·霍布斯（1588—1679年）是英国革命时期著名的机械唯物主义哲学家、英国最早的启蒙思想家，著有《论政治体》《论公民》《利维坦》《论物体》《论人》等著作。霍布斯的政治思想受到自然科学和人文主义思想的影响，在机械唯物论的基础上，借助几何学的逻辑方法建立起自己的思想大厦。他继承了培根的唯物主义并使之系统化，坚持世界的物质统一性，否认创造世界的上帝的存在，用力学和数学来解释物质运动。他认为哲学的对象是可知的物体，在奠定近代唯物主义哲学方面有很大贡献。

他反对封建君权神授论，反对教会的统治，提出了以人性、自然法为理论基础的较完整的资产阶级"社会契约论"。他认为，人类在国家产生以前处在"自然状态"中，人的本性是自私的，支配人们行动的基本动力是"自我保存"，竞争、猜疑和荣誉使人们互相冲突、普遍战争；人的生活是孤独、贫困、讨厌、粗野和短暂的；人的理性促使他们去发现并受自然法支配，放弃或转让自己的自然权力，交给一个人或一个会议来代表他的意志，行使公共权力。国家就是通过这样的契约而产生的。他又主张国家为了统治人民，可以制定一些宗教信条，用"国教"来管束人民，维护秩序。这种说法是唯心主义的、反科学的，但在当时具有否定君权神授论的进步意义。

6. 洛克

约翰·洛克（1632—1704年）是英国革命后期著名的唯物主义哲学家、教育家和政治思想家，著有《论宗教宽容》《政府论》《人类理智论》等。他的政治哲学著作对革命时期的各种思想观点进行了清理和理论总结。

在哲学观点上，洛克论证和发挥了培根和霍布斯的唯物论经验论，反对唯心论的"天赋观念"论，认为人类的知识来自于后天的经验。他却把人们的思维活动和心理活动与感觉并列起来，从而陷入"二重经验论"，使其唯物论夹杂着唯心成分。在西方近代哲学史上，洛克是第一个将经验论构造成为完整的理论体系的哲学家。因为世人常认为培根是经验论的创始人，其实他只是提出了一些基本原则而已，而真正使经验论的认识论理论化、体系化的是洛克。在对待宗教问题上，他批判英国的封建教会、宗教偏执和宗教迫害政策，系统地阐述了政教分离和信仰自由的原则。他有力地驳斥了菲尔麦①的父权论，义正词严地指出亚当的父权并不是一种政治的统辖权，人们也无法断定谁是亚当的长房后裔和合法继承人。

洛克也是以自然法、社会契约论为基础来解释国家权力的起源、性质和作用的。在自然权利中他强调的是财产权，提出"劳动起源说"为个人财产权辩护。他认为上帝最初把自然中的一切物品交给人类共同享用，但由于劳动而使共有物拨归个人使用，从而使个人对他的产品享有自然占有权利。洛克的社会契约论与霍布斯的主张也有不同之处。霍氏认为，人们在协议成立政府时把所有的权利都交给了统治者；而洛克认为人们只是放弃了一部分，而仍然保留着生命、自由和财产权这些不可转让的权利。洛克又指出，被授予权力的人也是契约的参加者，必须受契约内容的限制，保护好人们的财产，否则，人们有权反抗甚至另立新的统治者。洛克的这种主张属于唯心主义理论范畴，却为1688年推翻复辟王朝的统治、建立君主立宪制、扩大国会权力提供了理论根据。

洛克按最高权力，即立法权的隶属关系，把政体形式分为三种：立法权由大多数人直接行使时是民主政体；由少数精选的人行使时是寡头政体；由一个人行使时是君主政体。他拥护既保留君主制，又由民选的国会掌握最高权力的君主立宪政体，因其最适合于保护资产阶级的私有财产。为了能最有效地保护人们的生命、自由和财产，实行法治原则，洛克提出将国家权力分为立法权、执行权和对外权三种。他还论述了政府解体和社会革命的问题，目的在于防止出现违背人民意志的政府实行专制统治。政府的权力是人民委托的，因而人民有权运用革命手段建立新政府。这些理论明显是为推翻封建制度的资产阶级革命辩护的。

作为"一切形式的新兴资产阶级代表"的洛克，将文艺复兴以来，特别是英国革命中出现的资产阶级政治思想、理论、原则加以总结和运用，根据革命运动的需要进行明确系统的论述和发挥，第一次从理论上说明了资产阶级"天赋人权"的基本原则，深深地影响了以后的美国独立战争和法国大革命，在西方思想

---

① 罗伯特·菲尔麦（1588—1653年），封建贵族阶级、保皇派的思想代言人，出生于英国肯特郡。

文化史上占有重要地位。他不愧为18世纪资产阶级启蒙运动的先驱者之一。洛克对西方哲学的最大贡献是建立了近代哲学第一个完整、系统的经验主义认识论体系。他一方面承认心外有物，另一方面受经验论立场的限制，将知识局限在观念范围之内，但又无法证明知识与外部事物是符合一致的，因而陷入了困境。

（三）法国

17世纪、18世纪的法国是欧洲大陆上典型的封建君主专制国家。封建法律公开确认人们的不平等。社会成员分为三个等级，第一等级的僧侣和第二等级的贵族是特权等级，高居于由资产阶级、农民、平民、工人构成的第三等级之上。国王是特权等级在政治上的总代表。无限君权论仍然是法国封建专制制度的官方理论。封建思想家继续散布以下言论：国王的权力是直接从上帝那里得到的，人间的君权类似天上的神权，国王是上帝在人间的代表，国王除了天生的责任感以外，他的意志没有任何限制，作为臣民的个人必须绝对服从。为了维护腐朽的封建专制政权，统治者任意扩充军队，加重赋税，在国外进行侵略战争，在国内过着奢华糜烂的腐朽生活。宫廷中贪污腐化成风，支出无度，中央和地方的行政机构极度混乱，监狱制度非常黑暗。皇室与贵族、教会和僧侣沆瀣一气、互相勾结，成为反动思想的堡垒。他们垄断知识，并以神权、宿命论和种种迷信思想束缚、奴役人民。

但是，孕育于封建社会母胎的法国资本主义有了相当的发展，不仅在城市有了相当数量的手工业工场，而且在农村也出现了一些具有资本主义性质的农场。在冶炼和采矿等部门中开始使用机器；纺织工业发展很快；大商港先后出现。农业大国的面貌开始改变。资本主义生产方式在封建专制统治的躯壳中迅速成长起来。新兴的资产阶级已经成为社会上最强大、最富有、最具经济实力的阶级。到18世纪末，法国资本主义发展到相当成熟的阶段，法国资产阶级的力量要比欧洲大陆其他各国的资产阶级强大得多，政治上无权的法国资产阶级与封建统治者的矛盾远比欧洲各国尖锐。他们为了发展资本主义，需要有雇佣工人的自由、生产的自由和贸易的自由。他们对社会现状极为不满，要求全面的社会改革，要求参与政权，提高政治地位。尤其是1688年英国"光荣革命"后资产阶级掌握国家政权，对法国资产阶级是一个很大的刺激，这更促使他们迫切要求取得政权。所以，推翻阻碍资本主义发展的封建专制制度、建立新的适应资本主义发展的社会制度是当时社会发展的必然趋势，也是历史赋予法国资产阶级的光荣使命。

资产阶级要完成反封建、反专制、反教会，用资本主义代替封建主义的任务，首先需要按照资本主义经济关系所要求的符合其阶级利益的原则，重新解释人与人之间的关系，重新认识国家、政府的地位和作用。因此，资产阶级的思想家运用理性对过去遗留下来的一切进行批判，鼓吹社会变革，高扬理性精神，肯定个人的权利和利益，传播进步观念，创造新的思想文化体系。作为法国大革命先导的启蒙运动就是在这种形势下出现的（在第三节详述）。1789年的法国资产阶级大革命正是在资本主义因素更加发达、阶级矛盾更加尖锐、人民群众更加觉醒的条件下进行的。与其他国家不同，法国的资产阶级完全抛开了宗教外衣，以理性主义作为自己的政治思想武器，从而使这次革命成为资产阶级革命史上规模最大、斗争最彻底、影响最深远的革命，以至整个19世纪，即给予人类以文明和文化的世纪都是在法国革命的标志下度过的。

17世纪、18世纪时，欧洲的其他国家，如西班牙、德国等仍处于封建社会的后期阶段。但是，就欧洲整体而言，由于新航路的开辟以及随后的世界性贸易的出现，从亚洲、非洲、美洲掠夺或交易而来的大量物品在欧洲各地销售，加速了原始资本积累的进程，促进了欧洲各国商业贸易的发展。故此，商业资本的发展比工业资本的发展快得多。经济上贸易往来的加强，必然带来思想文化上交流的加强，这就为启蒙思想在欧洲其他国家的传播创造了条件。

总之，17世纪、18世纪既是欧洲资产阶级革命的时代，也是社会经济和文化飞速发展的时期。其间既有不同生产方式之间的较量，也有意识形态的争斗；既有物质与精神文明的巨大创造，也有对人类正义与良知的肆意亵渎；既有开拓进取、英勇斗争的光辉业绩，又夹杂着贪婪冒险、损人利己的恶行。但总的来说，这时的资产阶级是一个新生的、富有朝气的革命阶级，作为新的生产力和全民利益的代表。他们站在时代前头，与封建主义进行殊死搏斗，为人类的文化与进步事业做出了巨大的贡献。

二、自然科学的发展与理性主义思潮

（一）自然科学的发展

诞生于文艺复兴时期的近代自然科学在生产力（尤其是工场手工业生产技术）发展的推动下，经历了与封建神学的艰巨斗争之后，从17世纪中期起，零星的科学研究汇成了人类历史上第二个科学研究的高潮，自然科学与技术蓬勃发展，到18世纪时已经建立起初步的科学统一体系。

望远镜、显微镜、温度计、气压机、抽气机和钟摆等观察和实验用的仪器相继发明和应用，成为科学研究卓有成效的手段和巨大的推动力。1657—1658年，荷兰科学家惠更斯把摆添到旧式锤式钟结构上，从此，科学家使用这种改良了的钟表来研究物理过程的速度。天平的改善使物理学家和化学家有精确的实验数据作依据。在航海、造船、军事需要和开发水力动力的促进下，力学、天文学、数学等学科迅速发展起来。与此同时，科学研究中出现了新的组织形式，"自由的学术团体"逐渐被国立的科学院所取代。佛罗伦萨的实验科学院（1657—1667

年）是国立科学院的直接前驱，是一个从事集体科学研究的统一体。① 此后，伦敦皇家学会（1662年）、巴黎科学院（1666年）、柏林科学院（1700年）相继成立。最早的一批国家天文台也开始组建，著名的有巴黎天文台（1672年）、格林尼治天文台（1675年）和纽伦堡天文台（1716年）。由于教育和科研事业的发展，欧洲在原有大学之外又出现了一些专门的教学科研机构，如巴黎矿业学校（1747年）、巴黎王家农学会（1761年）、夫赖堡矿业学院（1765年）。著名的科学考察和科学实验接二连三，规格档次越来越高。如大规模的克恩天文考察团（1671—1673年），以及后来在地球各点的天文测量考察团，都明确地解决了一系列科学问题。法兰西人组织的秘鲁考察团（1735—1743年）和拉普兰考察团（1735—1737年）明确了地球形状的观念。18世纪50年代在好望角和柏林同时进行的观察，更准确地测定了地球和月亮的距离。1759年斯密顿组织了有名的水力风力实验室，还有摩辛布列克的弹性理论试验、戈蒂的各种石材试验等等。大胆的科学推理和认真的实验求证相结合是近代科学得以长足进步的根本原因。科学家基本上采用实验和分析法，把自然界划分、分析为许多独立的部门，然后一个一个地、互不关联地加以研究，在认识自然界方面获得了巨大的进步。

埃萨克·牛顿（1642—1727年）是英国著名的数学家、物理学家和天文学家。他自幼勤奋好学，善于思考，19岁考入剑桥大学，毕业后留校研究室工作。任剑桥大学教授期间，他刻苦钻研，每天工作17～18小时，甚至通宵达旦。他早年研究力学时，逐渐形成引力概念，当一个苹果偶然从树上掉下来时，他便意识到地心引力的存在，进而阐明了万有引力，提出"宇宙的定律就是质量与质量之间的相互吸引"。他著有欧洲近代科学史上最伟大的著作——《自然哲学的数学原理》，阐述了古典力学的三大基本定律：惯性定律、力和运动关系的定律、作用和反作用定律。在数学方面，牛顿创立了二项式定理，建立了微积分学的基础。在天文学方面，他根据"一切物质吸引其他物体，这引力和两个物质的质量乘积成正比、与其距离平方成反比"的定律，研究了太阳系里行星、卫星和彗星的运动理论；还探讨了潮汐问题、流体静力学、流体动力学及弹性介质中波运动的速度问题；论述了地球形状的理论及解决具体问题方法的原理。在光学方面，他用三棱镜分析太阳光，进行光的分解，于1664年发现白光（实际上是由不同颜色即不同波长的光构成的），成为光谱学分析的基础。这位创立古典力学体系、首先做到了自然科学大综合的伟大科学家在人类文化史上赢得了崇高的地位。他的思想一直是天文学和宇宙学的基础思想，是牛顿经典物理学的基石。他献身科学事业的刻苦精神与他对人类科学文化的贡献一样，深得后人的赞扬。他用观察、实验和推理的方法建立的宇宙图式与基督教会的宇宙观是殊异的。他的这种方法论与经院哲学、先验演绎直接对立。总之，牛顿的科学理论有助于人们比较

---

① 该院的科研成果一律以该院名义发表，个人从无署名。

科学地认识物质世界的统一性和普遍的物质运动规律。可以说，牛顿从科学思想方面推进了启蒙文化的发展。伏尔泰指出，牛顿教人们去"检查、称量、计算、测量，但绝对不猜测……他观察，并且让人们去观察；但是他没有用他的想象代替真理"。①

克勒罗（1713—1765年）于1759年4月13日计算出伽利略彗星回归的时间，过了1个月，他的预言被证实。威廉·赫舍尔（1738—1822年）于1781年用反射望远镜发现了天王星，还确定了土星环是由两个同心部分组成的与土星的两个新卫星、天王星的6个卫星，制成双星表并证明双星是从属牛顿引力定律的。法国科学家比埃尔·拉普拉斯（1749—1827年）于1796年著成《宇宙体系讲话》，提出了宇宙的力学稳定性思想。1755年康德出版了《宇宙发展史——根据牛顿原理试论整个宇宙的结构及其力学起源》，提出著名的"星云"假说，成为直接提出宇宙发展问题的天文学研究著作。

当英国的牛顿和德国的莱布尼兹各自独立地发明了微积分之后，瑞士科学家埃勒尔（1707—1783年）写成了《微分论》和《积分学》，它们被誉为是"数学研究的真正宝库"。

17世纪、18世纪是电学迅速发展的时代。吉尔伯特（1540—1603年）发现了天然磁石的性质，把"电"字应用到英语中。葛利克制造出的仪器（在托架上旋转着的硫黄球），当用手摩擦它时便能发生静电斥力和静电引力现象。华尔和霍克斯比利用玻璃球获得了比较大的电花。格莱使两个导体绝缘并使其生电，还发现了感应现象。杜费（1698—1739年）使用了"玻璃电"和"树脂电"的概念，并制定了同名电相斥、异名电相吸的定律。伏特（1745—1827年）发明了第一只干电池，1741年发明了储藏电能的莱顿瓶。富兰克林证明闪电和电是一回事，于1752年通过著名的风筝试验，成功地在一次暴雨中给莱顿瓶充了电。

现代化学的创始人罗伯特·波义耳（1627—1691年）著有《怀疑的化学家》（又称《化学和物理的疑问和矛盾》），驳斥了炼金术士的谬论，为把化学建成一门纯科学做出了贡献。他首先研究化学元素，区分了混合物和化合物的差别，获得了磷的大量知识，并从木头中提炼酒精，重新探讨了原子学说。贝希尔（1635—1682年）和乔治·什塔尔（1660—1734年）提出燃素说，论述燃烧、氧化和还原现象。18世纪50年代，布雷发现了二氧化碳。1766年，卡文迪什在用硫酸处理铁、锌和别的物质时发现了氢。1774年，约瑟夫·普利斯特列发现了氧，舍勒又发现了氯。在气体化学研究成果的基础上，普利斯特列证明：植物吸入二氧化碳，放出氧气。安东尼·拉瓦锡（1743—1794年）揭示了燃烧和氧化过程的真相，证明钻石是碳的一种形式，并且争辩说生命本质是一种化学过程。他取得的最伟大成就是发现了质量不灭定律，指出"虽然物质在一连串的化

---

① 转引自彼得·盖伊《启蒙时代》，汪定明译，中国言实出版社2005年版，第17页。

学作用中会改变它的状态，但是它的数量不变，物质在化学反应结束时数量和开始时相等"。拉瓦锡为了证明水是由氧气和氢气构成的，他设计了有两种气体通过铜管进入的烧瓶，由电火花引爆后，化合在一起，只听"砰"的一声，烧瓶壁上出现了水珠。① 由于他的天才贡献，化学变成了一门真正的科学，他也被誉为"化学界的牛顿"。

　　在生物学方面，马塞罗·马尔比基（1628—1694 年）是显微解剖学的奠基者。他证明了植物的性的差别，著有《植物解剖学》，把植物叶子的功能和动物的肺部功能进行比较研究。莱伊文·胡克（1632—1723 年）发现了原生动物和细菌，第一个描述了人的精子。罗伯特·虎克（1635—1703 年）著有《显微学，或利用放大镜对微细物体的物理学记述》，十分详细美妙地描述了显微镜前的一切动植物形状，初步发现了植物的细胞结构。斯瓦美尔丹（1637—1680 年）用显微镜看见生物机体最细微的解剖细部，描述了某些昆虫从毛毛虫阶段发展到成熟阶段的生命史，并且把从蝌蚪到青蛙的发展阶段和人的胚胎发育进行了比较。瑞典科学家卡尔·林奈（1707—1778 年）在《自然系统》和《植物哲学》中把一切自然事物分成三界（矿物、动物、植物），每一界下面再分为纲、属、科，建立了完整、实用、便利的分类法，记述了 9000 个物种。他的学生跟随荷兰东印度公司的船只四处探险，发现了诸如杪椤、桉树和南太平洋的面包果树等新物种。法国科学家乔治·比丰（1707—1788 年）在 44 卷的《自然史》中总结了当时人类的科学成就，用准确而引人入胜的语言传播了动物学和植物学知识，指出人和别的动物之间的密切关系，承认整个有机群体可能是由一种物种传下来的。

　　在医学方面，马尔比基和莱伊文·胡克观察到血液是从连接动脉和静脉的网状毛细血管中流过，肯定了哈维的发现。英国医生托马斯·西德纳姆提出了一种关于发烧的新理论，认为这是由于自然想把带病的物体从人体中排出的结果。18 世纪发现了血压，解剖尸体成为研究疾病的重要手段，承认猩红热是一种与天花和麻疹不同的疾病，开始接种疫苗、种痘预防天花等。这些都是医学进步的里程碑。

　　16—18 世纪是近代自然科学摆脱中世纪神学束缚获得迅速发展的"革命性"时期。天文学、力学、数学和生理学都得到了较为充分的发展。17 世纪末牛顿建立的经典力学体系中实现了自然科学的第一次大综合。近代自然科学一开始便是沿着以观察—实验为基础的经验方法和以数学演绎为基础的逻辑推理方法两条并行的研究路线前进的。自然科学的发展状况、揭示的宇宙结构图景及其认识事物的方法，改变了当时人们的自然观和思维方式，孕育出近代欧洲的机械唯物论自然观与理性主义。

　　自然科学是对自然界本质及其运动规律的认识与把握，它所揭示的自然界的

---

① 彼得·盖伊：《启蒙时代》，汪定明译，中国言实出版社 2005 年版，第 25 页。

图景及其认识事物的方法都直接改变着人们对世界的基本看法和思维方式，进而影响着人们的社会、政治和伦理思想观念。如果说科学家还只是把时代科学精神推及至整个科学领域的话，那么思想家却把它引申、发挥，并应用于自己的研究领域。他们站在时代科学的前沿，认为宇宙是一个受自然规律支配的大机器，其零件是运动着的物质粒子，它们的运动状态可以用力学规律加以精确描述；人类社会和人类自身都同样受自然规律的支配。在此基础上产生了自然权利、永恒人性、永恒道德等社会政治伦理学说与物质世界进步的观念，有力地冲击着基督教神学。科学发展与思想观念进步是同步的。因为科学的每一次进步都拓宽着人们的视野，改变着人们的思维方法，从而使人类理性能力不断增长。

近代自然科学从诞生之日起就在各个领域开始了对古代权威和基督教神学的反叛和进攻，而科学自身的每一个胜利又都是对宗教教义和传统观念的致命打击与否定。随着各门科学的发展，一种以静观反思代替盲目信仰、以经验事实为依据代替经验古训的怀疑批判的近代理性精神产生了。天文力学在大宇宙赶走了上帝与权威，近代生理学在人体小宇宙冲击着宗教神学与传统观念，"男人少一根肋骨和复活骨"的神话在人体解剖中不攻自破。英国的培根首先看到科学方法培育了人们的理性思维能力，赞扬了科学研究中发展起来的观察—实验方法的合理性与威力，并把它上升到哲学认识论高度而后应用于社会领域；认为正确的知识必须以感觉、经验为基础并通过理性的归纳和分析才能获得。逻辑推理的方法对近代理性思维能力的兴起起了十分突出的作用。笛卡尔把数学逻辑方法推及整个社会领域，提出唯理论的认识方法。

（二）理性主义

随着科学的发展，知识的积累，规律的发现和方法的完善，人们的心理素质发生了深刻的变化。一种怀疑、反思批判意识和以具体的经验事实与严谨的逻辑推理代替似是而非的经院思辨，以明晰的自然定律代替神秘的宗教启示的理性主义精神产生了。人们热烈地崇尚以科学为代表的理性，在欧洲大地形成了一股强劲的理性主义思潮，对人类社会产生了深远影响。在当时的科学家和哲学家看来，所谓理性，就是合乎自然和人性的原则，人类就是理性的动物，人们具有用理性判断事物的能力，理性支配着人们的一切活动，理性的核心是以实验为基础的自然科学，一切奇迹的产生应当归功于人类的理性。

理性主义思潮肩负着反对封建神学、启迪民众觉悟的历史重任。科学家和哲学家用理性原则反对封建神学的启示和权威，认为自然法就是一种普遍的理性法则，它是从人的自然本性中引申出来的生活准则，这种准则又指引着人们判断是非善恶；强调人的内在力量，进而论证人的自由权利；甚至把理性绝对化起来，将其说成是出自抽象的人的自然本性，是人固有的，也是推动人类从孤立存在的"自然状态"向连接成政治社会的社会状态过渡的一种精神力量。资产阶级思想

家把理性作为评判、衡量一切的尺度，认为理性是人类唯一的朋友，宗教狂热与迷信是人类永恒的敌人，只有依靠理性才能摆脱偏见，改造社会；决定世间事物的最高依据不是《圣经》而是理性，不合乎理性的东西，包括上帝都没有存在的权利。由此可知，理性主义论证了理性的基础、功能和作用，认为客观世界是理性认识的对象，而不是信仰的对象。科学是发挥理性作用的工具和方法，科学对自然本质的认识和规律的发现会使人在理性上获得真理，在行动上获得自由。由此可知，理性主义也是一种肯定人的价值的人本主义。在西方，启蒙时代的理性主义将理性绝对化，宣扬超越时空的抽象理性，看不到理性的发展变化。事实上，理性主义是启蒙运动的指导思想，是英国和法国哲学的混合物，是一种机械唯物主义和历史唯心主义理论。

三、启蒙运动的兴起和发展

（一）法国的启蒙运动

从18世纪20年代开始，法国出现了一场波澜壮阔、影响深远的思想解放运动，历史上称之为启蒙运动。这次运动是资产阶级的先进思想家为了向封建阶级夺取政权，确立资本主义制度，砸开宗教蒙昧主义的枷锁，冲破封建专制主义的束缚，启迪人们的觉悟，为即将到来的革命所做的舆论和意识形态方面的准备工作。作为时代的巨人和伟大智者，启蒙思想家高举自由、平等的旗帜，以公开的唯物主义或自然神论为武器，以理性做尺度，向着封建专制制度及其精神支柱——天主教会发起猛烈的冲击。在这场史无前例的思想文化运动中冲锋陷阵的，不仅有代表资产阶级各阶层利益的思想家，还有代表城乡劳动人民利益的空想共产主义者。他们犹如灿烂的群星，照耀在西方的天空，给生活在黑暗长夜中的欧洲人民带来了光明和希望。

追根溯源，资产阶级文化产生于文艺复兴时期。从文化史的角度来看，文艺复兴和宗教改革可以认定为资产阶级的第一次文化运动。文艺复兴中的人文主义与启蒙运动所表现的启蒙主义精神具有本质的一致性。启蒙思想是文艺复兴优秀文化遗产的继承和发展。启蒙思想家从人文主义者的手中接来反封建、反教会的旗帜，并进一步从理论上证明封建制度的不合理性，再提出自己的哲学理论、政治纲领和社会改革方案。17世纪的英国政治革命则大大地推动了西方资产阶级思想文化体系的进一步发展。英国革命的思想家对资产阶级政治观念的形成做出了不少贡献，以至于一些学者认为启蒙运动实际上诞生于17世纪的英国。但就一般而言，法国是启蒙运动的主战场。法国大革命前夕，资产阶级的世界观得到了最充分的表现并达到臻于完善的地步。法国启蒙运动成为西方文化发展史上的一个高峰期。法国的启蒙思想家人数众多、才华焕发、名垂千古。有200多位启蒙学者参加的法国启蒙运动几乎延续了整整一个世纪，涉及哲学、政治学、经济学、文学、文学艺术、教育各个领域，是欧洲近代最壮观的一次思想文化革命。法国启蒙运动是18世纪进步思想的大合唱，是绚丽多彩的新思想新理论的大展示。它不仅直接孕育了法国大革命，而且直接影响和推动了欧洲各国的启蒙运动，促进了世界民主革命的进程。马克思恩格斯在提到启蒙运动时，首先总是指18世纪法国的启蒙运动。启蒙思想正是从法国带着法兰西式的天才影响传播到欧洲各国，成为席卷欧美大陆所有国家的广泛的国际性思潮。

资产阶级经济力量的壮大、资产阶级力量的增强和社会阶级矛盾的日趋尖锐，是启蒙运动的社会根源；而近代自然科学的发展以及由此而引起的人们思想观念的变化和资产阶级先进思想理论的发展，是启蒙运动的思想根源。英国革命的政治文化则给启蒙运动以强大的推动。从18世纪初到法国大革命前，约有210位法国著名的思想家、社会活动家及科学家到英国访问考察，他们赞赏英国的社会制度，特别崇拜英国哲学家与政治思想家洛克的思想理论。

考察法国启蒙运动的全过程，它大致可分为准备、掀起、高潮三个阶段。

1. 准备阶段

17世纪末和18世纪初是启蒙运动的准备阶段。著名的思想家有贝尔、苏丹奈尔和梅叶，他们是法国启蒙思想和唯物主义的先驱，梅叶还是早期空想社会主义的著名代表。

比埃尔·贝尔（1647—1706年）是法国著名的政论家和哲学家，用"怀疑论"作为武器来反对宗教神学和17世纪的形而上学，颂扬人的理性，认为理性所不能理解的东西是荒谬的；而荒谬性正是宗教神秘主义的本质，因此理性和信仰有如水火不相容。他反对将宗教作为道德的基础，认为不信宗教者亦有道德观念，为在法国传播唯物主义和健全理智的哲学打下了基础。他所著的《历史和批判辞典》可谓近代第一部百科全书。

贝尔纳·苏丹奈尔（1657—1757年）是科学的热心宣传者和反对宗教迷信的坚强战士。他的通俗著作《世界多数问答》写得深刻、锋利、文采斐然，在许多方面是百科全书派启蒙思想的先声。苏氏关于反对自然科学中唯心主义思想的论述，则给启蒙时代机械唯物主义在科学文化界的胜利奠定了基础。

让·梅叶（1664—1729年）是法国唯物主义哲学家和著名的空想共产主义者，是代表18世纪法国被压迫阶级利益和要求的启蒙思想家。他的全部政治思想包含在生前未能发表的《遗书》之中。该书对封建教会和封建专制制度给予了无情揭露和批判，在否定封建旧制度的同时，对理想社会政治制度进行描述。梅叶大胆地指出，世界上现有的宗教都纯粹是人为捏造出来的东西，宗教是妄想、谬误、欺骗、虚构和瞒哄；启示、预言、信条都是荒诞不经、欺骗人民的东西。在揭露宗教与政府的关系时，他指出："宗教甚至支持最坏的政府，而政府也同样庇护最荒谬的最愚蠢的宗教。"他怀着对一切压迫者、暴君和剥削者的刻

骨仇恨,把贵族、僧侣、包税人等列入压迫人民、掠夺人民、强迫别人为自己劳动的"懒汉"之列。梅叶政治学说的中心问题是农民问题。他关注、探讨解放农民的问题,认为所有穷困和压榨的社会现象迫使农民渴望国内发生革命,主张任何人都有权杀死暴君。梅叶还在法国第一个提出了消灭一切剥削者和压迫者统治的革命纲领,阐述了消灭土地私有制、建立财产公有制的空想共产主义思想,主张新社会应该组成一个大家庭,人们和睦相处,彼此看作兄弟姐妹,财产公有,在为人类的社会福利这一鼓舞人心的思想指导下从事劳动,人人工作,平均分配产品。当然,这种消灭私有制并根据共产主义原则来组织生产和消费的小型农民公社的狭隘理想,只能说明他的共产主义是空想的。在哲学上,梅叶认为,物质、时间、空间和自然界的规律不可能是神创造的,只能从自然本身的永恒存在才能解释它们。物质能够自己运动,而意识是物质的产物,"砍去头颅,意识也就随之消失"。① 梅叶的这种唯物主义思想和无神论使其成为启蒙运动的开路先锋。

2. 掀起阶段

在18世纪启蒙运动的掀起阶段,伏尔泰、孟德斯鸠、卢梭等人反映了历史发展的客观要求,高举"理性"大旗,对封建专制制度和宗教神学进行了无情的揭露和批判。这些思想大师强调理性和人的创造力的至关重要性,用"自然权利""自然法""社会契约"等新观念来对抗君权神授的封建意识,坚信理性之光一定能够消灭中世纪的黑暗势力,建立一个美好的新世界。他们用天赋人权、自由平等等一系列先进的思想武器武装法国人民,用新理论证明反抗腐朽的封建专制政治是人民群众不容剥夺的权力,是完全合法的正义行动。他们的新理论为法国大革命做了思想上的准备。

以伏尔泰笔名载入史册的弗朗索瓦·马利·阿鲁埃(1694—1778年)是当时公认的最有声望的启蒙思想家、作家、哲学家和历史学家,被人们誉为"欧洲思想界的泰斗",文化界尊称他为"科学和艺术共和国的无冕皇帝"。他出生于巴黎一个殷实的资产者家庭,曾因不断向当权者和封建思想挑战,两次被捕入狱,还被驱逐出国。他在侨居英国的3年里,考察与研究了英国的社会制度和先进的思想文化,将英、法进行比较,得出英国社会制度优越于法国的结论。他考察、研究英国的成果集中反映在《英国通讯》《牛顿哲学原理》和《形而上学》等著作中。他不仅向法国人民介绍了英国的社会政治、唯物主义哲学、文学和科学,而且以英国为参照系,深刻地揭露和批判法国的封建专制制度。这些投向旧制度的第一批炸弹,对启蒙运动起了推波助澜的作用。伏尔泰还写有《路易十四时代》《论宽容异教》《哲学辞典》等,进一步宣传自由、平等的革命理论。他以巨大的声望和丰富的经验肩负起启蒙运动掀起阶段的领导责任,以"踩死败

---

① 高九江:《启蒙推动下的欧洲文明》,华夏出版社2000年版,第30页。

类"的战斗精神，给封建政权和天主教会以致命的打击，因而被人们尊崇为"法兰西民族的骄傲"、启蒙运动的领袖和导师。他所宣传的建立一个自由、平等、幸福的理性王国的思想对于把人们从中世纪的蒙昧和宗教迷信的禁锢中解放出来起了很大的作用。总之，伏尔泰作为启蒙运动的巨擘，毕生致力于打击反动的宗教统治和黑暗的封建制度。他注重时代精神，否认神意指导历史运行，坚信人类文明不断进步，理性必然战胜迷信和谬误。但是，伏尔泰是启蒙思想大师中较为保守的代表人物，他把改变封建秩序的希望寄托在所谓的"开明君主"身上，反映了大资产阶级的政治保守性。尽管他有局限性，但功绩是不朽的，其犀利的笔锋、辛辣的语言，向愚昧和无知宣战的胆识在当时起了振聋发聩的作用。他的骨灰被安放在先贤祠，墓碑上写着："他引导我们走向自由。"

孟德斯鸠（1689—1755 年）是著名的资产阶级启蒙学者、近代政治思想史上"三权分立"学说的正式提出者。他曾游历西欧各国，考察各国的社会制度及风俗习惯，而英国革命后的政治制度给他的考察留下极其深刻的印象。在某种意义上讲，他的政治思想模型来源于英国。孟德斯鸠的重要著作有《波斯人信札》《罗马盛衰原因论》和一部被誉为"理性与自由法典"的巨著——《论法的精神》。他在书中尖刻地讽刺并揭露封建专制制度的专横和腐朽，抨击教会的狡诈和伪善，认为造成社会不平等的法国专制政治就是暴政。这个暴政直接违反了自然法的原则，必须加以推翻。他在人类思想史上的一个重要贡献就是：继洛克之后把立法、行政、司法间的关系发展成资产阶级典型的分权学说。认为三权必须分开，使其相互平衡、相互牵制、相互监督，这样就可以避免君主滥用职权，保障公民自由。只要把行政权交给君主，立法权属于人民，司法权属于选举出来的不可撤换的法官，就能保障政治自由。三权分立的政治思想是针对当时法国的封建君主专制制度而提出来的，表达了资产阶级期望参与政治统治的强烈要求，是符合时代要求的政治理论和政治纲领，成为法国革命的理论武器和资产阶级政治制度的基本原则。孟氏关于资产阶级国家学说和法律就是理性、法制是国家灵魂的观点，以及他所提倡的民主、平等、自由、法律、权利、义务的思想，对资本主义制度的确立有推动作用，尤其对后来美国的《独立宣言》和法国大革命中的《人权宣言》都有巨大的影响。虽然孟德斯鸠的思想体系中有这样那样的缺陷，但他仍不愧为 18 世纪法国杰出的思想家。他在宗教愚昧和专制黑暗时代发出的呐喊，犹如春雷，空谷足音，振聋发聩。他的思想学说不仅成为法国大革命理论准备的重要组成部分，也是世界文化史上的一份宝贵财产。

让·雅克·卢梭（1712—1778 年）是杰出的启蒙思想家，代表中小资产阶级利益的革命民主主义者，著有《论科学与艺术》《论人类不平等的起源和基础》《社会契约论》等。卢梭是封建制度的叛逆者，对法国的君主专制、封建贵族、封建教会进行了无情的揭露和抨击。他在斗争中毫不妥协，一针见血地指出，人类社会不平等的原因是私有制的出现，只有用暴力革命才能恢复人们的自

由平等。卢梭反对孟德斯鸠的三权分立、行政最高首脑神圣不可侵犯的主张，主张国家的主权来自人民，人民对行政首领有任命、罢免与监督的权利，也有决定现存统治形式的权利，人民主权不可侵犯，人民有推翻专制制度的起义权利。这种人民主权思想是资产阶级革命民主主义思想的重要体现，在历史上影响极大。卢梭还认为，社会契约是人民之间自由结成政治团体而订立的，国家是人民自由协议的产物，国家的最高权力应当属于人民。主权者只服从人民共同意志和公共利益的集中表现——公意。人民主权是不可转让、不可分割和不能代表的。立法权属于人民。如果主权者把政府委之于全体人民或者大部分人民是民主制，在少数人手里则是贵族制，集中于一个独一无二的行政官手中就是君主制。卢梭赞成的是民主共和制。他反对代议制，主张直接民主。这种思想便是法国大革命时期公民参政的理论依据。卢梭的民族主义充满着民主共和的内容，成为近代民族主义理论的一块里程碑。总而言之，卢梭关于自由、平等、天赋人权、主权在民的政治思想反映了资产阶级反对封建斗争的要求，风靡了整整一个历史时代。正如拜伦所说："他的预言，像神秘的古代毕西亚山洞的神谶，把整个世界投进熊熊的火焰，直到所有的王国化为灰烬。"[①] 他的理论给了当时的人们以巨大的心灵震撼，产生了深远的影响。法国大革命中著名的《人权宣言》和1793年宪法都体现了卢梭的政治思想，甚至美国的独立战争和《独立宣言》的制定也深受他思想的影响。

3. 高潮阶段

18世纪下半期，以狄德罗（1713—1784年）为首的"百科全书派"将启蒙运动推到了高潮。该派的代表人物有狄德罗[②]、达兰贝尔、爱尔维修、霍尔巴赫等人，因合编30多卷的《科学、艺术和工艺的详解辞典》（简称《百科全书》）而得名。他们成为当时法国进步思想界的精神领袖，向着封建的经济基础和上层建筑展开全面进攻，理论上丰富了伏尔泰、孟德斯鸠的学说。他们把对宗教神学的批判提高到了唯物主义和无神论的高度，把对封建专制的批判提高到民主主义的高度，以崭新的武器投入战斗，推动着启蒙运动的继续发展。

针对法国的封建专制制度，"百科全书派"承认自然法就是人们共同的理性和正义心，是人定法的基础，社会的进步、私有制的产生、对幸福和秩序的向往，使人们通过社会契约脱离开野蛮的自然状态，有了国家和法律。他们主张财产、人身安全和自由是人天赋的不可转让的权利；人们把部分权利交给国家，目的是为了保障自己以私有财产为中心的权利和利益，人民是主权者，君主的权力应受到法律的限制；在法律面前人人平等，有人民代议机关牵制的君主立宪制或

---

① 拜伦：《恰尔德和哈洛尔德游记》，新文艺出版社1958年版，第148-149页。
② 狄德罗是"百科全书派"的精神领袖、《百科全书》的主编和组织者，18世纪法国启蒙哲学的杰出代表。除编写《百科全书》之外，他还著有《哲学思想录》和《关于物质和运动的哲学原理》等著作。

共和政体是理想的国家形式。人民有举行起义反抗暴君的权利,但首先应该依赖理性的进步、立法的改革或教育的作用。"百科全书派"的贡献,主要表现为他们为资产阶级的政治原则提供了新的更全面的理论基础。在揭露宗教的荒谬和教会的黑暗时,他们指出:宇宙生成只受自然规律的支配,"上帝是没有的"。这就深刻地揭露了封建统治者利用宗教的目的是为了奴役人民,宗教把人民造成一群无知的奴隶,用突如其来的恐怖使他们屈服于暴君和祭司的羁轭之下。他们把观察问题的眼光从神转向活生生的人和人的本质,从预定论转向客观环境、工业的发展和教育的进步,这无疑是对神学世界观的深刻批判,从而为资产阶级反封建的斗争提供了深刻的理论基础,在为大革命做思想准备方面起了决定性的作用。

《百科全书》的编辑出版历时 30 年。参加这一工作的共约 205 人,这时的启蒙思想家多属唯物主义哲学家,以其为核心,汇聚了一大批各学科的饱学之士。专家学者们以严肃的科学态度编写各个条目,对各种实用的工艺技术及其工具机械的制造操作都亲临现场调查后写出文字,并绘制附图。可以说,《百科全书》反映了 18 世纪科学技术的最新成果,代表着当时各个领域里的最高水平。启蒙思想家各显神通,出入上流社会的沙龙①,讨论学术问题,然后著书立说,向社会宣传。所有这些都使启蒙运动涂上浓厚的学术色彩。

4. 重农学派和空想共产主义思想的形成

法国的启蒙思想家宣传科学与理性,不遗余力地批判迷信和专制。启蒙运动作为一种思想解放运动、启蒙思想作为当时主要的社会思潮,对法国社会各个思想领域产生了深刻的影响,并促使学术界产生新的学派和新的思想。重农学派的形成和空想共产主义思想的产生均受到其影响。例如,重农学派的自然秩序理论受到启蒙学派自然主义思想的影响;空想社会主义者则接受了启蒙学派的平等、自由和自然法思想,进而发展为反对私有制和私有财产。

重农学派出现于 18 世纪 50—70 年代,是法国社会政治经济发展的产物,其经济思想是为资本主义的发展做辩护和论证。18 世纪中叶以后,法国的社会经济状况更加恶化,封建的剥削和重商主义政策严重地损害了新生的农业资本家和农民的利益。而早在 18 世纪上半叶法国近代工业开始成长时,广大农村已出现了资本主义性质的富农,下半叶又出现了农业资本家。他们要求把封建土地所有制转变为资本主义土地所有制。重农学派正是作为农业资产阶级的思想代言人而出现的。他们认为,农业(大农经济)是一切的基础,应优先发展农业生产,重农学派的主要代表人物是魁奈、杜尔阁等。

弗朗索瓦·魁奈(1694—1774 年)是重农学派的创始人。他出身于地主家

---

① 沙龙(Salon)原为客厅,后指 15—19 世纪西欧上层社会文化生活的交流中心,常常左右着所在时代的思潮与风气。

庭，写有《农民论》《谷物论》《人类论》《经济表》《自然法》《一般原则》《关于商业的对话录》等论著。他认为，农业是社会财富的唯一源泉，要提高农业生产水平，就必须改进农业生产技术，实行资本主义大农业生产。魁奈在政治经济学方面是开拓新途径、独创深刻而完整的理论体系的天才人物，其理论体系和经济纲领的核心与基石是"纯产品"学说。他从等价交换的原则出发，认为农业资本家投入生产的财富分为"原预付"和"年预付"两部分，应当从所获得的收入中取得补偿，此外他还有权得到余额——纯产品。只有在农业中创造出来的"纯产品"，才构成新的财富，才构成财富总量的增值部分，而流通领域不可能是财富的源泉。他的"纯产品"虽然接近剩余价值学说，但没有把剩余价值归结为剩余劳动时间所创造的，而错误地认为是由自然，即土地的自然生产力所提供的。但他第一次提出"纯产品"是在生产领域创造出来的重要原理，为分析资本主义生产奠定了基础。

　　魁奈以"纯产品"理论为基础，把整个社会成员划分为三个阶级：①生产阶级（农业资本家和农业工人），是社会全部经济活动的指导者；②土地所有者阶级，是以地租和租税的形态从农业阶级取得纯产品；③不生产阶级（不结果实的阶级），是工商业资本家和工人。这种划分掩盖了资本家剥削雇佣工人的社会本质，因而是不科学的。此外，魁奈还主张整顿税收，对用于补偿生产费用的那部分农产品不宜征税，应实行地租单一税制，一切赋税都应当由土地所有者承担；主张自由贸易，因为只有自由竞争才符合"自然秩序"，而一切垄断、限制和政府干涉都是违反"自然秩序"的。因此，他竭力反对重商主义的保护关税等主张。

　　总之，魁奈创立了一套完整的重农主义经济理论，并据此提出了发展法国资本主义的经济政策。由于魁奈的影响，在他们周围出现了一批门徒和追随者，形成一个独立的学派，并通过写文章、办杂志、定期举行集会，来宣传和解释魁奈的学说。

　　雅克·杜尔阁（1727—1781年）是重农学派的又一个代表人物。他出生于法国一个贵族家庭，曾担任神学职务、财政大臣等职，著有《关于财富的形成和分配的考察》一书。其经济理论同其他重农主义者比较，更少有封建主义外观。他集精细的观察力、丰富的实践经验和广泛的科学概括才能于一身，在一系列问题上对魁奈的理论作了实质性的修改，补充了重农派提出的社会阶级结构图式。认为土地耕种者是生产财富阶级，他们的劳动提供最重要的消费品，养活了其他工人，才是财富的唯一源泉。作为魁奈最有天才和具有独特见解的信徒，他热烈、彻底地拥护"经济自由""谷物贸易自由""劳动自由"，并认为教育的进步、理性的胜利、经济关系的变化对社会进步具有决定性的意义。从畜牧业向农业的过渡是社会发展中的一个非常重要的阶段，由于土地养活的人多于种地所需要的人，这就引起了社会分工，使城市、商业、手工业艺术发展起来了。他强烈谴责封建制度，认为它不过是建立了"秩序的假象"：国王没有权力，贵族横行霸道，乡村逐渐荒芜；商业完全萧条；没落贵族的财富和余暇消耗在游手好闲中，最粗野的愚昧散布到了所有的国家和所有的行业。杜尔阁还相当完备地划分了社会的基本收入：工资、利润、利息和地租。但他没有认识到雇佣工人所创造的商品价值是这些收入的唯一源泉，而把社会产品看作物质的总和，无法解释社会产品如何分解为收入。

杜尔阁不仅发展了重农主义的经济理论，而且在担任财政大臣期间进行了经济改革，着手实行重农学派的经济纲领：取消对谷物贸易的限制，建立自由贸易，减少入城谷物的税款，把赋税推行到特权阶级身上，减轻农民的负担，实行酒类贸易自由，取消领主专利权，取消行会组织。这些改革的目的和实质，是为资本主义的发展扫清道路，但因遭到封建贵族的反对而失败。只有到法国革命时，这些改革方案和各种措施才得以实现。因而马克思写道："杜尔阁试图预先采取法国革命的措施。"①

重农派的社会政治思想在18世纪得到了广泛传播，但也受到奈克尔等人的反对。

奈克尔（1732—1804年）出身于日内瓦的一个资产阶级家庭，青年时代移居巴黎，步入政界，掌管国家财政，著有《论立法和谷物贸易》一书。该书为国家调整谷物贸易必要性进行辩护，分析批判重农学派的经济理论。他认为工业绝不是农业的竞争者，而是其必要的补充和激励，农业的进步总是引起工业的发展，而工业活动的加强和多样性，又推动了农业的前进。他还指出，国家为了居民群众的利益有权而且有义务干预经济关系；国家有必要采取合理的政策调整谷物贸易。可见，奈克尔同重农派的争论，只是资产阶级阵营内部两个派别之间的争论。

在18世纪后半叶，法国资本主义在封建母体内有了进一步的发展。资本主义手工工场日益发达，雇佣工人的人数随之增多。他们虽然还没有从一般劳动群众中形成一个有觉悟的先进阶级，但是反映他们要求摆脱资本主义剥削愿望的意识形态已经出现。在法国大革命的孕育过程中，就出现了以梅叶、摩莱里和马布利为代表的空想社会主义和空想共产主义思想。他们认为社会所表现出来的只是弊端，消除这些社会弊端是思维着的理性的任务。他们在否定和批判封建专制制度和资本主义剥削时，提出了理性原则，并借助理性勾画出各种空想共产主义的方案。

摩莱里（生卒年月不详）著有《自然法典》一书，其政治思想深受启蒙学派自然法思想的影响，用"理性"和"非理性"的对立来批判现存的社会制度，描绘理想的社会制度。他指出，私有制的产生使人们道德败坏，贪欲增加，邪恶

---

① 马克思：《剩余价值论》//《马克思恩格斯全集》第26卷，人民出版社1972年版，第42页。

横行。私有制是一切罪恶的根本原因。他主张消灭私有制，消除商品流通和交换，把产品直接分配给劳动者；认为每个社会成员都有生存权和劳动权，确定他们参加劳动的义务；主张建立共和国形式的共产主义制度，这种制度应是统一的经济整体，受统一的经济计划指导，根据全体社会成员的需要分配产品。但是，他描述的共产主义社会是以自然规律为基础的模范制度。他提倡严格限制人们的消费，大力反对奢侈，想通过和平方式来实现共产主义，但没能认识到技术和劳动生产率的增长对于社会发展的作用和意义，因而具有空想的性质。

马布利（1709—1785年）出身于贵族家庭，当过神父，著有大量历史、哲学和政治思想方面的著作，主要有《论公民的权利和义务》《论立法》等。他深受启蒙思想的影响，是一个唯心主义的唯理论者。其学说也是建立在自然法理论基础上的。他认为，人们为了保护自己的生命、自由，使它免受暴力和贫困的威胁，才放弃自然的权利而加入社会，因而人民是最高权力的唯一本源，人民永远保有改变现行政体的权利，人民有权起义反对暴君。他针对君主滥用权力的非法行为，强调用法律来保障公民的自由和幸福，认为只有依靠理性建立起法律的统治才能防止暴政和混乱。他进一步指出，私有财产是折磨人类的一切不幸的根源，主张限制商业，应制定反奢侈的法律，对衣、食、住及家具等作出规定，用法律来保持社会财产的平均状态。他粗略地描绘了自己的理想共和国：人人都是富人，人人都是穷人，人人平等，人人是兄弟。这个共和国的第一条法律就是禁止财产私有。人们把自己的劳动果实都送到公共仓库去，这些果实都是国家的珍宝和每个公民的财产。家长们每年选出家政管理员，这些人员的职责是按照每个人的需要分配必需品，按照公有制对每个人的要求分配工作，并维护国内的道德。

启蒙运动时期，梅叶、摩莱里、马布利主张的社会主义带有普遍的禁欲主义和粗鄙的平均主义色彩，他们不了解历史发展的客观规律，幻想凭借启发人们的理性来实现共产主义，这是根本办不到的。然而，社会主义的最初代表也是属于启蒙学者之列的，他们对启蒙学者所提出的各种原则做了进一步的、似乎更彻底的发展。由于这些思想家的影响，革命前夕的法国才出现了"第四等级"（农民、工人、手工业者）的名称，说明其和第三等级的资产阶级也有着不可调和的矛盾。空想社会主义者的历史功绩就在于他们在剥削者与被剥削者之间划出了一条明确的界线。他们作为人民群众的思想家，和资产阶级思想家一起，在思想战线上同封建主义进行了激烈的较量，有着启发、动员群众，为革命作思想先导的历史作用，并使空想社会主义思想向前迈进了一大步。

法国的最后一位启蒙思想家是孔多塞（1743—1794年）。他亲自参加了1789年爆发的法国大革命，是法兰西第一共和国的主要奠基人和体现这个共和国的共和主义思想和制度的《吉伦特宪法》的起草者。他还著有《论积分学》等学术著作。他认为理性是普遍的、人所共有的，人都具备推理的能力和获得真理的能力，作为人的集合体的社会，只能建立在理性的基础上，社会的一切建置都必须以理性为依据；理性使人们懂得了包括自由、平等在内的自然权利，而人集合为社会的目的就是维护自然权利；国家和政府的责任就在于保证每一个公民都平等地享有其应有的权利。孔多塞特别强调消除旧制度下的一切人为的不平等，如财产不平等、劳资不平等、教育不平等；主张制定限制有利于富人增加积累而不利于一般人发挥经营才能的法律，制定救济贫困、提倡社会保险、保障劳动者生活的法律。孔多塞还在生命的最后时刻写成《人类精神进步史概观》一书，提出了人类精神进步的10个时期。该书是对整个18世纪哲学的综合，为法国启蒙运动画上了完满的句号。

（二）德国的启蒙运动

启蒙运动具有国际性，它的思想渊源首先是英国近代自然科学。政治上，法国启蒙思想家继承了人文主义者的批判精神，并深受贝尔、洛克的自由思想影响。启蒙思想传播到德国后，对德国思想文化起着巨大的推动作用。德国启蒙运动是整个欧洲启蒙运动的一个侧面。启蒙运动精神贯穿着18世纪整个德国社会。因德国经济落后于英国、法国，宗教势力强大，国家分裂，所以德国启蒙运动采取了相对温和的方式进行。启蒙运动在德国思想界的标志就是教育、哲学和文学的发展。

德国启蒙教育家巴塞多夫（1724—1790年）深受卢梭思想的影响，著有《对真理之爱》，否认神的训诫，只承认自然本身的启示。他在儿童教育理论方面建树颇丰。

早期德国启蒙哲学家托马修斯（1655—1728年）主张哲学应摆脱经院神学的束缚，从亚里士多德的重压下解放出来，强调实际知识和现实生活，并将启蒙思想贯穿于教学当中。

莱布尼兹（1646—1716年）是启蒙时代享有世界声誉的哲学家和学者。莱布尼兹在逻辑上提出了充足理由律，改进了帕斯卡尔的加法器，创造了手摇计算机。在数学上创立了微积分学理论和"二进位制"，奠定了后世控制论和计算机原理的基础。他的哲学著作有《形而上学谈话》《人类理智新论》《神正论》《单子论》等。虽然他的学说具有形而上学和唯心主义倾向，但他十分热爱科学文化事业，他的所作所为推动了德国启蒙运动的发展。

沃尔夫（1679—1754年）是德国启蒙运动中最有影响的人物，著有《神、世界和人的灵魂的理性思想》等书。他在莱布尼兹观点的基础上建立了自己独特的哲学体系，被称为"莱布尼兹－沃尔夫哲学"。他首次把哲学分为本体论、宇宙论、心理学、伦理学、经济学、政治学等部分，并强调以矛盾律为其主要规律的逻辑学是哲学的基础，认为哲学的一切原理都可以用数学或演绎的方法建立起来。他认为，事物的规定性不是由其他事物的作用而引起的，而是由该事物的本

质引起的。事物的那些由其本质而引出的规定性就是该事物的特征。关于实践哲学，他认为人们的行动是由理性决定的，善就是善本身，而不是因为它是上帝创造的，即使没有上帝，它还是善。所以，他和其他启蒙学者一样，把"理性"看成是衡量一切事物的唯一尺度。

四、启蒙运动时期的哲学

马克思说："任何真正的哲学都是自己时代精神的精华。"① 18世纪的法国启蒙哲学是在西方资本主义上升时期产生的进步思潮，是资产阶级革命的世界观，在西方哲学史上占有重要地位。

法国的启蒙思想家和唯物主义哲学家，对宗教神学、封建意识形态进行了尖锐的斗争。法国唯物主义者完全抛弃了宗教的外衣，比他们的先辈更坚决地提出了唯物论、无神论的思想，彻底清除了17世纪唯物论中的宗教神学杂质，是资产阶级革命时期哲学中最典型的形式，在历史上曾起过进步的革命作用，对法国大革命有着直接的推动和影响，甚至在革命爆发时竟给共和党人的恐怖主义一面理论旗帜，并且为《人权宣言》提供了底本。启蒙哲学的成就与当时法国新兴资产阶级的经济政治力量已强大到必须也能够推翻封建专制制度的地步有关，也与当时自然科学的发展、法兰西民族酷爱自由的传统精神文化的升华密切联系着。

18世纪法国启蒙哲学从理论内容来看，可分为两个相互交叉的派别：一派起源于笛卡尔，注重对自然事实的说明；一派起源于洛克，注重对社会历史的说明。

启蒙哲学家在自然观上坚持自然是物质元素的组合、世界万物统一于物质的唯物论观点，并认识到运动是物质的属性，辩证地看待自然事物的发展变化。他们用力学的观点解释一切，把物质的诸特性归结为广延、密度等机械性质，把物质的诸运动归结为物体的机械的位置运动，还把自然界视为"因果系列的无穷锁链"，等等。适应了当时自然科学的发展状况，启蒙时期的唯物主义是机械的形而上学主义的典型形态。

在认识论方面，启蒙哲学强调"在自然中把握自己"，坚信人类的理性具有洞察自然奥秘的无限能力。与封建的天赋观念相对立，启蒙哲学认为观念来源于对外物的感觉，一切精神活动都是对感觉的组合和比较，并含有"观察收集事实，思考把它们组合起来，实验证实组合的结果"的辩证思想，是唯物主义感觉论发展中的鼎盛阶段。

---

① 马克思：《第179号"科伦日报"社论》，《马克思恩格斯全集》第1卷，人民出版社1958年版，第121页。

但 18 世纪启蒙哲学在整个西方哲学的发展中奠定自己历史地位的，主要还是在对社会历史问题的说明方面。

启蒙运动是当时法国国内资本主义生产关系和封建专制制度、以资产阶级为首的第三等级和封建特权者之间社会矛盾激化的直接结果。启蒙哲学的历史任务就是为革命做舆论准备，在社会历史问题上用理性批判封建神学。从这个意义上说，启蒙哲学家论述自然观，坚持从世界本身说明世界，乃是为把社会历史观从神学的束缚中解放出来奠定唯物主义的基础。他们热情地欢迎洛克关于人类理性起源的著作，把唯物主义感觉论运用于社会生活方面。正是为了适应资产阶级大革命的现实需要，启蒙哲学家把精力投在研究社会历史问题上。他们的研究成果蕴含有一整套以社会历史观为核心的社会政治伦理思想体系，其内容极其丰富，观点十分新颖，为唯物史观的产生提供了理论渊源。

（一）洛克

英国哲学家洛克（1632—1704 年），他在继霍布斯之后发展了经验主义，推动了唯物主义和自由思想的传播，直接影响到了法国启蒙哲学的产生。法国思想家贝尔和苏丹奈尔在英国哲学的影响下，继承了笛卡尔哲学中的唯物主义因素，摈弃其中"上帝存在"和"灵魂不死"的唯心主义思想，把理性作为反对封建制度和宗教权威的武器，成为启蒙哲学的先声。

（二）伏尔泰

启蒙泰斗伏尔泰（1694—1778 年），他的哲学思想深受培根、洛克等人的影响，他认为感觉经验是认识的来源，而感觉经验又来自客观存在。他用经验论批判中世纪的经院哲学，责诘 17 世纪的形而上学。伏尔泰是最早抛弃唯心主义哲学、接受唯物主义思想的法国启蒙学者之一。他把英国的唯物主义介绍到法国，对法国唯物主义的发展有一定贡献。他坚持唯物论反对唯心论的斗争对法国唯物主义者狄德罗、爱尔维修等人有较大的影响。在社会历史观方面，伏尔泰反对上帝的意志决定人类历史发展的天命论，认为人类历史是一部社会发展进化的历史，社会进步与神的意志没有丝毫关系，反对用《圣经》的观点解释历史；认为历史发展有其自身的规律，即理性发展的规律，也模糊地意识到经济生活和阶级关系在历史发展中起着很大作用，并对社会发展抱有乐观主义的态度；坚信历史在前进、社会在进步，人类终将达到一个理想的境界。他作了世界史写作的尝试，并把文化和商业提到同政治、军事并重的地位。然而，伏尔泰并非一个彻底的唯物主义者，而只是一个自然神论者，他承认上帝的存在，并认为上帝是世界的缔造者，至于上帝如何创造世界那是不可知的。其名言"如果没有上帝，就应当创造出一个"，充分说明了他所代表的大资产阶级的思想局限性。

（三）孟德斯鸠

孟德斯鸠（1689—1755年），是法国自然神论的早期代表之一。他一方面承认上帝是世界的始因，又认为世界是受自然规律支配的，上帝也不能改变自然规律，上帝的活动也要受自然规律的制约。他认为世界是由物质的运动形成的，永恒的物质世界的运动必定有不变的规律。他力图用自然法理论来说明国家与法的起源和本质。他所说的自然法就是人类的理性，自然法单纯渊源于人们生命的本质。他断言，在国家出现以前，人们在自然状态下生活，自然规律（自然法）起支配作用。人类虽具有获得知识的能力，但知识是不多的。个人想到的是如何保存自己而不是想到自己生命的起源，每个人都感到软弱怯懦，都有自卑感而不是互相攻击。因此，他把自然法归结为四条：第一条是和平；第二条是寻找食物，设法养活自己；第三条是对他人的爱慕情感；第四条是过社会生活的愿望。在他看来，人们在自然状态中是和平、自由和平等的，只是从自然状态过渡到社会状态之后，人们之间的战争状态开始了，于是才出现各种法律，而法律的出现才使平等得以恢复。他认为，最好的政府应是君主按照英明的法律来统治的政府，并把英国的君主立宪制当作楷模。所以，他运用自然法理论来说明国家与法的起源和本质的目的，是为了论证封建的国家和法律制度是不合乎人类理性的，主张用资产阶级的国家和法律制度取而代之。

当他用自然法理论研究人类社会问题时，便得出地理条件决定政治制度的结论。他通过分析各种地理、气候特点来解释其对社会制度的决定性影响。比如，热带民族由于怯懦、怠惰往往沦为奴隶；寒带民族由于坚强、耐劳则往往能够维护独立和自由。土地贫瘠使人勤奋、勇敢，追求自由，因而这里的国家常常实行民主政体；土地肥沃则使人因生活宽裕而柔弱，因而这里的国家常常实行君主政体。孟德斯鸠在一定程度上看到了地理环境对社会发展的作用和影响，认为国家立法要考虑本国的气候、地理条件，本民族所从事的职业，人民的生活方式、宗教信仰、风俗习惯等，这是有进步意义的。但他夸大了气候、地理条件的作用，则是片面的。因为决定社会发展的是社会物质资料生产方式。

（四）卢梭

卢梭（1712—1778年），在研究人类历史发展的过程中，提出了某些接近历史唯物主义的思想。在格劳秀斯、霍布斯等人社会契约论的基础上，卢梭提出了自己的"社会契约论"观点，认为社会契约不是在上者与下者之间的一种约定，而是共同体与其各个成员之间的一种约定，实际上就是人民同自己订立契约。在订约时，每个人都向全体奉献出自己的权力，因而他实际上没有向任何人奉献出自己；每个人失去的东西，从缔约的其他人那里又以等价物的形式得到了，按照这种契约结合成的"社会状态"，人就不会丧失他的自由和平等。社会以道德和法律的平等代替了自然所造成的人类体力和智力的不平等。卢梭认为，人类社会的不平等经历了一个发展过程：私有制的出现→国家的出现→暴君、暴政的出现；并用辩证法思想说明：专制制度必然走向它的反面，必然被推翻，被否定，被以高级的社会契约形式建立起来的平等社会所代替。这种理论对于启发法国人民起来推翻封建专制制度起了积极作用。

卢梭是试图以经济的原因来说明人类社会发展的唯一启蒙哲学家，认为人的生产力量是社会发展的根本动力。在自然状态下，人们为了"保存自己"，在与自然界的长期斗争中发明了绳索和钓钩，学会了捕鱼、食鱼，制造了弓箭，学会了狩猎；还学会了用火来煮肉、御寒，用兽皮来蔽体、护体，用石斧来伐木、筑屋。而随着各种工具的发明，生产和生活能力的提高，尤其是"冶金和农业这两种技术的发明"，人们有了剩余，遂导致了私有制的产生，人类进入了新的社会状态。

（五）拉·美特利

拉·美特利（1709—1751年）是法国唯物主义的早期代表人物，著有《人是机器》和《心灵的自然史》。他继承和发展了笛卡尔在其物理学中所阐明的思想（物质是唯一的实体，是存在和认识的唯一根据），认为在整个宇宙里只有一种特质实体，一切都是它的产物和表现形式。美特利不但反对莱布尼兹的唯心论，还扬弃了笛卡尔承认有两种实体并且最终导致有神论的唯心主义和形而上学观点，指出笛卡尔的错误在于不理解物质和运动的关系，把两者形而上学地割裂开来。他断言物质不仅具有广延性，而且具有使自己活动的内部动力。在确立了物质和运动不可分割的原则之后，他进而论述物质和精神、身体和心灵的关系问题，通过分析大量的生理学和病理学材料，力图证明物质是意识的基础、心灵离不开身体的唯物主义原理。

他在欣赏笛卡尔"动物是机器"的命题时，更进一步指出"人也不过是一架机器"，人和动物的不同之处不过是人这种机器比动物机器多几个齿轮、几条弹簧罢了，其间只是位置的不同和力量程度的不同，而绝没有性质上的不同。他在把机械唯物论加以发展的同时，也就更加暴露了这种理论的缺点：运动只是机械的运动。这就完全否定了人和动物的质的区别，否认了人的社会性，从而把人降低到动物的水平。他在反复论述心灵对物质机体的依赖关系时，提出了唯物主义的认识论，既发展了洛克的感觉论，又克服其不彻底性。他认为，人的认识乃是"脑髓在幕上的种种真实变化，映绘在眼睛里的事物反射在这个幕上，就像从幻灯里射出一样"。他把事物对感官的刺激所引起的认识比作像"提琴里的一根弦或钢琴的一个键受到振动而发出一个声响一样"。他响亮地提出"没有感觉就没有观念"，驳斥了天赋观念和主观唯心主义理论，具有积极意义。但当他宣布感觉是一切认识的来源时，又企图把一切认识都归结为感觉，未能正确理解感性

认识和理性认识的关系以及实践对认识的决定作用，因而他的认识论是机械的、直观的和消极的反映论。

（六）爱尔维修

爱尔维修（1715—1771年）是法国唯物论的卓越代表，著有《论精神》和《论人的理智能力和教育》（简称《论人》）。他在继承和发展洛克感觉论的基础上系统地表达了法国唯物论者的社会政治伦理观点，其学说特征鲜明，别具一格。

爱尔维修提出了以利益为核心的功利主义伦理学，其哲学目的是通过研究人心、人的情感和人的幸福，确立一种人学和道德学体系，即一种感觉论的人学和功利主义伦理学。研究人的精神、人心，考察人的各种理智能力，说明人的精神、美德和天才都是教育和环境的产物。寻求人达到幸福的途径，是爱尔维修全部哲学的主题。爱氏所坚持的是比较彻底的经验形态的唯物主义立场，肯定自然界中存在着各种各样的物体，而构成物体的最重要性质是广延性、密度和不可入性。他认为运动是物质的固有属性，"运动像引力一样，为物体所固有，运动就是一切存在物的原因"。但是，他把物体的运动看成只是数量的变化，不承认质变飞跃。他把人们的一切精神能力都归结为肉体的感觉能力，认为精神的一切活动就在于人们有一种能力来察知自然界所提供的各种对象，即得到各种感觉和观念，并将其进行比较。这种比较就是判断，判断只不过是感觉。在人的身上，一切都归结到感觉。总之，在认识能力、认识过程和认识结果上都是唯感觉论。他的这种机械唯物论的反映论是反对唯心论和宗教神学的有力武器。因为人的精神归根到底不过是感觉能力，而感觉能力乃是具有一定结构的物质的属性。所以，离开人的身体就不可能有什么独立存在的精神实体，所谓"上帝""灵魂不死"等完全成为不可思议的了。

爱氏将其唯物论的感觉论原理直接应用于社会政治问题，从而提出了一套适合于18世纪法国资产阶级革命要求的社会政治观点。他首先提出的是具有资产阶级人性论色彩的利益史观（也叫"自爱原则"）。其大意是：凡人都具有肉体的感受性，通过它，人能获得快乐或痛苦的感觉，欲望满足了就感到快乐，否则就感到痛苦。这种感受性驱使人们经常避苦求乐，力图自我保存。人在各方面追求利益，都是自爱的变形。利益是支配人类一切行动的唯一准则，也是人类的唯一推动力，从而把利益提到不可违抗的普遍规律的高度。他的利益观念似乎是就道德而言的，但其实在的内容乃是指现实的人吃、穿、住以及爱情、荣誉、权力等等。这是在关于社会历史问题考察中一种令人注目的理论进展。此外，爱氏还从其感性原则出发，得出"人是生而平等的"和人的差别都是后天获得的思想，提出"人是环境的产物"这一著名原理。他所说的环境主要是指政治、法律、文化等上层建筑。他认为要消灭社会上的罪恶，就必须改变政体和立法；而法律的完善靠的是人类理性的进步。在此基础上，他提出"意见支配世界"和"教育万能论"的思想，宣称：道德的人完全是教育和模仿的结果。这种思想又直接导致他的"天才论"和"英雄史观"。因此，爱氏的机械唯物论在涉及社会历史问题时仍未能跳出唯心主义的圈子。但爱氏表述的平等思想、由改造环境上升到资本主义代替封建制度的要求是资产阶级启蒙思想的重要组成部分。不仅如此，他的唯物主义思想直接成为社会主义和共产主义的财富，空想社会主义者圣西门、傅立叶就是从爱尔维修的这些思想出发的。

（七）德尼·狄德罗

《百科全书》的创导者和组织者德尼·狄德罗（1713—1784年），是法国唯物主义的领袖人物，主要著作有《哲学思想录》《达朗贝尔和狄德罗的谈话》《对自然的解释》《关于物质和运动的哲学原理》《拉摩的侄儿》等。他坚持世界只有一个本源的观点，认为整个宇宙实体就是物质实体，超自然的独立的精神实体是根本不可能存在的。人应当在自然中而不是在头脑中把握物体；物体是存在的、多样的，具有各种特性和活动的。在肯定物质是多样的基础上，他提出"异质分子说"，认为物质的最小微粒即分子在性质上是多种多样的，由于它们的结合就产生各种不同的事物。元素不但有量的差异，而且有质的差异。物质的运动是绝对的，静止是相对的。"静止与运动的真正区别，在于绝对的静止只是一个抽象的概念，根本不存在于自然中，而运动则是一种与长度、宽度和高度同样存在的性质。"在论证运动的普遍性、绝对性和永恒性时，他继承了笛卡尔"运动量守恒"的思想，并指出运动形式的多样性：位置移动；内部运动（激动），包括升华、分解、化合、破坏、组合等。狄德罗克服了17世纪唯物主义关于物质被动的惰性方面的缺陷，坚持从物质到感觉和思想，辩证地解决物质与运动、物质与意识的关系问题。难能可贵的是，他在坚持唯物主义的同时，反对各种神学观点和主张所谓"第一推动力"的"自然神论"，具有唯物主义与无神论结合的性质。

狄德罗认为，感受性也是运动着的物质的属性，一切物质普遍具有感受性，并将其分为"迟钝的感受性"和"活跃的感受性"两种，企图以此说明无机界与有机界之间的联系。他还从感受性原则出发，肯定认识开始于感觉经验，认为人的概念只有与外界的东西联系起来才成为坚实可靠，反对要事物来适应于人的观念的主观唯心主义认识论，坚持了唯物论的反映论。他虽然肯定认识来源于感觉，但并没有完全陷入狭隘的经验论，而是对于感性认识的局限性具有一定程度的了解，因此提出对自然的观察、思考和实验的三种认识方法，提出认识不能停止在感觉上面，必须在经验的事实上加以思考，然后予以实验的证明。此外，狄德罗的小说《拉摩的侄儿》被恩格斯誉为"辩证法的杰作"，它充分揭露了法国封建社会内部的矛盾，宣扬资产阶级的人性论。但在社会历史观上，他不承认人民群众是推动社会发展的主要动力。

（八）霍尔巴赫

霍尔巴赫（1723—1789年）是杰出的唯物主义哲学家和无神论者，著有《自然体系》《自然政治》《社会体系》《道德政治》等。他翻译介绍外国的先进自然科学成果，为《百科全书》撰写条目。他力图在自然的基础上，建立起一个反对宗教和唯心论的自然观和反对封建专制暴政的"自然政治"，即"自然体系"。他认为，自然就是物质世界的整体，就是变化无穷而又以无限的方法配合着的各种物质的总和。这个自然是唯一的客观存在，是万物的本源。他强调构成自然的是物质和运动以及二者不可分的原理，认为一切自然现象，包括人的一切活动在内，都只受力学规律的支配。他在论述自己的客观规律性和因果必然性时，有意将矛头直接对准宗教神学，指出一切都是按自然的必然规律进行的，超自然的东西（奇异和神迹）是不存在的。

在霍尔巴赫看来，一切都是被机械地决定了的，一切因果联系都是必然的。他把机械唯物论直接应用于人，大力驳斥了"灵魂不灭"和"意志自由"等宗教唯心主义思想。但他又认为人完全从属于一般的自然规律，从而把人也看成是一种机器，把人的思想意识归结为物理的和生理的因素。由于他把人看成是自然的存在，所以也就没能认识到人的社会性与阶级性。然而，他在坚持自然法则的基础上，从人性论出发，制定"自爱"原则，指出封建制度破坏了人的自由、平等、私有财产等自然权利，因此必须加以推翻。作为一名坚强的反对宗教迷信的无神论战士，他依据唯物主义理论，深刻地揭露宗教迷信的种种危害与罪行，以及宗教的反动作用及其与专制政治的密切关系，从而为资产阶级革命提供了坚实的理论基础。在霍尔巴赫的努力下，18世纪法国唯物主义世界观系统化了，并建立起一个严整的机械唯物主义哲学体系。这就是他在哲学上的最大成就。他是18世纪法国最激进、最彻底的唯物主义者和无神论者。他在继承17世纪以来的机械唯物主义和唯物主义经验论的基础上，使唯物主义的各种成果系统化，确立起唯物主义的思想体系。他的无神论思想和反封建、反神学的彻底性震撼了当时的欧洲。

综上所述，18世纪法国启蒙哲学家在社会历史观上属于人本主义范畴，这是他们把自己的唯物主义学说应用到社会生活方面的一种尝试和表现，是文艺复兴时期人文主义的继续和发展。首先，人文主义者注重从感性的角度研究人，强调人本性中的情感、意志等，主要通过文学、艺术、伦理思想等领域来描绘和表现人；而启蒙哲学家则注重从悟性的角度研究人，强调人本性中的理性方面，认为"一切都必须在理性的法庭面前为自己的存在作辩护或者放弃存在的权利。思维着的悟性成了衡量一切的唯一尺度"[①]。这无疑比人文主义前进了一大步。其

[①] 恩格斯：《反杜林论》，《马克思恩格斯选集》第3卷，人民出版社1972年版，第56页。

次，启蒙哲学用理性彻底批判宗教神学，最终具有与战斗的无神论相结合的性质。他们从"人"出发，说明社会发展的根本动力和国家的起源问题，其矛头直接指向当时封建专制制度的精神支柱——天主教会。他们宣传人所赖以生存的地理环境决定论，宣传人的利益是社会发展的唯一推动力，宣传人与人之间的社会契约，等等，这无一不是反对上帝安排一切、干预尘世、君权神授等当时具有广泛影响的神学谬论的。他们系统地分析宗教的起源和本质，指出"无知"和"恐惧"是宗教的两个来源，上帝是人所想象的"虚构物"，宗教是"神圣的瘟疫"，它挑起尘世间的战争，败坏人类道德，宣传愚昧，扼杀科学，帮助专制制度奴役人民，是万恶之源，并驳斥了"人民需要宗教"的陈词滥调。这种用理性反对愚昧，促使人们从宗教神学所造成的精神压抑中觉醒起来的强劲思潮正是启蒙运动的鲜明特征。最后，启蒙哲学用理性无情地批判封建专制制度，具有与公开的现实的资产阶级政治相结合的性质。作为资产阶级革命的思想家，他们以人为本的理论就是对轻视人、蔑视人、使人不成为人的封建专制制度的否定。他们把封建贵族看作是必须割除的社会毒瘤，提倡人民主权，抨击"朕即国家"，向往理性国家——资本主义民主共和国，这些都成为法国大革命的直接先导。

总之，启蒙哲学在以人性论为理论基础说明社会历史问题时，虽未使社会历史观成为科学，却把当时占统治地位的神学史观——否定，建立了注重人及人与人关系的人学史观，这是在社会历史问题研究中的一个重大理论进展，是向唯物史观发展中的一个必要历史环节。它是19世纪黑格尔辩证的唯心史观之前内容最系统、观点最新颖的一种社会历史学说，蕴含着许多宝贵的历史唯物主义萌芽和引人注目的思想，如人性本善、人类智力的天然平等；关于经验、习惯、教育的万能，关于外部环境对人的影响，关于理性的进步和工业的进步一致，关于个人欲望、享乐、利益的合理性等学说，都是对西方优秀传统文化的批判继承和创造发展，同以后的社会主义、共产主义理论之间有着必然的联系，值得我们重视。

五、启蒙运动时期的文学

文学是时代精神的反映。在欧洲文化史上，启蒙文学与资产阶级启蒙运动相呼应，并构成其重要的内容。在理性主义的指引下，启蒙作家提倡厚今薄古，在内容与形式上一反古典主义文学的传统，形成了自己的特点。首先，启蒙文学具有鲜明的政治倾向性和民主性。启蒙作家把文学创作看成是宣传教育的一种有力工具，他们经常深入浅出，把深奥难解的哲学思想写得通俗易懂，以期唤起人民反对封建专制和宗教迷信。其次，启蒙文学着重反映人民大众的日常生活，描写普通人的英雄行为和崇高情感，揭露、抨击封建的王公贵族。最后，体裁多样。少数人用诗体进行创作，绝大多数作家用散文写作。他们喜欢采用民间故事和人

民的语言，常用讽刺和说理的文学手法，其作品尖锐辛辣、逻辑严密，富有摧毁力和战斗力。他们创作的哲理小说、抒情小说、哲理随笔、哲理戏剧、启蒙戏剧等新颖体裁，充分适应了启蒙运动普及知识的需要。

（一）启蒙运动时期的英国文学

启蒙文学的最早萌芽是在资本主义发展较快的英国。由于英国资产阶级革命是在宗教的外衣下进行的，带有不彻底性，因而革命时期和革命后资产阶级继续肩负着启迪民众、反对封建残余的历史任务。英国的启蒙思想家和作家以理性为武器，反对封建制度，为新生的资本主义制度辩护，其中的思想激进者在反封建的同时还批判资本主义的剥削制度，对受压迫、受剥削的人民大众深表同情。

早在资产阶级革命年代里，著名的政治思想家弥尔顿便成为英国文坛上最有成就的作家。他的三部杰作《失乐园》《复乐园》和《力士参孙》，虽取材于《圣经》故事，但目的在于说明人类不幸的根源，论述理性与感情的关系，肯定人生、人的进取心、自豪感，赞扬科学、正义和理想，否定人的野心和骄傲，试图反映重大的社会问题，表达革命者对复辟王朝的愤怒和渴望复仇的心情，讴歌资产阶级革命者的精神面貌。弥尔顿的诗歌具有汹涌澎湃的感情、质朴有力的语言、活泼有序的音律，显得庄严宏伟，在英国文学发展史上占有重要地位。

典型的清教徒作家约翰·班扬（1628—1687年）著有一部名为《天路历程》的寓意小说。前部叙述名叫"基督徒"的主人公抛弃家园妻子，跋涉高山深水，战胜猛兽妖魔，最后到达天国之城的经历；后部描写主人公的妻子，继丈夫之后寻找天国的故事。作品反映了小生产者的宗教狂热，同时通过一系列寓意形象对社会现实有所批判。例如，基督徒路过名利城时，看到灵魂肉体、功名富贵都在市上出卖，他自己也遭到违法乱纪、荼毒生灵的法官的迫害。情节人物都写得比较生动，采用人民的语言，影响颇大。

1695年英国废除出版物查禁法后，文化氛围较为宽松，创作自由有了保障，加上读者进一步增多，使期刊事业达到前所未有的繁荣。当时，几乎每个有名的作家都办过期刊，如笛福的《评论报》、约翰逊的《漫游者》、菲尔丁的《修道院花园杂志》、艾迪生和斯蒂尔的《旁观者》等。

英国启蒙文学的主要成就是现实主义小说。英国文学史上第一个重要的小说家是丹尼尔·笛福（1660—1731年）。他出身于清教徒的小商人家庭，自己虽是商人，却积极参加政治活动，因发表讽刺当局的政论文而遭牢狱之灾，致使经济破产。他因经商而到过西班牙、法国、德国、意大利等地，眼界开阔，想象丰富，写有《鲁滨逊漂流记》《辛格顿船长》（一译《海盗船长》）、《摩尔·费兰德斯》《罗克·萨娜》《大疫年日记》《一个骑兵的回忆》等。其中的《鲁滨逊漂流记》是以第一人称写成的长篇小说。作品描写青年时代不安于平庸生活的鲁滨逊私自逃走，到海外经商，先为摩尔人所掳，后逃往巴西，成了种植园主。在到非洲购买奴隶时遇难，独自漂流到一个无人荒岛。小说主要描写他在岛上28年的生活。他依靠自己的毅力和劳动，改造了环境，战胜各种险恶，最后搭船回国成为巨富。这部小说反映了资本主义原始积累时期新兴资产阶级的精神面貌，歌颂了资产阶级心目中的英雄人物的行动、追求和热情，表现出资产阶级关于发展资本主义工商业、扩展殖民地、反对封建专制、争取政治权利和社会地位的强烈愿望。另外，《摩尔·费兰德斯》也是一部以第一人称写作的重要小说。主人公费兰德斯是一个贫苦的天真女子，生活无靠，又受人欺骗，以致逐渐堕落成为窃贼，最后被流放美洲，但她却获得了幸福的婚姻。作品展现在人们面前的是一幅资本主义社会腐蚀人们心灵的可悲画面。然而，作者却以肯定的态度来描写主人公不择手段的欺骗行径和资本主义社会的尔虞我诈。这充分说明作者是新兴资产阶级的忠实代言人。

资产阶级激进民主派的创始人、杰出的政治家约拿旦·斯威夫特（1667—1745年），在《一个木桶的故事》中讽刺英国的新、旧宗教徒；在《德莱比尔的信》里，借一个布商之口攻击英国在爱尔兰的殖民统治；在《一个温和的建议》里则以温和的笔调，愤怒地谴责英国的奴役和剥削，指出爱尔兰穷人无法生存，唯一的出路只能是吃掉或出卖自己的孩子。《格列佛游记》是斯威夫特的唯一小说，是杰出的讽刺作品。全书分为四卷，叙述一个英国医生格列佛航海漂流到几个幻想的国家的经历，揭露、抨击英国的行政、立法、司法制度、殖民主义、金钱关系以及其他方面的黑暗和罪恶。书中深刻的内容和丰富的幻想交织在一起，情节和细节都极为生动滑稽，富有童话色彩，许多场面使人难忘。作者成功地运用了多种讽刺手法，如象征影射、直接谴责、反语、夸张、对比等，众多的故事通过格列佛的游记串联起来，继承了流浪汉小说的结构方法。这部作品的语言朴实清晰、准确有力。

撒缪尔·理查生（1689—1761年），在书信体小说《帕米拉——美德有报》中描写一个乡绅家的女仆帕米拉坚决抵御主人对她的无礼企图，迫使他正式娶她为妻，并以品德、礼貌赢得乡绅及其朋友们的尊重。帕米拉虽是中等阶层女性品德的典范，其实她把贞操当作商品，待价而沽。其成功作品《克莱丽莎·哈娄》也是一部书信体小悦。描写克莱丽莎的家庭为了经济利益，强迫她嫁给一个令人厌恶的富人。她在危急中逃出后又落入一个自私自利的花花公子手中，因长期忍受肉体和精神上的折磨而死。理查生的小说完全摆脱了以主人公多种多样的见闻经历作主线的传统写法，而是集中描写一件事的始末，不用靠奇闻轶事来吸引读者，而是以日常生活中的婚姻、道德等问题为内容，注意分析描写人物的情感和心理，在英国和欧洲小说发展史上占有重要地位。

18世纪英国最杰出的小说家是亨利·菲尔丁（1707—1754年），出身于破落贵族家庭，早年从事戏剧创作和演出活动。他的《咖啡店政客》《堂·吉诃德在英国》《巴斯昆》等谴责和讽刺贵族阶级的道德腐化，揭露资产阶级的黑暗政治、政府机关的贪污受贿和政客们的自私自利。后因政府严格的戏剧检查政策，他转行从事新闻、律师和小说创作，一生写了4部著名的长篇小说。《大伟人江奈生·威尔德传》是一部政治讽刺小说，通过刻画大盗威尔德的形象，揭露英国政治欺诈掠夺的本质。《约瑟·安德路传》通过主人公的种种冒险和奇遇，尖锐讽刺社会生活中的不合理现象。《汤姆·琼斯》是作者的代表作，通过弃儿汤姆·琼斯和乡绅女儿苏菲亚·魏斯登的恋爱故事，描绘了18世纪英国社会生活的广阔图画。作品结构庞大复杂，人物形象众多，含有丰富的生活题材。它讽刺、抨击上层社会的愚妄无知、欺诈虚伪和道德堕落，并通过主人公的完美婚姻结局来肯定人道主义的"善"必将战胜自私和无耻。全书的40多个人物个性突出，栩栩如生，具有典型意义；作品结构完整，情节生动，语言机智精炼。作品每卷第一章是一篇独立的散文，阐述现实主义文学的创作理论。菲氏的最后一部小说《阿米莉亚》描写温顺贞洁的少女阿米莉亚的不幸遭遇和凄凉心情，重点攻击英国的司法系统。作为18世纪欧洲最有成就的现实主义作家，菲尔丁的作品在思想性和艺术性方面都高出同时代人的作品，不愧为英国启蒙主义文学的卓越代表。

（二）启蒙运动时期的法国文学

在17世纪的法国，笛卡尔的理性主义为古典文学提供了思想基础。古典主义文学是理性主义文学。悲剧作家高乃依（1606—1684年）写有《熙德》。该书描写理性与感情的剧烈冲突，表明悲剧英雄的坚强意志总是能最终克制住个人感情，理性得到最后胜利。拉辛（1639—1699年）的代表作《昂朵花格》，用悲剧谴责那些情欲横流、丧失理性的贵族人物。而成就最突出的是古典戏剧大师莫里哀（1622—1673年），其主要作品有《伪君子》《石宴》（《唐·璜》）、《恨世者》《吝啬鬼》等。《伪君子》是五幕诗体喜剧，是莫里哀的代表作，描写了资产者奥尔贡收留宗教骗子答尔丢夫做上宾和精神导师，险遭倾家荡产的经过，辛辣地讽刺了教会和贵族上流社会的伪善、狠毒、荒淫无耻和贪婪，突出地批判了宗教伪善的欺骗和丑恶。莫里哀还对一切不合理性的封建思想和风俗礼教加以嘲笑。他的37部喜剧对欧洲喜剧艺术的发展产生了深远影响。

18世纪法国的启蒙文学是启蒙运动的一个组成部分。孟德斯鸠、伏尔泰、狄德罗、卢梭是启蒙运动的思想家和活动家，同时也是启蒙文学家。他们的作品具有强烈的战斗性和革命性，是欧洲启蒙文学最典型的范例。在启蒙运动中，启蒙思想家、艺术家、诗人、作家把沙龙、咖啡馆、俱乐部作为自由思想的传播场所，不仅谈论社会的政治、宗教问题，也谈论文学艺术，要求创作自由，主张文学反映现实生活。

老一辈启蒙思想家孟德斯鸠所著的《波斯人信札》是一部讽刺性文学作品，采用书信体裁形式创作，可谓是启蒙运动文学的先声作品。书中描写两个波斯青年把他们在巴黎的所见所闻写信报告给家人和朋友,后者也写信给他俩,报告波斯的消息。作品虽然只叙述一些零星故事,谈论一些人物,没有完整具体的情节,但作者借此阐发自己对政治、社会、宗教、道德等的启蒙思想,为18世纪的哲学小说开辟了道路。

　　杰出的启蒙思想家伏尔泰也是一位天才的文学巨匠。他才华横溢,用生动俏皮的手法写了各种体裁的文学作品,其中有52部(其中27部为悲剧)剧本以及大量的诗歌和小说。他的《俄狄浦斯》《布鲁图斯》《札伊儿》《穆罕默德》《伊兰纳》《中国孤儿》《查第格》(又名《命运》)、《密克罗梅伽斯》《老实人》(又名《乐观主义》)、《天真汉》《有四十埃古的人》《奥尔良少女》等作品风靡全欧洲,几乎都译成了西方各种文字,深受人民喜爱。他的作品中隐藏着严肃的思想和深刻的哲理,具有摧毁力量。伏氏用荒诞不经的故事情节来嘲弄封建神权和社会现实,把一切封建的魑魅魍魉暴露在光天化日之下;以嬉笑怒骂的口吻鞭挞专制国王的暴虐伪善、封建贵族的寄生腐朽、法院官吏的贪婪无耻、教会人士的虚伪冷酷和荒淫无耻。他充分发挥自己关于哲学、社会、政治、道德和美学的见解,宣扬启蒙思想,驱逐迷信和偏见,激起人们对宗教神学和专制暴政的憎恨,培养人们爱好自由和人道主义精神。总之,作为宣扬启蒙思想的艺术工具,伏尔泰的文学倾向是由他的哲学观点和政治见解所决定的。

　　多才多艺的《百科全书》主编狄德罗写有许多戏剧理论和文艺批评方面的著作,创作了一些脍炙人口的优秀剧本和小说。他认为艺术家不能满足于反映生活,必须对生活表示自己的意见,认为文艺和伦理学之间、美和善之间存在着密切关系。《关于〈私生子〉的谈话》和《论戏剧诗》是他最重要的戏剧理论著作。他反对古典主义狭隘的美学观点和清规戒律,要求艺术民主化。他自己创作的两部正剧《私生子》和《家长》,在刻画人物性格方面独具特色。但是,他的文学声誉主要是建立在他离世后才出版的以下3部小说之上。

　　《修女》是一部揭露性很强的书信体小说。天真无邪的修女苏珊娜·西蒙南被教会强行关在修道院里过禁欲生活,但她忍受不了女院长的无耻行为和迫害,逃出修道院,却又受到法院和教会的共同迫害。她的命运引起了读者的极大不安,激起了人们对封建制度和教会的仇恨。《定命论者雅克》是由许多对话和长短不齐的故事组成的。作品中的雅克心地善良,足智多谋,在受到主人的无理责骂和鞭打时,总是说"这是命定的"。狄氏用暗示的手法启发读者思考问题,激起他们去愤恨封建社会中的不合理现象。《拉摩的侄儿》则以真人真事为基础,运用想象力,加上夸张手法,简洁集中、突出生动地塑造了一个寡廉鲜耻但又观察敏锐、损人利己的资产阶级文人的复杂形象。

　　杰出的民主主义思想家卢梭从事过各种不同的职业(仆人、音乐师、家庭秘书、乐谱抄写员),丰富的生活阅历和激进的革命思想使其文学创作达到了相当高的水平。他在书信体长篇小说《尤丽》或《新爱洛伊斯》)中,细致地描写

了恋爱中男女的感情和自然生活，表现了"自然道德"与陷入偏见的社会道德之间的冲突。少女尤丽的父亲封建偏见很深，反对女儿和家庭教师普乐相爱，命她和贵族伏勒玛结婚。婚后尤丽将自己的恋爱告诉了丈夫。丈夫请普乐回来。尤丽和普乐两人朝夕相见，但极力克制情感，内心非常痛苦，最终以尤丽之死结束。在哲理小说《爱弥尔》（或《论教育》）中，卢梭反对封建教育制度，阐述了理想社会中的公民教育，号召以崇高的博爱精神去教育人，甚至天真地设想以此去教育特权阶级"放弃封号"。为了回击封建政府和教会的迫害，卢梭写了自传《忏悔录》，以自我反省的形式描写了人类的内心生活及其与周围环境的相互关系，是具有高度思想性的现实主义作品。书中的许多生活细节和对社会关系的描述使其成为研究18世纪法国和瑞士人民生活习惯的重要史料。卢梭把浪漫的抒情风格和雄辩的热情注入启蒙散文中，成为法国的散文大师之一。当时的人读到他的文章时都入了迷。大革命时，马拉曾在大街上向群众宣读卢梭的文章。卢梭在作品中着重描写自然，刻画激动的内心生活，愤世嫉俗，向往孤独的生活，成为法国伤感主义的杰出代表人物，也对后来的伤感主义和浪漫主义有巨大影响。他赞赏普通人和穷人的深刻感觉能力，鄙视有产阶级的干硬冷酷。他在欧洲文学史上占有重要地位。

18世纪70—80年代，启蒙思想深入人心，革命形势日渐成熟，封建制度行将全面崩溃。革命气氛在进步作家博马舍（1732—1799年）的文学作品里得到了显著的反映。他在《试论严肃的戏剧类型》中要求戏剧反映现实生活和重大社会问题，强调第三等级的普通人应当代替王公贵族而成为戏剧的主人公。另外他还写有《欧也妮》和《两朋友》两部正剧。他在反映打官司的四部《备忘录》中控诉封建法官贪赃枉法，揭露法院贿赂公行。博马舍在人物素描和讽刺与幽默方面有出色的表现。在《塞维勒的理发师》（又名《防不胜防》）中叙述了老医生霸尔多企图强迫养女罗丝娜和自己结婚，但罗丝娜在仆人费加罗的帮助下与自己心爱的伯爵阿勒玛维华结了婚。剧本反映了大革命前夕法国的社会生活，提出了一些尖锐的社会问题。此后，作者又写了《费加罗的婚姻》（又名《狂欢的一天》），作为《塞维勒的理发师》的续篇。作品主要描写伯爵和费加罗之间的矛盾。费加罗充当伯爵的仆人，并准备和伯爵的使女苏珊娜结婚。围绕着争夺对新娘的"初夜权"，主仆展开了剧烈的斗争，最后费加罗获得胜利。"初夜权"实质上象征着封建特权，仆人的胜利意味着第三等级人民反对封建斗争的胜利。所以该剧具有鲜明的政治倾向性。博马舍的这两部喜剧继承了古典主义的艺术成就，情节紧凑，冲突鲜明，把重大社会问题写入剧本，充满时代的生活气息。它讽刺辛辣，幽默有趣，语言像火一般在18世纪反封建情绪高涨的法国观众心里燃烧起来。

（三）启蒙运动时期的德国文学

当启蒙文学在英国、法国广为流传时，德国的启蒙文学也随之产生。德国启蒙文学具有反专制反宗教的特点，更具有强烈的民族意识。德国启蒙文学运动的发起人是高特舍特（1700—1766年）。他主张诗歌应生发感情和突出理性的热情，著有《给德国人写的批判诗学试论》，倡导理性，力图推动德国文学和戏剧的改革。

德国启蒙文学的杰出代表莱辛（1729—1781年），把一生倾注于戏剧艺术。他的理论著作《拉奥孔，论画和诗的界限》和《汉堡评论》在欧洲文学史上占有重要地位。他认为美术表现的是"固定的一瞬间"，而诗表达的是一个事件，或一种情感的连续过程。他的《萨拉·萨姆逊》是德国的第一部"市民悲剧"。悲剧《爱米丽雅·迦洛蒂》是德国文学史上的成功作品，描写的是爱米丽雅的未婚夫被公爵雇佣的强盗杀死，公爵将她骗进宫中，企图霸占她，其父欧罗多阿多为保全女儿的贞操，忍痛将女儿杀死。悲剧对德国专制君主的荒淫暴虐进行了尖锐的揭露和强烈的控诉。莱辛的作品为德国文学的发展开辟了道路。他既是德国民族文学的奠基人，也是18世纪德国古典主义创始人之一，是德国学术界的骄傲。在欧洲文化史上，莱辛是与伏尔泰、狄德罗等齐名的伟大人物。

18世纪60—70年代，德国大地出现了一场反封建、反专制、反神权的文学运动——狂飙突进运动。它是一次富有政治意义的文学运动，具有反抗暴虐、反对封建专制主义统治、反对反动宗教权威的革命性质。这一文学运动的代表之一，便是伟大的诗人、剧作家和思想家约翰·沃尔夫冈·歌德（1749—1832年）。他深受卢梭、莱辛和斯宾诺莎思想的影响，形成唯物主义世界观。1773年，他正式发表了《葛兹·封·贝利欣根》。该剧是狂飙突进运动第一部正式发表的作品，也是德国第一部现实主义历史剧。剧中对当时黑暗社会的严厉谴责，对自由和统一的热烈向往，对于个人反抗的英雄的歌颂，都反映了作者的反叛精神。歌德在狂飙突进时代创作的最重要作品，是《少年维特之烦恼》。它喊出了当时青年对封建社会的抗议之声，反对等级制度，要求自由和个性解放，是德国文学史上划时代的大作，成为德国在国际上有重大影响的第一部作品。1775年，歌德到魏玛宫任职，这标志着歌德脱离了狂飙突进运动。但是，歌德前后花了60年之久完成的《浮士德》，是他一生心血的结晶。歌德笔下的浮士德在生活里充满了忧虑，内心却是"执着尘世"和"不断超越"两个灵魂的冲突。《浮士德》叙事规模宏大，虚幻的传说、迷离的宗教和作者的想象交织在一起，构成了一幅丰富多彩、千变万化的诗意画面，基本上重现了资产阶级300年的精神史全景图像，是世界文学宝库中不可多得的珍品，被称为反映歌德思想发展的一部具有历史总结意义的作品。

狂飙突进运动的另一位代表人物，是弗里德里希·席勒（1759—1805年）。

他创作了"德国第一部有政治倾向的戏剧"《阴谋与爱情》。该剧描述了贵族青年斐迪南与平民之女露易丝产生爱情，却遭到担任宰相的父亲的反对，最后导致这对青年情侣双双服毒惨死。女主人公露易丝的性格体现了当时德国进步青年反对封建制度，要求自由、平等的思想，也是狂飙突进时代精神的体现。该剧以其富于感染力的舞台形象，雄辩澎湃的人物对话，以及强烈的思辨性载入世界戏剧史册。席勒认为，在古人的眼里，自然和人是统一的，那时诗人就是自然。到了文明时代，人却和自然分离了，现实就同理想处于矛盾状态，人成了"理性的动物"，艺术也由单纯模仿自然变成人类理性的表现了。自1786年起，席勒转向从事历史研究，脱离了狂飙突进运动。

六、17世纪、18世纪的艺术

（一）音乐

17世纪、18世纪是西方音乐、美术、建筑的大发展时期，出现了一些新颖的艺术表现形式，产生了许多名垂千古的大师和艺术佳作。

西方近代音乐产生于16世纪、17世纪之交的意大利，以佛罗伦萨为中心；18世纪时音乐中心转移到奥地利，维也纳成为欧洲的音乐城，许多音乐大师在此诞生、创作和演出。

西方学者认为，17世纪初，在音乐领域发生了一场真正的革命：歌剧一举取代复调音乐作品，并得到人们的青睐①。戏剧风格同时闯入了教堂音乐和器乐音乐。意大利的佛罗伦萨是歌剧的故乡。文艺复兴以后产生了弥撒乐，由器乐伴奏的声乐，多声部圣乐，祈祷乐和全部由器乐演奏的奏鸣曲、赋格曲、协奏曲等。由器乐伴奏的声乐常是教堂礼拜时演奏的弥撒曲和严肃的宗教音乐。祈祷乐既有器乐伴奏又有声乐，内容丰富，表现豪华壮观。歌剧是在有器乐伴奏的独唱声乐基础上发展起来的。大约在16世纪末，乔瓦尼·巴尔第在佛罗伦萨集合了一群艺术家，探求音乐发展的新路，力图恢复古代的简朴风格，使诗歌和音乐紧密相连，使所有艺术形式融会贯通，从而产生一种像希腊悲剧那样具有巨大效果的艺术作品。到17世纪末，两个著名的乐派先后形成：威尼斯乐派和那波利乐派。前者最著名的代表是蒙特·威尔第（1568—1643年），曾创作《奥菲欧》、《阿丽亚娜》等。他把音乐作为表现人们欲望、恐惧、愿望、幸福、失望、愤慨的手段，并使用了旋律性的朗诵调，其风格激动，具有强烈的动感和华丽色彩。那波利派的代表人物和创始者是阿·斯卡拉蒂（1659—1725年），创作了125部歌剧，500部清唱剧、神剧和弥撒曲。他摒弃了威尼斯派浮华的装饰风格，发展

---

① 朗多米尔：《西方音乐史》，朱少坤等译，人民音乐出版社1989年版，第34页。

了歌剧的抒情作用，刻意将其灵感寓于一些固定的程式中，确定其对称形式。到18世纪初，那波利派生机勃勃、光芒四射的歌剧独霸了整个欧洲乐坛。可以说，意大利歌剧征服了当时的欧洲，从维也纳、伦敦、德累斯顿、布拉格到彼得堡，都有该派的作曲家，连爱好辉煌场面、豪华演出、芭蕾舞、化装舞会的法国上流社会也深受其影响。被称为法国歌剧之父的是吕里（1633—1687年），原籍意大利，他的歌剧题材多选自历史和神话，创作了《卡德穆斯》《阿尔契斯特》，曾领导法国皇家音乐学会15年，独领风骚。他巧妙地将意大利情趣和法国古典悲剧相结合，并以法国宫廷传统艺术芭蕾舞和宫廷小调为基础，形成了法国歌剧的特色。

当时除了歌剧以外，还有清唱剧和康塔塔。前者属于宗教音乐，比歌剧更多地发挥了合唱的作用；后者发展到18世纪后期成为一种合唱形式，有乐队伴奏。器乐也发展起来，风琴音乐、古琴音乐、器乐合奏被广泛推广和使用，大、小调音阶、长、短音阶和多声音乐应运而生。威尼斯派率先尝试器乐合奏，"奏鸣曲""交响曲"这些名词是他们首先使用的。小提琴音乐越来越受到重视，它对于协奏曲的形成有很大贡献。在法国，拨弦古钢琴的音乐居于首要地位，著名的钢琴大师是大库泊兰（1668—1733年），他的乐派以协调、简明、精确和有力而著称。

德国此时的音乐代表是著名作曲家巴赫（1685—1750年）和亨德尔（1685—1759年）。他们既对这一阶段的音乐进行了总结，又拓宽了音乐的表现范围，为18世纪启蒙运动时期的音乐发展和繁荣做了准备。巴赫被称为"德国音乐之父"，他把对宗教的信仰和对音乐的热爱融为一体。他的宗教乐反映了对新教和神秘论的认识，但他的作品常从社会和宗教的公众生活出发，对世俗和宗教两方面的要求做到两相兼顾，以其卓越的才智使宗教音乐达到完善的境地。巴赫的世俗音乐反映了对生活热爱和夸张的幽默。例如《咖啡康塔塔》是一个女孩和父亲之间的对话，谈论咖啡的合理性。但巴赫一直认为自己真正的音乐使命在于为上帝服务，例如《B小调弥撒》和《圣马太受难曲》这些编排良好的作品就是用来荣耀上帝的音乐。亨德尔除奏鸣乐和宗教祈祷乐外，还创作了30多出歌剧。他善于借鉴、模仿各种风格的音乐，因此他的风格就是世界各国音乐的混合体。他还从民间音乐和乡村舞蹈中寻找主题。其作品形象丰富，造型鲜明，音符严谨，音乐和谐，能烘托出一种宏伟壮丽的气氛。他那嘹亮、节奏强烈的音符，使人激奋、着迷。亨德尔的作品融合了德、意、英的艺术成就，反映了新兴资产阶级争取自由、民主的要求。他也是享有世界声誉的音乐家。

在18世纪中后期，格鲁克（1714—1787年）对那波利歌剧进行了改革，提出歌剧要"返回到自然去"，应简朴自然，表明其主张受到百科全书派的影响。格鲁克的改革给18世纪后期的歌剧带来了新的生命力，他的常识理论直接反映哲人们的思想。他主张音乐应加强戏剧效果，反对用辞藻华丽的描述、无用的对

比和冰冷的道德说教来妨碍舞台上的情节。他的歌剧改革思想在音乐歌剧发展史上占有重要地位。

在交响乐和奏鸣曲的演进过程中，18世纪下半叶出现了漫海姆和维也纳两个重要乐派。前者在体裁上进行了创造性探索，其贡献是研究交响乐和奏鸣曲的主题表现、主题展开、不同乐章之间的对比联系等。维也纳派的形成得益于约瑟夫二世的"开明专制"政策和维也纳优越的地理位置。维也纳处在德国和意大利之间，同时受到两个国家的影响。所以奥地利音乐艺术是两种艺术的融合。一种是较为严肃、深刻、呆板、略带学究气息的北方艺术，另一种是轻佻、浅显、柔顺、直率的南方艺术。在南北艺术的共同影响下，维也纳成为当时欧洲文化和音乐活动的中心之一。维也纳古典乐派的奠基人是海顿和莫扎特。他们使音乐艺术更光彩、更明朗、更简朴、更完美。

"交响乐之父"约瑟夫·海顿（1732—1809年），出身贫贱，聪慧过人，8岁到维也纳，16岁开始琢磨作曲。一生创作颇丰，单交响曲就有107首；弦乐四重奏68首，三重奏20余首；男中音三重唱128首；钢琴三重奏39首，钢琴奏鸣曲60首，钢琴协奏曲3首；风琴协奏曲5首；意大利歌剧13出。此外还有许多宗教和世俗的乐曲，因而被推崇为维也纳古典音乐的巅峰。他为古典交响乐的风格和形式奠定了基础，确立了古典交响乐的原则，以完美匀称的形式和深刻的哲理性内容，规定了奏鸣曲的发展原则。其作品生活气息浓厚，带有强烈的民间音乐色彩。他把意大利民族和东欧斯拉夫民族的风格融入德意志民族的音乐中，作品乐天、幽默，极其生动自然，尤其是各种节奏的创造性、内容的宽广性和生动活力的连贯性，使其音乐作品具有不朽的价值。

沃尔夫冈·莫扎特（1756—1791年）是一个天才的音乐家，6岁创作小步舞曲，10岁写下清唱剧，被称为"神童"。他走遍了欧洲，具有一种不可思议的吸收各国音乐营养的才能，他在短暂的一生中，留下的作品竟有625部之多。音乐创作对他来说是件愉快的事，他可以得心应手、随心所欲地按古典形式创作。他创造性地吸取了欧洲各国作曲家的经验，擅长于各类体裁，其交响奏鸣曲、四重奏具有海顿作品所具有的稳固结实和精巧独创的特性，使人更能领略到表情上富于变化的魅力。他的管弦乐主题旋律丰富，音调和谐，音色柔和优美。在不同的交响乐里也有各自的特点：降E大调交响曲明朗而愉快，G小调交响曲激动而有抒情意味，情绪悲壮、饱满，C大调交响曲则显得壮丽、雄伟；小夜曲和圆舞曲甜美流畅，令人陶醉；歌剧音乐朴素、生动、有力、健康，内容与形式达到高度完美的结合。从音乐曲式演变的轨迹来看，莫扎特是一位伟大的革新者，他的音乐作品大都反映了那个时代的先进思想，表现出对专制主义压迫平民的控诉与反抗，因而他的音乐语言和思想感情具有令人难以置信的深度和广度。他既能满足听众的心理要求，又能保持高度的艺术尊严。莫扎特是欧洲音乐史上一颗罕见的巨星，称得上是启蒙运动以来倡导资产阶级人道主义在音乐领域的重要代表。因其艺术上的表达极为完美，他成为古典主义音乐的又一座丰碑。

在18世纪后半期，整个欧洲都为新兴的音乐热潮所席卷。越来越多的人开始欣赏音乐，令人兴奋的新乐器和新音乐体裁——钢琴、交响乐、弦乐四重奏增加了音乐的吸引力。上层社会都有自己的私人管弦乐队，许多男女贵族都会演奏乐器。富有的平民在自己家中的客厅里演奏西洋乐器。"在笛子和小提琴的声音中，响起了海顿、莫扎特和格鲁克的伟大作品。靠着这些大师和他们的广大听众，音乐的现代时代成功地开始了。"①

（二）建筑、雕刻和绘画

文艺复兴运动之后，资产阶级要求有一种新的艺术风格反映他们的生活；专制君主和贵族也追求生活享受，需要新的文化。在此情况之下，新的艺术风格——巴洛克、古典主义和罗可可风靡欧洲。

1. 巴洛克艺术

巴洛克的本意是"异乎寻常""不合常规"，这里是指"混杂""非理性""背弃了"古典传统的美术。16世纪后期，欧洲人处在为追求来世与追求现世幸福这两种对立的思想冲突中而犹豫彷徨、摇摆不定时，巴洛克力求解决这种冲突，采用折中调和的方法，造成宗教思想与人文主义、自然科学与唯心主义的混杂与混合。巴洛克风格起源于罗马，以后遍及欧洲各地。巴洛克艺术的特点是强调运动感、空间感、浮夸、豪华感、激情感，偏爱复杂多变。巴洛克式建筑的早期代表作是卡罗·马德那（1556—1629年）设计建造的圣苏珊娜教堂。该教堂的正面几乎成为巴洛克建筑正面设计的典范。他重新设计的圣彼得大教堂的正面和一个大厅，都具有早期巴洛克建筑的基本特征。贝尔尼尼（1598—1680年）是巴洛克建筑艺术的集大成者。他设计的教堂建筑以圣安德列·阿里·克维里纳列小教堂为代表作品，体现了他一贯奉行的"对比与调和"的原则，教堂的正面既有严格的统一，又有丰富的变化。贝尔尼尼也是一位雕刻家和画家。他把大胆生动的节奏同惊人的写实态度结合在大理石表现上，确立了雕塑的巴洛克风格的规范。其著名代表作有《阿波罗和达佛涅》和《圣苔列莎的幻觉》等。

在绘画方面，意大利巴洛克绘画的影响远不如建筑和雕刻。其主要代表人物是考尔东诺（1596—1669年）。他创作的巴尔贝里尼宫的天顶画，画面宏大，空间开阔，构图具有变幻莫测、灵活多变的特点。17世纪佛兰德尔最著名的巴洛克风格画家是鲁本斯（1577—1640）。他与委拉斯开兹和伦勃朗一起被称为是17世纪欧洲绘画承前启后的大师。他一生作品甚丰，包括宗教画、神话画、历史画、风俗画、肖像画、风景画等。他将宏伟、华丽的巴洛克艺术风格与尼德兰民族艺术传统融为一体，形成了具有浪漫主义倾向的独特艺术风格。作品形象主

---

① 彼得·盖伊：《启蒙时代》，汪定明译，中国言实出版社2005年版，第135页。

动，有强烈的运动感；色彩瑰丽而又富于变化，明暗对比鲜明；装饰性和戏剧性很强。其主要代表作品有《劫夺吕西普的女儿》《下十字架》《阿马宗之战》《玛丽·美第奇生平组画》《画家和他的妻子》《苏珊·费尔曼》等。

2. 古典主义艺术

在巴洛克艺术风行之时，其他风格的艺术依然存在。一些国家如在法国，17世纪初期，巴洛克艺术虽然在巴黎的画坛上称雄一时，但也遭到强烈的抵制。到17世纪中期，古典主义美术在法国全面兴起。[①] 尼古拉·普桑（1594—1665年）是17世纪法国最伟大的古典主义画家。他的作品高雅、严肃、合乎逻辑、有条不紊，尽量使作品的风格和艺术语言保留着古代的风貌。其著名的作品《劫夺萨宾妇女》《诗人的灵感》等，表现出浓郁的自然之美，既有纯熟技巧，又有高昂热情。17世纪30年代末创作的《阿尔迪亚的牧人》运用了古典的形式美，把人体与幽雅的风景组成诗一般和谐的世界。"理想风景画"的代表作《四季》表现了理想与自然的综合面貌，并以挣扎逃命的人群加强阴冷凄惨的气氛。

17世纪法国建筑艺术主要以古典主义的样式为目标，以严格的比例、准确的设计和结构的合理见长。其中最伟大的建筑是离巴黎17公里的凡尔赛宫。17世纪20年代，凡尔赛宫开始修建，但规模不大，到60年代大规模扩建。阿尔杜安·曼萨尔（1646—1708年）继任建筑设计师后，对原设计作过较大的修改。公园的总设计仍然是列诺特尔。凡尔赛宫的建筑面积为11万平方米，园林面积达100万平方米。它成为全欧洲王宫建筑的样板和楷模，其建筑思想是以庄重雄浑的古典主义风格来煊赫王朝的伟大。[②]

在荷兰和西班牙，一些艺术大师继承了人文主义传统，把古典艺术风格与各自的民族传统相结合，以深厚的艺术根底和对现实生活的体验为基础，赋予绘画极强的生命力。伦勃朗（1606—1669年）和委拉斯开兹（1599—1660年）是杰出的代表。

伦勃朗是17世纪荷兰最杰出的画家，以创作油画、铜版画著名，而且他在风俗画、历史画、肖像画和风景画等方面都有非凡造诣。他一生历尽坎坷，但初衷不改，坚定地走现实主义的创作道路，作品的形象往往并不那么完美，却能体现出一种内在精神气质，表现出微妙的精神状态，洋溢着灵魂的美和高尚。在油画技法中，他的贡献主要表现在对光的概括强调和多次完成的厚堆画技法方面。他一生创作的作品约3000幅，其中著名的有《杜普教授的解剖学课》《夜巡》《圣家族》《入浴的妇人》等。

委拉斯开兹是17世纪西班牙最著名的画家。他画有《卖水的人》《宫娥》

---

① 古典主义是产生于17世纪法国的一种文学艺术思潮，它首先表现在文学和戏剧方面，而后影响到美术，崇尚唯理主义，提倡共性和严格的规范。

② 参见朱伯雄《世界美术史》第7卷，山东美术出版社1991年版，第206页。

《镜前的维纳斯》《火神的锻铁工场》《教皇英诺森十世》等。他的画风严谨，造型结实，具有冷静、客观的写实特征。我国著名画家徐悲鸿在欧洲游历时，看了许多欧洲绘画名作之后，不无感慨地说："就画论画，委拉斯开兹，当数第一。"相比之下，如果说鲁本斯的作品主要体现的是激情和宏伟气魄，伦勃朗作品体现了深刻和厚重感的话，那么委拉斯开兹的作品则显示了严谨和坚实。

3. 罗可可艺术

18世纪早期，随着法王路易十四的去世，贵族中产生了一种新的情绪：追求享受主义，其中女性趣味的享乐主义更引人注目。应运而生的罗可可艺术，是对古典主义的反拨。

罗可可原意是"贝壳装饰"或"岩状装饰"。它起初是指建筑和室内陈设中的一种装饰风格，后来则指18世纪路易十五时期流行于法国、德国和奥地利等国家的一种艺术风格。这种风格倾向于纤巧、优雅，但显得烦琐和矫揉造作，偏爱象牙白和金色，偏爱贝壳形装饰和曲线轮廓。罗可可建筑由于追求感官享受，因而不注重建筑物的外部表现，讲究建筑内部空间和室内装饰的统一，将其视为人生现世享乐生活的舞台。家具也被设计成具有一种脆弱的优美感。雕刻以玲珑、轻盈、秀气为主要形式。在绘画方面，"被称为罗可可的艳情艺术主宰着18世纪的前半期。它以上流社会男女享乐生活为对象，描绘全裸或半裸的妇女和精美华丽的装饰。路易十五的情妇蓬巴杜夫人、杜巴莉夫人的情趣左右着宫廷，致使美化妇女成为压倒一切的艺术风尚"①。这一绘画风格显得娇媚浮华，缺少精神内容和深刻性。但是，它却使绘画完全摆脱了宗教题材，追求新奇，在反映现实方面向前大大地迈进了一大步。罗可可绘画的主要代表是华多、布歇和弗拉戈纳。

华多（1684—1721年）的《舟发西苔岛》描绘一群情侣依依惜别神话中的爱情之岛，登舟走上归途。画家运笔用色腾奇烁妙，每个人物的姿态都被赋予与爱情有关的象征意义，树立了纤弱苗条的女性典型形象。描写当时社会现实生活侧面的《夏尔桑的画店》，将卖画者的忙碌、认真和买画者的聚精会神都刻画得无比生动。而《小丑》则刻画了一个外表麻木但内心悲怆的哀愁形象。

布歇（1703—1770年）是罗可可绘画的杰出代表者，他的绘画技巧纯熟，运用明亮色彩和新颖手法使古典神话题材尽丽极妍。《淋浴的狄安娜》一画的女人体在景物的衬托下明亮耀眼；《裸女（奥莫尔菲小姐）》放肆的姿态和丰腴饱满的躯体近乎色情，这些都充分体现了罗可可绘画的特色。

4. 英国绘画

在18世纪以前，英国本土并无出色的一流美术家，也没有自己的美术学派。18世纪，由于出色的版画家和油画家荷加斯（1697—1764年）的开拓，近代艺

---

① 中央美术学院：《外国美术史》，人民美术出版社1990年版，第130页。

术的曙光才得以在英伦三岛升起。荷加斯成为英国第一个创造了自己风格并享有国际声誉的大师。他的作品以思想深刻、画风细腻而产生出一种清新的魅力。其代表作有《妓女哈露特的遭遇》《时髦的婚姻》《卖虾女》等。

雷诺尔兹（1723—1792年）是优秀的肖像画家，英国皇家美术学院的发起人之一，对英国绘画的发展贡献颇大。他善于表现"笔下人物的完美之处"，让作品具有优雅高贵的气质。其代表作有《海斯费尔德勋爵像》《卡罗娜·哈维托姑娘》《罗比斯夫人肖像》等。除肖像画外，他还从事过历史画、风景画、静物画和讽刺性漫画的创作。他提倡艺术的崇高性，鼓励画家改革艺术，并对艺术发展和技法问题颇有研究，对当时的英国、欧洲和美洲的美术界都影响极大。

庚斯勃罗（1727—1788年）是英国杰出的肖像和风景画家。他博学多能，才华横溢，勇于探索和创新。他的肖像画神形兼备，富丽堂皇而不流于鄙俗，常常利用优美静谧的风景衬托人物的形象，使风景和肖像珠联璧合。他的风景画构图气势磅礴，用笔飘逸洒脱，色彩丰富响亮，创造了一种光色清新雅致、富有诗趣的艺术风格。他的主要作品有《西顿夫人像》《约瑟夫·安特罗斯夫妇像》《蓝衣少年》《到市场去的马车》等。庚斯勃罗去世后，他的艺术上的劲敌雷诺尔兹把他称为复活英国画派的奠基者之一。

综上所述，作为一场思想文化革命的启蒙运动，是西方历史上继文艺复兴之后的又一次声势浩大的思想解放运动。勇敢的启蒙思想家对封建意识形态进行了全方位的批判，通过著书立说来助推西方人从神学教条和教俗专制统治下解放出来，走向光明。启蒙文化涉及宗教、哲学、伦理学、文学、经济学、政治学、史学、艺术、社会学等领域。启蒙思想家高举理性主义的大旗，在牛顿发现万有引力定律的激励下，认为人类能够凭借理性的力量发现自然、人类和社会的法则，找到实现幸福的途径。在哲学上，启蒙思想是从机械唯物论向辩证唯物论过渡的一个重要阶段；在政治上，大多数启蒙思想家主张宪政民主；在法律上，主张法律面前公民平等，保障人的自然权利；在经济上，主张自由放任。启蒙运动不仅以法国为主阵地，而且超越了时间与空间的限制，在整个欧美乃至东方都产生巨大的影响，为后来的民主革命做好了思想准备。

第九章
工业革命时期的文化

在18世纪后半期，瓦特发明蒸汽机与工具机连接的生产技术体系得到广泛使用，带来了所有的大机器，包括火车、轮船等都因装配了蒸汽车而使整个工业生产、社会生活大为改观，从而产生了第一次工业革命（亦称产业革命）。人类社会由铁器时代进入到机器时代。其后，西方社会进入到一个科学技术密集发明创造的时代。

承载着第一次工业革命成果，西方社会在19世纪70年代进入到第二次工业革命时期，亦称第二次科技革命时期。如果说蒸汽车的发明和广泛应用主要是为了解决工业发展而带来的机械动力问题的话，那么第二次工业革命要解决的科学技术问题便要宽广得多，主要体现在物理学、生物学、医学和化学等领域。

一、两次工业革命的发展及其影响

第一次工业革命发端于英国工业化时代。在瓦特（1736—1819年）将自己发明的蒸汽机改进为一切动力机械的所谓"万能原动机"及其被广泛应用开始，标志着西方社会进入了工业革命时期。科学技术的发明呈现集中性的特点。19世纪自然科学的三大发现便产生于这一时期。

能量守恒和转化定律是经由3名科学家的实验和研究而发现的。德国医生迈尔（1814—1878年）根据自己对人体生理的热化学现象（主要是血液）的观察，联想到植物生长与太阳的关系，并结合当时物理学提出的一些热学理论进行简单的实验，初步发现能量守恒和转化定律。英国人焦耳（1818—1889年）用实验的方法测量了用电和机械功所产生的热量，证实了热能、机械能、电能之间的相互转化，提出了著名的焦耳定律，即电流通过导线所产生的热量与电流强度的平方和电阻成正比。在吸收了前人研究成果的基础上，焦耳发现了能量守恒和转化定律。① 天才的数学教授汤姆森（1824—1907年）则从怀疑、反对焦耳的研究，转而承认错误，与焦耳一起开展实验和研究，并于1853年两人终于共同完成了

---

① 丹皮尔：《科学史及其与哲学和宗教的关系》下册，李衍译，商务印书馆1995年版，第313-314页。

能量守恒和转化定律的精确表述。能量守恒和转化定律证明了物质运动变化发展的客观性、守恒性和统一性，使人们对构成宇宙万物的物质有一个根本性的正确认识。而且它和18世纪中期发现的质量守恒定律（即化学反应中，参加反应前各物质的质量总和等于反应后生成的各物质质量的总和）一样，是通过科学实验来证明宇宙物质构成的本源性问题，对人们正确认识宇宙万物的本源提供了实证性根据。对社会影响更大的是，如果这两个定律对于当时可以开展的所有研究领域都有效，那么，它们便很容易被引申为普遍的定律。这在人们高度重视尊重科学实验结果的时代，对西方教会一直坚持的唯心主义创世学说是一个根本性的打击和否定。

19世纪，生物学发展很快，成就也最大，主要有细胞学说和生物进化论。17世纪、18世纪，生物学家已经发现了细胞，但由于技术水平不高，人们无法看清细胞的内部结构。19世纪20年代，动植物解剖学与显微镜技术的提高，使人们观察到细胞中存在有生命的质块（即细胞核）。德国植物学家施莱登通过多年对植物细胞的研究，于1838年提出，细胞是一切植物的基本的生命单位。1839年他又将细胞学说扩大至动物界。这样，整个生物界均以细胞学说作为基本的微观理论。细胞学说表明世界是一个统一的整体，一切生物的基本单位是一致的。

生物学的另一个重大发现是进化论。18世纪、19世纪之交，各种生物学说蜂拥而起，其中生物进化学说是最重要的。1809年，法国的拉马克第一个提出系统的生物进化学说，在他的《动物哲学》中，他肯定了生物是演化而来的，而环境对生物的进化有着相当大的影响。英国地质学家赖尔于1830年出版《地质学原理》一书，从地质学的角度提出了生物进化论。达尔文（1809—1882年）是生物进化论的奠基人，他自1831年开始出国考察，历时5年，收集了大量资料，回国后经过20多年的研究，于1859年出版《物种起源》一书。该书以大量的资料证明了现存的生物是经过长期演化而来的，这种演化是因为生物界出现的普遍变异，是经过自然生存斗争的结果。达尔文指出，变异的个体适者生存，使生物向进化发展。达尔文的生物进化论第一次系统地阐述了整个生物界发展的规律。

经过第一次工业革命的推动，西方科学技术的发展势头更猛，涉及科学研究的领域更广。在第二次工业革命时期，科学技术发展到一个更高程度。在物理学方面，英国人法拉第（1791—1867年）通过实验发现了感生电流，在当时取得了实验电磁学的最重大突破，被称为电磁感应定律。1863年，英国人外尔德制成了具有磁电激磁机的发电机。1867年，德国的西门子发明了具有划时代意义的自激式直流发电机。在技术发展史上，西门子发电机相当于瓦特的蒸汽机。19世纪末，在微观物理现象方面，产生了三项重大发现，即X光、放射性和电子。1895年，德国人伦琴（1845—1925年）通过对前人发现的冷光现象的研究和实验，偶然性地发现了 X 光。而 X 光的发现又导致放射性的发现。法国人贝克勒尔（1852—1908 年）等人通过实验发现了铀及其他放射性元素的放射性。1897 年，英国人汤姆逊（1856—1940 年）发现电子。电子的发现，对进一步推动居里夫妇和卢瑟福等人对放射性和放射性物质的研究起了很大的作用。与此同时，许多科学家在生物学、医学和化学领域都取得了大量的研究成果和发明创造。电力、炼钢和化工技术成为带动整个工业发展的三种主要力量，而电力技术则起了核心性作用。

工业革命发端于英国，然后扩展到整个欧洲和北美等地方，到了第二次工业革命开始时，德国实际上已成为工业革命的中心。例如，电力技术的科学源头在英国，而内燃技术的科学源头在法国，但把这两方面的理论科学成果和实验成果转化为技术科学成果，并最终转化为直接的社会生产力的是德国。很快，德国便成为后来居上的科技强国和经济大国。如 1851 年至 1900 年的 50 年间，英、法、美、德四国在科学技术方面取得的重大成果数为：英国 106 项，法国 75 项，美国 33 项，而德国 202 项，比英、法两国的总和还要多。① 科学技术的飞速发展，促进了欧美乃至整个世界社会生产力从来没有过的加速度大发展，对社会、经济、文化教育等方面产生了重大而又深刻的影响。人们的价值观、世界观和人生观也紧跟着发生了急剧变化，这主要表现在以下几个方面：

首先，科学技术的发展，使人们认识到世界是物质的，现实的物质世界是由自然界进化和演变而来的，人类也不是由上帝创造的，仅是生物进化的结果。人们逐渐放弃了上帝创造人的思想，理性促使他们放弃了对宗教的神的崇拜。

自宗教产生以来，人类一直认为世界是神创造的，而人类本身也是神创造的，尽管不同的宗教对世界及人类的解释有所不同，但对于世界的来源一致解释为"是神创造的"。这是人类不了解自然，而又追求世界本源的必然结果。统治阶级为了巩固自己的统治地位，也利用宗教关于上帝创造世界及人类的说教来欺骗人们，以来世的希望来泯灭人们的斗争。由于近代资本主义的发展，资产阶级迫切需要摆脱宗教的束缚，进步的思想家竭力攻击宗教的罪恶，但不论是马丁·路德，还是启蒙时代的学者，他们都无法认识世界的物质性，因而他们都不是无神论者，也就不可能彻底与宗教决裂。即使是 19 世纪初的人们，在他们还未接受自然科学的这些重大发现以前，同样是无神论者。

能量守恒与转化定律的发现，尤其是生物的进化论与细胞学说的产生，使人们认识到世界的物质来源，以及人类的真正起源，走上了唯物主义的认识道路。从能量守恒与转化定律中，人们可以发现，世界的一切事物都是相通的、互相转化的，一种事物的消灭并不是物质的消失，而仅仅是转化而已。细胞学说认为生物由基本的生命单位构成，并不是人的意志或是神的意志才构成生命。达尔文的

---

① 童鹰：《世界近代科学技术发展史》下册，上海人民出版社 1990 年版，第 492 页。

生物进化论回答了人类几千年来苦苦追寻的答案：一切生物均是由低级到高级通过生存竞争演化而来的，其中也包括人。这些科学技术的重大发现使人们终于有可能从物质的本身去研究事物。这一切在费尔巴哈、马克思和恩格斯手中完成了。

19世纪末，德国的哲学家尼采向全世界大声疾呼："上帝死了！"我们且不论今天的人如何理解尼采这个论断，但其中有一点必须注意，即由于科技的发展，很多人已不再信奉宗教了。也有一些人虽然宣称信奉宗教，但他们仅以宗教作为其道德寄托而已。今天西方的一些学者更多地认为，造成这种情况是工业革命的负面影响和经济发展的必然结果。其实，经济发展本身与无神论之间并没有直接的关系，追寻人类及世界的本源问题是人类永远的目标，这个问题既不因经济发展而得以解决，而使人们坚信唯物主义，也不因经济发展而使人类放弃对世界及人类本源的追求。今天，在经济高度发达的西方国家里，大多数人仍信奉宗教，并时有发生邪教徒集体自杀的现象，便是最好的例证。只有科学技术的发明与发展，人们才可以利用其成果来加深对宗教的认识和批判。同时，只有人们树立了科学的世界观和人生观，才能把宗教信仰排斥于思想意识之外。

其次，科技发展对人们世界观的重大影响是，使人们认识到世界是统一的。在这个问题上，能量守恒与转化定律、细胞学说及进化论对人们的影响都十分巨大。19世纪初以前，人们对世界的认识是孤立、片面的。人们看事物一般就事论事，很少从事物内在的联系去分析和解决问题。而能量守恒与转化定律却使人们认识到，世界上的一切事物都是互相转化的，它们之间并不孤立。细胞学说则使人们认定，一切生物的本身构造是基于同一种生命组织，它们之间有相同之处。生物进化论则向人们展示一切生物的进化均是与其他事物联系在一起的。黑格尔、马克思和恩格斯等人吸收这些成果，使之构成了辩证法的重要依据。

最后，科技发展使人们意识到事物内部矛盾的运动规律，使人们确立了发展的观点。在这一点上，达尔文的生物进化论影响最大。在19世纪中期以前，人类对世界的认识不仅是片面的，而且也没能以科学的发展的观点来认识世界，尤其不能认识事物内部矛盾的运动规律。人类早期辩证法中关于发展的观点是朴素的，因为他们没有揭示事物发展的内在规律，他们眼中的发展，着重于表面的发展，没有真正区别质与量的划分。人类对社会的认识也是如此。18世纪，启蒙学者对近代文明做出了巨大贡献，但他们也认识不了事物是怎样运动的。达尔文的生物进化论解决了这一问题。从生物进化的过程，人们可以看到整个生物界都在发展，而且是由低级向高级发展。这揭示了事物运动的总体方向性。进化论告诉人们，生物在进化过程中是生物自身矛盾的发展结果，自然界提供给生物一个竞争的场所，但起决定作用的仍是生物本身。黑格尔没有意识到这一点，他的辩证法中的发展没有方向，而仅是一个封闭的圆圈，事物循环往复地发展。马克思和恩格斯十分重视生物进化论，达尔文发表《物种起源》后，马克思、恩格斯二人彻夜不眠，共同讨论达尔文的成果对人类社会的影响。他们吸收了达尔文的观点，并扩大了它的适用范围，从而完成了向辩证唯物主义者的转变。

达尔文的生物进化论十分强调"物竞天择，适者生存"的生物进化过程，有些剥削阶级的代表即以此为出发点，强调人类社会也应采取这一进化原则，进而得出资产阶级对工人阶级的剥削是合理、正常的自然秩序。这些人被称为社会达尔文主义者。他们的思想影响很大，传至世界各国，我国20世纪初也有过这种思想的传播。这种将自然秩序套用于人类社会的理论观点无疑是不科学的。

工业革命时期是科学技术发展史上的重要时期，现代科学的重大领域都是在那个时代奠定了基础。这些科学技术的发展，不仅促进了经济的发展，同时也使人们终于摆脱了中世纪神学思想的束缚，彻底和神学决裂。人们开始对世界有了崭新的认识，马克思主义就是这种认识的高峰。

二、工业革命时期的经济和社会理论

（一）古典政治经济学理论

古典政治经济学产生于17世纪中叶的英国。最初萌芽于威廉·配第的著作之中。半个世纪后，法国的皮埃尔·布阿吉尔贝尔成了法国古典政治经济学的创始人。到18世纪下半叶，经过一个多世纪发展的古典政治经济学，由亚当·斯密建立起完整的理论体系。19世纪前期，由于产业革命的发展，推进了资本主义制度和生产方式的发展，政治经济学的发展产生了以下的直接后果：一方面，大卫·李嘉图集古典政治经济学之大成，将其推向巅峰；另一方面，在19世纪30年代以后，与古典政治经济学相对立的庸俗经济学产生并迅速占据了统治地位。但是，古典政治经济学的成就不但对17至19世纪西方资本主义的发展影响巨大，而且自20世纪70年代以来，亚当·斯密当年主张的经济自由主义在西方又备受推崇，要求重建企业自由经营和自由市场制度的声浪越来越高。

配第（1623—1687年）是古典政治经济学的奠基人，被称为"英国政治经济学之父"，其主要著作有《赋税论》《政治算术》和《货币略论》等。他竭力从劳动价值论出发，阐明商品、价格、工资、土地价格等经济现象。他指出，一种商品价值是由生产这种商品的劳动时间决定的，而商品的价值量的大小则取决于劳动时间的长短。配第进而论述了货币的价值也是由劳动时间决定的。但是，配第的劳动价值论还不成熟，也没有形成完整的理论体系。十分可贵的是，配第还发现了剩余价值的源泉，他是通过对地租这一特殊形式的剩余价值的分析得出这一结论的。当然，配第并没有明确地提出剩余价值这一概念。

法国的古典政治经济学是从布阿吉尔贝尔（1646—1714年）开始的，他的主要著作有《法兰西详情》（1714年）一书。他与配第一样也发现了劳动决定价值的理论，但他否认货币的经济作用，说它是魔鬼。他反对重商主义，主张重视农业在经济发展中的地位。他的理论同样也不系统。

资产阶级的古典政治经济学理论之所以产生于17世纪中后期的英国和法国，是与这两个国家的资本主义发展比较顺利密切相关的。特别是由于英国最早完成了资产阶级革命，建立了资本主义制度，它的资本主义生产方式的发展也较其他国家更为先进，经济发展特征也明显，经济形态也较成熟，因而英国的古典政治经济学也发展得最充分。在创立和完善古典政治经济学中，亚当·斯密与大卫·李嘉图的贡献最大，成就最突出。

亚当·斯密（1723—1790年）是英国工业革命早期最伟大的经济学家，曾在爱丁堡大学讲授逻辑学和道德哲学，于1766—1776年闭门潜修，1776年3月，他发表了不朽名著《国民财富的性质和原因的研究》（中译本又译为《国富论》）。在《国富论》中，斯密明确地提出了劳动决定价值的理论。他认为劳动是一切财富的源泉，一个国家国民财富增长，取决于劳动生产率的提高与生产者的人数，两者之中又以劳动生产率最为重要。而要促进劳动生产率的提高，分工的意义十分重要，因为分工可以提高工人的熟练程度，进而节约时间、人力。斯密认为，分工与交换的产生互为条件，并确认了货币是分工与交换发展的结果，分析了货币的流通量取决于流通中商品的价值量。

斯密区分了商品的使用价值和交换价值，认为商品的价值取决于一般社会劳动，且一切劳动都创造价值，商品价值的多少决定于生产商品实际消耗的社会劳动。斯密的劳动价值理论是他经济学理论的核心，并成为马克思主义政治经济学的来源。

斯密认为："工资、利润和地租，是一切收入和一切可交换价值的三个源泉"。① 并认为："不论是谁，只要自己的收入来自自己的资源，他的收入就一定来自他的劳动、资本或土地"。② 并由此区分了与工资、利润和地租相联系的工人、资本家和地主，认为他们是社会的三个基本阶级。但他认为这种阶级结构是自然秩序，为了财富的增长，工人必须忍受资本家与地主的剥削。

亚当·斯密提出的关于生产劳动和非生产劳动的理论，是他整个理论体系中最闪光的部分。马克思在《剩余价值理论》一书中以170多页的文字专门分析了这一问题，并由此得出剩余价值理论。可见，斯密的贡献是不可泯灭的，影响是深远的。

斯密反对国家干预主义，提出了"市场经济"的理论体系。他认为利己主义是人的本性，而追逐利润则是一切经济活动的目标。只有个人的投资自由，才会增加财富，而国家的经济决策等活动，要依靠市场这只"看不见的手"来进

---

① 亚当·斯密：《国富论》上卷，郭大力、王亚南译，商务印书馆1972年版，第47页。
② 同上。

行指导。只要国家放弃干预，放手让经济人自由竞争，就可以既有利于个人，也有利于社会。斯密在外贸方面同样坚持自由主义，反对重商主义一贯坚持的"多卖少买，多收入少支出"的政策。斯密认为，在同殖民地的贸易中，同样也要坚持经济自由原则。

斯密的经济自由理论，构成了市场经济的理论基础和当时商品经济的运行原则，时至今日对欧美各国影响很大，甚至对于资本主义发展落后的国家也是如此。

大卫·李嘉图（1772—1823年）是古典政治经济学的集大成者，他生活在英国工业革命的凯歌行进时代，大机器代替手工生产，工业革命的成果已部分地显示出来，英国进入典型的资本主义时代，这为李嘉图的经济学研究提供了一个广阔的社会和经济背景。

李嘉图青年时从事交易所活动，25岁离开交易所从事经济学研究时，他已是百万富翁了。1817年，他出版了《政治经济学及赋税原理》一书，从而成为古典经济学的巨人，并由此完成了古典经济学理论。

李嘉图的价值理论是资产阶级古典经济学发展的最高峰。他认为商品的价值取决于其生产所必需的相对劳动量，而不是绝对劳动量。他对斯密的价值理论是批判地继承，承认斯密关于商品的使用价值和交换价值的观点，但否认斯密关于两者关系的观点，认为使用价值大的东西未必就有大的交换价值。而且，他认为劳动时间决定价值的规律不仅像斯密说的适用于资本和土地私有权产生之前的社会，也适合于资本主义社会。李嘉图的价值理论是他对古典经济学理论的最大贡献。但是，他否认商品的使用价值与交换价值的统一性。

他的经济理论中，资本主义的分配问题占有极为重要的地位。李嘉图认为，工人作为商品出卖的是劳动，而劳动不能以劳动来决定，所以应用工资形式替换劳动的价值。而劳动的价值是工人必要生活资料的数量，且不是一成不变。他发现了工人、资本家和地主之间经济利益上的对立，利润是资本家占有的扣除工资的商品价值中的一部分，地租是从利润中扣除的部分。工资和利润是成反比例运作的，工人工资取决于工人生活必需品的价格，因而农产品价格的变化也会影响利润的变化。李嘉图虽看到了工人、资本家和地主在经济上的对立，但却要工人容忍资本家与地主的剥削，认为这是经济发展所必需的，是一种"自然秩序"。

在资本主义生产的资本积累与再生产方面，李嘉图认为，必须发展社会生产力，扩大资本积累，积累的源泉就是利润。他认为，资本主义生产的目的就是获得更多的剩余价值，因而资本家对工人剥削，对整个社会是极为有利的。很明显，作为资本主义上升阶段的经济学家，他极力为资本主义经济发展寻找依据，也表明了他的阶级立场。他反对过分消费，认为这会影响资本积累，进而迟缓扩大再生产。不过，资本主义的生产和消费本身就是资本主义的一对基本矛盾，两者相辅相成，对立统一，这是李嘉图所不能发现的。

李嘉图找到了资本主义经济发展的特征，却否认资本主义必然会发生的经济危机。他认为生产决定消费，生产本身可以为自己寻找生存市场。这只是两者的统一方面，李嘉图忽视了两者的矛盾。他认为，生产是为了需要，需要是无限的，普遍的生产过剩的危机是不会发生的。

李嘉图与斯密一样，主张自由经济，建立了完整的市场经济理论。他坚持经济自由，反对重商主义及其国家干预主义政策。他断言资本主义是自由的制度，只要除去国家的干预，这个制度就会永恒地存在下去。李嘉图的经济理论与边沁的功利主义结合在一起，认为现存社会中个人利益与社会利益是一致的。从功利主义出发，以市场这只"看不见的手"作引导，资本主义经济就会自然地发展。所以，必须坚持各行业的自由竞争、自由发展，国家的干预是有害而无益的。李嘉图极力为工业资产阶级寻找理论依据，主张自由贸易，认为在各国贸易中，应该每个国家均生产本国具有优势的产品，完全可以不顾及成本是否高于其他国家。他提出"比较成本说"，认为国际贸易应体现地域分工。

李嘉图是工业资本主义迅速发展时期的代表，他把经济自由主义发展到在资本主义自由发展时期所能达到的巅峰，完成了古典政治经济学在理论上的研究。

马尔萨斯（1766—1843年）是资产阶级人口理论的创立者和古典政治经济学家。马尔萨斯作为土地贵族的代表，于1798年出版了《人口原理》一书，这是他对人口理论和古典政治经济学的最大贡献。

《人口原理》一书集中地论述了他的人口理论，其理论的核心即是证明人类的贫困以及由此而来的不幸与罪恶同社会制度无关，其根源在于人类自身的本性，根源于人类无限增殖的现象。

马尔萨斯的人口理论包括两个公理、三个命题。两个公理是："第一，食物为人类生存所必需；第二，两性间的情欲是必然的，且几乎会保持现状。"[①] 人类的增长与生活资料的增长构成了一对矛盾。马尔萨斯认为，人口增长的速度是按几何级数增长，生活资料按算术级数增长，前者的速度要比后者快很多。人口增长超过生活资料增长所能容纳的极限时，必然会发生战争、饥荒等人类灾难，因而必须采取有力措施抑制人口的高速增长，包括堕胎、灾难及自我抑制等多种方式，以达到恢复人口同生活资料的均衡。马尔萨斯大声疾呼，灾难与贫困是人口增长过快的结果，多余人口的饥饿是人类自身造成的，他们理应死去。政府不应采取救济的方式去保证贫民的生存，因为这样会导致人口的增长。从资本家的利益出发，马尔萨斯认为，工人的贫困与饥饿是工人相对过剩的结果，否认是资本家剥削的结果。

马尔萨斯的人口理论具有双重性。他抛开社会制度与生产方式，从人类的属性出发，把贫困与灾难完全归于人口增长过快的结果，事实上是否认了资本主义

---

① 马尔萨斯：《人口论》，商务印书馆1959年版，第4页。

的剥削关系。但是，马尔萨斯的人口理论又在一定程度上正确反映了人口与生活资料的关系。今天，人口理论终于发展成一门科学，为当代众多国家所采纳。

古典政治经济学是在工业革命的冲击下产生的，也是为工业资产阶级服务的，它反映了工业资本主义发展的趋势。古典政治经济学是自由资本主义发展时期的适应性理论，它为资本主义经济体制的建立奠定了理论基础，它也在一定程度上揭示了资本主义经济发展的一般规律，不自觉地成为马克思主义理论的一个重要来源。

（二）空想社会主义

自从产生了阶级与阶级社会，人们面对社会的不平等，就开始构想心目中的理想国。中国古代思想家就提出了大同社会的思想，这是人类追求理想的方式。近代资本主义生产方式出现以来，产生了被压迫者与资产者的根本对立，产生了被压迫者及其代表人物对资本主义的批判，以及对社会改造设想的空想社会主义学说。早在资本主义发展的初期，英国人莫尔、德国农民革命家托马斯·闵采尔、意大利人康帕内拉等都对当时的封建社会，也包括正在发生的资本主义社会进行了尖锐的批判，提出了各自的理想社会。至18世纪，资本主义的进一步发展，使贫富差别加大，人类的不平等加剧了，马布利、摩莱里等人对资本主义的批判更加深入，并且论证了如何消灭私有制、建立公有制的手段。但他们都怀着小生产者的幻想，只是倡导平均主义和禁欲主义。

随着工业革命的发展，19世纪初的资本主义已产生出它的两大基本阶级——无产阶级与资产阶级，并以大机器代替了手工生产。这一时期，空想社会主义者对资本主义的批判已相当深刻，并正确地认识了资本主义社会的本质。他们对未来社会的设想不再建立于小生产之上，而是以大生产作为蓝本勾画社会的生产与生活。19世纪初是空想社会主义发展的巅峰，出现了三大空想社会主义者，即法国的圣西门和傅立叶及英国的欧文。

1. 圣西门

克劳德·昂里·圣西门（1760—1825年）出身贵族，青年时代拜启蒙学者达兰贝尔为师，深受启蒙思想的影响，并在大革命爆发后主动放弃了贵族称号。法国资本主义的发展，使他决心创建改造社会的计划。他的主要著作有《日内瓦书简》《论实业体系》《新基督教》等。

圣西门认为，人类社会的发展经历5个阶段：人类开化初期、古希腊罗马的奴隶社会、中世纪、封建社会解体时代的过渡时期及未来社会的"实业制度"。他认识到造成社会不平等的根源在于所有制，所以他提出变私有制为公有制。他在著作中对资本主义进行了深刻的批判，认为社会斗争更多的是有产者与无产者的斗争，指出法国革命后社会处于过渡时期，是少数懒惰者对劳动者的压迫。他认为，实业阶段是人类社会发展的最高阶段。那时，社会唯一的目的就是满足全体人民的需要，按才能和贡献进行分配。而政府对人的管理变为仅仅是对物的管理。圣西门的实业社会中没有阶级之分，但他认为实业家和学者贡献大，收入也应该比其他人多。圣西门的空想社会主义理论并没有真正完成揭示资本主义发展规律的研究，他的理想仍是空想，他甚至还幻想通过宣传使国王和资产阶级帮助他实现其理想社会。

2. 傅立叶

查理·傅立叶（1772—1837年）出生于商人家庭，直接接触资产阶级，对资本主义社会的认识更加深刻。傅立叶与圣西门一样，力图探求社会发展的一般规律。与圣西门不同的是，他将社会发展的全过程分为32个时期，其中第5—8个时期是文明时期、保障时期、协作制度和和谐制度，他认为资本主义制度处于文明时期。他发现了资本主义大工业与分散经营的矛盾，造成个人利益与集体利益的矛盾是反社会的工业主义制度。他认为，在资本主义制度下贫困造就了富裕，富裕产生了贫困，资本主义雇佣劳动制度是"复活的奴隶制度"。傅立叶猛烈地批判了资本主义生产中的不人道现象，并列举了商业活动中的36种罪恶。

傅立叶作为空想社会主义者不可能揭示资本主义运动的规律，但他认为资本主义必须灭亡，代之以他理想中的和谐制度。在和谐制度下，实行集体所有制，主要从事农业，工业占次要地位。和谐制度的基础组织是法朗吉。在这一组织里，人们可以自由选择职业，劳动将成为人的需要和爱好；人的物质生活也将极大丰富。傅立叶注意到妇女的解放问题，并提出将"妇女解放的程度作为普遍解放的天然标准"。傅立叶与圣西门一样，他把希望建立在国王、大臣、资本家的支持上面，他终生都在等待有人送钱给他建立法朗吉。

3. 欧文

罗伯特·欧文（1771—1858年）是英国最伟大的空想社会主义者。与圣西门、傅立叶不同的是，他既是一位空想社会主义思想家，也是一位空想社会主义的实践者。自1800年起欧文担任新拉纳克大棉纺厂的经理，他采取很多措施来改善工人的生产和生活条件，如提高工人工资、缩短工作时间、修建工人子女的学校等。欧文的努力使他博得"慈善家"的美名。

与空想社会主义同时达到巅峰的古典政治经济学者的成果也为欧文所接受，尤其是大卫·李嘉图的劳动价值论。他认为，资本主义是一个极不合理的社会，生产者本应获得他生产的全部价值，事实上却挨饿受冻。他把批判的矛头直接指向资本主义私有制，认为私有制、宗教、婚姻形式是现存的资本主义社会的"三位一体的祸害"。私有制是万恶之源，要想改造社会，必须先消灭私有制。欧文主张未来的社会里由劳动者自己管理生产，产品按需分配。1824年，他在美国买了3万英亩的土地，以实施他的理想，建立了共产主义新村，即新协和公社。但他的公社终于在1828年瓦解。

19世纪初的三大空想社会主义者完成了空想社会主义思想的理论论证，他们找到了资本主义社会的种种弊病,并进行了深入的剖析和尖锐的批判,他们都力图探求社会发展的一般规律,并各自做出了自己的结论,但可惜都是空想。他们对未来社会作了设想,但并不成熟,这一切是和当时的资本主义发展水平较低相适应的。但是,空想社会主义者的理论中有许多积极的主张和天才的设想,在工业革命进一步发展的情况下,马克思、恩格斯吸收他们的成果,将社会主义理论发展为科学社会主义理论。

19世纪30—40年代以后,资本主义进一步发展,工人阶级与资产阶级的斗争日趋明朗和尖锐,但三大空想社会主义者的一些信徒却仍死死抱住他们的信条,而蜕变为小资产阶级与资产阶级的社会主义宗派,失去了三大空想社会主义者所具有的先进性。

三、工业革命时期的文学

工业革命时期的文学以浪漫主义文学、批判现实主义文学和无产阶级文学为代表。

(一) 浪漫主义文学

浪漫主义文学是18世纪末、19世纪初欧洲文学的主流,浪漫主义则是这一时期占主导地位的文艺思潮。作为文学运动,它是法国大革命、欧洲民族解放运动及民主运动高潮时期的产物。1789年法国大革命后,欧美建立了并非真正的"理性王国"。18世纪启蒙思想家所提出的"自由、平等、博爱"的理想,并没有真正实现,笼罩着欧洲的是贫富更加不均、战争规模更大、阶级斗争更激烈。许多作家对社会现实感到不满,甚至失望,并力图去寻找解决社会矛盾的方式。只不过由于每一个作家的阶级立场、政治态度和人生观、世界观和价值观的差异,才产生了浪漫主义文学的两大不同派别:消极浪漫主义与积极浪漫主义。

追寻思想根源,浪漫主义主要是法国革命原则和启蒙思想的逻辑继承。浪漫主义者崇尚自然和追求个人自由,与启蒙思想是一脉相承的。浪漫主义与这一时期流行的德国古典哲学、法国空想社会主义思潮的关系也极为密切。德国古典哲学的兴起,在某种意义上讲,就是哲学领域内的浪漫主义运动。它提高自我地位,夸大主观作用,强调天才、灵感,甚至宣扬神秘主义。它对主观意识的突出,对浪漫主义文学强调个人主义的倾向产生了深刻的影响。空想社会主义者对资本主义制度进行尖锐的批判,同时又幻想消灭阶级对立,建立理想的社会,并为这个社会作了种种超现实的设想,它也为浪漫主义文学家提供了思想养分,促使他们在创作意识上力求超越社会现实。

消极浪漫主义主要思想表现是对过去的缅怀、对现实的逃避、对神秘主义和宗教社会的肯定及歌颂。积极浪漫主义主要反映了资产阶级民主派的思想情绪,表现了对理想的热烈追求和对革命充满激情,讴歌进步与改革。但两者都扬弃了古典主义所崇尚的理性,把对主观、情感世界的推崇作为文学艺术的基本特征。在艺术表现手法上,其主要特点是:大胆发挥主观想象力,描述主观理想,抒发个人的强烈情感;以大自然为背景,情景交融地描写奇异的情节和英雄人物,抒发对大自然、对人的感受。浪漫主义文学的成绩主要在诗歌方面,其次是小说和戏剧。

由于各国的社会、文化背景不一,因而各国的浪漫主义文学发展也不完全一致。消极浪漫主义首先萌发于德国,继而英、法等国也出现这一思潮。至19世纪初,积极浪漫主义取代了消极浪漫主义,成为这一时期文学运动的主流。

1. 德国的浪漫主义文学

相对于英、法而言,这一时期的德国仍是一个政治上严重分裂、经济上十分落后、思想意识比较保守的国家。德国资产阶级在政治上的软弱性使它没有推翻封建贵族阶级的要求,同时也没有推翻封建贵族阶级的力量。所以,德国浪漫主义者普遍渴望的不是变革而是宁静,他们把中世纪看成是一个理想社会。因此,消极浪漫主义文学风行了很长一段时期。至19世纪初,积极的、反封建的浪漫主义文学才逐渐形成。诗人荷尔德林(1770—1843年)在抒情小说《许佩里翁》中塑造了一个浪漫主义的反叛者形象。小说家沙米梭(1781—1838年)的作品同情希腊人民的独立斗争和俄国十二月党人。在德国,最具代表性的积极浪漫主义作家是诗人海涅(1797—1856年),他早期的作品多以爱情和个人遭遇为主题,感情纯朴,细腻真诚,并具有浓郁的民歌色彩,反映了封建专制之下个性所承受的压抑以及寻求出路而不可得的苦闷心情,后于1827年汇成《诗歌集》。海涅的代表作是长诗《德国——一个冬天的童话》。该诗创作于1844年,正是1848年革命酝酿时期。长诗《德国——一个冬天的童话》是诗体游记,共27章。作者用一切生机均已死灭的肃杀的"冬天"来象征昏死的德国,而"童话"则象征行将死去的旧德国。长诗的结尾呼应开篇,"伪善的老一代在消逝","新一代正在生长",表达了作者对未来的信念。

2. 英国的浪漫主义文学

英国的浪漫主义文学兴起于18世纪末,主要是以华兹华斯(1770—1850年)、骚塞(1774—1843年)和柯勒律治(1772—1834年)为代表的"湖畔派"。他们是消极浪漫主义作家,尽管对资本主义文明不满,却看不到曙光,只好转向歌颂宗法式的农村生活。19世纪初,积极浪漫主义文学兴起,主要代表是诗人拜伦和雪莱。

乔治·戈登·拜伦(1788—1824年)出身贵族,曾就读剑桥大学,在法国革命的影响下,形成了资产阶级民主主义思想。他的早期诗作《东方叙事诗》包括《异教徒》《海盗》等6篇。其中心人物是"拜伦式的英雄",他们具有强烈个人主义的、无政府主义的反叛热情。这些诗将叙事与抒情结合起来,以恣意放荡、潇洒自如的风格，引人入胜的情节及流行通畅的文字，震动了整个英国文坛。他的早期代表作是叙事诗《恰尔德·哈罗德游记》。诗中表达了他对侵略者的痛恨和对民族独立运动的支持与同情。未完成的长诗《唐·璜》是拜伦最重要的代表作，它是积极浪漫主义热情和现实主义讽刺的结合，描写了一个西班牙贵族青年在西班牙、希腊、土耳其、俄国和英国等不同国家的经历，抨击了欧洲的反动势力和资本主义的金钱价值观念。拜伦以他超凡的诗歌艺术和鲜明的政治倾向，在欧洲树起了一面文学先锋的大旗。当他死的时候，法国许多报纸将他与拿破仑相提并论。

雪莱（1792—1822年）与拜伦一样，支持人民运动，反对旧制度。抒情诗剧《解放了的普罗米修斯》是其代表作。该诗剧主要描写受长期痛苦折磨的普罗米修斯，坚毅不屈，拒绝向暴君投降，经过努力，他与爱人亚细亚重新团圆。最后，象征力量的神赫拉克勒斯解放了普罗米修斯，整个宇宙也因而获得了解放。解放了的社会是人类"一律平等"，充满"爱"与自由的乐园，没有阶级，也没有压迫。恩格斯称雪莱为"天才的预言家"。

3. 法国的浪漫主义文学

法国浪漫主义文学运动在19世纪20年代后期才形成，其代表人物是维克多·雨果（1802—1885年），他的《〈克伦威尔〉序言》被公认为是浪漫主义运动的宣言书。他一生创作了大量诗歌、小说、戏剧等文艺作品，代表作是《悲惨世界》《巴黎圣母院》《九三年》《海上劳工》《笑面人》等长篇小说，其中尤以《悲惨世界》最为重要。《悲惨世界》以贫苦工人冉阿让的悲惨生活为主线，以宏大的气势叙述了从拿破仑帝国后期至七月王朝前期的整个法国社会的政治、生活画面。小说以人道主义为基调，对冉阿让、芳汀、珂赛特及格夫罗舍的遭遇进行了深入的剖析，对复辟王朝、资本主义制度喊出了震天动地的批判的吼声。小说对劳动人民的同情及其对资本主义的批判是它的思想和艺术巅峰，具有一定的批判现实主义色调。但小说与其他同时代的作品一样，无法认清资本主义的本质，只是想以人道主义调和社会内部的不平等现象。小说设计了冉阿让开设工厂为工人谋利的一节，便是作者与空想共产主义者的共同之处。《悲惨世界》是世界文学史上的一部杰作。高尔基在评论雨果时说："作为一个讲坛和诗人，他像暴风雨一样轰响在世界上，唤醒人心灵中一切美好的事物……他教导一切人爱生活、美、真理和法兰西。"

4. 俄国的浪漫主义文学

19世纪20—30年代，浪漫主义文学也已成为俄国文学的主流，其代表人物是雷列耶夫（1795—1826年）和普希金（1799—1837年）。普希金在被流放南俄期间，进入了他的浪漫主义诗歌的全盛时期，他创作的一组长诗《高加索的俘虏》《强盗兄弟》《巴赫切萨拉伊的泪泉》及《茨冈》成就很高。叙事诗《茨冈》是诗人这一时期的代表作，也是诗人由浪漫主义向现实主义过渡的开始。所以，普希金既是一位杰出的浪漫主义作家，也是一位伟大的批判现实主义的奠基人和作家。

5. 新古典主义文学

与浪漫主义文学同期的另一个主要文学流派是新古典主义文学。在这一文学运动中，以德国的"魏玛古典主义"（也称德国古典主义）的文学成就较为突出。

德国古典主义与17世纪法国古典主义不同。如以歌德为首的德国古典主义者认为，人类社会应和自然界一样，随着时间的推移而变化。他们在思想上承袭了文艺复兴时期人文主义的传统，但提倡以宽容和妥协来处理和解决情感和理智、自由和法治、个人和社会的矛盾。在文学创作上，要求内容积极健康、语言纯洁、形式完美，达到内容与形式的统一。

歌德在18世纪80年代访问意大利后，得出了"古典的是健康的，浪漫的是病态的"的结论，反映了他在思想上真正转向古典主义，而其代表作《浮士德》则是他对德国乃至欧洲的现实进行的思想总结和艺术总结。该诗剧共12111行，描写了以浮士德为代表的欧洲知识分子对理想的追求精神。它是世界文学艺术中的瑰宝，是不朽的荷马式史诗。

在德国古典主义文学中，席勒是除歌德之外的第二座丰碑。他创作的《华伦斯坦》三部曲，取材于德国的"三十年战争史"，是他戏剧集的重要作品。它艺术地反映了德国民族的苦难与悲剧，该剧奠定了席勒在德国古典主义文学中的重要地位。

（二）批判现实主义文学

批判现实主义文学开始于19世纪30年代，并迅速取代浪漫主义文学而成为19世纪文学的主流。批判现实主义作家的立场尽管各不相同，但他们都对现存秩序进行强烈批判，并拥有共同的世界观——资产阶级的人道主义和个人主义。

1. 法国的批判现实主义文学

法国是批判现实主义的发祥地。批判现实主义文学作品反映的社会生活的广度与深度，是浪漫主义文学所无法比拟的，而一些积极浪漫主义作家在19世纪30年代以后也创作出了具有明显现实主义色彩的作品。为了批判法国的复辟王朝，司汤达于1830年发表了《红与黑》，这是批判现实主义文学的开山之作。小说通过于连·索黑尔的遭遇，批判了复辟王朝时代扼杀一切生机的丑恶嘴脸。法国最伟大的批判现实主义作家是奥诺雷·德·巴尔扎克（1799—1850年），他在一生的最后20多年里，创造了文学史上的奇迹，创作了包括90多部小说的《人间喜剧》集子，规模极为宏大。其中著名的有《欧也妮·葛朗台》《幻灭》《高老头》《贝姨》和《邦斯舅舅》等。他把《人间喜剧》的内容分为风俗研究、哲学研究、分析研究三大类。全集用2000多个人物展现了1789年法国革命至七月王朝末期的法国社会历史,其中心画面是封建贵族的没落衰亡史和资产的阶级罪恶发迹史。巴尔扎克认识到贵族灭亡的必然性,"从而把他们描写成不配有更好命运的人"①,同时又对资产阶级的世界观进行了尖锐的抨击,尤其对资产阶级暴发户和上流社会的描写淋漓尽致。资产者对于财富的追求、精神生活的不断商品化以及法律因财产而不公平和社会伦理的堕落,巴尔扎克的笔锋无不一针见血地将其刻画出来。巴尔扎克的作品对社会的分析,是以人道主义作为出发点的,因而他评论时总离不开道德观的影响。《欧也妮·葛朗台》是巴尔扎克的代表作之一,作者所塑造的葛朗台形象具有高度的概括性。他是一个资本主义社会早期狡诈、贪婪、吝啬、唯利是图的暴发户的典型,也是法国文学史上家喻户晓的吝啬鬼形象。通过解剖这个典型,作者深刻地揭露了资本主义原始积累的罪恶。所以,作品具有深刻的社会意义。巴尔扎克在另一部杰作《高老头》中,则通过描述面包商高老头的全部财产被他两个女儿榨干,自己却在贫困、寂寞和痛苦中死去的凄惨景象,揭露了资本主义赤裸裸的金钱关系,其思想内涵至今仍具现实意义。

巴尔扎克去世后,法国的批判现实主义代表主要有福楼拜及其弟子莫泊桑等。

福楼拜(1821—1880年),出生于医生家庭。他的代表作是长篇小说《包法利夫人》。作品主要描写充满浪漫主义幻想的爱玛与包法利结婚,因追求"幸福"而失足(发生婚外恋),因受骗受侮辱而自杀的三部曲。故事情节里有爱情,但更多的是兽欲;有天真纯朴,但更多的是虚情假意;有献身精神,但更多的是背信弃义;有可怜,但更多的是乘人之危、欺诈。所以,作品通过包法利夫人一生的遭遇,深刻批判了资本主义生活的腐败和道德的堕落。莫泊桑(1850—1893年)是世界最负盛名的短篇小说巨匠之一,他与俄国的契诃夫并称世界短篇小说"双璧",他一生共写了300多篇短篇小说。《羊脂球》《项链》等小说极大地讽刺了资产阶级的寡廉鲜耻和虚荣心。莫泊桑写了6部长篇小说,其中《俊友》《一生》最为著名。他的长篇小说也充满了对资产阶级社会的批判。

2. 英国的批判现实主义文学

浪漫主义文学在英国于19世纪30年代开始衰退,让位于批判现实主义文学。英国的批判现实主义作家主要反映已经破产或行将破产的小资产阶级的愿望,他们作品中的主人公大多是小职员、小商贩、没落的贵族后代,并为劳动人民奔走呼号。另外他也描写了一些孤儿、破产农民的形象。19世纪40—50年代,英国涌现了狄更斯、夏洛蒂·勃朗特、盖斯凯尔夫人以及萨克雷等一大批批判现实主义作家。夏洛蒂·勃朗特(1816—1855年)是一位女作家,代表作有《简·爱》《雪丽》。她的作品多以下层人民生活为背景来反映时代。盖斯凯尔夫人的

---

① 恩格斯:《致玛·哈克奈斯》,《马克思恩格斯选集》第4卷,人民出版社1972年版,第462页。

代表作是《玛丽·巴顿》，以宪章运动为背景，反映英国工人的悲惨命运。萨克雷（1811—1863年）的代表作是《名利场》，作品尖锐地嘲笑了英国贵族与资产阶级生活的卑鄙与肮脏。狄更斯（1812—1870年）是19世纪前期英国批判现实主义文学的主要代表，其代表作是《奥利佛·推斯特》《双城记》《大卫·科波菲尔》《艰难时世》及《荒凉山庄》等。这些作品将下对孤儿院、上至政府官邸的生活进行了深刻的批判，对作为资产阶级道德观念基础的金钱价值取向进行了辛辣的讽刺，抨击了资产者对穷人的剥削。人道主义是作者处理作品中各种人物的基调。19世纪后半期，批判现实主义文学的主要代表人物是哈代（1840—1928年）。哈代的作品比英国早期批判现实主义文学更加注重反映下层人民的苦难生活，但带有悲观和宿命的色彩。《德伯家的苔丝》是哈代最优秀的作品。女主人公苔丝是个农家女子，她追求幸福，却因貌美而受到纨绔子弟的欺辱，终因杀人而被处死。书中充满了对苔丝的同情和对黑暗社会的憎恨。哈代最后一部小说是《无名的裘德》，反映了一个有理想的农村青年被社会扼杀的故事，表达了哈代对正在强大的资产阶级社会道德观的批判。这一时期英国的批判现实主义作家还有剧作家萧伯纳（1856—1950年）。他的代表作是《华伦夫人的职业》《鳏夫的房产》等，他为英国现代戏剧发展做出了巨大贡献。

3. 美国的批判现实主义文学

由于历史条件不同，美国的批判现实主义文学比欧洲大陆晚了约半个世纪。直至南北战争结束后，批判现实主义文学才逐渐兴起，代表作家是马克·吐温（1835—1910年）。他站在资产阶级民主主义者的立场上，揭露美国民主的虚伪和道德的败坏，为黑人叫屈喊冤。他的作品为我们提供了一幅美国19世纪末至20世纪初的绝妙画面。马克·吐温早年对资本主义制度充满幻想，其后逐渐转变。1870年后，他先后发表了《竞选州长》和《镀金时代》两部重要著作，前者为美国的民主画了一幅漫画，后者则描绘了资产阶级金钱至上道德观的恶果：全国投机成风、腐败成风。《汤姆·索亚历险记》是作者对当时落后的教育和宗教的批判。《哈克贝利·费恩历险记》是马克·吐温最成熟的作品，表达了作者反抗种族歧视的立场。作品融现实主义描绘和浪漫主义抒情为一体，形成独特的艺术风格。其短篇小说《百万英镑》是讽刺金钱所败坏的社会道德的佳作。继马克·吐温之后，美国涌现了欧·亨利（1862—1916年）以及杰克·伦敦（1876—1916年）等著名的批判现实主义作家。

4. 俄国的批判现实主义文学

俄国批判现实主义文学是在同农奴制的斗争中发展起来的，一些浪漫主义作家转向了批判现实主义，其开拓者是普希金。他的诗体小说《叶甫盖尼·奥涅金》是俄国批判现实主义的奠基之作，被称为"俄罗斯生活的百科全书"。尼古拉·瓦西里耶维奇·果戈理（1809—1852年）是继普希金之后又一杰出的批判现实主义作家，他的喜剧《钦差大臣》描绘了俄国官场的丑态。《死魂灵》是俄国第一部具有高度思想性、艺术性的批判现实主义作品。在俄国的批判现实主义作家中，陀思妥耶夫斯基、列夫·托尔斯泰和契诃夫的成就最高。陀思妥耶夫斯基（1821—1881年）的主要作品有长篇小说《白痴》《罪与罚》《被侮辱与被损害的》和中篇小说《穷人》等。这些作品无情地揭露了丑恶冷酷的贵族资产阶级社会。他站在小资产阶级立场，极其同情那些"被侮辱与被损害的"社会底层的人们，批判正在兴起的资产阶级的人生观和价值观。但他与早期现实主义作家一样，主张以道德力量来解决人间的罪恶。托尔斯泰（1828—1910年）是19世纪最伟大的批判现实主义作家，他的作品具有沉重的历史感。他创作的第一个里程碑是历史题材小说《战争与和平》。该书反映了1805—1820年俄国的社会背景，在战争年代与和平时期的交替描写中，展现了广阔的社会生活画面，而积极地肯定接近人民生活的庄园贵族青年一代则是小说的最光辉成果。第二个里程碑是《安娜·卡列尼娜》。小说通过对贵族妇女安娜追求爱情自由而遭受社会打击的描写，揭露和批判了虚伪与罪恶的贵族社会。托尔斯泰的最优秀作品是《复活》。小说通过对男女主人公形象的塑造与复杂曲折情节的描写，艺术地再现了19世纪末俄国社会生活的广阔图景，表达了作者对专制王权和地主、资产阶级剥削的痛恨。但他不喜欢反抗，只提倡以道德力量来解决社会矛盾。契诃夫（1860—1904年）是俄国19世纪末杰出的作家，一生共写了470多篇小说和十几个剧本，其中尤以短篇小说著名。他的作品多反映低沉昏暗的生活，但却保持着积极向上的人生态度。其短篇小说《套中人》《第六病房》及《变色龙》等是不朽的名著。

5. 其他国家的批判现实主义文学

19世纪末期，批判现实主义文学在欧洲其他国家也取得了一定的发展，代表作家有波兰人显克微支（1849—1916年）、丹麦作家安徒生（1805—1875年）、瑞典作家斯特林堡（1849—1912年）与挪威剧作家易卜生（1828—1906年）。易卜生的作品富于战斗精神和人道主义，社会背景广阔，思想性和艺术性达到了高度的统一，被称为"现代戏剧之父"。

批判现实主义文学是工业革命的产物，它集中地反映了资产阶级民主主义者对资本主义进步所带来的负面影响的恐惧与批判，是19世纪世界文学的最高成就。

（三）无产阶级文学

19世纪30—40年代，工业革命在英、法、德、美等国先后开展，无产阶级作为一支政治力量开始登上历史舞台。这时期无产阶级文学也发展起来，主要有法国工人诗歌、英国宪章派文学和德国的革命诗歌。法国工人诗人杜邦（1821—1870年）、莫洛（1810—1838年）所代表的"七星诗人"影响较大。马克思在《资本论》中曾援引杜邦的《工人之歌》来说明工人境况之坏。宪章派文学以诗

歌为主,以艾内斯特·琼斯(1819—1869年)、威廉·林顿为代表。琼斯的《皇恩浩荡》《未来之歌》成为千古绝唱。德国革命诗歌以格奥尔格·维尔特(1822—1856年)为代表。他早年曾是浪漫主义诗人,但随着工人境况的恶化,转入无产阶级文学运动中来,创作了《兰卡郡酒店的老板》《刚十八岁》《铸炮者》《卡尔皇帝》等诗歌,在工人中流传很广。

这些早期的无产阶级文学不仅尖锐地批判了资本主义的剥削制度,反映工人阶级的疾苦,而且其最难能可贵之处就是逐渐意识到工人阶级自身的命运问题,维尔特等人的诗歌无疑鼓舞了各国工人阶级的斗争精神。

1871年3月18日,法国工人建立了世界上第一个无产阶级政权巴黎公社,不久被资产阶级政府镇压下去。但是,巴黎公社的伟大创举,却使全世界人民欢欣鼓舞,他们为它歌唱,形成了巴黎公社文学。它包括巴黎公社诞生前后70年代和80年代的公社战士们的文学创作。其中,欧仁·鲍狄埃(1816—1887年)是最伟大的诗人,《国际歌》是其代表作。鲍狄埃在"五月流血周"后第二天写下了这首诗,它精辟地概括了社会主义学说的重要结论,以艺术的手法总结了巴黎公社的经验教训,并指出了工人阶级的历史任务和斗争目标,展现了无产阶级为解放全人类的奋斗精神。1888年,工人作曲家狄盖特(1848—1932年)为《国际歌》谱写了曲调。这是一首无产阶级世界性的战斗诗篇,至今仍历久不衰。巴黎公社文学的主要代表还有路易斯·米雪尔(1830—1905年)、让·巴底斯特·葛莱蒙(1836—1903年)和葛洛维斯·于格(1851—1907年)等人。米雪尔是一位勇敢的战士,又是一位杰出的诗人,她的诗歌《赠我的弟兄们》《革命失败》《囚徒之歌》等塑造了一个个无产阶级伟大战士的形象。巴黎公社文学对无产阶级运动产生了极大的推动力量。

19世纪的文学运动与工业革命息息相关。由于工业革命的发展,积极浪漫主义取代了消极浪漫主义;由于工业革命的推动,资本主义向前发展,它的罪恶也逐渐显现出来,一大批资产阶级民主主义者开始揭露它的罪恶,宣扬人道主义;也正是由于工业革命的发展,现代无产阶级才产生并壮大起来,他们为了自身的解放,诞生了无产阶级的早期文学运动。

四、工业革命时期的哲学

(一)德国古典哲学

工业革命时期欧洲哲学舞台上的主角,当推德国的古典哲学。德国古典哲学提出了包括认识论、本体论、伦理学、美学、法哲学、历史哲学以及政治哲学等领域的各种重大问题和范畴,是西方近现代哲学的发源地。

1. 康德

伊曼努尔·康德（1724—1804年）是德国古典哲学的创始人。1770年以前，康德在对自然科学的研究中，以著名的太阳系星云起源假说，推翻了牛顿关于太阳系自从被上帝第一次推动以后就永恒不变的机械论观点，把太阳系的形成看成客观物质的历史发展过程，在形而上学的思维观念上打开了第一个缺口。1770年以后，康德以他的分别阐述认识论、伦理学和美学的《纯粹理性批判》《实践理性批判》和《判断力批判》构筑了自己的哲学体系。

康德的哲学观点一般是以调和唯物论与唯心论，调和科学知识与宗教信仰为基础的。康德承认存在一个客观的"物自体"世界。但是，他又把客观世界割裂为两部分：一是物质性的领域，即现象世界；另一个是神的世界，即本体世界。这两个领域的认识方法是不同的。在现象世界，人们靠感觉和理想获得关于物质世界的知识。但是，在高级的精神领域里，即神的世界里，人们只有通过信仰、直觉和深信这些同样有效的知识媒介，来假定上帝的存在，人类意志的自由，人类灵魂的不朽。在这一领域里，感觉和理性不起作用了，因为人们不能认识超乎经验之外的人的认识能力所达不到的"彼岸世界"。康德在现象和本质之间设下一条不可逾越的鸿沟，否定认识"物自体"及认识本质的可能性，这表明了其哲学基本方法的形而上学性。但是，康德的学说揭示了某些概念、范畴的对立和矛盾，承认人的认识在一定程度内发生矛盾的必然性，包含了一些辩证法因素，对于德国唯心论辩证法的发展有很大影响。尤其是康德突出了人的意识的能动性，被后人誉为在哲学上实现了一次"哥白尼革命"。

2. 费希特和谢林

康德的哲学在费希特和谢林那里有了进一步发展。费希特（1762—1814年）克服了康德的"物自体"和不可知论，主张思维与存在的同一，提出"自我"产生"非我"，主体产生客体，思维产生存在，精神产生物质，发展了康德的主观唯心论。费希特的基本哲学思想集中见于他的《知识学基础》《知识学导言》《论学者的使命》《人的使命》等著作中。谢林（1775—1854年）则否定了费希特的"自我"产生"非我"观点，把自然界看成无限的主体，绝对的"自我"活动的结果，把费希特的主观唯心论发展为客观唯心论。谢林的主要著作有《自然哲学体系初稿》《先验唯心论的体系》。

3. 黑格尔

德国古典哲学在黑格尔那里达到登峰造极的地步。弗里德里希·黑格尔（1770—1831年）多年在大学任教，他创造了一个庞大的客观唯心主义体系，主要著作有《精神现象学》《逻辑学》《哲学全书》《法哲学原理》《哲学史讲演录》《历史哲学》和《美学》等。黑格尔的客观唯心主义体系，简单地说就是从思维、精神出发，由思维转化为存在，由精神转化为物质，然后又由存在转化为思维，物质再转化为精神的过程。

黑格尔认为，在自然界和人类出现之前，存在着一种"绝对精神"，即整个宇宙的精神，它是一切现实事物的源泉，世界上任何现象都不过是它的表现，从它那里派生出来的。绝对精神从逻辑阶段经自然阶段之后"复归"到精神阶段，而以法律、道德、伦理、艺术、宗教、哲学的形式体现在人类历史中。这样，黑格尔将事物的关系完全倒置了。

但是，黑格尔的哲学体系中也包含着一个富有革命意义的"合理内核"，即关于运动、发展和变化的观念。他认为，"绝对精神"始终处于不断运动、变化和发展的过程，由低级向高级发展；运动的本源是内在矛盾；运动由量变转为质变中，矛盾是发展的源泉。这样，黑格尔完整地表述了事物发展的辩证法思想。可以说，黑格尔的最大贡献是他所阐发的以巨大历史感作为基础的内容丰富的辩证法。在欧洲哲学史上，他第一个把整个自然的、历史的和精神的世界看做一个过程，认为它处于不断的运动、变化、改造和发展中，并试图揭示这种运动和发展的内在联系。但他把整个世界的运动、变化、发展归结为绝对精神的异化和复归，并宣布自己的哲学就是对绝对精神的认识，是绝对真理，这就与他所揭示的辩证法发生了矛盾。

4．费尔巴哈

黑格尔去世后，黑格尔学派发生分裂。老年黑格尔派保卫黑格尔的体系，宣扬神学唯心主义。青年黑格尔派注重黑格尔的方法，在哲学－宗教领域展开批判。一些最坚决的分子冲破了唯心主义，转向唯物主义，其中的著名代表是费尔巴哈。

路德维希·费尔巴哈（1804—1872年）建立了人本学唯物主义来与神学和黑格尔唯心主义相对立。他指出，上帝的观念是人的本质的异化，上帝是人的观念的投射，天国不过是人间未能实现的幻想的反映，宗教不过是人把希望寄托在来世的幻想。黑格尔的绝对精神不过是以精神的形式表现出来的上帝。他肯定自然离开意识而独立存在；空间、时间与机械运动是物质的存在形式；人是自然的产物，是思维和存在的统一体，因此，人能认识客观世界和客观规律。费尔巴哈曾任大学讲师，由于发表批判灵魂不灭的著作，被反动势力驱逐出大学讲坛。自1836年他迁居乡村，因为环境闭塞，他的思想未能进一步发展。费尔巴哈的主要著作有《黑格尔哲学批判》和《基督教的本质》。

（二）功利主义和实证主义哲学

19世纪，自然科学飞速发展，提高了经验的地位，使得这一时期的哲学重视探讨科学和经验对于人们知识的作用，强调一切真理演绎来自经验和对物质世界的观察。这种经验哲学倾向，突出地表现在功利主义和实证主义哲学中。

1．功利主义哲学

功利主义创始人是英国的杰雷米·边沁（1748—1832年）。边沁的论著涉及哲学、伦理、政治、法律、经济等各个方面，他在其主要哲学著作《道德及立法的原理》中阐述了他的基本思想。边沁强调，人的全部活动、道德和立法的活动，都只能依据一个原则，即功利。他解释说，功利就是追求快乐和避免痛苦，力争有利的东西而避免有害的东西。在功利这个原则面前，"品行最坏的人和德行高尚的人，其行为动机都是一样的，无论什么人都想增加自己的幸福。因此，尽力保障人的快乐和利益，不仅是个人的动机，也应成为立法者的目标"。因此，衡量每一种信仰或每一种制度的最高准则，是看它们是否符合功利或有用的标准。边沁认为，这种功利或有用标准，就是要为社会最大多数人的最大幸福做出贡献。凡不符合这种标准的学说或实践，不管其历史多么悠久，都应予以排斥。

边沁的功利主义对于18世纪晚期发展起来的工业资产阶级争取改革腐败的选举制度，扩大工业资产阶级在英国政治领域中的权力和地位的斗争，无疑是一种鼓励。

边沁的功利主义在约翰·斯图亚特·穆勒（1806—1873年）那里有了进一步的发展。穆勒的主要著作有《逻辑》《政治经济学原理》《论自由》等。穆勒认为，知识绝不是天生的，也不是来自神秘的直觉；一切知识来源于经验，一切所谓不证自明的真理，甚至是数学原理，都是根据观察事实所演绎的推理。事物是统一的，遵循着因果律发展着。这样，在穆勒那里，经验成了一切知识的基础。

穆勒自认为是边沁的继承者，但他对功利主义作了新的解释，他抛弃了边沁不加区别地强调追求"快乐"的论断，认为快乐是有高低、优劣之分的。他主张，理性的、有道德情操的快乐比仅仅是感官上的快乐更高尚，更有价值。因此，当一个人追求快乐时，应该平等地顾及一切人的利益；功利的标准不应是追求者一己之幸福，而应是与这一追求有关的所有人的幸福。可见，与边沁所断言的人有自私的本性不同，穆勒强调的是人的社会感情。他声称，基督教的"己所欲者，施之于人"正是功利主义的精神所在和理想境界。

2. 实证主义哲学

实证主义哲学的创始人是法国的孔德（1798—1857年）。孔德曾担任空想社会主义者大师圣西门的秘书，后来与圣西门决裂，另创学派。他著述甚丰，主要有《实证哲学教程》《实证政治体系》等。

孔德反对神学，也反对"形而上学"的思辨哲学。他认为，只有实证的（即确切的、肯定的、有用的）知识即经验事实才有价值，才是科学的对象。科学可划分为抽象的科学和具体的科学。前者研究某一类现象的规律，后者则是在局部领域利用这些规律。抽象的理论科学有五门，即天文学、物理学、化学、生物学和社会学。

孔德首创的社会学包括社会静力学和社会动力学两个部分。这表明他的两个基本思想，即秩序和进步。社会静力学把社会视为一个有机的整体，研究保证社会和谐和秩序的社会机构——家庭、国家和宗教的结构与功能。社会动力学则研究社会体系的历史发展。孔德把社会进步分为以人类精神发展为标志的三个阶段：公元1300年以前的神学阶段，1300—1800年的形而上学阶段和1800年以后的科学或实证阶段。他认为，实证阶段的社会是按照"工业方式"组织起来的，资本家和无产阶级各尽职守，实现合作和博爱。他既反对资产阶级个人主义、自由放任原则及代议制民主，也反对侵犯私有财产。他主张建立一种膜拜"社会"（或"大我"）的实证教会，作为新的精神和道德权威，并依靠教士阶级的组织来维持社会秩序。

孔德生前虽已有一批弟子，但他一直处于穷困潦倒的境遇。他死后声名日彰，超越了法国国界。他所开创的实证主义哲学流派延续至今。他还被称为"社会学之父"。

五、工业革命时期的音乐

19世纪初，欧洲的文学艺术普遍形成了一种新的潮流、新的风格，这就是所谓的"浪漫主义"。毫无疑问，浪漫主义对当时欧洲音乐发展的影响也是十分巨大的。

浪漫主义音乐具有自己的一些风格特征。首先，注重表现个人的感情和幻想，尤其强调个人的主观感受。因此，抒情性、自传性和个人心理刻画就成为浪漫主义音乐的主要特征之一。其次，在作品中重视和反映民族的特点，注重在民间艺术中寻找创作素材。南欧的西班牙，北欧的挪威、丹麦，东欧的波兰、捷克、匈牙利、俄罗斯等，都产生了各自的民族作曲家和音乐活动家，形成了自己的民族乐派。再次，在作品中塑造了想象中的人物形象，音乐家们或从民间传说、神话史诗中挖掘题材和形象，或用幻想的题材和形象来体现自己的理想和愿望；着力挖掘和发挥音乐的更多方面的表现性能，从体裁形式到具体表现手段都有革新与突破。这些变化既表现在对传统交响乐、歌剧的发展上，也反映在新的音乐体裁领域，如标题音乐的开拓中。

在欧洲音乐文化史上，浪漫主义有它的积极作用和进步意义。但浪漫主义是一个复杂的现象，浪漫主义艺术家的世界观、艺术观、创作思想也是充满矛盾的，对于具体音乐家及其具体作品，还必须进行具体分析，从而做出恰当的评价。

（一）贝多芬

19世纪上半期的音乐天才中，贝多芬（1770—1827年）无疑是最伟大的。贝多芬出生于一个音乐世家。贫困的家境、严厉的父亲使他的童年生活很不幸，而26岁时开始的听力减退，晚年的完全失聪，更使这位音乐天才痛苦异常。他曾频繁地出入于上流社会，幻想从贵族那里得到幸福和爱情，但其强烈的自尊和倔强性格，又使他深感自己和贵族阶级之间存在不可逾越的鸿沟。这一切都使他感到"命运"的残酷和不公正。但人生的所有磨难都没有阻止他的追求和进取。他曾在书信上明确写着："我要扼住命运的咽喉。"在钢铁般的意志的驱使下，贝多芬一生创作了9部交响曲、大量钢琴协奏曲、弦乐曲等，对西方音乐文化的发展产生了很大影响。

贝多芬早年深受启蒙运动和法国大革命的影响，毕生追求自由、平等、博爱的理想，他的许多作品歌颂了当时资产阶级反对封建统治、争取民主的革命斗争精神，洋溢着热情开朗、乐观朝气的情绪。他的《第三交响曲》，又称《英雄交响曲》，原为奉献给拿破仑而创作，他认为拿破仑是革命精神和人类自由的体现。但当拿破仑称帝的消息传来时，他立即涂去了原来的题字，把它改为"英雄交响曲，为纪念一位死去的英雄而作"。在这部作品中，他用"力"与"火焰"交融的音响，描写了英雄的生活、斗争、死亡和人民的忆念，以及人民在争取到新胜利后的喜悦。他的《第五交响曲》，又称《命运交响曲》，是其9部交响曲中最杰出的一部。它气势磅礴地表现了人类与厄运的顽强抗争，生动地体现了人类对命运的不屈精神，并最后战胜命运。他的《第六交响曲》，又称《田园交响曲》，用清新美妙的旋律，描绘了一幅纯朴的、欢快的、生机盎然的田园风景画。这部作品还是贝多芬广泛运用标题性原则的最突出的代表作。不仅整个作品，而且每章都有标题。在《第九交响曲》中，贝多芬运用多面的、精妙的、高超的音乐技巧，抒发了人民对未来的憧憬，对抗暴斗争赢来胜利的欢乐。在最后的乐章中，贝多芬以席勒的《欢乐颂》为歌词的合唱作结尾，打破交响曲的传统，在管弦乐中加入人声，更丰富了管弦乐的表现色彩，同时也加强了音调所表达的无穷无尽的力量、意志和欢乐。

贝多芬还创作了大量其他体裁形式的乐曲。他的32首钢琴奏鸣曲，几乎每首都是音乐中的珍品。其中的《悲怆奏鸣曲》《月光奏鸣曲》《暴风雨奏鸣曲》《黎明奏鸣曲》《热情奏鸣曲》最有代表性。有人认为，当人们听贝多芬的作品时，总会有一种悲愤、积极和教人起来拼搏、奋进的情绪以及自由感、崇高感、真善美感以及矛盾、冲突与和解感等充满心头，这是因为贝多芬的每一个音符都浸透了他对天、地、人的万般感受、体验和哲理性的沉思。他曾多次说过："发自内心才能进入内心。"他的音乐是一种内心的反省。他向人们展现的是他在大自然面前的内心感受，而不是力求模仿大自然。所以，他继承海顿、莫扎特的优秀传统，集古典音乐之大成，又为浪漫主义音乐的潮流做了预示和准备。

（二）威柏与舒伯特

与贝多芬同时代的著名音乐家有威柏和舒伯特。德国作曲家威柏（1786—1826年）是一个真正的浪漫主义者。他自幼熟悉舞台艺术，青年时期音乐教师沃格勒神父曾引导他研究民间艺术,他是第一个立志创作德国民族歌剧的作曲家。1821年,他的歌剧《自由射手》首次演出,标志着德国民族歌剧的诞生。这部歌剧取材于德国民间传说,并展现了传说中的狼谷等场面的魔幻式情节,因而被有的音乐史书称为"第一部浪漫主义歌剧"。在这部歌剧中,威柏采用德国歌唱剧与传统意大利歌剧相结合的形式,以雄壮的猎人合唱、村民的兰德勒舞曲、女伴们的民谣,真实地再现了特定的生活环境,展示了一幅德国北方森林,偏僻村庄,神秘的力量,普通人的爱情、幻想、忧虑和欢悦的令人耳目一新的生动画面。

此后,威柏还创作了他的另外两部歌剧《优利安特》和《奥柏龙》。威柏的歌剧创作给同时代欧洲作曲家以重要的启示,其后的一些德国作曲家,特别是瓦格纳,继续沿着这条道路发展歌剧事业。威柏还写了两部交响曲以及单簧管协奏曲、钢琴协奏曲与奏鸣曲等作品。他的作曲中有一种华丽并略带轻微的忧郁情绪。威柏歌曲的特点是秀丽朴素,它们有的欢快幽默,有的雄壮激昂。

舒伯特(1797—1828年)出生于教师之家,是欧洲早期浪漫派作曲家的代表,也是第一批真正的维也纳"自由艺术家"。他以作品的演奏与出版为生,生活的圈子也不再是贵族宫廷,而是市民社会中志趣相投的朋友、知音。他与贝多芬同时居住于维也纳,他崇拜后者,并力图在创作中延续古典乐派的传统,但他更擅长抒发个人的主观情绪与感受。舒伯特是最伟大的歌曲作家,他创作了600多首歌曲,几乎都取自德国抒情诗,特别是歌德、席勒、海涅、穆勒的诗作为数最多,在音乐风格上,民歌的音调占有重要地位。他的歌曲具有古典的清新纯朴,又有浪漫的和声处理及抒情的自我表现,以其炽热的感情,丰富的幻想,朴素的民间色彩以及大自然的气息,使歌曲达到了一个比较完美的境界。1815年,他创作了一大批有代表性的作品,如《死神与少女》《野玫瑰》《鳟鱼》等,获得了广泛赞赏。有人把这一年称为欧洲浪漫主义艺术歌曲的诞生年。

舒伯特的创作涉及面很广,除歌曲外,还有交响曲、歌剧、宗教音乐等;除声乐作品外,还创作了许多器乐作品。他的作品都渗透了其亲切优美、柔和深沉的艺术特征。

威柏、舒伯特继承了古典音乐的优秀传统,并发展了音乐的内容和形式技巧,不仅奠定了浪漫主义音乐艺术的各种手法、体裁(如艺术歌曲、声乐套曲、交响曲、钢琴小品、歌剧等),而且使早期浪漫主义音乐一开始便显露出它动人心魄的艺术内涵。在音乐发展史上,他们的地位是十分重要的。

(三)门德尔松与舒曼

19世纪30年代,德国音乐中的浪漫主义思潮进入了新的阶段,门德尔松与舒曼是这一新阶段的主要代表。

门德尔松(1809—1847年)从小就受到良好的文化和音乐教育。少年时期,他就获得了演奏、作曲方面的声誉，接着很快获得欧洲第一流音乐家的名声。

门德尔松的音乐活动是十分重要的，他创办了莱比锡音乐学院，大力宣传传统音乐，如宣传亨德尔、巴赫、舒伯特等人的音乐。20岁时，他指挥演出了巴赫的《马太受难曲》，使得这位被世人遗忘的音乐家，获得了应有的声望。

门德尔松的音乐倾向是古典的，但又具有浪漫主义精神。他最重要的作品有：钢琴小品《无言歌》共48首，管弦乐序曲《仲夏夜之梦》，交响曲《苏格兰交响曲》《意大利交响曲》《E小调小提琴协奏曲》等。其中《仲夏夜之梦》是他最杰出的浪漫主义作品，这是他为莎士比亚同名喜剧写的配乐。它的曲式是古典的，但内容却充满了浪漫主义诗意的幻想，他把听众带到了莎剧中梦幻、戏谑的戏剧气氛中。门德尔松是用音乐渲染气氛的大师，配器、旋律、和声在他手里变成了舞台布景和闪光，从而为人们展示了一个多彩多姿的音乐戏剧世界。

门德尔松的钢琴小品《无言歌》是他所有抒情小品中最出色的。小品的曲调是歌唱性的，富有诗意。他的交响曲保持了他一以贯之的创作风格——抒情的、诗意的和富有大自然的色彩。曾有评论家认为门德尔松的音乐缺乏戏剧性的冲突，缺乏深刻性和英雄性，但其优美的旋律、鲜明的形象、完整的结构，从题材到手法都有着他自己的独特风格，他以自己的特色为德国音乐的发展做出了贡献。

罗伯特·舒曼（1810—1856年）是舒伯特浪漫主义音乐最杰出的继承者。不论是钢琴曲、室内乐，还是声乐套曲，他的建树都不同凡响。作为一个编辑和作家，他在音乐批评方面的贡献尤其大。他集音乐家与理论家于一身，这在他以前是不多见的。

舒曼酷爱文学，文学的嗜好和修养深刻地影响着他的音乐创作。他的父母曾希望他当个律师，但他学了几年法律之后，还是转学音乐。由于练习过度伤了手指，他不得不放弃当钢琴家的宏愿，而致力于音乐创作。

1834年，舒曼创办了《新音乐报》。他发表大量文章，抨击当时庸俗肤浅的艺术趣味，肯定过去的作品并热忱推荐音乐界的新人。他极力向世人推荐舒伯特的音乐，对贝多芬的音乐也给予热情的赞颂。从肖邦、格林卡到柏辽兹、李斯特，都得到舒曼的尊重和诚挚的评价。而年轻的勃拉姆斯更是得力于他的扶助才登上乐坛。舒曼写的音乐批评文章至今仍被认为是音乐批评的典范。

钢琴创作标志着舒曼创作上的最高成就，其作品主要有钢琴套曲《狂欢节》《蝴蝶》《童年情景》《大卫同盟曲集》《幻想曲集》《森林情景》等。他采用了舒伯特声乐套曲的原则，由一系列精致而又相对独立的小品组成，情绪瞬息多变，音乐处理非常大胆、自由，出现了多样化的不断变换的新的和声织体，丰富了钢琴的表现手法。他的钢琴音乐在对人物的内在气质及各种心理状态的深入刻画方面都胜过舒伯特。

舒曼一生写的歌曲数量甚多，光是他结婚的1840年一年间便写了138首

第九章 工业革命时期的文化

(一说150余首)。其中最重要的有声乐套曲《诗人之恋》《妇女的爱情与生活》《歌曲集》等。舒曼的套曲受舒伯特的影响很大,没有情节,只是对不同的心理进行描写。但舒曼的作品比舒伯特更具主观性质,更为含蓄内向,对人物内心的描绘更细腻、丰富和深刻,钢琴部分与声乐部分互相配合,更是营造出音乐的诗情意境。他认为,一部有价值的音乐作品必须是高尚的思想感情内容与独创的艺术形式的结合。舒曼的音乐批评和音乐创作,都标志着浪漫主义高潮的到来。

(四) 肖邦与柏辽兹

肖邦(1810—1849年)是典型的浪漫主义音乐语言的创造者之一,也是音乐史上最富于独创性的音乐家之一。他天性敏感、热情、忧郁、自制,其音乐中的主观感情和幻想的色彩比较浓。他的作品以诗意浓郁、震撼人心的抒情性和戏剧性特点见长。肖邦的音乐代表着"黄金时代"的浪漫主义音乐,其创作又具有强烈的波兰民族气质和情感内容。

肖邦向来被称为"钢琴诗人",他一生专事钢琴音乐创作。其中有钢琴奏鸣曲3部,钢琴协奏曲2部,玛祖卡舞曲51首,小夜曲21首,前奏曲24首,练习曲24首,波兰舞曲10余首,谐谑曲、叙事曲、即兴曲各4首,圆舞曲15首以及幻想曲、摇篮曲多首,还有钢琴独奏曲和近20首艺术歌曲。

肖邦的音乐具有无与伦比的细腻、幽婉、抒情而又优美,洋溢着一种为肖邦所独有的浪漫情感。他的钢琴曲是那样的悦耳、洗练、纤细、动人,把强烈的戏剧性与优美的抒情融为一体。旋律情真意切、优美潇洒,和声织体新奇巧妙,节奏韵律自由不拘,结构新颖精致。评论家们认为,肖邦的音乐既具有古典主义的严整、优雅,又有大胆创新,他的音乐语言、手法都是独创的。另外,他的音乐还有着鲜明的民族性,与波兰民族民间音乐有着不可分割的血缘联系。

德国大诗人海涅十分推崇肖邦的作品,称肖邦"能把他心中蕴藏的诗境描绘出来"。和肖邦同时代的著名音乐家舒曼、门德尔松、李斯特等都对他的艺术成就给予了高度评价。在西方音乐遗产中,肖邦的抒情性钢琴艺术有着举足轻重的地位。肖邦的音乐创作对欧洲的浪漫派音乐和19世纪中叶后各民族乐派的兴起和发展有着重大的影响。

柏辽兹(1803—1869年)是法国人,为19世纪标题音乐的倡导者。尽管标题音乐并不是柏辽兹首创,但他赋予标题以动人的力量和音画的表现。他甚至在每一乐章之前都冠以详细文字说明的标题,以便听众能按作曲家的原意来理解交响曲的内容,使交响曲成为易被大众理解的体裁。当然,柏辽兹过分的标题文学化,也多少限制了听众的自由想象。

柏辽兹的作品题材多取自文学,如戏剧交响曲《罗密欧与朱丽叶》(莎士比亚)、交响序曲《李尔王》(莎士比亚)、交响曲《哈罗尔德在意大利》(拜伦)、戏剧康塔塔《浮士德的责罚》(歌德)以及他唯一的一部声乐套曲《夏夜》(根据法国诗人戈蒂埃的诗写成）。但柏辽兹并不照搬文学题材，而是加进了自己的理解和体验，使作品主人公的形象具有更深刻的含义。如他塑造的哈罗尔德与拜伦笔下的哈罗尔德完全不同，后一个哈罗尔德既是"忧愁的流浪者"，却还有"贵族"的封号。前一个哈罗尔德则是一个视富贵如鸿毛的人，心中有着无边的痛苦和无限的沮丧，是一个无力自拔的、永远漂泊的流浪者。又如他的《浮士德的责罚》，虽是根据歌德的诗作写的，但他根据自己的灵感重新加以构思，责罚了浮士德，让他与魔鬼同坠入地狱，并加入了许多原作中没有的浪漫色彩场面。

柏辽兹与其他浪漫主义音乐家一样，也追求"综合的艺术"。《浮士德的责罚》综合了歌剧的特征，具备了歌剧的咏叹调、重唱、朗诵调、合唱等，被称为"交响传奇"。他的交响乐趋于戏剧化，如《罗密欧与朱丽叶》便是带合唱的戏剧交响曲，是一种康塔塔、清唱剧与交响乐的综合体，但占主导地位的还是交响乐的创作原则。在音乐史上，柏辽兹以富于创新精神著称。在交响乐结构方面，他打破了传统的四乐章的结构形式，服从作品的内容需要，灵活处理。因此，他的交响曲有4个乐章、5个乐章或3个乐章不等。他还发展了交响乐创作中的一个重要原则，即"固定乐思"（主导动机）。在他的交响曲里，"固定乐思"是一个象征人物的主导旋律，贯穿所有的乐章，用来表达主要人物的性格或感情，这使得他的旋律非常性格化。与他同时代的著名音乐家李斯特曾说过："柏辽兹成功地采用了性格刻画的手法，做到了前人认为不可能做到的事情。"

在配器方面，柏辽兹也有独特的创新。他被认为是位配器大师。他的《论配器》从理论角度讨论了配器法的各种问题，至今对音乐理论仍有很大影响。他在创作中实践了自己的理论。《幻想交响曲》中孤独的英国管独奏，用弓拌击弦的新音响以及竖琴在乐队中有穿透力的音响，都是极富创造性的手法。柏辽兹依靠魔术般的配器技巧，使乐队的音响更富有色彩性，凸显出浪漫主义音乐的所有特征。

柏辽兹后期的作品趋于安静、稳健，没有了早期作品的狂热与激情，主要有清唱剧《基督的童年》、歌剧《特洛伊人》、喜歌剧《比雅特丽斯与本奈狄克特》等。柏辽兹还是一位音乐评论家，由于生活所迫，他常写些评论文章。他敏锐的思想、生动的文笔都很吸引人。其音乐评论文章都收集在《音乐家与音乐》《音乐旅行》等书中，对西欧音乐批评思想的发展有一定的影响。

（五）李斯特、瓦格纳与勃拉姆斯

李斯特（1811—1886年）是匈牙利人，但他从12岁起就先后旅居法、德、意等国，其文化和哲学思想完全是在法国影响下形成的。他和肖邦一样，有着强烈的爱国之心，民族音乐的音调和节奏、民族的艰辛历史和英雄人物，在其创作中都得到生动反映和运用，因而匈牙利人民始终尊崇他为伟大的民族艺术家。

李斯特的一生可以分为两个时期，以1848年为界，1848年以前主要从事钢

琴演奏活动，1848年以后主要从事创作活动。

李斯特起初是以一个钢琴演奏大师而扬名的。他是第一个开钢琴独奏音乐会的人，他的钢琴演奏不仅创造了具有诗意的、色彩绚丽的画面，而且以技巧高超著称。李斯特的演奏贯穿着对伟大音乐作品的宣传，他将柏辽兹、贝多芬、舒伯特、舒曼、门德尔松、威柏、巴赫等人的作品改编成钢琴曲来演奏。但他的改编曲带有创作的性质，是真正的钢琴音乐，且体现了他自己的风格特征，音乐优美丰富，具有管弦乐队的效果。他开拓了钢琴无穷的表现力，这一点可以与肖邦媲美。

1848年以后，李斯特基本放弃了演奏活动，也结束了在欧洲到处演奏的动荡生活，在德国的魏玛定居下来，专心从事创作。他的代表作有《匈牙利狂想曲》，标题组曲《旅行的年代》及《b小调奏鸣曲》，变奏曲《死之舞》《巡礼的年代》，交响曲《但丁》《浮士德》，清唱剧《圣伊丽莎白的传奇》，等等。

在李斯特的作品中，民族音乐的特点比较突出。特别是19首《匈牙利狂想曲》，是根据匈牙利和吉普赛人的民歌和舞曲加工而成，无论音乐语言和音乐表现手法，都带有浓郁的民族色彩。李斯特还创造了新的音乐体裁——交响诗。他的交响诗主要来源于贝多芬的序曲、威柏序曲的标题戏剧性传统。他热情支持柏辽兹等人的标题音乐倾向。李斯特的标题性与柏辽兹不同，后者的标题性带有叙述情节的性质。李斯特不主张具体地描绘情节，他更强调文学与音乐的内在联系，注重概括地表达感情和形象。在李斯特的标题交响诗创作中，多乐章套曲被压缩成单乐章，主题动机的变化、发展及延续，曲式的自由处理，都服从于对文学性内容的总体理解。可以说，李斯特的交响诗集中体现了其苦心追求的艺术理想。

李斯特晚年依然注重探索新的表现方法。1883年，他发表了《东宫别墅的喷泉》，又称《水之嬉戏》，比法国印象主义作曲家拉威尔（1875—1937年）的同一作品早30年，因而被认为是印象主义的先声。1885年，他创作了《无调性小品》，可以说是奠定了20世纪现代音乐的基础。

李斯特还是一位杰出的音乐评论家。他曾著文评论柏辽兹、舒曼、肖邦、瓦格纳、帕格尼尼等人的音乐创作和演出活动，并提出了许多精辟的见解。他还著有《肖邦传》和《匈牙利的吉普赛及其音乐》两部音乐理论著作。李斯特还被认为是19世纪情感论美学的主要思想家。他在其著作中反复强调：音乐与情感具有某种运动的同一性，人们不必像欣赏其他艺术时那样通过思想，却可以通过音乐直接唤起心灵所体验的印象，从而复制出情感的内容及其强度。这种浪漫主义情感美学与瓦格纳的美学一起，成为19世纪音乐思想的主导观念。

理查·瓦格纳（1813—1883年）是19世纪中、后期具有革新精神的音乐家，他一生致力于歌剧的改革与实践，并力图建立真正的德国的戏剧，建立国家剧院。遗憾的是，他未能达到这个目的。

瓦格纳最初对戏剧感兴趣，后来转向音乐，主要是因为他认为音乐中存在着富有戏剧性的场面。他力图把所有的艺术综合成有机的整体。瓦格纳的音乐剧有《黎恩齐》《漂泊的荷兰人》《汤豪瑟》《罗恩格林》《特里斯坦与伊索尔德》《民歌手》《尼伯龙根的指环》、四部剧《莱茵的黄金》《女武神》《齐格弗里德》《神界的黄昏》《帕西发尔》等。瓦格纳在其歌剧创作中，采取了一种把词、歌唱、管弦乐、情节、手势、表演和舞台布景融为一体的创作技巧。他认为人声本身是一件会吐词的乐器，歌声应淹没在管弦乐的音流之中；为了不分散人们观赏艺术的注意力，歌手不应有过多的面部表情和戏剧表演；舞台应有纵深感、立体感，以达到传说或神话所要求的神秘、虚幻的气氛；乐队使用"主导动机"象征特定人物和特定事件。瓦格纳的歌剧改革使得观众甚至可以根本不看舞台表演，只需闭目聆听音乐就能知道戏剧情节的发展。这种将各种艺术手段融为一体的设想，显示出巨大的艺术效果。瓦格纳的音乐语言别具一格，他主张音乐除每幕终止外不可有休止符，因而具有"无穷尽旋律"的特点。他大量运用半音、和声，通过频繁的调性转换而造成不稳定感，这些都使得他在音乐史上享有极高的声誉。

瓦格纳还著有《艺术与革命》《未来的艺术品》《歌剧与戏剧》等著作。在《歌剧与戏剧》一书中，瓦格纳较完整地阐述了他的歌剧改革的理论与主张。瓦格纳也许是音乐史上最有争议的人物，各国都有崇拜、追随、模仿他的人，但厌恶、反对他的也不在少数。不管怎样，瓦格纳的影响是十分巨大的。从某种意义上说，瓦格纳预示了后来欧洲音乐的发展趋势。

约翰·勃拉姆斯（1833—1897年）和瓦格纳属于同时代的作曲家，而在艺术风格上，他们又各具鲜明的个性。舒曼最后向社会宣传的一位天才便是勃拉姆斯。在《新的道路》一文中，舒曼称勃拉姆斯是"能以理想的方式表现至高无上的时代精神的人"。

勃拉姆斯是欧洲浪漫主义音乐最后阶段的大作曲家，他对当时盛行于音乐界的"综合艺术"以及音乐的文学性、标题性的风气不感兴趣，而热衷于古典艺术的体裁，如交响曲、室内乐、钢琴曲、声乐曲等。他忠实地继承了古典音乐，诸如巴赫、亨德尔、莫扎特、贝多芬等人的传统。勃拉姆斯对于借助文学或其他艺术手段创造音乐的想法不屑一顾，坚持在音乐自身领域内进行美的创造。拒斥"艺术综合"这样一种浪漫主义概念，这是勃拉姆斯艺术迥异于瓦格纳艺术的主要区分点。

勃拉姆斯的音乐除了与德国古典音乐的紧密联系外，另一突出特点是与德国、奥地利民间音乐的紧密联系。他搜集了大量民歌，予以编配出版，主要有《德国民歌》《儿童民歌集》、7册《德意志民歌》等。勃拉姆斯的音乐饱含着德国、奥地利、匈牙利民间音乐亲切、质朴、平易、清新的因素。不但他的小型作品如艺术歌曲渗透着民歌的气息，他的大型作品如交响乐也渗透着民间音乐的素

材和音调。勃拉姆斯对德国古典音乐传统的继承和对民间音乐的注重与关心，在当时很有进步意义。

勃拉姆斯用除歌剧外的各种古典体裁进行创作，主要作品有：4 部交响乐，2 部钢琴协奏曲，1 部小提琴协奏曲，30 首钢琴或提琴奏鸣曲，300 多首声乐曲、室内乐等。他对古典音乐不但有继承，还有丰富、发展与创新。如他音乐中大胆的和声变化，不对称的乐段结构，气息宽广的旋律，新颖的节奏及其非凡的表现力，这些都不容忽视。在音乐史上，勃拉姆斯以其不同于当时欧洲乐坛各种创新学派的独特风格，而占据一席之地。

（六）老约翰·施特劳斯和小约翰·施特劳斯

维也纳的音乐舞台一直十分活跃。19 世纪下半叶，在奥地利社会音乐生活中，轻音乐兴起，它的主要代表人物就是谱写维也纳圆舞曲的约翰·施特劳斯一家，其中小约翰·施特劳斯占有最显著的地位。

维也纳圆舞曲的奠基人是老约翰·施特劳斯（1804—1849 年）和约瑟夫·兰纳（1801—1843 年），他们的圆舞曲的基本结构由"引子——中间——尾声"三部分组成，取材于维也纳自然生活情景，采取了民歌的音调，旋律亲切、优美、自然、抒情，表达出了市民阶层健康乐观的思想感情，很受听众欢迎。小约翰·施特劳斯（1825—1899 年）继承了父辈的传统，但他更多地吸取了维也纳民间舞曲和民歌的音调。他的圆舞曲的曲式结构是：以一段引子开始，引子旋律的音乐形象有一定的标题性，并与依次出现的主要圆舞曲有联系；接着是 5 首（有时略有增减）圆舞曲，最后是一个结尾，结尾中往往再现第一首（或最主要的）圆舞曲。全曲的章法有段落性和贯穿性。小施特劳斯的圆舞曲节奏鲜明而富弹性，旋律悠扬流畅，配器轻盈透明而又简洁多变，显得轻快而华丽，富有生活气息。他一生共创作了 400 多部作品，其中包括各种舞曲和轻歌剧。代表作有《蓝色的多瑙河》《维也纳森林的故事》《春之声》《美丽的五月》《艺术家的生活》《南方的玫瑰》《皇帝》等圆舞曲。这些都可以与当时一流作曲家的作品媲美。小施特劳斯是当之无愧的"圆舞曲之王"。他创作的《蓝色多瑙河》，是世界上所有圆舞曲里最有代表性的杰作。尽管该舞曲在第一次公开演出时惨遭失败，但 1855 年他应邀在巴黎世界博览会上的演出，获得巨大成功，成为一大轰动事件。其后，他在美国的演出使观众为之倾倒，被当成英雄人物。有专家认为小施特劳斯的巨大成就，就在于他把奥地利乡村民间音乐和维也纳城市音乐的活泼风趣的情调结合起来，并善于使他的舞曲具有奥地利民间音乐的新鲜感、美妙和诱惑力，这样就赋予了新型的维也纳圆舞曲以独创的特征和无可比拟的魅力。正因如此，小施特劳斯的圆舞曲才能在欧洲各地广为流传。

小施特劳斯的轻歌剧也很著名。其《蝙蝠》和《吉普赛男爵》两部佳作是维也纳轻歌剧中的代表作，直到今天仍是世界各国大剧院里久演不衰的剧目。

六、工业革命时期的美术

近代时期，西方绘画艺术摆脱宗教束缚，根植于世俗社会之中，获得新的发展动力。一些杰出画家面对大量涌现出来的新题材，大胆革新绘画手法，推动了近代西方绘画艺术的繁荣发展。

（一）西班牙近代杰出的大画家戈雅

意大利美术史家利奥奈洛·文杜里曾写道："西班牙人戈雅之出现在我们面前，不仅是一个巨人，而且是一个在理想方面和技巧方面全部打破了18世纪传统的画家和新传统的创造者……正如古代希腊罗马的诗歌是从荷马开始一样，近代绘画是从戈雅开始的。"

18世纪末19世纪初，西班牙出现了一个伟大的现实主义画家，这就是戈雅（1746—1828年）。戈雅出生于西班牙北部撒拉哥萨一个贫苦的农民家庭，一位不知名的修道士偶然发现了他的绘画天才，说服了其父母，让他学画。14岁时，戈雅进入当地的马尔蒂尼兹画室画画，后又去过意大利，在意大利他开阔了视野，技艺进步很快。1776年，戈雅成为西班牙的宫廷画师，为皇家织造厂绘制和设计一些壁毯草图。戈雅早期的创作艺术作品，洋溢着乐天无忧的情绪。他在为宫廷设计的两组壁毯画草图中广泛地反映了社会生活，如《阳伞》《陶器市场》《受伤的石匠》《人民的五月节在马德里》《玩偶游泳》《春》《暴风雨》等，这些已超出了壁毯设计范围，形成了具有独立风格的风俗画。他在这个阶段画的肖像画，人物性格鲜明，并含有浪漫主义的激情因素，如任性和神经质的《亚力巴公爵夫人》、热情的画家《弗兰其斯考·巴雅》、美丽动人的女演员《拉·吉尔》等。

戈雅虽是昏庸的查理四世的"首席宫廷画师"，但他也是公认的当时流行的艺术标准的反叛者。他以敏锐的观察和卓越的技巧来刻画人物的性格特征、精神气质和外貌。1799—1800年，他为查理四世一家所作的群像，典型地再现了这群王族的丑陋：王后的装腔作势，国王的昏庸愚蠢，国王弟弟和国王姐姐的丑陋奸猾，唯有小王子天真无邪。无怪乎19世纪法国作家戈蒂叶在评论这幅画时曾说："戈雅真了不起，他画了一群用勋章绶带、珠宝绸缎装点起来的白痴和暴发户。"这时期，戈雅还创作了一套题名为《狂想曲》的铜版画。这是一组噩梦式的幻想性作品，以揭露的手法批判了当时社会的黑暗——伪善、欺骗、贪婪、虚荣、迷信等，表达了人民在宗教统治和封建专制下的苦难和不幸。其中一幅标题为《不可救药》的，揭露了宗教裁判的残暴不仁：一个受审的女子裸着上身，绑着双手，戴着高帽，在士兵的押送下骑驴游街，周围簇拥着一群痴笑的人群。在西班牙，画世俗妇女的全裸像是被禁止的，而戈雅却画了技巧上非常精彩的

《裸体的玛哈》。据说，为了这一张"躺在席上的一个裸体女人"的绘画，戈雅曾受到宗教裁判所的质询。

戈雅曾像欧洲不少知识分子一样，对于拿破仑曾怀有好感，并送过画给拿破仑。可当1808年法军侵入西班牙，对反抗的西班牙人民进行残酷镇压时，戈雅愤怒了。1814年法军撤走以后，他立即创作了他一生中最著名的两幅油画：《5月2日马德里巷战》和《5月3日的枪杀》。后一幅尤为惊心动魄和感人。画面描绘的是深夜的马德里城郊，法国士兵处决被他们抓来的起义者，其中有神父、僧人、市民和农民们；一盏明灯照射着这一壮烈的场面，起义者有的紧握双拳，有的咬牙切齿，有的表现出对死亡的惊恐和哀痛，有的则已倒在血泊中；最突出的是一个穿白衣的起义者，面对枪口，高举双臂，好似在控诉和咒骂，执刑的刽子手们则都萎缩着身子。戈雅以深厚的同情与愤怒，再现了那场骇人听闻的暴行。1810—1820年间，戈雅又完成了第二套铜版画《战争的灾祸》，其艺术技巧更臻于成熟。它真切地表达了对非正义战争的无比愤恨，很是深刻感人。

戈雅晚年画了一些反映人民日常生活的作品，如《汲水少女》《打铁》等。尤其是他的《卖水少女》，更是他油画中最动人的一幅作品。那个怀抱瓦罐、衣衫破旧的农民姑娘，其健康纯朴和勃勃青春的朝气，盖过了戈雅所画的宫廷贵妇。戈雅的最后一幅作品《挤奶少女》，也是一个充满生气的艺术形象，其中运用的"色彩分割"的油画技巧，可以说是印象派的笔法了。

（二）大卫和新古典主义

18世纪末爆发的法国资产阶级大革命，对于法国古典画派的发展起了推波助澜的作用。这个时期法国古典画派的代表是大卫（1748—1825年）。大卫也被称为新古典主义的代表画家，以区别18世纪具有浓厚贵族气息的古典派。大卫不仅积极投身于大革命，还创作了许多反映大革命重大事件的杰出作品。在西方美术史上，像他这样既在政治行动上，又在创作上与革命如此紧密结合的画家，是不多见的。

大卫出生于巴黎一商人之家，1766年考进美术学院，早先模仿过罗可可风格，以后接受了他的老师维恩的新古典主义风格。大革命前夕，他接触了当时的一些资产阶级革命家，并参加了雅各宾俱乐部。在革命运动和先进思想的影响下，画家选择了富有象征性的历史题材进行创作，如为自由独立而不惜牺牲的《荷拉斯兄弟之誓》，坚持真理不妥协的《服毒的苏格拉底》，为捍卫共和政体而大义灭亲的《处决亲子的布鲁斯特》，等等。这些作品对于大革命起到了宣传鼓动作用。

革命爆发后，大卫创作了许多记录革命、鼓舞人民的作品。如《网球场宣誓》，描写了1788年第三等级的代表们反对路易十六利用"三级会议"征收新税、冒雨寻得球厅作为会场举行全国性"国民议会"的历史情节，歌颂了人民推动革命的力量。《勒蒂列比埃》和《马拉之死》，是为了纪念被反革命暗杀的革命家。他在把《马拉之死》交给国民议会时说："公民们，人民再次向我提出要求：大卫，拿起你的画笔为马拉报仇，让敌人看到它时失魂丧魄，我已经听到人民的声音。"这番话表明了大卫的创作动机。《马拉之死》表现了马拉被刺杀在浴缸里的情景：凶手已逃遁，匕首扔在地上，鲜血正从马拉的胸口流出来。他的左手仍紧握着一张便笺，握着鹅毛笔的右手则无力地垂落在浴缸外，脸上呈现一种愤恨和痛苦的表情。光线从左侧照亮着马拉的身躯和面部，明暗处理比较调和，使人从一个真实的形象上体会到那个特定的时代气氛。

　　拿破仑统治时期，大卫创作了《拿破仑一世皇帝的加冕礼》和《授旗式》，称颂拿破仑的业绩。在前一幅画中，大卫不仅画出了广阔的场面，安排了各种各样成组的人群，而且还描绘了出场者的面孔以及他们满是刺绣和金饰的礼服。大卫的肖像画也很见其写实的功力。如《库尔贝先生像》，被画者是他的岳父，也是一个宫廷建筑的承包商。大卫精彩地描绘出这位商人那多疑的眼神、自负的微笑和紧握椅柄的肥手，从而揭示出巨商的吝啬、庸俗与凶狠的内心世界。又如《莱卡米尔夫人》，她是当时巴黎一位银行家的年轻太太，也是巴黎文化界的一个中心人物。画面上的这位夫人穿着罗马式长袍，坐在罗马式靠榻上，背后是从庞贝遗址中发掘出来的铜灯。她侧头微笑着，精神奕奕，那么秀丽，同时又洋溢着一种青春的健康活力。这幅画被认为是大卫画像中格调最好的一帧。波旁王朝复辟后，大卫被以弑君罪监禁，出狱后流亡比利时，后死于布鲁塞尔。人们在他的墓碑上铭刻了"法国近代画派的复兴者"，以表彰他的艺术业绩。大卫的新古典派主张追求理性，主张艺术回到古代，因而忽略了情感的表达。法国作家司汤达评价大卫画派实际上是一门"精密的科学，就跟数学、几何、三角一样"。法国浪漫派领袖德拉克洛瓦说大卫的画只是"雄壮有力的散文"，缺乏诗意。这些评价中肯地道出了大卫画派的不足。

（三）浪漫主义画派

　　19世纪20年代末，法国形成了浪漫画派。浪漫画派抛弃了古典画派匀称庄重的形式、完美平衡的构图，主张通过饱满的色彩、强烈的阴暗对比、急速的节奏来刻画现实生活中英勇豪迈而有意义的事件，从而造成动人心弦的场面。狄奥多·席里柯（1791—1824年）的《梅杜萨号之筏》被认为是浪漫派绘画艺术的宣言书。

　　席里柯从小随名师学画，曾到过意大利观光和学习，对米开朗琪罗作品感受最深。他从大卫的弟子格罗和自己的老师韦尔尼的创作中得到启示，注重在当代现实生活题材中表现米开朗琪罗的作品的悲剧气氛。他抓住"梅杜萨号军舰"海难事件，终于创作出一幅风格独特的作品。席里柯抓住"瞥见天边船影"的刹那情景，刻意描绘在海上漂浮了13天，历经饥饿的熬煎、殴斗的残酷、死亡威胁的人们,在希望与绝望、生与死悬而未决的最紧张时刻所表现出来的急切神态,造成激动、紧张、令人窒息的气氛,深深打动人心。在表现手法上,席里柯以奇峰突起的金字塔形构图和人与船帆、桅杆这两股力量的矛盾运动,造成一种紧张感;而色彩的强烈对比以及有力的黑白交错节奏,增强了动荡起伏的效果,造成一种不稳定感。作画时,席里柯扎了真正的木筏放在画室里,并请来肝炎病人做模特儿,把在惊涛骇浪中漂流的苦难表现得淋漓尽致。有人说,长久地置身于此幅画前,会有海浪击身的逼真感。这幅画不仅开创了浪漫主义画派,而且也启发了后来的现实主义派画家。

可惜席里柯这位天才的艺术家只活到33岁。继他而起的,是被人称为"浪漫主义狮子"的德拉克洛瓦(1798—1863年)。德拉克洛瓦知识广博、情感丰富,擅长音乐,有很高的文学素养。他重视色彩的热烈奔放,认为"色彩是绘画的主角"。他在1824年首次展出的《希阿岛的屠杀》,描绘了土耳其侵略军在希阿岛上大肆掠夺和屠杀手无寸铁的希腊平民的暴行,表达了画家对希腊人民的声援与同情。在这幅画上,画家把全部注意力放在色彩的力度上,用豪放的大笔触,通过明暗对比与人物愤怒而视的姿态,处理成前景与远景两个层次。为了加重悲剧的色彩对比性,有些形象还以半裸的人体形式来表现,从而深刻表现了土耳其侵略军的残暴和野蛮。

1830年,法国"七月革命"爆发,德拉克洛瓦创作了有深刻历史意义的油画《自由引导人民》。画的正中是一个举着三色国旗的半裸的"自由女神",其余的则是现实中的人物形象——戴礼帽的职员,举刀的工人,一个受伤的人正仰着头鼓励"自由女神"前进。女神的左侧,一个挥舞着双枪的英武少年,毫无顾忌地在炮火中向前冲去。这幅画气势磅礴,画面结构紧凑,色调丰富炽烈,用笔奔放,有着强烈的感染力。德国诗人海涅专门为此画写了赞美诗。

德拉克洛瓦的肖像画《乔治桑》《肖邦》《墓地少年》,动物画《猎狮》《阿拉伯人与马》都是浪漫主义画派的杰作。德拉克洛瓦终生都致力于探讨色彩的表现力。他明确提出,要用色彩去塑造形体,而不是如古典派那样在画好的"素描"上"填"颜色。这些见解对后来的画家——尤其是印象派画家,产生了一定的影响。

英国浪漫派代表人物是约瑟夫·透纳(1775—1851年)。透纳一生画了大量海洋风景画,他通过对海洋上光与空气效果的研究,创造了自己独特的风格。看他的画,观者的心情往往难以平静,画中的阳光、烟霭、水汽、浪雾……好像是由纯粹的光的韵律所组合的。他的《海上的火》《贩奴船》等,都表明他的海景画已达到炉火纯青的阶段。透纳对光色和空气变化的注重与悉心研究,对后来的印象画派有着明显的影响。

（四）现实主义风景画派——巴巴松派

19 世纪 30—40 年代，法国现实主义风景画民族画派形成。这一画派从着意描绘历史，转向着重描绘现实生活和大自然的美丽风光。因为他们常常聚会在巴巴松村作画，故称为"巴巴松派"。

进步的现实主义画家杜米埃（1808—1879 年）对法国绘画艺术，尤其是版画艺术的发展做出了重要贡献。杜米埃最初是以一个漫画家身份步入画坛的。19 世纪 30 年代初，他创作了《立法大肚子》《特兰斯诺宁大街》《出版自由》等讽刺漫画，批判路易·菲力浦王党统治。在 1836—1848 年间，杜米埃转向了风俗漫画，斗争矛头主要针对当时资产阶级的市侩习气、愚昧和庸俗。这方面的作品有《风言风语》《惋惜》等。杜米埃一生还画了大量油画和水彩画，他的《洗衣妇》歌颂了劳动者的善良和纯洁。《纤夫》《三等车厢》和《重担》描绘了普通人的苦难生活。《起义》《1848 年革命》则反映了对革命和人民的同情。杜米埃习惯于根据他的记忆画素描或油画。他不管看到什么东西都要经大脑过滤，凡可删去的都被他删去，他以舍弃不必要的细节和夸张形体的办法，赋予最普通、日常的题材以宏伟和壮观。

米勒（1814—1875 年）出生于农民之家，自己也长期从事耕作。他熟悉农民，热爱农民，创作了大量油画反映农村生活，歌颂农民的艰苦劳动和勤劳品德。他的石画《拾穗者》《播种》《倚锄的人》《牧羊女》等，处处表现出对劳动的赞美。米勒善于用单纯而简炼的形象表达耐人寻思的内容。他一般不细画人物的五官，但他画中的人物却具有强烈的感染力，这与他善于选择最有表现力的大轮廓，运用朴拙的线条与丰富的光影来营造一种抒情性很浓的气氛是分不开的。

库尔贝（1819—1877 年）明确地举起"现实主义"的旗帜，他强烈地意识到艺术的社会意义，宣称只专注于描绘目睹的现实生活。他描绘下层人民，尤其是城市平民的贫困和悲惨情景，并给予深切的同情。而对于资产阶级的恶习和怪癖则乐于用嘲弄的笔调勾勒。由于他在画中时常使用画粗线的手法，因此有人说"他稳重而有力的笔触使人联想到工人们的艰巨劳动"。他的主要作品有《筛谷》《奥尔南的午后》《奥尔南的葬礼》《打石工》等。其代表作《打石工》是依据他在路上亲眼看到的情景，并邀请两个工人到画室做模特儿，面对真人完成的。

库尔贝是位手法多样、画路宽广的大师，不管对象是肖像、动物，还是风景、静物，也不管是农村，还是城市，都能尽微致广，气魄雄伟，使后世画家大受裨益。

约翰·康斯特布尔（1776—1837 年）是英国最重要的现实主义风景画家。他认定大自然是他唯一的题材，从对大自然的观察和研究中，从最平凡、最普通的自然角落里发现艺术印象的无穷资源。《干草车》是他所有抒情田园风景画中最富诗意的一幅。它以绚丽的色彩和恬静的农村景色，再现了乡间的自然美。阳光与空气感在这幅风景画上十分强烈，人们似乎能从画上感受到温暖的泥土气息一阵阵扑面而来。他以点子很细的色彩笔触，再现了一种诗的境界。康斯特布尔用"点"画法来表现树叶和草地上的反光和散光。正是由于他在这方面的成就，因而他被法国印象派画家们视为宗师。

（五）印象画派

19世纪60年代，法国一批艺术家不满现状，反对官方学院派的陈规陋习，要求艺术的革新与创作自由。他们信仰为艺术而艺术的思想，在绘画的观察方法和表现技巧上大胆创新，形成了一个具有独特绘画技巧的派别，即印象派。这一画派不但对法国当时的美术，而且对以后世界各国的美术发展都产生了巨大而深远的影响。

印象派画家在19世纪现代科学技术（尤其是光学理论和实践）的启发下，注重在绘画中对外光的研究和表现。他们提倡户外写生，直接描绘在阳光下的物象，强调整体地观察与表现对象以及画家的主观感受。他们大胆采用高纯度的明亮色彩和强烈对比的补色，善于区分和应用光源色、环境色，善于描绘特定的色调。由于各人的经历、思想、爱好、性格的差异，印象派画家采用不同的表现手法，呈现出不同的风貌。有的侧重人物画，有的以画风景为主，有的变形变色，有的比较注重写实，有的强调主观表现，有的则忠实于宏观对象。

印象派的奠基人是马奈（1832—1883年）。他最初在学院派画家库退尔门下学习，5年后，因不满学院派教学而离去，以后到各地美术馆临摹和研究前代大师们的作品。1862年，马奈创作了《草地上的午餐》，画了两个衣装整齐的绅士和一个全裸的妇女，3个人坐在草地上野餐，远处还有一个穿睡衣的女子。他利用大片的平涂颜色来突出画中的一个个对象，用纯蓝色、灰色或深黄色调之间的对比，取得了成功的设色效果。这幅画表现的新的观察方法和绘画技巧，轰动了法国画坛。马奈是最早打破传统的棕褐色调，使画面明亮、有外光新鲜感的画家。他对光的兴趣，最早反映在《推勒里宫花园音乐会》这幅画上。19世纪70年代，他完成的一系列油画，如《在船中》《莫奈在床上作画》《床单》等，其印象主义的技法更为鲜明。马奈善于运用鲜艳、明亮、概括的色块，造成强烈对比的和谐，使作品富有感染力。而且，受过古典艺术熏陶的马奈，其作品中始终保持着某种宏大和庄重的气魄。马奈对传统绘画的大胆革新得到青年画家们的好评，他成了印象派中的领袖人物。

印象画派中最杰出的画家则属莫奈（1840—1926年）和雷诺阿（1841—1919年）。莫奈是继马奈之后，把印象派的外光理论从创作上真正彻底完成的大师，他的画更能代表印象派。印象派的名称就出自于他的《日出印象》这幅画。莫奈在自己的画中着重表现光色和空气感，形体处于次要地位。有人说他的《日出印象》的主角是光色与雾气的变化，而不是自然景色。莫奈非常重视探求各种光色效果，他常常在日出时带上一包油画布到野外去，在同一地点对同一景物作反复的瞬间描绘。为了便于表现光色效果，莫奈采用短小而清晰的笔触，把不同的色彩排列上去，产生一种光影的颤动感觉，有时还在最亮的颜色旁边画上一些黑色点，使色彩更加明亮。他的主要作品有《卢昂大教堂》《黎明》《阿尔让特伊大桥》《河畔》及组画《睡莲》等。

雷诺阿的作品丰富多彩，他创作的题材有风景、肖像和现代生活场面等。其作品常以鲜丽透明的色彩表现阳光与空气的颤动和明朗气氛，别具风格。他以擅长描绘妇女和儿童出名，造型准确而优美。他的《浴女》一作，在那丰满的人体上照射着温暖的阳光，反射出千变万化的色彩，是一幅印象画派的人体佳作。他的《包厢》一画，被后人看成是其最出色的作品。画面上一个少妇正坐在包厢里看戏，以丰富色调塑造的少妇面容表现出勃勃的青春活力。少妇颈上的珠链，身穿的纱衣，头戴的鲜花，是以活泼跳动的笔触画成的，整个画面显得极有生气。

雷诺阿的名画还有《昂利奥夫人》《红磨坊街的舞会》《塞纳河畔的尚普鲁塞》《琴旁的两个女孩》等。尽管雷诺阿在生活中既缺钱又常常病魔缠身，但他的画却表现了诗意、欢乐、健美和青春。有人评论道："雷诺阿可能是唯一从未画过悲伤作品的画家。"

与雷诺阿不同，另一位印象派画家德迦（1834—1917年）的作品却时时流露出伤感的情绪。德迦强调用记忆的方法作画，他有着敏捷的观察力和非凡的记忆力，善于捕捉一瞬间运动着的形象，并以精确的素描技巧画出。这种绘画方法有助于使他舍弃观察对象中琐碎的枝节，竭力把形体简化，抓住最主要的感觉印象。德迦特别擅长表现演员急速而又灵巧的动态，以及舞台上的光彩效果，用正在颤动的纱裙表现出闪烁的光感。如《舞台上的舞女》就是这方面的杰作。德迦在构图的新奇方面也比他人技高一筹。如他的《乐池里的音乐师》就是一幅有代表性的作品。画家在这里把透视拉得很近，台前乐师的头部和背部占去了画面的一半，近处人物描绘得精确严密，但隐在暗处。台上的景象则画得简要、概括，并由于强烈的光感而十分突出。脚灯的白光照在谢幕舞女的纱裙和脸上，更显出戏剧舞台特有的美感。

德迦的名画还有《赛马场》《戴手套的女歌手》《洗衣妇》《熨衣妇》《巴黎歌剧院的乐队》等，画中的人物都是忠于职守、过着平凡生活的人们。他画出了他们的艰辛、倦怠，给人一种忧伤沉重的感觉。德迦一生孤独，终生未婚，晚年视力恶化，不得不改行制作小雕塑。他的作品给了表现派艺术以启示。

（六）后期印象画派

印象画派自19世纪60年代出现以后，很快风靡西方世界，作为绘画主要风

第九章　工业革命时期的文化

237

格达 20 多年。但 90 年代，一种被称为后期印象画派的新风格开始崭露头角，受到人们重视。后期印象画派的画家们不满足于客观主义的表现和片面地追求外光与色彩，而强调抒发自我感受，表现主观感情和情绪。他们重视形和构成形的线条、色块和体、面，强烈的内心化和个性化是他们创作的特色。后期印象派的出现，反映了人们对墨守成规的反抗，也代表了人们对机器时代异化现象焦躁不安和迷惑不解的心理。

后期印象画派的奠基者是保罗·塞尚（1839—1906 年）。塞尚的一生是不被人们理解的一生。青年时代他几次投考国立美术学校，结果都名落孙山；送到沙龙的作品，一次也没入选。塞尚是个死后成名的画家。

1874 年，塞尚参加了第一届印象派作品的展览。他的送展画《自缢者之屋》，表现出来的是将几个轮廓稍微重叠构成空间的方法，和画中房屋沉重的体积感，预示着塞尚同其他印象派画家所拼命追求的瞬间即逝的画面效果明显的不同。19 世纪 80 年代中期起，塞尚回到故乡，面壁 10 年，专心探索绘画的新造型语言。在其孤独的中年和晚年，形成并成熟了新艺术风格。

塞尚非常注重追求物体的结构、体积、质感以及相互关系。他的名言是"用圆柱体、球体、锥体来描绘对象"。其作品表现出色彩家和结构家的天才结合。他的静物画坚实、厚重、粗硬、老练、冰冷，具有咄咄逼人的气势；他的人物画则往往采用写意的手法，表达其内在情绪。在作于 1895—1900 年间的一系列静物画中，塞尚把水果、盘子、瓶子和弄出了褶子的白台布摆在一起，用色彩和"不正确"的透视法，表现出各种"椭圆体和圆筒形的量感和体积"，以这种"歪曲"的视觉形象造成真实、生动和美感。他的《玩纸牌的男人们》，利用均衡的排列，造成超越时间的寂静的画面。塞尚晚年追求综合的抽象倾向，《浴女们》是其精华之作。塞尚的绘画预告了 20 世纪野兽派和表现派的艺术。西方美术史论者多尊塞尚为"现代绘画之父"，认为后来许多现代流派都受他的启发。这种看法不无道理。

塞尚的影响被法国人保罗·高更（1848—1903 年）和荷兰人文森特·凡·高（1853—1890 年）所扩大。高更 30 岁后习画，他对东方艺术和土著艺术情有独钟，终于在 43 岁时远涉重洋，在南太平洋的塔希提岛定居，娶了个土著姑娘为妻，最后死在这个岛上。1910 年，他的作品在英国展出，名声大振，被称为"后期印象派大师"。高更的艺术活动反映了当时欧洲艺术回归原始，追求表现生命本源，追求野犷、奇异的倾向。他吸收了东方绘画、黑人雕刻、中世纪宗教艺术和民间版画的一些手法，创造了一种有内在力量的装饰性画风。其代表作有《我们从哪里来？我们是什么？我们往哪里去？》《死者的灵魂》《塔希提的年轻姑娘》等。高更的画除了装饰性外还带有神秘的特点，如他的《游魂》：一个赤裸的塔希提妇女（据说是他的土著妻子）伏在床上显出害怕的样子，背景左边的黑衣老妇代表游魂。棕色的肉体、黄色的床单、紫色和蓝色的背景，夹以白色的花纹，在强烈的对比和装饰中表现出神秘的色彩。

高更的画风启发了后世热衷于表现神秘主义和自我意识的象征主义及其他现代诸流派画家，因而他被称为"象征派的创始人"。其实，与他同时代的人，就有称他为象征主义画家。

凡·高（1853—1890年），出生于荷兰南部布拉邦特的格鲁特·曾德特镇的一位新教牧师之家，当过店员、教师和传教士，27岁习画。凡·高的一生也是不为世人理解的一生。生活的窘迫，工作的艰辛，再加上生性固执偏激敏感，后来精神失常，住进疯人病院，最后自杀而亡。这个自修成功的画家只活到37岁，而其杰出的、富有独创性的作品，都是在他生命的最后五六年中完成的。

凡·高最初的作品情调比较低沉，如《吃土豆的人们》，用黑棕的色彩画出幽暗灯光下，贫苦的一家人围坐在一起吃着简陋的晚餐。可是，他后来的大量作品却转为明丽和开朗，注重提高色彩的强度、明度和张力，仿佛要用单纯欢快的歌声来慰藉人世的苦难，以表达其强烈的理想和希望。凡·高的画，不论是静物《向日葵》，人物肖像《农民》《邮递员罗兰》，室内画《夜间咖啡店》，还是风景画《洛克罗田野》《阿尔的小屋》，都充满了对生命的爱，倾诉了他内心强烈而丰富的感情。他曾画过一幅包扎着头部的《自画像》，瘦削的脸和深陷的眼睛虽然用极粗略的笔法画出，却流露出深深的痛苦和忧伤——只有那种时常思虑牵挂别人不幸的人，才会有这种深刻而沉重的忧伤。在凡·高晚期的作品里，他用螺旋形和波浪形的笔触来表达其内心暴风骤雨般的情感。在其笔下，那些云彩、树木像火舌般紧张地卷起，极生动地表现出他那精神病患者的疯狂、迷幻的感觉。

凡·高留下丰富的画作，有油画800余幅，素描1000余幅，还有水彩，版画等。他用短暂的艺术生命，推动了色彩方面的大胆创新，增强了综合形体的表现力。凡·高的画对后来野兽派和表现派的绘画影响很大。

第九章 工业革命时期的文化

第十章
西方无产阶级文化的伟大成就

西方无产阶级文化是伴随着无产阶级登上历史舞台而产生的。19世纪30—40年代，在英国宪章运动高涨的条件下，产生了无产阶级运动文学。宪章运动文学具有鲜明的政治倾向性、革命的战斗性和广泛的群众性。宪章运动文学的这些特征，实际上也是无产阶级文化的基本特征。所以，无产阶级文化产生伊始，便充满着朝气和生机，不断吸纳人类最优秀的文化遗产和最先进的文化成果。不久，伟大的马克思主义诞生了。

一、马克思主义的诞生

（一）马克思主义创立的社会历史条件

马克思主义产生于19世纪40年代的西欧，有其深刻的社会历史渊源，它是资本主义生产方式和无产阶级反对资产阶级斗争发展到一定阶段的产物。

19世纪30—40年代，欧洲资本主义的发展，资本主义社会基本矛盾的日益暴露，是马克思主义产生的社会基础。16世纪、17世纪的尼德兰和英国资产阶级革命，使欧洲社会历史从封建时代进入资本主义时代。从18世纪60年代起，由于珍妮机和蒸汽机的发明和应用，英国首先发生了工业革命，许多工业部门逐步实现了大机器生产。到19世纪30—40年代，工业革命在英国基本完成。在英国工业革命的影响与推动下，法国、德国等国家也先后走上了工业革命的道路。

工业革命是生产技术领域中的一次伟大革命，它使资本主义从工场手工业阶段发展到机器大工业阶段，为科学技术应用于生产领域开辟了广阔天地，使社会生产力和社会财富得到迅速增长，社会生活发生了深刻的变化。

在工业革命的进程中，社会关系领域发生了一次巨大蜕变，它不仅创造了一个工业资本家阶级，而且创造了一个人数远远超过前者的工业无产阶级。由于生产的社会化和生产资料私人占有的矛盾所致，这两大阶级长期处于对立状态。生产资料的私人占有制，致使资本家极力追逐更多的利润，盲目扩大生产，造成整个社会生产处于无政府状态；同时，由于劳动者购买力的相对缩小，造成了资本主义周期性的生产过剩和危机。1825年，英国首先发生了经济危机，以后每隔

10年左右便爆发一次。经济危机期间，工厂倒闭，银行关闭，工人失业，大量产品被毁，社会生产力遭到严重破坏，整个社会犹如发生了一场瘟疫。为了摆脱经济危机，资本家加强了对工人和其他劳动者的剥削，使得无产阶级与资产阶级之间的矛盾更加尖锐，并逐步上升为社会的主要矛盾。

上述情况表明，在19世纪30—40年代，资本主义生产方式所固有的矛盾以及由此而引起的阶级矛盾明显地显露出来，这就为无产阶级认识资本主义及其社会矛盾，揭示其本质和发展规律提供了可能，从而为马克思主义的诞生创造了社会基础。

独立工人运动的兴起，无产阶级作为独立的政治力量登上了历史舞台，为马克思主义的产生提供了阶级基础。无产阶级从它产生之日起就开始了反对资产阶级的斗争，这种斗争经历了从自发阶段到自觉阶段的发展过程，到18世纪末19世纪初，工人组织工会，向资产阶级进行有组织的经济斗争。但是，这种斗争即便取得胜利也只能争得局部的改良，不可能从根本上改变无产阶级被剥削被压迫的地位。斗争的实践教育了工人，使他们认识到，要改变自己的无权地位，就必须进行政治斗争。因此，到19世纪30—40年代，无产阶级反对资产阶级的斗争终于进入了独立政治斗争的阶段，其主要标志是法、英、德三国著名的三大工人运动。

1831年和1834年，法国里昂纺织工人相继举行的两次武装起义，揭开了工人运动史上新的一页。1831年8月21日，里昂纺织工人要求提高工资而举行罢工。当资产阶级政府出动军警进行镇压时，工人们高呼着"工作不能生活，毋宁战斗而死"的口号，同反动军警进行了激烈搏斗。12月3日，6万名政府军队镇压了起义。1834年4月9日，里昂纺织工人为保卫结社权和营救被捕工人领袖，再次举行起义。这次起义带有更加鲜明的政治性质，提出"建立共和国"的口号。起义群众同反动军警血战6天，终因力量悬殊而被镇压下去。里昂工人两次武装起义虽然失败了，但它标志着法国工人运动开始走上了独立政治运动的道路。

1836—1848年，英国工人阶级掀起了以争取政治权利为主要内容的宪章运动。1836年6月，部分产业工人和手工业者在伦敦成立了"伦敦工人协会"，号召工人为争取普选权而斗争。1837年7月，协会拟定了以争取普选权为中心内容的"六点要求"，次年以法案形式公布，命名为"人民宪章"，号召人民群众签名支持，从此开始了著名的宪章运动。这一运动前后共持续12年之久。尽管这次运动最终归于失败，但它把斗争的矛头直指资产阶级的政治统治，并在斗争中建立起近代第一个独立的工人政党——"宪章党"，因而它是"世界上第一次广泛的、真正群众性的、政治性的无产阶级革命运动"。

1844年，德国西里西亚纺织工人发动了反对工厂主的武装起义，参加人数达3000人之多。起义群众捣毁工厂，烧毁资本家的账本和契约，并同前来镇压的军警展开了英勇搏斗，后遭镇压。这次起义十分明确地提出"反对私有制社会"的战斗口号，表明年轻的德国无产阶级在继英、法无产阶级之后也走上了独立政治斗争的道路。

英、法、德三大工人运动是世界工人运动史上具有重大意义的事件，它表明无产阶级反对资产阶级的斗争已进入一个新的阶段，标志着无产阶级已经作为一支独立的政治力量登上了历史舞台。三大工人运动的实践，既向社会主义思想家提出了制定科学的革命理论的客观要求，同时也为革命理论的创立提供了阶级基础和丰富的实践经验，从而为马克思主义的产生和共产主义运动的兴起奠定了社会阶级基础。

（二）马克思主义的主要理论来源

经济条件和工人运动的发展并不能自发地产生新的理论，理论思维必须从已有的思想素材出发。马克思主义正是在批判地继承了人类思想文化的优秀成果，特别是19世纪人类所创造的优秀思想文化的基础上创立的。

从18世纪末19世纪初，随着机器大工业的发展，自然科学也有了巨大的发展。其中，施莱登于1838年和施旺于1839年提出的细胞学说，迈尔和焦耳于19世纪40年代发现和实验证明的能量守恒转化定律，达尔文于1844年提出的物种可变思想（后来发展为著名的物种进化论）被称为自然科学的三大发现。这些自然科学成果不仅大大地促进了资本主义社会的生产社会化，而且开拓了人们的视野，提高了人们认识客观世界的能力，为科学的世界观、认识论和方法论提供了自然科学依据。

19世纪30—40年代，西欧社会科学的新成就为马克思主义的创立提供了直接的思想来源。列宁曾明确指出，马克思主义是"19世纪人类三个最先进国家中三种主要思潮的继承人和天才的完成者。这三种主要思潮是：德国古典哲学、英国古典政治经济学、同法国一般革命学说相连的法国社会主义"。①

德国古典哲学是18世纪末19世纪初的德国资产阶级哲学，其著名代表人物是黑格尔（1870—1831年）和费尔巴哈（1804—1872年）。黑格尔是唯心主义辩证法的集大成者。他第一次把自然界、社会和人类精神世界看成是一个永恒运动、变化发展的过程，认为矛盾是一切运动和生产力的源泉，发展是一个从量变到质变、否定之否定的过程。这些重要的辩证法思想是黑格尔哲学中的"合理内核"。但这个"合理内核"被他的唯心主义外壳所包围，因为在他看来，整个物质世界的发展不过是"绝对精神"自我发展的表现。

费尔巴哈的最大功绩就是在批判黑格尔唯心主义的过程中，恢复了唯物主义的权威。他认为，物质世界是唯一真实的世界，人的意识和思维不过是物质实体

---

① 列宁：《卡尔·马克思》，《列宁选集》第2卷，人民出版社1975年版，第580页。

器官即人脑的产物,是物质决定精神而不是相反。这种唯物主义观点是费尔巴哈哲学中的"基本内核"。但他在批判黑格尔唯心主义体系时,连同黑格尔的辩证法思想也抛弃了,同时,在解释社会历史现象时,又陷入了唯心主义。因此,他的唯物主义是机械的、形而上学和不彻底的。马克思、恩格斯正是在批判地吸取了黑格尔哲学中的"合理内核"和费尔巴哈哲学中的"基本内核"的基础上,抛弃了黑格尔的唯心主义体系和费尔巴哈形而上学方法及其唯心史观,创立了马克思主义辩证唯物主义和历史唯物主义。

英国古典政治经济学是资产阶级上升时期反封建斗争创立的经济理论,其主要代表人物是亚当·斯密(1723—1790年)和大卫·李嘉图(1772—1823年)。他们的突出贡献就是提出了劳动价值学说,认为商品的价值量是由生产商品时所消耗的劳动量决定的。劳动创造的价值是工资、利润和地租的源泉,工人工资愈高,资本家的利润就愈低,反之亦然。这在一定程度上揭示出资本家与工人对立的经济根源。但是,他们错误地认为,商品的价值是由工人和资本家共同创造的,还把工资与利润的对立看成是自然永恒的现象,从而掩盖了资本主义剥削的实质。尽管如此,他们的劳动价值论仍然为马克思主义提供了宝贵的思想材料,是马克思主义政治经济学产生的思想前提。

法国和英国空想社会主义是指19世纪初以法国的圣西门(1760—1825年)、傅立叶(1772—1837年)和英国的欧文(1771—1858年)为代表的批判的空想社会主义学说。这三位著名的空想家继承了以往空想社会主义的优秀思想,把空想社会主义学说发展到最高阶段。他们的杰出贡献:一是对资本主义社会的种种弊端进行了极其尖锐的揭露和批判,为启发工人觉悟提供了极为宝贵的思想材料;二是对未来理想社会的基本特征做出极为详尽的描绘和预测,并提出许多有价值的见解和改革现存社会制度的方案。但是,三大空想家的学说都是建立在唯心史观的基础上,因而存在着致命的缺陷。他们不了解资本主义制度下雇佣奴隶制的本质,不懂得资本主义社会发展的规律,而是把一切诉诸所谓的"理性",试图建立一种合乎人类理性和正义的理想社会;他们不懂得阶级斗争是阶级社会发展的动力;没有找到改造旧世界建立新社会的正确途径,幻想通过宣传、示范和争取社会贤达来实现理想社会;他们也不懂得无产阶级的历史作用,始终没有找到变革社会的伟大力量,认为解放人类的责任只能由他们这些天才人物来承担。正因为如此,他们的社会主义学说只能是一种空想。但这种空想外壳却包含着真理的种子和天才的思想。这三位空想社会主义者对资本主义制度的批判和对未来社会的设想,为科学社会主义理论的产生提供了极其宝贵的思想材料,成为马克思主义的直接思想来源。

(三)马克思主义理论体系的创立

马克思主义是马克思和恩格斯创立的学说和思想。马克思、恩格斯之所以能够胜任创立科学社会主义理论这一历史重任，首先是他们具有极高的文化素养和政治智慧，顺利地实现了从唯心主义者到唯物主义者、从革命民主主义者到共产主义者的革命转变。

卡尔·马克思，1818年5月5日出生于德国莱茵省特利尔城的一个律师家庭。弗里德里希·恩格斯，1820年11月28日出生在德国莱茵省巴门市一个工厂主家庭。在1842年之前，按他们的社会地位来说，仍是资产阶级知识分子，都信奉黑格尔唯心主义哲学，在政治上反对普鲁士专制制度，主张激进的民主主义。在1842—1844年间，他们通过参加社会阶级斗争，进行理论研究和社会调查活动，分别实现了政治立场和世界观的根本转变。马克思于1844年2月在《德法年鉴》发表了《论犹太人问题》《〈黑格尔法哲学批判〉导言》等文章，提出了人类解放的问题，论述了无产阶级的地位和历史使命。恩格斯在《政治经济学批判大纲》等文章中，提出消灭剥削阶级，论述无产阶级的历史使命。这些观点的形成，标志着他们已经成为唯物主义者和共产主义者。

马克思主义科学体系的创立是一项极为艰巨、甚为复杂的创造性活动。它必须有辩证唯物论和历史唯物论作为理论基础；必须熟练掌握和运用现代社会经济运动规律和经济理论；必须批判和清算非科学社会主义等流派在社会主义学说上所散布的种种谬论；必须对无产阶级的斗争实践经验进行科学的总结。马克思、恩格斯在从事革命斗争的实践过程中，把上述几方面的工作有机地熔铸在一起。马克思、恩格斯创立和形成马克思主义科学体系的历史过程大致是：19世纪40年代，首先从批判黑格尔哲学和费尔巴哈哲学中，创立了唯物主义辩证法，同时，运用这种方法研究历史，创立了唯物主义历史观；在其合著的《神圣家族》《德意志意识形态》等著作中，提出这一历史观的主要观点。继之，将辩证法和唯物主义历史观运用于当时正在展开的社会主义运动，批判了冒牌的和空想的社会主义学说，为工人运动写了《共产党宣言》。《共产党宣言》是马克思主义世界观形成过程的科学总结。它运用辩证唯物主义和历史唯物主义考察了人类社会，特别是资本主义的产生和发展，阐明了资本主义必然为社会主义所代替的历史规律，制定了无产阶级革命和无产阶级专政的理论和策略，是马克思主义形成时期的最高成就。1848年革命后，马克思和恩格斯写了一批总结这次革命的著作，发展了自己的政治学说。此后，马克思一直潜心从事政治经济学的研究。1867年出版的《资本论》第一卷，就是这一时期的研究成果，标志着马克思经济学说的完成。恩格斯则一面经商和协助马克思研究，一面研究自然辩证法。到19世纪70年代，恩格斯集中主要精力研究自然科学，基本上形成了唯物辩证法的自然观。恩格斯的《自然辩证法》的写作就是这一成就的标志。70年代后期，马克思和恩格斯建立系统的世界观的工作大体完成。恩格斯于1876—1878年写作的《反杜林论》，是一部系统阐述马克思主义的著作。

综上所述，马克思主义是由马克思与恩格斯共同创立的。这一创立有其基本过程：1848年以前马克思主义哲学基本形成；至1848年，马克思主义政治思想即科学社会主义诞生；在19世纪50—60年代，马克思主义经济学说基本形成；70年代以后，马克思主义的理论体系得到维护、阐发并进一步发展。

二、马克思主义哲学

马克思主义哲学是马克思主义三大组成部分之一，是马克思主义的理论基础。它包括辩证唯物主义和历史唯物主义；它研究世界的本质、存在和思维的关系，以及它们运动的普遍规律。马克思主义哲学是由一系列哲学概念、范畴、原理等组成的理论体系，是对上述问题的认识成果的科学概括和总结。

马克思主义哲学是在批判各种资产阶级哲学派别，尤其是在批判德国古典哲学中产生的。19世纪40年代，马克思主义哲学基本形成，在同各种机会主义流派做斗争中，在指导工人运动中得以不断发展。1876—1878年恩格斯所著的《反杜林论》，是对马克思主义哲学的全面概括。

唯物史观的创立是马克思和恩格斯的一个伟大贡献，也是马克思主义哲学区别于一切资产阶级哲学的重要标志。

1844年，马克思和恩格斯合著了第一部著作——《神圣家族》，批判了青年黑格尔派首领鲍威尔否认无产阶级和人民群众历史作用的唯心史观。他们指出，在历史发展中并不是"自我意识起决定作用"，"思想从来也不能超出旧世界秩序的范围，在任何情况下它都只能超过旧世界秩序的思想范围，思想根本不能实现什么东西。为了实现思想，就要有使用实践力量的人"①。思想不是一种独立的社会力量，它只是一定的现实社会关系的反映，因此它不能超出一定的社会关系的范围。当然，思想并不仅仅是消极的因素，但是它只有通过实践才能发生作用。因此，不能把人对自然的理论关系和实践关系，把自然科学和工业排除于社会历史过程之外。马克思这些论断，明确地指出了不是观念决定人们的历史，而是人们的物质生产决定人们的历史。生产总是以某种客观条件为前提的。"人并没有创造物质本身，甚至人创造物质的这种或那种生产能力，也只有在物质本身预先存在的条件下才能进行"②。

马克思、恩格斯从物质生产在历史发展中起决定作用的观点出发，论证了人民群众是历史的创造者。他们指出："历史活动是群众的事业。"所谓历史活动，指的是改造自然和改造社会的活动，即物质生产、阶级斗争等活动。这一切都是人民群众所从事的活动。因此，人民群众并不是什么不从事创造的"消极的"、

---

① 马克思、恩格斯：《神圣家族》，《马克思恩格斯选集》第2卷，人民出版社1957年版，第58、152页。

② 马克思、恩格斯：《神圣家族》，《马克思恩格斯选集》第2卷，人民出版社1957年版，第58、152页。

"非历史"的因素。恰恰相反，正是人民群众创造了一切。《神圣家族》揭示了马克思主义关于物质生产决定社会历史，人民群众是历史创造者的历史唯物主义观点。

1845年，马克思写了《关于费尔巴哈的提纲》，批判费尔巴哈和一切旧唯物主义的局限性，提出了马克思主义的实践观——第一次把社会实践当作唯物主义和历史唯物主义的基本范畴提了出来。马克思用社会实践这一范畴，把辩证唯物主义同历史唯物主义统一起来。

1846年，马克思和恩格斯合著的《德意志意识形态》出版。它批判了费尔巴哈唯物主义的直观性和唯心史观，对青年黑格尔派作了彻底的清算。在批判过程中，它从正面论证了马克思主义哲学，特别是唯物史观的一系列重要基本原理。

针对青年黑格尔派把"自我意识"当成历史发展的动力，当成创造一切决定性的力量，马克思通过考察人的社会生活过程，第一次明确地提出"物质生活条件"的科学概念。物质生活条件"包括各种各样的因素，包括地质条件、地理条件、气候条件，以及人口的增长等等"。马克思指出："人们为了能够'创造历史'，必须能够生活。但是，为了生活，首先就需要衣、食、住以及其他东西。因此，第一个历史活动就是生产满足这些需要的资料，即生产物质生活本身。"① 于是，马克思指出，物质生活资料的生产和再生产，是人类社会生存和发展的决定性条件，社会意识是由它派生的、决定的。马克思一再强调，"不是意识决定生活，而是生活决定意识"②。

社会存在决定社会意识的提出，使得一个伟大的唯物史观创立了起来，突破了黑格尔哲学和费尔巴哈哲学的历史局限性，从而为完成哲学和一切历史科学的伟大革命奠定了理论基础，它标志着马克思主义哲学的产生。

在《德意志意识形态》中，马克思、恩格斯基于社会存在决定社会意识这一唯物史观的基本原理，通过对社会意识及其形态的产生、发展和实质的揭示，通过对阶级斗争的产生、划分和状况的研究，通过对国家的产生、发展的考察和研究，初步创立了生产力决定生产关系的历史唯物主义原理。马克思、恩格斯指出："一定的生产方式或一定的工业阶段始终是与一定的共同活动的方式或一定的社会阶段联系着的，而这种共同活动方式本身就是'生产力'；由此可见，人们所达到的生产力的总和决定着社会状况，因而，始终必须把'人类历史'同工业和交换的历史联系起来研究和探讨。"③ 在这里，马克思所使用的术语虽然

---

① 马克思：《政治经济学的形而上学》，《马克思恩格斯选集》第1卷，人民出版社1972年版，第132页。
② 马克思、恩格斯：《费尔巴哈》，《马克思恩格斯选集》第1卷，人民出版社1957年版，第31页。
③ 马克思、恩格斯：《德意志意识形态》，《马克思恩格斯全集》第3卷，人民出版社1960年版，第81、33–34页。

还不十分严格、科学,但是实际上已经开始揭示生产力和生产关系的辩证发展规律。每一时代的生产总是一定的生产者采取一定的手段或方式进行的,这就表现为这一时代的生产力;而许多个人彼此"分工""合作",就形成了彼此之间的交往关系,其中主要包括生产关系。生产力决定交往方式,交往方式又制约着生产力的发展。历史上产生的每一交往方式,起初是适应生产,成为生产力发展的必要条件,而随着生产的发展就逐渐变成阻碍生产发展的桎梏。"已成为桎梏的旧的交往方式被适应于比较发达的生产力,因而也适应于更进步的个人自主活动类型的新的交往方式所代替,新的交往方式又会变成桎梏并为别的交往方式所代替。由于这些条件在历史发展的每一阶段上都是与同一时期的生产力的发展相适应的,所以它们的历史同时也是发展着的、为各个新的一代所承受下来的生产力的历史,从而也是个人本身力量发展的历史。"① 这样,人类历史发展的最一般的客观规律便第一次被揭示和表达出来了。

总之,马克思、恩格斯在《德意志意识形态》中,相当完整地形成了唯物史观的理论体系,标志着马克思主义哲学的产生。唯物史观的创立,宣告了旧哲学的终结,新哲学的诞生,为社会主义从空想发展为科学奠定了坚实的理论基础。

马克思主义哲学产生后,在指导国际工人运动和反对形形色色机会主义斗争中继续发展。1847年6月底,马克思写了《哲学的贫困》一书,在批判普鲁东主义和黑格尔唯心主义辩证法中,进一步揭示了辩证法的客观性,研究了相互排斥的对立面的相互制约性,研究了矛盾双方的不同地位和作用,进一步论证了生产力在历史发展中的决定作用,第一次明确地提出了"生产关系"的概念,进一步阐明了生产力和生产关系发展变化的辩证法。

1876—1878年,恩格斯写下了光辉巨著《反杜林论》,第一次系统地阐明了马克思主义三个组成部分及其内在联系,揭示了唯物主义辩证法、辩证唯物主义和历史唯物主义的内在联系;论述了物质和意识、世界的统一性、物质存在的形式等基本原理;阐明认识过程的辩证法;揭示真理的绝对性和相对性、真理与谬误的辩证关系;论述了辩证法规律的客观性和普遍性,从而使马克思主义哲学得以全面系统地论证和阐述。恩格斯在完成《反杜林论》的同时,也写完了《自然辩证法》一书,不但丰富和发展了马克思主义哲学的自然观,而且开拓了哲学研究的一个极为广阔的领域。

总之,马克思受过德国经典的学术训练并具备思辨头脑。对于哲学,他有扎实的基础和足够的热情。他所有的论据都基于社会现实,他的研究端赖于对历史和当代事实的广泛掌握。他求知如渴,工作(写作)不知疲倦,着眼于人类的

---

① 马克思、恩格斯:《德意志意识形态》,《马克思恩格斯全集》第3卷,人民出版社1960年版,第81、33-34页。

整个文明及其长时段发展的研究。"他以深邃的历史眼光,洞穿纷繁复杂的事物的表象,而直抵其本质。"① 马克思主义哲学形成于19世纪40年代,其巨大的成就就在于创立了科学的唯物史观。它阐述了物质决定意识、对立统一规律、生产力决定生产关系、经济基础决定上层建筑、人民群众是历史的创造者等一系列辩证唯物主义和历史唯物主义的基本原理,揭示了人类社会和自然界的基本发展规律,对人类文化的发展产生了巨大的积极的促进作用。

三、马克思主义政治经济学

马克思主义政治经济学是马克思主义三大组成部分之一,其直接思想来源是英国古典政治经济学。马克思主义政治经济学的主要成就表现为以下几个方面。

(一)科学的劳动价值学说

劳动价值学说的创立是古典政治经济学家的历史功绩。威廉·配第(1623—1687年)首先确定而概括地谈到"商品的价值是由等量劳动(Equal Labour)来计量的"②,但是他把创造价值的劳动同生产金银的劳动混为一谈。亚当·斯密在配第基础上前进了一大步,撇开劳动的具体形式,把创造价值的劳动归结为一般的社会劳动,但是,他经常把商品价值决定于劳动时间与决定于劳动价值混为一谈。李嘉图十分清楚地得出了商品价值决定于劳动时间这一规律,并且指出,这个规律也支配着似乎同它矛盾最大的资产阶级生产关系。但是,李嘉图关于决定商品价值的必要劳动时间的表述是不科学的,他并没有彻底摆脱价值由劳动决定和劳动的价值由什么决定的纠缠,并且无法排除面临的两大难题,即价值规律与劳动和资本交换的矛盾,以及价值规律与平均利润规律的矛盾。

马克思在批判古典政治经济学的基础上,创立了科学的劳动价值学说。马克思主义的劳动价值学说之所以科学,就在于其提出的劳动二重性理论。马克思从分析商品二因素即使用价值和价值中导引出劳动二重性理论,阐明了商品二因素与劳动二因素之间的内在联系和依存关系。"一切劳动,从一方面看,是人类劳动力在生理意义上的耗费,作为相同的或抽象的人类劳动,它形成商品价值。一切劳动,从另一方面看,是人类劳动力在特殊的有一定目的的形式上的耗费,作为具体的有用劳动,它生产使用价值。"③ 马克思进而研究了劳动形成价值的特性,第一次从根本上解决了什么是价值,即价值的实质或本质问题。马克思对形成商品价值理论的抽象劳动的分析,是对政治经济学的独到贡献,是他的价值理

---

① 熊彼特:《资本主义、社会主义与民主》,吴克峰等译,江苏人民出版社2017年版,第25-27、37页。
② 恩格斯:《反杜林论》,《马克思恩格斯选集》第3卷,人民出版社1972年版,第272页。
③ 马克思:《资本论》,《马克思恩格斯全集》第24卷,人民出版社1972年版,第60页。

论的突出优点和特点。他一方面把抽象劳动还原为人类脑力和体力的支出,给商品价值提供了一个自然实体的基础;另一方面又着重指出,抽象劳动在本质上是一个社会历史范畴,人类在物质资料的生产上,永远都要与自己的劳动力相联系,但只是在商品生产条件下才形成价值,只有商品生产者的劳动才表现为价值。马克思把价值看作是抽象劳动形成的,从而也就把价值看作"不是通常意义,而是特殊意义"上的社会劳动的表现。

马克思关于劳动二重性学说的论证,为劳动价值学说奠定了可靠的基础。

(二) 科学的剩余价值学说

在马克思之前,资产阶级经济学家都以不同形式接触和探讨过剩余价值问题。如重商学派认为剩余价值即利润;重农学派则提出"纯产品"理论,从实体上肯定了绝对利润的存在,认定"剩余价值不能从流通中产生出来"①,但是它把地租看成剩余价值的唯一形式。斯密把剩余价值的起源问题推广到一切生产领域,提出一般剩余劳动是"利润"的源泉,但他把剩余价值与更发展的形式即利润混淆起来,而且还包含一些错误和庸俗的成分。而李嘉图虽然继承了斯密利润学说中的科学因素,摈弃了斯密的庸俗成分,从而在事实上把利润归结为剩余价值,并在此基础上论证了劳动和资本在利益上的对立性,但他没有研究剩余价值的起源,因而也就不可能揭示剩余价值的本质。

科学地说明剩余价值的起源和本质,关键在于把"劳动力"同"劳动"分开,并且根据价值规律说明劳动力这个商品的特殊性质,建立关于劳动力商品的科学理论或雇佣劳动学说。早在19世纪40年代,马克思、恩格斯在考察资本与雇佣劳动的对立关系时,就已经奠定了剩余价值论的基础,特别是在《哲学的贫困》《雇佣劳动与资本》中,事实上已经揭示了资本的实质和剩余价值的来源。在50年代,马克思、恩格斯又进一步把劳动同劳动力、剩余价值同它的具体形态分开来,对劳动力这一特殊商品的价值和使用价值的特殊作用进行了科学的剖析,明确指出剩余价值来源于劳动力在使用过程中能够创造出比它自身价值更大的价值,从而基本上解决了剩余价值的起源和本质的关键问题,指出剩余价值无非就是雇佣工人剩余劳动所创造并被资本家无偿占有的价值。在60年代,马克思进一步论证了劳动和劳动力的区别,深入考察了剩余价值的生产及其分配,特别是在1867年的《资本论》中,他全面系统地阐明了剩余价值的生产、流通和分配,揭示了剩余价值运动的规律,从而形成了一个严密而完整的科学理论体系。

剩余价值学说是马克思整个经济理论的基石,它的创立,是马克思主义循序渐进的科学体系建立的根本标志。

---

① 马克思:《马克思恩格斯》,《马克思恩格斯全集》第34卷,人民出版社1972年版,第41页。

（三）科学的资本原始积累学说

马克思主义的资本原始积累学说，是马克思在创立剩余价值学说的基础上提出和完成的，是马克思的剩余价值学说的继续和发展。考察剩余价值的目的是揭露资本榨取无偿劳动，即生产剩余价值的秘密，而探讨资本主义的积累过程则要说明资本怎样由剩余价值产生，进而阐明资本积累的后果、资本主义生产方式内部矛盾激化并最终导致资本主义的灭亡。因此，马克思的资本积累学说，是马克思主义政治经济学科学体系的一个重要组成部分。

早在19世纪40年代，马克思、恩格斯就考察了资本主义贫富对立的现象及其根源，并把生产资本区分为"变为机器和原料"的部分和"工资"的部分。他们指出，"随着生产资本的增长和生产资料的不断变更，以及新的分工和机器的采用，'劳动愈是不能给人以乐趣，愈是令人生厌，竞争也就愈激烈，工资也就愈减少'"①。这就为资本有机构成不断提高，使可变资本相对减少的原理奠定了初步基础。50年代和60年代初，马克思、恩格斯在形成自己的剩余价值理论的基础上，进一步分析了资本积累的本质及其对无产阶级状况的影响，联系资本有机构成的提高，资本的不变部分相对于可变部分会增长得更快的事实，考察了工人阶级贫困化和人口相对过剩等问题，从而形成了马克思主义关于资本积累和无产阶级贫困化的学说。在《资本论》第1卷第7篇，马克思根据他所创立的剩余价值学说，第一次指出资本主义积累史的各个基本特征，并说明了资本主义积累的历史趋势，把理论的倾向与高度的科学精神结合起来。

马克思主义的资本积累学说，主要包括关于资本积累的一般规律，无产阶级贫困化和相对人口过剩的规律，以及资本主义积累的历史趋势等问题。

（四）科学的社会资本再生产和经济危机学说

科学的社会资本再生产和经济危机学说，是对资本运动规律进行的总体分析，进一步阐明了资本主义生产方式的历史局限性。这一学说的创立，是马克思对政治经济学做出的又一新贡献。

早在19世纪40年代，马克思、恩格斯就考察了资本主义周期性地爆发经济危机的问题，指出它是私有制和竞争无政府状态的必然结果。《哲学的贫困》一书，已经指出资本主义制度下的生产不可能按照"供求之间的正确比例"进行，只能经过繁荣、衰退、危机、停滞到新的繁荣等阶段周而复始地运行。在《雇佣劳动与资本》和《论自由贸易》中，马克思又从资本主义固有的规律造成生产扩大和实现条件以及市场之间的矛盾，进一步分析了产生经济危机的原因。在《共产党宣言》中，马克思和恩格斯则依据生产关系一定要适应生产力性质规律

---

① 马克思：《雇佣劳动与资本》，《马克思恩格斯选集》第1卷，人民出版社1975年版，第377页。

的分析，把经济危机归结为资本主义生产关系和交换关系同社会化的生产力矛盾的必然表现。在50年代和60年代，马克思则进而考察了经济危机与资本主义再生产周期的联系，以及资本主义再生产内部的比例关系。1857年经济危机爆发后，马克思、恩格斯深入地探讨了资本主义再生产的周期性的"物质前提"问题，指出机器更新的平均年数是决定工业再生产周期的一个重要因素。在1857—1858年手稿中，特别是在1861—1863年手稿里，马克思表达了自己对经济危机的科学认识，区分了生产消费和个人消费；探讨了再生产的比例关系，并且研究了危机的可能性到现实性的转变问题。而完整的再生产和经济危机学说，则是在《资本论》中最后完成的。

马克思主义政治经济学以其丰富的内容和科学的理论体系，深刻地揭示了资本主义生产关系的发展规律，为世界无产阶级认识资本主义制度的本质，开展并进而推翻资产阶级的统治的斗争提供了强大的理论武器。马克思主义在与资本主义的斗争中诞生，在资产阶级执政者和资产阶级学者的诋毁、攻击、污蔑和歪曲中特别是在多次的资本主义经济危机中反而得到验证而保持"不败金身"，并不断发展。而不少西方学者本着客观的态度，即使是站在资产阶级的立场上，还是肯定了马克思主义的不可替代的贡献。早在20世纪上半叶，最重要的经济学家之一的熊彼特先生，便把马克思主义称为"属于那种要在人间建立天堂的教派"，他还认为，马克思主义是成功的，"纯粹的科学成就，即使比马克思的理论更完美，也不会如后者（指马克思——引者）这样可以永恒"。马克思主义是一种"成就的伟大"。马克思的文笔"撼人心魄"，他是"一个教养极深的理论家"，胸怀宽广、眼界开阔的学者。"他的目光远眺着工人阶级所不能理解的社会目标，且不以导师的姿态教导任何人。"① 在东欧剧变、苏联解体之后，西方社会普遍认为马克思主义已经衰落、过时了。但是，仍然有许多西方学者否定了这种论调。美国学者道格拉斯·多德便认为，"在资本主义和自由市场取得骄人业绩的今天，主张'马克思主义已经死了'的人"——只是"那些几乎没有读过马克思"作品的人，才会制造或相信这种误解。② 英国学者梅格纳德·德赛更是肯定地说，在20世纪末和21世纪初所发生的一切证明"笑到最后的是马克思"。③ 21世纪初发生的金融危机，不能不说是"现在马克思绝对火"的重要原因。马克思早就洞悉了资本主义进步作用中包含的历史过渡性，科学揭示了各类

---

① 熊彼特：《资本主义、社会主义与民主》，吴克峰等译，江苏人民出版社2017年版，第21、23页。

② 道格拉斯·多德：《资本主义经济学批评史》，熊婴、淘李译，江苏人民出版社2008年版，第21－22页。

③ 梅格纳德·德赛：《马克思的复仇——资本主义的复苏和苏联集权社会主义的灭亡》，汪澄清译，中国人民大学出版社2006年版，第9页。

经济危机的病根。马克思对金融危机的预测太准了。① 而奥地利学者赫尔曼·多扎克则通过希腊的例子证明，新自由主义体系下小的变革，并不能带来可持续性增长，也无法实现社会公平，认为资本主义处于发展停滞的状态，以马克思主义为指导的社会主义革命应该被提上日程。② 在金融危机期间，马克思的《资本论》在欧洲再次成为畅销书。③

总之，马克思主义在阐明社会再生产的基本原理基础上，全面地探讨了资本主义的经济危机，深刻地分析了资本主义生产方式的矛盾和对抗性，尤其是它的基本矛盾及其种种表现。马克思、恩格斯还进而考察了经济危机对工人阶级状况的影响，指出资本主义经济制度同社会化生产力的尖锐冲突必然导致无产阶级革命和无产阶级专政，资本主义制度必然为崭新的社会主义制度所代替。

四、马克思主义的社会主义思想

科学社会主义是马克思主义三大组成部分之一，它包括无产阶级革命、无产阶级专政、无产阶级政党等丰富的理论。马克思主义的社会主义思想主要体现在以下几个方面：

（一）社会主义社会最基本的特征就是生产资料归全社会占有

马克思、恩格斯认为，资本主义社会一切矛盾和弊端的根源，不在于它已经形成和发展起来的社会化生产力，而完全在于生产资料及其产品为资本家私人占有。因此，解决资本主义社会矛盾的方法，"只能是在事实上承认现代生产力的社会本性"，"由社会公开地和直接地占有已经发展到除了社会管理不适应于任何其他管理的生产力"④。所以，"我们的第一个要求是：一切生产资料和生产工具归社会公有"⑤。"无产阶级将利用自己的政治统治，一步一步地夺取资产阶级的全部资本，把一切生产工具集中在国家即组织成为统治阶级的无产阶级手里，并且尽可能快地增加生产力的总量"⑥。他们认为，社会主义社会"同现存制度的具有决定意义的差别当然在于，在实行全部生产资料公有制（先是单个国家实

---

① 路透社：《马克思对金融危机的预测太准了》，载《红旗文稿》2009 年第 1 期。
② 程恩富主编：《马克思主义经济学研究》（第 5 辑·2015），中国社会科学出版社 2016 年版，第 437 页。
③ 郭广迪：《西方经济学视角中的马克思经济学》，人民出版社 2014 年版，第 58 页。
④ 恩格斯：《社会主义从空想到科学的发展》，《马克思恩格斯选集》第 3 卷，人民出版社 1972 年版，第 437 页。
⑤ 恩格斯：《恩格斯对英国〈每日纪事报〉记者的谈话》，《马克思恩格斯全集》第 22 卷，人民出版社 1965 年版，第 633 页。
⑥ 马克思、恩格斯：《共产党宣言》，《马克思恩格斯选集》第 1 卷，人民出版社 1972 年版，第 272 页。

行）的基础上组织生产"①。

（二）社会主义社会是人们结成平等合作关系，有计划地为全社会进行联合劳动者的劳动

由于社会主义实现了生产资料的全社会所有制，这就从根本上解决了资本主义社会那种生产资料私人占有和生产社会化的矛盾，从根本上改变了人们在生产中的相互关系，一种新型的平等互助的关系代替了过去那种剥削与被剥削、压迫与被压迫的阶级对立关系，劳动者作为自由人联合体"用公共的生产资料进行劳动，并且自觉地把他们许多个人劳动力当作一个社会劳动来使用的"，"联合体的总产品是社会的产品"，其中，"一部分重新用作生产资料，另一部分则作为生活资料供联合体成员消费"。②

马克思、恩格斯强调，一旦生产资料实现社会化，那么，原先的生产无政府状态将为有计划的自觉组织所代替，按照全社会和每个成员的需要对生产进行社会的有计划调节，社会把劳动时间和劳动资料按比例分配于各个不同的劳动部门，劳动时间的有计划分配，调节着各种劳动职能同各种需要的适当比例。按照恩格斯的说法，社会主义社会将是一个"按照统一的总计划协调地安排自己的生产力的那种社会"③。到19世纪90年代，恩格斯注意到资本主义生产计划性加强的现象，不仅进一步强调社会主义生产的计划性，而且特别强调它是为全社会谋利的生产。1891年，他在对德国社会民主党纲领草案提出批评建议时，特别加上"把为个人或股份公司谋利的现代资本主义生产转变成为全社会谋利和按预先拟定的计划进行的社会主义生产……唯有通过这样一个转变，工人阶级的解放，从而没有例外地一切社会成员的解放，才得以实现"④。

马克思、恩格斯特别强调，未来社会将是一个自由人的联合体。在《哲学的贫困》中，马克思就指出，工人阶级在发展过程中将创造一个消除阶级和阶级对立的联合体来代替旧的资本主义社会，从此不再有任何原来意义上的政权。在《共产党宣言》中，马克思、恩格斯指出，"代替那存在着阶级和阶级对立的资本主义旧社会的，将是这样一个联合体，在那里，每个人的自由发展是一切人自身发展的条件"⑤。在《资本论》中，马克思进一步从经济学的角度论证了联合体的思想。按照他的设想，在未来的自由人联合体中，生产力已经高度发展，社

---

① 恩格斯：《〈英国工人阶级状况〉1892年英国版序言》，《马克思恩格斯全集》第22卷，人民出版社1965年版，第324页。

② 马克思：《资本论》，《马克思恩格斯全集》第24卷，人民出版社1972年版，第95页。

③ 恩格斯：《反杜林论》，《马克思恩格斯选集》第3卷，人民出版社1972年版，第335页。

④ 恩格斯：《1891年社会民主党纲领草案批判》，《马克思恩格斯全集》第22卷，人民出版社1965年版，第273页。

⑤ 马克思、恩格斯：《共产党宣言》，《马克思恩格斯选集》第1卷，人民出版社1972年版，第273页。

会产品极大丰富，社会可以充分满足每个成员在物质和社会、精神方面的需求，从而使劳动者的再生产要素和发展要素由社会直接保证；由于消灭旧的分工，劳动者成为全面发展和具有自由个性的人，他们不再屈从于某种唯一的生产工具和终身局限于某种固定的劳动活动。相反，他们可以根据社会需要从事任何形式的劳动，并且自觉地和无条件地把许多个人劳动力当作一个社会劳动力来使用，这样，劳动者的劳动就具有完全的直接社会性。

（三）社会主义社会个人消费品的分配在社会总产品作了各项必要的扣除之后，实行按劳分配

在1857—1858年的《经济学手稿》中，马克思开始把未来社会个人消费品的分配同每一个生产者的劳动联系起来。在《资本论》中，马克思已经接近完成社会主义分配原理的制定。他认为，在共产主义社会发展的一定阶段上，每个生产者在生活资料中所得到的份额应由他的劳动时间来决定。在《资本论》第2卷中，他指出，在社会公有的生产部门，"生产者也许会得到纸的凭证，以此从社会的消费品储备中，取走一个与他们的劳动时间相当的量"[1]。1875年，在《哥达纲领批判》中，马克思明确地把共产主义社会划分为第一阶段和高级阶段，并进而对共产主义社会第一阶段即社会主义的分配原则进行了详细的论证。他指出："消费资料的任何一种分配，都不过是生产条件自身分配的结果。而生产条件的分配，则表现生产方式的性质"；社会主义社会"是一个集体的、以共同占有生产资料为基础的社会"。在这个社会里，"除了自己的劳动，谁都不能提供任何东西。另一方面，除了个人的消费资料，没有任何东西可以成为个人的财产"[2]。这样就决定了它必须实行一种与资本主义社会根本不同的消费品的分配方式，即按劳分配。按马克思的设想，为了实现社会主义的再生产，在把消费品分配给个人之前，必须从社会总产品中扣除生产方面的消耗和社会的共同需要。然后，在剩下的消费品中，则以劳动力作为尺度，在劳动者之间进行分配，按等量劳动领取等量产品。其分配形式是，每个劳动者从社会方面领得一张证书，证明他提供了多少劳动，而他凭这张证书从社会储存中领得和他所提供的劳动量相当的一份消费资料。

马克思指出，与资本主义剥削相比，按劳分配是一个巨大的进步，因为它使生产资料公有制的本质在分配领域中得到实现，第一次消除了剥削现象，实现了劳动平等和分配平等。但是，它还不是人类社会最理想的分配制度。因为，"在这里平等的权利按照原则仍然是资产阶级的法权"，"平等就在于同一的尺度——劳动——来计量"[3]。由于劳动者的工作能力和家庭条件不同，在按劳分

---

[1] 马克思：《资本论》，《马克思恩格斯全集》第23卷，人民出版社1972年版，第397页。
[2] 马克思：《哥达纲领批判》，《马克思恩格斯选集》第3卷，人民出版社1972年版，第2—11页。
[3] 同上。

配下，人们的富裕程度仍然会有差别，"这些弊端，在共产主义社会第一阶段，在它经过长久的阵痛刚刚从资本主义社会里产生出来的形态中，是不可避免的"①。只有到了共产主义社会的高级阶段，实现"各尽所能，按需分配"的原则，这些弊端才能消除。

（四）社会主义社会是没有商品生产和货币交换的社会

由于整个社会占有全部生产资料，就使劳动者实现了在全社会范围内与物质生产条件的直接结合，全社会成为一个经济主体；个人的劳动直接地作为社会总劳动的构成部分而存在，或者说个人的劳动力是作为共同劳动力的器官而发挥作用的劳动物质生产条件，以及产品都是由一个社会中心直接分配，都可以实行等量劳动的直接交换，而不再需要迂回曲折地通过物、通过劳动产品而进行劳动交换即商品交换，整个社会按照自己的需要分配劳动时间，每一种产品生产出来不是为了卖，而是直接作为使用价值被消费。所以，马克思、恩格斯明确指出，"一旦社会占有了生产资料，商品生产将被消除，而产品对生产者的统治也随之消除"②。"直接的社会生产以及直接的分配排除一切商品交换，因而也排除产品向商品的转化……和随之而来的产品向价值的转化"③，"在一个集体的、以共同占有生产资料为基础的社会里，生产者并不交换自己的产品；耗费在产品生产上的劳动，在这里也不表现为这些产品的价值，不表现为它们所具有的某种物的属性"④。既然不存在商品生产和商品交换，作为商品价值表现形式的交换价值和货币当然也就消失了。他们预计，"如果假定商品的价格＝商品交换价值这个前提已经实现，如果供求平衡、生产和消费平衡，归根到底实行的是按比例的生产（所谓的分配关系本身就是生产关系），那么，货币问题就成为完全次要了"⑤。由于实行了生产资料公有制和计划经济，"货币资本完全消失，因而，货币资本所引起的交易上的伪装也会消失"⑥。至于社会主义社会个人消费品的等价交换中也通行的同一原则，即等量劳动相交换，他们认为这种交换的"内容和形式都改变了"⑦。尽管生产者用"纸的凭证"从社会的消费品储备中取走了一个与他们的劳动时间相当的量，但是，"这些凭证不是货币，它们是不流通的"⑧。

---

① 马克思：《哥达纲领批判》，《马克思恩格斯选集》第 3 卷，人民出版社 1972 年版，第 2 - 11 页。
② 恩格斯：《社会主义从空想到科学的发展》，《马克思恩格斯选集》第 3 卷，人民出版社 1972 年版，第 441 页。
③ 恩格斯：《反杜林论》，《马克思恩格斯选集》第 3 卷，人民出版社 1972 年版，第 347 - 348 页。
④ 马克思：《哥达纲领批判》，《马克思恩格斯选集》第 3 卷，人民出版社 1972 年版，第 10 页。
⑤ 马克思：《政治经济学批判》，《马克思恩格斯全集》第 46 卷，人民出版社 1972 年版，第 98 - 99 页。
⑥ 马克思：《资本论》，《马克思恩格斯全集》第 24 卷，人民出版社 1972 年版，第 350、397 页。
⑦ 同上。
⑧ 同上。

（五）社会主义社会将消灭阶级和阶级对立，同时，国家的政治职能将逐步消失

在马克思、恩格斯看来，阶级是一种历史现象；在阶级社会里，阶级斗争是社会发展的政治动力。但是，随着生产力的发展，任何特殊的阶级对于社会的物质和精神财富的占有，都成为社会发展的障碍。所以，马克思、恩格斯强调，"消灭阶级是我们的基本要求"①。无产阶级在消灭旧的生产关系的同时，也就消灭了阶级对立和阶级本身的存在条件。在社会主义"这个制度下，现代的阶级差别将消失"。"在阶级本身消失之后，即社会主义取得胜利之后"②，阶级斗争也将消失。

随着阶级的消失，国家也将逐步走向消亡。马克思、恩格斯"从1845年起就持有这样的观点：未来无产阶级革命的最终结果之一，将是称为国家的政治组织逐步消亡和最后消失"③。他们认为，"当阶级差别已经消失而全部生产集中在联合起来的个人手里的时候，公众的权力就失去政治性质"④。"国家最多也不过是无产阶级在争取阶级统治的斗争胜利之后所继承下来的一个祸害；胜利了的无产阶级也同公社一样，不得不立即尽量除去这个祸害的最坏方面，直到在新的自由的社会条件下成长起来的一代能够把这全部废物完全抛弃为止"⑤，"国家真正作为整个社会的代表所采取的第一个行动，即以社会的名义占有生产资料，同时也是它作为国家所采取的最后一个独立行动。那时，国家政权对社会关系的干预将先后在各个领域中成为多余的事情而自行停止下来。那时，对人的统治将由对物的管理和对生产过程的领导所代替。国家不是'被废除'的，它是自行消亡的"⑥。按照他们的设想，"以生产者自由平等的联合体为基础的、按新的方式来组织生产的社会，将把全部国家机器放到它该去的地方，即放到古物陈列馆去，同纺车和青铜斧陈列在一起"⑦。

马克思、恩格斯在科学分析了资本主义社会的本质、特点和经济运动规律的

---

① 恩格斯：《1891年社会民主党纲领草案批判》，《马克思恩格斯全集》第22卷，人民出版社1965年版，第271页。

② 恩格斯：《国际社会主义和意大利社会主义》，《马克思恩格斯全集》第22卷，人民出版社1965年版，第560页。

③ 恩格斯：《致菲·范一派顿（1883年4月18日）》，《马克思恩格斯全集》第36卷，人民出版社1974年版，第10页。

④ 马克思、恩格斯：《共产党宣言》，《马克思恩格斯选集》第1卷，人民出版社1972年版，第273页。

⑤ 马克思：《法兰西内战》，《马克思恩格斯选集》第2卷，人民出版社1975年版，第336页。

⑥ 恩格斯：《社会主义从空想到科学的发展》，《马克思恩格斯选集》第3卷，人民出版社1972年版，第438页。

⑦ 恩格斯：《家庭、私有制和国家的起源》，《马克思恩格斯选集》第4卷，人民出版社1975年版，第170页。

基础上，创立了科学社会主义理论，成为社会主义实践的指南。但马克思主义的科学社会主义理论带有预见性质，因为他们毕竟没有生活在社会主义社会，没有经历过社会主义建设的实践。因此，他们的分析和预见也难免带有一些空想的因素，比如，关于社会主义社会消除商品生产的论断就是其中之一。在马克思、恩格斯的时代，资本主义处在上升的自由竞争时期，机器大工业的建立，世界市场的扩展，社会生产力的飞跃发展，在这些经济发展的资本主义国家的基础上建立社会主义，在实行生产资料的公有制后，可进行直接的社会生产以及直接的分配而排除一切商品的交换，这在当时是一种科学的预见。但是，随着历史的发展和演变，社会主义革命不是在发达国家而是首先在经济落后的国家相继取得胜利。社会主义革命和建设的实践证明，这些国家的社会生产力的具体状况，社会经济关系和社会主义公有制的态度都决定了社会主义不仅不能消除商品经济，而且还要大力发展商品经济。

第四编 西方现代文化

第十一章
第三次科学技术革命与西方文化

伴随着主要资本主义国家经济和社会的发展，西方社会曾经发生了三次大的转变，即从16世纪的资本主义工场手工业阶段转化为自由竞争的工业资本主义阶段；19世纪中后期从自由竞争的工业资本主义转化为垄断资本主义阶段；"二战"后，再由一般的垄断资本主义阶段转变为国家垄断资本主义阶段。西方资本主义发生这三次大的转变，同世界发生的三次科学技术革命密切相关。

第一次科学技术革命首先发生在18世纪后半期的英国，尔后相继扩展到欧美各国。它是以蒸汽机的发明和应用为主要标志的。在这场革命的推动下，以手工劳动为基础的资本主义手工工场转变为以机器大生产为基础的资本主义工厂，导致了工业资本主义的确立和发展。18世纪后半期始于英国的第一次科学技术革命以后的100多年，是资本主义机器大生产蒸蒸日上的发展时期，也是自由资本主义在欧美的全盛时期。

从19世纪70年代起，以电力的应用为主要标志的第二次科学技术革命的兴起和发展，促进了资本主义从自由竞争向垄断的过渡。第二次科技革命引起了欧美主要资本主义国家第二次工业革命，产生了一批新兴的工业部门。这就是电力工业、电信工业、汽车制造业、飞机制造业、有机合成工业、石油工业、新型钢铁工业、先进技术装备的铁路运输业等。这些新的产业既是资本密集型又是技术密集型工业，没有大量资本的积累和集中，是难以创办的。而重要的是，这些新兴工业的发展本身就要求集中生产和统一管理，只有这样才能提高劳动效率和经济效益，达到生产技术上的标准化、通用化、系列化，产品的高产值化、高产量化。于是，在第二次科技革命推动下，不论是电力、通讯，还是钢铁、化工、石油等部门都迅速地走向集中。特别是像电力系统、通讯系统等这些对集中统一管理要求更高的工业部门，经营与资本的垄断合为一体，加速了垄断资本主义的形成。

在第三次科技革命的时间上有两种观点：一是认为第三次科技革命始于战后初期，即20世纪50年代中期，至70年代初期达到高潮，70年代后进入一个新阶段；二是认为第三次科技革命发生于20世纪40—60年代，70年代以后进入第四次科技革命时期。

第三次科技革命在20世纪40年代末首先从美国兴起，随后扩大到西欧、日本等国家和地区，几乎席卷全球。到了20世纪后期，科学技术的发明创造和应用具有了加速度的特点，而西方发达国家仍然得利最大，如1999年七大工业国家（G7）占了高科技制造的90%，掌握了全球电脑运算能力的80%。苏联等社会主义国家在原子能、电子计算机、空间技术、生物工程等许多领域中取得重大的成就，做出重要贡献。第三次科技革命主要表现在高、精、尖领域，以原子能、电子计算机、空间技术和网络技术的发展和应用为主要标志。这次科技革命使世界面貌和人类社会发生了具有革命性的变革。它不仅极大地推动了社会生产力的迅猛发展，引起了经济结构、物质生产方式的深刻变化，而且使社会生活的各个方面、上层建筑、人的思维方式以及国际关系等都产生了巨大的变化。

一、现代科学技术的发展

（一）产生第三次科技革命的历史条件

第三次科学技术革命的出现，除了社会生产发展的需要和科学技术自身发展的内动力，以及第二次世界大战前科学技术的发展创造了必要的理论基础和物质技术条件以外，第二次世界大战期间及战后各国经济、政治、文化、军事等诸种因素的相互作用，促进了第三次科学技术革命的产生和发展。

（1）第二次世界大战期间，交战国为了战胜对方都竭尽全力地研制和生产新式武器，使军事科学技术获得了空前发展。

首先是航空技术的发展。在第二次世界大战中，控制制空权成为军事上重点考虑的问题，因此各交战国纷纷赶制飞机。美国制造的轰炸机、战斗机、运输机、教练机等各种类型的飞机就多达40万架。第二次世界大战不仅促进了飞机在数量上的大发展，更重要的是推动了改进飞机性能和研制新型飞机的工作。1939年，德国首先研制成喷气式飞机。这种飞机的出现，标志着飞机进入了超声波的高速飞行阶段。

其次是原子能技术取得了长足的发展。关于原子能的利用问题，物理学家早在第二次世界大战前就从理论上作了明确的阐述。按照爱因斯坦提出的能量与质量转换关系的公式，科学家已预见到原子能会是一种能够产生巨大能量的能源。但原子能的实际运用是在第二次世界大战期间开始的。1942年美国为了抢在德国前面利用核裂变制成有空前破坏力的原子弹，专门成立了美国、英国、加拿大三国共同研制原子弹委员会，并制订了研制原子弹的"曼哈顿计划"。1942年12月，在美籍意大利物理学家费米的领导下，美国建成了世界上第一座原子能反应堆。1945年7月，第一颗原子弹在美国爆炸成功。这不仅标志着人类利用原子能时代的开始，也标志着美国核垄断和核讹诈时期的开始。德国虽然没有研制出原子弹，但于1942年10月成功地研制出"V-2"远程液体燃烧火箭。这种火箭不但杀伤力强,更重要的是这种新型的火箭技术为未来宇航技术的发展打下了基础。

最后是促进了电子计算机的诞生。第二次世界大战中,美国宾夕法尼亚大学莫尔电工学院与阿伯丁弹道研究实验室共同负责为陆军计算炮击表,当时200多人用机械计算机计算一张火力表需要2~3个月。这远不能适应战争的需要,于是,莫尔学院的物理学家莫希莱提出了研制电子计算机的方案,得到了军方的支持。1945年底,世界第一台程序"外插型"电子计算机研制成功。

(2) 第二次世界大战后,激烈的国际军事、经济的竞争以及军事科技转为民用,加速了第三次科技革命的到来。

随着原子弹的发明和使用,原子能技术很快在民用发电中开始应用。军用喷气式飞机产生后,1949年,英国的德·哈威兰公司研制出第一架喷气式客机;遥控大炮的军用电子计算机则孕育着民用电子计算机。战后,电子、自控、宇航、石油化工等许多新兴工业大多是在军事科学技术的带动和转化下崛起的。战后,美、苏由盟友变成了对手,为了在军事上压倒对方,双方展开了激烈的军备竞赛。他们集中了大量的人力、物力、财力发展军事科学技术,制造各种高效的新式武器,尤其是战略核武器和运载工具等尖端武器。德国战败后,美、苏先后占领德国的火箭研究中心——庞纳门德。美国把以布劳恩为首的130名主要研究人员抓回美国,在"V-2"导弹的基础上,加紧研究大型液体火箭。而苏联则把剩下的导弹、工厂设施运回国后,仿制了上千枚"V-2"导弹,进行了一系列实验。到20世纪50年代,美、苏齐头并进,成为世界两大火箭技术强国。

在美国研制原子弹成功后,苏联也加紧了核武器的研制工作。1946年12月,苏联建成了实验用的石墨型反应堆;1948年,第一座生产用的反应堆开始运转;1949年,苏联第一颗原子弹爆炸成功。面对苏联的奋起直追,美国加快了发展的步伐。1950—1951年美国政府为原子武器的研制拨款23亿美元,比"曼哈顿计划"的全部费用还多。除了军备竞争之外,随着世界经济联系的加强和资本国际化的发展,各国间的经济竞争空前加剧。在新的历史条件下,资本主义各国依靠战争掠夺市场、资源来划分势力范围的办法已经失效。因此,各国便转而把提高科学水平、发展尖端技术、降低生产成本、改进产品质量、加速产品更新换代、提高剩余价值率等作为增加在国际市场上竞争力的重要手段和武器,其结果使商品的竞争实际上成为科技水平的竞争。这种竞争方式和手段的变化,有力地促进了资本主义国家科学技术的发展。

(3) 第二次世界大战后资本主义生产关系的调整,特别是国家垄断资本主义的发展,为科学技术革命创造了重要的条件。

第二次世界大战后科学技术的发展进入了群体化、社会化、高速化的阶段。大规模的基础理论和应用科学的研究和研制需要投入巨额资本和由许多机构多方面的专业人员共同协作才能完成;有些特大型的科技项目所需的人力、物力、财力是私人大垄断资本不可能承受的；有些科学研究特别是基础理论的研究，对发展整个科学技术有决定性作用，但与私人大垄断资本的现实利益关系不密切；有些项目由于投资周转慢、风险大、预期收益缺乏，私人资本不愿承担。在这种情况下，国家垄断资本主义的发展，国家对科技工作的干预和领导成为保障科学技术发展的重要条件。第二次世界大战期间及战后，美国政府成为发展科技的组织者和科研费用的主要提供者。美国研制原子弹是由国家出面，组织美国、英国、加拿大三国合作，调集了15万名科技人员，花费了22亿美元。美国的"阿波罗"登月计划也是在国家组织和领导之下，历时11年半，耗资近300亿美元，动员42万人，其中包括大批高级科技人员，2万多家中小企业和120所大学和实验室。1955—1978年，美国用于发展科技的经费从62亿美元增加到473亿美元。事实证明，西方国家对科技研制工作的干预和领导已成为国家垄断资本主义发展的重要内容。资本主义各国进行的大规模科技发展计划都是由政府主持组织的，如美国的"星球大战"计划、西欧的"尤里卡"计划、日本的"科学技术政策大纲"等，没有政府的出面，显然是无法完成的。

国家对科学技术的干预和领导，不仅从人力、财力、物力上提供必要的保证，而且在一定程度上使科学技术更有计划、有组织地协调发展，减少自发性、盲目性，从而推动科学技术革命的发生和发展。在这一点上，西方资本主义国家和当时的社会主义国家苏联很相似。尽管苏联高度集中的计划经济体制对国民经济的全面发展有不利的一面，但苏联能在战后很短的时间内打破美国的核垄断，与美国在许多高科技领域展开竞赛，并在空间技术、原子能和平利用等方面的一度领先，正是苏联体制有利方面的体现。

（二）第三次科技革命的主要内容

第三次科学技术革命主要是在新能源、新材料、电子工程、宇航工程、生物工程和网络技术等前沿阵地上展开，并涉及其他尖端技术领域。

1. 原子能的开发和利用

原子能的开发和利用是一次新的能源革命，开辟了能源的新纪元，同时揭开了第三次科学技术革命的序幕。过去人类利用的能源主要是天然的有机物、碳氢化合物等天然能源，而原子能是人工能源，是原子核发生裂变时释放出来的能量，它比化学反应释放的能量大几百万倍。

发展原子能技术所必需的大量的基础理论的研究和准备工作主要是在欧洲完成的。爱因斯坦相对论的提出和量子力学的诞生，在物质观、时空观、运动观和方法论方面改变了牛顿力学体系，从而将人们对自然界的认识从宏观世界引向微观世界。法国科学家伦琴发现X射线，法国科学家居里夫妇发现放射物质铀、钋、镭；英国物理学家卢瑟福在对放射性的研究中发现放射性引起的核蜕变能够释放能量；意大利物理学家费米发现慢中子效应。这些研究成果迅速地揭开了核裂变的奥秘，使人工利用原子能成为可能。但这种可能不是在欧洲而是在美国首先变为现实。其主要原因是受到第二次世界大战的影响。战争期间，欧洲各国许多著名的科学家、科技人才因不堪忍受法西斯的迫害而流入美国。如德国的爱因斯坦因希特勒排斥犹太人而逃亡美国；意大利核物理学家费米因妻子有犹太血统而携全家赴美；匈牙利著名数学家冯·诺伊曼迁往美国定居。据粗略统计，战争期间，德、奥两国就有2000名科学家移居世界各地，其中大部分到了美国。这些科学家到美国后，为了反法西斯的崇高目的都争分夺秒地工作。1942年12月，在费米的领导下，在美国的芝加哥大学建成了世界上第一个原子能反应堆，为人工利用原子能开辟了道路。1943年春，在美国的新墨西哥州圣菲城外的洛斯·阿拉莫斯一座荒山上的实验室里，科学家们在罗伯特·奥本海默的领导下，经过两年多的艰苦奋战，终于研制出原子弹。1945年7月16日，世界第一颗原子弹爆炸成功。苏联为了打破美国的核垄断，在原子弹之父库尔恰托夫的领导下，于1946年12月建成了原子能反应堆。1949年8月29日，在哈萨克的塞米巴拉金斯克成功地试爆了第一颗原子弹。美国为了重新占有核优势，加紧研究核聚变技术。1952年11月1日，在马绍尔群岛比基尼环礁上成功地爆炸了第一颗氢弹，其威力比在广岛投掷的原子弹大800多倍。美国氢弹爆炸9个月后，1953年8月12日，苏联在北极圈的弗兰格尔岛也成功地爆炸了第一颗氢弹。英国在1952年和1956年，法国在1960年和1968年也分别试验成功了原子弹和氢弹。中国于1964年10月16日第一颗原子弹在罗布泊试爆成功后，于1967年6月17日第一颗氢弹也在那里试爆成功。中国成为世界上第五个拥有核武器的国家。

在原子能被利用于军备方面，作为提高战略武器水平的重要手段的同时，各国也在积极地探讨原子能的和平利用。1954年6月，苏联在弗兰格尔岛的奥布宁斯克建成世界第一座核电站；1957年美国在希平港建成世界上第一座商用核电站，电功率90MW。① 在此期间，只有美、英、法和苏联建成10台核电机组。进入21世纪之后，美、法、日、韩等核电发达国家，近期部署的新机组都以第三代（Gen Ⅲ）和第三代+（Gen Ⅲ +）为主，较少安排传统的第二代（Gen Ⅱ）。而Gen Ⅲ +的改进设计使它的经济性优于Gen Ⅲ，在安全与经济的综合性能上更加接近于第四代（Gen Ⅳ）。② 近年来，美国国家层面积极支持小型核反应堆等先进堆的发展。一方面是能源部对核能初创公司的经济补贴，提供资金支持，另一方面是美国能源部下属的国家实验室对于核能初创公司开放，可以利用实验室的设施，也就是美国政府其实从资金和技术方面都在鼓励私人资本参与到小堆发

---

① 焦明连主编：《核电工程测量》，武汉大学出版社2016年版，第8页。又见袁运开主编《现代自然科学概论》，华东师范大学出版社2010年版，第178页。

② 孙汉虹等：《第三代核电技术》"第一版前言"，中国电力出版社2016年第二版。

展中来,这对于发展核能新技术是非常有利的。① 根据世界核能协会的数据,截至 2018 年 7 月 31 日:全球在运行的核电反应堆 453 座,共计 397 GWe 装机容量;世界在建核电反应堆 57 座,共计 57 GWe 装机容量;2018 年全球有 5 台机组并网,有 3 台机组开始建造。②

2. 电子计算机的发明及应用

自史前开始,人们就一直在算数。最早的计算工具大概是手指和石子,而公元前 6 世纪中国发明的算盘则是世界上公认的最早的手动计算器。但是,真正想发明一台能够自动进行运算的计算机的主意,是在 17 世纪才产生的。德国著名哲学家、数学家莱布尼兹在 1671 年曾经设想利用计算机取代人们奴隶般的费时费力的计算工作,并设计了一个能进行加法和乘法演算的器械。他还设想有一天连人的理论思维也让计算机来完成。莱布尼兹设计的演算器在 1694 年被制造出来,但运行得很不理想。1834 年,英国数学家巴贝奇对计算机的发展做出了重要贡献。他提出用穿孔卡片携带计算机指令控制计算过程,设计了包括控制器、运算器和存储器的机械式计算机。但由于缺少必要的技术基础,巴贝奇的设计未能实现。1855 年,麦克斯韦发明了一台积分仪,巧妙地把积分的计算变为长度的测量,并通过两个互相垂直的圆盘的旋转与滑动来实现这一模拟。1876 年,汤姆逊改进制造出第一台计算周期现象的傅立叶系数的"潮汐调和分析仪"。1854 年,英国数学家 G. 布尔建立了把形式逻辑归结为代数演算的布尔代数,给二进制计算奠定了理论基础。布尔代数又使人们同继电器的一开一关联系起来,于是计算器的发明进入机电式计算机阶段。1888 年,美国人 H. 霍勒里斯发明了一台统计分析机。这种分析机由接受压力器、继电器、计数器、分类盒和电池能源 5 个部分组成。1941 年,德国工程师 K. 楚泽制成通用程序控制计算机。美国人 H. 艾肯于 1944 年制成一台称为"Mark 1 号"的计算机。它用 3000 个普通电话继电器做主要元件,能处理 32 位数,两个 23 位数相乘只需 4.5 秒。1946 年,美国人斯蒂比茨制成的通用机 Model – 5 号,用它做 7 位数除法,只需 2.2 秒,被认为是现代多处理机系统的雏形。这些以继电器为主要元件的机电式计算机并未完全摆脱机械操作的局限,笨重庞大,运转迟缓。由于 30 年代电子技术已进入成熟阶段,所以继电器计算机注定是短命的。

在电子计算机的研制过程中,美国物理学家 J. 阿塔纳索夫和英国数学家 A. 图林做出过重大贡献。然而,第一台取得成功的电子计算机是由美国宾夕法尼亚大学物理学博士 J. W. 莫希利设计的。当时,该大学莫尔学院电工系正与美国军方设在阿伯丁的弹道研究实验室共同负责每天为军方提供 6 张火力表。为了解

---

① 核能研究展望:《核工业的未来:对话 MIT 核反应堆实验室负责人胡玲文博士》,载核能研究展望网站(http://www.nprv – world.com/? p = 278)2018 年 2 月 16 日。

② 核科技动态:《2018 年世界核工业现状报告》,载北极星电力网(http://news.bjx.com.cn/html/20180920/929277.shtml)2018 年 9 月 20 日。

决庞大的运算问题，莫希利于 1942 年 8 月提出一份题为《高速电子管计算装置的使用》的报告，这就是第一台电子计算机的初始方案。在莫希利、诺伊曼、埃克特等科学家的共同参与下，这台计算机于 1946 年 2 月 15 日举行揭幕典礼。第一台完全采用电子线路和电子元件的电子计算机 ENIAC 宣告诞生。当时，它是世界上最复杂的电子装置，用了 18800 个电子管，利用电脉冲每秒可进行 5000 次加法计算。它的体积 3000 立方英尺，耗电 105 千瓦，重达 30 吨，占地面积 170 平方米。今天看来，这个庞然大物十分笨拙，但它却担负着智力革命和技术革命先驱的历史使命，是信息时代的伟大开拓者。

电子计算机的问世，引起世界各国的极大重视，计算机技术和计算机工业发展迅速。约每隔几年，机器运行的速度就提高 10 倍，可靠性提高 10 倍，成本降低 8 倍。以电子元件的发展为主要标志，以计算机功能为依据，人们把电子计算机的发展历程分为五个时代。

第一代是电子管计算机（1946—1957 年）。这一代电子计算机是计算工具革命性发展的开始。它所采用的二进制与程序储存等基本技术思想，奠定了现代电子计算机的技术基础。但是，由于它以电子管为元件，因而体积大、耗能多、运算速度慢，存储量小，可靠性差，并且价格昂贵。其应用范围主要局限于与军事有关的科研运算，未能大规模推广。

第二代是晶体管计算机（1957—1964 年）。在第一台电子计算机问世不久，人类发明了半导体晶体管，并且很快代替了电子管。这一代计算机比第一代计算机的重量和体积都大大减少，运算速度提高，可靠性增加，成本大大下降，因此开辟了新的应用范围。这一代计算机的主要特点是：①逻辑元件采用晶体管；②主要存储器采用磁芯存储器；③软件已广泛使用高级语言，产生了 FORTRAN（公式翻译语言）、ALGOL（算法语言）、COBOL（商用语言）、BASIC（交互式会话语言）、APT（自动程序控制工具语言）及其编译程序；④应用方面从科学计算扩大到信息处理和一些自动化控制，其代表产品有 IBM7090，CDC6600，Uni－vacl1107。

第三代是集成电路计算机（1964—1970 年）。它的基本电路是采用组件工艺结构，存储器仍然以磁芯为主，把晶体管、电阻器、电容器等元件集合成为一个单一的整体，做在一块薄薄的硅片上。这一代计算机重量不超过几十公斤，大小和一张书桌差不多，运算每秒可达几百万次。1964 年，IBM 公司生产出的 IBM－36 型系列机就是第三代的著名代表。由于它适用性广、使用可靠方便、价格低廉，因而推广速度每年递增 20%，到 1970 年，使用计算机的人数约 100 万。其兼容性（一种软件在各机上可通用）为其主要特征。这个特征成了后来计算机工业的标准之一。第三代计算机的主要特点是：①逻辑元件采用中小型集成电路；②具有更高的可靠性和更快的运算速度；③中小型机和终端设备发展快，应用更广；④主存储器中的磁芯被半导体存储器大量取代，微程序设计方法广泛使用；⑤在软件方面操作系统已广泛使用。

第四代是大规模集成电路计算机（1970—1988年）。从1970年开始的计算机，在器件方面采用大规模集成电路。在20世纪80年代，人们已经能够在小手指甲1/4大小的、像纸张一样薄的硅片上做成128000个完整的大规模集成电路。大规模集成电路的问世，大大促进了电子计算机的发展。这一时期的计算机体积更为缩小，产品大大降低成本。大型电子计算机运算速度可达每秒几千万次，甚至数亿次、十几亿次。同时，微型计算机和微处理机已经出现，其体积小到可以放到火柴盒里，重量只有几十克。由若干台计算机组合成的计算机网络也开始实际应用。由于电子计算机向社会各行业渗透，已广泛建立了计算中心、最优化中心，从大中小企业到各个领域的事务管理都开始普遍采用计算机，出现了计算机社会化的趋势，全世界使用计算机的人越来越多。

第五代是超大规模集成电路计算机。1988年，日本制造出具有记忆、思维、推理能力的第五代计算机。第五代电子计算机是超大规模集成电路、人工智能、软件工程、新型计算机系列等综合的产物，其主要特点是智能化程度显著提高，能识别声音、图像，具有学习和推理的能力。人们可以不必编程序，只要发出命令，或写出某个方程式，或提出某个要求，计算机就能自动完成所有的程序，并提供结果。也就是说，当人们要计算机做某件事情时，无须告诉它"如何做"，只需要告诉它"做什么"就行了。

软件和硬件是现代计算机科学不可分割的两部分。它们之间是辩证统一的关系。软件是在硬件的基础上发展起来的，而硬件如果失去软件，则失去了"人脑的延伸"功能，等于失去了灵魂。软件是人和计算机之间的桥梁。早期软件的算法设计和程序编写都由程序员个人进行，换一种操作就要换一次程序，不但费时费力，容易出错，而且没有通用性。20世纪40年代末，英国就有人提出"子程序库"思想，即把精选的常用程序存入计算机中，根据需要随时调出。50年代，符号语言和汇编程序的出现是软件发展中的一次突破。符号语言是一些非常直观的文字串，把用汇编语言编制的源程序翻译成机器语言的程序叫汇编程序，汇编程序存储在机器中可以把用符号记录的操作码和数据自动转换成机器可以识别的代码，使计算机按程序操作。这样，机器本身就开始部分地代替了原来必须由人工进行的"翻译"工作。但用符号语言汇编的程序只能和具体机器相联系，通用性低，不便交流。随后，人们又创造出了"高级语言"。用高级语言编制的程序，只要再经过一个编译程序就可以转换成机器语言书写的程序，在不同机器上使用，这大大提高了程序的通用性。最早出现的高级语言是1954年IBM公司公布的Fortran 1。1958年，欧美的计算机科学家举行联合会议，提出ALGOL58语言，两年后又提出ALGOL60。另外，还出现了LISP语言，它是专门用于处理符号数据的一种高级语言，适用于人工智能的研究。后又出现了专用于商业的通用语言COBOL，采用英语词汇，简单易学，应用很广。60年代后相继出现的高级语言还有 PL/I，会话式语言 BASIC，函数型会话式语言 APL，引入数据抽象概念的模拟型语言 SIMULA67，等等。这些高级语言的出现，增强了计算机的表达能力，扩大了计算机的应用范围，把软件的发展提高到一个新高度。

目前，现代电子计算机发展的特点和趋势是巨型化、微型化、智能化、网络化。由于计算机功能的迅速提高和多样化，其使用范围也在迅速扩大，已广泛地进入了人类生产和生活的各个领域。它成为生产、办公、生活自动化的控制中枢，是大科学和精密科学研究的强有力工具，是现代信息网络的中枢神经，已经对人类生产和生活的各个方面产生了极为深刻的影响。电子计算机对人脑实现了初步模拟，可以代替人脑的部分思维功能，极大地增强了认识主体的能力。在美国贝尔实验室用现有超大规模集成电路制成神经元计算机之后，日本奋起直追，智能计算机便成为人们研究和追捧的热点。20 世纪 90 年代，在贝尔实验室工作的华裔科学家黄庭珏领导的研究小组研制出第一台数字光学处理器，成为光学计算机的核心部分，揭开了光学计算机的序幕。光学计算机的运算速度比同时期其他计算机快 1000～10000 倍。它也被称为第六代计算机。与此同时，模仿人脑、具有机器思维能力的生物计算机（也称生物智能计算机）正处于探索研究阶段。生物计算机具有自组织能力和自修复功能，其存储的信息量可以达到普通计算机的 10 亿倍。现已制成的生物芯片能存储 110 亿比特的信息量。① 一些国家已经制造出一些生物计算机的模型。它的应用为工业化社会过渡到信息化社会创造了条件，将引起一场新的产业革命。

进入 21 世纪之后，超级计算机的出现标志着各国对计算机的研制的竞争更加激烈。美、英、法、德、日是超级计算机研究和应用的传统强国，而美国则是具有绝对优势的领头之羊。美国在花费了十多年的研究之后，于 2007 年研制成功了世界上第一台运算速度超千万亿次的超级计算机。② 2017 年 4 月，美国印第安纳大学获得了世界上第一台千万亿次级别"大学专用资源"超级计算机，首次将该级别超级计算机运用于民用领域，帮助学生和工作人员研究各个学科。③ 2018 年 11 月 12 日，新一期全球超级计算机 500 强榜单在美国达拉斯发布，美国超级计算机"顶点"夺得了冠军。而随着计算机的处理能力的日益强大，你能获取的数据量越大，你能挖掘的价值就越多。④

3. 空间技术的兴起

几十年来，空间科学技术已经迅速发展成为一门综合性的重要学科。它的内

---

① 童天湘：《智能革命论》，中华书局 1992 年版，第 174－175 页。
② 袁运开主编：《现代自然科学概论》，华东师范大学出版社 2018 年版，第 158 页。
③ 余来文等：《智能时代：人工智能、超级计算与网络安全》，化学工业出版社 2018 年版，第 131 页。
④ 2009 年 9 月 29 日，我国第一台千万亿次超级计算机系统"天河一号"研制成功，落户广州，使我国继美国之后成为第二个能研制千万亿次超级计算机系统的国家。目前，中国超级计算机上榜总数仍居世界第一。

容十分广泛，因为它是建立在天体力学、流体力学、火箭科学、动力技术、无线电电子学、自动控制理论、医学以及对最新技术成果——计算机技术、遥感技术、激光技术、通信技术、新材料与新能源的应用基础上产生和发展起来的一门综合性、大型、高级的新兴工程技术。但其核心内容是运载工具和各种航天飞行器的设计、制造、发射和应用。1957年10月4日，世界各地的收音机收到一种神秘的电子"嘟嘟"声，这就是苏联发射的第一颗人造地球卫星在太空飞行并进行观测时发出的密码信号。从此，人类正式进入了航天时代。

  航天时代将人类飞出地球的梦想变成了现实，它是许多代人努力的硕果。第一个研究飞行器的是文艺复兴时期的巨人达·芬奇，他曾设计了好几种飞行器，但都是靠人力推动，仅仅是智慧的闪光。1783年，法国人孟特格菲兄弟成功地制作了第一只热气球，有人乘此气球做了首次自由飞行，上升高度达900米，在空中停留25分钟。此后，氢气球和氦气球相继出现，成为科学考察、军事侦察等的重要工具。19世纪初，中国的古老发明——火箭作为武器，受到欧洲各国的重视。1807年英国在与丹麦的战争中，曾集中25000枚火箭轰击哥本哈根城。但到了19世纪70年代，由于显示出更大威力和优越性的大炮的出现，火箭让位于大炮，一度受到冷遇。不过，仍有少数科学家在这方面做出孜孜不倦的努力。1903年，俄国科学家齐奥尔科夫斯基提出火箭应是人类探测宇宙空间的基本工具，说明了火箭在星际空间飞行的条件和火箭由地面起飞的条件，给出了火箭的最后速度与火箭的质量比的关系式，为使火箭的最后速度达到第一宇宙速度指明了途径。他还提出了液体燃料火箭发动机的原理图，建议用液氧和煤油作为推进剂。他根据牛顿力学原理创立了著名的火箭公式，提出多级火箭的结构。他还花了20年心血写成《地球之外》这部科学小说，表明了他具有丰富的科学想象力。美国物理学家哥达德是使火箭获得新生的关键人物。1919年，他写了《达到极高高空的一个方法》一文。1926年，他在马萨诸塞州的一个农场发射了世界上第一枚液体燃料火箭，以每小时96.54公里的速度飞到56.10米高的空中，然后落下。1929年他又发射了一枚载有气压计、温度表的超音速火箭，升高到2500米。他已认识到火箭发动机的设计和燃烧的质量是火箭发射成功的关键。1923年，在德国工作的罗马尼亚人奥伯兹出版了《向行星际空间发射火箭》一书，创立了有关航天飞行的数学理论。不久，德国成立"航天学会"。30年代，德国政府大力支持火箭研究。从1933年开始，在冯·布劳恩主持下开始设计研制火箭，通过对A型火箭系列的研制和试验，在燃料冷却技术、发动机性能、弹道设计、制导与控制方面都积累了大量经验。到1942年10月3日，德国便成功地发射了第一枚液体军用飞弹"V-2"。这种飞弹全长达14米，结构重量3.99吨，携带8.96吨推进剂和1吨弹头，总推力为27.2吨，最大射程300公里，最大速度1.5公里/秒。它以75%的酒精为燃料，液氧为氧化剂，由自动控制装置从地面垂直起飞，由燃气舵和陀螺仪进行制导，用燃气涡轮泵推进注入燃烧室。这些

技术创新成了第二次世界大战后火箭技术继续发展的基础。

第二次世界大战后，美、苏各自俘获了大批德国火箭专家和设备，成为德国制造火箭的继承者。两国政府和军方都看出，一旦火箭头部安装核弹，并提高它的射程和制导水平，它就成为强大的威慑力量。在冷战气氛的推动下，火箭事业得到惊人的发展。战后的10年里，用于军事目的探空火箭和导弹的研制和发射，使火箭发动机技术、飞行控制、跟踪、遥测和遥感技术、基本元件制造技术等方面都得到了提高。1949年，美国第一次给V－2加上第二级，发射到393千米的高空，真正进入了外层空间。1957年7月至1958年12月的国际物理年的活动把探空火箭的发射推向一个高潮。美、苏共发射火箭335枚，最大高度达到470千米，获得了有关大气层物理化学性质、地磁场、宇宙辐射和太阳辐射、X射线和紫外线辐射以及陨石等大量资料。

进入20世纪60年代以后，卫星技术继续发展。火箭是现代空间技术的动力装备，没有它，所有的航天飞行都不能实现。但是，可以在空间运行并执行预定任务的，则是由火箭送入空间轨道进行工作的人造地球卫星。自1957年10月4日第一颗人造地球卫星上天开始，各种人造卫星陆续升天。1960年8月11日，美国第一次回收到从卫星上弹射出来的回收舱。回收技术的开拓，为载人飞船创造了条件。1961年4月12日，苏联发射载人卫星成功，宇航员加加林在太空遨游100分钟后安全返回地面。1964年8月18日，美国成功地发射了第一颗同步静止地球轨道卫星，它标志着火箭和卫星技术达到一个新的水平。

从60年代开始，苏、美两国相继发射了一系列行星探测器，用于科学考察和研究，先以研究近空间为主，70年代发展到对太阳、行星和宇宙空间进行研究。方式也从单个卫星观测发展到多个卫星组成系统进行联合观测。苏联对金星的探测非常积极，发射了多达10个探测器，送回了金星表面有如戈壁沙漠一般的照片。美国对火星的探测下了功夫，于1975年发射了两个自动探测器，发回大量有关火星大气、地理、物理、化学性质诸方面的第一手资料，还做了寻找火星生命的生物实验，肯定火星上没有较高等的生命。火星探测的成功，表明了空间技术高度自动化的成就。目前，星际探测正向木星和土星进军。木星离地球最近距离也有6亿公里，土星则达13亿公里，从地球上发射探测器，要飞行几年方能到达。1972年3月2日，美国发射了第一个木星探测器，以测量木星周围的辐射带和分析木星稠密的大气层。它于21个月后飞越了木星，然后飞向太阳系边缘，最后脱离太阳系。这个探测器上系有一块渡金铝板，上面画着象征性的信息，包括地球的位置和人类男女的形象，以便向旅途中可能遇到的具有智力的生命形式传达人类存在的信息。

迄今为止，最有名的载人航天飞行，要数美国的"阿波罗"登月飞行。[①]

[①] 阿波罗是希腊神话中的太阳神，美国以此作为航天飞船的名字。

1961年5月，美国总统肯尼迪提出了60年代末宇航员登月的任务，并正式批准了"阿波罗计划"。为此，美国专门设计了"阿波罗"飞船和"土星－V"火箭，动员了2万多家厂商，约120所大学，参加人员400多万，耗资250亿美元，终于在1969年7月21日，由"阿波罗11号"把两名宇航员阿迪姆斯·特朗和奥尔德林送上月球。他们在月球上漫游了2小时21分钟，收集了岩石和土壤标本，拍摄了月球景色，安装科学仪器，然后回到停在月球上空的指挥船，安全返回地球。美国历时10年的宏大的"阿波罗登月计划"，先后共发射6次登月飞船，其中5次成功，有十多人次登上月球，停留时间最长的近3天。这个计划的实现，是当时空间技术的最高成就和重要里程碑。

　　70年代以后，空间技术转向应用。美、苏两国不惜花费大量人力和巨额资金发展空间技术，主要是出于军事上的需要和经济利益。从空间活动发展起来的几千项新技术，都具有重大的经济价值。据美国人估计，单是把遥感技术用于减少洪水损失，改进灌溉用的预报工作，探测农作物病虫害，改进油田勘探，估计世界麦收产量等项目，每年即可收益10亿美元以上。而发射一颗地球资源卫星，平均费用也就25000千万美元。在军事方面，卫星可用于侦察、预警、监视和通信。航天活动中所发展起来的一些应用卫星，如侦察卫星、导航卫星、通信卫星、气象卫星，已成为美、苏战略武器系统的重要组成部分。卫星的另一重要应用方向是进行空间科学研究，为科学提供新的研究项目和实验手段。例如，高能物理学家要研究几百亿电子伏的高能粒子所引起的核反应，需花费巨大的代价设计建造高能粒子加速器，而利用空间站在宇宙中进行此项实验，可极容易地获得比目前最大的高能粒子加速器所能获得的最高能量高4万倍的辐射。1973年5月，美国用"土星5号"火箭发射了第一个空间站——天空实验室。该实验室总长36米，最大直径6.5米，总重82吨，携带58种科学仪器，用阿波罗飞船为交通工具，先后把3批共9名宇航员送进实验室，进行了20多项科学研究。1971年4月，苏联发射了第一个空间站"礼炮1号"，后来又陆续发射了"联盟号""进步号""宇宙号"等飞船，与"礼炮1号"空间站对接，为空间站输送各种仪器、燃料、生活用品，带回资料以及更换宇航员和研究人员。其中"礼炮－6号"于1980年4月9日接待了乘"联盟－35"飞船进入该站的宇航员波波夫和W．柳明。他们在空间站生活了185天。以后，宇航员在太空生活的天数不断创新。1986年2月20日，苏联又发射了"和平号"宇宙轨道站。它有6个对接装置，可以一次对接6个飞行器，组成一组联合舱，联合舱还可以继续对接，形成范围更大的联舱群。空间站具有多学科实验室和多用途卫星的作用，也是今后建设太空工厂和太空城市的技术基础，还可以作为更远宇宙飞行的中继站，预计它将是今后空间科学技术的重点发展方向。

　　进入20世纪80年代，空间技术又取得了重大的新突破。其标志就是1981年4月12日，美国的"哥伦比亚"号航天飞机载人飞行，经过54小时30分钟的飞行,绕地球36周后于14日安全返回。此后,美国又制造出"挑战者"号、"发现"号、"阿特兰蒂斯"号和"奋进"号。而1977年造的"企业"号,则作为美国航天飞机的正规检测机。不幸的是,"挑战者"号航天飞机于1986年1月28日进行第10次飞行时发生了爆炸。但这并没有影响美国航天飞机的继续飞行。到1996年7月,美国的航天飞机在太空飞行天数已达到17天,创造了太空飞行的新纪录。航天飞机作为新型运载工具,给空间活动带来许多新的特点,它可以进行空间侦察和科学实验,可以作运载工具,装备空间站或空间实验室,接送在空间实验室的工作人员和物资,可以把地球卫星放入轨道而不必从地球上发射,也可以用来破坏或窃取对方的卫星资料,攻击洲际导弹。由于航天飞机可重复使用,从而大大降低了空间活动的成本,开辟了空间活动商业化的前景。航天飞机的成功,还打破了人们在心理上对航天活动的神秘感,人们终于实现了太空旅行的愿望。航天飞机的出现是空间技术发展史上的一个重要标志。2011年7月美国东部时间21日清晨,"阿特兰蒂斯"号航天飞机在肯尼迪航天中心安全着陆,为美国为期30年的航天飞机项目正式画上了句号。但这并不意味着美国失去在载人航天领域的主导地位,美国人也没有停止对航天新技术研发以及深空探索。2015年9月,美国国家航空航天局(简称NASA)宣布在火星上首次发现了存在液状水的"强有力"证据。10月公布名为《NASA火星之旅:开拓太空探索新篇章》报告,探讨人类登陆火星计划。① 2019年新年伊始,美国私营企业内华达山脉公司对外宣布,该公司开发的能往返于空间站"快递"货物的"追梦者"号微型航天飞机,已获得美国国家航空航天局批准,将于今年投入生产。最近,美国国家航空航天局的哈勃太空望远镜的观测显示,在数亿光年外将发生一场宇宙级的碰撞!螺旋星系D100正被重力拉向离地球约3.3亿光年的彗发星团的稠密中心。这个发现被称之为是历史性的时刻!②

空间技术的已有成就向人们展现了光辉的前景,而这种完全可以实现的前景,必将大大扩展和丰富人类生活的范围与内容。人类已着手准备在空间建立卫星太阳能电站,一旦取得突破,将给人类提供清洁、安全和极为丰富的能源。人类已在准备开发月球。月球的开发不但可以成为新的生产基地,成为宇宙航行的中继站,还可以成为地球人类的"殖民地"。总之,依靠空间技术的发展,人类将改变被束缚于地球表面的状况,扩展自己的活动范围,从而大大地提高人类利用和改造客观世界的能力和主动程度。

4. 新能源与新材料的开发和利用

能源是现代工业的"血液"。随着工业的发展,有关能源的开发、利用和节

---

① 国务院发展研究中心国际技术经济研究所:《世界前沿技术发展报告2015》,科学出版社2016年版,第216页。

② 万物科学:《历史性的时刻!哈勃望远镜首次发现螺旋星系要坠入彗发星团!》,载一点资讯网(https://www.yidianzixun.com/article/0LDtLyRl) 2019年1月31日。

能技术研究有很大的发展，特别是20世纪70年代世界能源危机后，各国越来越重视开发太阳能、地热能、海洋能、生物能、风能等能源，同时也加强了对煤炭的液化、气化和石油综合利用等新技术的研究。第二次世界大战后，随着科学技术和社会经济的发展，扩大了对特殊材料的需求，它要求研制和提供能适合各种工艺技术要求的更坚韧、耐高温、抗腐蚀、电气性能和机械性能优异的新材料。在新材料的研制中，最重要的发明是合成材料的开发和利用。合成树脂（塑料）、合成橡胶、合成纤维被称为三大合成高分子材料，开始取代钢材、木材、棉花和其他天然材料。50年代，德国化学家齐格勒创造了新型催化体系，使聚合反应提高到新水平。1953年，在常温、常压下生产出高密度聚乙烯。1960年前后，美国、联邦德国、日本等国分别用不同的催化剂制成了高顺式结构的顺丁橡胶。70年代以来出现了新的高效催化剂，并在对材料的微观结构和宏观性能之间的关系深入了解的基础上进行"高分子设计"，即在分子水平上设计制造出人们所需要的各种性质的材料。在这些新技术的刺激下，三大合成高分子材料迅速发展。50年代，世界塑料的产量就超过了铝、铜和锌，以比钢铁产量增长快2倍的速度迅速地发展，逐步在许多方面取代金属、木料、水泥和玻璃等传统材料。70年代，世界合成纤维和人造纤维已经等于天然纤维的产量；合成橡胶已是天然橡胶产量的2倍。另外，在新技术的刺激下，自70年代以来新材料的品种迅速增加，如非晶质金属、单晶体、超导体、新型陶瓷、光导纤维以及复合材料等相继问世。新材料技术的进步为现代科学技术进一步发展提供了重要的物质基础。

5. 生物工程技术的诞生和应用

生物工程技术是以生命科学为基础的综合性技术。它包括基因工程（遗传工程）、细胞工程、酶工程、发酵工程（微生物工程）四个方面。"二战"后到20世纪50年代期间，现代物理学和化学渗入到生物学中，引起了生物领域的一场深刻的革命，其中主要的标志是分子生物学的诞生。1953年，美国的沃森和英国的克里克建立了DNA的双螺旋结构模型，标志着分子生物学的诞生。DNA即脱氧核糖核酸，是一种起遗传作用的高分子化合物，为染色体的主要化学成分。60年代，科学家在对分子生物学进一步研究的基础上，破译了生物遗传的64种密码。研究结果表明，各种生物的遗传密码是通用的，只是构成数量不同，如果把它们分离出来进行重新组合，就可改变生物的遗传物性，获得新的生物品种。1973年，美国分子生物学家科恩和博耶成功地进行了DNA重组技术的试验，他们将DNA引入快速繁殖的大肠杆菌中，从而生产出具有某种特征的生物制品，接着应用这种技术生产出胰岛素、生长激素和干扰素。这说明生物技术已发展到应用阶段，人们有可能利用无机物人工合成生命的物质基础，进一步控制、改造生物的性状，按照人们的需要创造出新的生物物种，这就标志着人类只能利用自然界天然的生物品种的时代已经成为历史。

6. 计算机网络技术的产生、发展与应用

统计数据显示，2009年全球网民总量达16.7亿人，全球互联网渗透率为24.7%，而北美地区互联网渗透率高达73.9%，为全球最高。① 计算机网络已成为西方乃至全世界网民工作、学习、生活和娱乐不可或缺的工具。

计算机网络，是指将分散的多台计算机、终端和外部设备运用通信线路互联起来，其计算机硬件、软件和数据资源大家都可共同使用，彼此间实现互相通信、资源共享的整个系统。它的产生既与当时的国际背景有关，也是科学技术发展和科学家精心研究的必然结果。由于计算机网络的发展是一个渐进的过程，通常以某一重大技术突破为标志，所以，在时间的划分上具有部分重叠的特点。② 计算机网络大体上经历了三个发展阶段。

第一阶段是从1969年美国创建的阿帕网开始。

20世纪40年代后期，以美国为首的西方国家对以苏联为首的社会主义国家采取了除直接武装进攻之外的一切敌对活动，世界进入了"冷战时期"。50年代初，出自国家安全和军事上的考虑，美国开发出半自动地面防空系统，开始了计算机与通信技术相结合的尝试。③

1957年10月和11月，苏联先后发射了两颗人造卫星，震动了美国朝野。1958年1月7日，美国总统艾森豪威尔向国会提出建立美国国防部高级研究计划署（Defense Advanced Research Projects Arrange，即DARPA，又称ARPA，译为"阿帕"）。1958年初，ARPA成立，其首要职责为"保持美国在技术上的领先地位，防止潜在对手不可预见的技术进步"。阿帕对网络技术的发展所起的作用是突出的，当时，至少1/3～1/2的计算机科学和技术创新的资金部分由它资助。④ 1962年，古巴导弹危机虽然得到化解，但是给美国网络的发展敲响了警钟。如何在遭受敌对方核力量集中打击的情况下，指挥机构能够与各军事部门保持不间断的联系，成为白宫和五角大楼急需解决的问题。与此同时，充当"世界警察"的美国各种部队驻扎在全球各地，美国军事部门也需要建立一种控制网络，加强它们互相之间的联络，保证信息畅通。将技术优势视为获得"冷战"胜利而又充满忧虑的美国人加快了科学技术创新的步伐。20世纪60年代，利克莱德（Licklider）成为ARPA负责人，他把全美国一批最好的电脑专家联系起来，组成研制阿帕网的中坚力量。在罗伯茨（Roberis）负责ARPA之后，于1967年提出"多电脑网络与电脑间通信"的建网计划，正确地为阿帕网选择了"分组交换"通信方式。第二年，他提出首先在美国西海岸选择4个节点（分别设置在加

---

① Xml China，《互联网》2009年9月26日。
② 谢希仁：《计算机网络》第5版，电子工业出版社2008年版，第3页。
③ 吴功宜：《计算机网络》第2版，清华大学出版社2008年版，第2页。
④ 曼纽尔·卡斯特：《网络社会——跨文化的视角》，周凯译，社会科学文献出版社2009年版，第61页。

州大学洛杉矶校区、斯坦福研究所、加州大学圣塔芭芭拉校区和犹他大学）进行建网试验，接着进行招标和试制。1969年8月底，第一台IMP试制成功。其后，另外3台IMP也相继出产。[①] 1969年10月29日，加州大学洛杉矶分校的计算机科学教授克兰罗克（Kleinrock）从学校的一台主机向斯坦福研究院的另一台计算机成功发送了首条数据信息，标志着互联网的诞生。由于整个研究是在美国国防高级研究计划署（ARPA）的组织下进行的，所以这个网被称作"ARPANET"（阿帕网，即"国防高级研究计划网"的意思）。阿帕网的诞生，标志着人类社会正式进入网络时代。起初，该网络只有4个节点，主要是开放给与美国国防部合作的研究中心使用。1971年，阿帕网连接了15个节点（23台主机），到1983年，连接了100多个节点。阿帕网是计算机技术和现代通信技术结合的产物，通过有线、无线和卫星通信线路，它从美国本土覆盖到欧洲的广阔地域。1990年，阿帕网正式宣布关闭。

第二阶段是从TCP/IP协议的提出特别是从1985年美国建成三级结构的互联网开始。

由于计算机型号、通信线路类型等方面的差异，网络间的互联互通无法解决。20世纪70年代，卡恩到美国国防部高级研究计划署任职后不久便提出Inter-network（互联网研究计划），简称Internet（互联网），这个名词就一直沿用到现在。为了适应开放的网络结构环境的需要，瑟夫与卡恩共同开发了TCP/IP协议，并于1974年正式提出。经过卡恩10年的不懈努力，美国国防部于1982年宣布将TCP/IP协议作为本部的标准网络协议，首次明确互联网是一个互联的网络集合。接着，IBM（国际商业机器公司）、DEC（美国数字设备公司）等大公司纷纷宣布支持TCP/IP协议，网络操作系统与大型数据库产品都支持TCP/IP协议。[②]

TCP/IP技术的核心是实现网络的互联。[③] 该技术的出现，可以说是为计算机互联网络的快速发展打通了关节。1985年，美国国家科学基金会NSF（National Science Foundation）建设了计算机网络，即国家科学基金网NSFNET，并在第二年初步形成了一个由主干网、地区网和校园网（或企业网）组成的三级网络。

主干网一般指州与州（或省与省）、国家与国家之间的网络。它是一种大型的传输网路，用于连接小型传输网络，并传送数据。此后，世界上许多国家相继建立了自己的主干网，如欧洲主干网EBONE、加拿大的Canet和英国的PIPEX

---

① IMP实际上是网络中连接各个主机之间的电脑设备，其作用是在各主机之间进行数据格式和信号的转换，同时还要进行差错控制。它是网络的关键设备，也是我们现在网络中使用的"路由器"的前身和雏形。

② 吴功宜：《计算机网络》第2版，清华大学出版社2008年版，第4页。TCP/IP协议是现代网络运行的基础协议。

③ 张曾科：《计算机网络》第2版，清华大学出版社2005年版，第7页。

等,它们都接入了互联网。①

地区网的构成一般是由一批在地理上局限于某一地域,在管理上隶属于某一机构或在经济上有共同利益的用户的计算机互联而成。美国国家科学基金会在建立自己的基于 TCP/IP 协议簇的计算机网络 NSFNET 的过程中,在全国建立了按地区划分的计算机广域网,并将这些地区网络和超级计算中心相联,最后将各大型计算中心互联起来。1990 年 6 月,NSFNET 彻底取代 ARPANET,成为 Internet 的主干网。

校园网是在学校范围内,为学校教学、科研和管理等教育提供资源共享、信息交流和协同工作的综合信息服务的多媒体。如果一所大学包括多个学院、多个系或专业学科,也可以形成多个局域网络。

企业网是可供一个企业(组织)连接它所有的计算机资源,各部门和工作组通过桥接器、路由器和广域电信链路相连的计算机网络。

第三阶段是从 1993 年逐渐形成多层次 ISP 结构的互联网开始。

这一阶段网络的发展主要表现在以下几个方面:①互联网被广泛应用;②高速网络技术的应用;③基于 Web 技术的应用和发展等。②

第一,互联网被广泛应用。

从 1993 年开始,由美国政府资助的 NSFNET 逐渐被若干个商用的互联网主干网替代,而政府机构不再发展互联网的运营。经由学术界、应用界、政府三者彼此合作、互相支持,网络技术继续向前发展。从 1994 年开始,美国国家科学基金会 NSF 创建了 4 个网络接入点 NAP(Network Access Point)。NAP 向不同的主干 ISP 提供交换设施,使它们能够互相通信。此后,任何机构和个人只要向 ISP 缴纳规定的费用,就可以从 ISP 得到所需要的 IP 地址,并通过该 ISP 接入互联网,从而进一步促进了互联网的发展。到了 1995 年,美国网络的 10 亿位元(Gigabit)的传输技术已经进入原型阶段,它的容量相当于在一分钟内传输美国国会图书馆的所有资料。③ 但是,自 1992 年开始用于商用之后,便出现了无序竞争,IP 地址资源枯竭的趋势令人担忧。为了解决互联网 IP 地址资源和速率问题,1996 年美国政府出台了下一代互联网计划(Next-Generation Internet,NGI),进行 NGI 关键技术研究,建立高速网络试验床。1998 年,美国 100 多所大学联合成立民间组织,从事 Internet 2 的研究计划,建设了另一个独立的高速网络试验床,并于 1999 年开始提供服务。不久,美国的互联网便连接全国,为美国的教育和科研提供世界最先进的信息基础设施,并保持美国在高速计算机网络及其应

---

① 张曾科:《计算机网络》第 2 版,清华大学出版社 2005 年版,第 15 页。
② 吴功宜:《计算机网络》第 2 版,清华大学出版社 2008 年版,第 5-6 页。
③ 曼纽尔·卡斯特:《网络社会的崛起》,夏铸九、王志弘译,社会科学文献出版社 2003 年版,第 55 页。

用领域的技术优势，从而保证21世纪美国在科学和经济领域的竞争力。①

国际互联网工程技术组织（IETF）考虑到IPv 4地址告罄的问题，于1995年确定了IPv 6（Internet Protocol Version 6的缩写，即互联网通信协定第6版）的协议。IPv 6及其结构能够在全球骨干网一级满足更大规模的网络结构需求，并且提高了安全性和数据完整性，支持自动配置、数据组播和更有效的网络路由聚类。2005年，美国开始推出革新互联网的GENI（全球网络环境创新计划）项目，希望从体系结构上重建互联网，即建立一个实验床，实现可重配和可编程的路由器。该项目的核心是光网络和无线的组合。最近，GENI已经正式成立了由BBN公司负责的协调办公室。② 下一代互联网和IPv 6主要解决互联网可拓展性、安全性、高性能、移动性和实时性等重大技术难题。③

1997年，随着无线应用协议WAP（Wireless Application Protocol）论坛的成立以及第二年WAP 1.0版正式推出，宣告无线移动计算机网络的诞生。2000年，国际电信联盟（ITU）确定了WCDMA（3G的网络网制式）、CDMA2000（1个3G移动通信标准）和TD‐SCDMA（时分—同步码分多址）三个主流3G国际标准。其中，WCDMA由欧洲提出，CDMA2000由美国提出，TD‐SCDMA由中国提出，它们被称为自主创新的技术标准。2001年8月，WAP 2.0版正式发布。3G是指将无线通信与国际互联网等多媒体通信结合的新一代移动通信系统，能够处理图像、语音、视频流等多种媒体形式。有人简称之为"无线互联网"。2001年12月至2003年12月，开展"超越"3G/4G蜂窝通信空中接口技术研究，开展相关传输实验。2013年，"谷歌光纤概念"开始在全球发酵，在美国国内成功推行的同时，谷歌光纤开始向非洲、东南亚等地推广，给全球4G网络建设再次添柴加火。随着5G、人工智能相关技术的诞生以及应用的广泛兴起，人、程序、数据库和事物将结合在一起的万物互联时代即将到来。5G代表了移动通信发展的新一代移动通信系统，具有超高的频谱利用率和超低的功耗，在传输速率、资源利用、无线覆盖性能和用户体验等方面将比4G有显著提升。5G的到来是一个颠覆现有通信领域格局的重大机会④。对5G的政策扶持与其标准争夺已经上升到国家策略的层面。5G已成为各国在移动通信领域的角力场。⑤

目前，互联网逐渐演变成基于ISP和NAP的多级网络，大致可分为5个接入级：网络接入点NAP、国家主干网（主干ISP）、地区ISP、本地ISP和校园网、企业或PC机上网用户。美国推出的各项互联网技术的革新大体上仍在领跑世界。

第二，高速网络技术的应用。

---

① 吴建平：《发展下一代互联网的战略意义》，载《中国教育和科研计算机网》2003年6月21日。
② 董柱：《中国IPv 6引领下一代互联网完成创新作者》，载《中国证券报》2008年1月9日。
③ 《Google互联网世纪论坛》，《IPv 6并非下一代互联网》，载《网易》2007年3月2日。
④ 中国网络空间研究院：《世界互联网发展报告2017》，电子工业出版社2018年版，第130页。
⑤ 2018年年底，在加拿大发生的"孟晚舟事件"无不与此有关。

信息高速公路（Information Super Highway）又称"数据高速公路"，是"信息基础结构"（Information Infrastructure）的一种形象比喻。它是以光纤通信为主体，辅以电缆、卫星通信、移动通信线路组成的高速度、大容量、宽频带的数据传输网络。它是建立在电子计算机技术、通信技术等高科技基础上的，立体的、广域的、交互的、数字化的、高智能化的多媒体信息网络系统。

1992年，时任美国参议员的阿尔·戈尔提出美国信息高速公路法案。1993年2月，美国总统克林顿提出了信息高速公路的概念，并签署法令，要求建立全美的信息高速公路，即"国家信息基础设施"（National Information Infrastructure，简称NII）。NII计划投资4000亿美元，在2015年之前使全美国的家庭都接入信息高速公路。[1] 1993年12月，欧共体前主席德洛尔提出建立欧洲信息高速公路计划。1994年2月，法国总统提出了建设信息高速公路计划，从1995年起，引进美国技术，建设信息高速公路。到2000年年底，法国电脑拥有量达2180万台（德国3060万台，英国2600万台），98%的高中、94%的职业高中和90%的初中都上了互联网。信息高速公路具有巨大的社会经济效益。建设之初，便预计到2007年美国国民生产总值将因信息高速公路建成而增加3210亿美元；劳动生产率将提高20%～40%；[2] 信息高速公路建设带动了信息产业的发展，促进了美国经济的增长。20世纪70年代至80年代中期，美国GDP平均增长率为6.6%。90年代平均增长率达到12%，1996年美国GDP增幅中有2/3来自信息业。知识经济成为后工业社会支撑美国产业结构的轴心。[3] 对此，比尔·盖茨曾谈道："在未来的岁月里，信息高速公路将对我们每个人的生活产生重大的影响。"[4]

时任美国总统奥巴马对信息高速公路的建设也非常重视。他不仅将信息技术视为21世纪基础设施的关键组成部分，而且还力图通过实施经济刺激方案等措施，加大对IT行业的政府支持力度。有分析认为，奥巴马政府对信息技术的重视程度堪比克林顿政府。[5] 2010年3月，美国联邦通讯委员会（FCC）公布了《美国宽带上网计划》（Connecting America：The National Broadband Plan）。这份宽带升级计划以提高网速为重心，强调扩大网络普及范围，并计划腾出更多波段用于移动服务。2015年8月，美国最大移动运营商威瑞森电信公司（Verizon）公布其正在研发的新的宽带技术，它能让网络传输速度快1000倍，让美国家庭平均网络速度快1000倍。[6]

---

[1] 全国干部培训教材编审指导委员会：《信息化与电子政务》，人民出版社2004年版，第104页。
[2] 童天湘：《高科技的社会意义》，科学技术文献出版社1998年版，第43页。
[3] 韦肇煜：《知识经济时代的中国产业结构调整问题研究》，载《畅行网》2008年10月4日。
[4] 比尔·盖茨：《未来之路》，辜正坤译，北京大学出版社1996年版，第343页。
[5] 《美国：升级"信息高速公路"实施"宽带救援计划"》，载《比特网》2009年3月19日。
[6] 国务院发展研究中心国际技术经济研究所：《世界前沿技术发展报告2015》，科学出版社2016年版，第46页。

第三，基于 Web 技术的应用和发展等。

互联网在实现资源共享和信息交流方面，给用户提供了 WWW、E-mail、FTP、BBS 等多种方式的服务，其中应用最广泛、信息量最大的当算 WWW 服务。WWW 又称为 3W，是 World Wide Web 的英文简称，也用 Web 表示，译为"万维网"或"环球信息网"。它由英国人伯纳斯-李（Berners-Lee）于 1989 年提出来。第二年，他和卡里奥（Cailliau）合作提出了一个更加正式的关于万维网的建议。1991 年 8 月 6 日，伯纳斯在 alt.hypertext 新闻组上贴了万维网项目简介的文章，解释了万维网是什么、如何使用网页浏览器和如何建立一个网页服务器等。这一天标志着万维网正式诞生。伯纳斯被称为"万维网之父"。

Web 是一个大规模的联机式的信息储藏所，它既是互联网的界面，也是信息分享的渠道，被公认为促使互联网迅速发展的重要发明。万维网借助超文本链接编辑包含标记指令的文本文件。它在两个不同的文档或同一文档的不同部分建立联系，使访问者可以通过一个网址访问不同网址的文件，或通过一个特定的栏目访问同一站点上的其他栏目。超文本链接技术是超文本标示语言（Hyper Text Markup Language，HTML）协议及万维网浏览器为人们提供的一种超媒体、超时空的信息接续方式。它使得我们可以方便地遨游于浩如烟海的互联网信息流中，被称为互联网上的导航工具与路标。① 官方的 HTML 标准由 W3C（World Wide Web Consortium）负责制定。由于 HTML 非常易于掌握且实施简单，因此它很快就成为万维网的重要基础。② Web 把不同电脑上的文本、图像、声音等文档链接在一起，使人们不必受电脑操作系统类别和地域等限制，可以自由浏览和分享信息，互联网的操作因而大大简化。万维网在促使互联网普及的同时，也借助互联网的影响迅速推广，一经问世便被广为采用，普及速度惊人。③

Web 的主要特点在于用户通过浏览器获取信息。但是，随着社会经济文化的发展，移动技术、互联网技术的更新以及新的应用及业务的出现，用户对日常生活中交流与沟通的方式手段提出了更高的要求和期望。目前，学者对于 Web 的阶段划分乃至其出现的时间段均存在不同的意见④，有 6 阶段的划分也有 3 阶段的划分等，在此，我们采用了 3 阶段的划分方法。在研究和开发的科学活动中，科学家们在争议和困惑中砥砺前行，不断探索。1994 年至 2004 年是 Web1.0 阶段，美国的网景（Netscape）、雅虎（Yahoo）和谷歌（Google）等公司在这个阶

---

① 为了解决页面制作的标准化问题，Web 所设计用语言采用了超文本标记语言（Hyper Text Markup Language，HTML）。
② 谢希仁：《计算机网络》（第 5 版），电子工业出版社 2008 年版，第 236、246 页。
③ 《万维网迎 20 岁生日：目前网络发展只是"冰山一角"》，载《广州日报》2009 年 3 月 15 日。
④ 程慧主编：《互联网的秘密》，北京邮电大学出版社 2018 年版，第 7－12 页。6 阶段划分法见许培扬博客：Web1.0—Web6.0，载科学网（http：//blog.sciencenet.cn/home.php？do＝blog&id＝789709&mod＝space&uid＝280034）2014 年 4 月 29 日。

段崛起。2004 年至 2009 年属于 Web2.0 阶段,注重交互作用,可以说是用户"主动创造""共同建设"了 Web2.0。2009 年之后,属于 Web3.0,互联网与物联网初步结合,其本质上不是单纯的互联网技术或衍生思想,而是进入了从"人人互联"向"万物互联（Iternet of Everything）"转变跨越性的全新模式。2015 年,全球物联网支出已达 6986 亿美元。① 截至 2017 年 6 月,全球网民总数达 38.9 亿,普及率为 51.7%。② 按世界互联网发展指数计算,该年度美国的总体指数为 57.66,排在第一位。北美和欧洲的互联网渗透率分别居世界第一、二位,各达 88.1% 和 80.2%。欧洲地区家庭用户 2.18 亿家庭,即 99.9% 的家庭已经能够接入固定或移动互联网。互联网作为技术平台,正引领新一代的技术和产业革命,带动传统制造业等生产方式的新变革,"互联网+"模式正处于发展阶段。③ 互联网诞生至今,信息技术日新月异,从 Web 的开发过程来看,它经历了一个从量变到质变的过程,惠及广大网民,符合事关民生的科技的发展向开放性、通用性、智能化和便利化的方向发展的规律,正在改变世界的新的物理模式。

当前,计算机网络技术的发展令人眼花缭乱。2009 年 10 月,Google 和 IBM 联合宣布推广"云计算"的计划。云计算（Cloud Computing）是分布式处理、并行处理和网格计算（Grid Computing,也称分布式计算）的发展,或者说是这些计算机科学概念的商业实现,是分布式计算技术的一种。其基本概念是,透过网络将庞大的计算处理程序自动分拆成无数个较小的子程序,再交由多部服务器所组成的庞大系经搜寻、计算分析之后将处理结果回传给用户,以达到与"超级计算机"同样强大效能的网络服务。云计算服务的推出,被认为是一种革命性的举措。可是,在 2008 年当云计算的说法正在广为流行时,Gartner 高级分析师 Ben Pring 便评价道:它正在成为一个大众化的词语。但是,问题是似乎每个人对于云计算的理解各不相同。作为一个对互联网的比喻,其含义开始变得模糊起来。有些分析师和公司把云计算仅仅定义为计算的升级版——基本上就是互联网上提供的众多虚拟。另外一些人把云计算定义得更加宽泛,他们认为用户在防火墙保护之外消费的任何事物都处于"云"之中。④ 兴许,科学技术的创新就是在猜想、假设、探索和争议中产生和发展的。

（三）第三次科技革命对西方文化的影响

第三次科学技术革命以空前的规模和速度把科学和技术水平推向新的高峰。

---

① 国务院发展研究中心国际技术经济研究所:《世界前沿技术发展报告 2015》,科学出版社 2016 年版,第 29 页。
② 中国网络空间研究院:《世界互联网发展报告 2017》,电子工业出版社 2018 年版,第 131 页。
③ 国务院发展研究中心国际技术经济研究所:《世界前沿技术发展报告 2015》,科学出版社 2016 年版,第 164–167 页。
④ admin,《云计算到底指什么?》,载《纽约时报》2008 年 10 月 12 日。

科学技术通过在生产中的应用转化为直接的生产力，推动着经济快速增长。1950年至1970年，发达资本主义国家的经济年平均增长率达4.9%，而日本则达9.8%。同时，科技革命也引起了劳动方式和经济结构的变化。由于电子计算机部分地代替了人类的脑力劳动，成为人脑和神经系统的延长和补充，人们可以利用"电脑"按照所设计的程序，自动指挥和调节机器的运转和进行产品的加工，从原来直接参加生产过程转到控制生产过程。因此，脑力劳动的作用日益重要，体力劳动的作用逐渐下降。由于科学技术的发展，生产率的提高，节约了物质生产部门的劳动，提供了更多的剩余产品和劳动力，为新的产业发展提供了有利的条件，从而使产业结构发生了变化。20世纪50年代以前，第一和第二产业在工业发达国家的经济中占主导地位。但50年代后，第三产业的产值和就业人数都超过了第一和第二产业。到80年代，主要资本主义国家的第三产业一般占国民经济生产总值的50%~60%，就业人数占60%~70%。为了适应科学技术发展的需要，资本主义各国的产业由劳动密集型向技术密集型转变。比如像钢铁、机械、纺织等传统的劳动密集型工业逐步下降，而技术密集型的产业如微电子、机器人、原子能、宇航、通讯以及新能源新材料等工业迅猛发展。在70年代美国增加的上万个新企业中，90%属于技术密集型产业。科技革命以及由其引起的社会经济的变化对西方文化产生了深刻影响。

1. 第三次科技革命推动了各国文化教育事业的发展

在科技革命中以技术和知识密集型为主的新兴工业部门的兴起，使科学文化教育和智力开发成为头等重要的任务，而先进的科学技术在推动社会生产力飞速发展的同时也日益向西方各国执政者显示着巨额利润的吸引力。在这种形势下，欧美国家需要培训高级科学技术人员、管理人员，也需要提高劳动者的文化技术水平。也就是说，科技革命的发展使教育、科学技术和社会生产三者的关系愈来愈密切，迫使人们重视教育。特别是随着经济全球化和知识经济的发展，各国注重可持续发展，对教育的巨大作用的高度认识达到空前程度。1998年10月，联合国教科文组织在召开的首届"世界高等教育大会"上发表的《21世纪的高等教育：展望和行动世界宣言》中，第一条开宗明义："我们重申，应保持、加强和进一步扩大高等教育的基本使命和重要作用，特别是促进整个社会的可持续发展和进步的使命"。2000年在达喀尔"世界教育论坛"上，100多个国家的政府做出"要实施优质教育"的承诺。与此同时，欧洲各国纷纷制定发展教育的法律，加快教育改革，增加对教育的投入，促使教育较快发展。

美国也提出，教育是本国未来国力的主要基础，发展教育"比建立最好的工业体系或最强大的军事力量更为重要"。1962—1967年间，美国的教育经费增长了12倍。1987—1988年度美国教育经费是1976年的21倍，占本年度国民生产总值的6.7%。其后，美国的教育经费一直保持较高的投入。美国联邦政府2015年教育财政预算总额为686亿美元，预算额较2014年增长13亿美元，增幅

1.9%，较 2013 年增长 30 亿美元。① 根据上海交通大学 2013 年的世界大学学术排名，美国高等教育的优势非常明显，哈佛大学连续 11 年蝉联全球第一，前 20 名中有 17 所大学来自美国。世界银行数据库数据显示，2009 年，美国高等教育毛入学率达到 89%，英国 59%，法国 55%，日本 59%。② 人才成为了美国科技发展以及引领世界的第一资源。

随着科技革命的发展，生产自动化程度的提高，不仅提高了劳动生产率，促进社会经济的发展，而且使人们从事精神文化生活的需求得以增加。微电子技术的飞跃发展，信息网络的形成，为人们的相互联系提供了方便，使生活场所和工作场所日趋一体化，使集中的活动日趋分散化。尤其是管理和办公的自动化，为人们在家里工作提供了可能。比如，英国一家国际自由职业股份有限公司，它雇用了 400 名电子计算机程序编制人员，大部分是在家里工作的，他们通过电子计算机的终端设备和电视台的联系，不仅可以完成工作任务，而且还可以在家里接受业余的电化教育。微电子技术的应用，不仅改变了人们的工作和受教育的方式，而且由于家庭电器化和家务劳动趋向自动化，改善了家庭生活的环境和条件，减少了家务劳动的强度和时间，使人们对精神文化生活的需求增加。人们可以更多时间和精力从事创造活动，学习科学知识，了解国内外的形势，观赏各种文艺体育节目。但现代资本主义国家普遍出现的问题是，科学技术带来的高生产高消费使人们的物质生活普遍有所提高，而人们的精神生活却得不到满足。这主要表现在各资本主义国家带有强烈刺激性的影视作品，低级下流的表演，淫秽的书画、录音录像等，借助现代化的科技手段，不胫而走，充斥于社会的各个角落，吞噬着人们尤其是广大青少年的心灵，物质生活的相对充裕与精神生活的极度空虚形成了鲜明的对比。

现代科学技术革命对人们的思维方式也产生了极大影响。由于科技的发展，现代科技已成为生产实践的纽带和灵魂，现代的生产实践也由过去的经验型向知识型、科学型和信息化方向发展，人类社会开始进入以知识密集和技术密集型生产为主的历史阶段。随着科学技术的发展，一系列新领域、新产品的出现，形成了全新的思维对象，相互贯穿形成的横断领域和相互交叉形成的交叉领域成为人们思维的新客体。现代科学技术革命还使人们的科学实践趋向集体化。不仅科学技术的研究需跨行业、跨系统、跨国际的合作，而且，科学研究成果的价值也需依赖科学共同体的评价。这表明思维主体的集体性和社会性已大大加强。在知识爆炸、信息量猛增的今天，任何个人如果失去了群体意识，失去了社会联系，那将成为"科盲"，以至于一事无成。另外，现代科技革命还引起了思维工具的变

---

① 周红霞：《美国教育经费投入：最大份额用于学前和基础教育》，载《中国教育报》2015 年 09 月 30 日。

② 杜保云：《中国大学 VS 美国大学：高等教育有啥不一样》，载新东方网（http://goabroad.xdf.cn/201604/10467159.html）2016 年 4 月 14 日。

革。这不但表现在新的科学理论为人们提供了如系统方法、精确数字模型方法、宏观统计方法等新的思维方法，而且还表现在科学技术为人们的思维提供了如实验仪器等现代化的技术手段，为研究复杂性、整体性思维客体提供了可能。

2. 第三次科技革命推动着西方伦理道德的发展和变化

科学技术的进步，特别是第三次科技革命中生物技术、遗传工程技术的开发和应用，为人类干预自身的命运提供了可能，人们可以利用无机物人工合成生命的物质基础，控制和改造生物的性状，按照人们的需要创造出新的生物物种。利用这些技术可以进行异体胚胎的移植。1978年7月25日，世界上第一个试管女婴露易·布朗在英国诞生，这是体外受精产生的婴儿。此后，试管婴儿在西方许多国家相继出现，"精子储存库"也普遍建立。这一科学技术成就虽有利于解决人类优生的难题，但也给人的伦理道德、婚姻家庭带来一系列新的问题，如恋爱、结婚、同居、成家立业是否合乎道德等。今天在发达的西方国家出现了恋爱、同居但不结婚的现象日益增多，与之相联系的"性解放"的潮流席卷着许多欧美国家。又如生儿育女，本是两性结合后的自然现象，也是家庭得以存在的重要条件，但是现在，在西方国家的"不生育文化"却渐渐蔓延开来。据统计，1960年美国只有20%的30岁以下的已婚妇女没有生育过孩子，而到1975年，这个数字已上升到32%。在英国，还建立了"全国不育协会"。"性解放"和婚姻问题上的自由化以及"不生育文化"的影响，使家庭的稳定性受到破坏，离婚现象有增无减，许多失去父母的青少年流浪街头。据统计，在1972—1984年间，法国结婚人数减少了32%，达到结婚年龄的青年只有1/3愿意结婚。与此同时，离婚人数却增加了两倍，离婚率几乎达到1/3。同时，法国的非婚生子女增加了60%，占新生儿的14.2%。面对着这种日趋恶化的婚姻家庭形势和世风日下的道德趋向，法国报纸惊呼："在法国，婚姻不再是家庭的基础，而且非婚生子女和父母离婚的子女很快就要超过结婚生育的子女，这种混乱，就其性质、规模、发展速度而言，都是前所未有的。"

科技革命在资本主义世界引起的伦理道德的变化，再一次表明了资本主义制度存在的致命弱点：资本主义可以把社会生产力提高到相当高的水平，可以创造出相当高的物质文明，但由于其所宣扬和维护的是以个人主义为核心的资本主义精神文明，所以两个文明很难协调发展。

3. 第三次科技革命推动了新的理论的产生

科技革命及其成果促使许多思想家将科学的方法应用于研究人文现象，产生了许多新的理论，其中控制论、信息论、系统论（简称"三论"）便是伟大的理论成果之一。"三论"从横向综合的角度研究和揭示物质运动的共同规律，用包括自然科学、社会科学和思维科学在内的共同的科学方法论，把科学研究引向人体、思维、社会等复杂领域，扩大了人们研究问题的广度和深度，极大地提高了人们认识世界和改造世界的能力。

控制论的创始人是美国数学家维纳，1948年他的《控制论》一书的出版，标志着控制论的诞生。它是多种学科相互渗透、彼此交叉的产物。维纳从寻找学科之间的共同联系出发，把动物的目的行为赋予机器，将动物和机器的某些机制加以类比，从而抓住一切通讯和控制系统中所共有的特征，站在更概括的理论高度上加以综合，形成具有普遍意义的理论。维纳把控制论定义为：在机构、有机体和社会中的控制和通讯的科学。控制论产生后得到不断的发展。20世纪40—50年代，着重研究单机自动化和局部自动化，解决单因素控制问题。60年代发展到现代控制理论时期，主要研究多因素控制系统，重点研究"最优控制"，研究的核心装置是电子计算机。70年代以后，进入了大系统控制理论时期，主要研究因素众多的大系统，通过电子计算机联机和智能机器，实现对经济系统、社会系统、生态系统、环境系统和管理系统等实行最优的控制和最优的管理。大系统控制理论的出现，带来了控制思想、方法和手段的进步。这不仅推动了工程控制论的发展，而且使控制论深入到经济、管理、社会和思维等领域，对科学研究、劳动生产、经济管理、社会生活和人的认识都产生了极其广泛而深刻的影响。

信息一直存在于客观之中。从古到今，人类经历了获得语言、创造文字、发明印刷术、开发电波通讯、电子计算机和网络技术的应用等6次信息革命。人类对信息的认识和利用虽然历史悠久，但是，把信息自觉地上升到科学理论的高度并形成一门独立的科学却是在20世纪40年代末。它的创始人是美国数学家申农，他在1948年发表了《通信的数学理论》一书，运用概率论和数理统计方法系统地论述了有关通信的许多基本理论问题，创立了信息的度量公式，建立了通信系统的模型，并从技术上解决了信息的传输与提取等问题。从此，信息论就作为一门独立学科而诞生。20世纪50年代，西方各国形成了推广申农信息论的热潮。美国无线电工程学会成立了信息论学会，英国伦敦举行了多次信息论会议，法国旅美物理学家布里渊把信息论推广到物理学领域，建立了物理信息理论。60年代以后，信息的研究工作不断深入和发展，信息概念和方法广泛渗透到各门科学领域，人们逐渐认识到信息如同材料和能源一样，也是一种重要的资源。为了有效地开发和利用信息资源，各国都纷纷建立起各种各样的管理信息系统和机构。信息的使用和信息技术的发展对社会生活各个领域产生了重大的影响。比如，60年代前期的日本，计算机技术水平还很低，但日本在引进美国计算机先进技术和设备的同时，通过向国外派遣大批技术人员进行考察、访问、交流，收集了大量技术信息和情报，使日本的计算机工业迅速地追赶美国。信息论的发展和运用还促进了管理水平的提高。管理者的决策要建立在大量信息的基础上，根据所收集的各方面信息，分析问题，探讨多种决策方案，从中选择最佳方案。这种建立在信息基础上的管理也就成为现代化管理的重要标志。随着信息重要性的日益明显，信息使用量的日益剧增，对信息的需求量越来越大，从事信息收集、加工处理、传输和利用的人员越来越多，这就使信息业成为一种新兴的产业，在国民经济中占据越来越重要的地位。

系统论的主要创立者是美籍奥地利生物学家贝塔朗菲，他于1945年发表的《关于一般系统论》的论文是系统论形成的标志。他的主要观点是：系统是由一些相互联系、相互作用的元素所组成的，具有特定功能，达到某种目的的有机整体。系统是普遍存在的，宇宙间的一切事物都处于一定的系统中，我们每个人随时随地也都处在一定的系统中，我们可以把每个要研究的问题当作一个系统来研究。50年代被看作是系统论的宣传时期，贝塔朗菲通过创办系统论学会，出版专门的杂志广泛宣传系统论的基本知识。60年代，系统论的思想和方法产生了较大的影响，人们把系统理论广泛地应用于生态环境、人口问题、社会经济和组织管理等方面。观察分析事物的方法也发生变化，由"实物中心"转向"系统中心"，越来越多地看到不同学科之间、不同认识对象之间存在的共同规律，注意把研究对象作为系统整体进行综合考察和研究，这就为系统论的广泛应用和发展提供了有利条件。20世纪70年代以后，欧美、日本、苏联等国出现了研究一般系统论的热潮，相继出版大量有关系统论的论著，涉及很多不同的分支学科，应用的领域日益扩大，从而使系统论形成了一股重要的科学思潮。系统论所提供的系统方法是一种具有普遍意义的科学方法，它既适用于自然科学，也适用于社会科学，既适用于宏观领域，也适用于微观领域。它指导人们不仅要从事物的纵向联系上认识事物的本质和运动规律，而且还要从事物的横向联系上认识事物的本质和运动规律，这就打破了传统的学科界限和原有学科的范围，为各种跨学科的新兴学科、交叉学科、边缘学科和各种综合性学科的建立和发展开辟了无限广阔的新天地。

二、现代西方文化的发展及其主要特点

（一）现代西方文化的确立期

现代西方文化是以现代科学技术为主要基础，以非理性主义思潮为核心发展起来的。从20世纪初到第一次世界大战结束，是现代西方文化的确立期。1900年前后，科学技术取得了重大的突破和发展，镭的发现、相对论的诞生、飞机和汽车的应用，标志着科学技术进入了一个新的时代。以相对论和量子力学为核心的现代科学技术的确立，改变了人们对世界的某些看法，对以牛顿力学为代表的西方近代科学思想提出了严峻的挑战。现代科学技术为现代西方文化的确立提供了科学理论上的依据。许多思想家、文学家在思考科学技术对社会、对人产生的影响的过程中，非理性主义思想逐渐产生和发展。所谓非理性主义，是相对理性主义而言的。"理性"是指数百年来资本主义社会赖以生存的精神支柱。18世纪

资产阶级启蒙运动的一个重要口号就是"理性至上",而代表理性最高成就的是黑格尔哲学,它的最高宗旨就是"绝对理念"。理性的另一个代名词就是适应资产阶级需要的上帝,理性主义同时意味着要维护适应资产阶级需要的西方的基督教文化传统。因此,非理性主义对理性和上帝的否定,就是对传统资产阶级文化的否定。在这一时期,非理性主义思想的发展突出表现在哲学和文学艺术上。法国哲学家柏格森的生命哲学和奥地利西格蒙特·弗洛伊德的精神分析学都具有强烈的反理性倾向。而现代主义文学艺术流派,它们以一种特别活跃的姿态,配合非理性主义思潮对西方的文化传统和社会现实进行了不同侧面和不同形式的批判。相对而言,有些流派(如表现主义文学)不仅在思想内容上堪称深刻,而且在政治上表现也比较积极。而有些流派(如未来主义和达达主义)都比较消极,他们往往采取一种历史虚无主义的态度,否定一切既有的文化,或者片面歌颂某种力量,因此他们的艺术成就和社会意义也就十分有限了。

(二) 现代西方文化的强盛时期

两次世界大战期间,是现代主义文化发展的强盛时期。第一次世界大战和俄国十月革命的胜利,改变了世界历史的进程,也对西方文化产生了巨大的影响。20世纪初的非理性主义思潮和现代主义文化倾向,在残酷的战争中得到印证,传统文化进一步遭到严重的打击,使现代主义文化有了更广泛的群众基础而迅速地强盛起来。第一次世界大战后,西方人的思想倾向发生了巨大变化。过去,人们总是相信这个世界上存在绝对的真理,这就是上帝和理性主义哲学。然而,第一次世界大战证明了上帝和理性的不可靠性,在战争最激烈的时候,上帝并没有伸出双手帮助过谁。于是,大多数西方人都开始怀疑他们始终如一信奉的文化传统,一部分人进而否定这一文化传统。在这种形势下,人们一方面接受了非理性主义的思想,从而使早期的非理性主义哲学家的声誉达到巅峰,非理性主义思想学说得到广泛传播。另一方面,在他们对原来的绝对主义信念产生动摇的同时,开始倾向于相对主义。在他们眼中,绝对的东西是不存在的,一切都是暂时的、偶然的和变动的,因此人们通常感到无法主宰自己的命运,看不到自己的前途,普遍产生了及时行乐的心理。这突出表现在20世纪20年代中期,随着西方经济相对稳定时期的出现,西方享乐主义思潮兴起。人们在对西方传统文化的批判、揭露、叛逆的同时,对现代社会文化的发展又存在迷惘、悲观和盲目的思想状态。这种思想状态反映在文学艺术上,使这一时期现代主义文学艺术形成了第一次高潮。后期象征主义文学、超现实主义、意识流小说、"迷惘的一代"文学和现代实用美术,构成了这一高潮的内容。由于现代主义的文化原则此时已在西方基本确立,现代主义获得了广泛的群众基础。因此,这一时期的文学艺术与确立期相比,其艺术内涵和表现手法都更为成熟,某些流派的社会批判精神也更为深刻。如后期象征主义诗人 T. S. 艾略特在20年代初就把整个资本主义世界描绘成一片荒原；而以海明威为代表的"迷惘的一代"文学，则更为深刻地反映了第一次世界大战给西方世界带来的严重创伤。从 20 年代末起资本主义世界陷入了严重的经济危机和政治危机，法西斯主义猖獗一时，许多现代主义艺术家都表达了进步和革命的倾向，他们奋起反抗法西斯主义，产生了很大的影响。如现代主义的著名艺术家毕加索、阿拉贡、艾吕雅、洛尔迦、海明威和卓别林等，都是反法西斯阵营中的坚强战士。两次世界大战期间，现代主义开始影响到人民的文化生活。在大众文化领域中，诞生了富有影响力的娱乐形式，爵士音乐就是这一娱乐形式的代表。除此之外，两次世界大战期间，科学技术的发展直接地推动了文化传播工具的进步。20 年代，无线电广播事业在欧洲国家的迅速发展和有声电影的诞生，30 年代电视的出现，这不仅大大地促进了人民文化生活的繁荣，而且使现代主义文化具有通俗化的重要特征。

（三）现代西方文化的多元发展时期

第二次世界大战后，西方文化进入了多元发展时期。自从"二战"之后，西方社会对近代工业文明及其产生的负面效应进行较为全方位的思考与回答，对自从文艺复兴特别是启蒙运动以来所标榜和追求的以人道主义和理性主义为主要特征的主流文化进行反思，对"人性"和"理性"的认识和膜拜已大相径庭。在沉痛自省和大胆探索之中，西方文化出现了较大的演变和发展。

战后初期到 50 年代，西方文化以悲观主义为主。在欧洲，人们目睹着战争遗留下来的一片废墟，无不感到惘然和失望。战争推动了科学技术的发展，但现代科学技术发展的背后，人们见到了战争的狰狞的面目；现代科技不仅为人类创造了幸福，也给人类带来难以愈合的创伤。原子弹残酷的破坏能力和核战争的威胁，深深地触动了人们的灵魂，使悲观主义文化形成了高潮。在哲学上，存在主义代表了人们的这种失望和悲观思想，以萨特为代表的存在主义明确地指出了资本主义社会的荒诞性，指出了人在社会中的可悲地位，表达了西方文化界对资本主义文化传统和社会现实的尖锐批判，在人们心中引起了共鸣。文化中最活跃的成分文学艺术从各方面表达了这一思想状态。战后初期的存在主义文学艺术，英国的"愤怒的青年"文学，法国和其他各国的荒诞派戏剧，都不同程度地反映了这一文化特点。在战争的影响下，悲观主义文化在欧洲发展的同时，宗教主义文化也有所回潮。战后，在西欧的文化生活和经济生活出现萧条的时候，人们对宗教的迷信也在增强，"祈求上帝保佑这个混乱不堪的世界"的心理十分普遍。因此，这一时期新托马斯主义和人格主义这两种宗教哲学产生了广泛影响。而在美国，由于战争对其经济的影响不大，所以战后初期的文化生活相对繁荣。美国人没有欧洲人那种失望和悲观。相反，享乐主义仍十分盛行。而且，随着战后美国在资本主义世界霸主地位的确立，美国文化开始向欧洲渗入。战后初期的欧洲，人们几乎每个时刻都能感受到美国的文化侵略。人们看的是好莱坞的电影，听的是来自美国的爵士乐和摇滚乐，玩的是美国流行的网球和保龄球。

60年代，人们在较为全方位地反思工业文明带来的负面效应之后，产生了一种源自现代主义但又反叛现代主义的思潮，称为后现代主义的文化形式。后现代主义主要表现为"自我解构主义"的后现代主义和"参与的后现代主义"。前者认为，一切现象都处在解构的过程和状态之中，没有固定的结构，散乱无序，事物只有不确定性和无确定性。后者认为，思想文化的变化和发展不是彻底虚无主义的零点演变，而是各种思想文化因素相互渗透、更新和综合等的一个复杂过程。它既反对否定一切的虚无主义，也反对模式单一绝对的一元论。① 受流行思潮的影响，西方社会出现了消极、叛逆的"反文化"现象。从50年代末起，文学艺术中的现代主义就开始以一种无可奈何的态度来表现自己，美国"垮掉的一代"文学、黑色幽默文学及大众文化中的摇滚音乐都反映了这种消极态度。造成这种消极态度的原因，一方面是由于60年代西方社会经济逐步恢复，资产阶级重新加紧统治，出现了许多新的社会问题；另一方面是因为国际共产主义运动中教条主义盛行，尤其是某些社会主义国家推行霸权政策，对西方文化界产生不良的影响。从60年代开始，这种消极态度发展到叛逆的"反文化"阶段。"反文化"是一种特殊的文化形态，它是对一切文化的否定，实际上是一种虚无主义态度，认为没有一种思想可以信仰，没有一种艺术可以给人享受，也没有一种传统可以制约行动。因此，"反文化"在思想上的体现就是否定思想的意义，追求生活本身的意义；在艺术上的体现就是破坏一切传统艺术形式和审美标准；在行动上的体现就是吸毒、群居和"性解放"。尤其是青少年，这种叛逆行为表现得更为突出。60年代在美国青年中兴起"嬉皮士"运动。这一运动首先源于大学，大学生们在校园中大造其反，然后又影响到社会上的青少年，并迅速蔓延到欧洲，欧洲各国出现了许多"嬉皮士"的群居村。他们衣着离奇古怪，喜欢造反，追求享乐和刺激，宣传爱情至上论。"嬉皮士"运动的发展，既反映了西方社会的现实问题，也对现代主义文化产生了不良影响，使它逐渐走向衰落。

70年代以后，西方文化出现了新的变化。70年代资本主义经济经过自身的调节，得到了全面恢复和发展，资本主义社会获得了相对稳定。在这种前提下，西方资产阶级的新保守势力逐渐抬头。西方传统文化逐渐占主流，新的理性主义哲学和属于方法论的结构主义在70年代流行一时；欧美文学中传统的内容占了主流，美术中代表有闲阶级审美趣味的新浪漫主义成为中心。在价值观念上，功利主义盛行，人们关心的只是个人的利益和前途。在这种形势下，

---

① 朱维之、赵澧、崔宝蘅：《外国文学史》（欧美卷第三版），南开大学出版社2005年版，第460—461页。

"反文化"和"嬉皮士"运动逐渐失去了社会基础。和嬉皮士相对立，70年代后期欧美各国出现了一批追求个人财富和前途的资产阶级青年，被称为"雅皮士"或"优皮士"。他们通常受过良好的教育，又有一份令人羡慕的工作，待人彬彬有礼，还热爱体育运动。20世纪后期以及进入21世纪之后，西方社会除了吸毒和"性解放"的行为文化持续较为广泛流行之外，由于电子媒介的普及化，其发展超越了时间和空间的限制，从而成为了人们传播、接受文化信息的主要渠道。互联网被形象地称为"自由的信息超级市场"，而且还是极为廉价甚至免费的"市场"。它集可看、可听、可视、可自我制作和传播功能于一体，极大地满足了不同阶层人员的要求，影响深远。① 人们极力追求"多元化"成为后现代的典型特征，也是当今西方思想和文化的基本面貌。"多元化"和"碎片化"并存，表明了西方学者自身不以建构宏达的理论体系为目的。后现代也是消费时代，拼盘式的"马赛克主义"追求的是反抗、解构和颠覆。② 这很容易导致西方部分国家内部种族之间的分裂和民粹主义的抬头。如美国的"美国优先"这具有浓厚民粹主义色彩的论调，不但在国内很有市场，而且影响到部分发展中国家右派势力的抬头。法国则出现连续不断的种族冲突和群体性抗争。而西方"性解放"行为文化的直接后果之一，便是艾滋病流行。报告显示，全球感染艾滋病病毒病例数已从2000年的2796万上升到2015年的3880万，全球四分之三的新增感染病例来自撒哈拉以南的非洲地区。联合国各成员国都加大了预防和医治艾滋病的力度。然而，美国的一些宗教组织的信条（例如不用避孕套和禁欲）影响了防治艾滋病的效果。③

（四）西方计算机网络文化的主要特点

我们认为，对网络文化可以作如下表述：网络文化是以互联网、通信技术为载体，以文化信息内容为核心，在网络构成的开放的真实虚拟空间里实现文化信息的创造与传播，从而影响现实社会的一种文化形式。④ 计算机网络文化具有以下主要特点：

一是真实虚拟性。与以往出现的虚拟文化不同，当今的网络文化是一种真实

---

① 袁莉嘉、董娅：《二十世纪九十年代后西方文化的传播方式及对青少年思想影响特征之探析》，载《中国青年研究》2005年第5期。
② 阎嘉：《21世纪西方文学理论和批评的走向与问题》，载《文艺理论研究》2007年第1期。
③ 马修斯等：《人文通识课Ⅳ：从法国大革命到全球化时代》，卢明华等译，世界图书出版公司2014年版，第265页。又见张家伟《全球新增艾滋病病毒感染人数现在在缓慢下降》，载网易网（http://tech.163.com/16/0720/15/BSE7RVNK00097U81.html）2016年7月20日。
④ 这里采用了《宁波市网络文化发展研究报告》的提法，但作了部分修改。见《百度·文库》2010年3月20日。

虚拟文化。①

首先，从计算机网络作为媒介（或媒体）来看，网络空间是一种真实虚拟空间。根据美国调查公司皮尤的最新报告显示，截至2017年12月，虚拟现实已从技术研究、系统开发发展到多种应用阶段，并正开始进入"虚拟现实+"发展期。2014年，脸书（Facebook）公司收购了虚拟现实设备公司Oculus（傲库鲁斯），谷歌和索尼等国际巨头也纷纷布局虚拟现实市场，已经从中获得并继续获得不菲的利润。② 而比特币的出现和流通，使大量参与者亲身体会到虚拟现实的挑战。③ 达·芬奇手术系统的主要发明人之一、拉塞尔·泰勒教授为一位中国医生设置了一个仿制的人脑，中国医生在远程用手术刀虚拟切割仿制的人脑组织，手的感觉和切割真实的组织是一样的。④ 美国媒体巨头蒂姆·奥莱利认为，作为隐形但又无处不在的使能器和中间人，谷歌代表了一个新的类型。他说："就像打电话，不仅仅是关于电话的两头，更是关于中间的连接部分。谷歌就存在于浏览器、搜索引擎、目标内容服务器之间，用户上网经历之间的使能器和中间人。"⑤ 这说明在网民乃至整个美国社会中，现代社会生活的方方面面不可避免地与互联网相联系，人们自觉或不自觉地认同这种新型的空间。工作的工具与学习的工具越来越合而为一，许多网民已经将上网当成生活和工作不可或缺的一部分，网络成为个人与他人沟通的媒介，学习、工作、表达消费意向和创造价值的空间。这是其一。其二，以计算机网络为代表的信息技术，不仅是现代化的物质准备，而且被当成一种催生新的人文机制或价值系统的媒介。通过它，人们既可以获取信息，同时还可以发布和传播信息。而多媒体的出现，网络沟通的领域扩展到整个生活，从家庭到工作，从学校到医院，从娱乐到旅行。个人和组织都能够在任何地点、任何时间进行交互活动。所以，网络的虚拟在相当程度上是现实生活的再现和延伸。在真实虚拟空间里，网民并非被动的客体，而是互动的主体。美国的网络公司早已并继续给广大的网民提供了网络工具或服务全部免费，使他们的"网络生活"丰富多彩。⑥ 所以，网络空间的所谓虚拟其实并不虚。

其次，从虚拟社群的特点来看，网络的虚拟空间既是特殊空间，也是现实的

---

① 曼纽尔·卡斯特：《网络社会的崛起》，夏铸九、王志弘译，社会科学文献出版社2001年版，第405页。
② 国务院发展研究中心国际技术经济研究所：《世界前沿技术发展报告2015》，科学出版社2016年版，第11页。
③ 美国在2013年承认比特币（Bitcoin）为合法。见魏景芳《美国裁定比特币在美国为合法货币》，中关村在线2013年8月8日。比特币最早是一种网络虚拟货币，可以购买现实生活当中的物品。但只能在数字世界使用，不属于任何国家和金融机构，并且不受地域的限制，可以在世界上的许多地方兑换——引者。
④ 吴军：《智能时代：大数据与智能革命重新定义未来》，中信出版社2016年版，第299页。
⑤ 基恩：《科技的狂欢》，赵旭译，中信出版社2018年版，第54页。
⑥ 互联网实验室：《第三浪》，华文出版社2009年版，第77页。

再现或延伸。2012 年 12 月，美国市场调研公司弗雷斯特研究公司（Forrester Research）发布的 2012 年《消费者与技术现状》年度报告指出，每天使用互联网的美国成年人比例较 2011 年的 78% 有所上升，达到了 84%。近一半的成年网民拥有自己的智能手机，超过三分之二的网民拥有超过一台的互联接入设备。18—23 岁的网民相比其他人更倾向于使用社交网络。这个年龄段中大约有 70% 的人每天访问社交网络，其中有 85% 的人每个月至少访问一次脸书。24—32 岁的年龄段人群中拥有平板电脑和智能手机的比例最高，分别达到了 25% 和 72%。而 33—46 岁年龄段的用户则更倾向于进行网络购物，这部分用户过去 3 个月网购的平均交易额为 561 美元，远高于 449 美元的美国平均水平。这从一个侧面说明，网络空间是介于虚拟和现实之间的特殊性空间，是一种多维度的、人造或"虚拟"的真实。虚拟社会生活为个人的现实生活提供了更广阔的空间，而不是现实生活的替代。通过互联网支持的虚拟资源，与其他资源一起融入人们的社会生活。因此，在某些情况下，这超越了现实生活与虚拟生活的界限。①

　　二是开放性。网络文化的开放性是世界经济全球化的必然结果。在进入现代社会之后，世界经济、政治和文化逐渐互相结成一个世界性体系。计算机网络技术在促进世界性体系形成过程中起到推波助澜的作用。网络技术的开放性、无中心和共享性成了网络文化开放性的支撑和保障。人们通过网络进行交往，改变了传统的思维方式，培育了开放意识、自主意识、公平意识和创新意识。在新的思想意识指引下，人们对现代社会的价值认同有了前所未有的变化，突破了传统的、狭隘的种族、民族、国家和宗教的观念，求同存异，认同不同文化的合理存在。借助计算机网络技术，人们冲破了各国文化上的保守、封闭和文化强国的文化垄断，促进了相互交流与吸收，促使更为丰富多彩的各国文化展现在世人面前，世界文化的内涵在广度和深度方面大为扩展。但是，"当一个国家输出科学和技术的时候，不可避免地会在其行囊中塞进它的特殊的生活观念。现代通信手段的能力使接受国对此防不胜防，渐渐地，它们不仅会不知不觉地接受行动方式，而且也会接受做人的方式，而这些方式是与确定文化独立的民族人格的传统不相容的。"② 美国卡内基梅隆大学的一个专家小组，用 18 个月的时间调查了网上 92 万条信息、图片和影片，结果发现其中有 84% 带有色情内容，而且公告牌储存的数据图像有 45% 含有污秽内容。③

　　美国众议员詹姆·C. 格林伍德在网上很无奈地写道：互联网为人们提供电子护照，方便大家"游览"和搜索地球，有助于我们开阔视野。但作为一对幼女的父亲，我对互联网上日益增多的色情读物忧心如焚。我可以在家庭电脑中屏

---

① 曼纽尔·卡斯特：《网络社会——跨文化的视角》，周凯译，社会科学文献出版社 2009 年版，第 246、145 页。

② F. 马约尔：《不要等到明天》，社会科学文献出版社 1993 年版，第 38 页。

③ 鲍宏礼、鲁丽荣：《论全球化时代网络文化的双重效应》，载《学术论坛》2004 年第 1 期。

蔽黄色站点，但邻居家、学校里、公共图书馆里的电脑我却鞭长莫及，面对失控的互联网系统，父母设置的篱笆和封闭软件很难切断孩子和色情读物的联系。专家说，互联网上传播淫秽资料且容许孩子进入的网点超过6万个，这些高科技的"红灯区"只顾发大财，却把社会上最易受伤害和最敏感的群体——我们的儿童当作牺牲品。①

　　三是互动和共享性。在网络空间的多维度里，的确存在大量的网民采用虚拟的身份、投入虚拟的情感等情况，但也有许多网民使用真名，表达真意。无论是用虚拟身份的网民还是真人真名的上网者，网民的复杂性正说明了网络是一种实用文化。人们选择这种实用文化，其重要原因是无论你用何种身份上网，进行互动的双方或多方都是平等和民主的。与报纸、广播、电视等传播媒体相比，基于个人电脑的网络更富有民主性。在网络中，网民不仅是信息资源的消费者，而且是信息资源的生产者和提供者。人们的信息获取方式由传统的被动接受式，转变为主动参与和交流互动式。② 交流互动的过程就是共享的过程，就是互相作用、互相影响的过程。如20世纪90年代林纳斯·托瓦尔兹（Linus Torvalds）设计的林纳克斯（Linux）软件，如何在优尼斯（Unix）网络应用软件上进行讨论。数以千计的使用者提出了改进意见，使该软件更加完美，最后用户成了免费使用者。互联网的使用者也是生产者，既提供了内容，也塑造了网络。③ 这可以看成是现实与虚拟成功整合的一个案例。

　　四是多元性。从世界文化发展史总的情况来看，新产生的主流文化必然优越于以往的各种文化形式。依据目前网络文化的发展现状，还很难对其是否为主流文化做出令人信服的判断，但是与农耕文化的相对狭隘性、工业文化的进攻和侵略性相比较，网络文化具有无可比拟的巨大包容性。④ 而包容性恰恰是新的、先进文化本身必备的优良品质。包容性是文化多元性的前提、必备条件和推动力量。这种包容性，首先体现在准入网络文化门槛的技术要求和文化素质要求并不高。虽然，计算机网络的发明地在知识密集的普通高校，网络技术由科学技术人员和学者创制出来，但是，发明创造者开放的思想意识渗透在网络技术发展的全过程，与当今世界的开放思潮相一致。其客观结果是，由于网络技术的不断发展，不但熟悉计算机网络技术的人和受过系统教育的人具备上网的技能，而且普罗大众同样可以漫游网络空间。互联网的普遍性和使用的便捷性消除了普罗大众对新电子设备所产生的技术性恐惧和敬畏心理，以平常之心和平等的姿态进入网

---

　　① 参见 http://www.house.gov/greenwood/protecting-children.html，转载《论文大全网》，《网络时代的文化互动》。
　　② 张峰：《浅谈西方网络文化的特征》，载《中国论文联盟网》2009年7月15日。
　　③ 曼纽尔·卡斯特：《网络社会的崛起》，夏铸九、王志弘译，社会科学文献出版社2001年版，第437页。
　　④ 纪红：《试论网络文化的特征》，载《光明日报》2008年1月21日。

络空间。而不贵的接入价格、较好的服务质量和多样的应用进一步刺激了普罗大众的消费欲望，① 从而使网络文化深深地打上了大众文化的烙印。其次是高雅文化和草根文化共存和互补。一方面，高雅文化需要借助网络技术来展现和发展自己；另一方面，网络技术的普及和充当新媒介产生的强大冲击力使"高雅文化"不得不放下"身段"，利用网络空间亲近普罗大众，从中获得呈现和发展的新机遇。"后现代主义带有游戏性质，与其他先前的文化相比，它们化解了高雅和通俗文化等的界线"。② 再次是自主性和个性化。网络技术使匿名表达、超时空交流更为方便，从而使现实社会中的人们可以将深藏于心底而一般很少显之于外的思想和情感甚至信仰充分表达和展现出来，体现自主，彰显个性。个性往往以批判理性为指导，在开放的网络语境之中，理性的批判者往往注意在吮吸对方精华的同时，认识彼此区别，为自己同时也为对方保留一方天地。最后是多元多层性。在网络世界中，文化信息的生产、表达及需求，消费主体等均呈现多元多层性。这既表现为文化内涵与品种类别的丰富性，也表现为网络空间文化内容上的高雅与低俗、理性与盲目、先进与落后、科学与愚昧等杂陈，表现为网络行为所张扬的平等、自由、民主等文化精神与所可能滋育的虚幻感、游戏感、责任意识淡化等弊性共存。③ 由此而产生的网络病毒、网络暴力、"黑客"攻击、网络欺诈、黄色站点、网瘾，以及利用网络进行价值观念、意识形态的渗透等都是网络技术"双刃性"在不同领域的表现。有研究文化的学者便指出："文化不仅是我们赖以生存的事物，同时大半也是我们为之而活的事物。""然而，文化也可能与我们太过密切而使人感到不适。这层亲密的关系不仅可能变成病态，同时也可能走火入魔。"④ 但是，我们应该清醒地认识到，任何一种科学技术的影响是因人而异、因社会制度而异、因信仰而异的。

西方计算机网络文化的主要特点，构成了西方20世纪至21世纪初期文化特点的一个重要部分。但是，就整体性而言，我们可以将这一阶段西方文化的突出特点概括为以下几个主要方面：第一是它的非理性主义，也就是对资产阶级的理性和上帝的否定，对资产阶级文化传统的否定。第二，现代主义文化的表现形式，在文学艺术中是极大的形式主义，而在群众生活中则是极大的通俗化和大众化。在现代资产阶级的统治下，许多艺术家运用隐晦曲折、扑朔迷离的形式来表达他们对现实的批判，或用新颖离奇的形式去迎合资本主义高度的商业化。在群众生活中，现代主义文化拥有大众文化工具，如电影、电视、流行音乐和舞蹈

---

① 国际电信联盟报告：《网络的挑战——互联网对发展的影响》，中国友谊出版公司2000年版，第48页。
② 阿雷恩·鲍尔德温等：《文化研究导论》修订版，陶东风译，高等教育出版社2004年版，第406页。
③ 范军：《网络与文化的互动关系研究》，载《中国论文下载中心网》2009年7月29日。
④ 泰瑞·伊格顿：《文化的理念》，林志忠译，（台北）巨流图书公司2002年版，第168页。

等，使文化极为通俗和普及。第三，现代主义文化的社会意义和社会发展阶段有非常密切的联系。尤其是现代主义文学艺术，往往只在资产阶级统治发生危机的时候，表现出强大的战斗力，它的社会批判精神和社会意义也比较积极和进步；反之，在资本主义社会暂时稳定和繁荣的时期，现代主义文化就相对消极，社会意义贫乏，而形式主义泛滥。

第十二章
现代西方社会科学理论

19世纪末至20世纪上半期，世界风云的变幻，帝国主义挑起的两次世界大战的浩劫，西方资本主义社会的经济危机以及由此而引发的人们生活和行为方式的变化，促使西方学者纷纷在理论上对社会现实做出解释，寻找出路，预测未来。因此，在西方文化发展史上，这一时期呈现出一个重要的特征，即社会科学理论层出不穷，学术流派众多。哲学领域的实用主义、存在主义，经济学领域的凯恩斯主义等都对当时乃至今天产生了不可估量的影响。

一、现代西方哲学

哲学是人们对自然知识和社会知识的概括和总结，因此，它的发展必然受到社会历史条件和自然科学发展的影响和制约。

现代西方哲学的发展首先受到战争的影响。两次世界大战给人类带来了巨大的创伤，它不仅使西方许多国家的物质文明和精神文明遭受空前的浩劫，而且也使资本主义社会的弊病和问题暴露无遗。广大人民群众包括中小资产阶级及知识分子在经历了大战及战后的重重灾难后，深深感到他们原来所崇尚的自由、民主甚至是生存权利都受到了严重的威胁，从而使他们对资本主义天然合理的信念开始动摇，悲观情绪油然而生。一些哲学家开始对资本主义社会进行揭露和批判。他们表现出对现实的不满，但又处于徘徊惆怅、找不到出路的精神状态之中。比如，20世纪20年代形成的哲学流派——存在主义，它既反对资产阶级传统的理性哲学，企图用人本主义解释资本主义社会中的异化现象，这在一定程度上揭露了资本主义社会的危机和矛盾，但它又反对马克思主义哲学，认为哲学根本不应是世界观和方法论，而应该是人学，应立足于人，对于人的存在、人的价值、人的自由、人存在的情态（恐惧、忧愁、烦心、危险和死亡）做出回答。这实际上是把人的主观性当作一切存在的出发点，从根本上否定了客观物质世界的作用。

现代西方哲学的发展还受到自然科学发展的影响。进入20世纪后，自然科学的分化加快，科学的分工越来越精细。但迅速分化的各门科学不是孤立地存在，而是作为一座科学大厦的一个有机部分而存在，因此，科学的分化实际上是综合趋势的一种表现形式。现代科学的这种高度分化与高度综合的统一，导致了现代科学发展的整体化趋势——即门类繁多的各门科学日益互相渗透、紧密联系在一起，形成统一的完整的科学体系。各门科学的共同语言、概念和方法正在形成；一系列边缘性学科、综合性学科、横断性学科正在出现。当代重大的科学技术问题、社会问题都具有高度综合的特点，必须运用多学科的知识和技术手段才能解决。自然科学的这种既分化又综合的趋势对西方哲学的发展产生了深刻影响。现代西方哲学出现了为数众多的流派，如英美的新黑格尔主义、美国的实用主义、法国的生命哲学、英国的逻辑实证主义、德国的存在主义等。虽然现代西方哲学流派众多，但各派之间相互渗透、相互融合的趋势在加强。比如，逻辑实证主义与实用主义的汇流、存在主义与新黑格尔主义的结合；有些存在主义者企图冲淡自己的反理性主义倾向，在某些方面向逻辑分析哲学靠拢。总之，各个流派的界限已经越来越模糊。

现代西方哲学的发展大体可分为三个发展阶段：第一阶段是19世纪末到20世纪初，这是资本主义国家走向帝国主义阶段，由于资本主义政治经济发展不平衡的加剧及帝国主义的争霸导致第一次世界大战的爆发；同时期，自然科学的发展也达到了一个新的阶段。从X射线的发现到爱因斯坦的相对论提出，在自然科学出现百花争艳的形势下，西方哲学出现了许多新的流派。如德、法出现的生命哲学，它具有强烈的反理性倾向，宣扬以非理性的神秘的内心体验和直觉来代替理性。这种反理性主义迎合了帝国主义政策的需要，颇受统治阶级的欢迎，并对后来的反理性哲学产生了较大影响。而19世纪末发源于美国的实用主义，它的理论特征是主观唯心主义的经验主义和反理性主义的混杂，是帝国主义时代资产阶级唯利是图的世界观的理论表现。因此，它产生后受到美国垄断资产阶级赞赏，他们把它当作思想和行动的理论根据，使它长期在美国成为占主导地位的哲学。另外，在19世纪末20世纪初在英、美出现的新黑格尔主义和新实在主义及20世纪初在德国出现的现象学派等，都对现代西方哲学产生了很大的影响。第二阶段从1917年俄国十月革命后到20世纪50年代初，这是两次世界大战之间及其稍后的时期。由于帝国主义所固有的各种矛盾进一步尖锐化，所以各帝国主义国家面临着空前严重的经济和社会危机。在这一阶段，原已产生的许多哲学流派继续流行，但产生了一些新的特点。主要是它们涂上了更多科学和客观的色彩，直接地揭露资本主义面临各种社会政治矛盾和经济矛盾，企图寻找解脱的办法。除此之外，还出现了一些新的流派，主要有：20世纪20年代产生于英国、后来几乎传遍整个资本主义世界的逻辑实证主义；20年代形成于德国，第二次世界大战期间流传到法国，"二战"后又传播到美国及其他西方国家的存在主义；还有罗马天主教会的官方哲学新托马斯主义；等等。第三阶段是50年代后期至今，第二次世界大战中受到严重创伤的西欧经济在这一时期得到恢复，资本主义在发展中出现了一些值得研究的新问题。伴随着自然科学的飞跃发展，许多新的学科的产生、各学科的交叉甚至综合,这时期西方哲学继续分化出名目繁多的大小流派。它们虽然都自命独创,但实际上各派的汇流现象已很明显。

（一）实用主义哲学

实用主义哲学产生于19世纪末期的美国。它一直被当作美国资产阶级思想方式的象征,成为美国资产阶级行为的准则。美国前国务卿基辛格曾指出,实用是"美国精神",而美国的领导就是"实用主义型的领导集团"。由此可见,实用主义对美国的政治、思想文化都有着深刻的影响。

实用主义在美国占有如此重要的地位,是由美国资本主义发展的特点,特别是美国从自由资本主义向垄断资本主义转化的特点所决定的。由于历史原因,美国的资本主义是在没有遇到强大的封建势力阻挠的情况下较为顺利地发展起来的,资产阶级似乎是在毫无约束、毫无顾忌地从事商业投机和产业竞争,扩张自己的地盘。因此,他们向往这种自由竞争,民主自由的口号喊得最起劲,而隐藏在这些口号后面的资产阶级个人主义、利己主义也表现得最直接、最露骨。为了追求个人的发展和成功,他们把人与人之间的关系看成是买卖、契约和金钱关系。为了战胜强者而不致被击败,就要竞争,就必须有强烈的务实精神、拼命精神和创造精神。于是,努力竞争,积极实干以求成功就成为美国社会的政治和思想文化的特色,而实用主义正是这种政治、思想文化的集中体现。

美国是个后起的资本主义国家。1860年它的工业产量只占世界第四位。但南北战争后,美国资本主义高速发展起来,到1894年它的工业生产已跃居世界第一位。资本迅速积聚,托拉斯等垄断组织大量出现,在短短的几十年中,美国垄断资产阶级无论是国内资本的增值还是国外的扩张都取得了巨大的成功。然而,美国垄断资产阶级并不就此满足,而是表现出对攫取最大限度利润的贪欲和争霸世界的野心。为了达到此目的,他们对内加强对劳动人民的剥削和压迫,对外加强与其他资本主义国家进行殖民掠夺的竞争。同时,他们期望有一种理论,既能适应于自己一切的"行动",又能为不择手段地满足其需要辩护。而强调"功利"、"效用"就是一切的实用主义理论,正好迎合了美国垄断资产阶级的需要,因此成为他们最热衷的哲学。

实用主义的创始人是美国的哲学家查理·皮尔士（1839—1914年）,他在1877年和1878年发表了两篇重要文章:《信念的确定》和《怎样使我们的观点明确》。在这两篇文章中,他提出了实用主义的两个基本观点:第一,实在的东西就是人们所相信的东西,即实在性决定于人的主观信仰;第二,存在就是有用,一个概念是否清楚明白,是否有意义,要看它是否能引起实际效果,而所谓实际效果就是对人的功用。因此,凡是有用的就是清楚明确的,就具有实在和真理的意义。这两篇文章是皮尔士的代表作,也是美国实用主义最早的纲领性著作。

实用主义的真正奠基人是美国著名哲学家威廉·詹姆士（1842—1910年）。他在实用主义发展中的作用，在于把皮尔士还只是抽象论述的实用主义原则发展成为一个比较系统的理论体系，并用它来分析各种具体问题。他的代表作是1907年发表的《实用主义》和1912年发表的《彻底经验主义论文集》。他把皮尔士的实用主义原则发展为"有用就是真理"，认为在我们的活动中，凡能帮助我们获得成功、得到满意效果和观念的就是真理。"你可以说它是有用的，因为它是真的，也可以说它是真的，因为它是有用的。"在詹姆士眼里，有用是真理的根本标志。詹姆士以有用就是真理为核心，全面阐述了他的实用主义的种种观点，从而形成了比较系统的理论体系——实用主义经验论，也叫作彻底的经验主义。这种理论首先是建立在所谓的多元宇宙观之上的。他认为世界上存在的一切都是彼此独立，互不依赖，没有第一性和第二性之分，它们之间既没有内在联系，也没有规律性，整个世界就是这些分散的、单一的事实的总和，而认识这个多元宇宙得依靠彻底的经验主义；必须把世界上一切都看作经验，不仅各种独立存在的事物事实是经验，经验之间的结合和分离关系以及其他一切关系也都是经验，即一切实在的东西是经验，一切经验也都是实在。这样，整个世界就是一个经验的结构。由于詹姆士的彻底经验主义的主观唯心主义和唯意志主义的面貌过于露骨，在他提出这种理论后不久便遭到多方的责难。因此，实用主义者不得不对它做一些修补，这一任务由美国著名的哲学家约翰·杜威来完成。

　　与詹姆士相比，约翰·杜威（1859—1952年）的特点是竭力使实用主义更具有科学的色彩，通过与科学的联系把实用主义推广到政治、教育、宗教等各个领域，从多方面为美国统治集团的内外政策作论证。他因此赢得了美国垄断资产阶级的赏识被奉为"美国人民的意向、导师"，"美国哲学界最杰出的人物"。杜威主要的代表作是1920年发表的《哲学的改造》和1929年发表的《经验与自然》。他的实用主义的主要理论是经验自然主义。杜威认为经验是一个兼收并蓄的整体，它既包括了人的情感、意志等一切心理意识的、主观的东西，也包括了事物、事件及其特性等一切客观的东西。因此，他认为第一性的东西既不是物质，也不是精神，而是两者兼之的经验。杜威的经验自然主义与詹姆士的彻底经验主义有相同点也有不同之处。相同的是两者都把经验当作第一性的东西。不同之处主要表现在两个方面：第一，詹姆士将世界统一于经验，而杜威把经验与自然联系起来，认为经验是一个兼收并蓄的整体，是人与自然事物的相互作用而产生的，没有这种相互作用就不可能产生经验；第二，詹姆士的彻底经验主义是赤裸裸的唯意志论，而杜威特别强调经验的能动性，认为经验是由现在伸向未来的过程，是对现有事物的一种改造；经验以及整个认识是一个发展的过程。这无疑有其正确的一面。但是，杜威的经验自然主义否认经验是客观世界的反映，认为经验认识是主体的感情和意志的活动，不受客观实际和客观规律的约束，一切事物、规律都是出于主体的创造，人的认识的任务不是去发现世界的规律性，而是把规律性加于世界。这同唯物主义的反映论显然是相对立的。它说明杜威的经验自然主义仍然没有跳出主观唯心主义的圈子。

美国实用主义哲学更多的是一种人生态度和生活方式,以关注人类现实生活为显著特征,强调理解与宽容。在20世纪50年代,当以逻辑实证主义为代表的欧洲分析哲学传入美国后,实用主义哲学在美国逐渐沉寂。

(二)分析哲学

分析哲学是20世纪以来西方各国广泛流传的哲学思想。它包括了逻辑原子主义、逻辑实证主义、由逻辑实证主义演变出来的逻辑语义学和由逻辑实证主义与实用主义融合而成的新实用主义等。它们的共同特点是在反对形而上学的口号下,否定研究思维和存在的关系等问题的传统哲学,认为哲学的唯一任务就是对科学的语言进行逻辑的分析。分析哲学分为人工语言和普通语言两个阶段,前者主张寻找一种理想化的语言作为哲学表达的工具;后者主张日常语言就是哲学表达的工具。

分析哲学的创始人是英国哲学家伯特兰·罗素(1872—1970年)和奥地利哲学家维特根施坦(1889—1951年)。1904年罗素出版了《我们关于外部世界的知识》一书,提出了关于逻辑原子主义的基本思想。1918年,他做了题为《逻辑原子论》的多次讲演,对此理论作了进一步阐述。后来,他的学生维特根施坦在罗素的数理逻辑分析方法的影响下,在进一步研究逻辑原子主义理论基础上,于1921年出版了《逻辑哲学论》一书。该书被认为是逻辑原子主义的经典著作。逻辑原子主义者认为,一切科学的概念和命题所表现的事物都可分割为原始的经验。这种经验是处在最简单的、彼此独立的、不可再分割的原子状态,而处在原子状态的经验也就被称为原子事实,世界的一切都是由这种原子事实构成的。因此,人们只要掌握了原子事实,就可以用逻辑运算的方法,构造出全部人类知识来。从原子命题推论出整个科学知识体系,用与原子命题相应的原子事实构造出整个世界,这就是所谓的逻辑原子主义的基本思想。

在现代分析哲学思潮中,影响最大的是逻辑实证主义。它是以维也纳学派为核心,在20世纪20年代形成的哲学思潮。它打着"科学的哲学"的旗号,迅速地在欧洲知识界传播开来,第二次世界大战后又在美国、日本等国家广泛流行,因此在西方哲学界、科学界与知识分子中有较大的影响。1925年,奥地利维也纳大学以施利克(1882—1936年)和卡尔纳普(1891—1970年)为首,组成了一个专门研究科学哲学的方法问题的维也纳小组。1929年他们公开发表了《维也纳学派的科学世界观》一文。该文被认为是维也纳学派正式成立的宣言。对维也纳学派的形成产生了重要影响的是罗素和维特根施坦的逻辑原子主义的思想,罗素的数理逻辑的分析方法及其逻辑原子主义的基本思想被他们所采用。维特根施坦的代表作《逻辑哲学论》被列为维也纳学派成员的必读书。维也纳学派形成后，为了宣传他们的哲学思想，进行了各种有组织的活动。1929—1938 年，他们先后在布拉格、哥尼斯堡、巴黎、哥本哈根和英国的剑桥召开了 7 次国际会议。此外，他们还创办了宣扬逻辑实证主义的专门杂志——《哲学通报》，后改名为《认识》。

逻辑实证主义的知名人物大都是一些逻辑学家、数学家、物理学家和生物学家等。他们既崇尚实证主义经验论，又注重对科学理论的严格的逻辑分析，并力图把传统的实证主义经验论与严格的逻辑分析论结合起来，以建立起"科学的哲学"。因此，他们的哲学思想既有别于一般的实证主义，又有别于一般的逻辑学派，而是两者的结合，因此被称为"逻辑实证主义"。其理论的主要特征是援引现代逻辑（主要是数理逻辑）的发展，用它作为工具，来证明传统哲学探究世界的本质、本原、研究思维和存在、精神和物质的关系是形而上学的、毫无意义的。他们认为需要对传统哲学进行改造，需明确哲学的任务和作用。卡尔纳普认为，"哲学的唯一任务就是逻辑分析"，哲学研究的新的科学方法就是对"经验科学的命题和概念进行逻辑的分析"，哲学的作用就是通过这种分析使实证知识从逻辑形式上明晰起来，从而克服人们对它们的种种混乱的理解和理智上的迷惑，他们认为这样的哲学才是"科学的哲学"。[①]

逻辑实证主义者把哲学问题仅仅归结为逻辑问题，这显然是不正确的。因为任何哲学从根本上说都是世界观，是关于自然界、人类社会以及人类思维的本质与一般规律的科学，而逻辑学则仅仅是研究人类思维形式及其规律的科学。逻辑实证主义者把逻辑分析当作哲学的唯一内容，否认哲学是研究思维和存在的关系，是研究自然、社会和思维发展的普遍规律，这实际上是既否定了哲学是世界观，也否定了哲学是认识论，从而也就从根本上否定了哲学。

（三）存在主义哲学

存在主义哲学于 20 世纪 20 年代在德国形成，第二次世界大战期间流传到法国，战后又流传到美国及其他西方国家，在 50 年代和 60 年代成为西方资本主义世界最时髦的哲学。

存在主义是以"存在"的问题作为它的基本问题。但它所说的"存在"完全不是唯物主义所说的物质的存在，而是指人的自我意识、主观性的存在。它认为这种"存在"才是世界上最根本、最实在的存在，哲学研究的目的就在于探求人的存在根源，分析人的自我与本性。因此，存在主义也被称为"哲学的人本学"或"存在主义人学"。存在主义与其他现代西方哲学流派相比，其独到之处主要在于它比较集中和突出地表现了垄断资产阶级因无法摆脱资本主义所固有的

[①] 参见卡尔纳普《通过语言的逻辑分析清除形而上学》，《逻辑经验主义》上册，商务印书馆 1982 年版，第 32 页。

矛盾和危机而产生的惊恐不安、忧虑、沮丧、苦闷等没落情绪，反映了他们为摆脱危机和矛盾而孤注一掷、进行冒险的心理。从这个意义上说，存在主义可称为资本主义危机时期的危机哲学，它的产生和发展与世界大战所带来的危机是密切相关的。20世纪的两次世界大战，不但在物质上给西方各国造成了严重的破坏，而且在精神上给人们造成了巨大的创伤：古典人道主义有关平等、博爱的观念受到致命冲击，科学救世主义的观念也遭到破坏。于是，产生了这种反映资产阶级在战争危机面前的各种心理状态的哲学。德国是"一战"的主要战败国，也是各种矛盾和各种危机的集合点。第一次世界大战后，德国处在水深火热之中，战争赔款、经济危机、通货膨胀、工人失业、农民破产，在国际上陷于完全孤立，一股悲观、绝望的情绪笼罩全国；痛苦、忧虑、烦恼，甚至死亡威胁着人们的生活。人生的意义和价值成为人们思考的新课题。因此"一战"后的德国成为存在主义的发源地。

德国存在主义的主要代表是海德格尔（1889—1976年）。1927年，他出版了《存在与时间》一书，标志着德国存在主义的形成。他的重要著作还有《康德和形而上学问题》《什么是形而上学》《真理的本质》《论人道主义》等。德国存在主义的另一代表是雅斯贝尔斯（1883—1969年），其主要的哲学专著有《哲学》《理性与实在》《存在哲学》。他们的共同之处就是提出了以个人的存在为出发点、以人的存在为核心的学说。海德格尔宣称："人的存在先于一切其他存在者，是应该从本性论上首先加以探讨的东西。"他认为，人的存在是第一性的，一切其他的存在是第二性的，世界上的一切存在物仅仅是人的存在的一种"生存状态"和"存在方式"，是人用以表现自己的道具；如果没有个人的存在，其他事物就不可能成为真实的存在，就会成为毫无意义的虚无的东西。他们把这种突出地宣扬以人的存在为本性的理论说成是为了强调人的尊严和价值的人道主义学说。海德格尔在他的《论人道主义》一文中指出："存在主义的人道主义的最基本点是强调人的本质是最主要的。"存在主义者在强调人的存在是第一性的同时还分析了当时人的"存在状态"。雅斯贝尔斯指出：现在人的存在都是为了追求眼前的物质利益而奔波，于是人被物化了，就像机器一样已经把"自我遗忘了"，"把真正的人性淹没了"。因此，人存在的基本状态是悲观、烦恼、恐惧、焦急，是孤苦伶仃、无家可归。一方面，这些观点揭露了资本主义制度对人和人性的摧残，表现了他们对人的异化现象的抗议；另一方面，由于他们没有能够从根本上认清产生这种现象的根源，也就不可能找到克服它的方法。因此，他们的哲学又表现出对前途感到迷惘、苦闷、彷徨和悲观厌世的特征。

第二次世界大战期间，存在主义的中心由德国转移到法国，也同样具有深刻的历史原因。在第二次世界大战中，法国很快就被德国击溃，成为德国的占领国。当时法国资产阶级的精神世界完全被消沉颓废、悲观失望的气氛所笼罩，特别是在资产阶级知识分子中形成了一种由于苦闷、孤独，因被遗弃找不到出路而玩世不恭、放荡不羁的风气。他们对科学和理性完全失去了信任，认为依靠科学和理性无法解决他们所面临的人生问题。在这种形势下，标榜个人的生活、人的自由存在为第一性的存在主义思潮被法国资产阶级及知识分子所接受，并把它当作最时髦的哲学。而且它的影响大大超出了哲学领域，影响到整个社会生活。美国的存在主义哲学家巴雷特指出：当时法国存在主义中大量的东西是一种历史心境的表现——战争失败后的一片混乱，被德国占领之后的全然迷惘的心态，年轻人由悲观失望到放荡不羁的发泄。第二次世界大战后，法国虽然摆脱了被占领的状态，社会生产和社会经济得到恢复和发展。但是，两次世界大战对人们思想上的严重创伤并没有消失，因此存在主义在法国的影响有增无减，直至60年代仍然是法国最流行的哲学。

法国存在主义的主要代表有萨特（1905—1980年）、格洛·庞蒂（1908—1961年）等人。其中萨特的影响最大。第二次世界大战期间及战后，他实际上取代了德国的海德格尔和雅斯贝尔斯而成为当代最有影响的存在主义者。萨特在1933—1934年曾到柏林研究哲学，当时深受海德格尔等人的影响。他的主要哲学著作有《存在与虚无》《存在主义是一种人道主义》《辩证理性批判》。萨特继承和发展了海德格尔和雅斯贝尔斯等人的"个人存在是一切存在的出发点"的观点，提出了存在先于本质的原则。他明确指出："存在先于本质，指的是人最初只是作为一种单纯的主观性存在，人的本质，人的其余一切都是后来由这种主观性自行创造的。"人之初是空无所有的，只是后来，人需要某种东西，于是就按照自己的意志把它造就出来。因此他认为，人首先作为单纯的主观性而存在，能任意选择和造就自己的本质，这就是人与其他一切事物区别开来的根本特征。完全按自己的意识设计、谋划和选择自己的行动，这是人的自由也是人的本质。这种以崇尚自我、以自我为中心的存在主义理论，显然是一种主观唯心主义的观点。它为资产阶级的极端个人主义和无政府主义提供了理论根据。

综上所述，存在主义是一种强调存在的思考的主张。它把孤立的个人的非理性意识活动当作最真实的存在，并作为哲学的出发点，力图以人为中心，尊重人的个性和自由，主张"体验你自己的此时此刻的存在，就是把握人生价值和人生真理的唯一方法"。存在主义的消极面（故弄玄虚、悲观失望和厌世情绪等）也相当明显。从20世纪60年代后期起，存在主义在西方的影响开始衰微。

（四）新托马斯主义哲学

新托马斯主义哲学于19世纪末主要在西班牙、法国、意大利和比利时等天主教势力较大的国家兴起，两次世界大战期间在各主要资本主义国家以及受西方文化影响较大的发展中国家广泛传播，它越出了教会的范围，成为一种有强大国际影响的哲学思潮。与其他资产阶级哲学流派相比，新托马斯主义是一个信徒最多、组织最严密、活动最频繁的哲学流派。它每年出版几百种哲学书籍，发行数十种哲学期刊，还经常举行地区性、全国性以及国际性会议。它以恢复中世纪经院哲学家托马斯·阿奎那的基督教神学为宗旨，以尊重现代科学为幌子，鼓吹"科学与宗教的一致性""理性和信仰的一致性"。这种以恢复中世纪的宗教为宗旨的哲学能够在现代资本主义国家广泛流传，主要原因有两个：一是与资产阶级的需要密切相关。当西方各国的资产阶级处在反封建的新兴的革命阶段，他们对宗教曾采取批判的态度，但是，当他们取得革命的胜利，成为统治阶级以后，特别是在帝国主义时代，面对日益激化的各种社会矛盾，资产阶级迫切需要利用宗教来维护他们的统治。因此，新托马斯主义得到各国垄断资产阶级的竭力扶持。二是与宗教对资本主义各国人民的影响不无关系。在当代资本主义社会中，广大劳动人民承受着各种灾难和痛苦，法西斯式的暴力镇压，民主自由权利被无情践踏，失业、饥饿的威胁，战争恐怖的逼迫，使他们对自己的遭遇悲观失望，希望得救而感到前途渺茫的时候，他们往往会迷信宗教。于是，新托马斯主义者鼓吹的上帝庇护下的民主、自由、幸福以及人道主义对他们产生了深刻影响。直到第二次世界大战后，西方资本主义社会发生了重大变化，科学技术和生产力得到飞速发展，人们对自然的认识能力得到很大提高。但是，资本主义制度的矛盾和危机并缺乏消除，资本主义国家的广大人民仍然不能掌握自己的命运，他们对现实生活、对前途缺乏信心，加上传统的宗教思想对他们的影响，因此新托马斯主义不仅能继续存在，甚至还充斥着资本主义国家的思想文化阵地。

新托马斯主义的创始人是意大利教皇利奥十三（1810—1903年）。1879年8月他发布《永恒之父》的通谕，提出"重建托马斯主义"的口号，并在罗马成立了"圣托马斯学院"作为复活托马斯主义的国际理论中心。继利奥十三以后，在新托马斯主义的形成和流传中起重要作用的是比利时神父、红衣主教曼尔西埃（1851—1926年）。1888年和1889年，他们前后成立的"卢汶哲学协会"和"卢汶哲学研究所"成为宣扬新托马斯主义最早的国际中心之一。而被公认为新托马斯流派领袖的是法国哲学家马利坦（1882—1973年），他一生中写了60多部哲学论著，对新托马斯主义的研究和流传起了很大作用。

新托马斯主义者有一套庞杂的理论，主要研究和讨论的对象是上帝，他们把上帝的存在和它的创世问题摆在各种问题的首位。新托马斯主义主要的哲学观点体现在他们关于本体论、认识论和伦理社会的学说里面。

本体论是新托马斯主义哲学理论的核心。马利坦指出：本体论研究的对象是"存在本身"。那么他们如何理解"存在"的呢？他们把存在分为两类：非本体论的存在和本体论的存在。非本体论的存在是指无生命的物质存在，它被看成是一种偶然的、短暂的、低级领域中不能独立的存在。这种非本体论的存在，在上帝没有赋予它们灵魂之前，只是一种潜在的、可能的存在。本体论的存在，是一种"普遍的存在"，它是超自然的、超时间的"绝对实体"。瑞士的新托马斯主义者波亨斯基在他的《现代欧洲哲学》一书中指出：本体论的存在是一种"自

在地存在着的存在，一种完满意义上的存在"。这种存在的根本属性是统一、真理、至善至美，它就是最高的精神存在——上帝。对于这两种存在的关系，新托马斯主义者认为，是"普遍存在"的上帝给予那些非本体的低级存在以灵魂，使它们从一般潜在的可能的存在过渡到现实的存在。也就是说，非本体论的存在依赖于本体论的存在。十分明显，新托马斯主义的本体论，是一种在客观唯心主义基础上建立起来的上帝创世说，是一种用哲学语言表达出来的神学教义，它的客观作用是诱使人们相信现实的一切都是上帝的意志所决定的，只能顺从，只能听天由命。

新托马斯主义的认识论是以上帝存在为基础的。他们承认人的理智可以认识世界，肯定自然科学能够揭示自然规律，甚至还承认人们可以运用自然科学和知识改造自然界。然而，这一切都是以上帝的恩赐为前提的。他们认为一切认识的基础不是客观实践，而是对上帝的信仰。不过，新托马斯主义者也认识到，他们所处的时代，人们关于自然和社会的知识越来越深入而广泛地发展，在这种时候撇开自然和社会的知识来谈神学和信仰是行不通的。因此，他们竭力把自己装扮成科学的倡导者，并把他们的哲学与现代科学联系起来。马利坦指出：人类的知识可分为三级，即科学、哲学和神学，前两级叫理性认识，后一级叫"超理性认识"。这三者的关系是：科学是哲学的工具，哲学是用来论证神学的工具；通过科学只能获得有限的知识，通过哲学和神学才能获得普遍的认识，而哲学的标准要由神学来确定，并为神学服务。这种认识论的目的是想说明，理性服从信仰，科学服从宗教。

新托马斯主义伦理社会学的突出特征就是鼓吹以神为中心的人道主义。他们指出，现代社会人们之所以发生分裂、隔阂，发生各种冲突和战争，遭受各种不幸和痛苦，根本原因在于人们背离了基督教所倡导的人们爱上帝以及彼此相爱的道德原则。因此，挽救社会危亡、解脱个人苦痛的根本办法就是遵守上帝给人们所规定的生活目标和道德准则，祈求上帝的拯救，在伦理道德上坚持奉行以神为中心的人道主义。马利坦认为，这种以神为中心的人道主义将克服以人为中心的人道主义的固有弊病，将使人们能够享受所应得到的世俗生活和精神生活，克服极权主义，尊重人类的尊严和自由，维护道德上的善的绝对价值。

新托马斯主义是西方现代宗教哲学的一个典型流派。它以复兴中世纪基督教思想为宗旨，力图构建一种新的经院学术综合体系，使其与现代科学体系相协调，将自己标榜成"理性主义"，千方百计地将人与神统一起来。在他们看来，人的自然法既是人真正本性的需求，也是上帝的理性表现；认识道德律不仅要靠理性的论证，更需要信仰和"启示性"知识。它毫不隐瞒地宣扬神学和信仰主义，这与现代科学和文明的发展是格格不入的，但它却能在当代科学高度发展的西方社会广泛传播，说明西方资本主义世界的高科技、高生产和高消费依然无法克服社会的各种矛盾，无法填补人们精神上的空虚。

二、现代西方资本主义经济理论

现代西方经济学，是指以20世纪30年代凯恩斯主义的产生为开端而逐渐形成发展起来的资产阶级经济理论。在现代西方资本主义经济理论中影响最大的是两大学派，即凯恩斯学派和新自由主义学派。此外，还有一些并不占主流，但各自独树一帜，自成体系的流派。

（一）凯恩斯学派

凯恩斯学派是英国著名的资产阶级经济学家凯恩斯在20世纪30年代创立的。约翰·梅纳德·凯恩斯（1883—1946年）出生于英国剑桥城一个典型的资产阶级知识分子家庭，1902年进入剑桥大学读书，先学数学，毕业前一年转学经济学。他的经济学才华得到著名经济学家马歇尔教授的赏识，毕业后不久，他应马歇尔之聘回到剑桥大学任教。1911年，经马歇尔的推荐，他担任了英国《经济杂志》的主编，1913年应聘担任英国皇家经济学会秘书，1915年因对战时的财政金融问题有独到见解而被召到英国财政部任职，并很快任执行秘书长。

1. 凯恩斯主义的形成

凯恩斯主义是在英国经济由盛而衰、江河日下的厄困时期，也是整个资本主义世界的经济出现严重危机的时期，特别是在20世纪30年代经济危机的严重冲击下逐渐形成的。英国从18世纪60年代经过产业革命后进入经济发展的极盛时期，直到第一次世界大战爆发前，英国还保持着世界第一殖民帝国、世界第一海军强国和世界金融贸易大国的地位。但第一次世界大战后，英国虽名为战胜国，经济却一落千丈，失去了世界强国的风采。战争期间，英国商船损失70%，海外投资变卖了1/4，国民财富损失1/3，向美国借债44亿美元，世界金融中心从伦敦转移到纽约。战后初期，英国大力恢复经济，1919—1920年出现了一个短暂的繁荣时期，但不久即爆发了1920—1921年的经济危机，工业生产下降了46%。当英国经济在整个20年代陷入了独特长期的慢性萧条且不能自拔的时候，1929—1933年爆发了世界性的经济危机。这次危机不仅对英国经济产生了严重的影响，而且使整个资本主义世界的经济受到了史无前例的严重冲击。危机使资本主义世界的工业下降了40%以上，使各国的失业率高达30%～50%，使几百万小农破产，无业人口颠沛流离。在危机的严重冲击下，资产阶级传统的自由主义学说完全破产。传统的自由主义学说主要包括三部分：一是英国经济学家亚当·斯密的自由放任主义。他把资本主义经济比做一架机器，认为它有一双"看不见的手"在自动调节着经济活动，因此主张自由贸易、自由竞争。二是法国经济学家萨伊。他在坚持亚当·斯密的自由贸易、自由竞争政策主张的基础上进一步发展，认为社会通过竞争可以达到最佳利用资源的均衡，生产越多，社会需求

就越大，所以社会不存在需求不足的问题。这种"供应创造需求"的理论也就是所谓的萨伊定律。三是以英国经济学家马歇尔为代表的新古典经济学派。他们以萨伊定律为理论基础，提出均衡价格论，主张建立完全自由竞争的市场机制，通过这种机制对供应关系的自动调整，形成供求一致的均衡价格。资产阶级传统经济理论共同的特征就是认为资本主义经济可自动调节，因此不需要政府的干预。但1929—1933年的经济危机爆发后，自动调节完全失灵，奉行自由主义的经济学家在大危机面前一筹莫展、束手无策。为了挽救资本主义经济，一些国家被迫走上了国家干预经济的道路。在美国，1933年罗斯福上台后，便立即抛弃了前任总统胡佛奉行的自由放任主义政策，宣布实行新政，要求国会授予他独裁的权力，并颁布一系列法案，把社会经济生活的大权集中在国家手中，用国家干预经济的办法来克服危机。在这种形势下，对国家干预经济生活的活动和政策迫切需要从理论上加以论证。凯恩斯主义正是在资产阶级传统的经济理论完全失灵、需要探索解救资本主义危机的办法，在罗斯福新政的实践和推动下应运而生的。

　　凯恩斯在第一次世界大战前是马歇尔的得意门生，可以说是地地道道的新古典经济学家。第一次世界大战后直到20世纪30年代，面对英国以及整个资本主义经济所出现的困境，在不断地探索资本主义经济的病症所在和寻找解救方法的过程中，他逐渐同新古典学派在政策上、观点上相背离，最终完成了凯恩斯经济学的创立过程。这个过程主要体现在凯恩斯理论的"三部曲"，即《货币改革论》《货币论》及《就业、利息和货币通论》（简称《通论》）之中。① 1923年出版的《货币改革论》，是凯恩斯针对英国当时"经济陷入慢性萧条"而提出的救治方案。凯恩斯认为，英国摆脱经济慢性萧条的办法，首先需要放弃金本位制，不能按战前传统的自由主义的主张对经济完全放任自流，提出要在货币管理本位制的前提下，坚持以市场机制自动调节为主，国家以温和的货币金融调节为辅，来促使物价稳定，恢复经济的均衡。这时凯恩斯的政策主张与新古典学派虽然有所背离，主要是增加了金融调节的因素，但整个理论仍未越出旧的传统的框架。《货币改革论》发表后并没有引起英国统治阶级的重视，凯恩斯本人也认为他提出的调节方案太笼统、太简单，没有办法解释英国经济长期萧条的问题。于是，他在1930年出版的《货币论》中提出了新的货币调节方案，认为要在考虑利息率和货币数量对物价和经济均衡的影响的前提下进行调节。虽然这一方案比《货币改革论》前进了一步，但其中心仍然停留在金融货币的调节。面对1929年开始的严重的经济危机和大量的失业，这种调节方案根本无济于事。于是，凯恩斯在继续探索资本主义经济病源所在和救治方法的过程中，开始把金融货币的调

---

① 凯恩斯的《就业、利息和货币通论》与马克思的《资本论》、斯密的《国富论》被认为是西方的三大经典经济学著作。

节转向政府财政的干预。加上1933年1月美国罗斯福上台后，推行的"新政"在财政干预方面取得的成功对凯恩斯的启发和影响，终于使他在1936年出版的《通论》中提出了一套较系统、较完整的新的经济学理论体系。这个理论体系的形成是资本主义经济学的一个转折点，即从微观经济学向宏观经济学的转变。传统资本主义经济学属于微观经济学，他们所运用的是"个量分析法"，研究的是一个企业或一个人的经济行为，其中心问题是价值论。而凯恩斯的《通论》建立起来的宏观经济学，是以对整个国民经济进行"总量分析"为特征的，其中心问题是国民收入问题。

2. 凯恩斯主义的特点

凯恩斯经济学说的特点是承认现代资本主义有一系列缺陷，如周期性的经济危机和随危机而来的严重失业。他认为造成这些问题的原因在于资本主义社会的有效需求不足，而产生社会有效需求不足的原因是由人们存在的三大基本心理规律决定的。其一是消费倾向规律。凯恩斯认为，随着社会就业和收入的增加，在每一收入的增量中，个人用于增加消费部分相对减少，而用于储蓄部分相对增多，即储蓄的增长较之消费的增长要快得多，因此，收入和消费的比例关系中，消费倾向是递减的。这就是消费倾向规律。由于这一规律的作用使资本家增加消费品的生产和有效需求发生矛盾，这一矛盾最终势必导致消费品生产过剩，从而堵塞了投资渠道，使充分就业无法实现。其二是资本边际效率规律。所谓资本边际效率实质是指预期的利润率，它取决于资本的供给价格与资本的预期收益。凯恩斯认为，在技术装备及其条件不变的前提下，随着投资的增加，资本预期的收益从长期来看处于下降的趋势，这就影响了资本家投资的积极性，削弱了社会的就业。其三是灵活偏好规律。凯恩斯指出，人们对货币有一种偏好，即总喜欢手里保存一定量的现金，以便应付日常开支、意外开支和投机活动的需要。这种偏好造成了储蓄减少和较高的利息率，使投资不足更加严重。但凯恩斯认为，资本主义经济的这些问题是可以解决的，为此他提出了一系列政策主张。针对30年代资本主义严重的经济危机和大批工人失业的局面，凯恩斯的政策主张的主要目的是要实现社会的充分就业。他认为必须依靠国家的干预来提高社会的消费倾向和加强投资的吸引力以扩大社会的有效需求，才能摆脱危机和失业的困境。那么国家怎样对经济进行干预呢？凯恩斯指出，国家主要通过运用财政政策和金融政策来实现对经济的干预。在财政政策方面，政府通过推行赤字财政和大量发行公债的办法，扩大政府的开支，增加国家的投资和国家的消费。具体办法是：政府承担公共事业的投资，以促进充分就业；政府承担社会福利事业，对贫困线以下的人实行福利救济以缓和社会矛盾；政府对私人企业进行订货和贷款以刺激投资，扩大有效需求，增加就业量。在货币政策方面，主要通过中央银行调节货币供应量，以影响利息率的变动来间接地影响社会的总需求。在经济衰退时要设法降低利息率以刺激投资，在经济高涨时则设法提高利息率来抑制投资的需求。在

财政和金融这两种政策中凯恩斯认为应以财政政策为主,因为它对经济的调节起直接而有力的作用,而货币政策只起辅助作用。

3. 凯恩斯主义与资产阶级传统经济学的区别及其作用

凯恩斯主义的理论和政策主张与资产阶级传统经济学的区别主要表现在三个方面:一是凯恩斯以有效需求不足论代替传统经济学的自动充分就业均衡论。资产阶级传统的经济学认为,整个资本主义经济能自动调节,自动实现充分就业,而不存在长期失业和生产过剩的危机。而凯恩斯认为,资本主义经济由于存在有效需求不足,因此失业与危机是不可避免的。二是凯恩斯以宏观总量分析代替了传统经济学的微观个量分析。资产阶级传统的经济学是以资本主义社会实现了充分就业均衡为前提,对单个经济单位的经济行为进行分析的。凯恩斯则是以宏观为分析对象,用总量分析法对国民收入的总量、总消费、总就业等因素的变动及其相互关系进行分析。三是凯恩斯经济学以国家干预政策代替了资产阶级传统经济学的自由放任政策。传统经济学认为,资本主义经济依靠市场机制的自动调节便可实现充分的就业均衡,因此主张放任自由,反对国家干预经济。而凯恩斯认为,资本主义经济存在的有效需求不足必然引起经济危机和大量失业,要解决这些问题,只有实行国家对经济的干预。

凯恩斯的经济理论是为垄断资产阶级服务的。他虽然坦率地承认资本主义经济存在"非自愿失业"和"有效需求不足"的现实,但他掩盖了资本主义社会产生经济危机和失业的真正原因。尽管他竭力地为垄断资产阶级辩解,但他敢于抨击长期占统治地位的自由放任主义原则,敢于承认资本主义的一些弊病,在一定程度上反映了资本主义现阶段的矛盾特点,这比起资产阶级传统经济学的那种无视现实的态度无疑具有积极意义。更重要的是,在经济大危机的客观事实面前,传统的经济理论已完全破产,凯恩斯提出的反危机理论和政策主张也就成为资产阶级的救命稻草。因此它很快在西方世界引起了强烈反响,并得到迅速传播。战后西方国家为了防止重蹈20世纪30年代大危机之困境,都纷纷把凯恩斯主义奉为国策。1944年5月,英国政府发表一个战后就业的具体计划——《就业政策白皮书》,就把凯恩斯的《通论》作为制定战后"充分就业"政策的理论基础。1946年,美国国会通过了"1946年就业法",把实现全社会的充分就业视为联邦政府的责任。此外,澳大利亚、加拿大也在1945年先后宣布以实现充分就业为自己政府的政策目标。这说明,第二次世界大战后初期,凯恩斯经济学已成为西方世界各国制定经济政策的主要理论基础。直到60年代末70年代初,凯恩斯主义都盛行于整个西方资本主义世界。因此,这段时期也就被称为凯恩斯主义时期。

4. 凯恩斯主义的发展和分化

战后,一方面,随着国家对经济干预的加强,国家垄断资本主义获得了空前发展;另一方面,随着科学技术的进步,国际经济环境和经济条件的变化,资本主义各国的经济也在不断地调整。在调整的过程中出现了混合经济——既有国家对经济生活进行干预和宏观调控的经济，也存在市场机制发挥作用的自由市场经济。为了适应这种经济的发展，资产阶级经济学家认为有必要对凯恩斯的经济理论进行修改和补充。从20世纪50年代开始，就如何对凯恩斯的经济理论进行修改和补充的问题，资产阶级经济学家产生了严重的分歧和激烈的争论，致使凯恩斯经济学派分化为两派。一派是以英国的乔安·罗宾逊为首的新剑桥学派，另一派是以美国的保罗·萨缪尔森为首的新古典综合派。这两派也被称为英国的凯恩斯主义和美国的凯恩斯主义。

新剑桥学派与新古典综合派都是沿袭凯恩斯经济学而形成发展起来的，两者分歧的焦点在于对凯恩斯的经济学有不同的理解，导致两派对一系列经济问题的看法和主张产生差别。一是对社会经济的分析方法不同。新剑桥学派坚持用历史的概念来分析。他们认为，现实中很多的问题，特别是经济问题，是由不可更易的历史造成的。一种经济活动总是存在于一定时期之内，因而就不能不受社会历史和制度因素的制约，而历史是一去不复返的，过去是向着未卜的将来前进的，因此经济的运行事实上是处在动荡不定之中，没有均衡可言。而新古典综合派则坚持均衡概念分析法。他们认为资本主义经济是一个"一般均衡的制度"，"是一种逐步接近均衡的价格和生产制度"。他们基本上以均衡分析作为自己的理论基础。二是对凯恩斯经济理论的缺陷的看法不同。凯恩斯经济学的产生，是资产阶级经济学发展史上一次重大的"革命"，它用宏观经济理论代替了传统的微观经济理论，但它的缺点也正表现在只着重宏观分析而忽视微观经济的分析。尽管这种宏观经济理论在相当程度上适合于克服30年代资本主义经济危机的需要，为现代资本主义经济的发展起了重要作用，但也出现了一些新问题。新剑桥学派认为，凯恩斯经济理论作为一种宏观经济理论体系，其主要缺陷是没有价值理论和分配理论的微观经济分析基础。新古典综合派虽然也认为凯恩斯经济理论缺乏微观经济分析的基础，但他们认为它的主要缺陷表现在只注重宏观需求，而忽略了供给方面的分析；只注重短期的经济失衡，而忽略了长期的经济增长。因此，双方就如何弥补凯恩斯经济理论的缺陷产生了严重分歧。新剑桥学派认为应以李嘉图的价值分配理论来弥补凯恩斯的宏观理论的不足。新古典综合派则认为应以马歇尔新古典学派的生产要素的供给和市场结构方面的价值、分配理论的微观经济分析来作凯恩斯理论的补充。三是政策主张上的不同。新剑桥学派宏观政策的主要目标在于促使收入均等化。他们认为资本主义社会的根本缺陷在于收入分配失调，随着资本主义经济的发展，资本家的利润在国民收入中的比重愈来愈大，而工人工资所占的比重愈来愈小，这就必然出现"富裕中的贫困"，并由此引起社会的一系列矛盾，如罢工、盗窃等问题。因此，他们主张政府经济政策的根本点应立足于解决社会收入分配不合理，实现收入"均等化"。他们主张通过税收政策来改变收入的不均；通过福利政策来缓和收入分配不均的矛盾；通过对劳动

和投资的管制，缓解收入分配失调的问题。新古典综合派宏观政策的主要目标则在于促使经济稳定均衡地增长。为此，他们不仅主张实行"松"、"紧"搭配的财政、货币政策，即认为财政政策与货币政策要一"松"一"紧"，二者不要一致，这样既有助于抑制通货膨胀，又能扩大就业，保持经济稳定发展。他们还主张使财政政策和货币政策微观化，对不同的生产部门制定不同的税率、利率，并通过限制工资、物价的收入政策，创造各种促进就业的政策等实现经济稳定均衡地发展。

新剑桥学派和新古典综合派虽有以上一系列分歧和争论，但其根本利益是一致的。他们都是为了适应资本主义经济的需要，对凯恩斯的经济理论进行补充。其争论的实质，在理论上是为了争夺凯恩斯主义的正宗地位，在实践上是为了探索更好地维护资本主义统治的办法。

在20世纪80年代以后，美国出现了新凯恩斯主义。它主张政府干预经济，强调从供给方面调节经济，既注重微观政策的短期作用，又重视结构性政策的长期效果，从而使国家干预经济的理论发展到一个新水平。

（二）新自由主义学派

新自由主义学派是在20世纪70年代以来，作为对抗凯恩斯主义的国家干预经济政策而在西方兴起的一种经济思潮。第二次世界大战后直至60年代，西方各国广泛推行凯恩斯主义，对暂时缓和资本主义的矛盾，促进社会经济稳定发展起了一定的积极作用，但凯恩斯政策的实施是以庞大支出、财政赤字、通货膨胀为代价的。到60年代末70年代初，凯恩斯主义的这些弊端因长期得不到解决愈益加深，以致陷入了"滞胀"的困境，即出现经济停滞、大量失业和通货膨胀的并发症。在这种现实面前，西方一些经济学家不得不承认凯恩斯主义失灵了。与此同时，一种对抗凯恩斯主义的经济思潮应运而生，它就是新自由主义。它包括货币学派、理性预期学派、供给学派、伦敦学派、弗莱堡学派和公共选择学派等。其中最有影响的是美国的货币学派和供给学派。尽管新自由主义经济学是一个庞杂的体系，但其内涵明显具有市场化、自由化、私有化三层含义。

1. 货币学派

货币学派是美国在20世纪50年代开始出现、70年代蓬勃兴起的学派。它由美国芝加哥大学教授米尔顿和弗里德曼创立，并以芝加哥大学为主要阵地。因此，货币学派也称为芝加哥学派。货币学派以推崇货币主义为主要特征。货币主义的基本含义有三个：一是货币最要紧，货币的推动力是说明产量、就业和物价变化的最主要因素；二是货币存量的变动是货币推动力最可靠的测量标准；三是货币当局的行为支配着经济周期中货币存量的变化，因而货币当局应通过对货币存量的控制来调节通货膨胀，以稳定社会经济的发展。由此可见，货币学派把货币的数量看成是影响社会经济变化的最重要因素。他们以货币数量论为基础，提出以控制通货膨胀、稳定物价为主要目标的经济政策。他们认为货币数量决定商品价格，如果货币数量增加，商品价格也增加；反之则减少。所以，货币数量与商品价格成正比，通货是否膨胀的关键在于货币和商品二者之间的关系。根据这一理论，他们攻击凯恩斯不顾二者之间应保持按比例平衡发展的关系而滥发货币，造成了通货膨胀的严重后果，提出要使物价稳定，就必须使货币供给量的变动率与实际产量的变动率相等。他们以货币数量论为基础，认为资本主义市场经济在动态上是稳定的，这种经济体系若受到外力的干扰，也会自动而迅速地恢复均衡，因而反对国家干预经济，主张自由主义政策。弗里德曼指出：经济自由政策是经济繁荣的保证。资本主义最繁荣的时代是19世纪，其繁荣的主要原因就是实行了斯密的自由主义，而社会发展到20世纪，资本主义经济出现了一系列严重的问题，原因就在于自由经济受到了严重的破坏。私人垄断的出现本身就是对自由经济的干预，罗斯福新政实施和凯恩斯主义传播国家垄断资本主义的发展，这是对自由经济的进一步破坏。他认为，要解决资本主义经济的问题，必须积极倡导自由主义，反对任何集团、任何国家对经济的干预。

货币学派把资本主义经济动荡不稳的根本原因归结为凯恩斯主义的国家干预经济政策，特别是其错误的货币政策导致严重的通货膨胀，提出要通过控制货币存量来消灭经济危机。但事实证明是不可能实现的。比如，英国在1979年全面推行货币主义政策，虽然使通货膨胀率从1979年5月的8.5%下降到1983年的4.0%，但同期失业人数却从100万上升到300万。美国从1979年10月开始实行严格控制货币增长政策，虽然把通货膨胀率从1980年的13.0%下降到4.0%，但同时却带来了创纪录的高利率和战后最严重的经济衰退。这就说明，货币主义和凯恩斯主义一样都没有揭示出资本主义经济关系的本质问题，因而也就不可能从根本上解决资本主义经济所出现的问题。

2. 供给学派

供给学派是20世纪70年代在美国兴起的另一个与凯恩斯主义相对立的经济学派。它的产生是与当时美国经济陷入"滞胀"的局面分不开的。第二次世界大战后，美国以1946年公布的《就业法》为起点，长期推行凯恩斯主义的经济政策，企图通过国家调节，人为地扩大总需求，结果使政府开支、预算赤字、公债发行和物价水平都不断上涨。到70年代，凯恩斯主义的"国家调节"政策走进了死胡同。最明显地表现在两个方面：一是出现的严重失业与通货膨胀并存的"滞胀"现象。据统计，从60年代中期到70年代中期，10年间物价上涨近1倍。而70年代尤为严重。1972年通货膨胀率为3.2%，1974年猛增到10.9%，1979年便上升到13.3%，达到战后最高水平。60年代美国的年均失业率为4.8%，而70年代则上升到6.3%。二是出现了储蓄率、投资率以及生产增长率下降，以及在国外市场的竞争力急剧削弱的现象。据统计，1946—1955年美国个人年储蓄率为8.3%，1956—1965年为7.0%，到1979年竟然下降到4.5%；

1970—1975年美国的投资率为17.6%，同时期德国为23.9%，日本为34%，都大大超过美国。1961—1969年，美国的工业年平均增长率为5.9%，1970—1978年仅为3.1%。70年代美国工业生产还有一大弱点就是产品成本高，在国际市场上缺乏竞争能力。如汽车业的国内市场就被日本占了很大一部分。面对着美国经济出现的这些问题，资产阶级经济学家在对凯恩斯主义进行反思的过程中，产生了与凯恩斯主义对立的供给学派。

供给学派认为，在市场的供给与需求关系中，供给是主要方面，强调自由放任，让市场机制自行调节经济；主张通过减税，以促进供给的增加。1971年4月，美国芝加哥大学教授罗伯特·蒙德尔在意大利举行的一次经济学家会议上，首先提出了通过控制货币供给量和减税抑制通货膨胀、缓和危机的主张。这一基本思想被美国许多著名的经济学家所接受，并在这基础上进行了进一步的研究和发展，从而形成了一个70—80年代风行于美国、并影响到欧洲一些国家的经济学派。

供给学派提出的理论和政策主张可以归结为三方面：一是强调供给创造需求。这是他们的理论基础。他们认为，美国经济的主要问题是在供给方面，而不是需求的不足。"滞胀"本身就忽视了供给，由于供给不足引起了失业，由于长期推行凯恩斯主义的扩张性财政政策和货币政策造成通货膨胀。因此，解决美国经济困境的根本出路在于依靠市场机制，通过加强个人刺激来提高劳动生产率和增加供给。供给增加自然会使需求增加而不必人为地去刺激需求，只要抓住供给这一环节，就可使总需求达到平衡，整个社会经济就会均衡地发展，经济危机也就不会发生，即使发生了也是暂时的，很快就会过去。二是强调市场机制的自动调节作用，主张经济自由，反对国家干预。这是他们经济理论的核心。他们认为美国在第二次世界大战后全面推行凯恩斯主义，通过加强政府干预破坏了市场机制的作用，结果削弱了个人和企业的积极性，同时又造成储蓄率低、投资率低以致资本供给不足，劳动生产率下降。因此，他们提出，为了加强供给，就必须抛弃凯恩斯主义，减少国家的干预，充分发挥市场机制的自动调节作用。三是减税。这是供给学派政策主张的基本内容。他们认为减税是促使供给增加的基本手段，因为减税对社会经济发展将起积极作用。这具体表现在：首先，降低税率、减少税收可以刺激生产者的积极性，从而提高生产效率；同时又可以减轻经营者担心利润减少的心理负担，增加投资和扩大生产，从而形成整个生产的竞争和活跃；其次，减税可以使个人和企业增加储蓄和投资，并促使个人少休闲多劳动。他们认为，在高税率的情况下，从心理上说，人们宁愿多消费，多休闲，少储蓄，少投资，少工作；而降低税率就会起相反的作用，人们宁愿少消费，少休闲，多储蓄，多投资，多工作，这样自然就会促进供给的增加。最后，他们认为，从长远来看，减税可以促使政府收入增加。从减税到刺激生产、降低价格有一个过程，不可能马上收效。但从长远来看，许多部门因为减税而降低生产成本，这就为他们的产品开辟了市场，带来了利润。企业利润的增加，也就意味着国家税源更为丰富，政府收入也会增加。供给学派的经济理论和政策主张在一定程度上揭露了凯恩斯主义的弊端，但它对资本主义经济问题的分析是片面的。它把美国20世纪70年代所面临的经济问题，只简单地看成是凯恩斯主义政策的结果，而回避了资本主义基本矛盾这个根本性的问题。

信息技术和网络技术的发明和广泛使用，对全球社会经济发展和人们生活方式的变化起到前所未有的促进作用，也为金融的虚拟化和病态式膨胀以及金融垄断资本的全球化扩张，提供了强大的技术支撑。以美国为代表的金融霸权国凭借其压倒优势的军事、政治、经济和金融实力在国际货币体系中占主导地位，并将自己的意志、原则或规则强制性地在整个体系中推行，从而获得霸权利润。国际金融巨鳄成为能够跨州越海的贪婪无比、捉摸不定的怪兽，举手投足便有可能致某些国家或地区发生金融地震。中国深受其害，GDP的增长速度从2007年的13%，一下子降到2008年的9%，当年第四季度降至6.8%。① 而美国也同样无法置身其外。20世纪70年代到80年代，美国经济陷入"滞胀"。2008年肇始于美国、波及全球的金融—经济危机，呈现出与以往传统的生产过剩形式不同，是虚拟经济新产品——金融及其衍生品的过剩，引起次贷危机，在极短的时间内波及到实体经济。当时美国绝大多数的金融中心银行在技术上都已经破产。② 对此，凯恩斯主义和货币主义都无法做出解释，出现了所谓的"凯恩斯主义理论危机"。美国民众把金融危机归罪于华尔街的不负责任，非议和责难的发酵产生了2011年9月17日起爆发的"占领华尔街事件"。危机迫使并推动着社会的变革，变革孕育着新理论的产生。经济学家们力图找出解决问题的良方。新古典宏观学派和新凯恩斯主义学派成为了当代西方宏观经济学影响力颇大的两个经济学流派。新古典宏观经济学，又称作"新古典主义"，是由货币主义和理性预期学派发展演化而来的，其代表人物有弗里德曼和卢卡斯，两人都是诺贝尔经济学奖获得者。弗里德曼为首的新货币主义者，反对政府干预经济，认为要尊重市场机能，财政政策不但无效，反而对经济有害，反对根据情况变化而制定和执行货币政策；极力主张单一政策规则；主张减税。他还认为，总财富是决定货币需求的一个重要因素。他把总财富分为非人力财富和人力财富两部分。前者指有形的财富，后者指无形财富，即个人挣钱的能力；在各种资产中，货币与其他有形资产之间按何种比例分割，取决于它们的预期报酬率。他强调，新货币数量论与传统货币数量论的差别在于，传统货币数量论把货币流通速度 V 当做由制度决定的一个常数，而新货币数量论则认为流通速度 V 不是数值不变的常数，而是决定它的

---

① 李慎明主编：《美元霸权与经济危机：今天对今天经济危机的剖析》（上册），社会科学文献出版社2009年版，第44、52页。

② 辜朝明：《大衰退：宏观经济学的圣杯》，喻海翔译，东方出版社2017年版，第335页。

其他几个数目有限的变量的稳定函数。所以，新货币主义在维持传统货币数量论关于 V 在长期中是一个不变的数量的同时，又认为 V 在短期中可以做出轻微的波动。新古典宏观经济学将宏观政策微观化，保持了微观经济学和宏观经济学的一致性和相容性，动摇了传统凯恩斯主义的统治地位，开拓了西方学者研究宏观经济问题的新思路。① 新凯恩斯主义是在传统的凯恩斯学说的基础上发展起来的，但并不是对传统凯恩斯主义的简单沿袭。它既保留了凯恩斯主义的研究方法和某些基本假设，又认真对待各个反对派对凯恩斯学派的批评，如深刻反省缺乏微观基础的传统凯恩斯主义经济学理论等。同时吸纳并融合各个学派的精华和有用的观点，尤其是大量地接纳了新古典宏观经济学派的成果，自己也增添了一些新的基本假设，提出某些新的观点。故此，新凯恩斯主义是批判地继承发展了传统的凯恩斯主义，该学派又被称为第二代新凯恩斯学派。其代表人物有萨缪尔森、萨默斯、斯蒂格利茨和曼昆等。② 新凯恩斯主义经济学的理论特征有三：一是否认古典的"两分法"，二是认为经济是非瓦尔拉斯均衡的，三是实际不完全性是重要的。③ 传统的凯恩斯主义坚持货币非中性轮。新凯恩斯主义认为，传统的凯恩斯宏观经济学在理论上是凌乱的，经济理论应当切合于真实世界、真实世界的制度和现实行为。新凯恩斯主义主张政府干预经济，利用权衡政策工具来达到稳定经济的目的，反对传统凯恩斯主义对经济进行"微调"的主张；主张对劳动制度进行改革，调整工作保障的法规，优化失业补偿制度，增加对失业者的培训，提高其就业机会，激励失业者积极地寻找工作，降低失业率；建议抑制价格粘性，使价格富有伸缩性，以修复失灵的市场机制，稳定总产量。总之，新凯恩斯主义是在保留并继承传统的凯恩斯主义的非市场出清假设、货币非中性假设与短期均衡分析方法的基础上，发展起来的一种经济理论。同时它又是一种区别于以市场出清假设、货币中性假设、长期均衡分析为特色的新古典宏观经济学的一种"新"的经济理论。④

---

① 高鸿业主编：《宏观经济学》（第七版），中国人民大学出版社 2018 年版，第 603－606、613 页。
② 厉以宁：《西方宏观经济学说史教程》，中国人民大学出版社 2015 年版，第 159－160 页。
③ 王健：《新凯恩斯主义经济学》，经济日报出版社 2005 年版，第 12 页。
④ 厉以宁：《西方宏观经济学说史教程》，中国人民大学出版社 2015 年版，第 161 页。又见赵春玲主编《宏观经济学》（第二版），南京大学出版社 2015 年版，第 295－296 页。

第十三章
现代西方自然科学成就和理论

20世纪是现代科学技术迅猛发展的时期,在科学和技术领域发生了历史上空前的、有深远影响的重大突破,大大加速了人类历史的进程,改善了人类的社会生活,坚定了人类改造自然、改造社会的信心和决心。科学技术的惊人发展也造就了一批科学巨匠,产生了一系列伟大的发明和发现。概括地说,这一时期的科学技术成就,无论在数量或质量方面都超过人类有史以来所有成果的总和。20世纪的科学技术革命,发端于世纪交替的物理学革命。

一、爱因斯坦的相对论

19世纪末叶,许多物理学家认为,物理学的理论已经接近完成,后人只需在细节上作些补充和发展就够了。有的科学家甚至断言:"科学已达到了它的巅峰,研究它已无多大意义。"然而,就在他们傲然自得、固步自封的时候,新的发现却接踵而来。1895年,德国科学家伦琴发现X射线①,这一发现把人们引向一个完全陌生的王国——微观世界。1897年,英国科学家通过对能够产生X射线的阴极线的深入研究,发现了电子,从而揭开了电的本质,这是人类向微观世界进军的序曲。1898年,法国科学家居里夫妇发现放射性物质镭,为打开原子大门提供了金钥匙。不久之后,一向被视为不可分割的原子论陈说终于被英国物理学家卢瑟福推翻了。

X射线、元素的天然放射性和电子——这物理学的三大发现,在科学史上具有极其重大的意义。它们不仅打开了原子世界的奥秘,否定了原子不可分、元素不可变的传统观念,而且把人们的视野引向微观世界,开辟了人类认识自然奥秘的新天地,揭开了现代科学技术的新篇章。然而,对于这些重大的新发现,古典物理学无法解释。当时老一辈物理学家企图用修修补补的办法来维护古典理论的框架,而年轻的德国籍犹太物理学家爱因斯坦却独具慧眼,看出了物理学革命的不可避免。他认为,要解决新发现与旧理论之间的矛盾,只有对物理学的理论基础进行根本性的变革。

---

① 伦琴(1845—1923年)由于发现了X射线而被评为1901年第一个诺贝尔物理学奖的获得者。

1. 狭义相对论的创立

阿尔伯特·爱因斯坦（1879—1955年）出生于德国乌尔姆。他大学毕业后，曾在伯尔尼专利局工作。1909—1912年间先后在苏黎世大学、布拉格大学和苏黎世工业专科学校任教授。1913年回到德国，成为威廉皇家物理研究所所长和普鲁士科学院院士，并在柏林大学任教。1933年因纳粹政权迫害而迁居美国，加入美国国籍，在普林斯顿高等研究所从事理论物理的研究工作，直到1955年4月18日逝世。善于独立思考是爱因斯坦的本色。早在十五六岁时，有两个问题给他以思想上的启发：倘若一个人以光速跟着光线跑，那将会看到什么结果呢？一个人凑巧在一自由下落的升降机里，那么又会发生什么呢？不盲从权威、敢于摆脱旧传统观念的束缚，相信世界的统一性，具备直觉思维和逻辑思维紧密结合等正确的思维方式，是爱因斯坦成为物理学地平线上升起的一颗光耀千古的新星的主观原因。从客观上讲，是物理学的危机直接导致了他的相对论的产生。

众所周知，牛顿把时间和空间看成是脱离物质运动而独立存在的框架，认为存在着绝对不动的空间和绝对均匀的时间。这种绝对的时空观念很符合人们的日常经验，长期以来被认为是物理学不可动摇的基础。但是，19世纪末20世纪初，当物理学的研究深入到高速运动时，牛顿的绝对时空观念遇到了不可克服的困难。当时有人就说，在物理学的朗朗晴空中还有两朵令人担忧的乌云：黑体辐射问题和关于光速的迈克耳逊－莫雷实验。后者直接导致了相对论的产生。

按照牛顿理论，光的传递速度在绝对静止的坐标系里各向相同，而在绝对运动为 v 的坐标系里，光速在垂直于该坐标系运动方向上为 c，在顺着坐标系方向上光速应为 $c+v$，就是说，光速应当是各异的。1876—1877年，美国人迈克耳逊和莫雷设计了精巧的实验装置来测量地球上光速在各方向的差别。他们让同一光源发出的光分为两束，沿两条相互垂直的方向发出，经过大致相同的路程各自又反射回来，并使它们会合一起而相互干涉，产生了干涉条纹。然后，把整个装置旋转90度，于是两束光一下子都改变了方向。假如光速是各不相同的，那么，这两条光线来回所花的时间应当改变，干涉条纹也要改变。可是，许多次的实验表明：干涉条纹未发生任何改变！这意味着：地球对绝对空间的运动速度为零，地球绝对静止。为了承认地球运动，解释迈克耳逊－莫雷实验，科学家们提出了各种方案。赫兹认为，地球带着传播光的以太一道运动，[①] 而光在以太中传播的速度总是同一数值 c。因此，在上述实验中，光速是各向相同的，干涉条纹当然不发生改变。1895年爱尔兰学者 G. F. 斐兹杰惹和荷兰物理学者 H. A. 洛仑兹独立地认为，以太是相对绝对空间不动的，不随着运动物体而运动。彭加莱在1904年的圣路易国际艺术与科学大会上作的题为《数学物理学原理》的讲演中

[①] "以太"一词来源于古希腊，原意是高空。笛卡尔用它表示一种充满宇宙的无重物质。后来，一些科学家为解释光学现象，假设有以太存在。19世纪，以太被当作光、电、磁现象的载体。

预言，既然物体运动速度大于光速 c 时，洛仑兹长度缩短的公式失去意义，那么，必然还能找到一种全新的力学。就在他讲演的第二年（1905 年），《物理学年鉴》第 17 卷发表了爱因斯坦长达 30 页的论文《论动体的电动力学》。这篇论文宣告了相对论的创立。同年，爱因斯坦又在该杂志上发表题为《物体的惯性同它所包含的能量有关吗？》的文章，对其理论作了重要补充。爱因斯坦的论文就是对统治了物理学界两个多世纪的牛顿绝对时空论的挑战，从理论上否定了绝对空间的以太的存在，从而开辟了物理学的新纪元。

爱因斯坦在其论文中论述的是适于惯性系统的狭义相对论。它的基本原理有二，即质量与运动的相对性和质量与能量的等价原理。所谓质量与运动的相互关系，即物体对运动惯性的阻抗是可以变化的量。这种称为惯性质量的变化表现在高速运动电子实验中，电子的质量随着速度的增加而变大；反之，运动物体的速度低于光速，因运动而引起的质量增加就不显著。质量的增加与否对相对论来说是有重大作用的，而质量的增加是随着运动速度远高于光速而增加的。这对日后原子物理学领域基本粒子的加速具有重要意义。所谓质量与能量的相互关系，据爱因斯坦说，就是质量可以直接度量物体所含的能量，光可以转变为质量。就此，他提出著名的质能关系式：$E = mc^2$。E 表示能量，m 表示质量，c 为光速。这就说明能量的转换与相应的质量转换不可分，从而否定了经典力学关于质量和能量守恒定律是互相独立的理论。这就是爱因斯坦论证的质量中有能量，能量中有质量。过去彼此独立的质量守恒和能量守恒合并为一个质能守恒定律了。由此，爱因斯坦完成了人类自然科学史上最辉煌的杰作，为狭义相对论建立了完整的内容体系。这不仅批判了牛顿的时空论和运动学说，更重要的是，当原子力这一质量转换成能量时，对人类的命运和前途会产生巨大的影响。这一如此重大的科学创造，改变了两个多世纪以来墨守成规的牛顿定律，使爱因斯坦由一个默默无闻的物理学后辈成为现代物理学和力学巨子。1905 年 10 月，普朗克首先向柏林大学介绍了相对论。1908 年，爱因斯坦的老师、德国数学家闵可夫斯基在德国自然科学家和医生协会第 80 次年会上，对爱因斯坦的上述观点作了全新的数学归纳，提出了相对论的四维时空表示法，把狭义相对论以完美、简洁的形式表示出来。历史发展表明，狭义相对论大大推进了科学前进，成为现代物理学的基本理论之一。历史又表明，创造科学真理需要有胆识者，肯定与赏识创造者也需要有胆识者。

2. 广义相对论的创立

第一次世界大战爆发后，爱因斯坦一面参加反战呼吁，一面在科研上更加奋力进取。1916 年初，他发表了理论物理学史上从无先例的《广义相对论基础》一文，完成了广义相对论的创立。广义相对论是论述引力的学说，是爱因斯坦把狭义相对论理论推广到非惯性系中去的结果，也是向牛顿力学发起的挑战。如果说狭义相对论批判了牛顿的第二定律（绝对时空观）和以太运动的话，那么，

广义相对论则是针对牛顿的万有引力定律而作的。它解决了很长时期以来牛顿的"超距力"的难题。所谓"超距力",指比如两个物体相互都具有吸引力,太阳和地球相距1.5亿公里,太阳的引力还是传给了地球,这引力如何产生?又怎样能够传递?爱因斯坦用场论形式的理论回答了牛顿的"超距力"问题。他把引力视作引力场与物体之间的连接作用。实验证明,不同质量的物体同时落地,表明引力质量与惯性质量是相等的。在引力场中,一切物体同时坠落,在加速系中作加速运动的物体如同在引力场中一样,引力场与加速系之间的等价性即称"等价原理"。由等价原理,爱因斯坦引出空间"弯曲"说。他认为,空间是不均匀的,是由物质和场所决定的;空间"弯曲"决定了引力场中物体轨道的几何状态,它表现为太阳系的行星轨道因太阳的物质作用而产生空间弯曲。

爱因斯坦在广义相对论中所阐述的引力学说,促进了非欧几何学在物理学上的运用,这在自然科学史上是前所未有的。相对而言,狭义相对论研究的是不牵涉引力学说的一定范围内的直线、匀速相对运动,而广义相对论则是对一切运动的参照系的研究,即对引力的专门研究。广义相对论的建立是20世纪人类的骄傲,也是20世纪科学史上的最高成就。广义相对论扩展了狭义相对论的结果。在广义相对论中,爱因斯坦做出这样的假说:自然规律对于以任何形式相对运动着的观察者来说都是一样的;物质存在的空间不是平直的欧几里得空间;而是弯曲的黎曼空间;某一区域时空曲率取决于该区域的物质质量及其分布状况;引力场中的一切运动在时空中都走最短路程;光线的路程要弯曲,时钟的走时要变慢。爱因斯坦曾提出可供验证广义相对论的三个现象,不久就得到了实践的证明。其一,爱因斯坦指出,水星近日点的运动包含着广义相对论的效应,用广义相对论计算比用牛顿力学计算,这种运动每百年应多43秒。而事实上,自1859年发现水星近日点的运动以来,恰巧有每百年43秒的运动是用牛顿力学无法解释的。其二,1915年爱因斯坦按广义相对论计算出太阳边缘通过的光线要发生1.70秒的偏转。1919年5月29日日全食期间,英国皇家天文学会派出的两支观测队在西非和南美实测的偏转值分别为1.61秒和1.98秒,与爱因斯坦的预言相当接近。其三,爱因斯坦根据广义相对论引力论预言,在强引力场中因时钟要走慢,所以,从大质量星球表面射到地球上的光谱线将向红端移动。1925年美国天文学家W. 亚当斯观测到了天狼星伴星发出的光线的引力频移;到1965年,利用穆斯堡尔效应测得更准确的相对频移值,与相对论的理论预测值误差不到1/100。

3. 爱因斯坦在其他领域的贡献

爱因斯坦一生对科学的贡献非常巨大,除创立狭义相对论和广义相对论之外,他还提出了现代宇宙论和统一场论,探讨宇宙起源问题,从而启发了众多科学家在这方面的探讨、研究和创造。1905年,他提出光量子假说,1906年又把量子概念运用到晶格振动上,解决了低温时固体比热同温度变化的关系问题;

1916年，他从玻尔的基本假定出发导出了普朗克的辐射公式，并提出受激辐射的概念，为激光技术的产生奠定了理论基础；1924年德布罗意物质波假说刚一提出，爱因斯坦就用它来处理单原子理想气体，同玻色一起建立了玻色－爱因斯坦量子统计理论。在分子运动论方面，他的关于液体中悬浮粒子运动的两篇论文不仅在理论上完全解决了1827年发现的布朗运动，① 而且提出了测定分子大小的新方法。从1905年到1955年爱因斯坦逝世，在这整整半个世纪中，他在上述学科中的贡献实为首屈一指。他在物理学领域做出的划时代的革命性创造和贡献震惊了世界学术界，有人称他为"20世纪的哥白尼"，也有人认为他一生理应获得5个诺贝尔奖。他是继哥白尼、伽利略、牛顿、达尔文之后最伟大的科学家。他打破经典物理学定律的事实也说明人类的智慧是无穷无尽的，人类将会创造更加伟大而光辉的未来。

二、普朗克的量子论及量子力学理论

在20世纪，物理学的另一场大革命是建立量子论。它是由黑体辐射问题引起的。黑体是指一种能完全吸收电磁辐射而完全没有反射和透射的物体。对有关热辐射现象的理论解释，成了19世纪末物理学天空的"两朵乌云"之一。虽然在1879年J. 斯蒂藩就给出了辐射能量与辐射体温度间的公式，1884年玻尔茨曼又从理论上推导这个公式，但它只能给出辐射的总能量，而无法阐明辐射能量按波长分布的规律。为了找到这个规律，许多物理学家开始对黑体辐射进行研究。1893年，德国物理学家W. 维恩根据麦克斯韦电磁理论和热力学定律，推导出一个结论：黑体辐射能量最大的波长与黑体的绝对温度成反比。这就是说，辐射能量按波长分布的最大区域，将随着温度的升高向波长短的方向移动。此即移位定律。1896年，维恩终于通过半理论半经验的途径，建立起一个描述辐射能量按波长分布的维恩定律。但维恩定律仅在短波部分与实验符合较好，在长波部分却与实验有很大偏离。1900年，英国物理学家L. 瑞利根据统计力学和电磁理论推导出另一部能量分布规律，1905年又经英国物理学家J. 金斯的修正，称瑞利－金斯定律。但这个定律恰与维恩定律相反，在长波部分与实验比较符合，而在短波部分与实验大相径庭。实际上，当波长越来越短时，辐射能量本应渐趋于零，而按这个定律却将趋向无穷大。后来，P. 埃伦菲斯把它称为"紫外灾难"②。1900年10月初，已经从事热力学研究20余年并从1893年起即着手黑体辐射研究的德国物理学家普朗克试图解决这一难题。

---

① 悬浮微粒不停地做无规则运动的现象。这是英国植物学家布朗（1773—1858年）在用显微镜观察悬浮在水中的花粉时发现的，故名布朗运动。

② "紫外灾难"是指用于计算黑体辐射强度的瑞利－金斯定律，在辐射频率趋向于无穷大时，计算结果与实验数据无法吻合的物理事件。

（一）量子力学发展的初级阶段

1. 普朗克的量子假说

马克斯·普朗克（1858—1947年）出生于德国基尔。他从完全不同的方向进行解决辐射问题的尝试。1899年，他从热力学推导出维恩定律。1900年10月19日，普朗克向德国物理学会作了题为《维恩辐射定律的改造》的报告，正式提出了这个在短波段与维恩定律相近而在长波段则与瑞利定律相近的公式。鲁本斯当晚就对这个公式做了实验性验证，结果是它与实验符合得很好。然而，这个公式还是半经验公式，它是借助维恩和瑞利公式，用内插法，并参照实验数据凑出来的。普朗克意识到，要把上述公式理论地推导出来，就必须引入一个前所未闻的大胆假设：物体在发射辐射和吸收辐射时，能量的交换都是以不连续的方式进行的，能量只能以一定的数值和这一数值的整数倍被辐射或吸收，而不可能采取这些间断数值间的任何值。这就是说，能量是不连续的，不是无限可分的，而是有个能量的最小份额，普朗克把它称为"能量子"或"量子"。能量子对应不同波长的辐射具有不同的数值，但都等于其频率 Z 乘以一个常数 h，即 $E=h\nu$（E 是量子的能量，ν 是量子的频率，h 是一个比例常数）。1900年12月14日，普朗克在德国物理学会会议上宣读了他的论文《关于正常光谱的能量分布定律的理论》，正式提出了具有重要的革命性意义的量子假说：辐射的发出和吸收都是量子化的。这就是普朗克的量子论。1918年，他获得了诺贝尔物理学奖。

然而，由于普朗克的量子假说与当时物理学界的习惯思维方式实在是相差太远，而且也为一般人的常识所难容，所以，人们只接受了普朗克描述辐射能量分布的公式，而不接受他以这一公式作为基础而提出的量子观念。量子论几乎遭到英国和法国物理学家的普遍拒绝。这种处境迫使普朗克一再倒退，因为他不愿人们说他是经典物理学的破坏者。而事实上他已通过他的量子论破坏了经典物理学的庞大体系。1910年他放弃了辐射的吸收过程必须是量子化的假设。1914年，他甚至连发射过程的量子假设也想放弃。尽管如此，普朗克所假设的黑体是由多个振子所组成，每个振子的能量都是这个数值的整数倍；微观世界发生的事是在不稳定不连续的活动中完成的等等，其天才假想实现了对自然规律的双轨研究，即从宏观和微观两个世界来考察能量的变化。而对基本粒子的微观的认识规律完全不同于宏观规律。他的假设成为现代量子物理学的起源，它使20世纪的物理学发生了革命性的变化，量子力学成为了现代物理学的理论基础之一，并成为新物理学的基石和第一个里程碑。

当普朗克的假设在学术界遭冷遇的时候，一个不同凡响的声音在瑞士发出。这就是爱因斯坦的声音。1905年，爱因斯坦在《关于光的产生和转化的一个启发性观点》一文中提出，应把光看成具有能量 $E=h\nu$ 的能量子的集合，并把这种光的能量子称为"光量子"，即后来被称为的"光子"。他的光量子说，不仅把普朗克的量子假说运用于对光的认识，而且把能量不连续的量子化特征从辐射的发射和吸收推广到了传播过程。他还用光量子论成功地解释了荧光、光电离，特别是光电效应等过去经典物理学难以解释的现象。光量子论的建立，是物理学关于光的认识划时代的进步，它不是对光的电磁波动理论的简单否定，也不是对光和微粒发射说的简单回复，而是走向"波动及发射理论的一种融合"。爱因斯坦通过计算小频率范围内辐射的能量涨落，发现存在显然独立的两种涨落机制，对于统计平均现象，光表现为波动；对于瞬时涨落现象，光表现为粒子。这样，他就第一个揭示了光的波粒二象性，也在科学认识史上第一次揭示了微观客体的波动性和粒子性的统一。此后，爱因斯坦又把量子概念推广到其他领域中，1907年，建立了比热的量子理论。1912年他又把量子论用于光化学现象。但光量子论也遇到了几乎所有老一辈物理学家的反对。直到1922年，美国物理学家A. H. 康普顿发现康普顿效应以后，人们才发现只有光量子论才能对这一效应做出解释，康普顿效应也被看成是光量子论的判断性实验。爱因斯坦是肯定和赞赏普朗克学说的第一人。普朗克本人在以后也认识到其革命性假设的重大意义。在物理学界对以量子论为基础的世界认识进行讨论时，普朗克说："认识宇宙的现实因素不再是化学原子，而是电子和质子的波，其相互作用是由光的速度和基本的有效量子决定的。"

2. 玻尔的原子结构模型

继爱因斯坦之后，年轻的丹麦物理学家N. 玻尔（1885—1962年）投奔到量子论大旗之下。1911年玻尔由于用经典电动力学研究金属中的电子运动遇到很大困难，便寻求新的理论工具。他先后来到了剑桥大学著名的卡文迪许实验室和曼彻斯特卢瑟福实验室深造。玻尔综合了当时的许多新实验现象和理论。1913年，这位28岁的学者对卢瑟福关于原子结构的模型作了修改和重大发展。他认为，电子可能处在原子核外几种稳定的轨道之中，每种轨道相当于一定的能级，当电子运动状态改变的时候，它从一个轨道跳跃到另一个轨道，这个能级的变化，反映在吸收或辐射一定能量的光或热。关于原子结构的这种模型，称作卢瑟福-玻尔模型。它满意地解释了一些简单原子的辐射现象。玻尔不仅在量子力学的创立过程中起了重要作用，而且特别重视对物理学问题的哲学探讨，提出了著名的"互补原理"。但玻尔模型在分析氨的原子结构时却遇到了困难。

从普朗克量子概念到玻尔的原子结构模型，这是量子力学发展的初步阶段。到1923年德布罗意的物质波理论创立，量子力学才开始进入新的阶段。

（二）量子力学的发展阶段

1923年，法国物理学家德布罗意意识到：能否把爱因斯坦关于光的波粒二象性的发现推广到电子和一切微观粒子呢？于是，他在光与物质粒子间进行了类比的思考：物质粒子具有粒子性，光也具有粒子性，物质粒子运动的定理和光的运动定理在数学形式上非常相似，而光还具有波动性。1924年他在提交巴黎大学理学院的博士论文《关于量子理论的研究》中认为，如同辐射具有粒子性一样，粒子也具有波动性，量子论公式也应适用于电子等物质粒子，并提出"物质波"概念。① 1927年1月，美国物理学家戴维逊和革末用电子束射向镍单晶体，产生了衍射。同年5月，英国物理学家汤姆逊得到电子束穿过金属的衍射图像。此后，斯特恩在1929年、约翰逊在1931年用氦原子、氢原子乃至氢分子在晶体表面成功地进行了衍射实验。这些实验都证实了"物质波"的实在性。德布罗意的物质粒子的二象性理论，是量子理论的一次重大突破。它确定了量子理论的研究对象就是微观粒子的二象性及微观粒子的运动规律，通过寻找微观粒子特性的运动规律，导致量子力学的建立。

（三）量子力学的最终建立阶段

1925年，奥地利物理学家E. 薛定谔由几何光子中光的传播规律与质点力学中粒子运动规律的相似性找出其间的关系，再在德布罗意物质波公式的基础上用类比方法从波动光学关于光波在空间传播的方程式，推出物质粒子的物质波在空间传播的方程式，即著名的薛定谔方程；并以此方程为基础，建立了一套"波动力学"的理论体系。波动力学以十分好的近似程度正确地表述了电子的行为，可以广泛解释有关各种原子过程的经验事实。与此同时，德国物理学家W. 海森伯（1901—1976年）直接从玻尔的理论出发，在爱因斯坦创立相对论抛弃牛顿绝对时空观念的启示下，抛弃了玻尔对原子中电子运动仍使用的经典描述（如轨道等概念），按照"仅仅以那些在原则上可观察的量之间的关系为根据"的原则，提出一套建立新的力学理论的数学方案，并在老师玻恩和约尔丹的帮助下，以矩阵方法为数学工具，建立了"矩阵力学"的系统理论。1925年11月，狄拉克用泊松括号代替矩阵方法，更方便地把古典方程改造成量子力学方程。1927年，海森伯认为，微观粒子的位置和速度不可能同时被确定。因为确定了微观粒子的位置，就不能确定其速度；确定了它的速度，又不能确定其位置。这便是海森伯的"测不准原理"。1930年，海森伯发表《量子论的物理原则》，此书对量子论的发展具有重要意义。几乎同时创立了"矩阵力学"和"波动力学"的物理学大师们，经过短暂的对峙之后，很快发现，这两种新力学体系实际上是等价的。1926年，薛定谔将两者统一起来。至此，量子力学宣告建立。1928年，英国物理学家狄拉克又从一些更普遍的假设出发，并引入爱因斯坦的相对论，建立了相对论性量子力学。量子力学的建立，完成了物理学基本观念的变革。它不仅把粒子和波作为物理学所研究的物质实在最终统一起来，而且改变了对微观客体运动的描述方式。由于量子力学用以描述粒子状态的是波函数，而对波函数的意义只能作

---

① 物质波是概率波，指空间中某点某时刻可能出现的概率，其中概率的大小受波动规律的支配。

统计解释，这就从根本上动摇了经典物理学的机械决定论和因果论。量子力学所揭示的"测不准原理"，甚至使得像经典力学所认为的"某个质点在某一时刻具有某种位置和速度"的观点都失去了意义。"测不准原理"从根本上改变了人类对物质结构和相互之间的作用的认识。对微观现象不确定性的认识，直接否定了宿命论。总而言之，由许多物理学家的相继努力，经过一系列进步台阶才建立起来的量子力学，既是关于微观粒子低速运动规律的科学，也是人类对自然界认识的一次重大飞跃。人们突然发现，宏观世界的物质运动规律并不适合于微观世界，从而使人们的自然观念发生了一次深刻的革命，并为现代自然科学奠定了理论基础。

（四）量子计算机和量子卫星的产生

1. 量子计算机的产生

量子计算机是指用量子门电路操纵量子位来进行计算的计算设备，主要应用于复杂的大规模数据处理与计算难题，以及基于量子加密的网络安全服务。1969年，史蒂芬·威斯纳最早提出"基于量子力学的计算设备"。1981年，物理学家理查德·费曼在一个著名的演讲中提出利用量子体系实现通用计算的想法。他设想用量子系统所构成的计算机来模拟量子现象，则运算时间可大幅度减少。他在报告中讲道："能不能做出一种新的（模拟量子力学的计算机）——量子计算机？——这不是那种图灵机（Turing Machine），而是另外一种类型的计算机。"从而使量子计算机的概念诞生。1994年，贝尔实验室的专家彼得·舒尔证明量子计算机能完成对数运算，而且速度远胜传统计算机。他还在数学上证明，传统计算机要用几个月时间才能解决的问题，量子计算机可以在几秒钟内解决。物理学家戴维斯便指出："我相信21世纪将会是量子时代。"① 2001年，科学家在具有15个量子位的核磁共振量子计算机上成功利用秀尔算法对15进行因式分解。2007年2月，加拿大D-Wave（D波系统公司）宣布研制成功16位量子比特的超导量子计算机，但其作用仅限于解决一些最优化问题。2017年12月，德国康斯坦茨大学与美国普林斯顿大学及马里兰大学的物理学家合作，开发出了一种基于硅双量子位系统的稳定的量子门。量子门作为量子计算机的基本元素，能够执行量子计算机所有必要的基本操作。据北京时间2019年1月8日消息称，据英国《金融时报》报道，IBM已开发了第一台独立的量子计算机，将一些全球最先进的科学技术集成到一个9英尺的玻璃立方体内。该公司在2019年的拉斯维加斯国际消费电子展上首次公开了这一名为IBM Q System One的系统。这是全球目

---

① 杨建邺：《上帝与天才的游戏——量子力学史话》，商务印书馆2017年版，第368、371页。

前唯一的一台独立量子计算机。①

2. 量子卫星的产生

量子卫星是一种具有传输高效和绝对安全等优点的通讯卫星,被认为是下一代通信和计算机技术的支撑性研究。由于量子不可分割、状态不可克隆的特性,将其作为信息载体便可以实现抵御任何窃听的密钥分发,进而保证传输内容的绝对安全。以此为核心研究内容的量子卫星通信,也已成为全球物理学研究的前沿与焦点领域。根据欧盟官方给出的统计,在量子计算方面,欧洲最强,美国次之。2002年10月,德国慕尼黑大学和英国军方下属的研究机构合作,在量子密码技术研究中取得重要进展。科学家们用激光成功传输了光子密钥,传输距离达到23.4公里,创造了迄今为止的世界纪录。这次试验的成功使通过近地卫星安全传送密钥并建立全球密码发送网络成为可能。2009年11月15日,世界首台可编程的通用量子计算机正式在美国诞生,美国的科学家把量子密钥分发做到了100米、200米。同年,英国布里斯托尔大学的科学家研制出基于量子光学的量子计算机芯片,可运行秀尔算法。2010年3月31日,德国于利希研究中心发表公报:德国超级计算机成功模拟42位量子计算机。在此基础上研究人员首次能够仔细地研究高位数量子计算机系统的特性。2012年9月,一个澳大利亚的科研团队实现基于单个硅原子的量子位,为量子储存器的制造提供了基础。2016年3月,欧盟委员会发布《量子宣言(草案)》,呼吁欧盟成员国和欧盟委员会发起资助达10亿欧元的量子技术旗舰计划,确保欧洲的量子产业在全球产业蓝图中的领导地位。同年7月,美国国家科学技术委员会发布《先进量子信息科学:国家挑战及机遇》报告。美国政府每年斥资2亿美元资助量子信息科学领域的基础和应用研究。②但是,在2019年1月31日,美国科学促进会宣布,给中国潘建伟教授领衔的"墨子号"量子科学实验卫星科研团队授予2018年度克利夫兰奖,以表彰该团队推动大尺度量子通信实验研究做出的卓越贡献。这是美国科学促进会设立此奖90多年来,中国科学家在本土完成的科研成果首次获得这一重要荣誉。③

---

① 新浪科技:《重磅:IBM发布全球首台独立量子计算机 或将对外出售》,载新浪网(https://tech.sina.com.cn/it/2019-01-08/doc-ihqhqcis4230476.shtml)2019年1月8日。

② 陈伊凡:《潘建伟:这3个原因使中国成为量子卫星首发国家》,载凤凰资讯网(http://news.ifeng.com/a/20160824/49832736_0.shtml)2016年8月24日。

③ 中安在线:《"墨子号"量子卫星成果获克利夫兰奖》,载中央人民广播网(http://www.cnr.cn/ah/news/20190202/t20190202_524501815.shtml)2019年2月2日。正当西方工业强国紧锣密鼓加快量子卫星的研究时,2016年8月16日,中国量子卫星"墨子号"在酒泉卫星发射中心成功发射。作为世界首颗量子科学实验卫星,发射升空之后将会进行量子通信实验。2017年年初,中科大潘建伟教授及其同事彭承志等组成的研究团队,联合中国科学院上海技术物理研究所王建宇研究组等,利用"墨子号"量子卫星在国际上率先成功实现了千公里级的星地双向量子纠缠分发,并在此基础上实现了空间尺度下严格满足"爱因斯坦定域性条件"的量子力学非定域性检验,在空间量子物理研究方面取得重大突破,相关成果于6月16日以封面论文的形式发表在《科学》杂志上——引者。

三、原子核和基本粒子

（一）对原子核的研究及裂变的发现

原子核物理学是研究原子核的组成、变化规律以及内部结合力的学科。但要探索原子核的组成及其变化，就必须人为地变革原子核，深入它的内部，揭示它的奥秘。这门学科产生的年代，目前很难确定。早在19世纪末，放射性和电子的发现就已揭示出原子内部的结构。1911年卢瑟福发现原子内部有一个核；1913年玻尔进一步指出，放射性变化发生在原子核内部。对放射性现象的研究揭示了原子核是一个复合体；镭衰变时放出巨大热量，又表明原子核是由很强的力结合起来的。原子核的物理学就是在此基础上逐渐形成的。

早在1815年，英国医生兼化学家普劳特（1785—1850年）根据多数元素的原又子量是氢原子量的整数倍，提出所有元素都由氢原子组成的假说。100年后，即1914年，该假说又被重新提出，并把氢原子核命名为质子。由于质子带正电荷，所以当时人们就设想原子核是由质子和电子组成的。卢瑟福于1920年提出一种猜想，认为原子核内可能存在一种中性粒子，它是由一个质子和一个电子结合而成的。卢瑟福一直追寻这种粒子，但历经12年后，才由他的学生兼助手、英国物理学家查德威克找到，并把它命名为中子。中子的发现为核物理学开辟了一个新纪元。它不仅使人们对原子核的组成有了一个正确认识，而且为人工变革原子核提供了有效手段。由于中子不带电荷，不受静电作用的影响，可以比较自由地接近甚至进入原子核，容易引起核变化，因此，它立即被科学家用来作为轰击原子核的理想"炸弹"。可以说，它是打开核奥秘的钥匙，并在开发原子能的事业中确实大显身手。

1934年1月，法国的约里奥·居里（1900—1958年）夫妇用粒子去轰击铝，得到了天然不存在的放射性同位素磷^{30}（$_{15}P^{30}$）。它放出正电子（$1e^{0}$），半衰期约为3分钟，最后衰变为稳定元素硅（$_{14}Si^{30}$）。他们还用α粒子轰击了氢、钾、铍、碳、氮等元素，观察到类似现象。这些发现表明：放射性同位素可以人为产生，即由稳定化学元素经α粒子轰击而生成，这样的放射性元素会再放出某种粒子而衰变成另一种稳定元素。由于约里奥·居里夫妇发现了人工放射性而获得1935年的诺贝尔化学奖。

约里奥·居里的发现开辟了一个新的实验研究领域，推动人们去寻找更多的人工放射性同位素。但科学界进一步的研究发现，用α粒子作"炮弹"轰击原子核，使其具有放射性的元素仅限于轻元素，对于重元素却不起作用。意大利物理学家费米（1901—1954年）在研究中提出了新设想。他的思路与众不同，别人考虑的是炮弹"轰击"问题，而他考虑的却是轰击"炮弹"问题。1934年上半

年，费米决定用中子作炮弹按照周期表的顺序从氢开始，逐个轰击，一直到第9个元素氟才得到了放射性同位素。费米在短短的几个月就得到了37种放射性同位素，开辟了人工制造放射性同位素的更有效途径。1934年10月，费米小组又发现：中子通过石蜡后变成了更优良的炮弹。费米认为这是由于中子通过含氢的石蜡，中子与氢原子的弹性碰撞，使中子速度减慢的结果。慢中子具有更强的激起核反应的能力。接着他又发现水也具有使中子慢化的作用。慢中子及其效应的发现，被认为是"核时代的实际起点"。由于费米成功地用中子轰击原子核，创造了一系列新的放射性元素和发现慢中子效应而获得1938年诺贝尔物理学奖。

费米小组认为，用中子轰击元素周期表中的许多元素的原子核，许多元素的原子核吸收了一个中子后失去稳定性，通过β衰变发射出一个电子，中子变成质子而转变成周期表中下一个位置的元素原子核，即原子序数增加1。当他们用中子轰击周期表中最后一个元素、原子序数为92的铀原子时，企图得到原子序数为93的新元素，可是却得到一些使他们迷惑不解又分析不清的放射性元素。因此，他们认为其中至少有一种放射性元素可能是超铀元素。1934年5月，他们发表了实验报告。通过实验，他们实际上已经发现了核裂变，但由于误认为发现了超铀元素而错过了一次重大发现的机会。1936—1938年间，柏林威廉皇家研究所的放射化学家O. 哈恩和他的学生F. 施特拉斯曼及其合作者、奥地利女物理学家L. 梅特内，进行对费米实验的认证工作。他们在反应产物中找到了镭、锕、钍，认为这在一定程度上证实了"超铀元素"出现的可能性。1938年9月，约里奥·居里夫人和她的助手、南斯拉夫物理学家P. 萨维奇在用中子轰击铀的实验中发现，原来在反应产物中认为出现的锕，实际上很可能是镧。哈恩和施特拉斯曼在得知约里奥·居里夫人的实验结果后又重新进行了实验。到1938年12月，他们提出的新报告改正了过去的判断：过去认为是镭、锕、钍，实际上是钡、镧、铈。但哈恩仍对这个新结果充满疑虑，便将实验结果函告远在斯德哥尔摩的梅特内。梅特内与她的侄子、奥地利物理学家O. 弗里施进行了认真的讨论。最后确信，在实验中发生的真实过程是：铀核在吸收中子后，分裂成两个原子核，一个是原子序数为56的钡核，另一个就应是原子序数为36的氪核。他们将这一过程称为核的"裂变"，并根据爱因斯坦的质能关系式 $E = mc^2$，估算出一个铀核裂变将释放约2亿电子伏的巨大能量。1939年1月27日，玻尔在华盛顿理论物理讨论会上宣布了哈恩和施特拉斯曼的发现，以及梅特内和弗里施的解释，立即引起物理学界的震动。当时就有人提出，如果铀核在裂变中再发出一个以上的中子，这些中子又能引起别的铀核裂变，由此就可以形成链式反应，从而能在极短时间内释放出巨大能量。1939年春天，约里奥·居里及流亡美国的匈牙利物理学家L. 西拉德和费米等人都分别证实了实现链式反应的可能性，而且速度极高，两次反应的时间间隔只有50万亿分之一秒。这表明，铀裂变链式反应一旦实现，极短时间内将有巨大能量释放出来。原子核裂变这一系列发现具有划时代的意义，它为人类开辟了一种新的能源，即核能，俗称原子能。就在同年，约里奥·居里取得了通过铀核裂变释放能量的第一个原子能反应堆（重水/天然铀型）的专利。

然而，20世纪作为原子时代开端的应该是第一颗原子弹的试制与爆炸。美国物理学家奥本·海默（1904—1967年）早在加利福尼亚大学讲学时，就开始了原子和原子核方面的研究工作。他从天然铀中分离出铀235，确定了生产原子弹所需铀的临界质量数。第二次世界大战爆发后，美国陆军部决定实施一项利用核裂变过程来制造原子弹的计划，即"曼哈顿计划"。奥本·海默被任命为该项计划的科学工作负责人。他很快建立起实验室，集中了许多杰出的科学家，仅用几个月时间就第一次成功地获得了自持链式核反应，紧接着又研制出一颗实验用原子弹，并于1945年7月16日在新墨西哥州的沙漠地区成功地进行了核爆炸。另外两颗按计划制造出来的原子弹由美国空军的轰炸机投到了日本的广岛和长崎，加速了日本军国主义分子的投降。

（二）粒子物理学的研究及发展

粒子物理学是研究比原子更深层次的微观粒子内部结构及其转化规律的科学。由于研究这些微观粒子时，往往需要用很高能量的粒子作"炮弹"去轰击"靶"粒子，所以人们把这门学科又叫高能物理学。它是当代的一门前沿科学。

在21世纪20—30年代，人们知道的微观粒子只有电子、质子、中子和光子4种，以为这些粒子是物质微粒结构的最小单元，称之为"基本粒子"。随着实验技术和理论研究水平的提高，人们便很快地发现基本粒子为数甚多，至今已知的即达400多种，所谓"基本粒子"也不是最基本的了。

1928年，英国青年物理学家狄拉克从理论上预见了反粒子——正电子的存在；1932年，美国科学家安德森从对宇宙线的研究中证实了正电子的存在。正电子的发现第一次证明了反粒子的存在，显示出自然界的一种基本的对称性。过了23年之后，美国科学家O. 钱伯林等人发现了反质子。次年，塞格雷等人又发现了反中子。此后，人们还发现了一系列反粒子。中微子是泡利于1931年在解释β衰变现象时预言的。1934年费米认为，β衰变是中子转变为质子、电子和中微子（实际上是反中微子）的过程。同样，质子也能转变为中子、正电子和微子，这就是发射正电子的β衰变。直到1956年，美国物理学家F. 莱因斯和C. C. 柯恩等人利用大型反应堆经3年的努力，才终于直接探测到反中微子。1962年，美国布鲁克海文国立实验室的科学家们又发现了另一种中微子Vu。1968年探测到来自太阳的中微子。

1932年，海森伯提出"交换力"的概念，认为质子与中子之间的核力是由于它们不断相互交换电子而引起的。日本物理学家汤川秀树于1934年提出介子场理论，设想存在着一种传递核力的媒介粒子，它介于电子和质子之间，故称介

子。1947年，英国物理学家鲍威尔利用照相乳胶技术在宇宙线中终于找到了汤川预言的粒子，它的质量是电子的273倍，称为"π介子"。这时，人们知道的基本粒子已有电子、光子、质子、正电子、中微子、π介子等。它们当中的多数都是由理论首先预言的。此后，又有许多新粒子出乎意料地被相继发现。这些新粒子可按质量分为两组：一组比核子（质子、中子）重，称为超子；另一组质量介于核子和介子之间，称为重介子。这些粒子都有一种奇特的性质，就是产生得快，衰变得慢，因此，人们称之为奇异粒子。

随着基本粒子数量不断增多，物理学家开始了对基本粒子性质和结构的理论研究。按其质量、寿命、自旋以及参与的相互作用等性质，可分为轻子、重子、介子，以及相互作用的传递者。近30年来的大量实验事实表明，至少强子（重子和介子）是有内部结构的。早在1930年，德布罗意就提出过光子可能是正反中微子复合体的想法。1949年，费米和杨振宁提出介子是由正反核子组成的费米－杨振宁模型。奇异粒子发现后，日本物理学家坂田昌一从物质无限可分的思想出发，于1956年提出了强子相互作用的复合模型，认为强子都是由质子、中子、Λ超子及其反粒子构成的。坂田模型不仅解释了介子、重子的一些性质，而且成功地预言了中性介子π的存在。1964年，美国物理学家M.盖尔曼在建立强子的周期表后提出了夸克模型，认为介子由一对正反夸克组成，重子由3个夸克组成。1965—1966年，中国物理学者提出了层子模型，认为强子是由更深一层的粒子——层子所组成。

基本粒子之所以能够相互转化，是由于它们之间存在着各种相互作用。物理学家相信存在着支配整个物理世界的统一规律，于是又致力研究目前已知的自然界中的四种相互作用——强相互作用、电磁相互作用、弱相互作用、引力相互作用的统一。这种探索把四种作用力都统一起来的超对称大统一模型，是物理学研究的一个重要动向。在粒子物理学的深层探索活动中，粒子加速器、探测手段、数据记录和处理以及计算机技术的不断发展，既推动了粒子物理本身的研究深化，也促进了其他科学技术的发展。粒子物理所取得的成果已经在宇宙演化的研究中发挥着重要作用。至今，粒子物理仍然是一个正在发展中的年轻学科，人们正期待着它取得新的突破。

四、天体物理学说和宇宙结构学说

（一）天体物理学

天体物理学是应用物理学的技术、方法和理论，是研究天体的形态、结构、化学组成、物理状态和演化规律的天文学分支学科。它包括太阳系物理学、天体演化学、射电天文学等。18世纪和19世纪前半叶，是近代天文学的大发展时期。

这一时期的主要特征是天体测量和天体力学取得了辉煌成就。19世纪后半叶，照相方法、光度测量方法和光谱方法应用于天文学，使天文学家开始能够考察天体的物理状态和内部过程。天文学从观察、研究天体的机械运动深入到探索天体的本质，由此诞生了一门新学科，即天体物理学，这标志着现代天文学的开端。

20世纪是天文学的黄金时代。人类实践活动水平的空前提高，提出了探索大宇宙奥秘的新要求。许多大口径光学望远镜的相继建成，扩大了人们的视野；射电天文学的崛起，为人们观测大尺度天体系统的结构打开了一个新的窗口，又一次延伸了人们的视野。60年代航天时代的到来，使天文学冲破了地球大气的禁锢，到大气外去探测宇宙中的红外、紫外、X波段、γ波段辐射。由于新的观测手段和新的观测工具的不断发展，许多前所未知的新现象被看到了，一系列出乎意料的新天体被发现了。20世纪天文学的观测范围超出了太阳系，超出了恒星世界，超出了银河系，超出了本星系团，达到了150亿年及150亿光年的巨大时空尺度。

20世纪，由于量子力学的建立和发展，使人们对恒星光谱有了深入的认识。天文学家运用光谱知识来研究恒星大气的物理状态、物理过程和化学组成，从而创立了恒星的大气理论。利用量子力学研究恒星大气内原子的激发和电离、辐射的吸收和发射过程，使恒星大气的辐射平衡理论得到了全面发展。1940年，斯特龙根开始创立恒星大气模型的研究方法，以推导恒星大气内各个物理量随深度分布的规律。50年代以来，随着电子计算机的迅速发展，已计算出各类光谱型恒星大气模型，为精密研究恒星光谱创造了条件。

著名的英国天文学家爱丁顿于1926年出版了《恒星内部的结构》一书，否定了前人的对流平衡理论，提出恒星内部能量向外转移的主要方式不是对流，而是辐射，从而创立了恒星的辐射平衡理论，开创了恒星内部结构研究的新纪元。他还绘出了恒星的理论质光关系曲线，从理论上确立了恒星的质光关系。[①] 这为推算恒星的质量提供了一条捷径。爱丁顿发现，恒星的光度不仅依赖于它的质量，而且在相当大的程度上依赖于氢的相对丰度。他认为，恒星内部能量很可能来源于核过程，甚至提到了氢转化为氦的可能性问题。他还指出，恒星的周期性光变是由于它在周期性地收缩和膨胀（即脉动）所引起的。爱丁顿用天文观测证实了广义相对论的预言：光线在太阳附近会发生弯曲。

美国理论物理学家昌德拉塞卡利用完全简并的电子气体的物态方程建立了白矮星的模型，推导出了白矮星的质量上限是太阳质量的1.44倍。这就是著名的昌德拉塞卡极限。1939年，他出版的《恒星结构研究引论》一书，系统地论述了恒星内部结构理论。50年代，英国天文学家伯比奇夫妇和霍伊凡提出的元素

---

① 质光关系指愈大质量的恒星，发光能力也愈高的倾向。对主序星来说，发光能力约和质量的四次方成正比。

合成理论，阐明了宇宙中各种元素及其同位素的形成过程，认为所有元素及其同位素都是氢通过发生在恒星上的 8 个过程逐步合成的。它们合成后，由恒星抛射到宇宙空间，形成了人们所观测到的元素丰度分布。

50 年代以后，理论物理学与天体物理学更广泛更深入的结合，产生了相对论天体物理学和高能天体物理学。前者是以广义相对论的引力论为主要工具来研究有关天体现象的学科；后者主要研究发生在宇宙天体上的高能现象和高能过程。

（二）现代宇宙学

现代宇宙学发端于爱因斯坦 1917 年发表的论文《根据广义相对论对宇宙学所作的考察》，它从整体的角度研究宇宙的结构、运动和演化。爱因斯坦根据广义相对论空间弯曲理论，认为宇宙空间的体积有限，但空间没有边界；宇宙中物质分布均匀，在小范围内有运动，但从大范围来看则是静止的。这个有物质无运动的有限无边静态的"爱因斯坦宇宙"，是现代宇宙学中的第一个模型。与此同时，荷兰天文学家 W. 德西特根据广义相对论又提出另一个宇宙模型，认为宇宙在不断膨胀演化，但它的物质平衡密度等于零。这个"有运动无物质"的空虚宇宙模型，被称为"德西特宇宙"。

1922 年，苏联数学家 A. A 弗里德曼重新研讨爱因斯坦引力场方程，得出了非静态的宇宙模型。他论证说，如果空间的几何特性遵循欧几里得几何学，那么就得到一个不断膨胀的宇宙；若是空间特性遵循黎曼几何学，就得到一个脉动的，即膨胀和收缩互相轮换的封闭宇宙；要是空间特性遵循罗巴切夫斯基几何学，那么就得到一个膨胀的敞开宇宙。1927 年，比利时天文学家 G. F. 勒梅特进一步提出了大尺度空间随时间膨胀的概念，建立了"弗里德曼－勒梅特宇宙膨胀模型"。美国天文学家 E. P. 哈勃第一个为宇宙膨胀提供了观测证据。1929 年，他在分析对星系的观测资料时，发现银河外星系都正在远离我们而去，其离去的速度和距离成正比，确定了星系红移（即退行速度）和距离之间的线性关系。红移现象及其定量表述的哈勃定律，是 20 世纪以来天文学上的重大发现，它第一次揭示了天体体系在大尺度上所表现的物理特征。1930 年，爱丁顿首先把哈勃的发现与宇宙膨胀理论联系起来，认为这是宇宙膨胀的证据。1932 年，勒梅特从宇宙膨胀论出发，进一步提出了"原始原子"爆炸起源的宇宙演化学说。他认为整个宇宙的物质最初聚集在一个"原始原子"里，后来发生猛烈爆炸，碎片向四面八方散开，形成今天的宇宙。

1948 年，美国物理学家 G. 伽莫夫把核物理学的知识同宇宙膨胀论结合起来，发展了勒梅特提出的宇宙大爆炸理论，并用它来说明化学元素的起源。伽莫夫认为，宇宙开始于高温、高密度的"原始火球"，后来火球内的基本粒子互相发生核聚变反应，引起爆炸，向外膨胀，辐射温度和物质密度急剧下降，核反应便停止，其间产生的各种元素就形成了今天宇宙中的各种物质。

20世纪60年代初，美国贝尔实验室为了改进与通信卫星的联系，建立了一套新型无线接收系统，它的定向灵敏度超过了当时所有同类型的射电望远镜。1964年5月，科学家彭齐亚斯和威尔逊在利用这套装置测量时，发现一种过剩的噪声辐射，它相当于绝对温度的3.5倍。在此后将近一年的测量中，他们发现这个消除不掉的噪声是各向同性的，而且没有季节变化。1965年，这两位科学家与研究"原始火球"遗址的普林斯顿大学研究组互访后终于确信，他们所发现的宇宙背影辐射正是"原始火球"的遗址。以后，经过科学家们的进一步检验，使宇宙背影辐射为大爆炸宇宙学理论提供了有力的证据。

除大爆炸宇宙模型外，1948年，霍伊儿、邦迪、戈尔德等科学家提出了"稳恒态宇宙模型"说，认为宇宙在膨胀过程中，当星系远离我们的速度达到光速而消失时，宇宙空间不会越来越空，而是不断创生物质，形成新的星系来补偿星系的消失，空间中的星系密度是不变的，宇宙维持稳恒状态。该学说用宇宙的不断创生来代替大爆炸，用宇宙保持不变的物质密度、新创生的物质产生向外的压力来解释宇宙的不断膨胀。但是，由于这个理论违反了质量守恒定律，引起了不少人的怀疑和反对。

瑞典物理学家O.克莱因受狄拉克反物质理论的启发，提出了正物质反物质宇宙理论，认为正反粒子相碰撞而湮灭时所产生的能量，是宇宙膨胀的动力。法国天文学家G.伏库勒与众不同，提出了等级式宇宙模型，认为宇宙在结构上是不均匀的、分层次的，如恒星、星系、星系团、超星系团等。而且随着尺度的变化，层次的性质也在变化。而所谓宇宙的均匀性和各向同性，在不同层次上有不同的含义。

当然，宇宙奥秘的彻底揭示还有待于天文学的更大突破。60年代射电望远镜的出现和70—80年代航天技术的发展，已经给天文学的新理论提供了一系列重要发现，而且正在给人类描绘着宇宙的真实面貌，为将来的突破提供了条件。

五、现代化学和生物学的发展

（一）现代化学的形成和发展

在化学科学的发展过程中，波义耳把化学确立为科学，是化学史上的第一次革命；拉瓦锡推翻燃素说建立燃烧的氧化说，是化学史上的第二次革命；道尔顿等人建立起来的原子-分子学说，是化学史上的第三次革命。20世纪原子核外电子运动规律的揭示和现代化学键理论的建立，孕育了第四次化学革命的到来。X射线、电子和放射性的发现，说明原子内部有着复杂的结构。化学跟着原子结构的确立而跨入微观的门槛，从而进入了现代化学发展的新时期。化学研究经历了从宏观向微观过渡，从简单体系向复杂体系过渡，从定性向定量过渡，从静态向动态过渡，从描述性向推理性过渡。

1. 量子化学的形成和发展

1913 年，英国物理学家莫斯莱把元素按特征 X 射线波长排列，发现这个排列顺序与周期表的位序一样，他把这个顺序叫作原子序数。原子序数也就是原子核带的正电荷数。

玻尔的原子结构模型提出以后，电子在原子核外的分布模型也逐渐完善了。根据计算，最外层的电子数目决定了元素在周期表中的族数。发生化学反应的时候，主要是外层电子的变化。电子在原子中分布的模型，解释了元素产生的周期律。

1916 年，德国化学家柯塞尔指出，金属元素的外层电子一般比 4 个少，容易失去电子，成为带正电的阳离子；非金属元素的外层电子一般比 4 个多，容易获得电子，成为带负电的阴离子。失去或获得的电子数，就是元素的正原子价数或负原子价数，阳离子和阴离子由电荷引力结合而生成化合物，表示结合的化学键叫电价键。同年，美国化学家路易斯提出两个原子可以共有一对或多对电子，以便使两个原子都处在外层有 8 个电子的稳定状态。这种共用电子对的结合方式叫共价键。用原子核外层电子的分布和变化来解释原子价和原子间结合力的理论，叫作原子价的电子理论。它深化了人们对原子间相互作用的认识。

1927 年，英国科学家海特勒等人应用量子力学的理论，进一步阐述了共价键是怎样形成和发挥作用的问题，开创了量子化学的道路。在 20 世纪，应用电子知识和量子力学来解释化学现象，成为化学理论发展的主流。或者说，化学理论在向电子化和量子化方向发展。50 年代以后，量子化学有了较快发展，尤其是分子轨道理论的近似计算方法不断改进，已发展到半定量的水平。到 60 年代，由于电子计算机的应用，过去难以计算的问题得到了解决。1965 年，美国科学家伍德沃德和霍夫曼提出的分子轨道对称守恒原理是量子化学的一个重大突破。

2. 色层分析法和 X 射线衍射法的发展

在现代化学发展的过程中，分析技术取得了重大进展。20 世纪 30 年代发展起来的色层分析法就是一种重要的新的分析方法。早在 1901 年，瑞士化学家高贝尔斯莱德发表的研究报告指出，利用混合物溶液在滤纸上扩散速度不同所形成的色层，可以定性分析溶液的成分。1906 年，俄国植物学家茨维特把粉状吸附剂装在玻璃管里（色层柱）取代滤纸，溶液组分在玻璃管里明显分层以后，把吸附剂按色层分开，再用溶剂冲洗，就可以把不同组分开，确定它们的含量。这种方法叫作色层分析法。

1931 年，奥地利化学家库恩用纤维状氧化铝和碳酸钙作吸附剂，把结晶状胡萝卜素分成两种同分异构体，引起科学界的重视。此外，还有分配层析法、气相色层分析等多种层析法。所有层析法的原理基本相同，都是利用不同组分在色层柱中的扩散速度不同,把它们分开。1944 年以后,纸上层析法被广泛用做脂肪酸、氨基酸、染料、酶、维生素、糖、激素、抗生素等复杂有机物的分析和分离。50 年代以后,气相色谱得到广泛应用。它是分析天然气、石油化工原料的甲烷、乙炔、丙烯、丁烯等气体成分的重要仪器。气相色谱促进了石油化学工业的发展。

20 世纪,由于建立了 X 射线衍射法,许多物质分子结构的秘密被揭开了。1912 年,德国学者劳顿提出,如果 X 射线是波长很短的电磁波,那么晶体中各原子有规则的排列可以使 X 射线发生衍射,像刻有许多平行线的平面可以使普通光发生衍射一样,这一推测很快就被弗里德里希在实验中证实。1913 年,英国物理学家亨利·布拉格和劳伦斯·布拉格父子通过分析 X 射线投射氯化钠晶体所产生的衍射图案,指出在氯化钠晶体里,正负离子是相互交错的周期性排列,实际上不存在单个的氯化钠分子。他们还测定了晶体里的原子之间的距离为 2.81 埃(1 埃等于 10^{-8} 厘米)。布拉格父子开辟了利用 X 射线衍射法分析晶体结构的道路。在 20—30 年代,科学家们利用 X 射线衍射法测定了几百种无机物质的晶体结构,计算出 80 种以上的离子半径,在精确定量认识无机物结构方面迈出了关键的一步。1913 年,两个日本化学家发现,天然纤维能够像晶体一样使 X 射线发生衍射。从此,X 射线衍射法也可以用来分析有机物纤维的分子结构,大大推进了有机化学结构理论的发展。

X 射线衍射法在研究蛋白质结构方面也取得了显著成就。1950 年,美国化学家鲍林指出,在氨基酸所形成的肽链中,可能形成两种螺旋体,一是 a 型螺旋体,它的每一转里包含 3.6 个氨基酸单位;二是 d 型螺旋体,它的每一转里包含 5.1 个氨基酸单位。d 型螺旋体在许多纤维蛋白和球蛋白晶体的衍射图上得到证实。

3. 高分子化学的发展

继 19 世纪 60 年代有机化学的分子结构理论建立之后,在 20 世纪 30 年代又建立了高分子化学。在有机化学和高分子化学理论研究的基础上,导致了现代有机化学工业的建立,为人类开辟了一个崭新的人工合成材料时代。这次科技史上的重大突破,使得人们对材料的取得,开始从自然界和农业生产的依赖中逐步摆脱出来,为人类社会提供了新的物质基础。

科学研究的进展,终于使人们认识到,物质是由化合物组成的,但各类化合物又是由数目不等的分子组成的。一般化合物的分子,它们的分子量是从几十到几百,很少上千,可以称为低分子化合物。有些化合物的分子,它们的分子量要达几万、几十万、几百万,甚至上千万,一般就称为高分子化合物。科学家们的不断探索和实践,为合成各种各样的高分子展示了广阔的前景。

早在 1872 年,拜尔就曾说过,苯酚与甲醛在酸的条件下能形成树脂状物质。1907 年,美国人贝克兰德深入地研究了苯酚衍生物与甲醛的反应,并获得了酚醛树脂，为现代塑料工业奠定了基础。德国化学家史陶丁格（1881—1965 年）在高分子领域做出了重大的发现。他提出了关于聚合产物分子结构学说，确立了高聚物溶液的黏度与分子量之间的关系，称为"史陶丁格方程"。他的理论成为一个发现新塑料和改变塑料性能的依据。1940 年，斯维德贝格发明超离心法，直接测定了几万至几百万的分子量，并且测出分子量的分布。这对高分子化学的建立起了很大的推动作用。

在总结前人研究的基础上，美国学者卡洛泽斯终于在 20 世纪 30 年代初发明了最早的合成纤维尼龙，这标志着高分子化学发展到了一个新阶段。杜邦公司于 1939 年大规模生产尼龙。同年，卡洛泽斯的助手富罗利总结了一系列缩聚反应，提出缩聚反应中所有功能团具有相同活性的基本原理，还提出缩聚反应动力学和分子量、反应程度之间的定量关系，为缩聚反应的深入研究打下了基础。富罗利和赫琴斯对高分子溶液中的摩擦理论、平均场理论及高分子溶液的统计热力学研究做出了贡献。在高分子理论迅速发展的同时，高分子合成工业欣欣向荣。1939 年，德国生产出锦纶，第二年，英国人温费尔特和狄克逊合成了涤纶纤维。1950 年，腈纶也正式投产。高分子化学工业发展的另一个标志是氯丁橡胶的合成。美国人纽兰德和柯林斯坚持不懈，终于研制出氯丁乙烯自然聚合的氯丁橡胶，其在抗腐蚀性能上远远超过天然橡胶，并于 1931 年实现了工业化生产。

塑料工业的发展是高分子化学工业发展的第三个标志。1928 年，聚氯乙烯合成成功，1930 年聚苯乙烯合成成功，1927 年生产出有机玻璃（聚甲基丙烯酸甲酯），1938 年发现了四氟乙烯的聚合，1935 年合成了高压聚乙烯。在这一研究领域，德国的齐格勒和意大利的纳塔做出了杰出贡献。

总之，在高分子理论发展的同时，高分子合成工业也得到了很大发展；高分子合成工业的发展又反过来促进了高分子理论的进步。这充分证明，科学理论与科学技术的发展，二者是相辅相成，相互促进的。

（二）现代生物学的发展

20 世纪以来，化学和物理学在飞跃发展的同时，也开始向生物学渗透。20 世纪初，形成了生物化学。40—50 年代，物理学的思想和方法与生物学结合，引起了生物学革命。生物学研究开始走上精密科学的道路，其主要特征是从定性的观察，发展为定量的分析，从宏观的研究深入到微观的探索。研究面也从整体水平扩展到细胞水平、亚细胞水平，直到分子水平，从而使人类进一步了解到生命活动的物质基础、基本结构和运动规律等问题，为对生物的控制、改造和模拟提供了宝贵的资料。

1. 遗传定律的发现

奥地利传教士孟德尔（1822—1884 年），从 1857 年开始在修道院的空地上进行许多植物杂交试验。经过 8 年的艰苦工作，他得出了两条重要的遗传定律，即分离定律和自由组合定律。遗憾的是，他于 1866 年发表的历史性论文《植物杂交实验》未能引起人们的重视。直至 1900 年，德国学者柯伦斯（1864—1933 年）、荷兰学者德弗里斯（1848—1903 年）和奥地利学者丘歇马克（1871—1963 年）3 人经过重新发现和引证，证明了孟德尔定律的正确性。于是，孟德尔的遗传定律传遍全世界，引起巨大反响，加速了遗传学的发展，标志着现代遗传学的建立。

2. 基因理论的创立及发展

孟德尔定律被再发现之后，遗传学研究同细胞学的成就相结合，从个体水平深入到细胞水平，导致了染色体、基因理论的创立。1879 年，德国细胞学家 W. 弗莱明发现可以用碱性苯胺染料将细胞核中一些微粒状物质染色，称"染色体"。经仔细观察染色质在细胞分裂时的变化，他发现在这一过程中染色质先聚集成丝状，然后分裂为数目相等的两半。1888 年，德国的 W. 瓦尔得耶尔将这种染色质丝命名为"染色体"。美国学者萨通认为，孟德尔所说的遗传因子就相当于细胞核中的染色体。由于遗传特征的数目远远超过染色体的对数，萨通还设想一条染色体上可能有若干遗传因子。1909 年，丹麦学者约翰逊提出用"基因"来代替遗传因子的概念。

美国遗传学家摩尔根（1866—1945 年）对基因理论的发展做出了重大贡献。从 1909 年起，摩尔根进行了著名的果蝇杂交试验，发现了基因的连锁现象（位于同一条染色体上的基因一般将一起遗传而不彼此分开，每条染色体都有一个基因连锁群）、交换现象（不同染色体之间可以发生片段互换从而破坏连锁）以及性别决定、伴性遗传等事实。摩尔根学派在《孟德尔遗传学原理》《遗传的物质基础》《基因论》等著作中系统地论述了基因学说。他们认为，基因是遗传物质，是"染色体的物质微粒"，染色体的分离、断裂、组合，都决定着基因的分离和组合，决定着生物的遗传性状。总之，摩尔根学派大大丰富和发展了孟德尔的遗传学说，形成了比较完整的基因理论。此后，遗传学又与分子生物学相结合，从细胞水平向分子水平深入，使生物学发生了新的革命，走上了分子遗传学的新道路。

3. 分子生物学的创立及发展应用

分子生物学是研究蛋白质、核酸等生物大分子的结构和功能关系的科学。早在 19 世纪末，科学家已经弄清楚了蛋白质是各种氨基酸组成的生物大分子。到 1940 年时，组成蛋白质的全部 20 种氨基酸均已被发现。1944 年，美国科学家 A. G. 艾弗里等人第一次证明：遗传信息的载体是 DNA 而不是蛋白质。1953 年，该理论为其他科学家再次证明。分子生物学最重要的进展是遗传密码的破解和中心法则的建立。从 1944 年薛定谔在《生命是什么》一书中提出遗传密码概念后，到 1969 年，64 种遗传密码的含义全部被破解。后来，科学家还排出一张遗传密码表。它对于生物学的重要性，犹如元素周期表之于化学一样。遗传密码指出了遗传信息的物质基础及含义,而中心法则是要解决通过什么途径来调节和控制遗传问题。1959 年,英国学者克里克提出,DNA 分子一方面自我复制产生新的 DNA 分子,另一方面又把遗传信息转录给信使 RNA,把遗传信息从细胞核携带到细胞质,再在细胞质内决定蛋白质的合成。他认为这个次序是不可逆的,称为"中心法则"。

1970 年,美国的 H. 特明和巴尔蒂摩各自独立地发现了反转录酶,它使 RNA 病毒能够逆转方向,产生 DNA 抄本。这一发现修正、补充了"中心法则",还为病毒可以改变宿主细胞的遗传性提供了科学根据。1961 年,法国学者 F. 雅可布和 J. 莫诺提出了操纵子学说,进一步说明了基因的调节控制作用。到 70 年代,科学家们已经证明在原核细胞中,操纵子是基因调节控制的普遍方式。

分子生物学的建立是 20 世纪继物理学革命之后的又一次自然科学革命,是当代生物学发展的主流。它揭示了整个生物界在遗传密码上呈现出惊人的一致性,深化了人们对生命活动机制和生命本质的认识。分子生物学不仅给生物学带来了深刻的变革,而且也丰富了物理学、化学的研究内容,还深刻影响着医学以及当代工农业技术的发展方向,为人类进一步改造生物物种和创造新型物质开辟了光辉前景。此外,它对弄清最大的宇宙之谜——生命的起源提供了可靠的线索。

生命世界,不论是微生物,还是人类,在遗传密码上都体现了同一性。可见,遗传密码理论能为生命起源提供理论基础和证据。分子生物学表明,DNA 是重要的遗传物质基础,生命的各种物质归根到底都取决于 DNA。这就为生命发展的起源和同一性的研究指明了方向。对生命起源的研究,苏联生化学家奥巴林有重要贡献。他于 1924 年提出,有机物质的胶体溶液凝聚成复杂颗粒,在生命形成过程中起着重要作用。1936 年,他把凝聚颗粒命名为团聚体,认为原始海洋中的有机物质能浓缩成团聚体,是生命形成过程中的一种可能模式。到 60 年代,奥巴林用各种生物大分子组合成各种复杂的团聚体,如蛋白质——蛋白质,蛋白质——核酸、蛋白质——核酸——糖类等。它们与周围介质有明显的界限,保持着自身的相对独立性,并已开始有类似生长和繁殖的机能。1959 年,美国学者福克斯将酸性类蛋白质放到稀盐液中加热溶解,冷却后形成无数球状滴粒,称为类蛋白微球体,它比团聚体更加稳定。福克斯认为,类蛋白在原始地球上"热地区"聚合成以后,遇到雨水冲刷进入原始水域,会合成微球体。到 70 年代,福克斯把团聚体、微球体看成是生命发生过程中的原始细胞模型。1971 年,M. 艾根提出一种超循环理论,认为在生命起源的化学进化阶段和生物进化阶段之间存在着一个分子自组织阶段。这个理论运用系统科学的成就描绘了一条从化学进化到生物进化的途径。

随着科学家对生命科学研究的深入发展,20 世纪 60 年代,牛津大学的约翰·戈登用已分化的蛙细胞核产生了克隆蛙,但人们认为这是两栖动物独有的怪现象，并没有引起广泛的注意。1996 年 7 月 5 日，一只名叫"多莉"（Dolly）的克隆羊在苏格兰降生，从此拉开了克隆哺乳动物的序幕。① 21 世纪结合计算机技术的繁荣，以及物理学和化学等领域的科学和技术的发展，促使生物技术领域进入了爆发式发展阶段。2010 年，美国克雷格·文特尔的研究小组更是用人工合成的方法成功创造了第一个生命体——辛西娅——由人工合成基因组控制的支原体（一种微生物的种类）。可以说，现代生物技术对人类的影响才刚刚开始，就已经显示出了惊人的成就。② 2007 年，美籍科学家米塔利波夫的团队成功克隆出了猕猴的胚胎干细胞。其后，他和同事通过在猴子克隆研究中进行各种不同的实验，并于 2013 年 5 月用胎儿表皮细胞和一名 8 个月大的婴儿的细胞先后产生了胚胎干细胞（这名婴儿患有一种叫亚急性坏死性脑病的罕见代谢疾病）。随着克隆技术的发展，科学家在人体内最复杂结构的大脑也进行研究实验并取得突破性进展。2015 年 10 月，美国俄亥俄州立大学的阿南德宣布他的团队在产生脑类器官方面取得了重大突破：他们从人 ips 细胞中长出的结构中含有 5 周大的人类胚儿脑中 99% 的细胞核表达的基因。这些迷你脑中含有脊髓，甚至视网膜。这对研究帕金森症具有极大的参考价值。③

六、大数据和人工智能

（一）大数据

"数据"已经渗透到当今每一个行业和业务职能领域，成为重要的生产因素，这是不争的事实。但是，"大数据"这个概念则是在近几年才逐渐被人们所熟知的。大数据是从英语"Big Data"翻译而来，由全球知名咨询公司麦肯锡提出来。后来，业界将大数据概括为大量化（Volume）、多样化（Varity）、快速化（Velocity）和价值化（Value），简称四个 V。④ 在大数据出现之前，在企业、行业和国家的管理中，通常只有效使用不到 20% 的数据（甚至更少）。而实际上，随着网络宽带化、智能化互联网应用于各行各业，全球数字化成为了可能，科学家发现 93% 的人类行为也是可以预测的。⑤ 数据成为当今社会的"黄金石油"。美国利用互联网技术等的优势，在大数据的开发和利用一直走在各国的前

---

① 帕林顿：《重新设计生命》，李雪莹译，中信出版集团 2018 年版，第 195 页。
② 陈代杰、戈梅主编：《生物产业》，上海科学技术文献出版社 2014 年版，第 3 页。
③ 帕林顿：《重新设计生命》，李雪莹译，中信出版集团 2018 年版，第 206 页。iPS 细胞是将一些多能遗传基因导入皮肤等细胞中制造而成。让普通体细胞"初始化"，使其具备干细胞功能，这就是"iPS 细胞"——引者。
④ 张其金：《大数据下的产业革命》，中国商业出版社 2016 年版，第 4 页。
⑤ 孝文：《人类 93% 的行为可以预测》，载《发现》2010 年第 4 期。

面。2009年,华盛顿通过启动Data.gov进一步打开了数据之门,该网站令各种政府数据向公众开放,①提高了政府的透明度,方便了民众的生活。而在营销方面,通过线上线下的融合,使销售更加公开、透明和针对性强,卖家对大数据的统计和分析,更加清楚买家的需求,更具吸引力。海量数据的产生、获取、挖掘和整合,使之展现出巨大的商业价值。数据,特别是大数据被视为创新性增值的基础,新经济模式的原材料。②亚马逊和Salesforce这两家公司借助策略性的数据管理方式而在短期内获得规模式增长。③据著名的咨询公司IDC的调查与统计,2007年全球信息量约为165EB,即使在全球遭遇金融危机的2009年,全球信息量仍达到800EB,比上一年度增长62%,未来每隔18个月,整个世界的数据总量就会翻倍。④2012年3月有一份调查结果显示:在短短的一天之内,互联网产生的资料内容可以刻满1.68亿张DVD;发出的社区帖子高达200万个,相当于《时代》杂志770年的文字数量;发出的邮件高达2940亿封,相当于美国两年的纸质信件数量。目前全球具备数据获取存储处理和传输的数据终端设备已经超过100亿台,并且以每两年翻番的速度增长。"数据科学家"成为各大科技巨头公司纷纷花费巨资寻求的人才,打响了人才争夺战。哈佛商业评论甚至把"数据科学家"称为21世纪最性感的职业。⑤ 2012年谷歌科学比赛的第一名授予了一位来自威斯康星的高中生,她通过对760万个乳腺癌患者的样本数据的机器学习,设计了一种确定乳腺癌细胞位置的算法,来帮助医生对病人进行活检,其位置预测的准确率高达96%,超过目前的专科医生的水平。它的成功便是得益于大数据,因为没有一位医生能够见识760万个病例。⑥ 各行各业都已经在数据化了,大数据被认为是人类文明的第三次浪潮的主角。2016年全球大数据市场规模达到453亿美元,同比增长18%。同年,中国大数据市场规模达到145亿元,同比增长39%。大数据逐渐成为全球科研支出新的增长点。预计大数据市场规模在2020年有望达到611.6亿美元。大数据时代对社会现有结构、体制、文化和生活方式的冲击,远大于计算机和互联网时代。如果说,以前的决策主要是靠经验和

---

① 张其金:《大数据下的产业革命》,中国商业出版社2016年版,第10页。Data.gov是美国前总统奥巴马在2009年就任后,为增加政府资料透明度而设立的一系列网站。但随着美国政府陷入财政困局,白宫于2011年4月宣布Data.gov等网站终止运行。但幸好有关的技术不会就此被埋没,因为白宫宣布会将它们开源化——引者。

② 森德勒主编:《工业4.0》,邓敏、李现民译,机械工业出版社2015年版,第64-65页。

③ Salesforce是创建于1999年3月的一家客户关系管理(CRM)软件服务提供商,总部设于美国旧金山,可提供随需应用的客户关系管理平台——引者。

④ 赵勇等:《大数据革命——理论、模式与技术创新》,电子工业出版社2014年版,第2页。EB是计算机存储单位,全称Exabyte,中文名叫艾字节,64位计算机系统的可用最大的虚拟内存空间为16EB。有学者认为,人类5000年的文字记载只有5EB的数据——引者。

⑤ 赵勇等:《大数据革命——理论、模式与技术创新》,电子工业出版社2014年版,第9页。

⑥ 吴军:《智能时代:大数据与智能革命重新定义未来》,中信出版社2016年版,第298页。

直觉的话，那么今后的决策便越来越多以数据和分析为基础，更加科学化。过去凭经验拍脑袋的粗犷式经营必然被精细化经营所取代。各行各业都已经或正在数据化了。大数据正在引发社会变革和创新革命，已经越来越多地影响着人们的生产和生活，它正在引领一个崭新的时代。

（二）人工智能

"人工智能"（AI 是 ARTIFICIAL INTELLIGENCE 的缩写）一词最初是在 1956 年 DARTMOUTH（达特茅斯）学会上提出的。大数据是人工智能的重要基础，在互联网的大连接下，大量数据持续不断地产生，人类社会变成了数据"永动机"，为人工智能提供了无限的动能和资源。① 这既催生了技术革新，也可以更高效的方式对用户购买行为作出更好的解释，以实现更精准的商品推荐。随着计算机和网络技术的发展，尤其是发展中国家制造工业的兴起以及对西方工业发达国家构成竞争的大背景之下，2006 年美国国家科学基金会首先提出 CPS（信息—物理系统或赛博—实体系统），该系统更关注基于机器自主的认知能力和基于预测的决策能力，并在此基础上，实现工业系统和信息系统在感知、分析、决策、控制和管理等方面的深度融合。② 这为下一代工业变革的方向提供了新的思维模式。2008 年全球金融海啸，引发了西方工业大国首先对制造业的反思，美国政府强力推动"制造业回归"（或称之为"再工业化"）。CPS 的概念广泛影响了许多国家和地区的制造业和工业转型的战略，人们将其视为打开工业智能化时代大门的钥匙。不久，德国也以 CPS 为核心制定了"工业 4.0"。2010 年，德国发布《高技术战略 2020》，并将"工业 4.0"战略作为十大未来项目之一，支持工业领域新一代革命性技术的研发与创新。③ "工业 4.0"时代，强调生产智能化通过基于信息化的机械、知识、管理和技能等多种要素的有机结合，提高生产率，最终实现工厂运营的全面优化变革。④ 2012 年通用电器公司（GE）提出"工业互联网"的概念，随后联合美国电话电报公司、思科和因特尔 4 家大产业巨头组建了工业互联网联盟（IIC）。其思路是利用"智能设备"采集"智能数据"，利用"智能系统"进行数据挖掘和可视化展现，形成"智能决策"，优化制造工艺等。欧盟资助的智能制造系统路线图计划，将意大利、德国、瑞士、美

---

① 余来文等：《智能时代：人工智能、超级计算与网络安全》"前言"，化学工业出版社 2018 年版，第 1 页。
② 李杰等：《CPS：新一代工业智能》，上海交通大学出版社 2017 年版，第 3 页。中国提出的"智能制造""互联网+""中国制造 2025"等战略也为本国制造业的转型升级指明了方向。参见莱瑟《智能制造：全球工业大趋势、管理变革与精益流程再造》，霍春辉、袁少锋译，人民邮电出版社 2016 年版，第 1 页。
③ 国务院发展研究中心国际技术经济研究所：《世界前沿技术发展报告 2015》，科学出版社 2016 年版，第 175 页。
④ 王喜文：《工业互联网：中美的制造业三国演义》，人民邮电出版社 2015 年版，第 1、6、30 页。

国、日本、韩国等多个发达国家的一些先进制造业、名校和著名企业囊括在内，其中的"未来工厂项目"定位就是发展智能制造技术。发达国家已经将智能制造作为新一轮产业革命的核心组成部分。① 在智能制造的产业中，机器人是高附加值产业，从2000年开始，在全球每年保持了大约10%的高速增长。2016年3月9日，谷歌的AlphaGo（直译阿尔法围棋，阿尔法围棋人工智能程序）和李世石之间的世纪大战，结果为4：1，李世石惜败；2017年5月23—27日，AlphaGo与中国的柯洁对弈，结果为3：0，AlphaGo胜出。在这两次人机大战之后，围棋界对机器智能从怀疑变成了信服，大家都意识到，按照AlphaGo的进步速度，只要谷歌愿意继续进行科研，很快人类所有的围棋高手都无法和它过招。② 人工智能进一步引起各业界的关注。机器人成了"宠儿"。其中，服务型机器人呈现出良好的发展势头。类人机器人的研究也成了一大热门。2017年12月，人工智能入选"2017年度中国媒体十大流行语"。2018年4月26日，以"AI生万物"为主题的第十届全球移动互联网大会在北京拉开帷幕，引起了各国广泛关注。面对中国和德、法等欧洲国家AI技术的发展，美国也不甘落后，2019年2月12日美国总统特朗普签署"美国人工智能倡议"行政命令，要求联邦政府将更多的资源和投资用于AI的研究、推广以及培训，以保持美国的AI技术走在世界的前面。

人工智能的本质是大数据的处理、分析与挖掘。没有超级计算的基础，也无法充分利用大数据的资源。也就没有人工智能的成长与存在。在计算机技术的支撑下，云计算、物联网、移动互联网、大数据和人工智能等新的业态和市场方兴未艾，各国政府着力布局相关领域研发期待重大突破。据全球联接指数显示，预计到2020年，电信运营商将投资1.61万亿美元，重点建设移动宽带。全球数据中心空间将从现在的4.8亿平方米增长至2020年的6亿平方米。到2020年，全球大数据及其技术的市场规模将高达2000亿美元。③ 但是，大数据和人工智能等带来的的风险也引起人们的广泛关注。如大数据技术而引发的个人隐私问题、网络公司数据外泄露等问题、人工智能导致失业率提高的问题；更为恐怖的是来自人工智能的无限自主学习可能带来人类无法预测等问题的发生；④ 其中也不排除有人利用现代科技研发大规模的杀伤武器，危害人类。2017年，《人类简史》的作者尤瓦尔·赫拉利便认为，21世纪最大风险是精英阶层制造大量人工智能。在第十届全球移动互联网大会圆桌论坛上，美国科学院、美国工程院、美国艺术

---

① 国务院发展研究中心国际技术经济研究所：《世界前沿技术发展报告2015》，科学出版社2016年版，第155页。
② 吴军：《智能时代：大数据与智能革命重新定义未来》"前言"，中信出版社2016年，第11页。
③ 黄茂兴等：《G20数字经济发展现状及提升策略》，载《光明日报》2018年11月29日。
④ 余来文等：《智能时代：人工智能、超级计算与网络安全》"前言"，化学工业出版社2018年版，第2页。

和科学院三院士 Michael Jordan 认为:"人工智能不能被夸大,现今我们奢望建立的是智能的自动化系统,无人驾驶不是最终的目标,而是要让技术更好地连接现实。因此我们需要每一个体系、每一个系统都实现智能。"脸书人工智能团队首席 AI 科学家 Yann LeadersCun 指出:"对于人工智能而言,因为人工智能的进展会受到很大的限制,有很多问题仍然没有得到解决。我们必须不断地去进行研究,让机器变得更加智能。"① 著名物理学家霍金也认为:"我并不认为人工智能的进化必然是良性的——人工智能可能比人类进化速度更快,我们需要确保人工智能的设计符合道德伦理规范,保障措施到位。"②

---

① 诚实可靠小郎君:《〈AI 现状与未来〉圆桌论坛:技术将不断刷新对美好生活的体验和想象》,载科技资讯网(https://mo.techweb.com.cn/phone/2014-06-17/2659356.shtml)2018 年 4 月 26 日。
② 赵春林:《领航人工智能:颠覆人类全部想象力的智能革命》,现代出版社 2018 年版,第 150 页。

第十四章
现代文学和艺术的发展

20世纪的西方现实主义文学尽管成绩不如19世纪，但仍是西方现代文坛上的主流，是一个重要的、极有影响的文学流派。现代西方现实主义文学继承了19世纪批判现实主义文学的传统，以资产阶级人道主义为思想武器来剖析社会，披露和抨击资本主义社会中的丑恶。

20世纪的西方现实主义文学也具备了它自身的时代特征，即日益回避重大的社会主题，越来越倾向于写人的精神生活，表现人的主观感受，创作中的自然主义、悲观主义色彩日益浓厚。同时，在创作上也吸取了一些现代主义手法，特别是在20世纪中期以后，现实主义文学在整体上被现代派文学的光芒所遮蔽。

西方现代派文学，是20世纪西方世界各种危机的反映，是时代和社会的产物。一方面，20世纪发生的两次世界大战、经济危机等，使人们变得悲观失望，烦闷颓废；另一方面，叔本华、尼采、伯格森及萨特等的哲学思想，弗洛伊德、詹姆斯等人的心理学等，都影响甚至指导了现代派文学的产生和发展。西方现代主义文艺是一种国际性的复杂混合体。现代主义既包括了许多文学流派，也包括了许多不同的美术流派，其中突出的有野兽派、抽象派、主体派等。与此同时，现代主义对电影艺术产生了巨大影响，促使电影艺术向多元化发展。

一、现实主义文学和现代派文学

（一）20世纪上半期的现实主义文学

20世纪初的现实主义文学，基本上是19世纪现实主义文学的继续。一批在19世纪末期已享有盛名的文学家们继续写作并成就斐然，他们是英国的萧伯纳、高尔斯华绥，法国的罗曼·罗兰、巴比塞，德国的托马斯·曼、海赛、亨利希·曼，美国的亨利·巴比赛、杰克·伦敦、辛克莱、辛·刘易斯等。第一次世界大战后，在文学创作上取得突出成就的文学家有英国的毛姆、法国的莫里亚克和莫洛亚以及美国的海明威等。

1. 乔治·萧伯纳

乔治·萧伯纳（1856—1950年）是19世纪末20世纪上半期英国最杰出的

现实主义作家。20世纪初，他突破思想矛盾，转向进步，反对第一次世界大战，拥护十月革命。他1931年访问苏联，1932年访问中国，支持中国人民反对日本帝国主义的侵略。萧伯纳一生共创作了51部剧作，在现实主义文学史，特别是现实主义戏剧史上留下了光辉的篇章。他的早期作品，如戏剧集《不愉快的戏剧》《愉快的戏剧》等，已奠定了他在英国文坛上的地位。20世纪初，他写了一大批戏剧作品，其中《巴巴拉少校》是他20世纪初的代表作。剧本描写一个大资本家、大军火商的女儿巴巴拉参加了宗教慈善事业，在救事军里担任少校的职务，她一心赈济贫穷，救人"灵魂"。后来，她发现支持救事军的原来就是她那制造死亡的军火商父亲时，她的幻想破灭了。最后，巴巴拉与父亲妥协，和她的丈夫一起继承了父亲的事业。作者在这个剧本里对资本主义社会进行揭露和批判，并指出宗教和慈善事业也是为资本家服务的。但他将改良社会的希望寄托在百万富翁的身上。他的优秀作品还有《卖花女》《伤心之家》《苹果车》等。

2. 高尔斯华绥

约翰·高尔斯华绥（1867—1933年）是英国20世纪初现实主义传统文学的继承人。他一生创作了大量作品，包括《洛宾别墅》《岛上的法利赛人》《福尔赛世家》三部曲，《现代喜剧》三部曲，等等。《福尔赛世家》包括《有产业的人》《骑虎》和《出租》三部小说。《现代喜剧》包括《白猿》《银匙》和《天鹅之歌》三部小说。这两部宏伟巨著，以史诗般的笔触，通过福尔赛家族的兴衰，家族中各种人物的生活经历及感情发展，展现出19世纪末20世纪初，以福尔赛家族为代表的资产阶级腐朽的观念、风俗、道德和生活方式，在现代革命浪潮冲击下的土崩瓦解。高尔斯华绥的作品善于塑造人物形象，真实地描绘社会生活，他的作品语言精练，人物栩栩如生，手法简洁朴实，独具风格。

3. 罗曼·罗兰

罗曼·罗兰（1866—1944年）是法国20世纪初现实主义文学家。1886年，他考入法国巴黎高等师范学校，攻读历史，接触了大量古典文学作品。1893年，他完成论文《近代歌剧的起源》，获博士学位。20世纪90年代，他以轰动全国的"德雷福斯案件"为背景，写了剧本《群狼》，并由此开始了他的文学创作生涯。① 早期，他的作品多是历史剧。1902年，罗曼·罗兰创作了著名的《约翰·克利斯朵夫》和名人传记《贝多芬传》《米开朗琪罗传》《托尔斯泰传》，从而成为法国的一代文豪。他作品的主题是关心人，是对人的爱，是表现生活上思想上的自由，充分反映了他的人道主义与和平主义思想。他的代表作《约翰·克利斯朵夫》共4册10卷，被誉为20世纪第一部伟大的现实主义文学作品，曾于1913年和1915年先后获得法兰西学院文学奖和诺贝尔文学奖。这部巨著描写一个以

---

① 德雷福斯（1859—1935年），是法国炮兵中的一名犹太籍大尉，1894年被诬叛国，判处终身监禁，引起全法国的注意，许多文化界人士为他辩护。1906年他被宣判无罪。

个人奋斗来对抗资产阶级社会的很有才能的艺术家的悲剧。克利斯朵夫的活动反映了"一战"前整整一代具有民主思想的资产阶级知识分子的叛逆、彷徨、追求和幻灭。而且,作者以约翰·克利斯朵夫一生的追求、奋斗为线索,展现第一次世界大战前二三十年间德、法等西欧国家的尖锐矛盾和社会风貌,强烈地批判了颓废堕落的文化艺术。

4. 亨利·巴比赛

亨利·巴比赛(1873—1935年)是法国20世纪的现实主义文学家。他在第一次世界大战前写过两部长篇小说《哀求者》和《地狱》。大战开始后,他志愿加入法国步兵,曾在前线亲自体验过士兵的生活,在战争中写下了小说《火线》。这部小说描写法国士兵在前线战壕里的战斗生活经历,谴责帝国主义的罪恶。这部作品出版后深受读者欢迎,并荣获龚古尔文学奖。

5. 托马斯·曼

托马斯·曼(1875—1955年)是德国20世纪初的现实主义文学家。1901年,他的第一部长篇小说,也是他最杰出的作品《布登勃洛克一家》发表,立即震撼欧洲文坛,使他名声大振。该书的副标题是《一个家庭的没落》。它描写了布登勃洛克一家四代人的生活遭遇:第一代鼎盛,财源广进;第二代生意清淡,开始走下坡路;第三代连遭打击,家景败落;第四代无能又无财,一蹶不振。作者以高度的艺术技巧,从典型人物的变换中表现历史时代的更替,通过一个资产阶级大家族由盛至衰的历史,揭示了德国资产阶级的颓败和资本主义社会由自由资本向垄断资本的过渡和资本主义的没落。

6. 毛姆

威廉·骚墨塞·毛姆(1874—1965年)是英国现代著名小说家、剧作家。1897年,他根据当实习医生时的经历,写成第一部长篇小说《兰贝斯的丽莎》,一举成名。他于是并弃医从文,走上文学创作道路。在长达半个多世纪的文学生涯中,毛姆创作了20多部长篇小说、120多部短篇小说、30多个剧本以及大量散文、游记和论文。其中,《人性的枷锁》是他的代表作。这部自传体小说描写一个虽身有残疾却努力向上、追求光明与幸福的青年,由于受到不合理的教育制度和世俗偏见的歧视,而一生波折。他将资产阶级的道德偏见喻为人性的枷锁。《月亮和六便士》是他的另一部代表作。小说的主人公是以法国印象派画家高更为原型的画家,他讨厌现代文明,从西方文明世界逃到一个太平洋小岛,与土著居民一起过着原始生活。画家在这个美丽的自然环境中,在纯朴的原始生活方式下,创作出多姿多彩的作品。作者通过主人公的经历,表现出个性、天才与资本主义社会之间的矛盾,以及现代资本主义社会对艺术天才的压制。

7. 莫里亚克

弗朗索瓦·莫里亚克(1885—1970年)出生于波尔多一个笃信宗教、恪守古风的资产阶级家庭。他的第一部小说《身戴镣铐的儿童》描写一个精神受到压抑而有深沉内在感情的儿童的思想活动。随后，他又发表了小说《白袍记》《和麻风病人亲吻》《母情》和《黑夜的终止》。另外，他于1925年发表的《爱的荒漠》获法兰西学院小说大奖。他的代表作《蝗蛇结》，描写一个年迈的律师由仇恨家庭、爱钱如命到最后转变的婚姻悲剧。1933年，他当选为法兰西学院院士。之后，他还写了《弗隆特纳克的秘密》《海之路》《伪善的女人》等。1952年他获得诺贝尔文学奖。

8. 莫洛亚

安德烈·莫洛亚（1885—1970年），原名埃米尔·埃估格，出身于阿尔萨斯一个纺织厂主家庭，后全家迁至诺曼底省。大学毕业获哲学学士学位后，他继承家业，成为纺织厂主。他的第一部小说《布朗勃上校的沉默》，以幽默的笔调描写一位目空一切的英国军官的种种可笑行为。此后，他的《不是天使，也不是傻瓜》《奥格拉迪士的演讲》等，也有一定讽喻意味。另外，他的小说《贝尔纳·盖奈》《气候》等展示资产阶级所面临的危机。莫洛亚还撰写了不少名人传记，如《雪莱传》《伏尔泰传》《巴尔扎克传》等。1938年莫洛亚当选为法兰西学院院士。

9. 海明威

厄纳斯特·海明威（1899—1961年）出生于美国伊利诺伊州芝加哥附近的欧克帕克小镇。1918年5月，他离开美国去意大利参战，从事战地救护工作；不久，他身负重伤，于1919年1月回到美国。这段经历成了他以后写作的重要素材。1922年，他担任驻欧记者，并从事小说创作，在女作家斯泰因的鼓励和帮助下，开始在报刊上发表作品。《太阳照样升起》是他的第一部成功小说，描写了一群英、美青年战后在巴黎的生活情景。小说中的人物经过大战，精神和肉体都受到创伤，对前途悲观失望，因而整日游荡、迷惘、彷徨。小说反映出战后信仰、道德与思想的危机，成为"迷惘的一代"文学的代表作。《永别了，武器》是"迷惘的一代"文学的最高成就。小说通过美国青年弗雷德里克·亨利与英国护士凯瑟琳·巴克莱的爱情悲剧，表现了厌恶战争的悲观主义思想，反映战后一代青年失去理想与精神支柱而处于迷惘、幻灭中的心态。1937年西班牙发生内战，海明威以记者身份去报道西班牙战况。他描写西班牙战争的作品有剧本《第五纵队》和长篇小说《丧钟为谁而鸣》，从一个侧面反映了西班牙人民反法西斯的伟大斗争，歌颂了反法西斯战士英勇献身的精神。《老人与海》是他晚年最重要的中篇小说，它通过渔夫桑提亚哥在海上同鲨鱼的搏斗，寓言般地象征了"硬汉性格"面对失败而孤军奋战的精神。1954年他荣获诺贝尔文学奖。

10. 其他作家

此外，比较著名的现实主义文学家还有：本涅特（1867—1931年），是以巴尔扎克手法描写小市民生活而著称的英国作家；福斯特（1870—1970年），是着重揭示东西方两种文化意识在精神上的隔膜的英国作家，以《印度之行》①而著名；女作家曼斯菲尔德（1888—1923年），享有"英国的契诃夫"的美誉。在法国，有马丁·杜·加尔（1881—1958年），他的作品是《蒂博一家》；杜亚美（1884—1966年），他创作了长篇小说《帕斯基埃家史》。在德国，有亨利希·曼（1871—1950年），他的代表作有《帝国三部曲》；托马斯·曼在这一时期的主要小说有《魔山》《浮士德博士》；雷马克（1898—1970年），他的代表作是《西线无战事》；奥地利作家茨威格（1881—1942年），他擅长心理描写，创作的小说有《象棋的故事》《焦躁的心》等。在美国，有厄普顿·辛克莱（1878—1968年），他的成名作是《屠场》，其后的作品有《波士顿》等，是以"黑幕揭发运动"的代表作家被写进美国文学史的。

（二）现代派文学

现代派文学早在19世纪初，在德国的霍夫曼、美国的爱伦·坡的消极浪漫主义文学中就已出现萌芽。从法国的波德莱尔开始，经过巴拿斯诗派，到魏尔伦、兰波、马拉尔美，象征主义成了一个颇大的文学流派。除此之外，现代派文学还包括唯美主义、印象主义、自然主义与新浪漫主义等。

20世纪现代派文学的发展可以分成三个阶段、两次高潮：第一阶段是第一次世界大战前，现代派文学萌芽阶段；第二阶段是20至50年代，现代派文学的鼎盛时期；第三阶段是六七十年代以后，现代派文学的没落时期。其中，第一次世界大战前后至20年代，是现代派文艺发展的第一个高潮，现代派文学得以确立。四五十年代出现了现代派文学发展的第二个高潮。70年代以后的西方文学与当时社会的多元化趋势相一致，呈现出多元、创新和具有活力的倾向。在美国，主流文学与边缘文学的界限日益模糊，严肃文学和通俗文学的界限也在淡化，黑人文学和女性文学成绩斐然。在西欧，文学也在随着时代的发展艰难地转变，文学作品呈现出多姿多彩的面貌。

1. 后期象征主义

第一次世界大战前后的现代派文学主要是后期象征主义，它是19世纪象征主义文学的继续。象征主义的作家认为，艺术应该表现事物本质或最高真实，而这种最高真实不存在于现实世界之中，只存在于主观世界之中；外界事物与人的内心世界息息相通，有着对应的关系。所以，作家不应该直接描写事物，而应该寻找"客观对应物"，以象征的手法来间接表现内心世界的隐秘、情绪。后期象征主义的诗人有美国的艾略特（1888—1963年）、英国的叶芝（1865—1959年）、比利时的维尔哈伦（1855—1916年）、奥地利的里尔克（1875—1926年）、法国的瓦莱里（1871—1945年）等。后期象征主义戏剧的代表是比利时的梅特

---

① 该书又译为《通往印度之路》，通常被公认为是福斯特最杰出的作品。

林克（1862—1949年）、法国的克洛岱尔（1868—1955年）等。

20世纪30年代的现代派文学包括表现主义、超现实主义、意识流小说等。

2. 表现主义

表现主义是20世纪二三十年代流行于德语国家、北欧、美国等地的文艺流派，同时在绘画与戏剧上成就突出。表现主义的先驱是瑞典的斯特林堡。二三十年代的表现主义作家立场不尽相同，但艺术上都提倡表现个人主观直觉。这一派的代表诗人有德国的贝希尔（1891—1958年），奥地利的威弗尔（1890—1945年）；戏剧作家主要有捷克的恰佩克（1890—1938年），美国的奥尼尔（1888—1953年）。表现主义小说的杰出代表则是奥地利的卡夫卡。

弗朗兹·卡夫卡（1883—1924年）出生在奥匈帝国统治之下的捷克首都布拉格的一个犹太人家庭。1907—1924年，他写了不少小说，如《乡村轶事》《判决》《变形记》《在流放地》《乡村医生》《地洞》等。其中，《变形记》是他的代表作。他用表现主义荒诞、象征的手法，通过人变甲虫，并最终在孤独中悄然死去的荒诞故事，揭示出在资本主义社会里，人们特别是位低薪微的下层人员的压抑心理和孤独感，以及他们对不能掌握自己命运的悲观、失望。《地洞》写一个有人的思想感情的动物，蛰伏在地洞中，守护食物，却被恐惧折磨得昼夜不宁，几近疯狂，表现出一种对世界的恐惧和强烈的不安全感。

3. 超现实主义

超现实主义产生于法国，后影响欧美各种艺术。创始人布勒东提倡自动记录法，描写梦幻，随意拼凑想象。法国的超现实主义文学家主要有：路易·阿拉贡（1897—1982年）、保尔·艾吕雅（1895—1952年）等。他们声称自己反映梦幻与理性这两个并列的世界，不取决于逻辑，而取决于心理，即无意识的观念过程。出于对下意识的崇拜，他们企图从"梦"与"疯"中获得灵感。所以，超现实主义者的写作采用纯粹无意识的文字拼接方法，这虽然可以得到一些新奇的意象，但大部分都是莫名其妙的东西。

4. 意识流小说

意识流小说虽在19世纪的现实主义文学中已出现，但作为现代文学流派，意识流文学形成于第一次世界大战前后，风行于20—30年代。意识流小说家主张淋漓尽致地表现主观世界，尤其是人物的下意识活动，认为下意识活动最能表现真正的"自我"。他们采用"内心独白"把人物的直觉与幻觉、现实与梦幻结合在一起，用"自由联想"使人物的意识活动更具跳跃性和主观随意性；以"心理时间"让过去、现在和将来彼此渗透，展现人物意识流活动。意识流文学的代表作家有：英国女作家维吉尼·沃尔芙（1882—1941年），詹姆斯·乔伊斯（1882—1941年），法国作家马赛尔·普鲁斯特（1871—1922年）。普鲁斯特毕其一生经历写成的《追忆似水年华》，用一种不同于传统的写作手法，以记录心理活动为中心，看似随意却十分真实的笔触，对人世沧桑、男欢女爱等生活现象

进行了生动、细腻又超越现实的描述。而且，他的意识流笔法"在艺术性方面开了 20 世纪现代主义小说的先河"①。美国作家威廉·福克纳（1897—1962 年），是意识流文学的经典作家。他的小说把一般的意识流发展成"复合式意识流"，即通过几个人的意识流从不同角度反映出来，相互交汇，相互重叠，强化中心人物和事件来增进作品的立体感和表现力。他的作品《喧嚣和骚动》就是意识流小说的典范。他的文学成就，使他在 1949 年获得了诺贝尔文学奖。

20 世纪四五十年代的现代派文学包括了后现代主义、新先锋派等。其中，存在主义文学是战后影响最大的现代流派。

5. 存在主义文学

存在主义文学的诞生受到存在主义哲学的深刻影响。法国的保尔·萨特在对过去存在主义哲学修正、补充和改造的基础上，提出了现代意义上的存在主义，并首先在 20 世纪 30 年代末树立起了存在主义文学的大旗。从 40 年代到 50 年代后期，存在主义文学风靡了欧洲，并将其影响扩大到全球。存在主义文学作家认为，对作者来说，描述人物的性格、品行、思想等都是在作假设，只有现象（即人物言行）才确实是客观存在。他们的作品大多从人道主义出发，探讨人的价值问题，揭露社会丑恶，同时也宣扬了悲观绝望的情调，美化了个人主义思想。存在主义文学的代表是萨特（1905—1980 年）和卡缪（1913—1960 年）。萨特出生于巴黎一个海军军官之家，1938 年，他发表了揭露资本主义丑恶现象、探索人生的长篇小说《恶心》，并以此成名。第二年，他发表了短篇小说集《墙》。"二战"爆发，萨特投笔从戎，参加反法西斯战争。战争期间的经历和生活感受，使他的政治立场和生活态度都发生了巨大变化。40 年代后期至 60 年代初，是萨特文学创作的鼎盛时期，他完成了《自由之路》第 3 卷"境遇剧"《死无葬身之地》《可尊敬的妓女》（1947 年）等剧作。1964 年，萨特获得诺贝尔文学奖，但他拒绝领奖。

6. 荒诞派戏剧和新小说派

荒诞派戏剧和新小说派的小说都产生在 20 世纪 50 年代的法国。他们用荒诞的形式和夸张的手法展示生活，但对生活的描写通常缺乏连贯、完整的情节，语言混乱空洞。荒诞派戏剧的代表作家主要是法国的尤奈斯库（1909—1944 年），他的作品有《秃头歌女》《椅子》《犀牛》；贝克特（1906—1989 年），创作的作品有《等待戈多》《美好的日子》；英国的品特（1930—2008 年），创作的作品有《升降机》《生日晚会》；美国的阿尔比（1928—2016 年），创作的作品有《美国之梦》《海景》等。

7. 黑色幽默

黑色幽默是 20 世纪 60 年代兴起和流行于美国的一个文学流派。它用现代派

---

① 吴元迈主编：《20 世纪外国文学史》第 1 卷，译林出版社 2004 年版，第 41 页。

手法虚构现实，以夸张到极端的幽默手法嘲讽社会、人生以及人类的灾难、痛苦和不幸，以喜剧的方式表现悲剧，把悲惨的东西用滑稽幽默方式表现出来，揭露世界的荒诞。其代表人物有约瑟夫·海勒（1923—1999年），他创作的作品是《第二十二条军规》；库尔特·冯内古特（1922—2007年），创作的作品是《泰坦族的海妖》；托马斯·品钦（1937—），创作的作品是《万有引力之虹》等。

二、现代派美术的发展

现代派美术产生于19世纪末20世纪初的欧洲。这个时期，一方面是资本主义社会尖锐的社会矛盾和阶级矛盾，使艺术家们对现实产生不满而逃避现实，沉溺于对所谓纯粹艺术的探索之中；另一方面，现代派艺术家们想要摆脱写实主义的传统手法，追求更新的艺术形式。20世纪西方美术的发展大致可以分为两个阶段：第一个阶段是从20世纪初到1945年，以现代艺术为主流；第二个阶段是从1945年到20世纪末，出现了被称为"后现代艺术"的新的艺术思潮和流派。当然，现代派美术从出现到发展的过程中，也受到近现代哲学思想和社会思想的影响，几乎所有近现代哲学思想都可以在现代艺术的各个流派里找到它们的痕迹。除19世纪80—90年代在文学和造型艺术中的象征主义、法国画坛的"纳比派"、维也纳分离派等作品中可以看到现代派的萌芽之外，较为明显的现代主义绘画风格首先见于以马蒂斯为代表的法国野兽派画家们的作品。1908年，另一群以毕加索、布拉克为代表的画家在法国推出立体主义绘画。野兽主义和立体主义标志着现代美术进入自我确立的阶段。同时，在德国出现了以"桥社"和"青骑士"为代表的表现主义；在意大利兴起了未来主义。第一次世界大战期间，在瑞士苏黎世出现了反对战争、反对权威、反对传统，同时也否定艺术，否定一切的达达派，以及从达达派分离出来的超现实主义派；在俄国则出现以康定斯基为代表的抽象主义。第二次世界大战以后的西方美术以抽象美术为主流，并形成了多种多样、多姿多彩的面貌。美国产生了抽象表现主义（又称为"行动画派"或"纽约画派"）波普艺术、现代写实主义等。欧洲则再现了后现代主义的繁盛景象。

现代派美术包含了各种不同的流派，他们观点不同，风格各异。但是，无论哪一个流派都有一些相似的特点：首先，现代派美术将形式凌驾于美术的内涵之上，追求形式上的标新立异；其次，大多强调自我，尝试用自我的感性认识去反映一切客观现实；最后，常常否定一切传统艺术法则，陷入历史虚无主义。

（一）野兽派

1905年，在巴黎的罗丹画廊展出了一些风格独异的作品，这些作品有一个共同的特征，就是"一次又一次地不断改变美与丑的概念"，通过画面上重新组合形与色的自主效果，破坏了过去一贯的准则。野兽派画家主要有亨利·马蒂斯、马尔盖、卡莫安、芒更、普依、德朗、弗拉芒克、弗里茨、杜菲和布拉克等。野兽派的作品直接继承和发展了后印象派点彩技法，也受到非洲黑人雕刻和东方绘画的影响，主张多用大色块和线条构成夸张变形的形象，以取得单纯化和简单化的装饰效果。野兽派画家尤以马蒂斯最为著名，他常常用红色、橙色等暖色作为画面的主调，用奔放的笔触，点出色彩的魅力。他画的《科柳尔，开着窗》就是用纯色塑造结构的典型的野兽派作品，表现室内明暗的洋红色和蓝绿色，与阳台上的朱红和绿色对比强烈但又非常协调；《淋浴者与海龟》表现了3个姿态相近而又略有不同的淋浴者形成了一种圈形的节奏，恰到好处的补色作用使画面强烈而和谐[1]。他晚年的作品更趋于简化，以平涂的颜色、简练的线条勾勒而成的《环舞》即是典型。

（二）立体派

立体派又称立体主义，是20世纪最重要的前卫艺术流派。野兽派画家布拉克从1907年开始对野兽派所注重的色彩的力量不感兴趣，而强调画面形体的体积感。不久，他按照这样的想法画了《列斯培根的房子》，把房间提炼成几何的立体形，有了立体主义的雏形。[2] 与此同时，毕加索创作了含有立体派因素的代表作《亚威农的少女》，标志了立体派的诞生。比较著名的立体派画家有毕加索、阿波利奈尔、格里斯、莱热、德劳内和维戎等。他们反对传统绘画中的方法，认为传统绘画的视点只能获得一个片面的、局部的物体形象，而随着现代人特有的速度和多变，应该建立新的空间概念，表现出图像的复杂性，也就是表现出物体的完整概念，让一个物体的几个不同面都出现在画面上。到后来，画家们更是把一些近乎平面的形体在画面上拼贴重叠，构成一个新事物，然后为之安上题目。毕加索（1881—1973年）是立体派的创始人之一，他的作品体现了立体派绘画的最高成就。毕加索与众多现代派画家不同，他的绘画与现实世界密切相连，他的作品充满对传统的继承和反叛。第二次世界大战前后，他创作了铜版画《佛朗哥的梦幻和谎言》，大型壁画《格尼尔卡》《在朝鲜的兽行》和《和平鸽》等作品。50年代，他绘制了一些以古典大师作品为题的释义画。60年代前期，他以"画家与模特儿"为题材创作了50多幅作品。60年代后期，他以惊人的毅力创作了五六百幅版画作品以及大量的雕塑和陶器，对现代西方各种艺术流派产生了较大的影响。毕加索一生的艺术活动长达70多年，"在现代主义美术史上占据着承上启下的地位"。他经历了20世纪前半期现代派各个方面的探索，接受了

---

[1] 参见刘汝醴、张少侠《西方美术发展史》(2)，人民美术出版社1990年版，第470页。
[2] 布拉克（1882—1963年），既是野兽派画家又是立体派的创始人之一。

两次世界大战的生死考验，而关于他的作品和私人生活的争议也从未停止过。①

（三）表现派

20世纪初，在德国出现了表现派，它的影响主要波及北欧诸国，其特点是以强烈而情绪化的艺术手段表现艺术家的内在情感。表现派在德国有两个中心地：德累斯顿和慕尼黑。1905年，德累斯顿美术学院的几位青年学生发起组织了一个叫"桥社"的艺术团体。他们强调个性，突出强烈的激情和画面刺激的表现，对传统艺术予以抨击，对非洲黑人雕刻和澳洲土著面具很感兴趣。他们是埃·海克尔、恩斯特·路德维希·凯尔希纳、卡·施·罗特路夫、埃·诺·尔得等，而住在德国的挪威画家蒙克是他们的精神领袖。与此同时，在慕尼黑的青年艺术家组成了"青骑士"艺术团体。它的领袖人物是康定斯基，主要成员有阿·亚夫伦斯基和弗·马尔克。康定斯基提倡追求画面的音乐化效果与精神的功能，把绘画看作是纯粹的形、色、线的组合，艺术家的一切感情因素都要倾注其中。这样的指导思想摒弃了现实形象，最终走向了抽象主义。

爱德华·蒙克（1863—1944年）一生中创作的两个主题就是死亡和爱情，这也是他的亲身际遇和深切感受。他的成名作《病孩》《圣克卢之夜》《病室的死亡》等都来自他家庭的不幸遭遇。蒙克的作品反映出画家强烈的创作激情和感染力。

（四）未来主义派

未来主义最初是由意大利诗人马利奈蒂发起组织的文艺运动，后来渐渐聚集了一批年轻的诗人和画家，并发表了《未来主义画家宣言》。在宣言中，他们声称反对对于一切传统形式的模仿，倡导一种极端的、不受外界舆论干预的艺术独创性，主张对事物的描绘不依据其静态的或本身的特征，而是表现运动的状态或分散的片断。例如，他们笔下奔驰的马不是4条腿，而是很多条腿；画儿童做体操，不仅形体动作是变化的，而且背景中的房子、操场也像要转动的样子。他们强调表现对机械的感受、对速度的感受以及对力的感受，努力体现对新时代、新事物的新感受。他们也崇尚暴力、侵略，认为机器、军舰、飞机的转动是艺术中最新的主题，从而鼓吹战争。不少未来派成员还踊跃参加了第一次世界大战，为意大利法西斯卖命。未来派的主要代表人物及作品有波丘尼的《城市的兴起》，卡拉的《玄想的缪斯》《电车告诉我什么》，巴拉的《拴着链子的狗》《汽车和噪声》和鲁梭洛的《一辆汽车的动势》，等等。

---

① 朱伯雄：《西方美术史十讲》第8讲："毕加索的艺术风格与女人之关系"，上海人民出版社2007年版。

（五）达达派

第一次世界大战期间，作为中立国的瑞士，聚集了一批避难的艺术家，最初有罗马尼亚人查拉，德国的雨果·巴耳、汉斯·里赫特尔、理查德·胡森贝克，法国人汉斯·阿尔普，等等。后来，其成员不断扩大，马塞尔·杜南、毕卡比亚和马克斯·恩斯特都是其中著名的画家。达达派[①]画家对"一战"充满绝望和恐惧，对现实强烈不满，对前途失去信心，反对战争，力求在幻想和荒谬之中寻求对理性与现实的强烈挑战[②]，进而宣扬无政府主义、虚无主义，主张抛弃传统，提出"破坏就是创造"的口号，在反传统、反现实的基础上完完全全地标新立异。如达达派代表人物杜尚的最重要作品《泉》，就是一个被颠倒钉在木板上的小便器。他的另一代表作《L·H·O·O·Q》，则是在达·芬奇的名作《蒙娜丽莎》上添加两笔胡须。以杜尚及其作品《泉》为代表的达达派，在西方美术发展史中具有承上启下的意义。2004年英国艺术界评出20世纪5件最具影响力的艺术作品，马塞尔·杜尚的《泉》，得票率64%；毕加索的《亚威农少女》，标志着毕加索的绘画转入立体主义阶段，其得票率42%；波普艺术家安迪·沃霍尔的《金色玛丽莲》，得票率29%；毕加索的《格尔尼卡》，得票率19%；野兽派代表画家马蒂斯的《红色画室》（亦是马蒂斯自己的立体主义画作的开山之作），得票率17%。毕卡比亚的《T.查拉的肖像》是在一条垂直线上画5个圆圈，写上一些无关的文字。有的画家还将撕碎的彩色纸随意抛落，再将其固定成抽象的圆形。这些"创作"令人眼花缭乱，其社会意义令人捉摸不定。

（六）超现实主义派

两次世界大战之间，受到超现实主义文学的影响，出现了超现实主义的艺术。按照超现实主义的倡导者、诗人安德烈·布列顿的解释，超现实主义是"纯粹的精神的自动主义"，是思智的笔录，不受理性的任何控制，不依赖于任何美学或道德的偏见，是以所谓超现实、超理想的梦境与幻觉等作为艺术创作的源泉。他认为只有这样超越现实的"无意识"世界，才能摆脱一切束缚，最根本地显示客观事物的真面目。超现实主义美术直接脱胎于早期的达达派，同时接受了意大利"形而上画派"的影响。超现实主义绘画的表现手法多种多样，但概括起来无非有两种：一种是把互不相关、无内在和外在联系的东西放在一起，以潜意识的梦幻状态去阐释所谓内涵；另一种则是不受逻辑支配，自由地、随意地、松散地进行思维和创作，展现奇幻的超现实世界。米罗是超现实主义运动中

---

① "Dada"在法文里意为"儿童木马"，也有"无目的"或"无意义"的含义。
② 萨拉·柯耐尔：《西方美术风格演变史》，欧阳英、樊小明译，中国美术学院出版社1990年版，第208页。

最具独创性和代表性的人物之一。米罗早期对野兽派和立体派艺术颇感兴趣，20世纪20年代中期，他转向超现实主义，后来成为超现实主义的重要人物。他终身崇尚原始风格，不少作品刻意以儿童般的稚拙来表达艺术的纯真，常用浓烈而又朴实的色彩表现来自民间的灵感。不过，他的作品因其"涂鸦"式的方法而令人费解。另一个主要代表人物是萨尔瓦多·达利（1904—1989年）。他喜欢用写实的手法把毫不相关的物体放在一起，用主观奇特的画面来寓示深刻的内涵，表达潜在的意愿，如《记忆的永恒》即是典型。但他的某些作品诡异甚至荒诞不经。

（七）抽象派

抽象派是20世纪初出现于欧洲、50年代达到高潮的一种反对表现视觉印象和视觉经验的艺术流派。抽象派发源于俄国，创始人是瓦西里·康定斯基（1866—1944年）（也有人称他是从表现派中分离出来的）。康定斯基虽出生在俄国，却长期活跃在德国、法国，是20世纪最伟大的艺术家之一。他在1910年以前的绘画，基本上受到后印象派、立体派和现代派艺术的影响。1910年，他的名著《论艺术的精神》出版，标志着他开始了抽象派绘画艺术生涯。他认为客观物象并不是绘画艺术必不可少的因素，相反，客观物象的描绘正损害了绘画艺术。因此，只有非具象的，即抽象的绘画才是最完善的艺术。他认为艺术作品的形式本身就具有独立的价值，线条与色彩应该脱离对物象的描绘，突出强调形、色、线、面的纯抽象本质。在以上理论指导下，康定斯基的作品对色彩的运用超乎寻常，完全脱离了对自然和现实形体的描绘，通过抽象的形式用色彩直接抒发情感。这种情感抒发也正是艺术作品的内在因素，是能够激发观众产生同样感情的艺术灵魂所在。

抽象派的另一位代表人物是瑞士的保罗·克列。音乐在他的绘画中留下了不灭的痕迹，他的作品中常常出现各种各样的符号，既给人旋律感和音乐味，又令人费解。在他看来，艺术并不描绘可见的东西，而是把不可见的东西创造出来。属于早期抽象派绘画的"几何形体派"创始人、荷兰画家蒙德里安则运用抽象的几何形体来创作。他的代表作《百老汇的热门音乐》就是通过垂直线、平行线组成几何形体，用三原色、灰色交错，使观众在视觉上产生动感，象征纽约百老汇大街的嘈杂与热闹。抽象派还可以分为重色彩和造型的"热抽象"与重平行线与垂直线组成几何形的"冷抽象"。前者以康定斯基的《抒情诗》为代表，后者则以蒙德里安的《红黄蓝色的构图》为典型。①

---

① 张乐毅：《西方美术》，山东大学出版社2004年版，第248-276页。

（八）行动画派

行动画派又叫"塔希主义"，是在欧洲早期抽象派绘画影响下产生的第一个美国现代画派。行动画派又称为"抽象表现主义"和"抽象印象派"。它的主要特征是随心所欲地用各种物质材料任意涂抹。主要代表人物是杰克逊·波洛克、德·库宁、汉斯·霍夫曼、威廉·巴洛奥特等，其中以波洛克最为有名。波洛克的绘画受到超现实主义艺术的影响，但具有独特个性。他的绘画方法非常奇特，他总是把一块很大的画布铺在地板上，手提装满颜料的铁桶绕着画布走动，把各种颜料滴洒在画布上，有时还用漏壶或喷雾器来作画，甚至使用砂子、碎玻璃等物作浓重的厚涂。作画中，他在画布周围走，从画布的四面着手去画，完全是一种"人在画中"的感觉。他的《白鹦鹉》《秋天的韵律》《蓝色极点》等作品，色彩饱满又层次分明，装饰趣味性强，形式感十分鲜明。行动画派受到欧洲现代艺术影响，后来又反过来影响欧洲画坛，成为一种盛行欧美的现代绘画流派。它进一步发展之后，花样更多。如美国一位女画家专门用嘴唇、口红为工具或材料作画，以画布上留下的红色唇印构成画幅。有的画家将各种颜料瓶摆在画布面前，然后用气枪射击，把玻璃瓶打碎，颜料溅到画布上形成色彩造型。总之，行动画派表现出一种装腔作势、以自我为中心的风格。

（九）波普艺术

波普艺术，英语为POP，是20世纪60年代初在英国萌芽，后来在美国得到发展，并形成以伦敦和纽约为中心的一个新的艺术流派①。它力求通过生活中最大众化的事物把观赏者和创作者都融于生活之中。它的艺术特征是普及的、短暂的、大量生产的，是在客观上对抽象主义艺术的公然否定。50年代美国画家约翰斯和劳森伯格就曾以星条旗、啤酒罐头、汽车轮胎等物件构成作品，被称为"前期波普"。波普艺术真正流行是在60年代中期，最著名的是安迪·沃霍尔、罗伊·里奇登斯坦和理查德·林德纳。沃霍尔以纯客观的态度画了许多世界名人和电影明星的形象。他最有特色的风格就是重复。主要作品之一《绿色的可口可乐瓶子》，画面上可口可乐瓶子无休止地重复，像是安排在超级市场的货架上。他的作品《玛丽莲·梦露》，是把梦露的头像重复印制在画布上，造成一种奇特的艺术效果，是波普艺术中最有影响的作品之一。里奇登斯坦则擅长把通俗连环画、邮票上的图案放大成为巨幅画像。理查德·林德纳的代表作《相会》，表现了不同时代的欧洲人来到纽约，跟一个美国化的姑娘"露露"相会而产生的对陌生环境的新鲜感。他画中的女性形象由于外形怪异，被称为"猫女郎"或"梦魔女人"，并成为波普艺术极富特色的象征物之一。他60年代的作品《迪斯

---

① "波普"意思是"大众化、流行的"。

尼乐园》《摇摆乐队》都是以当时最时髦的美国社会生活场景为题材。波普艺术体现了对商品的崇拜，充满了对现代美国式的生活方式的欣悦，它对美国流行文化，特别是广告宣传影响较大。

（十）超级写实主义

超级写实主义是20世纪60年代后期在美国兴起的一种新的艺术流派，并影响到欧洲艺坛。它反对抽象派艺术对于潜意识情感的不表现具体物的做法，主张抛弃主观感受，做到纯客观地、真实地再现物象。它的主要特点是创作中充分利用摄影技术，通常是先将表现对象拍摄下来，再根据照片或幻灯片创作，其精细的笔触甚至使画面比照片更细腻逼真。超级写实主义画家主要取材于城市风光和乡村景色，也有的专门从事肖像画创作。如查克·克洛斯的肖像画，描绘相当细致，外形酷似，与照片几乎完全一样。超级写实主义的绘画等于照片，因此并无实际意义，也没有发展的余地。但超级写实主义的雕塑却具有较大潜力，不少超级写实主义的雕塑作品直接从活人身上分段翻制模型，然后涂上皮肤颜色，穿上真衣服，配上真道具，使这些雕塑和真人一样，几乎真假难分。如汉森的《旅游者》《购物者》等。超级写实主义流派反映出西方艺坛上由抽象向具象的回归。

三、现代电影艺术的发展

人类在漫长的历史长河中创造了无数艺术精品。但是，截至19世纪后期，人类的艺术仅有六大类：文学、音乐、舞蹈、美术、建筑和戏剧。19世纪末20世纪初，产生了被誉为"第七艺术"的电影，为人类文化史翻开了新的一页。100多年来，电影的发展可以分为三个时期：形成期（1895—1927年）、成熟期（1927—1945年）和发展期（1945年至今）。形成期电影经历了从短片到长片，从单镜头到多镜头剪接形成电影视觉语言的历程。成熟期电影获得声音和彩色，具备了电影艺术的一切必要元素。发展期则是技术上达到完善、艺术上精益求精的阶段。

电影的发明，首先是萦绕在人们脑海中的一个幻想，为了实现把人们的活动用光影记载下来的幻想，科学家们进行了不懈努力，德、英、比、法、美等国的科学家先后完成了幻灯、幻盘、诡盘、走马盘、活动视镜、摄影枪、光学镜、光学影戏机、电影视镜等的发明，一步步将电影变成现实。

（一）电影的形成期

1894年，美国发明家托马斯·爱迪生在纽约第一次放映出可动的画面。他的电影镜是一个4英尺的箱子，每次只能供一个人观赏50英尺的影片，内容是一连串的舞蹈动作和一些拳击镜头。不过，由于它只有胶片，没有银幕，不能算

真正的电影。几乎与此同时，法国人路易·卢米埃尔和奥古斯特·卢米埃尔兄弟研制成世界上第一架比较完善的电影放映机，于 1895 年 3 月 22 日获得了拍摄和放映电影的专利，并于同年 12 月 28 日在巴黎首次放映了 12 部、每部一分钟的影片。这一天成为公认的世界电影的诞生日。它标志着电影时代的开始，卢米埃尔兄弟被称为"世界电影之父"。4 个月后，纽约也出现了第一个投射式的电影院。从此，电影成为一种新的流行的娱乐方式。

电影在巴黎和纽约同时出现，也同时开始了欧美在电影发展史上的两种不同的传统。卢米埃尔兄弟的电影描写的都是现实生活中的场景，如火车进站、工厂放工、街上人来车往等，从此确立了欧洲电影写实主义的传统。爱迪生的电影多是娱乐性场面，如歌舞、动物表演、拳击比赛等。为了拍摄这些场面，演员和摄影棚成为电影拍摄不可分割的部分，并且为美国电影树立了技术主义的传统。特别是在电影发展早期，欧美两种风格、两种传统更是泾渭分明。

在电影艺术的形成期，写实主义传统尽管在刚刚开始的时候能以其从未有过的新鲜感吸引观众，但平淡无奇的现实很快使观众感到索然无味。这一传统从卢米埃尔开始，经历了罗伯特·弗拉哈迪关于爱斯基摩人的《北方的纳努克》，拍摄西南太平洋萨摩亚群岛居民的《蒙那提》等纪录片，英国的纪录片运动，到 20 世纪 30 年代法国电影大师让·雷诺阿的写实主义电影《托尼》《幻灭》《游戏的规则》等，成为写实主义传统早期发展的轨迹。第二次世界大战以后，由于战争期间纪实影片的特有地位的影响，战后西欧经济和生活条件的限定，以及好莱坞电影对西欧电影的冲击，写实主义电影重新兴起，并以意大利新写实主义电影为代表。

战后，人们普遍对法西斯主义怀有强烈憎恨情绪，于此时产生的意大利新写实电影的内容多为揭露法西斯分子的战争罪行，它真实地反映了法西斯统治时期，特别是"二战"时期意大利人民的英勇斗争。意大利新写实主义电影运动前后持续 14 年。其中 1945—1950 年这 6 年为全盛时期，最有代表性的影片是罗西里尼的《罗马，不设防城市》《游击队》，德·西卡的《偷自行车的人》《温别尔托·D》，德·桑蒂斯的《大地在波动》等。无论这些影片导演的指导理论和具体实践如何，意大利新写实主义影片都或多或少地具有某些相似的特点，如用日常生活来代替虚构的故事，采用自然的语言，重视非职业演员，等等。而更重要的特征就是真实地反映生活，反映那个特定时期的社会面貌。因此，随着 50 年代意大利国内政治形势的变化，新写实主义逐渐衰落。到 1956 年，德·西卡和柴伐梯尼合作的影片《屋顶》问世后，新写实主义基本上宣告结束。虽然 1958 年在法国和美国出现了"真实电影"，又称"直接电影"，与写实主义传统一脉相承，如法国导演让·卢什的《一个夏天的故事》，美国导演理查德·利科克的《大卫》等，但总的来看，其影响不大，更无后续之力。

在电影艺术发展史上，写实主义始终处在次要地位，它的光芒和成就远远不及以好莱坞为代表的技术主义传统。1903年，爱迪生公司推出了第一部有连贯情节的电影《火车大劫案》。这部表现西部开发时期盗匪行凶的影片，尽管只有8分钟长度，用现代的眼光看还十分粗糙，但由于它首次用景与景之间快速切换的技巧，创造出枪战和追逐的紧张场面，使观众大开眼界，激动不已，产生巨大影响，并预示了技术主义传统电影追求娱乐和商业效果的开始。

1905年，在宾夕法尼亚州出现了首家"5分钱影院"，观众只需以很低廉的价钱就能得到极其生动、直观的娱乐，因而受到越来越多人的欢迎。"5分钱影院"成为美国娱乐界的后起之秀，发展速度快，两年内即达到5000家之多。由此，专为摄制电影而建立的电影公司纷纷问世，如路易斯·梅耶、塞缪尔·高德温主持的米高梅影业公司制作出了许多优秀的文艺片，其中包括《孔雀夫人》和《呼啸山庄》等。1913年，加利福尼亚的好莱坞渐渐成为美国电影业的中心。从此，好莱坞繁荣发达了几十年，成为技术主义电影的世界性堡垒。

20世纪的最初20多年里，一大批电影工作者为电影艺术奠定了坚实的基础。其中，戴维·沃克·格里菲斯（1875—1948年）是电影史上最具开拓精神的导演之一，也是技术主义电影的真正先驱。他在电影的拍摄中最早使用了闪回、叠印、蒙太奇等新技巧，大大改进了电影的摄影技术，提高了电影的艺术水准。1915年，他导演的《一个国家的诞生》被认为是艺术性和拍摄技巧很好结合的典范。1916年，他导演的《党同伐异》使用了交叉蒙太奇等手法，设置种种悬念，从而使故事更加引人入胜。格里菲斯拍摄了不少喜剧片，并获得成功。这个时期的另一个著名导演马克·塞纳特也是有名的喜剧片导演，他建立的启斯东制片厂创造了一种影响深远的制片厂制度，也是他发现并培养了喜剧大师卓别林。查理·卓别林（1889—1977年）是20世纪20年代最负盛名的电影明星，他扮演的蓄一撮小胡子、头戴小礼帽、脚穿大皮鞋、穿短衫肥裤、手持细长手杖的流浪汉形象，家喻户晓，流传甚广。另外，有"美国大众情人"之称、因主演《风骚女人》获奥斯卡最佳女主角的玛莉·璧克馥，以及英俊潇洒、深得人心的演员弗朗西斯·波斯曼也是那个时代人们心中的偶像。不过，这一时期的电影还是无声的。

（二）电影的成熟期

20世纪20年代中期以前，尽管有由著名导演塞西尔·德米尔和艾瑞克·冯·斯托汉姆制作的影片或场面宏大，或妙趣横生，但人们始终没有忘记爱迪生提出的"会说话的电影"的梦想。于是，在1923年以后，有人开始尝试用蜡盘在电影胶卷上录制音乐，但仍有很多技术上的问题需要解决。经过电影工作者的不懈努力，1927年10月23日，华纳兄弟电影公司第一次拍摄成功了有声响、对白、音乐和歌唱的有声电影《爵士歌手》。这部影片主要是表现轻歌舞剧老演员艾尔·乔生，如何从一个犹太教堂歌咏班领唱的孩子成长为成功的舞台明星的不平凡经历。乔生的第一句台词是："好听的还在后头呢！"的确，有声电影使观众身临其境，既看到了自己喜爱的演员，又听到他们的声音，好戏连台。到1935年，彩色电影问世。至此，电影向人们展示出一个完整的世界。电影作为一种现代艺术形式，日臻完美。从20年代初开始，美国电影公司兼并了大大小小的独立制片商和放映商，剩下8家大公司称雄影坛并席卷欧洲，几乎完全占领了世界电影市场。这8家电影公司是：米高梅、派拉蒙、华纳兄弟、20世纪福克斯、雷电华、联美和哥伦比亚等。这些电影王国的专业化分工，制片人专权及明星制度，使好莱坞电影在技术主义的传统下不断发展，在几十年中形成了各种类型的名目繁多的电影。如故事片中的西部片、强盗片、歌舞片、喜剧片、恐怖片、科幻片、灾难片、战争片、体育片等；非故事片则有广告片、新闻片、纪录片、科教片、风景片等。每一个不同时期都有不同类型的影片诞生，引起一个又一个电影文化热潮。

1912—1930年是美国喜剧电影的黄金时代。这个时期诞生了4个喜剧明星：查理·卓别林、勃斯特·基顿、哈洛德·罗克和哈莱·兰格东。其中，卓别林以其天才表演成为跨越"默片"和有声片时代并经久不衰的喜剧大师。西部片是具有最长历史的影片类型，从1904年的《火车大劫案》、1924年西部片大师约翰·福特导演的西部巨片《铁骑》、1938年的《关山飞渡》到1953年史蒂文斯的《原野奇侠》，西部片在技术主义传统的电影中发出耀眼光芒。歌舞片作为30年代大萧条时期特有的电影类型，昙花一现却艳丽无比。如1933年风行美国的《第42街》中，英俊小伙子迪克·鲍威尔的动人歌喉伴以鲁比·基勒娴熟的踢踏舞，让观众为之倾倒；由著名演员福雷德·阿斯特尔于1934年主演的《快乐的离婚者》及后来的《高帽子》，都以美妙的歌唱和精彩的舞蹈的完美结合，令人陶醉。另外，男高音歌手纳尔森·埃迪和女高音歌手珍妮特·麦克唐纳主演的《淘气的玛丽埃塔》和《罗斯·玛丽》也深受欢迎。美国历史上最出色的童星之一秀兰·邓波儿则以她的聪明伶俐和能歌善舞，塑造了一个个那个时代音乐片中经久不衰的动人形象。幻想片是最具有浓厚技术主义色彩的电影类型，它包括科幻片和恐怖片两种，在30—40年代达到极盛。1930年环球公司推出了第一部也是影响最大的一部科幻片《弗兰肯斯坦》。从此，幻想片成为好莱坞财源滚滚的又一渠道。除了以上有浓厚商业色彩的各类电影之外，好莱坞也有一些具较高艺术水平的文艺片，如《大卫·科波菲尔》《乱世佳人》等。涌现出一批举世公认的大明星，如克拉克·盖博、费雯丽、莱斯丽·霍华德和奥丽薇·哈薇兰等。另外，沃尔特·迪士尼的卡通片也为全世界儿童创造了众多的备受欢迎的艺术形象。

（三）电影的发展期

第二次世界大战之后，西方电影更加成熟，通常称之为电影的发展期。纪实性电影理论的出现,是电影已经达到成熟的标志,其艺术语言出现单纯化和简约化的趋势。"二战"结束后,欧洲需要休养生息,民众希望过上安定生活。但不久,美国进行的朝鲜战争(欧洲是参加者)和支持越南战争以及与亚非拉民族解放运动有关的战争,使美、欧民众反对战争、过安稳日子的愿望更为强烈,而电视的出现和快速普及,使厌倦战乱、动荡以及喜新厌旧情结的欧美人找到了"回归家庭"、享受天伦之乐的重要工具。1958年,一种年轻文化的反战、反抗情绪在美国国内蔓延。1959年法国电影票房开始下降,不少导演强烈要求改变不景气的现状。① 与此同时,欧美以制片厂为主的电影制作方式严重地遏制了年轻导演施展才华的机会。年轻的法国导演极力地寻找一种能够超越好莱坞的新电影语言。而欧洲一些国家把本国电影视为"民族工业",抵制好莱坞影片的"文化入侵"。尤其是法国,通过资金补贴等措施支持和保护本国电影制作。② 好莱坞的日子也不好过。到20世纪60年代末,美国每家制片厂都面临着财政危机。战后之初的理想主义与政治运动逐渐让位于一种较为非政治的消费与休闲文化。由法国年轻导演掀起的"新浪潮"电影独树一帜,是继欧洲先锋主义、意大利新现实主义以后的第三次具有世界影响的电影运动。梅尔维尔是"新浪潮"时期的导演,他将新浪潮电影的特征概括为:"制片的手艺人体系,自然场景的拍摄,没有明星,尽量小的剧组,使用超高感胶片,并不需要非得有发行商支持,并不需要任何形式的权威首肯或束缚。"③ 电影强调导演的个人风格和在电影制作中的作用,确定了一种导演中心制的电影生产方式,推崇写实美学、"场面调度"和电影新技术的运用。④ 狭义上的新浪潮运动从1959年至1962年。其中两位最具代表性和影响力的导演是特吕弗和戈达尔。一般认为特吕弗执导的《四百下》为新浪潮运动的开山之作,充满了个人化的电影创作精神,1959年他获得第12届夏纳国际电影节最佳导演奖。⑤ 1960年,戈达尔的《筋疲力尽》获得了西柏林国际电影节最佳导演奖。该片几乎囊括了与新浪潮有关的所有电影手段,被广泛地认为是新浪潮运动中最具影响力的一部作品。戈达尔作为世界最受瞩目的电影导演之一,直至今天,他还致力于拍摄探索电影,坚持着自己的创新性。⑥

　　法国新浪潮电影的诞生,标志着欧洲的电影创作进入了一个崭新的发展时

---

① 祝虹:《当代法国电影史》,中国传媒大学出版社2011年版,第11页。
② 内尔姆斯主编:《电影研究导论》(插图第4版),李小刚译,世界图书出版公司2013年版,第528、529页。1953年,法国国家电影中心设立了"优秀电影补贴金"。后来,政府又制定一项法律,创立"预支票税"制度,根据剧本提供第一部片子的资金。参见波德维尔·汤普森《世界电影史》(第2版),范倍译,北京大学出版社2014年版,第574页。
③ 内尔姆斯主编:《电影研究导论》(插图第4版),李小刚译,世界图书出版公司2013年版(北京),第504—505页。梅尔维尔是让—皮埃尔·格伦巴赫的艺名。
④ 袁智忠主编:《外国电影史》,重庆大学出版社2012年版,第26、28页。
⑤ 帕金森:《电影的历史》(第2版),王晓丹译,广西美术出版社2015年,第233页。
⑥ 王永收主编:《中外电影艺术史纲要》,世界图书出版社2017年版,第14—15页。

期，以制片厂为主的制作方式已经明显地向强调实景拍摄的方向转化，欧洲的电影在艺术和票房取得双丰收。在其影响和带动下，英国出现了"自由电影"运动。这类影片往往聚焦当代普通工人阶级人物的家庭生活，背景设置多半是在北方的工业城镇。克莱顿的《金屋泪》（1958）以北方工人阶级的叛逆男主角、对性和阶级史无前例的坦率态度奠定了英国新浪潮的模板。赖兹的《浪子春潮》（1960），颠覆性地描写了一个毫不掩饰的、追求享乐的天生叛逆的男主角，涉及酗酒、婚外情、暴力和堕胎等这些当时尚为敏感的问题。① 意大利兴起的新现实主义电影也逐渐影响全世界。20世纪60年代意大利电影年平均产量在250部左右，是欧洲国家之最，甚至远远超过美国，成为西欧最具实力的制片中心。② 费里尼的《大路》（1954）和《卡比利亚之夜》（1957），以更加个人化的视野，关注精神上的贫困和对慈善与救赎的需要。《大路》获得了50多个国际奖项。③ 贝托鲁奇22岁执导的《革命之前》（1964年），是向他灵感的启迪者戈达尔致敬的影片，采用的就是戈达尔的跳跃剪辑风格，该片使他一举成名。

德国的克鲁格是一名从专业律师转向实验写作的作者，他在看了戈达尔的《筋疲力尽》之后，转向电影制作。他倡导电影要以新技巧解放观众想象力。其制作的《告别昨天》（1966）的电影引语是："我们与昨天分离，不是因为无法跨越的深渊，而是变迁了的处境。"该片在威尼斯国际电影节上摘得银熊奖。

新浪潮运动的兴起，促使好莱坞热衷于研究欧洲艺术电影所开发的故事讲述技巧和拍摄技术，吸引了美国观众和美国艺术家。④ 60年代最受美国同代人推崇的音效设计师、电影剪辑者默奇，便是受法国"新浪潮"电影的影响而进入电影学院学习的。⑤ 美国电影协会主动摒弃了原来死板僵化的制片守则，鼓励创新，力争重夺美国电影世界霸主地位。从70年代起，美国电影业便很快复苏，并长期处于引领世界电影的角色。这与以下主要条件直接相关：美国电影业界自由度和开放度高，影片制作机制灵活，创新能力强；资金雄厚，融资渠道多且顺畅；人才储备量大，能吸引大批外来导演和明星。而这些条件的背后则是美国政府的支持，因为电影已成为美国的一种重要产业。据数据分析，2015年美国影视娱乐及相关产业的市场值已达5947亿美元，而且这个数据在逐年上升。⑥ 美国

---

① 肯普主编：《电影通史》，王扬译，中央编译出版社2013年版，第260页。

② 丁罗男：《电影观念史》，上海百家出版社2010年版，第180页。又见贾内梯《认识电影》，焦雄屏译，四川人民出版社2017年版，第174页。

③ 戈梅里·奥维尔顿：《世界电影史》（第2版），秦喜清译，中国电影出版社2016年版，第313页。

④ 明根特：《好莱坞如何征服全世界：市场、战略与影响》，吕好译，商务印书馆2016年版，第194页。

⑤ 考伊：《革命！1960年代世界电影大爆炸》，赵祥龄、金振达译，广西师范大学出版社2006年版，第133页。

⑥ 陈焱：《好莱坞模式：美国电影产业研究》（第2版），北京联合出版公司2016年版，第1页。

政府更是将电影视为对内对外宣传美国式自由和民主价值观的重要途径。① 美国影片主要是通过电影的叙事，诱导观众认同影片中角色的言行，潜移默化影响着不同国家观众的价值选择。美国电影的创新机制，促使美国电影人在复苏的曙光乍现时便敢于大胆尝试，好莱坞的主要制片厂另辟蹊径，独立制片公司和制片人也积极加入竞争行列，所拍摄的一些电影在风格和主题上与传统的主流影片大相径庭，在技术上采用快速感光胶片和轻型设备，开创了一种"不太正式"的电影风格，进入了"新好莱坞电影"时期。② 1972年《教父》影片的上市，一扫好莱坞的阴霾。观众对《教父》影片褒贬不一。有人认为，它是针对美国资本主义社会的一个辛辣刻薄的隐喻。也有人认为，该片歌颂了黑手党。影片评价和票房名利双收，赢得奥斯卡最佳影片奖、最佳编剧奖，男主演白兰度东山再起，荣获最佳男主角奖（他拒领该奖）。该片成为最伟大的美国电影之一。③

追求美国梦是宣传美国价值观的主要内容之一，既有《教父》所谓"高贵者"的"美国梦"，也有《洛奇》（1976年）草根阶层的励志故事。后者说明无名小卒通过努力工作和坚忍，可以抵抗强权，提升自己而成就非凡，肯定了荣誉和勇气的价值。④ 导演艾维尔森凭借这部影片赢得了奥斯卡最佳影片奖，当时只是一个名不见经传小演员的史泰龙一举走向巅峰，票房也获得巨大成功。此后几十年间，模仿该片的影片比比皆是。2013年，张家辉等主演的《激战》影片，讲述一位过气香港拳王重振雄风的励志故事，也可以看到《洛奇》的影子。

20世纪中期之后，美国"大片"获得观众的青睐。调查统计数字显示：无论是美国还是外国电影的主要观众（核心观众）都很年轻，12—29岁占美国电影观众的75%。大片的制作正是投其所好。斯皮尔伯格的《大白鲨》（1975）成为第一部真正意义的大片。该片和卢卡斯的《星球大战》（1977）成为第一批收入超过2500万美元的电影。一夜之间，贴有"大片"标签的故事片开始在5—9月的暑期档上映。⑤ 大片一般包括的主要因素有：名编剧、大投入（指资金方面）、名导演（成功导演）、明星阵容、宏大制作。在20世纪八九十年代，《大

---

① 明根特：《好莱坞如何征服全世界：市场、战略与影响》，吕好译，商务印书馆2016年版，第7页。

② 安德鲁：《电影之书——世界电影史上的150部经典之作》，贾磊、尹美译，山东画报出版社2011年版，第80 - 81页。又见袁智忠主编《外国电影史》，重庆大学出版社2012年版，第157页。第一次世界大战之后，美国电影业成立了"美国制片人与发行人协会"，在W. H. 海斯的主持下这一组织制定了"伦理法典"，以便在审查影片时剔除其中不合乎美国公众道德观念和生活方式的情节、对话和场面。这就是著名的海斯法典。它对美国电影的约束一直延续到1966年——引者。

③ 施耐德主编：《有生之年非看不可的1001部电影》（第8版），江唐等译，中央编译出版社2012年版，第552页。

④ 贾内梯：《认识电影》，焦雄屏译，四川人民出版社2017年版，第370页。

⑤ 戈梅里 奥维尔顿：《世界电影史》（第2版），秦喜清译，中国电影出版社2016年版，第281页。《大

白鲨》和《教父》被好莱坞制片公司称为大片的典范。多数的大片都彰显了个性张扬与敬业精神相结合的美国味。由于好莱坞位于大众文化的核心，成为数字传媒重要构成部分和强大影响力的媒体帝国。大片制作成本水涨船高，从1980年的大约1400万美元上升至2000年的6000多万美元。大多数大片都超过了这个数字，如《泰坦尼克号》高达2亿美元。① 与此同时，大公司也吸纳了独立电影制作，极力拓展海外市场。从1999年开始国外市场变得重要，被认为没有潜力的电影更难获得资助，演员在国外没有名气也不被重用。这一时期，美国电影占据英国票房的90%以上，电影市场继续被美国电影主宰。② 卡梅隆的电影在国外赚取比在美国多两倍的钱。施瓦辛格和史泰龙的电影在海外比在国内更受追捧。《泰坦尼亚号》（1997）在美国国内已收获了6亿美元，而在海外的票房则高达令人惊异的12亿美元。21世纪初，一部美国电影在国外市场比在国内市场获得的收益更大。2002年，票房排名前五位的院线电影在国外市场的票房都比美国市场的票房高出50%左右。③

数字化革命的到来，使美国影业如虎添翼。电脑特效在畅销大片中所起到的作用甚至超过了明星。《星球大战》（1977）以其丰富的高科技特效，吸引了新一代的电影观众。同时它也带动了根据电视节目《星际迷航》拍摄的系列电影。此后，科幻作品仍然是好莱坞类型中的主导。1979年的《超人》最终在美国本土获得了超过8000万美元，成为当年卖座冠军。它催生了三个续集和数百万的特许经营产品收入，直接刺激了对超级英雄漫画的新的兴趣。在此期间，卢卡斯成为数字革命的引导者。卢卡斯影业的计算机部门改革了剪辑图像和声音的数字硬件，其工业光魔公司是计算机生成画面的最前线，参与过1999年代几乎每一部重要的特效电影。卡梅隆也不甘落后，成为电脑特技高速发展时期的核心人物。2009年，他推出的影片《《阿凡达》采用了4项新技术：3D虚拟影像摄影系统、虚拟摄影棚与协同工作摄影机、面部表演捕捉系统、容积（感应舞台系统）。高科技技术成就了其3D立体电影之王的美名。该片最终全球票房达27亿美元，打破了他的《泰坦尼克号》单片18亿美元的票房纪录。随着我国电影市场的不断对外开放，许多外国电影进入中国。2012年，在新兴市场中，中国超越日本，已经成为好莱坞海外最大的电影市场。④ 2018年夏天，美国运用电脑动画特技制作的《侏罗纪世界2》在中国上映便引起轰动，累计综合票房破13亿

---

① 波德维尔·汤普森：《世界电影史》（第2版），范倍译，北京大学出版社2014年版，第898页。
② 王永收主编：《中外电影艺术史纲要》，世界图书出版公司2017年版，第72页。
③ 明根特：《好莱坞如何征服全世界：市场、战略与影响》，吕好译，商务印书馆2016年版，第181页。
④ 袁智忠主编：《外国电影史》，重庆大学出版社2012年版，第196页。

美元。① 迄今为止好莱坞大牌制片公司共有6家，他们从制作到发行控制着当今世界绝大部分电影行业的业务运作。②

---

① 中商产业研究院：《2018年6月单周电影票房排行榜：〈侏罗纪世界2〉遥遥领先》，载中商情报网（http：//big5.askci.com/news/chanye/20180626/0929301125153.shtml）2018年6月26日。

② 阿尔福特：《好莱坞的强权文化》，杨献军译，经济科学出版社2013年版，第5页。除梦工厂之外，好莱坞的6家电影公司又被称作 Big Six，包括：华特迪士尼公司，索尼影视娱乐（前哥伦比亚，1989年被索尼以34亿美元收购），派拉蒙，20世纪福克斯，环球电影和华纳兄弟——引者。

参考文献

[1] [奥地利] 弗里德里希·希尔. 欧洲思想史 [M]. 赵复三, 译. 桂林: 广西师范大学出版社, 2007.

[2] [德] 黑格尔. 哲学史讲演录 [M]. 贺麟, 王太庆, 译. 北京: 商务印书馆, 1959.

[3] [法] 艾黎·福尔. 世界艺术史 [M]. 张泽乾, 张延风, 译. 武汉: 长江文艺出版社, 1995.

[4] [法] 丹纳. 艺术哲学 [M]. 合肥: 安徽文艺出版社, 1989.

[5] [法] 让-皮埃尔·里乌, 让-弗朗索瓦·西里内利. 法国文化史: 1—4 卷 [M]. 杨剑, 等译. 上海: 华东师范大学出版社, 2006.

[6] [美] 保罗·A. 萨缪尔森, 威廉·D. 诺德豪斯. 经济学 [M]. 高鸿业, 杜月升, 等译. 北京: 中国发展出版社, 1992.

[7] [美] 波德维尔·汤普森. 世界电影史: 2 版 [M]. 范倍, 译, 北京: 北京大学出版社, 2014.

[8] [美] 丹尼尔·贝尔. 资本主义文化矛盾 [M]. 赵一凡, 蒲隆, 任晓晋, 等译. 北京: 生活·读书·新知三联书店, 1989.

[9] [美] 冈萨雷斯. 基督教史: 初期教会到宗教改革前夕: 上卷 [M]. 赵城艺, 译. 上海: 上海三联书店, 2016.

[10] [美] 冈萨雷斯. 基督教史: 宗教改革至今: 下卷 [M]. 赵城艺, 译. 上海: 上海三联书店, 2016.

[11] [美] 亨廷顿·哈里森. 文化的重要作用: 价值观如何影响人类进步 [M]. 程克雄, 译. 北京: 新华出版社, 2011.

[12] [美] 克雷纳·马米亚. 加德纳艺术通史 [M]. 李建群, 等译. 长沙: 湖南美术出版社, 2015.

[13] [美] 马文·佩里. 西方文明史 [M]. 胡万民, 王世民, 等译. 北京: 商务印书馆, 1993.

[14] [美] 曼纽尔·卡斯特. 网络社会——跨文化的视角 [M]. 周凯, 译. 北京: 社会科学文献出版社, 2009.

[15] [美] 米克斯. 基督教道德的起源 [M]. 吴芬, 译. 北京: 商务印书馆, 2012.

[16] [美] 威廉·弗莱明, 玛丽·马里安: 艺术观念(上、下) [M]. 宋学立, 译. 北京: 北京大学出版社, 2008.

[17] [美] 谢尔曼·索尔兹伯里. 全球视野下的西方文明史: 从古代城邦到现

代都市（上、下册）[M]．陈恒，等译，上海：上海三联出版社，2011．

[18] [美] 约翰·巴克勒，贝内特·希尔，约翰·麦凯．西方社会史：1—3卷 [M]．霍文利，赵燕灵，等译．桂林：广西师范大学出版社，2005．

[19] [美] 詹姆斯·W．汤普逊．中世纪晚期欧洲经济社会史 [M]．徐家玲，陈志强，沈之兴，等译．北京：商务印书馆，1992．

[20] [苏] M．H．雷季娜等．经济学说史 [M]．北京：中国人民大学出版社，1987．

[21] [意] 荣卡格利亚．西方经济思想史 [M]．罗汉，等译．上海：上海社会科学院出版社，2009．

[22] [英] G．H．R．帕金森主编．文艺复兴和17世纪理性主义 [M]．田平，陈喜贵，等译．北京：中国人民大学出版社，2009．

[23] [英] 安东尼·肯尼．牛津西方哲学史 [M]．韩东晖，译．北京：中国人民大学出版社，2006．

[24] [英] 彼得·弗兰科潘．丝绸之路：一部全新的世界史 [M]．邵旭东，孙芳，译．杭州：浙江大学出版社出版，2016．

[25] [英] 列昂纳德·柯特勒尔．爱琴文明探源 [M]．卢剑波，译．成都：四川人民出版社，1985．

[26] [英] 罗素．西方哲学史：上、下册 [M]．北京：商务印书馆，2016．

[27] [英] 萨拉·B．波默罗伊等．古希腊政治、社会和文化史：2版 [M]．傅洁莹，等译．上海：上海三联书店，2010．

[28] [英] 斯蒂芬·F．梅森．自然科学史 [M]．周煦良，全增嘏，等译．上海：上海译文出版社，1980．

[29] [英] 苏珊·伍德福特等．剑桥艺术史 [M]．钱乘旦，译，北京：中国青年出版社，1994．

[30]《路德文集》中文版编辑委员会．路德文集：1、2册 [M]．上海：上海三联书店，2005．

[31] 陈佛松．世界文化史 [M]．武汉：华中理工大学出版社，1990．

[32] 李超杰．现代西方哲学的精神 [M]．北京：商务印书馆，2009．

[33] 刘守华．文化学通论 [M]．北京：高等教育出版社，1992．

[34] 马克思，恩格斯．马克思恩格斯选集 [M]．北京：人民出版社，1972．

[35] 马克垚．世界文明史：上、中、下 [M]．北京：北京大学出版社，2003．

[36] 欧阳英，潘耀昌．外国美术史 [M]．杭州：中国美术学院出版社，1997．

[37] 钱仁康．外国音乐欣赏 [M]．北京：高等教育出版社，1991．

[38] 宋瑞芝．外国文化史 [M]．武汉：湖北教育出版社，1994．

[39] 王克千，欧力同等．现代西方哲学流派 [M]．北京：中国青年出版社，1983．

［40］王志伟．现代西方经济学主要思潮及流派［M］．北京：高等教育出版社，2004．

［41］薛毅．西方都市文化研究读本：1—4卷［M］．桂林：广西师范大学出版社，2008．

［42］张洪岛．欧洲音乐史［M］．北京：人民音乐出版社，2005．

［43］张密生．科学技术史［M］．武汉：武汉大学出版社，2009．

［44］哲学译丛编辑部．近现代西方主要哲学流派资料［M］．北京：商务印书馆，1981．

［45］中国科学院自然科学史研究所近代现代科学史研究室．20世纪科学技术简史［M］．北京：科学出版社，1985．

［46］朱龙华：罗马文化与古典传统［M］．杭州：浙江人民出版社，1993．

［47］朱维之，赵澧，崔宝衡．外国文学史（欧美卷）：3版［M］．天津：南开大学出版社，2005．

［48］庄锡昌．世界文化史通论［M］．杭州：浙江人民出版社，1989．

［49］Robertson, D. Essays on Medieval Culture［M］. New Jersey：Princeton University Press, 1980.

［50］Morley, D., and Robins, K. British Cultural Studies［M］. Oxford：Oxford University Press Inc., 2001.

［51］Preziosi, D. The Art History：A Critical Anthology［M］. Oxford：Oxford University Press, 1998.

［52］Brhier, E. Histoire de la philosophie［M］. Paris：Presses University de France, 1951.

［53］Lucie-Smith, E. Art and Civilization［M］. New York：°Harry N. Abrams, Inc., 1993.

［54］Kolinsky, E. and vander Will, W. The Cambridge Companion to Modern German Culture［M］. New York：Cambridge University Press, 1999.

［55］Honour, H. and Fleming, J. A World History of Art (7th ed.)［M］. London：Thames & Hudson, 2009.

［56］Barzun, J. From Dawn to Decadence：500 Years of Western Cultural Life：1500 to the Present［M］. New York：Harper Collins Publishers Inc., 2000.

［57］Bamford, P. H. The Divine Order：Western Culture in the Middle Ages and the Renaissance［M］. New York：Alfred A. Knopf, 1969.

［58］Marie, R. and Hagen, R. What Great Paintings Say (Vol. 1-2)［M］. Madlid：Benedikt Taschen Verlag GmbH, 2003.

［59］Bertelli, S., Cardini, F. and Zorzi, E. G. The Courts of the Italian Renaissance［M］. New York：Facts on File, 1986.

后 记

《西方文化史》于 1997 年付梓，1999 年出第二版，2010 年出第三版，至今已 21 个年头。本书第三版曾获得中国大学出版社协会颁发的"2009—2010 年度中南地区大学出版社优秀教材一等奖"。本书也曾被一些高等院校指定为硕士和博士研究生入学考试的参考书，被多所普通高校选定为必修课或选修课使用教材；被一些省市自学考试委员会指定为自考教材；我国香港和台湾地区的一些朋友也曾托人或来函购买。

2018 年初，中山大学出版社刘学谦编辑提出再次修订本书的要求，但我们考虑到作者有所变动和部分作者重任在肩难以分身，并在全面检查了全书尚未发现所采用的主要史实和理论观点有不妥之后，采取部分改写或修改的方式来处理新一版，以达到在较短时间之内完成修订工作。至于对本书原第三版的第四章"罗马时期的文化"和第七章"宗教改革时期的文化"进行重写，主要是考虑到近年来相关内容的研究的新成果较多，应该尽我们所能给予介绍或对原来文本内容进行充实。

岁月悠悠，往事并非如烟。21 年来，参加本书撰写的同行中，已有超过三分之一的作者晋升为教授，并成为博士生导师，更有一位荣升为二级教授；不到三分之一的作者已退休；其他同志也已成长为教学和科研骨干。物是人非，不忘初心。虽然本次参加修订的人员与"原班人马"有所不同，但我们对原来参加撰稿、为本书顺利出版曾做出努力的所有作者和同仁表示敬佩和谢意！也借此机会，对一直以来支持本书出版的蔡浩然先生、王国颖女士、刘学谦女士、林彩云女士、陈长崎教授、左双文教授、陈天祥教授、黄志英先生、陈伟业先生、郑德庆教授、周富强教授、曾用强教授、杜秋虹教授、陈文冠教授、曾荣青教授、雷雨田教授、胡幸福教授等表示衷心感谢！同时，衷心感谢华南师范大学图书馆、广州市图书馆、广州市越秀区图书馆、广东省中山图书馆对本书的编著所给予的热心支持和帮助！

由于本次修订时间仓促，参加人员事杂，难免有疏漏和不妥之处，敬请读者批评指正。

编　者

2019 年 1 月